글로벌시대의 문화인류학 제4판

Barbara Miller 지음

박충환 · 박준규 · 이창호 · 홍석준 옮김

Σ 시그마프레스

글로벌시대의 문화인류학, 제4판

발행일 | 2019년 9월 10일 1쇄 발행
2021년 4월 5일 2쇄 발행

지은이 | Barbara Miller
옮긴이 | 박충환, 박준규, 이창호, 홍석준
발행인 | 강학경
발행처 | (주)시그마프레스
디자인 | 우주연
편 집 | 문수진

등록번호 | 제10-2642호
주소 | 서울특별시 영등포구 양평로 22길 21 선유도코오롱디지털타워 A401~402호
전자우편 | sigma@spress.co.kr
홈페이지 | http://www.sigmapress.co.kr
전화 | (02)323-4845, (02)2062-5184~8
팩스 | (02)323-4197

ISBN | 979-11-6226-229-0

Cultural Anthropology in a Globalizing World, 4th Edition

* 책값은 책 뒤표지에 있습니다.

이 도서의 국립중앙도서관 출판시도서목록(CIP)은 서지정보유통지원시스템 홈페이지(http://seoji.nl.go.kr)와 국가자료공동목록시스템(http://www.nl.go.kr/kolisnet)에서 이용하실 수 있습니다.(CIP제어번호 : CIP2019031708)

제4판 역자 서문

바바라 밀러의 글로벌시대의 문화인류학 제2판을 한국에 소개한 지 어느새 6년이라는 시간이 흘렀다. 그동안 '글로벌세계'에는 많은 변화가 발생했다. 세계화의 표상이었던 EU를 내파의 위기로 내몰고 있는 영국의 브렉시트 선언, 시리아 난민 사태로 노골화된 유럽 제국들의 제노포비아적 국경 통제, 트럼프 미국 대통령의 국수주의적 보호무역주의와 반이민 정책, 신자유주의 세계 경제 질서를 송두리째 흔들며 재편하고 있는 중미 간 무역전쟁, 아베 정권의 후안무치한 수출 규제가 촉발한 한일 간 정치적 갈등과 민족주의적 감정대립 등 외견상 자본, 인간, 상품, 문화의 국경을 초월한 흐름에 역행하는 반세계화적 징후가 세계 곳곳에서 나타나고 있다.

하지만 우리 시대의 핵심 수사인 포스트모던이 모던과의 순전한 결별이나 단절이 아니듯, 최근 전개되고 있는 국민국가들 간의 분열과 대립 그리고 새로운 정치경제적 · 문화적 경계 만들기의 징후는 세계화의 경계 넘기와 경계 허물기에 역행하는 반동적 탈세계화 혹은 반세계화를 증언하는 것이 아니다. 오히려 그것은 '글로벌시대'의 연속선상에 있으면서도 의미심장한 정치경제적 · 문화적 지형 변화를 드러내는 '포스트글로벌시대' 혹은 '후기글로벌시대'의 새로운 징후로 보아야 마땅하다.

이 책이 화두로 삼고 있는 글로벌화 혹은 세계화라는 역사적 과정은 명백히 비가역적인 과정이다. 인류가 이 거대한 역사적 흐름을 거스를 수 있는 방법은 없어 보인다. 우리의 삶은 여전히 글로벌 수준의 힘들과 로컬 수준의 힘들이 뒤엉켜 경합하는 과정에서 만들어지는 글로컬한 삶이고, 이 사실은 앞으로도 당분간 변함이 없을 것이다. 따라서 최근 전 지구적 수준에서 발생하고 있는 중대하고 의미심장한 변화에도 불구하고, 우리가 살아가고 있는 이 시대와 이 세계를 '글로벌시대'와 '글로벌세계'라고 규정하는 것은 여전히 타당하고 유효하다. 이번 제4판의 번역 출판이 갖는 의의는 바로 이러한 시대적 상황에서 비롯된다.

2016년 다보스포럼에서 클라우스 슈밥(Klaus Schwab)이 제4차 산업혁명 시대를 선포했다. 여기서 슈밥은 최근 IoT, AI, NT, BT, 3D 프린팅 등 첨단 과학기술 분야가 추동하고 있는 새로운 버전의 산업혁명이 그 속도와 범위 그리고 사회시스템에 가하는 충격이라는 측면에서 우리 인류의 삶에 이전의 1~3차 산업혁명과는 근본적으로 다른 전대미문의 혁명적 변화를 가져올 것이라고 주장했다. 특히 세계를 놀라게 한 이세돌 9단과 알파고의 대국에서 드러난 것처럼, 이미 특이점을 넘어선 것으로 보이는 인공지능 테크놀로지는 인간보다 더 인간적이면서 인간성의 한계를 초월하는 트랜스휴먼과 포스트휴먼의 도래 그리고 심지어 호모 사피엔스의 종말을 전망케 하고 있다. 이러한 시대적 상황은 역설적이게도 인간 혹은 인간성의 정의와 본질에 대한 매우 오래된 인류학적 질문, 즉 '인간이란 무엇인가'라는 질문을 그 어느 때보다 중요한 지적 화두로 부상하게 만들고 있다.

글로벌시대와 글로벌세계의 맥락에서 인류의 문화적 삶의 다양성과 보편성 그리고 인간성의 본질에 대해 천착하는 이 책은 바로 이러한 시대적 화두에 답하는 데 필요한 인류학적 상상력과 지적 발판을 제공해줄 수 있을 것이다. 역자들이 방대하게 수정 · 보완된 책의 구성과 내용을 일일이 확인하고 새롭게 번역하는 매우 지루하고 고된 작업을 감내할 수 있었던 것은 바로 이 책의 이와 같은 시의성과 중요성 때문이다. 최근 출판계의 여러 어려움에도 불구하고 제4판의 번역 출판을 가능하게 해준 ㈜시그마프레스 출판사에 감사를 표한다.

2019년 8월

역자대표 박충환

제2판 역자 서문

바야흐로 글로벌시대이다. 서울의 한 유치원에서 스파이더맨과 신데렐라 복장을 한 아이들이 핼러윈 파티를 즐기고 있을 때 뉴욕 타임스퀘어에서는 가수 싸이의 '강남스타일'과 '젠틀맨'이 울려 퍼진다. 강원도 평창의 한 정기시장에서 중국산 산나물과 농기구가 팔리고 있는 동안 영국 런던의 한 중산층 가정 거실에 놓인 한국산 대형 냉장고 한 칸에서는 다이어트 식품으로 구입한 김치가 익어간다. 월스트리트의 한 변덕스러운 투자가의 클릭 한 번으로 하룻밤 사이에 직장이 사라져버릴 수도 있는 아버지는 '힐링'을 위해 한 벌에 100만 원을 호가하는 베트남산 글로벌 브랜드 등산복을 입고 '웰빙' 등산길에 오른다. 대형마트 와인 코너에서 용역으로 '아르바이트'를 하는 엄마는 아이의 손을 잡고 시내 치과를 찾는다. '설소대 수술'을 받아 짧은 혀를 길게 늘이면 원어민처럼 영어를 잘할 수 있을 것이라는 생각에서이다. 동남아시아 출신 엄마를 둔 '다문화 가정' 아이는 같은 반 아이들의 집요한 '왕따'에도 불구하고 글로벌시대의 '경쟁력' 있는 인재가 되기 위해 오늘도 이 학원 저 학원을 메뚜기처럼 뛰어다니며 '스펙' 쌓을 준비에 여념이 없다.

오늘날 우리 주변에서 흔하게 목격되는 이러한 장면들은 얼핏 전혀 상호 연관성이 없는 파편적인 현상들처럼 보일 것이다. 하지만 조금만 톺아보면 모두 전 지구적인 차원에서 전개되고 있는 세계화 과정과 밀접하게 연결되어 있다는 사실을 알 수 있다. 최근 세계화로 인해 자본, 노동, 상품, 문화의 전 지구적 이동과 순환이 급격하게 가속화되면서 '안'과 '밖', '그들'과 '우리', '타자'와 '나', '타문화'와 '자문화' 사이의 경계가 전례 없이 모호해지고 있다. 위의 장면들은 우리가 이미 세계화로 인한 '문화적 혼종'의 시대를 살아가고 있다는 사실을 방증하는 중요한 알레고리임에 틀림없다. 역자들이 바바라 밀러의 글로벌시대의 문화인류학을 번역하고자 의기투합한 것은 바로 이러한 일상적 현상들이 예증하는 바와 같은 세계화 시대의 문화적 혼종과 그 중층적 의미를 포착하고 글로벌시대에 걸맞은 문화적 감수성과 통찰력을 갖추는 데 도움이 되는 '새로운' 문화인류학 입문서를 국내에 소개하기 위해서였다.

물론 국내에는 이미 여러 종류의 문화인류학 입문서와 관련 교재들이 소개되어 있다. 하지만 1970년대에 출판된 영어 원서들을 편집 또는 재편집하거나 그대로 번역한 책들이 대부분을 차지하고 있다. 따라서 책에 제시된 사례들이 오늘날 이미 사라져버렸거나 급진적인 변동을 경험한 경우가 흔하고 이론적 쟁점과 주제도 시대에 뒤떨어진 경우가 많이 있다. 기존의 문화인류학 입문서들은 세계화로 인한 문화적 혼종과 문화적 지형변화가 우리 삶의 중요한 층위로 자리 잡은 지 이미 오래임에도 불구하고 이를 어떻게 접근하고 이해해야 하는지에 대해 적절한 답을 제공해주지 않고 있을 뿐만 아니라 심지어 답을 줄 수 없는 경우도 허다하다. 다시 말해 한국뿐만 아니라 전 세계가 다문화 사회로 급속하게 변화하고 있고, 전 지구적 차원에서 '이주'가 중요한 사회적 이슈로 떠오르고 있으며, '경쟁', '힐링', '건강', '웰빙' 등이 핵심적인 문화적 층위로 자리 잡고 있음에도 불구하고 기존의 문화인류학 입문서에서는 이러한 주제에 대한 소개나 진지한 고민을 좀처럼 찾아보기 힘들다.

그동안 한국 인류학계는 문화인류학의 학문적 · 실천적 지평을 확대하기 위해 다각적인 노력을 해왔다. 하지만 이 책을 번역하고 있는 지금도 사정은 수십 년 전과 크게 달라진 바가 없다. 문화인류학은 여전히 대학생들에게는 교양학점을 때우기 위해 우연히 수강하는 '흥미롭지만 취업에 전혀 도움이 되지 않는' 낯선 세계로 남아있고, 일반인들에게는 발음상 '일류학', 즉 '일류학문'처럼 들리지만 '출세'나 '가문의 영광'과는 관계없는 '돈 안 되는' 학문에 지나지 않는다. 문화인류학이 실제로는 인간의 삶에 가장 밀착해있고 인류의 평화적 공존과 안녕에 크게 기여할 수 있는 학문이면서도 한국 사회에서 이처럼 대중성을 확보하지 못하게 된 이유는 무엇일까? 가장 중요한 이유 중 하나는 아마 변화하는 시대상을 제대로 읽어내지 못하고 시대가 원하는 문화적 감수성과 상상력을 제공해주지 못했기 때문일 것이다.

현재 우리의 삶을 복잡하게 관통하고 있는 글로벌시대의 다양한 힘들과 급변하는 문화적 지형을 포착하고 이해하는 데 어떤 종류의 문화적 감수성과 상상력이 필요할까? 바바라 밀러의 글로벌시대의 문화인류학은 바로 이 질문에 답할 수 있는 중요한 실마리를 제공해준다. 글로벌시대의 문화인류학은 세계화 시대에 급변하는 물질적 · 상징적 질서를 포착하고 그에 적절하게 대처한다는 시대적 요구에 훌륭하게 부합할 수 있는 책이다. 이 책은 전통적인 문화인류학의 기본적인 틀은 그대로 유지하면서도 세계 곳곳에서 수집된 풍부하고 흥미로운 사례들을 세계화와 글로벌시대라는 맥락 속에서 함께 고민하고 풀어갈 수 있도록 짜임새 있게 논의를 전개하고 있다. 그뿐 아니라 의료, 표현문화, 이주, 개발같이 최근 중요한 사회적 쟁점으로 부상한 새로운 문화현상과 주제들을 과감하게 한 장의 주제로 설정해서 심층적이면서도 체계적으로 다루고 있다. 동시에 책의 구성과 편집에 많은 정성을 기울여 자칫 지루하거나 어려울 수도 있는 쟁점과 주제를 독자들이 쉽게 접근하고 이해할 수 있도록 배려했다. 이 점은 기존에 국내에 소개된 문화인류학 입문서들에 비해 이 책이 가지는 매우 중요하면서도 커다란 장점 중 하나라고 감히 단언할 수 있다.

이 책의 역자들은 문화인류학이라는 분과학문 내에서 서로 다른 분야를 전공하는 학자들이다. 이들이 이 책의 번역을 위해 한자리에 모이게 된 것은 지금부터 약 2년 전에 한국문화인류학회 기획위원회에서 문화인류학 관련 새로운 교재번역을 추진하면서부터였다. 역자들은 한국 문화인류학의 지평과 저변을 확대하고 글로벌시대에 급변하는 문화적 지형을 포착할 수 있는 새로운 시각을 대중과 학생들에게 제공한다는 목적의식을 통해 이 책의 번역에 과감하게 착수했다. 강의와 연구를 수행하는 틈틈이 공간적으로 멀리 떨어진 현장으로 가서 비교적 장기간의 현지조사를 수행해야 하는 문화인류학자들에게 번역이란 참으로 지난한 작업일 수밖에 없다. 번역에 집중하다 갑자기 전공지역이나 현장으로 달려가 일정 기간 현지조사를 수행하고 돌아온 후 다시 번역을 위해 마음을 다잡는다는 것이 그리 쉬운 일만은 아니기 때문이다. 그래서 그동안 몇 번에 걸쳐 번역작업 자체가 수포로 돌아갈 위기를 맞기도 했다. 하지만 그때마다 글로벌시대에 적합한 신개념의 문화인류학 입문서를 번역 · 소개해서 흥미롭고 유익한 문화인류학의 세계를 국내 대중들에게 널리 알리고 전공자들의 필요에도 부합해야 한다는 초심으로 돌아가 어렵고 지루한 번역작업을 마무리할 수 있었다. 번역 과정에서 직면한 숱한 역경과 예기치 못했던 어려움에도 불구하고 초심을 잃지 않고 협력하는 과정에서 역자들 사이의 지적 공동체가 더더욱 돈독해질 수 있었던 점 또한 번역 이외의 큰 수확이었다.

본문의 제1, 2장은 홍석준, 제6~8장은 박준규, 제9~11장은 박충환, 제12~13장은 이창호가 번역하였으며 나머지 제3~5장은 공동으로 번역하였다. 목포대학교 문화인류학과의 서교직 군이 제1, 2장의 초벌 번역 과정에서 많은 도움을 주었다. 번역 내용의 윤독 과정에도 여러 선생님의 도움을 받았다. 바쁜 일정에도 불구하고 따뜻한 동료애로 기꺼이 윤독을 맡아준 순천향대학교 국제문화학과의 박동성 교수와 타 학문 분야 전공자임에도 치밀하고 체계적으로 내용을 검토해준 협성대 사회복지학과의 성정현 교수에게 진심으로 감사드린다. 아울러 이 책을 펴내기까지 물심양면으로 도움을 준 한국문화인류학회의 여러 회원 선생님들 그리고 이 책의 기획에서 출판까지 세심한 배려를 아끼지 않은 (주)시그마프레스 출판사에도 깊이 감사 드린다. 역자들 모두 원문의 의미를 최대한 살려서 정확하게 번역하고자 노력했지만 번역 과정에서 오류나 오타가 발생했을 수도 있다. 그 책임은 온전히 역자들 모두의 몫임을 밝힌다.

2013년 5월
역자 일동

저자 서문

"세상 저 밖에 이렇게 많은 문화가 있는 줄 정말 몰랐어요." 필자의 문화인류학 입문 과목을 수강한 어느 학생이 한 말이다. 또 다른 학생은 이렇게 말했다. "저는 비즈니스 전공이지만 이 교과목에서 배운 책들을 계속 가지고 있을 생각입니다. 앞으로 제 경력에 도움이 될 것이기 때문이에요. 저는 사람들을 좀 더 이해할 필요가 있어요."

문화인류학은 단지 '저 밖'뿐만 아니라 여기저기 그리고 모든 곳에 있는 완전히 새로운 세상을 펼쳐 보여준다. 문화인류학의 주제는 정글 속의 북소리와 문양을 한 얼굴 같이 우리와는 거리가 멀고 이국적인 '타자'에 관한 연구인 것처럼 보일 수 있다. 이 책은 학생들이 그러한 먼 곳의 문화들과 조우하고 자신의 문화에도 고유의 북소리와 문양을 한 얼굴이 있다는 점을 깨달을 수 있도록 도움을 준다. 문화적 다양성이 모든 이에게 문화적 생존을 의미하는 글로벌화하는 세계에서 '낯선 것을 친숙하게 만드는 것'은 필수적인 학습이다. '친숙한 것을 낯설게 만드는 것'은 '우리'와 '타자' 사이의 단절을 줄여주기 때문에 매우 중요한 깨달음이다. '우리'는 문화인류학적 통찰을 통해 '타자'가 된다.

이 책은 이러한 이중적 목적을 달성하기 위해 세계의 다양한 문화에 관해 풍부하고 흥미로운 정보를 제공하고 비판적인 사고력과 성찰적인 학습을 고무한다. 학생들은 여러 지점에서 자료를 통해 배우고 자신의 문화를 여러 문화 중 하나로 보게 되고 인류학과 일상적인 삶(예 : 헤어스타일, 음식의 상징, 수면 부족, 의사와 환자 사이의 대화, 인종차별주의와 성차별주의, 제스처의 의미 등) 사이의 연관성을 발견할 것이다.

세계의 문화들에 관한 연구는 새로운 어휘와 분석적 범주에 대한 학습을 수반하지만 그러한 노력은 세계의 다양한 인간 및 문화와 보다 가까워질 수 있도록 해준다는 점에서 결실을 볼 것이다. 이 책을 통해 필자가 열망하는 바가 실현된다면 이 책을 읽은 모든 독자들은 문화적으로 보다 깨어 있고 풍요로우며 관대한 삶을 살아갈 것이다.

이 책의 구성

책의 구성과 교수법은 학생들의 참여와 학습에 도움을 주는 방향으로 설계되었다. 이 책의 13개 장은 아래와 같이 구성되어 있다. 하지만 실제 수업을 하는 교수들은 각 장을 임의로 택하여 강의를 진행하는 것이 더 편리하다고 생각할 수도 있을 것이다.

제1장은 인류학이라는 분과학문을 전체적으로 설명하고, 이 책의 나머지 부분의 논의를 위한 토대를 제공한다. 제2장에서는 인류학자들이 연구주제를 어떻게 정의하고, 어떻게 연구를 수행하며, 연구를 통해 발견한 내용을 어떻게 제시하는지에 관한 주제로 넘어간다.

이어지는 3개의 장은 사람들이 생계를 어떻게 유지하고 그들의 소비와 교환양식은 어떤지, 어떤 방식으로 아이를 낳고 기르는지, 그리고 상이한 문화들이 질병, 고통, 죽음을 어떻게 다루는지에 관해 논의한다. 비록 이 세 장은 사람들이 어떻게 생계를 유지하고 생물학적 재생산을 하며 생존하는가라는 가장 기본적인 문제를 다루지만, 각 장의 논의는 단순히 기본적인 것의 범위를 훨씬 넘어서는 매우 광범위한 문화적 해석과 실천들을 망라한다.

그다음 3개의 장에서는 집단 내의 사람들에 주목한다. 한 장에서는 친족과 그 변화하는 형태를 다룬다. 그다음 장에서는 친족에 기반을 두지 않은 사회적 결속에 대해 살펴본다. 세 번째 장에서는 사람들이 어떻게 스스로를 정치적으로 조직하고 질서를 유지하며 갈등을 처리하는지를 살펴본다.

상징적 행위는 이 책 전체를 관통하는 주제지만, 3개의 장이 가장 직접적으로 의미와 상징에 초점을 맞추고 있다. 커뮤니케이션에 관한 장은 커뮤니케이션과 언어의 기원 및 진화를 특히 그 현재의 변화에 주목해서 논의한다는 점에서 이 책의 대부분과 연결된다. 종교에 관한 장은 종교적 믿음과 실천의 통문화적 범주들을 제공할 뿐만 아니라 '세계종교'를 그 특정한 지역적 변이들과 연결시켜서 논의한다. 표현문화는 매우 광범위한 주제와 연결되어 있는데, 이를 다루는 장은 예술과 음악뿐만 아니라 스포츠, 레저, 여행 같은 예상치 못한 주제들도 모두 포괄한다.

마지막 두 장은 우리 시대의 문화변동을 규정하는 가장 중요한 주제인 이주와 국제개발에 관해 살펴본다. 이들 장에서는 문화를 명백하게 유동적인 것으로 간주하고, 사람들이 한편으로 세계화나 폭력 같은 거시적 구조에 의해 영향을 받으면서도, 다른 한편으로는 의미 있고 안정적인 삶을 창출하려고 시도하는 과정에서 어떻게 주체적 행위 능력을 발휘하는지를 보여준다.

이 책의 특징

몇 가지 새로운 특징과 변함없는 특징들이 이 교재를 독특하고 효과적인 것으로 만들고 있다.

학습목표

학습목표는 각 장의 도입부, 즉 각 장의 세 가지 주요 제목 아래에 제시되어 있다. 각 장 끝부분에 정리되어 있는 학습목표 재고찰은 세 가지 학습목표의 핵심 포인트에 관해 유용한 리뷰를 제공해준다.

인류학의 연관성

각 장은 한 편의 짧은 글과 함께 시작하는데, 이는 최근 사건 및 도입부 사진과 연결되는 문화의 한 측면에 주목하게 만든다. 이 특징은 인류학이 세계 각처에서 발생하는 당대의 쟁점들과 어떤 연관성을 가지는지 이해하는 데 도움을 준다.

문화파노라마

모든 장은 캡션이 달린 두 장의 사진과 한 장의 지도로 구성된 미니 파노라마를 통해 특정한 문화집단에 대해 1페이지 분량의 개요를 제공한다. 이 요약은 제시되는 문화에 대해 흥미로운 일별을 가능하게 해준다.

현실 속의 인류학

학생들은 비록 문화인류학이 제공하는 흥미로운 자료의 가치를 인정하겠지만, 여전히 "이러한 지식이 현실 생활에 응용될 수 있을까?"라는 질문을 던질 것이다. 이 책의 모든 장은 문화인류학의 지식과 방법이 어떻게 사회 문제를 예방하거나 해결할 수 있는지에 관한 설득력 있는 사례들을 포함하고 있다. 현실 속의 인류학은 아이티 보건복지 서비스 제공 사업에서 폴 파머(Paul Farmer)가 수행한 역할, 뉴욕시 남성들의 위험한 성적 행위에 관한 라라 타백(Lara Tabac)의 응용인류학적 연구, 원주민의 문화유산을 기록하고 보존하기 위한 호주 원주민 여성들과 인류학자의 협력 등과 같은 사례들을 포함한다.

인류학자처럼 생각하기

여기서 제시되는 사례들은 인류학을 모든 이의 삶과 연결시키고 성찰적인 학습을 유도한다. 다른 사례들은 특정한 문제와 그것이 상이한 인류학적 관점에서 어떻게 연구되거나 분석되었는지를 소개한다. 이는 제1장에서 제시된 문화인류학의 주요한 이론적 논쟁과의 연결성을 제공하고 비판적인 사고를 가능하게 한다.

환경에 주목하기

이것은 문화와 환경과의 중요한 관계를 강조한다. 문화와 환경이 상호작용하는 방식에 관한 본문의 여러 참고자료와 함께, 학생들은 다양한 문화의 사례들을 통해 문화와 환경 간의 연관성을 인식하게 될 것이다.

지도 프로그램

지도는 본문의 내용을 보완하는 적절한 양의 정보를 제공하기 위해 신중하게 선정되고 작성되었다. 상세한 캡션을 통해 학생들이 지도를 생계, 인구, 언어 같은 다른 주제들과 연결시킬 수 있도록 했다.

본문 내 용어해설

핵심 개념들에 관한 정의를 개념이 처음 언급되고 정의되는 페이지에서 제공한다. 이 핵심 개념 목록은 각 장의 끝에 배치했다. 책 끝부분의 용어해설은 핵심 개념 전체 목록과 그에 대한 정의를 포함하고 있다.

틀에서 벗어나 생각하기

여기서는 각 장에서 생각을 자극하는 2~3개의 질문을 제시하며, 각 장의 끝부분에 배치되어 있다. 이들 질문은 독자들이 특정한 주제를 자신의 문화적 경험과 연결지어 보게 하거나, 보다 진척된 연구를 위한 길을 열어준다. 틀에서 벗어나 생각하기는 강의실 내 토론을 고무하거나 수업 프로젝트 수행을 위한 토대를 제공할 수 있다.

제4판의 새로운 점

각 장에는 최신 연구 성과, 최근 인구통계로부터 도출된 사례들과 새롭고 수정된 핵심 개념들 등의 업데이트된 자료들이 포함되어 있다. 이제 각 장은 세계 각처의 당대 이슈들과 관련된 인류학의 연관성 박스로 시작한다.

- 제1장 : 에볼라 바이러스 전염병을 다루는 데 있어 문화인류학의 적합성
- 제2장 : 상품 연구에서 '회절(diffraction)'에 관해 논의하는 새로운 핵심 개념으로서 컴퓨터 통계 인류학, 트로브리안드 군도에 관한 문화파노라마 업데이트, 문화인류학 분과학문 내 성차별
- 제3장 : 과소비주의(hyperconsumerism)에 관한 논의, 태평양의 작은 섬들에서 이루어지는 인산염 채굴과 그로 인한 토착민들의 강제이주를 추동하는 글로벌 소비자 수요의 효과, 노동분업, 주관적 웰빙, 모바일 화폐와 관련된 새로운 핵심 개념
- 제4장 : 보다 유연해진 중국의 1가구 1자녀 정책에 대한 업데이트, 아미시인들에 관한 문화파노라마 업데이트, 새로운 핵심 개념인 이성애규범(heteronormativity)
- 제5장 : 전염병의 하위유형으로서 동물원성 감염병에 관한 논의, 새로운 핵심 개념인 낙인(stigma)
- 제6장 : 접촉(touch)의 새로운 사례인 인도 중부 지방의 친족 간 커뮤니케이션
- 제7장 : 생애사에 기반한 남아프리카의 '인종' 범주에서 발생하는 사회적 불평등에 관한 자료, 루마인(Roma)에 관한 문화파노라마 업데이트
- 제8장 : 구금(incarceration)에 관한 통계 수정, 쿠르드인에 관한 문화파노라마 업데이트
- 제10장 : 호주의 나린제리(Ngarrindjeri)인과 그들의 영토권 주장에 관한 새로운 자료; 부흥운동에 관한 핵심 개념 정의의 수정
- 제11장 : 분쟁 이후 상황에서 예술의 역할에 관한 자료
- 제12장 : 장 전체에 걸친 이주 관련 통계 업데이트
- 제13장 : 토착민들에 관한 통계 업데이트, 국제개발 관련 진로와 학생들이 그러한 진로를 어떻게 가장 잘 추구할 수 있는지에 관한 자료

명명(命名)의 중요성

현대 인류는 서로에 대해 그리고 자기 집단과 타 집단 및 자신들이 거주하는 장소의 특징에 대해 이름을 붙여 왔다. 초기 인류는 대충 '인간 집단'으로 번역될 수 있는 용어로 스스로를 지칭했다. 자신들에 관한 한 그들은 지구상에서 유일한 인간 집단이었다.

이제 상황이 더 복잡해졌다. 15세기에 시작된 유럽 식민주의는 유럽인들과 전 세계 수많은 토착집단들 사이에 수 세기에 걸친 급진적인 접촉을 유발했다. 유럽인들은 유럽 언어로 원주민집단들을 명명하고 묘사했다. 그러한 이름들은 토착민들이 스스로를 부르는 데 사용하는 명칭이 아닌 경우가 많았고, 토착민들의 원래 명칭 그대로 사용한 경우도 유럽어로의 음역으로 인해 그 본래의 것과 매우 다른 형태로 변해버렸다.

스페인 탐험가들이 북미 원주민 모두를 인디언으로 이름붙인 것은 잘못된 명명의 아주 전형적인 사례이다. 인도에 도착했다고 착각하는 실수에 그치지 않고 스페인 정복자들은 수많은 인간 집단을 재명명하고 자신의 영토라고 주장함으로써 토착민들의 문화유산과 정체성 대부분을 삭제해버렸다.

세계 전역에 걸쳐 많은 사람들이 불리고 싶은 명칭에 관한 고민을 하게 되면서 우리는 세계의 인간 집단과 장소들이 선호하는 명칭을 사용해야 한다는 도전에 직면해 있다. 최근까지 북미 대륙 토착민들은 경멸적인 용어인 '인디언'이라는 명칭을 거부하고 북미 원주민(Native Americans)으로 불리기를 선호했다. 현재 그들은 '인디언'이라는 용어를 재구성해서 다시 사용하고 있다. 알래스카에서 선호되는 용어는 '알래스카 원주민(Alaska Native)'이고 하와이에서는 '하와이 원주민(Native Hawaiian)'이다. 캐나다에서 선호되는 용어는 '퍼스트 네이션즈(First Nations)', '원주민(Native Peoples)' 그리고 '북부민(Northern Peoples)' 등이다. 소규모 집단에서부터 전체 국가까지 식민지 시대 이전의 집단명과 지명을 회복하고자 애쓰고 있다. 이제 봄베이는 뭄바이고 캘커타는 콜카타가 되

었다. 집단명과 지명에 자주 이의가 제기된다. 누가 히스패닉이고 누가 라티노인가? 페르시아만인가 아라비아만인가? 그린란드인가 칼라아릿 누나트(Kalaallit Nunaat)인가? 명칭이 문제가 될까? 답은 분명히 '그렇다'이다.

이 책은 사람, 장소, 사물, 활동 그리고 관념에 대해 가장 최근에 받아들여진 명칭을 제공하고자 노력한다. 하지만 이 책이 인쇄될 즈음에는 아마 몇몇 이름과 영어 철자가 바뀌어 있을 것이다. 그러한 변화를 포착하는 일이 항상 힘들긴 하지만 실제로 그렇게 하는 것은 변화하는 세계의 시민으로서 우리가 해야 할 일이다.

표지 이미지

몽골은 인구가 약 300만 명인 나라로, 세계에서 가장 인구밀도가 낮은 나라 중 하나이다. 북쪽과 서쪽으로는 산맥이, 남쪽으로는 고비사막이 둘러싸고 있는 몽골은 영토의 대부분이 풀로 덮힌 스텝 지대이기 때문에 농사를 지을 수 있는 땅이 매우 드물다. 인구의 약 30%가 생계를 위해 유목에 의존하고 있다. 이동의 자유, 말타기, 게르[몽골인의 둥근 주거 천막, 영어로는 유르트(yurt)라고 함] 주거가 몽골 문화의 중심을 이루고 있다. 인구 대부분이 불교 신도이다. 몽골 역사에서는 흔히 여성의 경제적, 정치적 역할이 중요했다. 칭키즈칸은 자기 딸들을 전장의 장수로 임명했다. 몽골 역사 전체에 걸쳐 수많은 여성이 숙련된 기마병과 기마 궁수로 등장한다. 1999년 이후 두 명의 여성이 외교부 장관으로 임명되었다. 고등교육을 받는 학생 70% 이상이 여성이다. 변화하고 있는 젠더 역할이 몽골의 미래에 어떤 영향을 미칠지는 아직 지켜봐야 한다.

요약 차례

차례

1 인류학과 문화연구

2 문화의 연구방법

3 경제체계

8
권력, 정치 그리고 사회질서

9
커뮤니케이션

10
종교

11 표현문화

12 이동하는 사람들

13 개발을 정의하는 사람들

CHAPTER 1

인류학과 문화연구

개요

인류학의 네 분야에 관한 소개

현실 속의 인류학 : 아이티 농촌에서 건강 관리 프로그램 제공하기

문화인류학 소개

인류학자처럼 생각하기 : 부엌에서 행사되는 권력

문화파노라마 : 남아프리카의 산족

문화인류학의 특징

학습목표

1.1 인류학 정의하기

1.2 문화인류학이 무엇을 하는 학문인지 이해하기

1.3 문화인류학의 특징 요약하기

인류학의 연관성

한 장족 소녀가 베트남 국경과 인접한 남중국의 아름답기로 유명한 계단식 논에서 일하고 있다. 장족의 인구는 약 1,800만 명으로 중국에서 가장 큰 소수민족집단이다. 장족이 사는 지역은 관광산업이 증가하고 있을 뿐만 아니라 중국 노인들이 은퇴 후에 생활하고 싶어 하는 지역이기도 하다. 천연 광천수의 수질이 이 지역의 주된 관광 유인 중 하나다(Lin and Huang, 2012). 이 지역의 또 다른 매력은 중국 최고령자인 127세 노인을 포함하여 장수하는 사람이 많은 것으로 명성이 높다는 점이다. 한 나이 많은 주민이 다음과 같이 말했다. "여기서 한 달을 지내니 내 고혈압이 정상으로 돌아왔다. 전에는 두 달에 한 번꼴로 발작증세가 나타났지만 지금은 절대 그렇지 않다."

식인, '쥬라기공원', 숨겨진 보물, '인디애나 존스와 최후의 성전', 오래된 선사시대 사람들의 화석들, 중국에 있는 젊음의 샘? 인류학에 대한 대중적인 이미지는 인류학자를 모험가나 영웅으로 묘사하는 영화와 텔레비전 프로그램에 주로 의거해 있다. 많은 인류학자들이 실제로 모험을 하고 또 고대 도자기나 약용 식물 그리고 옥 공예품 같은 보물을 발견한다. 하지만 인류학자들의 연구 대부분은 사실 그렇게 화려하거나 거창하지 않다. 어떤 인류학자들은 힘든 물리적 환경 속에서 선조들의 초기 화석을 찾기 위해 몇 년을 보내기도 한다. 어떤 인류학자들은 캘리포니아 실리콘밸리 사람들과 함께 살면서 그들이 현대적 테크놀로지로 가득 찬 환경에서 어떻게 일하고 또 가족생활을 꾸려 나가는지를 직접적으로 연구하기도 한다. 일부 인류학자들은 실험실에서 어떤 사람이 예전에 살았던

인류학자들은 과거와 현재를 아울러 인류의 다양성 전체를 연구한다. 문화인류학자들은 캘리포니아 실리콘밸리의 당대 문화(왼쪽)를 위시한 살아 있는 사람들뿐만 아니라, 철기와 더불어 여전히 자신들의 석기를 소중하게 여기는 서파푸아(뉴기니섬에서 인도네시아에 속하는 부분)의 다니족도 연구한다.

■ 이 장을 읽으면서, 네 분야의 인류학자들이 연구를 수행하는 동안 수집하는 자료(정보)의 종류를 목록화해보라.

장소를 밝혀내기 위해 그의 치아 에나멜 성분을 분석하기도 한다. 또 다른 인류학자들은 선사시대의 토기 문양을 연구해서 그것의 상징적 의미를 알아내려고 하거나, 야생 상태의 침팬지나 오랑우탄 같은 비인간 영장류들이 어떻게 살아가는지를 이해하기 위해 그들을 관찰하기도 한다.

인류학(anthropology)은 선사시대의 기원에서부터 동시대 인류의 다양성까지 아우르는 인간성에 관한 연구이다. 인류학은 인간성을 연구하는 다른 학문 분야인 역사학, 심리학, 경제학, 정치학, 사회학 등에 비해 연구영역이 훨씬 더 광범위하다. 인류학은 이들 학문 분야보다 훨씬 더 폭넓은 시간대를 다루고 더 광범위한 주제를 포괄한다.

인류학의 네 분야에 관한 소개

1.1 인류학 정의하기

북미 인류학은 인간성과 관련된 서로 분리되어 있으면서도 연결되어 있는 주제에 초점을 맞추는 4개의 분야(그림 1.1 참조)로 구분된다.

- **생물인류학 또는 체질인류학**(biological anthro-pology) – 생물학적 유기체로서 인간에 관한 연구로 인류의 진화와 현재적 변이에 관한 연구를 포함한다.
- **고고학**(archaeology) – 인간이 남긴 물질적 유물과 유적을 통해 과거의 문화를 연구하는 분야이다.
- **언어인류학**(linguistic anthropology) – 이 분야는 인류 커뮤니케이션의 기원과 역사 그리고 그 현재적 변이와 변동에 관해 연구한다.
- **문화인류학**(cultural anthropology) – 살아있는 사람들과 그들의 문화를 변이와 변동이라는 측면에서 연구하는데, 여기서 **문화**(culture)는 인간의 학습되고 공유된 행위와 믿음을 지칭한다.

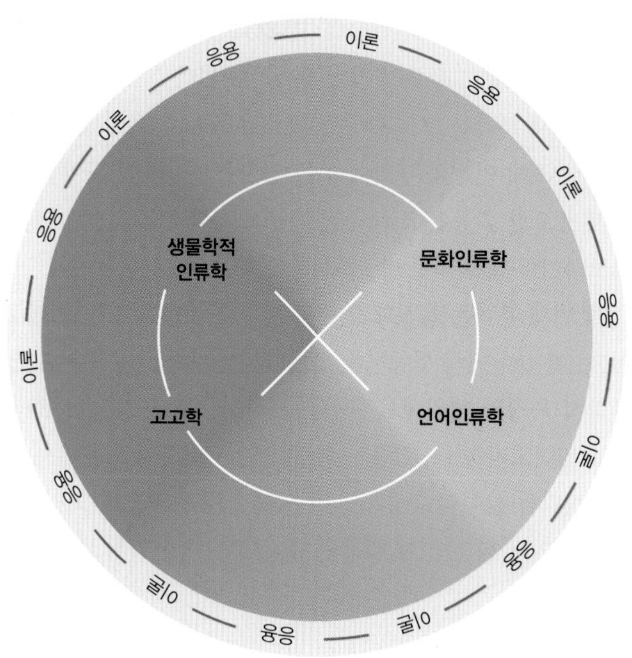

그림 1.1 인류학의 네 분야

일부 인류학자들은 다섯 번째 분야로 응용인류학이 반드시 포함되어야 한다고 주장한다. **응용인류학**(applied anthropology, 실천인류학 또는 실용인류학)은 문제를 예방하거나 해결하기 위해 혹은 정책목표를 설정하고 달성하기 위해 인류학적 지식을 활용하는 분야이다.

생물인류학 또는 체질인류학

생물인류학은 세 종류의 하위 분야를 포함한다. 첫째, 영장류학(primatology)은 영장류라 불리는 비인간 포유류에 관한 연구인데, 영장류에는 아주 작은 야행성 동물부터 가장 큰 고릴라에 이르기까지 광범위한 동물군이 포함된다. 영장류학자들은 야생이나 포획된 상태의 비인간 영장류를 연구한다. 그들은 이들 동물이 시간을 보내고, 식량을 획득 및 분배하고, 사회집단을 형성하고, 새끼를 기르고, 지도력을 발휘하고, 갈등을 경험 및 해결하는 방식을 기록하고 분석한다. 영장류학자들은 비인간 영장류가 수적으로 감소하고 있고 심지어 멸종

인류학 인간에 관한 연구로서 선사시대 인류의 기원과 동시대 인류의 다양성을 연구한다.

생물인류학 생물학적 유기체로서 인간을 연구하는 분야로 인류의 진화와 동시대적 변이에 관한 연구를 아우른다.

고고학 물질적 유물에 의거해 과거 인류의 문화를 연구하는 분야

언어인류학 커뮤니케이션에 관한 연구로서 언어의 기원, 역사, 동시대의 변이와 변화 등을 연구한다.

문화인류학 현존하는 인류와 그들의 문화를 연구하는 분야로서 차이와 변동에 관한 연구를 포함한다.

문화 인간의 학습되고 공유된 행위와 신념

응용인류학 문제를 예방하거나 해결하기 위해 혹은 정책목표를 설정하고 달성하기 위해 인류학적 지식을 활용하는 분야이다.

위기에 처해 있다고 우려한다. 많은 영장류학자들이 영장류의 보호를 위해 그들의 지식을 활용하고 있다.

두 번째 분야는 고인류학(paleoanthropology)으로서 화석기록에 기초해 인간의 진화에 관한 연구를 한다. 이 분야의 한 가지 중요한 활동은 진화가 일어난 방식과 관련된 증거물을 확보하기 위해 화석을 발굴하는 것이다.

세 번째 분야는 동시대 인류의 생물학적 변이에 관한 연구이다. 이 분야에서 활동하는 인류학자들은 동시대 인류의 생물학적 특징과 행위에서 발견되는 차이들을 규정 및 측정하고 설명하고자 한다. 그들은 특정한 인구집단 내의 유전자 및 인구집단들 사이의 공통적인 유전자, 신체의 크기와 모양, 영양 상태와 질환 그리고 성장과 발달 같은 생물학적 요인들을 연구한다.

1997년 한 과학수사인류학자(forensic anthropologist)가 과테말라 고산지대의 한 마을에서 50구가 넘는 시신을 발굴하는 모습을 마야인들이 지켜보고 있다. 이러한 과학수사인류학적 작업은 과테말라를 포함한 세계의 많은 지역에서 행해지고 있다. 이 일은 생존자들이 비극적 사건에 대한 끝맺음을 할 수 있도록 해준다.

여러분의 대학에 과학수사인류학 교과목이 개설되어 있는가?

일부 고고학자들은 수중고고학을 주전공으로 삼고 있다. 문화인류학자이자 수중고고학자로서 훈련을 받은 스테펜 루브크만(Stephen Lubkemann)이 19세기 중엽 드라이토르투가스(Dry Tortugas) 군도에서 난파된 선박인 DRTO-036의 선체 잔해를 조사하고 있다. 이 선박은 플로리다키스 제도의 드라이토르투가스 국립공원에 전시되어 있다.

인터넷에서 유네스코 수중유산보호협약을 찾아볼 수 있다.

고고학

고고학은 문자 그대로 '옛것에 관한 연구'지만, 여기서 '옛것'의 범위는 인간의 문화에만 한정된다. 따라서 고고학의 시간적 깊이는 호모사피엔스 초기, 즉 30~16만 년 전 호모사피엔스가 아프리카에 처음으로 출현한 시기까지만 거슬러 올라간다. 고고학은 2개의 주요 분야, 즉 문자 기록 이전의 인간에 관한 연구를 하는 선사고고학(prehistoric archaeology)과 기록된 문서를 가진 사회의 인간을 다루는 역사고고학(historical archaeology)으로 나뉜다. 선사고고학자들은 광범위한 지리적 영역에 의거해, 예를 들어 구세계 고고학(아시아, 아프리카, 유럽) 혹은 신세계 고고학(북미와 중남미)을 연구하는 고고학자로 스스로를 구분한다.

고고학의 또 다른 일련의 하위 분야는 고고학적 연구가 진행되는 장소에 바탕을 두고 있다. 예를 들어 수중고고학(underwater archaeology)은 침수된 고고학적 유적에 관한 연구이다. 수중고고학적 유적은 선사시대의 유물일 수도 있고 역사시대의 유물일 수도 있다. 일부 고고학적 유적은 이전에는 호수 연안이었으나 현재는 수면 아래로 가라앉은 스위스의 주거지 유적 같이 유럽 일부 지역의 초기 인류 주거지들을 포함한다.

가까운 과거를 연구하는 고고학은 또 다른 중요한 연구방향을 보여준다. 소위 당대생활 고고학(archaeology of contemporary life)의 한 예로 애리조나대학교 투손 캠퍼스의

현실 속의 인류학

아이티 농촌에서 건강관리 프로그램 제공하기

저널리스트 트레이시 키더(Tracy Kidder)의 *Mountains Beyond Mountains: The Quest of Paul Farmer, a Man Who Would Cure the World*(2003)라는 책은 영감으로 넘치는 사람인 폴 파머(Paul Farmer)에 관한 감동적인 이야기를 담고 있다. 파머는 하버드대학교에서 의학과 인류학으로 박사학위를 받았다. 그가 문화인류학과 의학을 통해 받은 훈련은 가난한 사람들에게 건강관리 프로그램을 제공하는 데 강력한 처방이 되었다.

그는 첫 번째 책인 *AIDS and Accusation: Haiti and the Geography of Blame*(1992)에서 아이티에 HIV/에이즈 출현 그리고 한 농촌공동체가 이 새롭고 파괴적인 질병을 이해하고 그에 대처하려는 시도를 기록하고 있다. 또한 그는 외부 세계가 어떻게 아이티를 이 질병의 근원지로 잘못 비난하게 되었는지에 관해서도 서술했다. 파머는 전 세계 건강 문제의 주요 원인으로서 빈곤과 사회정의에 초점을 맞추고 있다. 이러한 입장은 서구 의료의 근본 토대를 뒤흔들고 있다.

파머는 학술적 저술 활동을 하는 학자이면서 동시에 영향력 있는 의료인이자 활동가이기도 하다. 그는 파트너스 인 헬스(Partners in Health)라는 단체의 공동 창립자 중 한 명으로서 수많은 사람을 치료하는 데 도움을 주었다. 2009년에 파머는 미국의 특사로 아이티에 파견되었다. 그는 2010년 1월 발생한 아이티 지진 후 사람들의 고통을 들어 주기 위한 활동을 부단하게 수행해 왔다.

필자가 가르치는 학부 문화인류학 수업에서 폴 파머에 관해 들어본 적이 있는지 물어보았을 때 여러 학생이 손을 들었다. 그들 중 대부분이 *Mountains Beyond Mountains*를 읽었다. 몇몇은 그의 강연을 들었다. 나는 이와 같이 의료계와 인류학계에 기여한 높은 인지도로 인해 파머의 영감을 불러일으키는 역할을 폴 파머 효과(Paul Farmer Effect, PFE)라 부르기로 했다. 이 이름은 파머가 학생들에게 행한 피리 부는 사람(Pied Piper)의 역할을 가리킨다. 즉 학생들은 파머의 선구자적 행동을 따르고, 폴 파머가 되기를 원했다. 학생들은 그러한 목적을 달성하는 데 도움이 되는 방향으로 수강과목을 고르고 전공과 부전공을 선택하고 있다.

2011년 아이티 포르토프랭스에 있는 병원에서 한 아이가 콜레라 치료를 받는 동안, 어머니가 아픈 아이를 돌보고 있다. 아이티에서는 전체 인구 1,000만 명 중 45만 명 이상, 즉 인구의 약 5퍼센트에 달하는 사람들이 콜레라에 감염되었고, 그중 6,000명 넘게 사망했다. 아이티는 이곳에 콜레라를 들여온 사람들이 유엔 직원들이기 때문에 그들에게 배상을 받으려는 노력을 지속하고 있다.

나는 2010년에 PFE를 인지하기 시작했고, 이는 여전히 증가하고 있다. PFE 덕분에 매년 더 많은 학생들이 인류학, 글로벌 보건의료, 그리고 국제관계에 대해 학문적 관심을 가지게 되었다. 이 학생들이 졸업하기 시작했고, 인도주의적 진로를 추구하고 있다. 폴 파머와 PFE 덕분에, 그들은 세상을 더 살기 좋은 곳으로 만드는 데 필요한 더 강력한 지적 능력을 획득할 수 있었다.

고고학자들에 의해 수행된 '쓰레기 프로젝트(Garbage Project)'를 들 수 있다(Rathje and Murphy 1992). 그들은 뉴욕시 인근 스태튼 섬의 프레시킬스(Fresh Kills) 매립지 일부를 발굴했다. 프레시킬스 매립지의 중량은 1억 톤이고 부피는 29억 제곱피트에 달한다. 따라서 그것은 북미에서 인간에 의해 만들어진 가장 거대한 구조물 중 하나이다. 깡통 캔의 탭, 일회용 기저귀, 화장품 병, 전화번호부 등의 발굴은 현재의 소비 패턴과 그것이 환경에 어떤 영향을 미치는지를 드러내준다. 한 가지 놀라운 발견은 매립지를 가득 채운다고 사람들이 흔히 비난하는 패스트푸드 포장지와 일회용 기저귀 같은 종류의 쓰레기가 오히려 종이보다 덜 심각한 문제를 야기한다는 것이다. 특히 신문이 주범인데, 그 이유는 버려지는 양 자체가 막대하기 때문이다. 이러한 정보는 전 세계적으로 재활용을 위한 노력들을 개선할 수 있다.

언어인류학

언어인류학은 전적으로는 아니지만 주로 인간들 사이의 커뮤니케이션에 관한 연구에 초점을 맞춘다(제9장에서 이 분야를 다룬다). 언어인류학에는 3개의 하위 분야가 있다. 역사언어학(historical linguistics)은 시간의 흐름에 따른 언어의 변화와 언어들이 어떻게 연관되어 있는지에 관해 연구하는 분야다. 기술적 언어학(descriptive linguistics) 혹은 구조언어학(structural linguistics)은 동시대 언어들이 형식적 구조라는 측면에서 어떻게 차이가 나는가를 연구한다. 사회언어학은 사회적 변이, 사회적 맥락, 비구어적 커뮤니케이션을 포함하는 언어적 변이 사이의 관계를 연구하는 분야이다.

언어인류학의 새로운 동향은 최근의 중요한 이슈들과 연관되어 있다. 이들 주제는 제9장에서 논의될 것이다. 첫 번째는 일상적인 언어 사용이나 담론에 관한 연구 그리고 그것이 어떻게 국지적, 지역적, 국제적 수준에서의 권력구조와 맞물려 있는지를 연구하는 것이다(Duranti, 1997a). 두 번째는 정보기술, 특히 인터넷과 페이스북 같은 소셜미디어, 그리고 휴대전화가 커뮤니케이션에서 수행하는 역할에 대한 관심의 증가이다. 세 번째는 토착 언어 소멸의 가속화와 그에 관해 무엇을 할 수 있을지에 관한 것이다.

문화인류학

문화인류학은 동시대 사람들과 그들의 문화에 관한 연구이다. 문화라는 용어는 학습되고 공유된 행위와 신념을 지칭한다. 문화인류학은 통(通)문화적인(cross-cultural) 차이와 유사성 그리고 시간이 흐름에 따라 어떻게 문화가 변화하는지에 관심을 둔다. 문화인류학자들은 장시간을 투자해서 문화에 관해 배우는데 통상 연구하는 사람들과 1년 혹은 그 이상의 시간 동안 함께 생활한다(제2장 참조).

문화인류학의 중요한 전문 분야는 경제인류학, 심리인류학, 의료인류학, 정치인류학, 국제개발인류학 등을 포함한다.

응용인류학 : 독립된 분야인가 아니면 경계를 가로지르는 연구초점인가?

미국에서 응용인류학은 제2차 세계대전 시기와 그 후에 출현했다. 초기의 관심사는 동시대 사람들의 삶과 그들의 필요를 개선하는 데 있었기 때문에 인류학의 여타 세 가지 분야보다 문화인류학과 더 밀접한 관련이 있었다.

많은 인류학자들은 응용인류학을 인류학의 다섯 번째 분야로서 독립적으로 고려해야 한다고 생각한다. 다른 많은 이들은 이론과 마찬가지로 문제를 해결하기 위한 지식의 응용이 각 분야의 일부여야 한다고 생각한다(그림 1.1 참조). 필자는 바로 후자의 입장을 취하고 있기 때문에 이 책의 전반에 걸쳐 많은 응용인류학적 사례를 논하고 있다.

응용인류학은 인류학의 네 분야 모두를 관통하는 중요한 연결선이다.

- 고고학자들은 문화자원경영(cultural resource management, CRM)에 고용되어 도로나 건물 같은 건설계획을 진행하기 전에 고고학적 유물의 존재 가능성에 관해 평가한다.
- 생물인류학자들은 과학수사인류학자로 고용되어 유해를 분석하는 실험실 작업을 통해 범죄수사에 참여한다. 다른 이들은 영장류 보호시설에서 일한다.
- 언어인류학자들은 이중 언어 인구집단을 위한 표준화 테스트를 개선할 수 있는 방법에 관해 교육기관들과 상의하고 정부를 위해 정책조사를 수행한다.
- 문화인류학자들은 자신들의 지식을 교육, 보건, 비즈니스, 빈곤퇴치, 분쟁예방과 해결 등을 포함하는 일상생활 영역에서의 정책과 프로그램을 향상시키는 데 활용한다(관련 사례는 '현실 속의 인류학'을 보라).

문화인류학 소개

1.2 문화인류학이 무엇을 하는 학문인지 이해하기

문화인류학은 전 세계 인류 문화의 유사성과 차이점을 연구한다. 문화인류학은 '낯선 것을 친숙하게 그리고 친숙한 것을 낯설게' 만든다(Spiro, 1990). 따라서 문화인류학은 우리에게 우리 자신을 '외부'로부터 다소 '낯선' 문화로 보도록 가르친다. 친숙한 것을 낯설게 만드는 좋은 사례로는 1956년 처음 기술된 문화인 나시레마(Nacirema)의 경우를 들 수 있다.

> 나시레마는 캐나다 크리 인디언, 멕시코의 야키족과 타라후마라(Tarahumara)족 그리고 앤틸리스 제도의 아라와크족 영토 사이에서 살아가는 북미의 집단이다. 이들의 기원에 관해서는 거의 알려진 바가 없지만, 구전에 따르면 동쪽에서 도래했다. 나시레마의 신화에 따르면 이 나라는 문화 영웅 놋니소(Notgnihsaw)에 의해 세워졌다. 그는 두 개의 위대한 업적, 즉 파토맥(Pa-To-Mac) 강을 가로질러 조가비 염주를 던진 것과 진리의 정령이 거하는 체리나무를 도끼로 베어 넘어뜨린 것으로 알려져 있다(Miner, 1965[1956] : 415).

이 인류학자는 이어서 나시레마 사람들이 몸에 대해 보여주는 집착을 묘사한다. 그는 집 안에 특별히 마련한 성소에서 수행되는 일상적 의례에 관해 상세하게 기술한다.

> 그 성소의 중심은 벽에 붙박이로 설치되어 있는 상자이다.

> 이 상자 속에는 많은 종류의 주술적 묘약이 보관되어 있는데 현지인들은 모두 그것이 없다면 살아갈 수 없을 것이라고 생각한다. 이들 묘약은 다양한 전문 주술사들로부터 확보된다. 이들 가운데 가장 영향력 있는 이는 치료사인데, 그는 도움을 주는 대가로 상당한 양의 선물을 받는다… 묘약 상자 아래에는 작은 성수반(聖水盤)이 있다. 날마다 모든 가족 구성원이 연이어 성소로 들어가 묘약 상자 앞에 그의 머리를 조아리고 성수반 안에 각양각색의 신성한 물을 섞은 다음 간단한 세정식을 치른다(415-416).

아직도 이 부족이 누구인지 알아차리지 못했다면 나시레마의 철자 순서를 뒤바꿔 보라. (주 : 이 글의 필자 마이너가 나시레마 사회를 묘사하면서 전반적으로 남성 대명사를 사용한 데 대해 양해를 구하고 싶다. 그가 이 글을 쓴 것은 수십 년 전의 일이다.)

문화인류학의 간략한 역사

문화인류학의 시작은 광범위한 지역을 여행하면서 조우한 문화에 관해 기록했던 헤로도토스(기원전 5세기), 마르코 폴로(13~14세기), 이븐 할둔(14세기) 같은 역사적 인물들까지 거슬러 올라간다. 문화인류학의 보다 최근 개념적 뿌리는 18세기 전반에 저술 활동을 한 철학자 샤를 몽테스키외 같은 프랑스 계몽주의 사상가들에게서 발견된다. 1748년에 출판된 그의 저서 『법의 정신(The Spirit of the Laws)』은 전 세계 다양한 사람들의 기질, 생김새, 정부에 대하여 논의한다. 그는 문화적 차이를 사람들이 사는 기후의 차이로 설명했다.

19세기 후반 찰스 다윈을 위시한 여러 학자들에 의해 생물학적 진화의 원리가 발견되면서 인간의 기원에 대해 처음으로 과학적인 설명이 제공되었다. 생물학적 진화는 자연선택의 과정을 통해 초기 형태가 이후의 형태로 진화해 가는 것을 말하는데, 자연선택을 통해 생물학적으로 가장 적합한 유기체는 생존하고 번식하지만 적합하지 못한 유기체는 사멸한다. 이렇게 다윈의 모델은 경쟁하는 유기체들 사이의 투쟁을 통해서 적응력이 증가하는 방향으로 끊임없이 진보한다는 논지다.

진화의 개념은 초기 문화인류학자들의 사고에 중차대한 영향을 미쳤다. 18세기 후반과 19세기 초반 문화인류학의 토대를 닦는 데 가장 중요한 역할을 한 인물로 영국의 에드워드 타일러 경(Sir Edward Tylor)과 제임스 프레이저 경(Sir James Frazer), 그리고 미국의 루이스 헨리 모건(Lewis Henry Morgan)을 들 수 있다(그림 1.2 참조). 그들은 모든 문화가 시간이 흐름에 따라 저차원적인 형태에서 고차원적인 형태로 진화한다는 문화적 진화의 모델을 구축했다. 이러한 관점은 비서구인들을 '야만' 단계에 구미 문화를 '문명' 단계에 위치시켰고, 비서구 문화가 서구 문명의 수준을 따라잡지 않으면 사멸할 것이라고 가정했다.

20세기 초반 현대 문화인류학의 주요 인물 중 한 명인 브로니슬라브 말리노프스키(Bronislaw Malinowski)는 **기능주의**(functionalism)라 불리는 이론적 접근방식을 확립하였다. 기능주의는 문화가 생물학적 유기체와 유사하게 부분이 전체의 기능과 존속을 위해 작동한다고 본다. 예를 들어 종교와 가족 조직이 전체 문화의 기능에 기여한다는 식이다. 프란츠 보아스(Franz Boas)는 북미 문화인류학의 창립자로 간주된다. 독일에서 태어나 물리학과 지리학을 공부한 그는 1887년에 미국으로 건너왔다(Patterson, 2001 : 46ff). 그는 캐나다 배핀 섬(Baffin Island)의 원주민인 이누이트(Inuit)인에 대한 1년여의 연구를 통해 서구과학에 대해 회의적인 태도를 가지게 되었다(42쪽 지도 2.3 참조). 그는 이누이트인들로부터 상이한 문화적 배경을 가진 사람들은 심지어 '물'과 같이 기본적인 물질에 대해서도 상이한 인식을 가질 수 있다는 사실을 깨달았다. 보아스는 상이한 문화들의 특수성과 타당성을 인식하게 되었다. 그는 현재 널리 알려진 **문화상대주의**(cultural relativism)라는 개념, 즉 각각의 문화는 그 문화의 고유한 가치와 관념에 입각해서 이해되어야 하며 다른 문화의 기준에 의해 판단되어서는 안 된다는 관점을 주창했다. 보아스에 따르면 어떤 문화도 다른 문화에 비해 '더' 선진적이거나 우수하지 않다. 따라서 그의 입장은 19세기 문화 진화론자들의 입장과 현저하게 대조된다.

마거릿 미드(Margaret Mead)는 보아스의 가장 유명한 제자이다. 그녀는 남태평양의 문화, 성역할 그리고 자녀양육 관행이 인성 형성에 미치는 영향에 관한 연구에 기여했다. 그녀의 학술적 저작뿐만 아니라 대중 잡지의 칼럼들도 1950년대 미국의 육아방식에 많은 영향을 미쳤다. 이와 같이 미드는 초창

기능주의 문화가 생물학적 유기체와 유사하게 부분이 전체의 기능과 존속을 위해 작동한다고 보는 이론

문화상대주의 각각의 문화는 그 문화 자체의 가치와 관념에 따라 이해되어야 하며 다른 문화의 잣대를 통해 판단되어서는 안 된다는 관점

그림 1.2 구미 문화인류학에 기여한 주요 학자들

19세기 후반	
에드워드 타일러 경	안락의자인류학자, 최초의 문화 정의
제임스 프레이저 경	안락의자인류학자, 종교에 관한 비교연구
루이스 헨리 모건	내부자의 관점, 문화 진화, 비교방법론
20세기 초	
브로니슬라브 말리노프스키	기능주의, 총체론, 참여관찰
프란츠 보아스	문화상대주의, 역사적 특수주의, 권익옹호운동(advocacy)
마거릿 미드	문화와 인성, 문화구성주의, 공공인류학(public anthropology), 인류학의 대중화
루스 베네딕트	문화와 인성, 국민성 연구
조라 닐 허스턴	흑인 문화, 여성의 역할, 민족지적 소설
20세기 중·후반, 21세기 초	
클로드 레비스트로스	상징적 분석, 프랑스 구조주의
베아트리체 메디슨	아메리카 원주민 인류학
엘리너 리콕	식민주의와 토착민에 관한 인류학
마빈 해리스	문화유물론, 비교, 이론 정립
메리 더글러스	상징인류학
미셸 로잘도	페미니스트 인류학
클리퍼드 기어츠	해석인류학, 로컬 문화에 관한 심층기술
로라 네이더	법 인류학, '상향 연구'
조지 마커스	문화 비평, 문화인류학 비평
길버트 허트	게이 인류학
낸시 셰퍼-휴스	비판적 의료인류학
리스 멀링스	반인종주의 인류학
샐리 엥글 메리	세계화와 인권
라일라 아부-루고드	젠더정치, 기억의 정치

기 대중적 문화인류학자의 한 명으로, 긍정적인 사회 변화를 도출하는 데 문화인류학적 지식의 대중화가 갖는 중요성에 대해 진지하게 고려했다.

제2차 세계대전 이후 미국 문화인류학은 전문적 훈련을 받은 인류학자의 수와 대학에 개설된 인류학과의 수라는 측면에서 상당히 팽창했다. 이러한 성장과 함께 이론적 다양성도 확대되었다. 몇몇 인류학자들은 환경적 요인에 기반을 둔 문화 이론을 구축했다. 그들은 유사한 환경(예 : 사막, 열대우림, 혹은 산악지역)이 유사한 문화의 출현과 예측 가능하게 연결될 것이라고 주장했다.

같은 시기 프랑스 인류학자 클로드 레비스트로스(Claude Lévi-Strauss)는 프랑스 구조주의로 알려진 아주 다른 이론적 관점을 구축했다. 그는 특정한 문화를 이해하는 가장 좋은 방법은 그 문화의 신화와 이야기들을 수집하고 그 이면에 깔려 있는 심층적인 테마들을 분석해내는 것이라고 주장했다. 프랑스 구조주의는 20세기 후반 특히 미국에서 두드러졌던 상징인류학, 즉 문화를 의미체계로서 연구하는 분야의 발달에 영감을 제공했다.

1960년대에는 생산수단에 대한 접근권의 중요성을 강조하는 마르크스주의 이론이 인류학 진영 내에 등장했다. 이는 미국에서 **문화유물론**(cultural materialism)이라 불리는 새로운 이론적 학파의 출현에 영향을 미쳤다. 문화유물론은 삶의 물질적 측면, 특히 자연환경과 사람들이 생계를 유지하는 방식에 방점을 두는 문화연구의 한 이론이다. 또한 **해석인류학**(interpretive anthropology) 혹은 해석주의라 불리는 새로운 이론적 입장도 1960년대에 등장했다. 이 이론적 관점은 미국의 상징인류학과 프랑스 구조주의 인류학으로부터 동시에 영향을 받았다. 해석인류학은 문화의 이해를 위해서는 그 문화의

문화유물론 환경, 자연자원 그리고 생계양식 같은 삶의 물질적 차원을 사회조직과 관념을 설명하는 기반으로서 접근하는 이론

해석인류학 문화는 사람들이 생각하는 것, 관념 그리고 그들에게 중요한 의미에 대한 연구를 통해 이해될 수 있다고 보는 관점

사람들이 생각하는 것, 그들의 관념 그리고 그들에게 중요한 상징과 의미에 초점을 맞춰야 한다고 제안한다. 이들 두 입장에 관해서는 이 절의 뒤에서 더 상세하게 논의된다.

1990년대부터는 또 다른 두 가지 이론적 방향이 두각을 나타내었다. 두 이론 모두 포스트모더니즘, 즉 현대성(modernity)이 진정한 진보인가를 묻고, 과학적 방법, 도시화, 기술적 변화, 매스 커뮤니케이션 같은 모더니즘의 측면들에 의문을 제기하는 지적 동향에 영향을 받았다. 첫 번째 이론은 **구조주의**(structurism, 필자의 용어)로서 경제, 정치, 미디어 같은 강력한 구조가 문화를 규정해서 미처 사람들이 깨닫지도 못하는 사이에 그들의 행동과 사고방식에 영향을 미친다고 보는 관점이다. 두 번째 이론은 구조에 맞서 행동함으로써 문화를 창출하고 변화시키는 인간의 **주체적 행위능력**(agency), 즉 자유의지와 개인들의 힘을 강조한다.

인류학의 세 가지 이론적 논쟁

인류학의 세 가지 이론적 논쟁은 왜 통문화적으로 사람들이 차이가 나면서도 유사할까, 왜 그들은 그들의 방식으로 행동하고 생각할까, 그리고 인류학자들은 어떻게 이들 질문에 답을 찾아야 할까라는 기본적인 문제를 둘러싸고 전개된다. 첫 번째는 생물인류학과 문화인류학 사이의 논쟁이다. 두 번째와 세 번째는 구체적으로 문화인류학 진영 내에서의 논쟁이다.

생물학적 결정론 대 문화구성주의 **생물학적 결정론**(biological determinism)은 인간의 행위와 사고를 유전자와 호르몬 같은 생물학적 요인으로 설명한다. 따라서 생물학적 결정론자들은 살인행위, 알코올중독, 청소년기 스트레스 같은 행위에 영향을 미치는 유전자나 호르몬을 찾아내려고 애쓴다. 또한 그들은 문화적 실천들을 그것이 '종의 성공적 재생산'에 어떻게 기여하는지, 즉 어떻게 그것이 생존하는 자손의 수를 증가시키는 방식으로 후속 세대의 유전자 풀에 기여하는지의 측면에서 분석한다. 이러한 관점에 따르면, 재생산상의 이점을 지닌 행위와 사고가 다른 것보다 미래 세대에게 더 잘 전승된다. 예를 들어 생물학적 결정론은 왜 남성이 여성에 비해 분명하게 '더 나은' 공간기술을 보유하게 되었는지를 설명해준다. 그들은 이러한 차이가 '더 나은' 공간기술을 보유한 남성이 식량과 배우자를 확보하는 데 더 유리할 것이기 때문에 진화적 선택의 결과라고 말한다. '더 나은' 공간기술을 갖춘 남성은 더 많은 여성을 임신시킬 수 있었고, 결과적으로 '더 나은' 공간기술을 가진 자손들을 더 많이 가질 수 있었다는 것이다.

대조적으로, **문화구성주의**(cultural constructionism)는 인간의 행위와 사고가 문화적으로 규정된 학습의 결과로 가장 잘 설명될 수 있다고 주장한다. 문화구성주의자들은 남성의 '더 나은' 공간기술이 유전자가 아니라 학습을 통해 문화적으로 전승된다는 증거를 제공할 것이다. 그들은 부모와 교사들이 남아와 여아에게 공간기술을 다르게 사회화하고, 남아에게 특정한 공간기술의 학습을 더 장려한다고 주장한다. 유전자와 호르몬 같은 생물학적 요인의 역할을 인정하더라도, 살인과 알코올중독 같은 행위를 설명하는 데 문화적 구성과 학습을 더 선호하는 인류학자들은 유전자나 호르몬보다 유아기 경험과 가족의 역할을 더 강조한다. 대부분의 문화인류학자가 문화구성주의자지만, 일부는 자신의 연구 과정에서 생물학과 문화를 연결시키기도 한다.

해석인류학 대 문화결정론 해석인류학 또는 해석주의는 사람들이 무엇에 관해 생각하고, 자신의 삶을 어떻게 설명하고, 그들에게 중요한 상징이 무엇인지에 대한 연구를 통해 문화를 이해하는 데 방점을 두고 있다. 예를 들면 힌두교도의 식사습관을 이해하고자 하는 해석주의자들은 왜 그들이 쇠고기를 먹지 않는가라고 묻는다. 힌두교도들은 암소가 신성하고 암소를 죽이거나 먹는 것이 죄라는 점에서 자신의 종교적 믿음을 드러낸다. 해석주의자들은 이러한 설명을 충분한 것으로 받아들인다.

문화유물론은 인간적 삶의 물질적 측면, 즉 환경 그리고 특정한 환경 내에서 사람들이 생계를 유지하는 방식을 분석함으로써 문화를 이해하고자 한다. 문화유물론자들은 비록 사람들이 인지하지 못하더라도 이러한 삶의 기본적인 사실들이

구조주의 경제, 사회정치조직, 미디어 같은 거대한 힘들이 사람들의 행위와 사고를 규정한다고 주장하는 인간 행위와 관념에 관한 이론적 입장

주체적 행위능력 지배적인 구조 내에서도 선택을 하고 자유의지를 행사할 수 있는 인간의 능력

생물학적 결정론 인간의 행위와 사고가 주로 유전자와 호르몬 같은 생물학적 특질들에 의해 규정된다고 설명하는 이론

문화구성주의 인간의 행위와 사고가 주로 학습에 의해 규정된다고 설명하는 이론

교통 혼잡의 두 유형을 보여주는 인도(왼쪽)와 미국(오른쪽)의 도시 풍경

■ **전 세계적으로 사람들이 자동차를 소유하고자 하는 열망이 증대하고 있는 가운데, 도시계획가들이 가까운 미래나 10년 후를 위해 고려해야 할 것이 무엇이라고 생각하는가?**

문화를 규정한다고 믿는다. 그들은 문화를 설명하기 위해 3수준 모델을 사용한다. 최하위 수준은 천연자원, 경제, 인구 같은 기본적인 물질적 요소들을 지칭하는 하부구조이다. 이 모델에 따르면, 하부구조가 문화의 다른 두 영역, 즉 구조(사회조직, 친족, 정치조직)와 상부구조(이념, 가치, 믿음)를 규정한다. 이 책의 각 장은 대체로 이 세 범주에 입각해서 구성되어 있지만, 각 층위가 깔끔하게 분리되어 있는 것이 아니라 상호 긴밀하게 연결되어 있다는 점을 인정한다.

암소 도살과 쇠고기 먹기를 금기시하는 터부에 대한 문화유물론적 설명은 인도에서는 소가 죽거나 스테이크용으로 도축되는 것보다 살아서 더 중요한 역할을 한다는 사실을 강조한다(Harris, 1974). 인도의 도시와 마을 거리를 돌아다니는 소들이 서구인들에게는 무용지물로 보인다. 하지만 좀 더 자세하게 분석해보면, 겉으로 무용지물로 보이는 소들이 사실은 여러 가지 유용한 기능을 수행하고 있음을 알게 된다. 소들은 함께 어슬렁거리며 걸어 다니면서 종이 쓰레기와 여타 먹을 수 있는 쓰레기를 먹어치운다. 그들의 배설물은 '갈색 황금'으로, 비료로서 유용하고 볏짚과 섞어 파이 모양으로 말리면 요리용 연료로 유용하게 사용된다. 가장 중요한 것은 농부들이 논을 경작하는 데 소를 이용한다는 점이다. 문화유물론자들은 소의 성스러운 의미에 대한 힌두교도들의 믿음을 고려에 포함시키긴 하지만, 소의 성스러운 의미와 소의 물질적 가치 사이의 관계를 이처럼 엄청나게 유용한 동물이 쇠고기 가공공장으로 끌려가지 않도록 방지하는 상징적 보호 장치로 이해한다.

일부 문화인류학자들은 강경한 문화유물론자인 반면, 일부는 강경한 해석주의자이다. 많은 이들은 이 양자의 견해 중 최고의 것들을 조합해서 연구한다.

개인의 주체적 행위능력 대 구조주의 이 논쟁은 개인의 통제를 초월한 수준의 힘 혹은 구조와 비교해서, 개인의 의지 또는 인간의 주체적 행위능력이 사람들의 행위와 사고방식에 어느 정도 영향을 미치는가라는 질문과 연결되어 있다. 서구의 철학 사상은 인간의 주체적 행위능력, 즉 선택하고 자유의지를 행사할 수 있는 개인의 능력에 많은 방점을 둔다. 대조적으로, 구조주의는 선택이 경제, 사회 · 정치 조직, 미디어 같은 보다 더 큰 힘들에 의해 구조화되기 때문에 자유 선택은 일종의 환상에 불과하다고 강조한다.

가장 중요한 사례가 빈곤에 관한 연구이다. 인간의 주체적 행위능력을 강조하는 인류학자들은 어떻게 개인들이 심각한 빈곤 상황에서도 자신의 상황을 변화시키기 위해 가능한 최선을 다해 주체적 행위자로 행동하는지에 관해 연구의 초점을 맞춘다. 이와 반대로, 구조주의자들은 가난한 자들이 크고 강력한 힘들에 포획되어 있다는 점을 강조한다. 그들은 어떻게 정치경제와 여타 힘들이 가장 가난한 자들에게 주체적 행위능력을 발휘할 수 있는 여지를 거의 남겨두지 않는지에 관해 기술한다. 최근에는 점점 더 많은 문화인류학자들이 구조주의적 관점을 인간의 주체적 행위능력에 대한 관심과 결합시키고자 시도하고 있다.

변화하는 관점들

문화인류학은 끊임없이 재고되고 재형성된다. 지난 수십 년 동안 새로운 이론적 관점들이 인류학이라는 학문을 탈바꿈시키고 풍요롭게 만들어 왔다. 페미니스트 인류학은 여성의 역할과 젠더불평등에 관한 연구의 필요성을 강조하는 관점이다. 1970년대에 초기의 페미니스트 인류학자들은 인류학이 여성을 간과해 왔다는 것을 깨달았다. 이러한 괴리를 메우기 위해 페미니스트 인류학자들은 세계인의 절반을 차지하는 여성과 소녀들에게 분명하게 초점을 맞춘 연구에 착수했다. 이와 관련된 분야 중 하나는 게이-레즈비언 인류학(gay and lesbian anthropology) 혹은 퀴어 인류학(queer anthropology)으로 게이들의 문화 그리고 성정체성과 성선호에 기반 한 차별에 관해 연구해야 할 필요성을 강조하는 관점이다. 이 책은 이 두 분야 모두의 연구 결과를 제시한다.

북미 인류학계에서는 아프리카계 미국인, 라티노, 아메리카 원주민 출신 인류학자들의 수와 사회적 가시성이 증가하고 있다. 그럼에도 불구하고 북미와 유럽에서 인류학은 여전히 '가장 백인 중심적인' 직업 중 하나로 남아 있다(Shanklin, 2000). 인류학을 보다 포괄적인 분과학문으로 발전시키기 위한 몇 가지 단계는 다음과 같다(Mullings, 2005).

- 인류학의 인종주의적 역사와 인종주의적 성격에 관해 검

콜롬비아의 학회에 참석한 콜롬비아 인류학자 패트리샤 토바르(Patricia Tovar)(가운데). 중앙아메리카와 남아메리카에서는 응용인류학이 문화인류학의 핵심적인 분야이다.

토하고 평가한다.

- 인류학계 내의 교수, 연구자, 직원, 학생들의 다양성을 증대시키기 위해 노력한다.
- 인류학 강의와 교재를 통해 인종주의에 관해 가르친다.

전 세계적으로 비서구 출신 인류학자들이 구미 인류학의 지배적 위상에 대해 점점 더 의문을 제기하고 새로운 관점들을 제공하고 있다(Kuwayama, 2004). 그들의 연구는 상당히 서구적으로 정의된 분과학문으로서의 인류학에 대해 유용한 비평을 제공하고 미래에 인류학을 새로운 방향으로 이끌 것이라는 비전을 제시한다.

문화의 개념

문화인류학자들은 다들 문화에 관해 연구한다는 점에서 동일하지만 문화를 어떻게 정의할 것인가에 관해서는 수십 년 동안 논쟁이 지속되고 있다. 이 절에서는 오늘날 문화의 정의, 문화의 속성 그리고 문화적 정체성의 토대에 관해 논의한다.

문화의 정의 문화는 문화인류학의 핵심 개념이다. 따라서 문화인류학자들이 문화란 무엇인가에 대해 동일한 입장을 취할 것이라 생각할지도 모른다. 1950년대에 문화에 대한 정의들을 수집해보려는 시도가 있었는데 그때 이미 무려 164개의 상이한 문화 정의가 존재했다(Kroeber and Kluckhohn, 1952). 그 후 아무도 인류학자들에 의해 사용되는 문화 정의의 수를 세어보려고 시도하지 않았다.

영국 인류학자 에드워드 타일러 경이 1871년에 처음으로 문화를 정의했다. 그에 따르면 "문화 혹은 문명이란… 지식, 신앙, 예술, 도덕, 법률, 관습 그리고 사회 구성원으로서 인간이 학습한 여타 모든 능력과 습관들을 포함하는 복합적 총체"(Kroeber and Kluckhohn, 1952:81)이다. '복합적 총체'라는 표현이 그의 문화 정의에서 가장 지속적인 설득력을 발휘해 왔다.

당대의 문화인류학 진영 내에서 문화유물론자와 해석인류학자들은 문화에 대해 상이한 두 종류의 정의를 지지한다. 문화유물론자인 마빈 해리스에 따르면 "문화는 특정한 인구집단의 학습된 생활양식의 총체이다. 문화는 특정한 사회 혹은 그 하위집단의 구성원들에게 특징적인 유형화되고 반복적인 사고, 느낌, 행동의 방식으로 구성된다"(1975:144). 이와 대조적으로 해석인류학자인 클리퍼드 기어츠는 문화란 상징, 동기, 기분, 생각 등으로 구성된다고 주장한다. 이러한 정의는 인간의 지각, 사고, 관념에 초점을 맞추며 행위는 문화의 일부로 포함하지 않는다. 이 책에서 사용되는 문화의 정의는 문화란 학습되고 공유된 행위와 믿음으로서 기어츠의 정의보다 더 폭이 넓다.

문화는 모든 인간들 사이에 존재한다. 그것은 모든 인간이 가지고 있는 것이다. 몇몇 인류학자들은 이러한 보편적인 문화 개념을 대문자 'C'로 시작되는 Culture로 표기한다. **미시문화**(microculture) 또는 로컬 문화라는 용어는 특정한 지역의 특정한 집단에서 발견되는 독특한 유형의 학습되고 공유된 행위와 관념을 지칭한다. 미시문화는 종족성(ethnicity), 젠더, 연령 등에 기반을 둔다.

문화의 속성 복잡한 문화 개념에 관한 이해는 그 특징들을 조명하는 것을 통해 가능할 수 있다.

문화는 자연과 동일하지 않다 자연과 문화 사이의 관계는 문화인류학자가 사람들의 행위와 사고를 이해하는 데 아주 흥미로운 것이다. 이 책은 문화의 중요성을 강조한다.

문화가 어떻게 자연으로부터 분리되고 또 자연을 규정하는가를 이해할 수 있는 좋은 방법은 상이한 문화적 맥락 속에서 삶의 기본적이고 자연적인 필요사항을 조명해보는 것이다. 모든 사람이 생존하기 위해 수행해야만 하는 인류의 보편적인 기능은 먹고, 마시고, 잠자고, 배설하는 것이다. 인간의 삶을 지탱하는 데 있어서 이들 네 가지 기능이 갖는 선험적 중요성이 주어져 있다면, 모든 곳의 사람들이 그 기능을 비슷한 방식으로 수행할 것이라는 논리가 그럴듯하게 보인다. 하지만 현실은 그렇지 않다.

식사 문화는 사람들이 어떤 음식을 언제 어떻게 먹을 것인가를 규정하고 음식과 식사에 특정한 의미를 부여한다. 문화는 또한 먹을 수 있는 음식과 먹을 수 없는 음식을 정의한다. 중국에서는 대부분의 사람들이 치즈를 혐오스러운 것으로 생각하지만 이와 달리 프랑스에서는 대부분의 사람들이 치즈를 매우 좋아한다. 중국 전체에 걸쳐 돼지고기는 널리 선호되

미시문화 보다 큰 문화 내에서 발견되는 특징적인 유형의 학습되고 공유된 행위와 사고

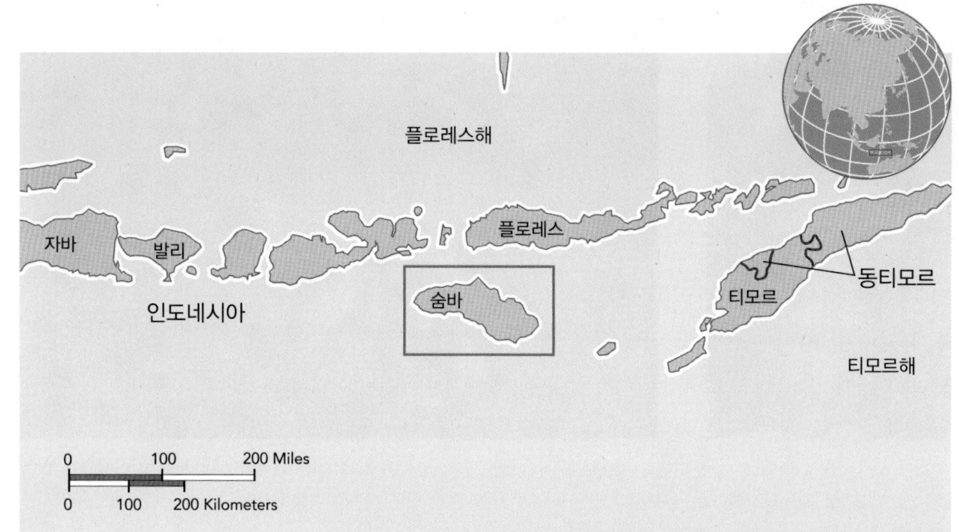

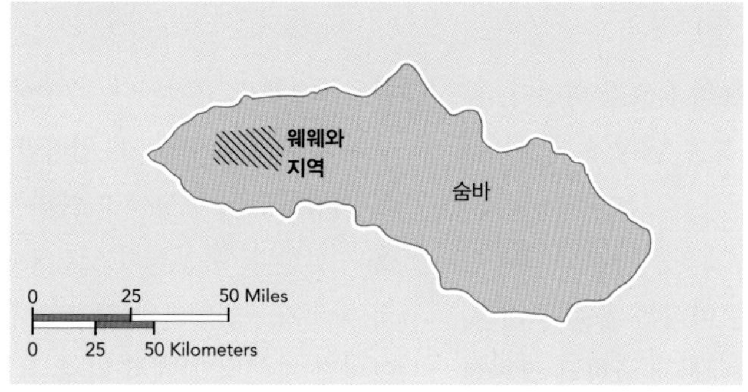

지도 1.1 인도네시아 웨웨와 지역

인도네시아의 많은 섬들 가운데 하나인 숨바 섬의 길이는 75마일이다. 웨웨와 사람들의 인구는 약 85,000명인데, 이들은 섬 서부 지역의 풀로 덮인 고원에 위치한 작은 촌락에서 살고 있다. 그들은 쌀, 옥수수, 기장을 재배하고 물소와 돼지를 기른다.

는 고기이다. 이와 대조적으로 유대교와 이슬람교는 돼지고기 소비를 금한다. 야생 식물의 채집 및 사냥과 어로가 중요시되는 많은 문화의 사람들은 음식의 신선함에 가치를 부여한다. 그들은 식료품점의 선반에 놓인 냉동식품 꾸러미를 먹기에 적절한 시간을 한참 넘긴 것으로 여길 것이다.

맛에 대한 인식은 극적으로 다양하다. 서구의 연구자들은 보편적인 맛의 범주로 단맛, 신맛, 쓴맛, 짠맛 4종류가 있다고 추정한다. 통문화적 연구는 이들 4종류의 맛이 보편적이지 않음을 입증한다. 예를 들어 인도네시아 숨바(Sumba) 섬 고원지대(지도 1.1 참조)의 웨웨와(Weyéwa) 사람들은 신맛, 단맛, 짠맛, 쓴맛, 시큼한 맛, 단조로운 맛, 쏘는 맛의 일곱 가지 범주로 맛을 규정한다(Kuipers, 1991).

먹는 방법 또한 음식 관련 행위의 중요한 측면이다. 적절한 식사 방법에 관한 규칙들은 다른 문화에서 생활할 때 가장 우선적으로 배울 필요가 있는 것 중 하나이다. 인도의 식사법은 오직 오른손만을 사용할 것을 요구한다. 왼손은 배변 후 뒤처리 시 사용하는 손이기 때문에 더러운 것으로 간주된다. 식사도구로 청결한 오른손을 더 선호하는 것이다. 다른 사람이 접촉한 식기류는 심지어 세척한 것일지라도 더러운 것으로 간주된다. 일부 문화에서는 음식을 개인용 접시에 담아서 먹는 것이 중요한 반면, 중앙에 놓인 공동 접시로부터 음식을 먹는 게 적절한 것으로 간주되는 문화도 있다.

문화적 차이의 또 다른 영역은 누가 음식의 조리와 서빙에 책임이 있는가에 관한 것이다. 많은 문화에서 가정 요리는 여성의 역할이지만 공적인 연회를 위한 요리는 남성의 일인 경우가 더 흔하다. 누가, 무엇을, 누구를 위해 요리할 것인가를 둘러싸고 권력관계가 작동할 수도 있다('인류학자처럼 생각하기' 참조).

마시기 마시기와 관련된 통문화적인 변이 또한 복잡하다. 모든 문화는 마시는 데 적절한 물질과 언제 누구와 마실지를 규정하고 마실거리와 마시기에 의미를 부여한다. 프랑스 문화는 점심을 포함하여 가족 식사에서 상대적으로 많은 양의 테이블 와인을 소비하는 것을 허용한다. 미국에서는 일반적으로 가족 식사 동안에는 물이 제공되고 소비된다. 인도에서는 물이 식사 마지막 단계에서 제공되고 소비된다. 전 세계에 걸

함께 식사를 하는 에티오피아 가족(왼쪽). 이들의 전형적인 식사는 특별한 양념으로 조리해서 인제라(injera) 빵에 얹은 고기와 야채 요리 몇 가지로 구성된다. 인제라는 작은 조각으로 찢어서 몇 점의 고기와 야채를 한입에 먹을 수 있는 크기로 싸는 데 사용되는 부드럽고 얇은 빵이다. 이들 음식 모두 식기를 사용하지 않고 먹을 수 있다(오른쪽).

■ 이러한 식사는 사회적 배치와 음식이라는 측면에서 여러분이 최근에 한 식사와 얼마나 유사하거나 다른가?

쳐 상이한 범주의 사람들이 상이한 종류의 음료를 마신다. 알코올성 음료가 소비되는 문화에서는 보통 남성이 여성보다 그것을 더 많이 소비하는 경향이 있다.

문화는 종종 특정한 음료의 의미와 그것을 마시고 제공하는 방식을 규정한다. 사회적 마시기는 마시는 음료가 커피, 맥주, 보드카이든 상관없이 사회적 유대를 창출하고 강화한다. 미국의 대학 남학생 사교클럽에서의 맥주 마시기 의례가 좋은 사례이다. 미국 북동부의 한 대학에서 촬영된 '샐러맨더스(Salamanders)'라는 제목의 민족지 영화를 보면 사교클럽 남학생들이 클럽하우스의 여러 '장소'를 옮겨 다니며 각 장소마다 맥주를 단숨에 들이킨다(Hornbein and Hornbein, 1992). 한 지점에서 어떤 남학생이 맥주를 단숨에 마시고 비틀거리며 다음 장소로 이동하다가 앞으로 고꾸라져 기절해버린다. 영화는 남학생 사교클럽 파티에서 젊은 남녀가 맥주를 꿀꺽꿀꺽 마시면서 살아있는 도롱뇽을 때로는 한 번에 2~3마리씩 삼키는 또 다른 음주의례를 보여준다(이러한 관행은 현재 법적으로 금지되어 있다).

수면 상식적으로 수면은 문화에 의해 규정되지 않는 자연적인 기능의 하나라고 주장할 것이다. 누구나 최소한 하루에 적어도 한 번은 잠을 자고 모두가 잠을 자기 위해 눈을 감고 자리에 누우며 대부분의 사람들은 밤에 잠을 자기 때문이다. 오랜 시간 동안 잠을 자지 못한다면 정신이 이상해지거나 심지어 죽을 수도 있다.

하지만 수면은 최소한 생물학적으로 결정되는 것만큼이나 문화적으로도 규정된다. 수면에 대한 문화의 영향은 누가 누구와 함께 잠을 자는가, 얼마만큼의 잠을 자야 하는가, 왜 일부 사람들은 수면장애라 불리는 불면증을 겪는가 등의 질문을 포함한다. 통문화적으로 유아와 아동이 어디에서 잠을 자야 하는가, 즉 엄마와 잘 것인가, 양 부모와 함께 잘 것인가, 아니면 자신의 방에서 따로 잘 것인가를 규정하는 규칙에서 현저한 차이가 나타난다. 남아메리카 아마존 지역 토착민들의 경우, 엄마와 유아가 여러 달 동안 같은 해먹에서 함께 잠을 자고 아기가 배고파 할 때마다 모유를 먹인다.

문화는 개인이 잠을 자는 시간 길이에 영향을 미친다. 인도 농촌의 여성은 아침 식사 준비를 위해 일찍 일어나 불을 지펴야 하기 때문에 남성보다 잠을 적게 잔다. 이에 반해 분주하게 돌아가는 회사 같은 북미에서 'A유형' 남성은 상대적으로 잠을 적게 자고 그 사실을 자랑스럽게 여긴다. 그들에게 잠을 너무 많이 자는 것은 무기력함을 의미한다. 일본에서는 지나친 주간졸림증(EDS)이라 불리는 수면장애가 도쿄와 다른 대도시들에서 일반적으로 나타난다(Doi and Minowa, 2003). 지나친 졸음은 직장에서의 보다 잦은 사고, 잦은 결근, 낮은 생산성, 사적 · 직업적 관계의 저하 그리고 질병 및 사망률의 증가와 연결되어 있다. 여성이 남성보다 거의 2배 정도 더 주간 졸림증을 겪으며 특히 기혼 여성이 이에 취약하다.

배설 통문화적인 경험에서 차지하는 그 기본적인 중요성에도 불구하고, 인류학자들은 배설에 거의 주목하지 않아 왔다.

첫 번째 질문은 어디에서 배설을 하느냐는 것이다. 배설이

인류학자처럼 생각하기

부엌에서 행사되는 권력

가족 내에서 다른 구성원들을 위해 음식을 요리하는 것은 사랑과 헌신의 표시가 될 수 있다. 그것은 사랑과 헌신으로 보답하는 것이 기대된다는 메시지를 수반할 수 있다. 미국의 테하노(Tejano) 이주민 농장노동자들 사이에서는 타말리(tamale)를 준비하는 것이 가족에 대한 여성의 헌신을 상징하고 따라서 '좋은 아내'의 상징이기도 하다(Williams, 1948). 테하노는 텍사스에 사는 멕시코계 사람들이다. 그들 중 일부는 여름에 이주노동자로 일하기 위해 일리노이로 이주한다.

테하노들에게 타말리는 그들의 문화적 정체성을 나타내는 중심적인 표식이다. 타말리는 풍성하게 다진 돼지 머리고기를 옥수수 껍질로 싸서 만든다. 타말리를 만드는 데는 엄청나게 많은 시간이 소모되는데 이는 바로 여성의 일이다. 일반적으로 여러 명의 여성이 타말리를 만드는 데 필요한 기본적인 작업인 돼지 머리 구입, 껍데기 벗기기, 속 준비, 옥수수 껍질로 속 싸기, 타말리 굽기 또는 끓이기 등을 하기 위해 며칠 동안 함께 일한다.

타말리는 여성의 남편에 대한 애정 깊은 보살핌을 상징하고 강조한다. 텍사스의 한 노인은 크리스마스를 위해 집에서 며느리, 조카딸, 대녀(代女)와 함께 200여 개의 타말리를 만들었다. 그들은 이 타말리를 친구, 친척, 지역 선술집 등에 나누어주었다. 타말리를 만들고 나누어주는 데 수고와 비용이 막대하게 들어갔다. 그러나 그녀들에게 그만한 가치가 있는 일이었다. 테하노들은 타말리를 만드는 것을 통해 명절을 즐기고 필요할 때 도움을 요청할 수 있는 사람들과 사회적 결속을 구축하며, 선술집 주인들과 소통 관계를 유지해서 그들이 그곳에서 술을 마시는 남자 친척들을 보살펴줄 수 있도록 한다.

테하노 여성들은 또한 타말리 만들기를 가정 내 불만의 표현수단으로서 활용하기도 한다. 남편의 행동에 불만이 있는 여성은 타말리 만들기를 거부할 수 있고 이는 그녀의 입장에서 상당히 심각한 불만의 표현방식이다. 좋은 아내가 되는 것과 타말리 만들기의 연결성이 매우 강하기 때문에 남편은 아내가 타말리 만들기를 거부하는 것을 이혼의 근거로 받아들일 수 있다. 일리노이의 한 젊은 테하노는 아내가 축제에서 다른 남성과 춤을 췄을 뿐만 아니라 남편을 위해 타말리 만들어주지 않았다는 이유로 이혼소송을 제기했다. 판사는 이혼 승인을 거부했다.

타말리는 옥수수 반죽에 볶은 고기와 고추를 섞은 다음 옥수수 껍질로 싸서 만든다.

생각할 거리

여러분의 미시문화적 경험에서 음식이 사회적 결속이나 사회적 저항을 표현하는 수단으로 사용되는 예를 들어보라.

얼마나 사적인 행위인지 아니면 다소 공공장소에서 행해질 수 있는 것인지를 규정하는 데서 차이가 나타난다. 유럽의 많은 도시에서 남성은 공공장소인 길거리에서 소변을 보는 것이 용인되지만 여성의 경우는 그렇지 않다. 인도의 대부분 촌락에는 집 안에 실내 화장실이 없다. 대신 아침 일찍 여성들은 무리를 지어 집을 떠나 특정한 장소로 가서는 쪼그리고 앉아서 수다를 떤다. 남성들은 다른 장소로 간다. 모든 이들이 물을 담은 작은 놋그릇 하나를 왼손에 들고 가서는 볼일을 보고 난 후 세척한다. 생태학적으로 보면 이러한 배설체계는 농토에 비료를 주면서도 어떠한 종이 쓰레기도 남기지 않는다는 이점이 있다. 서구인들은 촌락의 이러한 관행이 더럽고 불쾌하다고 여길지도 모른다. 하지만 인도의 촌락 주민들은 화장지를 사용하는 것이 물로 세척하는 것만큼 깨끗하지 못하기 때문에 서구식 체계가 비위생적이라고 생각할 것이다. 그리고 그들은 화장실 변기에 앉아 볼일을 보는 것보다 쪼그리고 앉아서 하는 것이 더 편하다고 느낄 것이다.

많은 문화에서 소변과 대변 등의 배설물은 더럽고 혐오스러운 것으로 간주된다. 파푸아뉴기니(지도 1.2 참조)의 몇몇 집단의 사람들은 자신의 배설물을 묻거나 숨기기 위해 많은 주의를 기울인다. 누군가 그것을 찾아내어 그에게 불리한 주술을 걸기 위해 사용할 수 있다는 두려움 때문이다. 하지만 배설물에 대한 부정적인 평가가 보편적인 것은 아니다. 캐나다와 미국의 북서부 태평양 연안의 일부 아메리카 원주민 문화에서 소변, 특히 여성의 소변은 치료와 정화 효과가 있다고 생

유엔은 비누로 손을 씻는 것이 질병을 예방하는 효과적인 방법이라는 메시지를 전 세계적으로 전달하려 한다. 방글라데시의 한 마을에 거주하는 여성들이 손을 올바르게 씻는 방법을 알려주는 포스터 옆 창문을 통해 밖을 바라보고 있다(왼쪽). 필리핀에서 위생을 증진하고 신종플루의 발생을 방지하는 데 도움을 주기 위해 아이들에게 비누로 손 씻는 방법을 교육하는 행사에 학생들이 참여하고 있다(오른쪽).

■ **유엔에서 비누로 손 씻는 것을 장려하는 사업이 사람들에게 비누와 깨끗한 물이 없을 수 있는 상황을 고려할 필요가 있지 않을까에 대해 토론할 준비를 하라.**

각해서 '생명수'로 여겼다(Furst, 1989). 일부 죽음과 관련된 의례에서는 고인이 다시 활기를 되찾을지도 모른다는 희망에서 시신 위에 소변을 뿌렸다. 사람들은 아기의 첫 번째 목욕을 위시한 의례에 사용하기 위해 특별한 나무상자에 소변을 저장하기도 했다. (이 소변은 물과 혼합한 것이다.)

부유한 나라 사람들의 손 씻기 관행은 어떠한가? 한 연구는 영국의 5개 도시에서 404명의 통근자들을 대상으로 손에 있는 배설물 박테리아를 조사했다(Judah et al., 2010). 그들 중 28%에서 배설물 박테리아가 발견되었고, 남성이 여성보다 더 많이 배설물 박테리아를 보유하고 있는 것으로 밝혀졌다.

문화는 상징에 기반을 두고 있다 아침 식사를 하는 것에서부터 친구를 만나는 것, 돈을 버는 것, 예술 활동을 하는 것, 종교를 믿는 것까지, 우리의 삶 전체가 상징에 기반해 있고 또 그것을 통해 조직된다. **상징**(symbol)은 문화적으로 규정된 의미를 지닌 사물, 말, 혹은 행동으로서 그것과 필연적이거나 자연적인 관계가 없는 다른 어떤 것을 나타낸다. 상징은 상징되는 것과 필연적인 관계가 없다는 점에서 자의적이고 예측 불

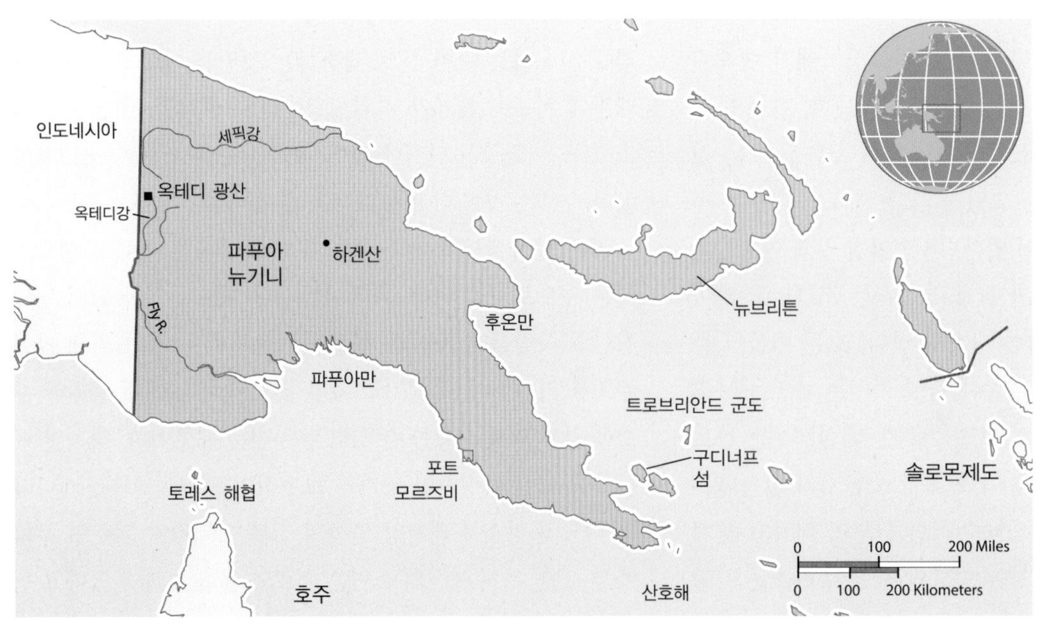

지도 1.2 파푸아뉴기니

뉴기니 섬의 동쪽 절반을 차지하는 파푸아뉴기니 독립국(The Independent State of Papua New Guinea, PNG)은 1975년에 호주로부터 자치권을 획득했다. 대부분 해안에 저지대가 있는 산악지역인 파푸아뉴기니는 금, 구리, 은, 천연가스, 목재, 석유, 어류 자원이 풍부하다. 인구는 700만 명 이상이다. 수도인 포트모르즈비(Port Moresby)의 노동 가능 인구는 높은 HIV/AIDS 감염률을 보이고 있다.

가능하며 다양하다. 상징은 자의적이기 때문에 특정한 문화가 무엇인가를 어떻게 상징할 것인지를 예측하는 것은 불가능하다. 배가 고픈 사람은 배고픔을 나타내기 위해 위장과 관련된 표현을 할 것이라고 추청할지도 모르지만, 어느 누구도 인도 북부지방의 언어인 힌디어에서 배고픔을 구어적으로 표현하기 위해 '내 위 속에서 쥐들이 뛰어다니고 있다'고 말하는 것을 예측할 수는 없다. 언어학적 역사에 따르면, 이 책 저자의 이름이기도 한 바바라(Barbara)는 원래 그리스어로 외부인, 즉 '야만인(barbarian)'을 지칭했고 의미가 확장되어 문명화되지 않고 미개한 상태를 나타냈다. 또한 그리스어로 '수염을 기른' 사람을 지칭하기도 했다. 현재의 맥락에서는 미국식 이름 바바라의 상징적 내용이 즉각적으로 수염을 기른 사람이라는 뜻을 전달하지 않는다. 상징적 의미는 변화할 수 있기 때문이다. 문화가 공유되고 축적되고 세대를 거쳐 전승되는 것은 바로 그 속성이 자의적이고 놀라울 정도로 풍부한 상징을 통해서이다.

인도에서 흰색 사리(여성의 복장)는 미망인을 상징한다.

이 여성들은 신부가 흰색 웨딩드레스를 입는 서구의 관습에 대해 어떻게 생각할까?

문화는 학습된다 문화는 자의적인 상징에 기반을 두고 있기 때문에 각각의 문화적 맥락에서 새롭게 학습되어야 한다. 문화적 학습은 출생 순간부터 시작된다(일부 사람들은 태아도 외부 세계로부터 들려오는 소리를 통해 정보를 받아들이고 저장한다고 생각한다). 아직 어느 정도인지 정확하게 알려져 있지 않지만 대부분의 문화적 학습은 무의식적인 것으로서 삶의 일상적인 차원에서 관찰을 통해 이루어진다. 이와 대조적으로 학교에서의 학습은 문화를 습득하는 공식적인 방법이다. 선사시대와 인류역사의 대부분 동안 문화는 공식적인 학교 교육을 통해 다음 세대로 전승되지 않았다. 대신 아동들은 문화적 양상을 관찰과 실천을 통해 그리고 가족 구성원과 집단 연장자들로부터의 조언을 통해 습득했다. 물론 이러한 비공식적인 학습은 아직도 지속되고 있다.

문화는 통합되어 있다 문화가 내적으로 통합되어 있다고 말하는 것은 **총체론**(holism)적 원칙을 확증하는 것이다. 따라서 문화의 한두 측면만을 연구하는 것은 보다 포괄적인 접근방식보다 왜곡되거나 잘못되기가 더 쉬운 상당히 제한적인 이해를 제공한다.

한 연구자가 파푸아뉴기니 고산지대(지도 1.2 참조)의 부족간 전쟁을 연구하는데 문화의 다른 측면에 대한 조명 없이 전쟁의 실재적인 관행에만 초점을 맞춘다면 어떻게 될지 생각해보라. 고산지대 문화의 핵심적인 특징은 정치적 연회에서 이루어지는 돼지 교환이다. 한 남성이 정치적 지도자가 되기 위해서는 많은 돼지를 확보해야 한다. 돼지가 먹는 얌은 남성이 재배하고 돼지를 돌보는 것은 여성이다. 이러한 노동분업은 아내를 1명 이상 둔 남성이 더 많은 돼지를 키울 수 있으며 더 많은 연회를 베풀어 정치적으로 두각을 드러낼 수 있다는 것을 의미한다. 그러한 연회는 장차 지도자가 되려는 자의 지위를 높여주고 초대받은 손님들에게 빚을 지운다. 연회를 통해 보다 많은 추종자들을 확보한 지도자는 영향력을 발휘해서 이웃 촌락과 전쟁을 수행할 수 있다. 전쟁에 승리하면 영토가 확장된다. 지금까지 이 사례는 주로 경제, 정치, 혼인체계에만 주목했다. 하지만 문화의 다른 측면들도 연관되어 있다. 초자연적인 힘이 전쟁의 성공에 영향을 미친다. 특정한 문양으로 창과 방패를 칠하면 그 힘이 증대된다고 믿는다. 연회와 결혼에서 채색, 조가비 장식품, 깃털로 된 정교한 머리장식을 포함한 신체 장식은 정체성과 지위의 중요한 표현이다. 보다

상징 문화적으로 규정된 의미를 지닌 사물, 말 혹은 행동으로서 그것과 필연적이거나 자연적인 관계가 없는 다른 어떤 것을 나타낸다. 대부분의 상징은 자의적이다.

총체론 문화는 경제, 사회 조직, 이념 등을 포함하는 상이한 구성요소들에 주목하지 않고는 완전히 이해될 수 없는 복합적 체계라는 인류학의 관점

광범위한 문화적 맥락에 주목하지 않은 채 전쟁에 접근하면 지극히 협소한 관점만을 초래한다.

문화적 통합은 긍정적인 변화를 도모할 수 있는 방법을 제안하고자 하는 응용인류학자들과 연결된다. 수년에 걸친 경험은 문화의 다른 영역들에 미치는 영향을 고려하지 않은 채 문화의 한 측면만을 변화시키기 위한 프로그램을 도입하는 것이 흔히 그 문화의 복지와 존속에 오히려 해로운 결과를 초래할 수 있다는 사실을 보여준다. 예를 들어 동남아시아 일부 지역의 선교사와 식민주의자들은 머리사냥 관행을 금지시켰다. 이 관행은 그 지역 문화의 다른 많은 측면들, 즉 정치적, 종교적, 심리적 측면과 연결되어 있었다. 한 남성의 정체성이 머리의 획득에 달려 있었다. 머리사냥을 금한 것이 좋은 일로 보일 수도 있겠지만 머리사냥의 중지는 그것이 문화 내에서 갖는 핵심적 중요성 때문에 그 문화에 비참한 결과를 초래했다.

문화는 상호작용하고 변화한다 문화는 무역망, 국제개발 프로젝트, 전자통신, 교육, 이주, 관광 같은 접촉을 통해 상호작용하고 서로를 변화시킨다. 전 지구적 차원의 집약적인 연결과 재화, 정보, 사람들의 이동을 수반하는 과정인 **세계화**(globalization)가 당대 문화변동의 주요한 힘이다. 세계화는 최근의 기술적 변화, 특히 정보와 커뮤니케이션 테크놀로지(ICT)의 붐을 통해 탄력을 받고 있다.

세계화는 고르게 확산되지 않는다. 지역 문화와의 상호작용과 그에 미치는 영향은 긍정적인 변화에서 문화파괴와 사멸까지 아주 상이하게 나타난다. 문화적 상호작용의 네 가지 모델이 이러한 차이의 일부를 포착하고 있다(그림 1.3 참조).

문명충돌론은 구미 자본주의와 생활방식의 전 세계적 확산이 다른 문화체계들 사이에서 환멸과 소외, 분노를 초래했다고 주장한다. 이 모델은 세계를 '서구와 비서구'로 나눈다.

서구화 모델은 미국과 유럽의 강력한 영향하에서 전 세계가 문화적으로 동질화되어 간다고 주장한다. 서구화의 한 변이가 맥도날드화이다. 맥도날드화 모델은 대량생산, 속도, 표준화, 몰인격적 서비스라는 원칙을 가진 '패스트푸드 문화'를 통해 정의된다.

혼합주의 혹은 크레올화(creolization)라고도 불리는 혼종화(hybridization)는 둘 혹은 그 이상의 문화의 요소들이 합쳐져

문명충돌	갈등 모델
서구화	서구 문화로의 대체와 동질화 모델
혼종화	혼합 모델
지역화	지역 문화의 재구성과 전 지구적 문화의 변환

그림 1.3 문화적 상호작용의 네 모델

서 새로운 무엇인가를 형성할 때 발생한다. 예를 들어 일본에서는 할머니들이 고마움의 표시로 현금인출기에 대고 고개 숙여 인사를 할 수도 있다. 아마존과 북극 지역의 토착민들은 조상들의 땅의 경계를 지도로 작성하고 보호하기 위해 위성 영상을 사용한다.

네 번째 모델은 **지역화**(localization)로 지역의 미시문화들에 의해 전 지구적 문화가 새로운 무엇인가로 변화한다는 것이다. 지역화는 우리 주변 모든 곳에서 항상 발생하고 있다. 맥도날드 음식점의 사례를 고려해보자. 아시아의 여러 맥락에서 사람들이 빨리 먹는 식사 패턴에 반대하고 가족이 함께 모여 여유롭게 식사하는 것을 고집한다(Watson, 1997). 맥도날드 관리자들은 이러한 선호를 수용해서 보다 느린 테이블 회전율이 가능하도록 서비스 속도를 조절한다. 사우디아라비아에서 맥도날드는 남편, 아버지, 혹은 남자형제와 함께 온 여성을 포함하는 가족석과 싱글 남성들을 위한 자리를 분리해서 따로 제공한다. 싱글 여성들은 맥도날드에 입장할 수 없지만 배달 서비스를 이용할 수는 있다. 이들 지역화와 관련된 사례는 과연 서구의 '단일문화(mono-culture)' 형태가 전 세계를 점령하고 문화적 다양성을 저해하고 있는지 의문을 제기하게 만든다.

문화적 세계의 다수성

이 절에서 논의되는 바와 같이 보다 큰 문화 내에 다양한 미시문화들이 존재한다(그림 1.4 참조). 그러한 복잡한 상황에서 특정한 개인은 다수의 미시문화의 구성원인 경우가 많다. 미시문화들은 권력, 지위, 권리의 면에서 겹치거나 위계적으로 서로 관련되어 있을 수도 있다.

미시문화에 관한 논의에서 차이와 위계 간의 대조가 중요하다. 사람과 집단들은 특정한 면에서 서로 다르다고 여겨질

세계화 서구의 팽창, 특히 전 세계 모든 문화에 영향을 미치는 미국식 자본주의의 확산으로 인한 국제적 연결의 증가와 심화

지역화 지역 문화에 의해 전 지구적 문화가 새로운 무엇인가로 변화하는 것

계급	젠더, 섹슈얼리티
'인종'	연령
종족성, 토착성(indigeneity)	제도화된 집단

그림 1.4 미시문화의 몇몇 토대

수 있지만 이에 기초해서 불평등할 수도 있고 그렇지 않을 수도 있다. 예를 들어 파란색 또는 갈색 눈을 가진 사람들이 다르다고 인식될 수 있지만 이러한 차이가 불평등한 대우나 지위를 수반하지 않는다. 하지만 다른 경우에는 그러한 차이가 불평등의 근거가 되기도 한다.

계급 **계급**(class)은 사람들이 사회 내에서 차지하는 경제적 지위에 토대를 둔 범주로서 통상 소득이나 재산의 정도로 측정되고 생활방식을 통해 드러난다. 계급사회는 상류계급, 중산계급, 하류계급 등으로 구분될 수 있다. 계급의 예로 임금을 위해 노동을 제공하는 사람들인 노동자계급과 자신 또는 타자가 노동을 투여하는 땅을 소유한 사람들인 토지소유계급을 들 수 있다. 계급은 상층계급이 하층계급을 지배하는 위계체계와 맞물려 있다. 고전 마르크스주의적 관점에서 보면 계급투쟁은 필연적인 것이다. 상층계급이 자신들의 지위를 유지하고자 하는 반면 하층계급은 자신들의 지위를 향상시키고자 하기 때문이다. 하층계급은 자원에 대한 접근권을 확보하거나 말투, 복장, 여가, 오락 활동 같은 상층계급의 상징적 행위의 일부를 차용함으로써 자신들의 계급지위를 향상시키고자 할 수도 있다.

자메이카 킹스턴의 저소득층 지역에 있는 한 집의 마당. 이러한 지역에 사는 사람들은 '빈곤'보다 '저소득'이라는 용어를 선호한다.

계급은 인류 역사상 비교적 최근에 이루어진 사회 발달의 결과로 약 10,000년 정도밖에 되지 않았다. 계급은 모든 사람들이 동등한 부를 소유하고 음식과 여타 자원들을 집단 내에서 공유해야 하는 일부 외딴 지역 문화들에서는 오늘날에도 존재하지 않는다.

'인종', 종족성 그리고 토착민 **'인종**(race)'은 생물학적으로 동질적인 특성을 가진 것으로 추정되는 사람들의 집단을 지칭한다. '인종'이라는 용어는 세계 여러 지역에서 그리고 상이한 인구집단에서 다양한 방식으로 사용되기 때문에 지극히 복잡하다. 따라서 인종이 단일한 의미를 지니지 않는다는 점을 나타내기 위해 인용부호로 표시하는 것이 이치에 맞다. 미국에서처럼 남아프리카에서도 '인종'은 주로 피부색에 근거해서 규정된다. 20세기 이전 중국에서는 체모(體毛)가 인종 분류의 핵심적인 생물학적 기반이었다(Dikötter, 1998). '오랑캐' 인종들은 '문명화된' 중국인들보다 체모가 많았다. 중국의 저술가들은 유럽에서 온 수염 난 남성 선교사들을 '털 많은 오랑캐'라 불렀다. 20세기에 접어들면서 몇몇 중국 인류학자들은 체모의 양에 의거해서 인류를 몇 개의 진화단계로 구분했다.

종족성(ethnicity)은 역사적 유산, 언어, 종교 혹은 문화의 여타 요소들을 공유하고 있다는 의식에 기반해 있는 한 집단 내의 정체성 의식을 지칭한다. 종족성의 예로 미국의 아프리카계 미국인과 이탈리아계 미국인, 동유럽의 크로아티아인, 중국의 한족 그리고 르완다의 후투인(Hutu)과 투시인(Tutsi)을 들 수 있다. 이러한 정체성 의식은 집단의 권리와 승인을 획득하고 보호하기 위한 정치운동의 형태로 표현될 수도 있고 일상적 삶을 영위하는 방식을 통해 보다 암묵적으로 표현될 수

계급 통상 소득이나 재산 정도를 통해 측정되는 사회 내의 경제적 지위에 의거해서 사람들을 범주화하는 방식

'인종' 피부색이나 두발의 특징 같이 추정상 동질적이고 대체로 피상적인 생물학적 특질에 의거해서 사람들을 집단으로 범주화하는 것

종족성 역사적 유산, 언어 혹은 문화에 기반을 두고 형성되는 특정한 집단 내의 공유된 정체감

도 있다. '인종'과 비교할 때 '종족성'은 보다 중립적이고 사회적 오명을 씌우는 정도가 덜한 용어처럼 보인다. 하지만 이 역시 차별, 분리, 억압의 토대였고 또 여전히 그러하다.

유엔의 지침에 따르면 **토착민**(indigenous peoples, 역주 : '원주민'으로 번역하기도 한다)은 자신들의 본래 영토와 장기지속적인 연고가 있는 집단으로 정의되는데, 이 연고는 식민세력이나 외부 사회가 이들 영토에 도래해서 지배하기 이전부터 존재해 온 것이다(Sanders, 1999). 일반적으로 토착민들은 수적으로 소수자이며 흔히 자신들의 본래 영토에 대한 권리를 상실한 상태이다. 유엔은 루마니아인, 스리랑카의 타밀인 그리고 아프리카계 미국인 같은 소수종족을 토착민과 구분한다. 남아프리카의 산족(San)은 여러 하위집단들과 함께 자신들의 생활방식이 첫 번째는 식민주의에 의해 그리고 현재는 세계화에 의해 극적인 영향을 받은 토착민의 중요한 사례 중 하나이다('문화파노라마' 참조).

젠더 **젠더**(gender)는 남성, 여성 또는 때로 혼합된 '제3의' 성의 속성이라고 여겨지는 문화적으로 구성되고 학습된 행위와 관념을 지칭한다. 젠더는 남성과 여성을 범주화하기 위해 생식기나 호르몬 같은 생물학적 표식에 기초해서 성을 구분하는 섹스(sex)와 다르다. 문화인류학은 한 개인의 생물학적 특성이 반드시 젠더와 일치하지는 않는다는 사실을 보여준다. 생물학은 출산과 수유 같은 몇 가지 역할과 과업만을 직접적으로 결정한다.

통문화적으로 젠더 차이는 남녀의 역할과 세계가 유사하고 겹치는 사회들에서부터 젠더 역할이 현저하게 차별화되어 있는 사회들까지 다양하게 나타난다. 태국의 농촌 대부분 지역에서 남성과 여성은 덩치가 비슷하고 입는 옷도 유사하며 농업 관련 역할과 과업도 상호보완적이며 종종 서로 대체될 수 있다(Potter, 1977). 이와 대조적으로 파푸아뉴기니 고산지대의 여러 집단에서는 먹는 음식의 종류를 위시한 삶의 대부분의 측면에서 젠더의 구분과 분리가 존재한다(Meigs, 1984). 남성의 집은 물리적 · 상징적으로 남성의 세계와 여성의 세계를 분리한다. 남성들은 코나 성기를 통한 누혈, 토하기, 혓바닥 긁기, 땀 흘리기, 눈 씻기 등을 통해 여성적 물질을 씻어내는 의례에 참여한다. 남성은 신성한 피리를 소유하는데 이따금 마을을 통과하는 퍼레이드에 사용한다. 여성이 감히 그 피리를 꺼내보면 남성은 전통에 따라 그 여성을 죽일 권리가 있다.

연령 출생에서부터 노년에 이르는 인간의 삶의 주기는 사람들이 적절한 행위와 사고를 새롭게 습득해야 하는 일련의 문화적 단계를 통과하도록 만든다. 아프리카의 여러 목축 사회에서는 정교한 연령 범주가 남성들이 책임이 적고 지위가 낮은 소년기에서부터, 전사가 되어 집단과 분리되어 따로 생활하는 청년기를 거쳐, 혼인하고 아이를 가지는 것이 허락되고 존경받는 연장자가 되는 성인기에 이를 때까지 단계적으로 그들의 역할과 지위를 정의한다. '더힐(The Hill)', 즉 미국의 상 · 하원의원들의 집단은 고도로 연령 등급화된 미시문화를 보여준다(Weatherford, 1981). 더힐은 연배가 많은 정치인이 발언 시간과 발언이 주목받는 정도 면에서 젊은 정치인을 압도하는 원로정치체제(gerontocracy)의 성격을 보여준다. 연배가 낮은 정치인이 원로 정치인으로서 효과적이고 영향력 있는 존재가 되는 데는 10~20년 정도의 시간이 걸릴 수 있다.

제도화된 집단 제도화된 집단, 즉 특정한 목적을 위해 형성된 영속적 집단체계는 고유하고 특징적인 미시문화를 가진다. 제도화된 집단에는 병원, 학교, 대학교, 감옥 등이 포함된다. 그러한 집단에 처음 들어가면 누구든지 낯설다는 느낌을 경험한다. 흔히 성문화되어 있지 않은 문화적 규칙에 익숙해지기 전까지는 사람들을 기분 상하게 하거나 어리둥절하게 만들고, 원하는 바를 성사키는 데 실패하게 하며, 주변화되고 불안하다고 느끼게 만드는 일을 저지를 수 있을 것이다.

교육기관을 연구하는 인류학자들은 종종 학교가 보다 광범위한 사회의 고정관념, 권력관계, 불평등을 재생산하고 강화하는 것을 보여주었다. 미국 로키산맥 남서부 지역의 한 중학교에 관한 연구는 교사들이 멕시코계 이민자 여학생들을 주변부적 존재로 만들어버리는 상황을 발견했다(Meador, 2005). 그 학교에서 멕시코계 이민자 학생들은 영어에 능숙하지 못하기 때문에 제2의 언어로서 영어(ESL) 사용자라는 딱지가 붙으며 영어실력을 향상시키기 위해 고안된 특별한 과목을 수강한다. 게다가 교사들이 '좋은 학생'이라고 생각하는 학생은 다음과 같다.

토착민 자신들의 영토와 장기지속적인 연고가 있는 인구집단으로 이 연고는 식민세력이나 외부 사회가 이들 영토에 도래해서 지배하기 이전부터 존재해 온 것이다.

젠더 남성, 여성 혹은 혼성의 속성이라고 여겨지는 문화적으로 구성되고 학습된 행위와 관념

문화파노라마

남아프리카의 산족

산족(San)은 혀를 차서 소리는 내는 성문음(聲門音) 체계의 언어를 사용하는 남아프리카의 여러 집단들을 아울러 지칭하는 이름이다. 대략 2,000년 전에는 산족들이 남아프리카에 사는 유일한 사람들이었지만 현재 그들은 도처에 산재해 있는 지역들에 한정되어 살고 있다.

유럽의 식민주의자들은 산족을 '부시맨(bushman)'이라 불렀는데, 이는 당시에는 경멸적인 용어였지만 오늘날의 산족들은 일부 지역민들이 그들을 부르는 방식보다 더 선호한다. 일부 산족은 또한 영어로 '최초의 사람들(First People)'이라고 스스로를 부르기도 한다.

수백 년 동안 산족들은 식물 뿌리와 새알 같은 먹거리를 채집하고 영양과 기린 등 여러 종류의 동물을 사냥하는 것을 통해 생계를 유지해 왔다. 지금은 아프리카 정부, 농민, 목장주, 사냥 금지 구역, 다이아몬드 회사, 국제관광 등에서 비롯된 압력으로 인해 조상 대대로 내려온 영토에 대한 산족들의 접근권과 생존 능력이 현저하게 감소되었다. 일부는 자신들의 땅으로 여기는 곳에서 사냥을 했다는 이유로 체포되기까지 했다.

'진정한 사람들'이라는 뜻의 주쯔와시(Ju/wasi)는 나미비아와 보츠와나 국경을 가로지르는 지역에서 생활하는 산족의 하위집단으로 인구는 10,000~15,000명 정도이다. 1960년대 초에 리처드 리(Richard Lee)가 묘사한 바처럼 그들은 활발하게 이동하는 식량 채집자들이고 매우 건강했다(Lee 1979).

오늘날 이들 대부분은 삶의 터전으로부터 쫓겨나 도시의 불법 거주자로 가난하게 살거나 정부가 건설한 재정착 캠프에서 생활하고 있다. 많은 이들이 농장 노동자로 일하거나 국제관광 산업에 종사하면서 가이드를 하거나 공예품을 만들어 팔고 있다. 나머지는 대부분 실업자이다. 산족들의 구체적인 생활조건은 그들이 살고 있는 특정 국가의 원주민 정책에 달려 있다.

남아프리카의 토착민 소수종족 권익보호위원회(Working Group of Indigenous Minorities in Southern Africa, WIMSA)와 칼라하리 최초의 사람들(First People of the Kalahari, FPK)을 위시한 초국적 활동조직들이 산족의 권리를 보호하는 데 진일보하고 있는 중이다.

최근 WIMSA는 한 거대 제약회사와 국제적인 소송을 벌여 후디아(hoodia gordonii)의 상업적 개발에서 얻은 이익의 일부를 산족들이 누릴 수 있도록 하는 데 성공했다. 후디아는 칼라하리 사막 지역이 원산지인 선인장에서 추출된다. 후디아는 효과적인 식욕억제 효능을 가지고 있어서 다이어트 약으로 북미에서 그리고 인터넷을 통해 광범위하게 판매되고 있다.

이 자료를 검토해준 조지워싱턴대학교의 앨리슨 브룩스(Alison Brooks)에게 감사드린다.

(왼쪽) 리처드 리(셔츠를 입고 있는 사람)가 주쯔와시 남성들에게 칼라하리 사막의 식용식물에 관해 물어보고 있다. 이 사진은 1968년에 촬영된 것이다. 하버드대학교 칼라하리 연구 프로젝트 소속의 리와 다른 연구자들은 주쯔와시 언어를 배워서 말할 수 있었다.
(중앙) 산족은 사막에서 오랜 시간 이동할 때 허기와 갈증을 덜어주는 후디아 선인장의 일부를 먹는다. 이제 그들은 부유한 나라에서 판매되는 다이어트용 약품의 재료로 쓰이는 후디아 선인장을 상업적 목적으로 재배하고 있다.

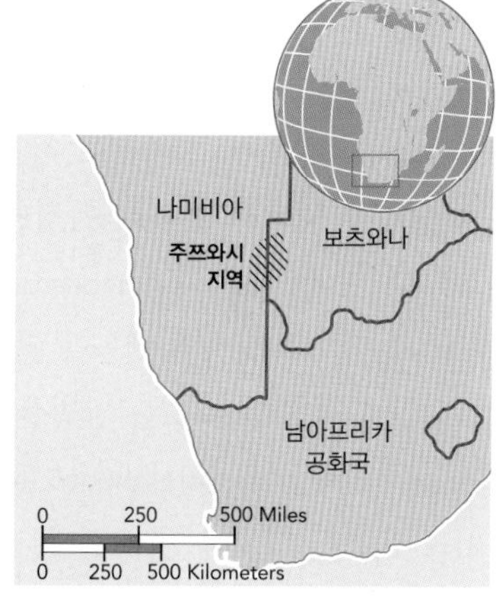

지도 1.3 나미비아와 보츠와나의 주쯔와시 지역

국경이 그어지기 이전, 주쯔와시 사람들은 식량과 물의 계절적 이용 가능성에 의거해서 자신들의 전통적 영토(빗금 친 지역)를 가로질러 자유롭게 이동했다. 이제는 한 국가에서 다른 국가로 이동할 때 여권을 제시해야 한다.

- 학교 공부를 잘하고 좋은 성적을 얻으려는 동기가 강한 학생
- 운동을 잘하는 학생
- 인기 있고 좋은 학생들과 친구인 학생
- 안정적인 가족 배경을 가진 학생

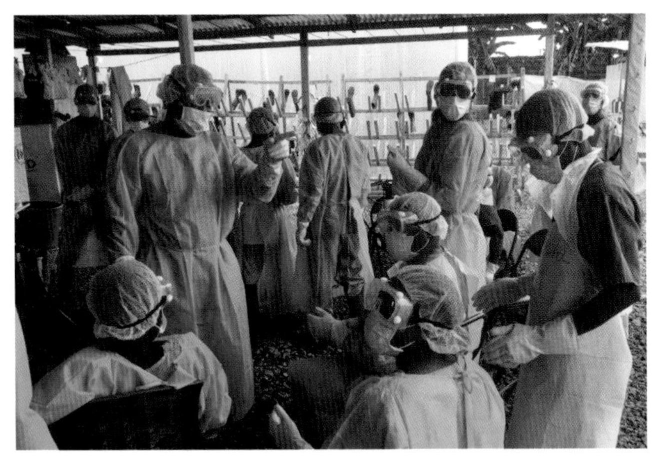

2015년 라이베리아 몬로비아의 한 병원에서 에볼라 바이러스 방역용 복장을 입은 채 일하고 있는 보건의료 노동자들. 2014년 에볼라 바이러스가 창궐했을 때 가장 큰 영향을 받은 세 국가는 서아프리카의 기니, 시에라리온, 라이베리아였다.

멕시코계 이민자 아동들 대부분은 이러한 이미지에 부합하기가 힘들다. 멕시코계 여학생들, 즉 멕시카나들은 대부분 스포츠에 관심도 없을 뿐만 아니라 잘하지도 못하기 때문에 특히 불리하다. 교사들은 좋은 성적을 얻으려는 동기를 가진 소수의 멕시코계 학생들을 일관적으로 간과한다. 그들은 대신 자신감 있고 똑똑하며 인기가 좋은 그리고 교실 앞쪽에 앉아 열심히 손을 드는 학생들을 호명한다.

응용인류학자들은 때때로 기관의 효율성을 증대할 수 있는 방법을 권고하기 위해 특정한 기관을 연구하기도 한다. 2014년 미국인류학회(American Anthropological Association, AAA)는 서아프리카의 에볼라 관련 헬스케어(건강돌봄) 전문기관들을 개선할 수 있는 방법을 찾기 위해 노력을 기울였다(http://www.aaanet.org/about/Governance/upload/AAA-Ebola-Report.pdf). 그들의 연구 결과는 환자들에게 헬스케어를 보다 효과적으로 전달하고, 앞으로 발병할 질병을 더 잘 예방하기 위해서는 헬스케어에 종사하는 전문가들이 지역 문화와 지역사람들의 믿음과 가치를 배워야만 한다는 것을 알려준다.

문화인류학의 특징

1.3 문화인류학의 특징 요약하기

문화인류학은 그 학문적 역사의 전개 과정에서 특징적인 원칙과 개념을 발전시켜 왔다. 이들 원칙과 개념은 세계의 상이한 문화와 그 변동을 이해하고 묘사한다는 목적에서 비롯된 것이다. 이러한 문화인류학의 특징적 요소 중 일부는 타 학문 분과에 의해서도 차용되어 왔는데, 문화인류학은 이에 대해 자긍심을 가지고 있다.

자민족중심주의와 문화상대주의

대부분의 사람들은 자신의 문화가 유일한 생활방식이고 다른 종류의 생활방식은 낯설고 열등한 것이라고 생각하면서 성장한다. 문화인류학자들은 이러한 태도를 타문화를 그 자체의 기준에 의해서가 아니라 자기 문화의 기준에 의해서 판단하는 **자민족중심주의**(ethnocentrism)라고 부른다. 자민족중심주의는 때로는 종교적 선교를 통해서 때로는 식민지배의 형태로 세계의 '타자들'을 변화시키려는 수백 년에 걸친 노력을 부추겨 왔다.

자민족중심주의의 반대가 문화상대주의로서 이는 각각의 문화는 다른 문화의 기준을 통해서가 아니라 그 고유한 가치와 믿음의 측면에서 이해되어야 한다는 관념이다. 문화상대주의는 어떠한 문화도 다른 문화보다 우월하지 않다는 입장을 취한다.

일부 인류학자들이 문화상대주의를 해석하는 방식 중 하나로 극단적 문화상대주의가 있다. 이는 특정한 문화에서 무엇이 일어나든 상관없이 문제를 제기하거나 변화시켜서는 안된다고 주장한다. 어떠한 행위나 관념이라 하더라도 그에 대해 문제를 제기하는 것 자체가 자민족중심주의적이기 때문이다(그림 1.5 참조). 그러나 극단적 문화상대주의의 입장은 우리를 위험한 방향으로 이끌 수 있다. 나치의 아리안 우월주의 캠페인하에서 수백만의 유대인, 집시 그리고 동유럽과 서유럽의 많은 지역에 사는 여타 소수민족들이 죽임을 당했던 제2차 세계대전 중의 홀로코스트 사례를 고려해보라. 논리적으로 극단적 문화상대주의의 입장은 홀로코스트가 그 문화의 가치에 따라 실행되었기 때문에 외부자들은 그것에 대해 왈가왈부할 수 없다는 주장을 하는 셈이 되어버린다. 이러한 입장을 편하게 받아들일 사람이 있을까?

비판적 문화상대주의는 누가 왜 특정한 문화적 실천과 관념을 받아들이는가 그리고 그것이 누구에게 해를 입히거나 도움이 되는가라는 측면에서 그것에 대해 문제를 제기하는

자민족중심주의 타문화를 그 자체의 기준이 아니라 자기 자신의 문화적 기준을 통해 판단하는 것

극단적 문화상대주의	특정한 문화 내에서 어떤 일이 발생하든 외부자들은 그것에 관해 문제를 제기하거나 변화시킬 수 없다. 그렇게 하면 바로 자민족중심주의적이기 때문이다.
비판적 문화상대주의	누구든지 어떤 실천이나 신념이 특정한 구성원들에게 어떻게 해를 끼칠 수 있는가라는 측면에서 자기 자신의 문화를 포함한 다양한 문화 내에서 발생하는 것에 관해 문제를 제기할 수 있다. 따라서 어떠한 사회도 완벽하지는 않다는 레비스트로스의 주장을 따라 모든 사회가 다른 사회로부터 배울 수 있고 그래서 개선될 수도 있을 것이다.

그림 1.5 문화상대주의 : 두 개의 입장

대안적인 관점을 제공한다. 비판적 문화상대주의자들은 나치의 홀로코스트에 대해 "도대체 누구의 문화가 인종적 순수성에 기반해서 수백만의 사람들을 살해하는 가치를 받아들일 수 있었을까?"라고 물을 것이다. 적어도 그것이 유대인과 집시를 위시한 많은 희생자들의 문화는 아니었을 것이다. 그것은 다름 아닌 수많은 집단 가운데 하나에 불과한 아리안 민족우월주의자의 문화였다. 다시 말해서 상황은 단순한 극단적 문화상대주의자들이 주장하는 것보다 훨씬 더 복잡했다. 오히려 그것은 하나의 지배적인 집단이 소수자 문화에 대해 우월성을 주장하고 자신만의 이익을 위하여 예속된 문화를 희생시키는 조치를 취한 문화제국주의의 한 예였다. 비판적 문화상대주의는 동질화된 관점을 취하는 덫에 빠지지 않는다. 그것은 승자와 패자 그리고 억압하는 자와 희생자 같이 내적인 문화적 차이를 인정하고, 다양한 권력집단의 이해관계에 주목한다. 비판적 문화상대주의는 현재적 갈등의 원인과 결과를 조명할 수 있다.

많은 문화인류학자들이 일반적으로 합의된 인권과 인간적 가치에 입각해서 집단들의 행위와 가치를 비판(critique)하고자 하는데, 여기서 비판은 비평(criticism)이라는 용어의 일반적 용법에서처럼 단순히 '부정적인 논평'을 제공하려는 것이 아니라 저변의 권력관계를 포착한다는 것을 의미한다. 이러한 노력에는 두 가지 쟁점이 수반된다. 첫째, 모든 문화가 옳고 바람직하다고 동의하는 것들의 보편적 목록을 작성하는 일이 불가능하지는 않더라도 매우 어려운 일임에는 틀림없다. 둘째, 클로드 레비스트로스가 주장한 바처럼 "어떠한 사회도 완벽하지는 않다"(1968:385).

다양성을 중시하고 유지하기

문화인류학의 발견들은 제3장에서 논의하는 바와 같이 대부분 현장에서의 직접적인 경험에서 비롯된다. 문화인류학자들의 관점과 현장에 토대를 둔 지식은 문화적 다양성의 가치를 인정하고 그것을 유지하는 것이 갖는 중요성을 강조하는 경향으로 이어진다. 전 세계적으로 삶의 상이한 문화적 청사진들은 다양한 맥락의 사람들이 변화하는 상황에 어떻게 적응할 수 있는지를 보여준다.

인류학자들은 전 세계의 문화적 다양성을 인류의 풍부한 유산의 일부로서 가치 있게 여기고 유지하는 데 헌신한다. 많은 문화인류학자들이 전 세계의 원주민과 여타 소규모 집단의 생존을 지원하기 위해 자신들의 전문성과 지식을 공유한다.

미국에서는 문화생존(Cultural Survival)이라 불리는 한 단체가 원주민과 소수민족집단들이 외부자와 평등하게 상호작용할 수 있도록 돕는다. 문화생존의 지침은 이 책의 서문에서 명시했다. 문화생존은 원주민과 소수민족집단들이 자신들의 자연환경을 보호 및 관리하고 땅에 대한 권리를 주장하며, 자신들의 문화유산을 보호할 수 있도록 돕는 프로그램을 후원한다.

문화인류학과 취업

이 책의 독자 중 일부는 졸업요건을 충족시키기 위해 단 하나의 인류학 강좌만을 수강하고 있을 것이다. 다른 일부는 인류학적 주제에 흥미를 느껴 몇 강좌를 더 수강할지도 모른다. 몇몇은 인류학을 전공하거나 부전공하기로 결정할 것이다. 단 하나의 인류학 강좌가 여러분이 세계에 대해 그리고 그 속에서 차지하고 있는 자신의 위치에 대해 생각하는 방식 자체를 변화시킬 수도 있다. 그 이상으로, 인류학 강좌는 취업에 필요한 능력을 향상시켜줄 수 있다.

인류학 전공 인류학 학사학위는 인문교양 분야의 학위 중 하나이다. 하지만 비즈니스나 물리치료사 학위 같은 전문적 학위는 아니다. 인류학 학사학위는 법학, 범죄학, 의료와 보건 서비스, 사회사업, 교육, 인도적 지원, 국제개발 프로그램, 비즈니스 등과 같이 더 심도 있는 공부를 필요로 하는 수많은 종류의 경력 추구를 위해 공고한 교육적 토대를 제공한다. 인류학 학사학위에 관심 있는 학생들은 적어도 그것이 대학원 공부나 전문적 경력추구에 여타 인문교양분과 학위와 마찬가지로 유용하다는 것을 알아야 한다.

인류학은 다른 인문교양분과 전공들보다 몇 가지 분명한 이점을 가지고 있다. 기업의 고용주와 대학원들도 인류학의 이러한 이점을 점점 더 인정하고 있는 분위기다. 문화인류학은 전 세계의 사람들과 다양성에 관한 지식을 제공한다. 그것은 또한 다양한 전문 조사방법에 관한 통찰력을 제공해주기도 한다. 통문화적 이해와 커뮤니케이션 능력은 비즈니스, 행정, 보건 서비스 분야 그리고 비정부기관 등에서 필요로 하는 귀중한 자산이다.

'인류학 학사학위 하나만으로 인류학과 관련된 좋은 직업을 얻을 수 있을까?'라는 것이 반복되는 질문이다. 대답은 '그렇다'이다. 하지만 이에는 계획과 노력이 요구된다. 다음과 같이 해보라. 최소한 하나의 외국어를 마스터하고 해외 경험을 쌓아라. 그리고 학부 시절에는 학업에 전념하고 독립적인 연구 프로젝트를 수행해서 그 결과를 전문 보고서나 학술대회 발표문 형태로 작성하도록 하라. 이러한 능력들을 이력서에 잘 정리해서 고용주에게 어필할 수 있도록 하라. 포기하지 말라. 좋은 직업은 어딘가에 있기 마련이고, 인류학 과정 수료와 인류학적 능력의 가치가 점점 더 인정받고 있다.

인류학은 또한 훌륭한 부전공이 될 수 있다. 인류학은 통문화적인 관점을 제공함으로써 거의 모든 다른 분야의 연구를 보완할 수 있다. 예를 들어 음악을 전공한다면 세계의 다양한 음악에 대한 강좌가 당신의 주요 관심사를 풍부하게 만들어줄 것이다. 실내장식, 심리학, 범죄학, 국제관계학, 경제학, 정치학 등과 같은 전공에도 동일한 원리가 적용된다.

대학원에서의 인류학 공부 독자 중 일부는 계속해서 인류학 석사학위나 박사학위를 취득하고자 할 것이다. 만약 그렇다면 몇 가지 조언이 가능하다. 인류학 전공에 열정적인 관심을 가져라. 하지만 정규직 교수나 전문 인류학자가 되는 것이 결코 쉬운 일이 아니라는 점은 알아야 한다.

좋은 직업을 얻을 가능성을 확대하기 위해 법학 학위, 프로젝트관리학 석사, 공중보건학 석사, 재난구조 자격증, 갈등 예방 및 해결을 위한 훈련 프로그램에의 참여 등과 같은 전문적인 기술을 인류학 학위 추구와 함께 병행하는 방법을 고려해보라.

인류학적 삶을 살기 문화인류학 공부는 현명하고 융통성 있고 개방적인 사람이 되도록 도와준다. 오늘날 대학 졸업자들은 일생 동안 몇 번에 걸쳐 일자리와 직업을 바꾼다. 미래에 어디에서 일하고 또 어떤 시도를 하게 될지 결코 알 수 없다. 인류학을 통해 세상에 대해 폭넓은 지식을 갖출 수 있다.

문화인류학은 세계의 다양한 사람들 그리고 그들 사이의 관계에 관해 본질적이고 중요한 질문을 제기하게 하고 그에 대해 유용한 해답을 찾는 데 도움을 준다.

직업상의 가치를 넘어 문화인류학은 세계의 다양한 문화에 대한 지식을 확장해 일상생활을 보다 풍요롭게 하는 데 도움을 줄 것이다. 신문을 집어 들면 인류학 수업에서 배운 것과 연결되는 기사들을 여러 편 발견할 것이다. 여러분은 자신의 일상적 삶을 문화적으로 흥미롭고 의미심장하게 구성된 것으로 볼 수 있을 것이다. 당신은 새로운 사람이 되어 보다 풍요로운 삶을 살게 될 것이다.

1 학습목표 재고찰

1.1 인류학 정의하기

인류학은 역사학이나 경제학과 마찬가지로 하나의 학문분과이다. 인류학은 4개의 상호 연관된 분야로 구성되고 인류의 기원에서부터 현재까지 아울러 인간성의 모든 측면을 탐구한다. 생물학적 인류학 또는 체질인류학은 인류의 진화와 현대적 변이를 포함하여 인간을 생물학적 유기체로서 연구한다. 고고학은 인간이 남긴 물질적 유물들을 통해 인류의 과거 문화를 연구하는 분야이다. 언어인류학은 인류 커뮤니케이션에 관한 연구로 언어의 기원과 역사 그리고 현대적 차이와 변화에 관한 연구를 포괄한다. 문화인류학은 살아있는 사람들과 그들의 문화를 연구하는 분야로서 문화적 차이와 변화에 대한 관심을 포괄한다. 문화는 인간의 학습되고 공유된 행위와 신념이다.

이들 각 분야 모두 이론적 차원과 응용적 측면에서 동시에 기여한다. 이 책의 관점은 이론적인 인류학과 마찬가지로 응용인류학을 분리된 제5의 분야로 간주하기보다 네 분야 모두의 핵심 부분으로 포함시켜야 한다는 입장을 취한다. 네 분야와 통합된 응용인류학의 예로 과학수사인류학, 비인간 영장류 보호, 난민 문맹퇴치 프로그램 지원, 소비자 선호도에 관한 비즈니스적 조언 등을 들 수 있다.

1.2 문화인류학이 무엇을 하는 학문인지 이해하기

문화인류학은 현대 인류와 그들의 문화에 관한 연구에 방점을 두는 인류학의 한 하위 분야이다. 문화인류학은 인류학의 여타 분야 및 다른 학문분과와 구분되는 몇 가지 특징을 가지고 있다. 프란츠 보아스에 의해 확립된 문화상대주의는 다른 학문분과들도 널리 채택하고 있는 문화인류학의 기본 원칙이다. 문화인류학은 문화적 다양성에 가치를 부여하고 이를 지속하기 위해 노력한다.

문화인류학은 이론적 접근과 변화하는 연구초점 면에서 풍부한 역사를 가지고 있다. 세 종류의 중요한 이론적 논쟁은 생물학적 결정론 대 문화구성주의, 해석인류학 대 문화유물론, 주체적 행위능력 대 구조주의 사이에서 전개된다. 각각의 이론은 고유한 방식으로 왜 사람들이 특정한 방식으로 행위하고 또 그에 대해 어떻게 생각하는가를 이해 및 설명하고, 상이한 문화 사이의 차이와 유사성을 설명하려고 시도한다.

문화는 문화인류학의 핵심 개념으로 인류학사 전반에 걸쳐 다양한 개념 정의가 제시되어 왔다. 많은 인류학자들이 문화를 학습되고 공유된 행위와 관념으로 정의하는 반면 다른 인류학자들은 문화를 관념의 영역에만 한정시키고 행위 자체는 문화에서 배제한다. 문화는 다음과 같은 속성들을 통해 이해하는 편이 더 용이하다 — 문화는 자연과 연관되지만 일치하지는 않는다. 문화는 상징에 기반하고 학습된 것이다. 문화는 내적으로 통합되어 있다. 그리고 문화는 타문화와 상호작용하고 변화한다. 문화적 상호작용에 관한 네 가지 모델은 갈등, 융합, 저항의 다양한 정도와 관련되어 있다. 사람들은 다양한 수준의 문화들, 즉 계급, '인종'/종족성/토착성, 젠더, 연령, 제도화된 집단 같은 요소들에 의해 규정되는 국지적인 미시문화들에 참여한다.

1.3 문화인류학의 특징 요약하기

문화인류학은 타 학문분과에 의해 광범위하게 채택되어 온 두 가지 강력한 개념, 즉 문화상대주의와 자민족중심주의에 기여해 왔다. 이들 원칙은 문화인류학 진영의 사고를 지속적으로 규정하고 있다.

문화에 관한 지식은 '현장에서' 형성된다. 문화인류학의 발견들은 주로 현장에서의 직접적인 경험, 즉 체험으로부터 나온다. 문화인류학자의 관점이나 현장에 기반한 지식은 문화적 다양성을 중시하고 유지하는 데 기여하는 방향으로 직접 연결된다. 전 세계적으로 존재하는 삶의 상이한 문화적 청사진들은 다양한 환경의 사람들이 변화하는 상황에 어떻게 적응할 수 있는지를 보여준다.

문화인류학은 경력 추구의 중요한 토대 또는 간접적인 도움이 될 수 있다. 문화인류학 과정은 전 세계 문화의 다양성과 통문화적 이해의 중요성에 대한 인식을 확장한다. 공중보건, 인도주의적인 원조, 법조계, 비즈니스, 교육 등과 같은 다양한 분야의 고용주들이 문화인류학 학위에 점점 더 많은 가치를 부여하고 있다. 오늘날과 같이 다양하고 상호 연결된 세계에서 문화적 지식과 감각은 필수적인 것이다.

문화인류학 석·박사학위는 인류학적 교육과 기술을 직접적으로 활용하는 전문직으로 연결될 수 있을 것이다. 인류학 대학원 과정을 공중보건학 석사, 행정학 석사, 법학 학위 같은 전문 학위와 조합하는 것은 학계 밖에서 의미 있는 직업을 추구할 수 있는 지름길이다. 직업과의 관련성을 넘어 문화인류학은 인류학적 통찰력을 통해 일상적 삶을 풍요롭게 만들어줄 것이다.

핵심 개념

계급	문화유물론	언어인류학	주체적 행위능력
고고학	문화인류학	응용인류학	지역화
구조주의	미시문화	인류학	총체론
기능주의	상징	'인종'	토착민
문화	생물인류학	자민족중심주의	해석인류학
문화구성주의	생물학적 결정론	젠더	
문화상대주의	세계화	종족성	

틀에서 벗어나 생각하기

1. 인류학에 대해 어떤 인상을 가지고 있는가? 어떻게 그런 인상을 가지게 되었는가? 이 인상을 노트에 적어두었다가 이 강좌가 끝날 때 그것을 재검토해보라.
2. 여러분의 일상적인 마시기 패턴(어떤 음료든 상관없음)과 특별한 경우의 마시기 패턴에 대해서 생각해보라. 어떤 음료를 누구와 함께 소비하는가? 또한 그 의미와 보다 광범위한 사회적 함의는 무엇인가?
3. 한 주 동안 매일 얼마나 자주 손을 씻는지, 그리고 손을 씻을 때마다 매번 비누를 사용하는지 아니면 사용하지 않는지에 대해 기록해보라. 그리고 이 작은 자기 연구를 여러분의 동료들과 비교해보라. 어떤 유형들이 나타나는가?

CHAPTER 2

문화의 연구방법

개요

학습목표

2.1 문화인류학자들이 문화를 어떻게 연구하는지에 관해 토론하기

2.2 문화인류학적 현지조사가 무엇을 수반하는지 알아보기

2.3 문화인류학적 연구에서 몇 가지 긴박한 사안을 정리하기

인류학의 연관성

1980년대에 하버드대학교 조사팀 구성원인 문화인류학자 로버트 베일리(Robert Bailey)와 생물인류학자 나딘 피콕(Nadine Peacock)이 콩고민주공화국 동부의 열대우림에 사는 이투리(Ituri) 사람들과 대화를 나누고 있다. 1999년 이투리 사람들이 사는 한 작은 구역에서 시작된 국지적 갈등이 국지적, 국민국가적, 지역적 권력의 영향으로 인해 매우 잔혹하고 장기적인 갈등으로 비화되었다. 콩고민주공화국의 UN 기구 사절단(MONUNC)이 군사적 · 외교적 행동을 통해 이투리 지역에 평화를 회복하기 위해 노력했다(Fahey, 2011). 하지만 이 지역에는 석유가 풍부하고 금을 포함한 귀중한 광물이 많이 매장되어 있었기 때문에 갈등의 가능성이 지속되고 있다. 이 지역에 있는 강력한 다국적기업들의 이해관계가 지역 갈등을 끊임없이 부추기고 있다.

이 장에서는 문화인류학자들이 문화, 즉 공유되고 학습된 행위와 신념을 이해하기 위해 어떻게 연구를 수행하는지 그리고 그동안 문화인류학적 연구방법이 어떻게 변화해 왔는지를 살펴볼 것이다. 첫 번째 절에서는 19세기 후반 이래 문화인류학적 연구방법이 어떻게 진화해 왔는가를 논의한다. 두 번째 절에서는 연구 프로젝트가 수반하는 단계들을 다룬다. 이 장은 오늘날의 문화인류학적 연구에서 쟁점이 되고 있는 긴박한 두 가지 사안에 관해 논의하면서 끝을 맺는다.

문화인류학 연구방법의 변화

2.1 문화인류학자들이 문화를 어떻게 연구하는지에 관해 토론하기

오늘날의 문화인류학 연구방법은 19세기에 사용된 방법과 여러 면에서 차이가 난다. 오늘날 대부분의 문화인류학자들은 직접적인 관찰을 통해 문화를 이해하기 위해 사람과 문화가 있는 장소인 현장으로 가서 현장연구 또는 **현지조사**(fieldwork)를 수행함으로써 자료를 수집한다. 그들은 또한 특정한 목적을 달성하기 위해 다양한 종류의 전문적 조사기법을 활용하기도 한다.

현지조사 현지에서 수행하는 조사로, 사람과 문화가 발견되는 장소는 어디든 현지가 될 수 있다.

안락의자에서 현장으로

안락의자인류학이라는 용어는 초기 인류학자들이 서재에 가만히 앉아서 타문화 관련 문헌을 읽으면서 연구를 수행하던 방식을 지칭한다. 그들은 여행가, 선교사, 탐험가들에 의해 작성된 보고서들을 읽었지만, 그러한 장소를 전혀 방문하지 않았고 그곳 사람들과 여하한 종류의 직접적인 경험도 없었다.

19세기 후반과 20세기 초반에 유럽 식민정부에 의해 고용된 인류학자들이 타문화의 사람들을 직접적으로 이해하는 데

20세기 초의 민족지적 연구에는 종종 사진이 포함되어 있다. 여기 이 안다만 여성은 죽은 누이의 두개골을 몸에 걸치고 있다. 미얀마 해안과 가까운 곳에 위치하지만 인도의 통치를 받는 안다만 제도 원주민들은 죽은 친족의 뼈를 숭배한다. 따라서 그들은 그것을 가져가서 연구하거나 박물관에 전시하는 것을 원치 않았다.

한 걸음 더 다가섰다. 그들은 아프리카와 아시아의 식민지화된 나라들을 방문했다. 그곳에서 그들은 연구대상자들 근처에 살긴 했으나 그들과 함께 거주하지는 않았다. 이러한 접근방식은 인류학자가 '원주민들'을 면담할 때 자신의 베란다로 오도록 했다는 이유로 베란다인류학(verandah anthropology)이라 불린다. 안락의자인류학자들과 마찬가지로 베란다인류학자들 또한 남성이었다.

19세기 중엽 미국에서는 루이스 헨리 모건(Lewis Henry Morgan)이 직접적인 관찰을 통해 사람들을 이해하려는 방향으로 나아갔다. 변호사였던 모건은 이로쿼이인 영토와 가까운 뉴욕의 로체스터에 살았다. 그는 곧 많은 이로쿼이 사람들과 친숙해지게 되었다(Tooker, 1992). 모건은 외부자가 직접적인 경험을 통해 이로쿼이 사람들에 관해 배우려고 시간을 투자하면 그들의 행위와 신념들을 이해할 수 있다는 사실을 보여주었다. 이러한 상호작용과 경험으로 인해 모건은 이로쿼이인의 일상적 삶에 관해 중요한 통찰력을 얻을 수 있었다. 그의 저술은 이로쿼이인과 여타 아메리카 원주민 부족들을 '위험한 야만인'으로 여겼던 구미인들의 지배적인 인식을 바꾸어 놓았다.

참여관찰

제1차 세계대전 중이던 20세기 초에 문화인류학적 연구를 수행하는 방법에서 하나의 중대한 전환이 이루어졌다. 그것은 오늘날의 문화인류학적 방법론의 초석인 참여관찰을 병행하는 현지조사에 기반을 제공했다. **참여관찰**(participant observation)은 문화 이해의 한 방법으로 특정한 문화에서 장기간 생활하면서 자료를 수집하는 것을 말한다.

참여관찰의 '아버지'는 말리노프스키이다. 그는 제1차 세계대전 중 남태평양 트로브리안드 군도에 머무는 동안 당시로서는 혁신적인 문화 이해의 방법을 채택했다(21쪽 '문화파노라마' 참조). 그는 무려 2년 동안 지역 주민들 근처에 텐트를 치고 살면서 현지인들의 활동에 참여하고 가능한 한 그들의 일부가 되어 생활했다. 그는 현지어도 배웠다.

말리노프스키가 채용한 이러한 혁신적인 접근방법을 통해 문화인류학 현지조사의 표준적인 특징과 핵심적인 방법이 확립되었다(그림 2.1). 현지인들과 함께 살고 그들의 일과에 참여함으로써 말리노프스키는 이차적인 보고서를 통해서가 아니라 맥락 속에서 현지인들의 문화를 이해할 수 있었다. 그는 현지어를 습득함으로써 통역자 없이 현지인들과 대화할 수 있었고 따라서 그들의 문화에 대해 훨씬 더 정확한 이해를 얻을 수 있었다.

- 장기간 현지인들과 함께 살기
- 현지인들의 일상생활에 참여하고 관찰하기
- 현지어를 습득하기

그림 2.1 문화인류학적 현지조사방법의 세 가지 요소

20세기 중반까지 이러한 초기 단계의 현지조사와 참여관찰에서 주된 목적은 사람들의 언어, 노래, 의례, 사회적 삶에 관해 가능한 한 많은 기록을 남기는 것이었다. 당시 많은 문화들이 사라져가고 있었기 때문이다. 대부분의 초기 문화인류학자들은 소규모이고 상대적으로 고립된 문화에서 현지조사를 수행했다. 그들은 그러한 문화에 관해 모든 것을 연구할 수 있다고 생각했는데, 당시가 바로 총체론(제1장에서 정의한)의 시대였다. 총체론은 문화의 모든 측면이 복합적으로 상호작용한다는 것을 인정하는 기능주의의 이론적 관점과 관련이 있다.

전 지구화 그리고 인터넷을 포함한 매스커뮤니케이션의 발달로 인해 오늘날 외견상 확연하게 고립되어 보이는 문화는 거의 남아 있지 않다. 문화인류학자들은 보다 규모가 큰 문화, 지구적 차원과 지역적 차원의 연결성, 그리고 문화의 변동을 연구할 수 있는 새로운 연구방법을 고안해 왔다. 20세기 후반에 출현한 하나의 방법론적 혁신은 이러한 새로운 쟁점들을 다루는 데 도움이 된다. 그것은 바로 **다장소 연구**(multisited research)로 하나 이상의 장소에서 하나의 주제에 관해 연구하는 현지조사를 말한다(Marcus, 1995). 다장소 연구는 이주민을 출발지와 목적지 양쪽 모두에서 연구하는 데 특히 도움이 되지만 다른 많은 주제의 연구에도 유용하다.

라니타 제이콥스-휴이(Lanita Jacobs-Huey)는 아프리카계 미국인 여성들의 헤어스타일 관련 언어와 문화를 이해하기

참여관찰 문화인류학의 기본적인 현지조사 방법으로 특정한 문화에 장기간 생활하면서 자료를 수집하는 것을 일컫는다.

다장소 연구 특정한 집단의 분산된 구성원들의 문화 혹은 문화의 상이한 수준들 사이의 관계를 이해하기 위해 하나 이상의 장소에서 수행하는 현지조사

라니타 제이콥스-휴이의 현지조사지는 미국 전역과 영국 런던의 헤어스타일 경연대회들을 포함한다. 이 사진은 런던에서 열린 '아프리카 헤어스타일 · 미용 경연대회'에서 심사위원이 한 학생 미용사의 작품을 평가하고 있는 장면이다.

위해 다장소 현지조사를 수행했다(2002). 그녀는 단순함과 거리가 먼 헤어스타일이라는 주제의 여러 측면, 즉 미용실, 지역 및 국제 헤어스타일 박람회, 연수세미나, 기독교도 미용인 비영리 집단의 성경연구 모임, 스탠드업 코미디 클럽, 흑인 헤어스타일의 정치에 관한 컴퓨터 중개 토론, 사우스캐롤라이나 찰스턴의 미용학교 등을 탐구하기 위해 미국 전역과 영국 런던의 광범위한 장소를 조사지로 선택했다.

문화인류학적 현지조사를 수행하기

2.2 문화인류학적 현지조사가 무엇을 수반하는지 알아보기

문화인류학적 현지조사는 기대에 부풀게 할 수도, 좌절감을 느끼게 할 수도 있고, 두렵고 지루하며 때로는 위험할 수도 있다. 한 가지 분명한 사실은 현지조사가 연관된 모든 이들의 삶을 변화시킨다는 것이다. 이 절에서는 초기 계획과 함께 시작해서 조사 결과의 분석 및 재현과 함께 끝을 맺는 현지조사 프로젝트의 단계들에 관해 논의한다.

현지조사 과정의 시작

현장으로 가기 전에 연구자는 우선 하나의 연구주제를 선정하고 현지조사 자체를 준비해야 한다. 이들 단계가 연구 프로젝트의 성공에 결정적인 영향을 미친다.

프로젝트의 선정 연구 프로젝트를 위해 주제를 선정하는 것은 기본적인 첫 단계이다. 주제는 중요하고 실현 가능한 것이어야 한다. 문화인류학자들은 종종 문헌자료 검토 혹은 이전 연구에서 어떤 공백이 있는지 알아내기 위해 타 연구자들이 그 주제에 관해 이미 작성한 문헌들을 읽어보는 것을 통해 연구하고자 하는 주제를 찾는다. 이러한 문헌 리뷰를 통한 연구는 데스크 연구(desk study) 또는 차이 분석(gap analysis)이라고 불린다. 예를 들어 1970년대에 문화인류학자들은 인류학적 연구가 여성들을 외면해 왔다는 것을 깨달았는데, 바로 이런 식으로 페미니스트 인류학이 시작되었다(Miller, 1993).

때로 중대한 사건이 특정한 연구주제를 고무한다. HIV/AIDS 전염병과 그것의 급격한 확산이 지속적으로 그에 관한 연구를 촉진하고 있다. 최근 국제이민자와 난민 수의 증가는 연구가 긴박하게 필요한 또 다른 분야이다. 러시아와 동유럽에서 발생한 국가사회주의의 몰락은 그 지역에 대한 관심을 불러왔다. 아프가니스탄, 이라크, 수단을 위시한 여러 곳에서의 분쟁은 문화인류학자들이 그러한 분쟁의 원인이 무엇이고 어떻게 하면 분쟁 이후의 재건을 가장 효율적으로 이루어낼 수 있을지에 관해 질문하도록 만들었다(Lubkemann, 2005). 1990년대 이후 기후변화와 환경 문제가 대중들의 주목을 받고 있는데, 문화인류학자들은 가뭄, 물고기 개체 수 감소, 기

1915~1918년 사이 트로브리안드 군도에서 현지조사 중인 말리노프스키

온 상승 등이 지역 집단들에게 어떤 영향을 미치고 있는지 기록하기 위해 분주하게 노력하고 있다.

몇몇 문화인류학자들은 설탕(Mintz, 1985), 자동차((Lutz and Lutz Fernandez, 2010), 돈(Foster 2002), 시어버터(Chalfin, 2004), 결혼예복(Foster and Johnson, 2003), 코카나무(Allen, 2002), 총(Springwood, 2014) 같이 특정한 항목이나 상품의 문화적 맥락을 연구주제로 선택한다. 그러한 항목은 그것의 생산, 소비, 사용, 거래를 둘러싼 사회적 관계와 그것이 사람들의 변화하는 정체성에 대해 의미하는 바를 이해할 수 있는 창을 제공해준다. 이러한 종류의 연구를 수행하는 인류학자들은 한 상품에 대한 집중적인 조사가 그것을 둘러싼 많은 측면들에 관해 통찰력을 제공해줄 수 있다는 점에서 회절(回折)이라는 은유를 사용한다.

문화인류학적 연구방법에서의 또 다른 진전은 정부, 비정부기구(NGOs), 비즈니스 부문에서 활용 가능한 결과를 생산하는 응용연구의 필요성과 연관되어 있다('현실 속의 인류학' 참조). 이 경우 연구자는 현장에서 1년 또는 그 이상의 기간을 보내기보다 단 몇 주 내에 필요한 정보를 제공하기 위해 특정 문화에 대한 전문가적 지식, 팀워크 접근법, 단축 연구방법 혹은 속성 연구방법 등에 의존한다. 이러한 연구방법이 전통적인 장기적 현지조사의 깊이와 세밀함이 부족하다는 점은 분명하다. 하지만 이 방법은 실용적 응용분야에 '충분히 훌륭한' 통찰력을 제공해줄 수 있다는 장점도 가지고 있다.

연구 프로젝트의 고안을 위한 또 다른 아이디어는 재조사, 즉 이전에 연구된 바 있는 공동체에서 다시 현지조사를 수행하는 것이다. 이전에 이루어지는 많은 연구는 그동안 발생한 변화에 대한 통찰력이나 새로운 시각을 가능케 함으로써 후속 연구를 기획할 수 있는 토대를 제공해준다. 인류학계에 대한 말리노프스키의 중요한 기여 중 하나는 그의 고전적 연구인『서태평양의 항해자들』(1961[1922])이다. 그는 이 책에서 수많은 섬들을 연결하는 교역망인 **쿨라**(kula)에 대해 세밀한 분석을 제공한다. 원주민 남성들은 이 교역망을 통해 매우 가치 있는 것으로 여겨지는 목걸이와 팔찌뿐만 아니라 식량 같은 일상적 재화의 교환을 수반하는 장기적인 파트너십을 유지한다('문화파노라마' 참조). 반세기 이상의 시간이 지난 후, 아네트 바이너(Annette Weiner)가 목조각을 연구하기 위해 트로브리안드 군도를 여행했다. 그녀는 말리노프스키가 현지조사를 수행했던 장소와 가까운 마을에 자리를 잡고는 곧바로 놀라운 장면을 관찰하기 시작했다. "마을에 도착한 첫날 나는 여성들이 장례식을 거행하는 모습을 보았는데, 여기서 원주민 여성들은 수천 개의 바나나 잎 다발과 아름답게 장식한 수백 개의 섬유질 치마를 배분했다"(1976: xvii). 이 장면에 영감을 얻은 바이너는 여성들의 교환양식을 연구하기 위해 조사 프로젝트를 변경하기로 결정했다. 권력과 위세가 남성과 여성 양자 모두의 교역 네트워크로부터 도출되었다. 말리노프스키의 연구만 읽어보면 섬 주민의 절반, 즉 여성들은 사라지고 오직 남성들의 교역활동만 드러난다. 바이너의 책 *Women of Value, Men of Renown*(1976)은 여성들의 교역과 위세 추구 활동뿐만 아니라 그것이 남성들의 활동과 어떻게 연결되어 있는지에 관한 설명을 제공해준다.

쿨라 트로브리안드의 많은 섬들을 연결하는 교역망으로 여기서 남성들은 음식 같은 일상적인 재화뿐만 아니라 매우 가치 있는 목걸이와 팔찌를 교환하기 위해 장기적인 파트너관계를 형성하고 있다.

현지조사 준비 연구주제를 정한 뒤에는 연구를 수행하기 위한 연구비를 확보하는 것이 중요하다. 학술적 연구를 수행하는 인류학자는 다양한 정부 또는 비정부 기금으로부터 연구비를 신청할 수 있다. 또한 코스워크를 마친 후 논문을 준비하고 있는 대학원생들이 이용할 수 있는 연구비 지원 프로그램들도 다수 있다. 학부생은 현지조사 목적의 연구비를 받는 것이 더 어렵지만 어떤 경우에는 성공하기도 한다.

연구비 지원과 관련된 문제는 인류학자들이 조사현장에 고용되어 있는 상태에서 연구를 수행하는 것이 적절한가라는 것이다. 고용상태는 연구에 필요한 재정을 제공하지만 몇 가지 문제를 수반한다. 뒤에서 논의되는 기본적 딜레마는 인류학자들이 '신분을 감춘 채' 연구를 수행할 수 없다는 윤리적 원칙이다. 예를 들어 공장에서 일하면서 무슨 일이 벌어지는지를 연구하고자 한다면 사람들로부터 허락을 받아야 하는데 이것이 항상 쉬운 일은 아니다. 긍정적으로 생각해보면 현장에서 어떤 역할을 하는 것이 사람들의 신뢰와 존중을 얻는 데 도움이 될 수 있다. 한 영국 대학원생은 아일랜드의 한 관광지에서 바텐더로 일했다(Kaul, 2004). 그는 바텐더로 일했기 때문에 그 마을의 중심에 위치할 수 있었고 주민들은 그를 열심히 일하는 근면한 사람으로 존중했다. 따라서 적어도 바텐더의 관점에서는 그 지역문화에 대해 더 깊이 이해할 수 있는 가능성을 확보했다.

현실 속의 인류학

캘리포니아에서는 아침식사로 무엇을 먹는가?

문화인류학자인 수잔 스콰이어스(Susan Squires)는 제너럴밀스의 아침식사 대용 음식인 고거트(Go-Gurt)®를 개발하는 데 참여한 전문가 중 한 사람이다. 고거트는 1991년 생산을 시작한 첫해에 3,700만 달러의 판매고를 올렸다.

보스턴대학교에서 문화인류학 전공으로 박사학위를 취득한 스콰이어스는 이른바 소비인류학(consumer anthropology)의 개척자이다. 소비인류학은 인류학적 조사방법을 통해 사람들이 일상적으로 무엇을 행하고 말하는지를 연구해서 제품 개발과 디자인에 활용하는 분야이다. 장기적인 참여관찰을 수반하는 전통적인 인류학적 조사방법과 대조적으로, 소비자 조사는 흔히 대규모 인구집단을 대표하는 소규모 표본집단에 대한 단기적 방문 조사에 의존한다. 전형적으로 인류학자 한 명과 산업디자이너 한 명이 하나의 팀으로 현장조사를 수행한다.

고거트 개발 연구 프로젝트를 위해 스콰이어스와 한 산업디자이너가 캘리포니아 교외에 사는 중산층 가족들을 방문해서 그들의 아침식사 습관과 음식 선택을 관찰했다. 그들은 연구 첫날 아침 6시 30분에 비디오카메라와 여러 가지 장비를 갖추고 전혀 만난 적이 없는 한 가족을 방문해서 그들과 함께 아침식사를 하기 위해 준비했다. 그들은 아침 시간에 더 많은 가족들과 함께 이러한 과정을 반복하면서 사람들의 아침식사 습관과 선호에 대해 개괄적인 윤곽을 잡을 수 있었다.

스콰이어스는 아침식사용 음식 선택에 영향을 미치는 주요인이 직장이나 학교에 가기 위해 일찍 집을 나서는 것이라는 점을 발견했다. 흔히 아침식사는 서둘러서 차에 오르거나 버스를 타기 위해 허겁지겁 해치워야 하는 식사이다. 동시에 그녀는 아이들이 흔히 아침 일찍 아무것도 먹고 싶어 하지 않는 반면 부모들은 자녀에게 건강한 아침을 먹이고 싶어 한다는 점을 발견했다.

스콰이어스는 이와 같이 바쁜 가족들에게 이상적인 아침식사는 간편하게 휴대할 수 있어야 하고 건강에 도움이 되어야 하며, 먹기에 재미있고 버릴 수 있는 용기에 담겨 있어야 한다는 사실을 깨달았다. 그 해답은 바로 포장된 용기에서 꺼내서 먹을 수 있고 숟가락이 필요 없도록 포장된 요거트였다. 한 어머니는 딸이 아침식사로 고거트를 먹을 때 아이스바를 먹는 것처럼 생각한다고 전했다.

수잔 스콰이어스의 작업은 문화인류학이 비즈니스계와 소비자들의 일상생활에 어떻게 이익이 될 수 있는지를 잘 입증해준다. 소비인류학은 비즈니스 분야에서 두 가지 장점을 가질 수 있다. 첫째는 일상적 삶 속에서 보여주는 사람들의 행위와 선호에 대한 관심이고, 두 번째는 효과적인 제품 디자인으로 연결될 수 있는 문화적 변이와 유사성을 기술할 수 있는 능력이다.

캘리포니아 중산층 가족의 아침식사. 최근 연구자들은 전화 통화 및 인터넷 통신과 관련된 멀티태스킹이 사회관계의 질과 집중력을 저하시킨다고 주장한다. 이러한 주장의 사실 여부와 상관없이, 미디어에 매몰된 생활양식이 소비되는 음식의 종류와 식사 시간에 이루어지는 사회적 상호작용에 영향을 미치는 것으로 나타났다.

프로젝트가 국제적인 여행을 수반한다면 목적지 정부가 비자와 연구 수행을 위한 허가를 요구할 수 있다. 이러한 형식상의 절차는 시간이 많이 걸리고 심지어 허가를 얻는 것조차 불가능할지도 모른다. 예를 들어 인도 정부는 외국인에 의한 연구, 특히 부족민, 국경지역, 가족계획 등 '민감한' 주제와 관련된 연구를 제한한다. 중국은 1980년대 이래 외국인 인류학자의 현지조사에 대한 제한을 완화했지만, 여전히 현지조사와 참여관찰을 위해 허가를 받는 것이 쉬운 일은 아니다.

연구자들로 하여금 인간 연구대상 보호(protection of human subjects)를 위한 정부의 지침을 따르도록 요구하는 나

문화파노라마

파푸아뉴기니의 트로브리안드 군도 주민들

트로브리안드 군도는 18세기 프랑스 탐험가인 데니스 드 트로브리앙(Denis de Trobriand)의 이름을 따서 명명되었다. 이 군도는 뉴기니 군도 동부에 위치한 22개의 편평한 환초(環礁)를 포함한다. 트로브리안드 토착 인구는 4개의 주요 섬에 산다. 키리위나(Kiriwina)가 지금까지 가장 인구가 많은 섬으로 약 28,000명이 살고 있다[디김리나(digim'Rina)로부터 개인적으로 얻은 정보, 2006)]. 파푸아뉴기니 구역정부 청사와 활주로가 키리위나 섬 로수이아(Losuia)에 있다.

이 군도는 가장 먼저 대영제국에 의해 식민지화되었고 1904년 호주에 양도되었다(Weiner, 1988). 영국은 지역의 전쟁을 중지시키고 여타 트로브리안드 문화의 많은 측면을 변화시키려고 시도했다. 기독교 선교사들은 전쟁 대체물로서 크리켓 게임을 도입했다(보다 상세한 논의는 제11장 참조). 1943년에는 연합군이 태평양 작전의 일환으로 섬에 착륙했다. 1975년에 이 군도는 파푸아뉴기니 주의 일부가 되었다.

섬들 사이에는 문화 차이가 존재한다. 비록 모든 사람이 킬리빌라(Kilivila)라 불리는 언어의 특정한 방언을 사용하긴 하지만, 심지어 같은 섬 내에서 서로 다른 방언을 쓰는 경우도 있다(Weiner, 1988).

트로브리안드 사람들은 얌, 고구마, 타로 같은 근채류(根菜類), 콩과 호박 그리고 바나나, 빵나무 열매, 코코넛, 빈랑나무 열매 등 식량의 대부분을 스스로 경작한다. 돼지는 식용과 위세재로 기르는 주요 가축이다.

20세기 후반 이후 두 종류의 중요한 경제적 변화가 발생했다. 트로브리안드 주민들은 친척들이 파푸아뉴기니의 다른 지역에서 일해서 보내주는 화폐에 점점 더 의존하게 되었다. 또한 개발 프로젝트가 망고 같은 과수나무를 더 많이 심도록 장려하고 있다(digim'Rina, 2005).

친족은 여성의 계보를 강조하는데, 이는 엄마와 딸이 가구집단의 핵심을 구성한다는 것을 의미한다. 한 여성의 남편과 아이들의 아버지는 자신의 아내와 자녀가 아니라 혈연관계상 자신의 여성 친족들과 함께 생활한다. 아버지는 비록 방문객이긴 하지만 엄마와 마찬가지로 아이들을 돌보는 데 많은 시간을 할애한다(Weiner, 1988). 정치적 지위를 가진 아버지는 딸과 아들 모두에게 아주 귀한 조개 귀걸이와 목걸이를 증여한다. 엄마는 딸들에게 귀중한 붉은 치마를 증여한다.

트로브리안드의 아이들은 섬에 있는 서구식 학교에 다니고, 그중 많은 수가 공부를 더 하기 위해 파푸아뉴기니 본토나 그 이상의 더 먼 지역으로 간다. 원로들은 젊은이들이 돈 생각 외에는 아무것도 하지 않고 조상들의 유산도 돌보지 않는다며 걱정을 한다. 그들은 "우리는 여기서 돈을 위해 사는 게 아니다. 우리에게는 돌봐야 할 밭이 있다"(MacCarthy, 2014:10)고 말한다.

이와 동시에 트로브리안드 사람들은 이른바 '사랑의 섬'(Lepani, 2012)에 영향을 미치는 HIV/AIDS의 위협에 점점 더 노출되고 있다.

이 자료를 검토해준 파푸아뉴기니대학교의 리누스 디김리나(Linus S. digim'Rina)와 로체스터대학교의 로버트 포스터(Robert Foster)에게 감사드린다.

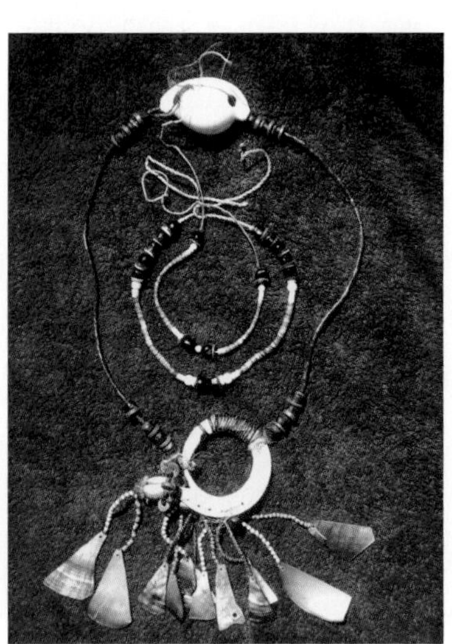

(왼쪽) 트로브리안드 남성들이 탐내는 교역품목에는 이러한 조개 목걸이와 조개 팔찌가 포함된다. (가운데) 키리위나 섬에서 한 트로브리안드 소녀가 귀중한 치마를 입고 조상들을 기념하는 춤을 추고 있다. 그녀와 여러 여성 참가자들은 피부에 코코넛 기름과 향료를 바르고 꽃으로 장식한다.

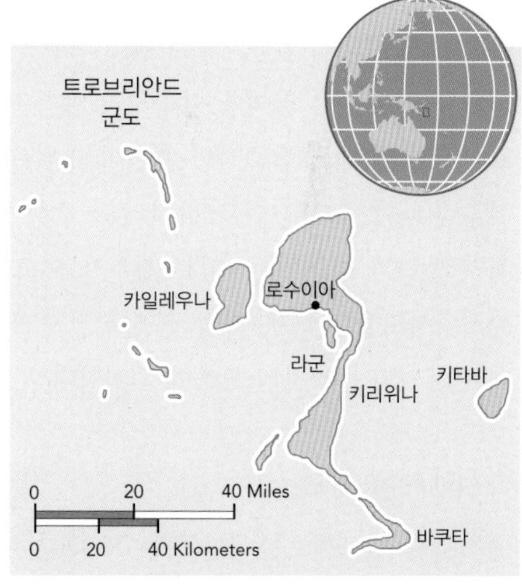

지도 2.1 파푸아뉴기니의 트로브리안드 군도

키리위나 군도(Kiriwina islands)로도 알려진 트로브리안드의 이 섬들은 뉴기니 군도 동부 해안과 거리를 두고 늘어서 있는 환초 군도이다.

라들도 많이 있다. 미국에서는 살아있는 사람들에 대한 연구를 지원하거나 수행하는 대학과 연구기관들의 경우 기관평가위원회(institutional review boards, IRBs)를 조직해서 연구가 윤리적 원칙에 적합한지 감독해야 한다. IRBs의 지침은 의학적 연구에 '실험대상'으로 참여하는 사람들을 보호할 필요성과 관련해서 구축된 의료모델을 따른다. 통상적으로 IRBs는 연구 참여자들로부터 서면상으로 정보를 제공하고 사전 동의를 받을 것을 요구한다. **사전 동의**(informed consent)는 연구자가 연구 참여자에게 연구의 의도, 범위, 효과에 관해 알려주고 연구에 참여한다는 동의를 받도록 요구하는 연구윤리의 한 측면이다. 연구 참여자로부터 서면동의를 받는 것은 많은 인류학적 연구 프로젝트에서 합리적이고 또 실현 가능하다. 하지만 종종 그렇지 못한 경우도 있는데, 대부분의 사람들이 문맹인 구어기반 문화(oral-based cultures)에서 특히 그러하다. 다행히 IRBs는 대다수 인류학자가 연구하는 맥락에 대해 더 많은 경험을 쌓고 있다. 일부 대학의 IRBs는 서면으로 된 사전 동의 요건을 면제해주고, 대신 구두상의 사전 동의를 허용해준다. IRBs의 지침들이 변하기 때문에 소속 기관의 웹페이지를 통해 가장 최근의 정책을 알아보는 것이 좋을 것이다.

프로젝트를 수행하는 지역에 따라 현지조사를 위한 준비로 텐트, 방한복, 방수복, 내구성 강한 부츠 등과 같이 특별한 장비들을 구입해야 하는 경우도 있다. 황열병 같은 전염병에 걸리지 않기 위해 예방주사를 맞아야 할 수도 있다. 오지에서의 연구를 위해 잘 갖추어진 의약품 세트와 기본적인 응급구조 훈련은 필수적이다. 연구 장비와 물자 또한 준비 과정에서 중요하다. 카메라, 비디오카메라, 녹음기, 휴대용 컴퓨터 등은 이제 가장 기본적인 현지조사 장비이다.

연구자가 지역 언어에 익숙하지 않다면 현지로 가기 전에 그곳 언어에 대한 집중적인 훈련이 매우 중요하다. 사전에 언어훈련 과정을 거쳤다고 하더라도 교실에서 배운 표준어로 지역 방언과 소통할 수 없는 경우가 흔히 있다. 따라서 많은 현지조사자들이 연구 과정 전체에 걸쳐 또는 적어도 초기 단계에는 지역 통역자의 도움에 의지한다.

현지에서의 활동

현지조사 프로젝트를 수립하는 또 다른 핵심 단계는 특정한 조사지역 혹은 지역들을 정하는 것이다. 두 번째는 생활할 장소를 찾는 것이다.

장소 선택 조사 장소는 연구가 수행되는 곳이고 때로 단일 프로젝트가 하나 이상의 장소를 포함하기도 한다. 흔히 연구자는 예를 들어 브라질의 판자촌(favela), 스코틀랜드의 한 마을, 말레이시아의 한 공장 같이 현지조사가 이루어질 지역에 관해 기본적인 정보를 가지고 있다. 그러나 프로젝트가 정확히 어느 곳에서 이루어질지 아는 것이 불가능한 경우도 흔히 있다. 조사 장소의 선택은 많은 요소에 달려 있다. 프로젝트가 노동 양상에서 나타나는 계급 차이에 관한 것이라면 대규모 마을을 찾아야 하고, 혹은 연구가 건강관리에 관한 것이라면 클리닉을 찾아야 할 것이다. 현지 사람들이 연구자와 프로젝트를 환영하는 마을, 지역 혹은 기관을 찾는 것이 어려울 수도 있다. 주거공간이 부족해서 심지어 가장 우호적인 커뮤니티조차 인류학자에게 공간을 제공할 수 없는 경우도 흔하다.

라포 형성 **라포**(rapport)는 연구자와 연구대상 인구집단 사이의 신뢰관계이다. 연구 초기 단계의 일차적 목적은 문지기(특정한 집단이나 공동체에 대한 접근을 공식 혹은 비공식적으로 통제하는 사람) 역할을 할 수 있는 공동체의 핵심 지도자나 의사결정권자와 라포를 확립하는 일이다. 라포 형성은 연구대상 주민들 측에서의 신뢰를 수반하고, 그러한 신뢰는 연구자가 자기 스스로를 어떻게 보여주느냐에 달려 있다. 많은 문화에서, 연구대상 주민들은 왜 어떤 사람이 와서 자신들을 연구하려고 하는지 이해하기 힘들어한다. 그들은 대학과 연구 그리고 문화인류학에 관해서 모르기 때문이다. 그들은 세무서 직원, 가족계획 장려자, 경찰관 같이 문화인류학자와는 목적이 다른 외부인들과의 이전 경험에 기반을 두고 나름대로의 설명을 제공하려고 할 수도 있을 것이다.

이러한 역할부여 착오와 관련된 이야기는 우스꽝스럽기까지 하다. 1970년대에 파키스탄 북서부 지방에서 현지조사를 수행한 리처드 쿠린(Richard Kurin)의 경우, 조사 초기에는 마을 주민들이 그를 미국, 러시아, 인도 혹은 중국에서 온 국제 스파이로 간주했다고 보고한다(1980). 시간이 지나면서 자신이 스파이가 아니라는 사실을 그들에게 납득시켰다. 그후 그는 어떤 취급을 받았을까? 마을 주민들은 쿠린에게 몇 가지 역할을 부여했다. 첫째, 그들은 쿠린이 마을 소년 중 한 명을 개인교습하고 있다는 이유로 그가 영어선생일 것이라 추정했다. 두 번째로 그들은 그가 사람들에게 아스피린을 나누어주는 것을 보고는 의사가 틀림없다고 짐작했다. 세 번째로 그들은 그가 법원 명령서를 읽을 수 있었기 때문에 지역 분쟁을 해

사전 동의 연구자가 연구 참여자에게 계획하고 있는 연구의 의도, 범위, 가능한 영향에 관해 알려주고 연구에 참여한다는 동의를 받도록 요구하는 현지조사 윤리의 한 측면이다.

라포 연구자와 연구대상 인구집단 사이의 신뢰관계

결하는 데 도움을 줄 수 있는 변호사일지도 모른다고 생각했다. 마지막으로 그들은 그의 성이 왕이었던 조상의 성과 비슷했기 때문에 지역 씨족의 후손이라고 결론을 내렸다. 리처드 쿠린에게는 주민들의 마지막 역할부여, 즉 진짜 '카란(Karan)' 씨족의 일원으로 간주되는 것이 가장 바람직한 일이었다.

스파이라는 딱지는 인류학자들에게 지속적인 문제로 작용하고 있다. 서구식 교육을 받은 인류학 박사과정 학생인 크리스타 살라만드라(Christa Salamandra)는 인류학 박사학위논문(2004) 작성을 위한 조사의 일환으로 시리아의 다마스쿠스로 갔다(지도 2.2 참조). 다마스쿠스는 긴 역사를 가진 고대 도시지만 코스모폴리탄적 성격이 점점 더 강해지고 있다. 하지만 다마스쿠스는 인류학적 연구의 대상이 된 적이 거의 없다. 시리아에는 인류학과가 있는 대학이 없으며 또한 시리아인 인류학자도 없다. 대중문화(영화, 카페, 패션 같은)에 대한 살라만드라의 관심은 그녀가 외국 스파이라고 단정하는 지역 주민들을 당혹케 했다. 어떤 사람은 그녀에게 "당신의 질문은 학술적이지 않고 CIA적이요"(2004:5)라고 말했다. 그럼에도 불구하고 그녀는 연구를 성공적으로 수행했고 다마스쿠스의 대중문화에 관한 책을 출판했다.

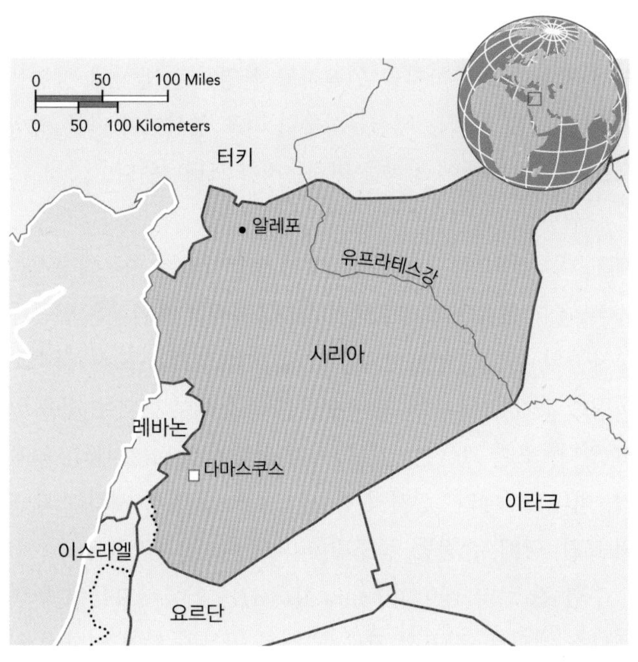

지도 2.2 시리아

시리아 아라비아 공화국은 역사적으로 오늘날의 레바논, 이스라엘, 팔레스타인 영토 그리고 요르단의 일부 지역을 포함했다. 시리아의 인구는 1,800만이다. 수도인 다마스쿠스의 인구는 250만이고 세계에서 가장 오랫동안 지속적으로 사람들이 거주해 온 곳 중 하나이다. 2011년 내전이 발발한 이후 900만 명 이상이 국내 유민이 되었고, 400만 명 이상이 시리아를 떠나 난민으로 극한적 상황에서 생활하고 있다.

선물 주기와 교환 연구와 관련된 사람들에게 선물을 주는 것이 프로젝트를 수행하는 데 도움이 될 수 있지만 선물은 문화적·윤리적으로 적합한 것이어야 한다. 지역의 교환 규범을 이해하는 것이 중요하다(그림 2.2 참조).

일본에서 현지조사를 수행한 일본계 미국인 매튜 하마바타(Matthews Hamabata)는 한 일본 기업가 가족에게서 선물 주기의 복잡함을 배웠다(Hamabata, 1990). 그는 이토오 씨 가족과 가까운 관계를 맺었고 그의 딸이 미국 대학교에 입학원서를 제출하는 데 도움을 주었다. 지원이 완료되자 그것을 기념하기 위해 이토오 씨 부인이 고급 레스토랑으로 그를 초대했다. 저녁식사 후 그녀는 그가 딸을 위해 해준 모든 것에 비하면 선물이 너무 보잘것없다고 겸손해하며 세심하게 포장된 작은 꾸러미 하나를 건넸다. 그는 집에 돌아와 선물을 풀어보았다. 그것은 초콜릿 한 상자였다. 상자를 열자 그 안에 50,000엔(미화 약 250$)이 들어 있었다. 하마바타는 모욕감을 느꼈다. "아니 이토오 씨 가족들은 도대체 자기들이 누구라고 생각하는 거야? 그 사람들 돈이 아무리 많아도 나와 내 도움을 돈으로 살 순 없어!"(Hamabata, 1990:21-22). 그는 몇 명의 일본인 친구에게 어떻게 해야 할지 물어보았다. 그들은 그 선물이 이토오 씨 가족이 그와 장기적인 관계를 맺기를 희망한다는 표시이고 그 돈을 돌려주면 그 가족에게 큰 모욕이 된다고 했다. 그들은 그에게 관계를 계속 유지하려면 나중에 보답선물을 하라고 조언했다. 그의 보답선물은 인류학자로서 그의 지위와 부유한 기업가 집안인 이토오 씨 가족의 지위를 감안할 때 받은 선물보다 약 25,000엔 싼 것이어야 했다. 이러한 전략은 통했고 하마바타와 이토오 씨 가족 사이의 관계는 온전한 채로 유지되었다.

- 적절한 선물은 어떤 것인가
- 어떻게 선물을 전달할 것인가
- 선물 제공자로서 어떻게 행동할 것인가
- 선물을 받을 때 어떻게 행동할 것인가
- 보답선물의 여부와 보답선물을 어떻게 주는가

그림 2.2 문화와 현지에서 선물 주기

미시문화와 현지조사 계급, '인종'/종족성, 젠더, 연령 모두 지역 사람들이 인류학자를 인식하고 환영하는 방식에 영향을 미친다. 몇몇 사례는 미시문화들이 라포 형성이나 다른 방식으로 어떻게 조사에 영향을 미치는지를 드러내준다.

계급 대부분의 현지조사 상황에서 인류학자는 연구대상자들에 비해 더 부유하고 영향력이 있다. 이러한 차이점은 연구대상자들의 눈에도 명백하다. 그들은 인류학자가 조사 장소로 여행해 오기 위해 수백 또는 수천 달러를 써야 한다는 것을 알고 있다. 또한 그들은 인류학자의 값비싼 장비(카메라, 녹음기, 비디오카메라, 심지어 자동차 등)와 물질적 재화(스테인리스 칼, 담배, 손전등, 통조림, 의약품 등)를 목격한다.

수년 전 로라 네이더(Laura Nader)는 인류학자들에게 비즈니스 엘리트, 정치적 지도자, 정부 공무원 같이 영향력 있는 사람들에 대한 '상향연구(study up)'를 수행하라고 독려했다(Nader, 1972). 이러한 접근방법의 한 예로 일본의 고급 패션산업에 관한 연구의 일환으로 한 인류학자가 일본의 엘리트 집단 성원들과 접촉했는데, 그들은 그 인류학자가 자신들의 명예를 훼손하는 뭔가를 적었다고 느끼면 언제든지 그녀를 법정으로 끌고 갈 수 있는 영향력을 가진 사람들이었다(Kondo, 1997). 상향연구는 연구대상자들이 인류학자가 자신들에 관해 쓴 것을 읽을 수 있든 없든 상관없이, 그리고 자신과 자신의 문화가 재현되는 방식을 좋아하지 않으면 변호사를 고용할 정도로 충분히 부유하든 아니든 상관없이 연구대상에 대한 인류학자의 책임에 대해 보다 많은 관심을 불러일으켰다.

'인종'/종족성 인류학의 역사 대부분에 걸쳐 문화인류학은 주로 비백인 · 비서구의 '타'문화를 연구하는 서구의 백인 연구자들에 의해 지배되어 왔다. 역할부여에 미치는 '백인성(Whiteness)'의 영향은 인류학자가 신이나 조상의 영혼으로 간주되는 사례부터 과거 식민주의의 대리인 혹은 현재의 신식민주의자로 매도되는 사례까지 광범위하게 나타난다. 토니 화이트헤드(Tony Whitehead)는 한 자메이카 마을에서 연구를 수행하면서 '인종'과 사회적 지위가 어떻게 상호작용하는지를 이해할 수 있었다(1986). 화이트헤드는 저소득층 가족 배경을 가진 아프리카계 미국인이다. 그는 연구대상이던 자메이카 농촌 주민들과 유사한 '인종'과 계급적 배경을 가지고 있기 때문에 그들과 곧바로 라포를 형성할 수 있을 것이라고 가정했다. 하지만 하버샴(Haversham) 마을의 주민들은 화이트헤드에게 예측하지 못했던 지위를 부여해버리는 복잡한 지위 체계를 가지고 있었다. 그의 설명에 따르면,

> 하버샴 사람들이 나와 얘기하기 시작하면서 나를 '큰' 사람, '갈색' 사람, '참하게 말하는' 사람이라고 부르는 것을 보고 놀라움을 금할 수 없었다. '큰'이란 나의 몸집을 가리키는 것이 아니라 그들이 내 사회적 지위를 높게 인지하고 있다는 것을 의미했고, '갈색' 역시 내 피부색뿐만 아니라 높은 사회적 지위를 지칭하는 것이었다… 더 당혹스러운 것은 나의 표준영어 구사 방식에 관한 것으로, 내가 얼마나 '참하게' 말하는가를 가리키는 것이었다. 종종 어머니들은 자녀들이 나처럼 '참하게' 말하는 방식을 배우기 위해 학교에 간다고 내게 말했다(Whitehead, 1986:214–215).

이 경험은 화이트헤드가 '인종'과 사회적 지위의 복잡성을 통문화적으로 숙고해보는 계기로 작용했다.

젠더 여성 연구자가 젊고 미혼인 경우 젊고 미혼인 남성이나 기혼 혹은 미혼의 나이 든 여성보다 더 많은 어려움에 봉착할 가능성이 있다. 대부분의 문화에서 젊은 미혼 여성이 혼자 다니는 것을 매우 비정상적인 것으로 간주하기 때문이다. 젠더 분리와 관련된 규칙들은 젊은 미혼 여성이 남성의 보호 없이 자유롭게 다닐 수 없고, 특정한 이벤트에 참여할 수 없거나, 특정한 장소에 있을 수 없다고 규정할지도 모른다. 미국의 게이 남성 커뮤니티를 연구한 한 여성 연구자는 이렇게 말한다.

> 나는 선술집, 파티, 가족모임과 같이 사람들이 사교와 여가 활동을 하는 상황에서 현지조사를 수행할 수 있었다. 하지만 나는 섹슈얼리티와 연결된 맥락, 심지어 동성애자 대중목욕탕 같은 유사 공공장소에서도 관찰을 할 수 없었다. 따라서 나의 게이 커뮤니티 묘사는 남성 동성애 세계에서 여성에게 부여하는 사회적 역할에 의해 한정되는 부분적인 것에 불과하다(Warren, 1988:18).

젠더 분리는 또한 남성 연구자들도 마찬가지로 모든 범위의 활동에 접근하는 것이 불가능하게 막을 수도 있다. 백인 미국인 여성인 리자 댈비(Liza Dalby)는 일본 교토의 게이샤들과 함께 살았고 게이샤로 훈련받았다(1998). 남성이었다면 이러한 연구를 수행하는 것이 불가능했을 것이다.

일본 교토에서 게이샤 문화에 대한 현지조사를 수행하는 중에 격식을 갖춘 게이샤 복장을 입고 있는 미국 인류학자 리자 댈비

올바르게 입는 것 외에 리자 댈비가 배워야 했을 여타 문화적 기술에는 어떤 것이 있을까?

연령 일반적으로 인류학자들은 성인이고 이 사실은 그들이 어린아이나 노인보다는 비슷한 연령대의 사람들과 라포를 형성하는 것을 더 용이하게 만드는 경향이 있다. 비록 일부 어린아이와 청소년들은 일상생활에 친절한 성인이 참여하는 것을 환영하고 질문에 개방적으로 응하지만 속마음을 잘 드러내지 않는 경우도 많다.

문화충격 **문화충격**(culture shock)은 한 문화에서 다른 문화로 옮겨 갈 때 일어나는 불안, 고독, 두려움 등의 감정이다. 두 문화 사이의 차이가 크면 클수록 문화충격이 더 심각할 수 있다. 많은 문화인류학자들이 문화충격을 경험한다. 이는 그들이 현지조사를 얼마나 철저하게 준비했는지와 상관없이 일어난다. 또한 해외로 공부하러 가는 학생, 평화봉사단 자원봉사활

토비아스 헥트(Tobias Hecht)가 브라질 리우데자네이루에서 현지조사를 수행하는 중에 몇몇 거리의 아이들과 게임을 하고 있다.

동가 그리고 여타 다른 문화에서 오랫동안 생활하는 이들도 문화충격을 겪는다.

문화충격은 음식 문제에서부터 언어장벽과 외로움에 이르기까지 광범위하게 나타난다. 미국에 온 어느 중국인 인류학자에게는 음식 차이가 적응 과정에서 주요한 문제였다(Huang, 1993). 그에게 미국 음식은 결코 '포만감'을 주지 않았다. 미크로네시아 연방의 한 섬인 포나페이(Pohnpei)(124쪽 지도 5.6 참조)에 간 한 미국 인류학자는 지역 언어 구사능력 부족이 현지 적응에 가장 심각한 문제라는 사실을 깨닫게 되었다(Ward, 1989). 그녀는 다음과 같이 이야기했다. "심지어 개들도 나보다는 더 잘 이해했다… 나는 한 여성의 발을 밟은 곤란한 사건을 결코 잊을 수 없을 것이다. 그녀에게 양해를 구하는 대신 나는 '그의 카누가 푸른 색이에요'라고 내뱉고 말았다"(Ward, 1989:14).

문화충격으로 인해 흔히 초래되는 심리적 측면은 문화적 행위자로서의 능력이 감소했다는 느낌이다. 고향에 있을 때 인류학자들은 쇼핑, 사람들과의 대화, 우편물 발송 같은 일상적 과업을 무의식적으로 수행하면서 고도로 효과적이고 유능하게 행동한다. 새로운 문화에서는 가장 단순한 과업조차 힘들고 효과적 행위자로서의 자신감도 감소한다.

역(逆)문화충격(reverse culture shock), 즉 문화충격과는 반대되는 경험이 집으로 돌아온 후에 발생할 수도 있다. 한 미국 인류학자는 인도의 어느 마을에서 1년간 현지조사를 수행한 후 샌프란시스코로 돌아왔을 때의 느낌을 다음과 같이 묘사한다.

문화충격 한 개인이 특정한 문화에서 다른 문화로 옮겨 갈 때 흔히 발생하는 불안, 고독, 걱정 등의 지속적인 감정

> 우리는 사람들이 어째서 그렇게 서로 소원하고 만나기 힘들며 또 왜 그들이 그렇게 빨리 말하고 움직이는지 이해할 수 없었다. 우리는 너무나 많은 하얀 얼굴들을 보고 약간 놀랐고, 왜 아무도 우리를 쳐다보지 않는지, 우리를 스치고 지나가지 않는지, 우리 아기를 보고 감탄하지 않는지 도무지 이해할 수가 없었다(Beals, 1980:119).

현지조사의 기법들

현지조사의 목적은 연구주제에 관한 정보 또는 자료를 수집하는 것이다. 문화인류학 내에서도 강조해야 할 종류의 자료와 자료를 수집하는 데 유용한 방법이 무엇인가와 관련해서 차이가 존재한다.

연역적 연구와 귀납적 연구 **연역적 접근**(deductive approach)은 연구 질문 혹은 가설에서 출발해서 그다음 관찰과 면담 및 여타 다른 방법을 통해 관련 자료를 수집하는 연구 형태이다. 이러한 접근법은 **에틱**(etic)적 자료, 즉 가설을 검증할 목적으로 연구자의 질문과 범주에 따라서 수집된 자료를 지칭한다(그림 2.3 참조). **귀납적 접근**(inductive approach)은 가설 없이 진행되며 비구조적이고 비형식적인 관찰과 대화를 수반하는 연구형태로서 이야기, 신화, 연행에 관한 연구이다. **에믹**(emic)적 자료는 내부자가 자신의 문화에 대해 말하고 이해하는 것 그리고 내부자의 사고범주를 반영해서 수집된 자료를 말한다.

연역적 방법은 인구 대비 영토 크기 또는 특정한 건강 문제를 가진 사람의 수 같이 숫자로 된 정보, 즉 **양적 자료**(quantitative data)를 수집하는 경향이 있다. 문화인류학의 귀납적 접근은 신화의 기록, 대화, 사건의 촬영 같이 수치화되지 않는 정보, 즉 **질적 자료**(qualitative data)를 강조한다. 대부분의 인류학자들은 연역적 접근법과 귀납적 접근법 그리고 양적 자료와 질적 자료를 다양한 수준에서 조합한다.

연역적 접근 연구 질문 혹은 가설을 설정하고 질문과 관련된 자료를 수집한 다음 최초의 가설과 관련해서 결과를 평가하는 연구방법

에틱 문화연구에서 외부 분석가에 의해 사용되는 분석틀

귀납적 접근 연구에 앞서 가설을 수립하는 것을 피하고 대신 연구대상 문화의 관점에서 연구를 전개하는 접근방법

에믹 내부자의 인식과 범주 그리고 특정한 행위를 왜 하는가에 대한 내부자의 설명

양적 자료 수치화된 정보

질적 자료 수치화되지 않은 정보

연구 접근방법	자료의 형태	자료
귀납적 방법(에믹)	질적 자료	참여관찰, 인터뷰, 비디오, 아카이브 자료, 생애사
연역적 방법(에틱)	양적 자료	참여관찰, 인터뷰, 서베이, 시간배분, 센서스 자료, 기타 통계자료
혼합적 방법	질적 자료와 양적 자료	연구 목적에 적합하게 상기 자료들을 조합

그림 2.3 문화인류학의 연구방법

다시 말해 대부분의 문화인류학자들은 두 유형의 자료 모두를 수집한다. 이러한 접근법은 **혼합적 방법**(mixed methods)이라 불린다. 이것은 보다 포괄적인 시각을 제공하기 위해 질적 자료와 양적 자료뿐만 아니라 공동체, 지역사회, 글로벌 수준의 자료를 통합해서 활용하는 접근방법이다.

최근의 추세는 구글과 같은 전산화된 정보 소스에 의해 생성된 대량의 양적 정보 세트를 가리키는, 이른바 빅데이터(big data)를 사용하는 것이다. 이러한 자료는 지역 수준의 행동 유형에 관한 정보를 제공할 수 있다. 따라서 인류학에서 **전산인류학**(computational anthropology)이라 불리는 새로운 영역이 개발되고 있는데, 이것은 사회 유형에 관한 정보를 제공하기 위해 구글이나 전화 사용 그리고 기타 컴퓨터 기반 소스를 통해 접근 가능한 대용량의 데이터세트를 활용하는 연구방법이다(빅데이터에 대한 추가 논의는 제9장 참조). 예를 들어 한 연구는 중국에서 위치기반의 소셜 네트워크로부터 수집된 데이터를 사용했다. 이 연구의 질문은 다음과 같다. 지역민들은 비지역민이 방문하는 장소와 다른 장소를 방문하는가? 이 연구는 연구자들의 고향 읍내와 관련된 130만 회 이상의 체크인 정보를 사용함으로써 지역민과 비지역민이 실제로 상이한 공간 이동 패턴을 보여준다는 사실을 논증했다. 특히 지역주민이 아닌 사람들의 다음 목적지는 주로 주요 관광지였다. 비록 이러한 발견이 상식적인 것처럼 보일지 모르지만, 연구 질문이 보다 체계적이고 세밀하게 던져질 경우 이러한 대용량 데이터세트가 무엇을 밝혀줄 수 있을지에 관한 아이디어를 제

혼합적 방법 문화에 대한 보다 포괄적인 이해를 위해 양적 접근과 질적 접근을 통합하는 자료 수집과 분석 방법

전산인류학 인간의 선호, 가치, 행위에 관한 광범위한 정보를 제공하기 위해 구글, 전화 사용, 그리고 여타 컴퓨터 기반 소스를 통해 수집 가능한 대규모 양적 데이터세트를 활용하는 연구 접근방법

공해준다(MIT Technology Review, 2014).

참여관찰 참여관찰은 참여, 즉 사람들의 삶의 일부가 됨과 동시에 주의 깊게 관찰하는 2개의 과정을 포함한다. 이 두 활동은 단순하게 들릴 수도 있지만 실제로는 매우 복잡하다.

참여자가 된다는 것은 연구자가 연구대상자들의 생활방식을 따라 사는 것, 즉 같은 종류의 주택에서 살고, 같은 음식을 먹고, 같은 옷을 입고, 같은 언어를 배우고, 일상적인 활동과 특별한 이벤트에 참여하는 것 등을 의미한다. 참여관찰의 이유는 장기간의 참여가 자료의 질을 높여주기 때문이다. 연구자가 연구대상 인구집단과 함께 사는 시간이 길면 길수록 그들의 '평상시' 삶을 살아갈 가능성이 더 많아진다. 이러한 방법으로, 연구자는 호손효과(Hawthorne effect), 즉 참여자들이 연구자의 기대를 추정하고 그에 부합하기 위해 행위를 바꿀 때 발생하는 오류와 왜곡을 극복할 수 있다. 호손효과는 1930년대에 미국의 한 공장에서 수행한 연구에서 발견되었다. 연구가 진행되는 동안 연구 참여자들이 연구자를 기쁘게 해줄 것이라고 생각하는 방식으로 그들의 행동을 바꾸어버렸다.

사람들과 대화하기 참여관찰이 인류학적 현지조사의 초석이긴 하지만, 이 개념의 문어적 뜻으로 인해 사람들과의 대화라는 중요한 측면이 가려져버린다. 현장에 있는 인류학자들은 "여기 지금 무슨 일이 있나요?", "저것은 무엇을 의미하나요?", "왜 그렇게 행동하나요?" 등과 같은 질문을 계속 던진다. 사람들과 대화하고 질문을 하는 과정은 참여관찰의 매우 중요한 부분이다. 따라서 참여관찰이라는 기본적인 현지조사방법은 실제로 참여관찰과 대화(participant observation and conversation)라 불러야 할지도 모른다. 문화인류학자들은 사람들과의 대화에 의존하는 다양한 자료 수집 기법을 활용하는데, 이는 비공식적이고 비계획적인 종류에서부터 고도로 형식화된 종류까지 다양한 형태로 이루어진다.

인터뷰(interview)는 질문이나 방향성을 가진 대화를 통해 구술 자료를 수집하는 기법이다. 이것은 일상적인 대화보다는 더 목적 지향적인 종류의 대화이다. 인터뷰는 면담자와 피면담자 두 사람 사이에서만 이루어질 수도 있고, 이른바 집단면담 혹은 초점집단(focus group)을 통해 여러 명 사이에서 진행될 수도 있다. 문화인류학자들은 수집하고자 하는 정보의 종류, 주어진 시간의 양, 그리고 언어능력에 따라 상이한 종류의 인터뷰 방식을 사용한다. 구조화의 정도가 가장 낮은 종류는 개방형 인터뷰인데 응답자(피면담자)는 여기서 대화의 방향을 주도하고 다루어질 주제를 정하며 특정한 주제에 얼마나 많은 시간을 할애할지를 선택한다. 면담자는 끼어들거나 유도적인 질문을 하지 않는다. 이런 방식으로 연구자는 피면담자에게 중요한 주제가 무엇인지를 알아내게 된다.

설문(questionnaire)은 인류학자가 면대면 상황 혹은 우편이나 이메일로 미리 설계한 일련의 질문을 하는 형식화된 조사도구이다. 설문을 통해 조사하는 문화인류학자들은 면대면 상황을 선호한다. 면담과 마찬가지로 설문은 질문이 구조화되어 있는가(폐쇄형) 아니면 구조화되어 있지 않은가(개방형)에 따라 다양하다. 구조화된 질문은 예를 들어 조사 참여자에게 특정한 쟁점에 관한 입장을 '매우 그렇다', '그렇다', '그렇지 않다', '매우 그렇지 않다', '해당사항 없음' 등의 형태로 표현하도록 요구함으로써 가능한 대답의 범위를 제한한다. 구조화되지 않은 설문은 보다 에믹적인 응답을 이끌어낸다.

설문지를 설계할 때 연구자는 문화적으로 의미 있는 질문을 만들기 위해 연구대상 인구집단에 대해 충분한 사전 지식을 가지고 있어야 한다. 미리 준비한 설문지를 가지고 현지조사지로 가는 연구자는 가기 전 그 문화에 대해 잘 아는 다른 연구자에게 설문지가 문화적으로 말이 되는지 검토해 달라고 요청해야 한다. 설문을 지역적 조건에 적합하게 만들기 위해 현지에서 추가적인 수정이 필요할 수도 있다. 조사지역에서 소수의 사람들에게 제한적으로 설문지를 사용해보는 예비조사를 통해 추가적 수정이 필요한 영역이 드러날 수 있다.

관찰과 대화의 결합 사람들이 실제로 행하는 것에 대한 관찰과 사람들이 자신의 행위와 생각에 대해 말하는 것에 대한 구술 자료를 결합하는 것이 특정한 문화에 대해 다각적인 이해를 얻는 데 필수적이다(Sanjek, 2000). 사람들이 어떤 행동을 하거나 어떤 생각을 한다고 말할 수 있지만 그들의 실제 행위는 말하는 것과 다를 수 있다. 예를 들어 사람들은 부모가 사망하면 아들과 딸이 동일한 몫의 가족재산을 상속받는다고 말할 수 있다. 하지만 실제로 조사를 해보면 딸이 사실상 동일

인터뷰 최소한 두 사람 사이에서 질문이나 방향성을 가진 대화를 통해 구술 자료를 수집하는 조사 기법

설문 인류학자가 면대면 상황 혹은 우편이나 이메일로 미리 설계한 일련의 질문을 하는 형식화된 조사 도구이다.

한 몫을 상속받지 못하는 것으로 밝혀질 수 있다. 이와 유사하게, 한 인류학자가 사람들이 하는 말과 그들의 법률로부터 피부색에 기반을 둔 차별이 불법이라는 사실을 알게 되었을 수 있다. 하지만 사람들의 실제 행위에 관한 연구는 분명한 차별의 사례들을 드러낼 수 있다. 이러한 이유 때문에 인류학자는 사람들이 말하는 것과 실제로 일어나는 것 둘 모두를 이해하는 것이 중요하다. 양자 모두 문화의 '진정한' 측면이다.

특화된 연구방법 문화인류학자들은 또한 다양한 종류의 특화된 연구방법들을 이용하고 있다. 구체적 연구방법의 선택은 인류학자의 연구 목적에 달려 있다.

생애사 생애사는 연구자에게 이야기되는 내용에 의거해서 특정한 개인의 삶에 대해 심층적으로 묘사하는 질적 기술(記述)이다. 인류학자들은 생애사가 문화인류학의 한 방법으로서 갖는 가치에 대해 상이한 의견들을 보여준다. 20세기 초 프란츠 보아스는 연구 참여자가 거짓말을 하거나 과장할 수도 있기 때문에 생애사적 방법을 비과학적이라고 생각하고 거부했다(Peacock and Holland, 1993). 다른 이들은 생애사가 보고된 내용의 '왜곡' 정도와 상관없이 특정한 개인들과 그들의 사고방식에 관해 풍부한 정보를 제공해준다고 주장하면서 보아스를 반박한다. 예를 들면 일부 인류학자들은 아마도 인류학 내에서 가장 널리 읽힌 생애사인 『니사(Nisa: The Life and Times of a !Kung Woman)』(Shostak, 1981)의 정확성에 의문을 제기해 왔다. 이 책은 남아프리카 칼라하리 사막의 한 주쯔와시(Ju/wasi, !Kung) 여성에 관한 이야기이다(21쪽 '문화파노라마' 참조). 이 책은 니사(Nisa)의 목소리를 통해 그녀의 어린 시절과 몇 번의 결혼에 관해 아주 상세한 묘사를 제공한다. 이 이야기의 가치는 그것의 '진실' 여부에 있지 않다. 오히려 가치는 우리가 니사를 통해 그녀가 우리에게 이야기하고자 하는 것, 그리고 그녀의 경험에 대한 그녀 자신의 견해를 이해할 수 있다는 데 있다. 문화인류학에서는 이것을 '자료'로 인정한다. 그것은 '진실로' 니사가 마조리 쇼스탁(Marjorie Shostak)에게 말해준 것이기 때문이다.

생애사 연구의 초창기에 인류학자들은 어느 정도 전형적이고 평균적이며 대표성 있는 개인을 선택하려고 했다. 하지만 과학적인 의미에서 하나의 전체 문화를 대표하는 사람을 찾는 것은 불가능하다. 대신 인류학자들은 이제 특별히 흥미로운 사회적 장을 점하고 있는 개인을 찾는다. 예를 들어 가나나스 오베예세케르(Gananath Obeyesekere)는 스리랑카 여성 3명과 남성 1명, 총 4명의 생애사를 분석했다(Obeyesekere, 1981). 이들 각자는 힌두교 수행자이자 고행자가 된 사람들인데, 이들은 항구적으로 두텁게 뒤엉켜 뱀처럼 보이는 긴 끈 모양의 머리카락이 특징적이다. 수행자에 따르면, 신이 뒤엉킨 머리카락 속에 거하고 있기 때문에 뒤엉킨 머리카락을 빗질하려고 해도 소용이 없다. 오베예세케르는 이들 4명 모두 성적 불안을 포함하여 일생 동안 깊은 심리적 고통을 경험해 왔다고 주장한다. 엉겨 붙은 머리카락은 바로 그들의 고통을 상징하고, 그들에게 신성한 존재라는 특별한 지위를 부여해주며, 그들을 부부간 성관계를 포함하는 결혼생활의 규칙을 초월해서 존재하는 사람들로 만들어준다.

시간배분연구 시간배분연구는 사람들이 매일 특정한 활동에 시간을 어떻게 소비하는지에 관한 자료를 수집하는 양적방법이다. 이 방법은 표준시간단위를 기본 매트릭스로 설정한 다음 특정한 시간 분절 내에 발생한 활동들을 기록하고 코드화한다(Gross, 1984). 활동의 코드화는 반드시 지역적 맥락에 의거해서 이루어져야 한다. 예를 들어 다양한 종류의 일을 표시하는 활동코드는 은퇴한 가정에서 이루어지는 시간배분연구에는 유용하지 않다. 자료는 지속적인 관찰을 통해 수집될 수 있는데, 여기서 관찰은 정해진 시간 간격(예 : 매 48시간마다)을 두고 아니면 임의적인 방식으로 이루어진다. 지속적인 관찰은 상당히 많은 시간을 필요로 하고, 이는 관찰대상자 수가 제한적이라 것을 의미한다. 스팟관찰(spot observation)은 관찰대상자 수를 늘리는 데 도움이 되지만 의도치 않게 중요한 활동들을 놓칠 수 있다. 자료를 수집할 수 있는 또 다른 방식은 사람들에게 일지나 일기를 써 달라고 부탁하는 것이다.

문헌자료 많은 문화인류학자들은 문서로 작성되거나 구술된 이야기, 신화, 놀이, 속담, 연설, 농담 그리고 사람들의 일상적 대화를 기록한 것 등 광범위한 문헌자료를 수집한다.

20세기 초 프란츠 보아스는 캐나다 북서부 해안지역의 아메리카 인디언들로부터 수천 페이지에 달하는 문헌자료를 수집했는데, 여기에는 신화, 노래, 연설 그리고 의례수행 방법에 대한 설명 등이 포함되어 있었다. 이러한 자료집은 보아스가 현지조사를 수행한 이래 변화해 온 문화에 관해 소중한 기록을

생애사는 문화인류학에서 오래된 자료 수집 방법이다. (위) 1975년 주쯔와시 사람들에 대한 현지조사 당시 니사를 인터뷰하고 있는 마조리 쇼스탁. (아래) 가나나스 오베예세케르가 생애사를 분석한 이 스리랑카 여성은 한 신위의 여사제이다. 그녀가 뱀 같이 뒤엉킨 머리카락을 들고 집 안의 사당 앞에 서 있다.

여러분은 인류학자에게 여러분의 삶에 관해 무엇을 말해줄 것이며, 무엇을 말해주지 않을 것인가?

제공해준다. 생존해 있는 부족 구성원들이 자신들의 문화에서 잊힌 부분을 복구하기 위해 이 자료집을 참조하기도 한다.

보아스는 아마 인터넷 웹사이트의 사회적 의미를 분석하는 문화인류학 내의 새로운 연구들에 관해 알고 싶어 했을 것이다. 인터넷은 현대판 판도라 상자라고 이름붙여졌다. 왜냐하면 옳든 그르든, 증거에 기반해 있든 아니든 간에 모든 종류의 지식과 의견을 대중들이 볼 수 있도록 만들기 때문이다. 캐나다 맥마스터대학교 인류학과 대학원생인 안나 카타(Anna Kata)는 백신 접종의 위험성에 관한 사회적 담론이나 공유된 주제를 알아보기 위해 여러 인터넷 사이트를 검색했다(Kata, 2010). 그녀는 배경 지식을 위해 미국인의 약 74%, 캐나다인의 약 72%가 인터넷에 접속한다는 사실을 보여주는 출판자료를 찾아보았다. 그중 75~80%의 사용자들이 온라인으로 건강 관련 정보를 검색하고, 그중 70%는 검색한 정보가 자신의 의학적 치료와 관련된 결정에 영향을 미친다고 말한다. 결과적으로 인터넷이 사람들의 의료 관련 의사결정에 큰 역할을 한다는 것이다. 구글을 검색 엔진으로 사용한 카타는 몇 가지 기준을 적용해서 특정 웹사이트를 '안티-백신접종'이라 이름붙였다. 그녀는 내용분석을 위해 모두 8개의 미국 사이트와 캐나다 사이트를 검토했다. 여기서 도출된 지배적인 주제는 안전(백신은 독이다), 효과성(백신은 효과적이지 않다), 백신보다 선호되는 대체의학('자연으로 돌아가기'), 시민의 자유(부모의 권리), 음모론(은폐에 대한 비판), 종교(신이 부여한 면역체계에 의존하기), 백신 연구에 관한 잘못된 정보와 정서적 호소(개인적 증언) 등이다. 카타는 교육을 통해 안티백신의 관점과 싸우는 것이 필요하지만 충분하지는 않다고 결론짓는다. 인터넷상의 사회적 담론에 대한 분석은 더 많은 연구가 필요한 영역을 정확하게 짚어내는 데 도움을 줄 수 있다.

복합적 연구방법과 팀프로젝트 대부분의 문화인류학자들은 연구를 위해 여러 개의 상이한 방법을 혼용한다. 한 가지 방법만으로는 주어진 주제를 이해하는 데 필수적인 다양한 자료를 수집할 수 없기 때문이다. 예를 들어 100가구의 사람들을 인터뷰하는 것이 얼마나 폭넓은 포괄 범위를 제공해줄지 생각해보라. 다음은 그 사람들에 대한 장기적인 참여관찰이 기여할 수 있는 것뿐만 아니라 이해의 깊이를 확보하기 위해 남성 5명과 여성 5명으로부터 수집된 생애사를 통해서 배울 수 있는 것도 고려해보라.

사람들과 그들의 삶에 대해 깊이 있는 통찰력을 가진 인류학자들은 여러 개의 분과학문이 공동으로 참여하는 학제적 연구 프로젝트, 특히 응용적인 측면에 방점을 둔 프로젝트에

환경에 주목하기

이누이트의 지명과 경관지식

남배핀 섬 지명 프로젝트(The South Baffin Island Place Name Project)는 중요한 기후정보를 보존하기 위한 일환으로 이누이트의 지명과 경관지식을 수집하고 기록하는 것을 목적으로 하고 있다(Henshaw, 2006).

이누이트는 캐나다, 알래스카, 그린란드의 북극 지역에서 살고 있는 많은 원주민들을 통칭하는 용어이다. 유럽인과 접촉 이전의 이누이트 사람들은 끊임없이 이동하는 형태의 삶을 살았다. 이제는 대다수 이누이트 사람들이 촌락이나 소도시에서 정착생활을 하고 있다. 그 결과 이동경로들, 경로들을 따라 있는 장소들, 이동 당시 변화하는 상황에 적응하는 방식 등에 관한 상세한 지식이 소실되어 가고 있다.

최근의 한 연구는 토포니미(toponymy), 즉 지형 명명법을 조사하고 있다. 이누이트 토포니미는 환경, 기후, 식물, 동물에 관한 풍부한 **토착 지식**(indigenous knowledge) 혹은 지역적 이해의 일부이다.

남 배핀 섬 지명 프로젝트는 자료 수집을 위해 여러 가지 방법을 활용했다. 첫 번째 단계는 공동체 회관에서 10~15명의 사람이 함께 모이는 공동체 전체 워크숍이었다. 연구자들이 큰 지도들을 펼쳐 놓으면 이누이트 사람들은 지도 위에 지명을 추가하고 그 중요성을 설명했다.

두 번째 단계는 이누이트 노인들과 일대일 면담을 하는 것이었다. 이 노인들은 특정한 장소에서 살아온 경험이 있고, 따라서 그 장소들의 용도(주거지, 어로와 수렵, 저장 등을 위한), 연결된 경로, 예측되는 기상조건 등에 관해 전문적인 지식을 제공할 수 있다.

세 번째 단계에서 인류학자들은 이누이트 출신 협력자들과 함께 많은 장소를 답사했다. 그들은 이들 장소로의 이동 조건과 장소 자체의 조건에 관해 직접적인 경험을 얻었다. 그들은 비디오를 촬영하고 사진도 찍었다.

네 번째 단계는 자료를 분석하고 아카이브를 구축하는 것이었다. 연구자들은 민족지적 자료를 지도와 연결시켜 컴퓨터 데이터베이스를 만들었다.

이러한 연구 프로젝트는 다방면에서 유용하다. 그것은 중요한 생활 장소와 이동경로에 관한 노인들의 기억과 설명에서 출발하는 기저자료를 제공할 것이다. 그것은 오랫동안 환경적 변화와 사람들이 그것에 적응하는 방식을 보여줄 것이다. 또한 이누이트의 미래 세대가 자신들의 문화유산을 보호하는 데 사용할 수 있는 토착 지식의 아카이브를 구축할 것이다.

토착 지식 환경, 기후, 식물, 동물에 관한 지역적 이해

생각할 거리

한 주 중 평범한 날을 선택해서 여러분이 가는 장소들을 지도로 작성하고 핵심 장소들(기숙사 방, 식당, 교실 등)이 어떤 이름으로 불리고 있는지를 기록해보라. 핵심 장소들에 어떤 이름을 사용하는가? 그리고 그러한 장소 이름이 여러분에게 의미하는 바는 무엇인가? 날씨나 계절의 차이에 따라 여러분의 일상적 경로를 어떻게 바꾸는가?

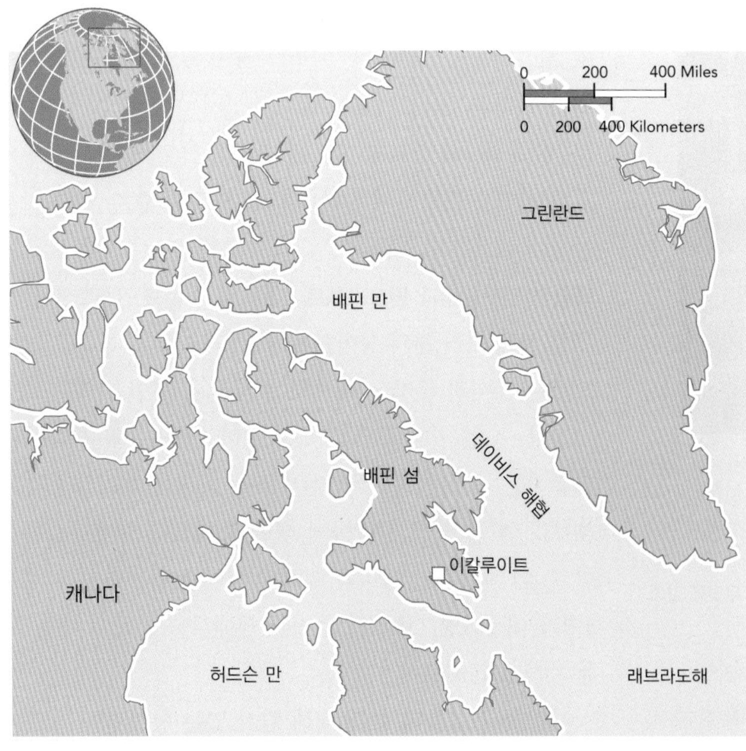

지도 2.3 캐나다 북동부의 배핀 섬

배핀 섬은 캐나다 극지에서 가장 큰 섬으로 총인구가 약 11,000명 정도이다. 이누이트 사람들은 이 섬을 키킥탈룩(Qukiqtaaluk)이라고 부른다. 이 섬은 누나부트(Nunavut) 영토의 일부로, 인구 약 3,000명의 도시인 이칼루이트(Iqualuit)가 그 수도이다.

점점 더 많이 참여하고 있다. 그러한 공동 작업은 보다 많은 관점과 방법을 추가함으로써 연구력을 강화한다. 예를 들어 어떤 팀 프로젝트는 이누이트의 지명과 환경 관련 지식에 대해 상세한 정보를 얻기 위해 단체 면담, 일대일 면담, 참여관찰, 지도 작성 등을 통해 자료를 수집하는 복합적인 방법을 활용한다('환경에 주목하기' 참조).

문화의 기록

인류학자는 어떻게 현지에서 수집하는 모든 정보를 관리하고 향후 분석을 위해 기록할까? 현지조사와 관련된 다른 모든 측면과 마찬가지로, 노트와 타자기가 주요 기록수단이었던 인류학의 초창기 이래 상황이 많이 변했다. 그럼에도 불구하고 상세한 노트기록은 여전히 문화인류학자들이 자료를 기록하는 대표적인 방법이다.

필드노트 필드노트는 일지, 개인적 일기, 사건에 관한 묘사 그리고 그러한 기록에 관한 기록 등으로 구성된다. 원칙적으로 연구자는 매일매일 필드노트를 작성해야 한다. 단 하루 동안의 사건들을 가능한 한 완전히 포착하려고 하더라도 엄청난 일이기 때문에 손으로 적거나 타자기로 작성한 노트가 수십 페이지에 이를 수 있다. 인류학자들은 이제 휴대용 컴퓨터 덕분에 일상적인 관찰의 많은 부분을 바로바로 컴퓨터에 입력할 수 있다.

녹음, 사진, 비디오 촬영 녹음기와 비디오카메라는 현지조사에 중대한 도움이 된다. 하지만 녹음기와 비디오카메라의 사용과 관련해서, 목소리와 얼굴을 담는 기계에 대한 조사 참여자들의 의심 그리고 목소리가 녹음되었거나 얼굴이 찍힌 사람들의 신분을 보호해야 한다는 윤리적 쟁점 같은 문제가 제기될 수 있다. 마리아 카테드라(María Cátedra)는 스페인 아스투리아스(Asturias) 지방에서 현지조사를 수행할 당시 녹음기 사용과 관련해서 발생했던 일화를 적고 있다(지도 2.4 참조).

> 처음부터 그 사람들이 '장치'라고 부르는 녹음기의 존재는 경이의 대상이자 의혹의 대상이었다. 많은 사람들은 녹음기를 전혀 본 적이 없고 또 기계에서 들려오는 자신의 목소리에 놀라움을 감추지 못했다. 하지만 모두들 내가 그 녹음테이프를 가지고 무엇을 할 것인지 우려했다… 나는 테이프로 내가 하고자 하는 바를 다음과 같이 설명함으로써 문제를 해결하려고 했다. 나는 기억력이 충분치 못하고 그만큼 빨리 노트를 작성하는 것도 불가능하기 때문에 사람들이 내게 말하는 내용을 정확하게 기록하기 위해서 녹음기를 사용한다고 했다… 한 사건이 '장치'와 관련된 나의 진정성이 사람들에게 받아들여지는 계기로 작용했다. 내가 방문한 두 번째 브라나(braña, 소규모 거주지)의 사람들이 첫 번째 브라나 사람들이 나에게 말해준 내용, 특히 일단의 남성들이 부른 몇 곡의 노래를 재생해 달라고 부탁했다. 처음에는 부탁을 들어주려고 했다. 하지만 나는 첫 번째 브라나 사람들의 허가를 받지 않았다는 것을 깨닫고 직감적으로 그것을 거절했다… 내가 한 행동은 첫 번째 브라나 사람들에게 곧바로 알려졌고 녹음기의 사용도 승인되었다(Cátedra, 1992:21–22).

지도 2.4 스페인

스페인 왕국은 이베리아반도에 있는 세 나라(프랑스, 스페인, 포르투갈) 중에서 가장 큰 나라이다. 고원과 산맥이 지배적인 지형을 이루고 있다. 스페인의 인구는 4,700만 명이 넘는다. 그중에서 500만 명 이상이 외국인 거주자들이다. 스페인은 유럽연합 국가들 중에서 키프로스 다음으로 이민자 비율이 높다. 스페인의 행정단위는 복잡한데 안달루시아와 카탈루냐 같은 자치구와 여러 지방을 포함한다. 중앙정부는 바스크 지방을 포함한 몇몇 지역에 더 많은 자치권을 부여하고 있다.

분석상의 유용성을 위해 녹음기록은 부분적으로 또는 전체적으로 글로 옮겨져야 한다. 한 시간 녹음된 대화를 글로 옮겨 적는 데는 5~8시간이 걸린다.

녹음과 마찬가지로 사진이나 비디오 촬영도 손으로 작성

아스투리아스는 스페인 북부 끝자락에 위치한다. 이 지역에는 긴 해안선이 있지만, 내륙은 주로 산악지역이다. 전통적 경제는 어업과 농업에 기반을 두고 있었다. 20세기 중반에는 석탄채굴과 철강생산이 중요했으나 그 후 쇠퇴했다.

한 노트보다는 더 상세한 사항들을 포착한다. 사람들이 어떤 의례를 수행하는 것을 보고 노트를 작성한 다음 나중에 그 의례의 세부사항을 다시 재구성하려고 해본 연구자라면 누구나 의례의 시간적 전개 및 관련 활동들 중에서 얼마나 많은 부분이 단 몇 시간 안에 기억에서 사라져버리는지를 잘 안다. 의례를 찍은 사진이나 비디오를 검토해보면 잊어버리거나 놓친 부분이 놀라울 정도로 많다는 것을 알 수 있다. 하지만 사진기나 비디오카메라를 사용하면서 동시에 노트를 작성할 수는 없다는 점이 문제다.

자료 분석

연구 과정에서 인류학자는 다양한 형태의 방대한 자료를 수집한다. 그러한 자료를 어떻게 의미 있는 형태로 정리할까? 자료 수집의 경우와 마찬가지로 자료의 분석에도 기본적으로 두 종류의 자료, 즉 질적 자료(산문 형태의 기술)와 양적 자료(수치화된 재현)가 있다.

질적 자료 분석 질적 자료는 기술적인 필드노트, 내러티브, 신화와 이야기, 노래와 무용담 등을 포함한다. 질적 자료의 질적 분석을 수행하는 지침은 거의 없다. 한 가지 절차는 테마 혹은 패턴을 찾는 것이다. 이러한 접근방식은 '수작업'이나 컴퓨터를 사용해서 자료를 탐구, 즉 '매만지는 일'을 수반한다.

질적 연구를 행하는 많은 인류학자들은 핵심 테마, 즉 트로프(trope)를 발견해내기 위해 컴퓨터를 활용한다. 컴퓨터 스캐닝은 방대한 양의 자료를 눈으로 보는 것보다 더 빠르고 아마 더 정확하게 검색할 수 있도록 해준다. 그러한 자료 관리에 사용 가능한 소프트웨어의 범위가 확장되고 있다. 하지만 결과의 질은 여전히 자료에서 무엇을 검색해야 하는지를 컴퓨터에게 명령하는 코딩체계뿐만 아니라 세심하고 완벽한 자료 입력에도 달려 있다.

질적 자료의 제시는 사람들 자신의 언어, 즉 그들의 이야기, 설명, 대화에 의존한다. 라일라 아부-루고드(Lila Abu-Lughod)는 저서 *Writing Women's Worlds*(1993)에서 이집트 베두인 여성들의 이야기를 전하는 데 이러한 접근법을 따랐다. 아부-루고드는 저자 자신의 틀을 가볍게 적용해서 여성들의 이야기를 결혼, 출산, 명예 같은 주제군으로 묶었다. 그녀는 이야기의 서문은 제공하되 결론은 제공하지 않기 때문에 독자들 스스로 그 이야기의 의미와 이집트 베두인 여성들의 삶에 대해 어떤 말을 할지에 관해 생각해보도록 만든다.

일부 인류학자들은 그러한 문학적이고 해석적인 접근법이 과학적 검증 가능성이 부족하다는 이유로 그 가치에 의문을 제기한다. 그들은 지나치게 많은 것들이 인류학자의 개인적 선택 과정에 의존하고 해석도 종종 소수의 사례에 의거해 있다고 주장한다. 해석인류학자들은 과학적 검증은 그들의 목적이 아니고 사실 문화인류학의 목적으로서도 가치가 없다고 응대한다. 대신 그들은 사람들의 삶에 관한 타당한 해석 혹은 새로운 이해를 상세하고 풍부하게 제공하고자 한다.

양적 자료 분석 양적 자료, 즉 수치화된 자료의 분석은 몇 가지 방향으로 진행될 수 있다. 보다 정교한 방법 중 일부는 통계학적 지식이 필요하고, 대부분 통계적 계산을 수행할 수 있는 컴퓨터와 소프트웨어의 사용이 필요하다. 자메이카 저소득층 가구의 예산에 관한 필자의 연구는 첫째, 샘플 가구를 세 종류의 소득분위(저, 중 고)로 나누고, 둘째, 세 가지 범주의 재화와 재화군, 즉 음식, 주택, 교통에 대한 지출 비율을 계산

브라질 아마존의 싱구(Xingu) 지역에서 한 카야포(Kayapo) 인디언이 비디오카메라를 이용해서 공공행사를 기록하고 있다. 1980년대 이래, 그리고 대체로 문화인류학자 테리 터너(Terry Turner)가 카야포에 대한 연구를 수행한 결과로서, 카야포 인디언들은 자신들의 의례와 여타 전통적인 행사뿐만 아니라, 수천 에이커의 인디언 거주지역에 영향을 미칠 거대한 댐 건설을 위해 수십 년 동안 압력을 가해 온 브라질 사람들과의 정치적 조우를 기록하는 데도 비디오를 사용해 왔다.

하기 위해 컴퓨터 분석을 사용했다(그림 2.4 참조). 조사대상 가구 수가 많지 않았기 때문에(120가구) 분석을 '수작업'으로 할 수도 있었다. 하지만 컴퓨터를 사용해서 보다 빠르고 정확하게 분석을 할 수 있었다.

문화의 재현 **민족지**(ethnography), 즉 참여관찰에 기초해서 이루어지는 살아있는 문화에 관한 상세한 기술은 문화인류학자들이 문화연구의 결과를 제시하는 주요한 방법이다. 초창기의 민족지학자들은 특정한 지역 집단이나 마을을 분명한 경계를 가진 하나의 단위로 취급하는 경향이 있었다. 1980년대 이후 민족지는 여러 면에서 변화해 왔고 현재는 다음과 같은 특징을 보여준다.

- 민족지학자들은 지역문화를 보다 광범위한 지역 · 글로벌 차원의 구조 및 힘들과 연결되어 있는 것으로 간주한다.
- 민족지학자들은 하나의 관심 주제에 초점을 맞추고 보다 총체적인 성격의 접근은 피한다.
- 민족지학자들은 타문화뿐만 아니라 산업화된 서구 문화도 연구한다.

문화인류학적 연구의 긴박한 사안들

2.3 문화인류학적 연구에서 몇 가지 긴박한 사안을 정리하기

이 절에서는 문화인류학적 연구의 두 가지 긴박한 사안, 즉 현지조사 윤리 그리고 현지조사 동안의 안전 문제에 관해서 논의한다.

윤리와 협동연구

인류학은 윤리강령을 고안하고 채택한 최초의 분과학문 중 하나이다. 문화인류학자들은 1950년대와 1960년대에 발생한 두 사건으로 인해 연구후원자 및 연구대상자와의 관계 설정을 재고하게 되었다. 첫 번째 사건은 1950년대의 **카멜롯 프로젝트**였다. 그것은 미국의 이익을 강화하기 위해 남미의 정치적 리더십에 영향을 미치려는 미국 정부의 계획이었다 (Horowitz, 1967). 미국 정부는 의도를 드러내지 않고 정치적 지도자와 사건에 관한 정보를 수집하기 위해 여러 명의 인류학자를 고용했다.

두 번째 중요한 사건은 베트남전쟁(또는 베트남 사람들이 표현하는 바처럼 미국전쟁)이었다. 이 전쟁은 민족지 정보에 관한 정부의 이해, 전시에 인류학자가 수행하는 역할, 인류학자의 연구 대상인 현지인들의 보호 등과 관련된 질문을 인류학의 최전선으로 가져오는 계기가 되었다. 인류학 진영 내에서 두 가지 신랄한 반대 입장이 제기되었다. 한 측에서는 모든 미국인은 시민으로서 미군이 베트남에서 수행하는 전쟁을 지원해야 한다는 견해가 있었다. 이 측은 공산주의를 전복시키는 데 도움이 되는 정보를 가진 인류학자라면 누구나 그것을 미국 정부에 제공해야 한다고 주장했다. 이를 반대하는 입장

민족지 개인적 관찰에 기반해서 이루어지는 살아있는 문화에 대한 일차적이고 상세한 기술

항목	도시 그룹 1	도시 그룹 2	도시 그룹 3	도시 합계	농촌 그룹 1	농촌 그룹 2	농촌 그룹 3	농촌 합계
가구 수	26	25	16	67	32	30	16	78
음식	60.5	51.6	50.1	54.7	74.1	62.3	55.7	65.8
술	0.2	0.4	1.5	0.6	0.5	1.1	1.0	0.8
담배	0.8	0.9	0.9	0.9	1.1	1.7	1.2	1.4
건조식품	9.7	8.1	8.3	8.7	8.8	10.2	14.3	10.5
주택	7.3	11.7	10.3	9.7	3.4	5.7	3.9	4.4
연료	5.4	6.0	5.0	5.6	3.7	3.9	4.1	3.9
교통	7.4	8.2	12.4	8.9	3.0	5.3	7.6	4.9
보건	0.3	0.6	0.7	0.5	1.5	1.4	1.7	1.5
교육	3.5	2.8	3.1	3.2	1.2	2.1	3.0	1.9
오락	0.1	0.9	1.1	0.6	0.0	0.1	0.3	0.2
기타	5.2	8.3	6.9	6.8	2.1	6.0	6.9	4.6
합계*	100.4	99.5	100.3	100.2	99.4	99.8	99.7	99.9

그림 2.4 1983~1984년 11개 소비품목에 대한 자메이카 도시와 농촌 소비집단의 주간 평균지출 배분(%)

* 총계는 반올림으로 인해 정확하게 100이 아닐 수도 있다.

출처 : "Social Patterns of Food Expenditure Among Low-Income Jamaicans" by Barbara D. Miller in *Papers and Recommendations of the Workshop on Food and Nutrition Security in Jamaica in the 1980s and Beyond*, ed. by Kenneth A. Leslie and Lloyd B. Rankine, 1987.

은 인류학자의 책임은 가장 우선적으로 그리고 항상 연구대상 주민들을 보호하는 것이며 이 책임은 정치에 우선하는 것이라고 주장했다. 이러한 입장을 취하는 인류학자들은 전쟁에 반대했고, 남베트남 사람들을 서구 제국주의의 희생자로 보았다. 그들은 일부 인류학자들이 주민들의 정치적 성향에 관한 정보를 미국 정부에 제공했고 그 결과 전개된 군사작전으로 인해 조사에 노출된 사람들이 죽임을 당한 사례들을 폭로했다.

이 기간은 미국 인류학 역사상 가장 분열이 심한 시기였다. 이로 인해 1971년 미국인류학회(AAA)가 윤리강령을 채택하게 되었다. 미국인류학회의 윤리강령은 인류학자의 일차적 책임은 연구에 참여하는 사람들의 안전을 보장하는 것이라고 명시하고 있다. 이와 관련된 원칙으로 문화인류학자는 비밀, 즉 '위장' 연구를 용납하지 않는다는 것이다.

이들 두 원칙 모두 인류학자들 사이에 논란을 불러일으켰는데, 그것은 문화인류학자들이 아프가니스탄과 이라크 전쟁에서 미국의 전쟁 수행행위 중 일부였던 인문지형체계(Human Terrain System, HTS)에 참여해야 하는지 여부에 관한 것이었다. HTS는 현장연구 과정에서 현지 문화에 관한 지식이 있는 문화인류학자들과 여타 전문가들을 동원해서 미군과 민간인의 전시 피해를 줄이고자 하는 목적에서 고안된 것이었다. 제시하는 논거는 납득할 만하다. 문화적 정보를 가지고 있고 그에 민감한 군인들은 현지인들을 자극하는 것을 피할 수 있고, 그들을 이해할 수 있으며, 전쟁의 종식이나 소요진압 작전에 보다 효과적일 수 있다는 것이다(González, 2009). 이는 그럴듯하게 들리지만, 인류학자가 HTS에 합류하는 것은 전쟁의 이해관계로 인해 사실상 사람들을 해치게 되는 군대에 현지인들에 관한 정치적으로 민감한 정보를 제공하는 셈이기 때문에 중대한 문제가 발생하게 된다. 이런 점에서 일부 인류학자들은 '해를 끼치지 않는다'는 원칙이 군사적 행동과 결코 화해될 수 없다고 주장한다.

협동연구 연구방법에서 나타난 하나의 새로운 방향은 연구대상 인구집단의 구성원을 자료 수집에서 분석 및 재현까지 아우르는 협동연구에 실질적으로 참여시키고자 한다. **협동연구**(collaborative research)는 인류학자가 연구대상 인구집단의 구성원을 단순한 '피조사자나 조사대상'으로서보다는 파트너나 팀원으로서 연구에 참여시키면서 문화를 이해하고자 하는 접근방법이다. 이러한 방법은 처음부터 인류학자가 연구대상자를 지칭하는 방식, 특히 오래된 '정보제공자'라는 용어를 재고하게 만든다. 이 용어는 간첩행위 및 전쟁과 고질적이고도 부정적으로 연결되고, 다른 누군가에게 정보를 넘겨주는 수동적인 역할을 암시한다. 이 장의 앞부분에서 논의했던 바처럼, '기관평가위원회(IRBs)'는 '인간 피조사자'라는 용어를 사용하는데, 문화인류학자들은 유사한 이유로 이 용어를 거부한다. 문화인류학자들은 이보다 연구 참여자라는 용어를 선호한다.

루크 에릭 래시터(Luke Eric Lassiter)는 협동연구방법의 선구자이다. 최근의 한 프로젝트에서 래시터는 인류학 학부생들을 인디애나주 먼시(Muncie)의 아프리카계 미국인 공동체 구성원들과의 협력에 참여시켰다. 이 프로젝트의 결과 래시터와 그의 학생들 그리고 공동체 구성원들이 공동저자로 참여한 책이 만들어졌다(Lassiter, 2004). 이 프로젝트를 통해 아프리카계 미국인의 삶에 관한 정보가 수집되었고 그 정보는 현재 도서관 아카이브에 보관되어 있다.

현지에서의 안전 문제

현지조사는 연구자와 그 가족구성원, 그리고 연구팀 구성원에게 심각한 신체적 · 심리적 위험을 야기할 수 있다. 물리적 환경에서 비롯되는 위험은 흔히 심각하고 치명적일 수도 있다. 1980년대에 필리핀 산악지대의 미끄러운 길은 20세기 문화인류학의 중요 인물인 미셸 짐발리스트 로잘도(Michelle Zimbalist Rosaldo)의 목숨을 앗아갔다(8쪽 그림 1.2 참조). 질병 또한 흔한 문제이다. 인류학자들이 만성적인 혹은 치명적일 수 있는 전염성 질병에 걸린 경우가 비일비재하다.

인류학적 연구는 정치적 폭력 혹은 심지어 전쟁에서 비롯되는 위험을 수반하기도 한다. 새로운 분야인 교전지역인류학(war zone anthropology), 즉 폭력적인 분쟁이 발생하고 있는 지역에서 수행되는 인류학적 연구는 민간인의 군사화, 민간인 보호, 군인들의 문화적 역학, 분쟁 후 재건 같은 주제에 관해 중요한 통찰력을 제공해줄 수 있다(Hoffman and Lubkemann, 2005). 이러한 종류의 연구는 인류학 수업이나 조사방법론 책에서는 전형적으로 다루어지지 않는 기술과 판단을 필요로 한다(Nordstrom, 1997; Kovats-Bernat, 2002). 국제구호기구 직원이나 군인으로서 분쟁지역에서 일해 본 경험이 있다면 도움이 될 것이다.

그렇다면 보통의 상황에서 발생하는 현지조사상의 위험 요소들은 어떤 것이 있을 수 있을까? 남아프리카 칼라하리 사막에서 20년 넘게 현지조사를 수행한 후 낸시 하월(Nancy Howell)은 남아프리카 보츠와나에서 트럭사고가 발생해서 그녀의 십대 아들 중 한 명이 사망하고 또 다른 한 명은 부상을 입었을 때 현지조사에서 발생하는 위험이라는 쟁점과 마주했다. 당시 아이들의 아버지인 리처드 리(Richard Lee)는 그곳에서 현지조사를 수행하는 중이었다(Howell, 1990). 사고가 발생하고 몇 달 후 그녀는 많은 인류학자 친구들로부터 다른 현지조사 사고에 관한 이야기를 전해 들었다.

하월은 현지조사 안전 문제에 관해 어떤 조언을 제공하는지 알아보기 위해서 미국인류학회에 연락했다. 그녀가 들은 것은 '그렇게 많지 않다'는 대답이었다. 미국인류학회는 그녀가 인류학적 현지조사의 위험성에 관해 상세한 연구를 할 수 있도록 재정적 지원을 했다. 하월은 미국인류학회가 발간하는 〈인류학과 가이드북〉에 등록된 인류학자 311명을 표본으로 정했다. 그녀는 이들에게 젠더, 나이, 직위, 건강상태, 현지에서의 연구습관 등에 관한 설문지를 보냈다. 그녀는 또한 그들이 경험했던 건강상의 문제와 다른 종류의 위험에 관한 정보를 제공해줄 것을 요청했다. 그녀는 236개의 작성된 설문지를 돌려받았는데, 이렇게 높은 회신율은 이 연구에 관심이 많다는 것을 의미했다.

분석 결과 그녀는 위험성에 지역적인 차이가 있음을 발견했다. 위험성이 가장 높은 곳은 아프리카였고, 다음으로 인도, 아시아/태평양 지역, 라틴아메리카가 뒤를 이었다. 하월은 인류학자가 스스로 준비해서 보다 효과적으로 현지조사의 위험을 예방하고 대처할 수 있는 방법을 권고한다. 그것은 위험에 대한 인식을 높일 것, 기본적인 응급처치 교육을 받을 것, 인류학 수업에서 현지조사의 안전성에 관해 배울 것 등을 포함한다.

하월의 연구가 획기적인 것이었음에도 불구하고, 현지조사 중 발생할 수 있는 동료 학자들로부터의 위협과 관련된 안전과 안전보장 문제는 전혀 다루지 않았다. 2013년부터 2014

협동연구 인류학자가 연구대상 주민을 '피조사자'로서보다는 파트너 또는 참여자로서 연구에 참여시켜 협력하면서 문화에 대한 이해를 얻고자 하는 접근방법

년까지 생물인류학자인 케이트 클랜시(Kate Clancy)와 몇몇 동료학자들은 현장에서 발생하는 동료학자와 멘토들에 의한 성희롱과 성적 학대에 관한 조사를 수행했다(Clancy et al., 2014). 그들의 발견은 주로 여성이면서 보다 젊은 연구자 중 다수가 현지조사 중에 성희롱과 성적 학대를 경험한다는 것을 보여주는 놀라운 내용이었다.

문화인류학의 연구방법은 안락의자인류학자들 이래 장족의 발전을 이루어 왔다. 다루는 주제가 변한 만큼 자료 수집과 분석기법들도 변했다. 윤리적 연구와 책임 그리고 현지조사자의 안전 문제에 관한 새로운 관심은 문화인류학의 연구관행을 지속적으로 재규정하고 있다.

2 학습목표 재고찰

2.1 문화인류학자들이 문화를 어떻게 연구하는지에 관해 토론하기

문화인류학자들은 현지조사와 참여관찰을 통해 연구를 수행한다. 19세기의 초창기 인류학자들은 안락의자인류학을 했는데, 이는 그들이 안락의자에 앉아 탐험가나 여타 훈련받지 않은 관찰자들이 작성한 보고서를 읽으면서 타문화를 이해하려고 했다는 것을 뜻한다. 다음 단계는 베란다인류학이었다. 여기서 인류학자들은 현지에 나갔으나 현지인들과 함께 살지는 않았다. 대신 그들은 자신의 거주지, 전형적으로 베란다에서 연구대상 주민들 중 몇몇을 불러 면담했다. 초기의 인류학자들은 모두 남성이었으며, 피식민지의 생활양식을 연구하기 위해 때때로 식민지 종주국에 의해 고용된 인류학자들도 있었다.

현지조사와 참여관찰은 말리노프스키가 제1차 세계대전 중 트로브리안드 군도에서 혁신적인 방법으로 연구를 수행한 후에야 문화인류학적 연구의 초석으로 자리 잡았다. 그의 접근법은 현지어를 배우고 현지에서 장기적으로 머물면서 사람들의 일상적인 활동에 참여하는 것의 중요성을 강조한다. 이러한 특징은 오늘날 문화인류학적 연구의 핵심이다.

최근 몇십 년 동안 새로운 기법들이 지속적으로 발전해 왔다. 여기에는 문화인류학자가 하나의 주제를 하나 이상의 장소에서 연구하는 다장소 연구, 그리고 신속한 연구 기법들에 의존해서 사용자의 수요와 선호에 대응하는 제품 디자인을 고안하고 개발하는 데 필요한 정보를 제공하는 소비자 연구가 포함된다.

2.2 문화인류학적 현지조사가 무엇을 수반하는지 알아보기

문화인류학적 현지조사는 여러 단계를 수반한다. 첫째는 연구주제의 선정이다. 훌륭한 주제는 시의적절하고 중요한 의미가 있으며 실현 가능한 것이다. 주제에 관한 아이디어는 문헌자료 검토, 재조사, 최근의 사건과 긴박한 쟁점, 심지어 순전한 우연을 통해서도 얻을 수 있다. 일단 현지에 들어가면 장소의 선정, 라포의 형성, 문화충격에 대처하기 등이 첫 번째 단계이다. 미시문화는 인류학자의 라포 형성 방식과 특정한 문화영역에 대한 접근에 영향을 미친다. 문화에 적절하게 참여하기 위해서는 사람들의 환대, 시간, 신뢰에 대한 감사를 표하기 위해 지역적 형태의 선물 주기 혹은 여타 형태의 교환방식을 이해해야 한다.

구체적인 연구 기법들은 보다 연역적인 것과 보다 귀납적인 것으로 구분되고, 그에 따라 양적 자료의 수집 혹은 질적 자료의 수집에 방점을 둔다. 정치경제학적 성향이 강한 문화인류학자들은 양적 자료에 초점을 맞추는 경향이 있고, 해석인류학자들은 질적 자료에 초점을 맞추는 경향이 있다. 하지만 많은 문화인류학자들은 점차 두 종류의 자료 수집 기법 모두에 개방적인 경향을 보이고 있으며, 두 기법이 상당한 정도로 중첩되는 경우도 존재한다. 인류학자는 현지에서 매일매일 노트를 작성하는데, 흔히 손으로 작성하지만 이제는 컴퓨터를 사용하기도 한다. 문화를 기록하는 다른 방법으로 사진, 녹음, 비디오 촬영 등이 있다.

인류학자의 이론적 지향, 연구 목적, 수집된 자료의 유형 등은 자료의 분석과 제시 방법에 영향을 미친다. 양적 자료는 통계학적 분석을 통해 그래프나 도표의 형태로 제시될 가능성이 높다. 질적 자료의 제시는 기술적인 성격이 더 강할 것이다.

2.3 문화인류학적 연구에서 몇 가지 긴박한 사안을 정리하기

1950년대 이래 인류학자들에게 윤리적 문제는 가장 중요한 사안이 되었다. 1971년 미국 인류학자들은 연구에 참여하는 사람들에게 피해를 끼칠 수도 있는 연구에서 인류학자가 역할을 한다면 어떤 역할을 해야 하는가라는 문제에 대처하기 위해 연구자 윤리지침을 채택했다. 미국인류학회의 윤리강령은 인류학자의 일차적 책임은 연구대상자의 안전을 보장하는 것이라고 명시하고 있다. 추가적으로, 문화인류학자는 비밀연구에 결코 참여해서는 안 되고, 연구 목적을 연구대상자들에게 항상 설명해줘야 하며, 연구지역과 개인들의 익명성을 보장해줘야 한다.

협동연구는 연구대상자들을 피조사자로서보다는 파트너로서 참여시키는 연구를 통해 윤리적 문제에 대응하는 가운데 발달한 최근의 접근방법이다.

현지조사 동안의 안전 문제는 또 다른 중요한 사안이다. 인류학자가 노출될 수 있는 위험은 조사지에서의 전염성 질환과 폭력 같은 물리적 원인 그리고 현지조사 동료들에 의한 성희롱과 성적 학대에서 비롯될 수 있다. 1980년대에 인류학자들을 대상으로 행한 설문조사는 현지조사상의 안전을 향상시키기 위한 권고사항을 도출해낸 바 있다. 이 설문조사는 현지조사상의 안전을 위한 기본지침을 제공하지만, 성희롱과 성적 학대에 관한 내용을 업데이트할 필요가 있다.

핵심 개념

귀납적 접근	사전 동의	연역적 접근	쿨라
다장소 연구	설문	인터뷰	토착 지식
라포	양적 자료	전산인류학	현지조사
문화충격	에믹	질적 자료	협동연구
민족지	에틱	참여관찰	혼합적 방법

틀에서 벗어나 생각하기

1. 비록 아주 사소한 통문화적 조우라 하더라도 문화충격을 경험했을 때를 생각해보라. 그에 대해 어떻게 느꼈고 또 어떻게 대처했는가? 그 경험으로부터 무엇을 배웠는가?
2. 현지조사에서 관찰이 갖는 중요성을 고려해볼 때, 시각장애인이 문화인류학자가 되는 것은 과연 가능한 일인가?
3. 어떤 장소나 사건, 또는 사람들에 관해 사진을 찍었는데, 그 결과가 매우 실망스러웠던 적이 있는가? 그렇다면 그러한 사진 찍기에서 놓친 점은 무엇인가?

CHAPTER 3

경제체계

개요

학습목표

3.1 다섯 가지 생계양식의 특징이 무엇인지 이해하기

3.2 생계양식이 소비 및 교환과 어떻게 연결되어 있는지 인식하기

3.3 현대의 생계, 소비, 교환이 어떻게 변화하고 있는지 설명하기

인류학의 연관성

다라비는 예전에는 봄베이로 불렸던 인도 뭄바이의 저소득층 거주지역으로 아마 아시아에서 가장 거대한 '슬럼가'일 것이다. 대부분의 주민들은 설령 고용상태에 있다 하더라도 낮은 임금과 불안정한 직업으로 인해 매우 가난하다. 다라비는 여러 편의 인도 영화에 등장했는데, 아카데미상을 수상한 영화 '슬럼독 밀리어네어'의 배경이 되기도 했다. 최근에는 수도관과 전기도 없는 가로 8피트, 세로 8피트 크기의 방 2칸짜리 주택이 미화 43,000달러에 팔리고 있었으며(Nolen, 2012), 세계에서 부동산 가격이 가장 높은 뭄바이에 위치해 있다는 이유로 가격이 계속 오르고 있다. 개발업자들은 시가 나서서 주민들을 이주시키고 이 구역을 '재개발' 목적으로 개방하기를 희망하면서 오랫동안 다라비를 주시해 왔다. 뭄바이 정부는 대부분 저소득층을 위한 주거지로 남겨두지만 상수도 같은 기본 서비스는 제공하는 형태로 이 빈민가를 개선할 것을 약속해 왔다. 슬럼관광이 진행되면서 많은 부유한 관광객들이 가난한 사람들이 어떻게 사는지 보기 위해 다라비를 찾고 있다. 이 관광의 혜택이 다라비와 그 주민들에게 돌아가도록 하려는 노력이 진행되고 있다.

http://www.theglobeandmail.com/news/world/two-room-shack-mumbai-slum-asking-price-43000/article2388735

선사시대 수천 년 동안 인류는 자연으로부터 식량과 여타 필수품들을 수집하는 것을 통해 생계를 꾸려 왔다. 집단의 모든 구성원이 생계자원에 대해 동등한 접근권을 가지고 있었다. 하지만 현재 세계의 대다수 사람들은 과거와는 현저하게 다른 경제체계 속에서 살아가고 있다.

경제인류학은 주로 경제체계를 통문화적으로 연구하는 문화인류학의 한 하위 분야이다. 경제체계라는 용어는 생계, 즉 재화의 생산과 화폐의 획득(재화를 생산), 소비, 즉 재화나 화폐의 사용, 교환, 즉 사람들 혹은 집단들 간에 재화나 화폐의 이전과 같은 세 가지 영역이 포함되어 있다.

이 장은 우선 생산이라는 주제에 대해 논의한 후 특정한 문화에서 생계를 해결하는 지배적인 방식인 **생계양식**(mode of livelihood)이라는 개념을 소개할 것이다. 민족지 사례들을 통해 다섯 가지 주요 생계양식 하나하나를 조명한다.

다음 절에서는 경제체계의 나머지 두 구성요소, 즉 특정한 문화에서 재화와 서비스를 사용하는 지배적인 방식인 **소비양식**(mode of consumption)과 특정한 문화에서 재화, 서비스 그리고 여타 항목들을 사람들과 집단들 사이에서 전이하는 지배적인 방식인 **교환양식**(mode of exchange)에 관한 통문화적 사례들을 제공한다. 마지막 절에서는 생계, 소비, 교환에서 발생한 오늘날의 변화와 관련된 사례들을 제시한다.

생계의 유지 : 다섯 가지 생계양식

3.1 다섯 가지 생계양식의 특징이 무엇인지 이해하기

인류학자들은 생계양식을 다섯 가지로 구분한다. 각각의 생계양식들이 인류역사에 등장한 순서에 따라 논의될 것이다(그림 3.1). 하지만 이러한 연속체가 특정한 생계양식이 그다음 생계양식으로 진화한다는 의미는 아니다. 즉 수렵채집민이 필연적으로 원시농경민으로 변환하지는 않는다는 것이다. 또한 이 모델은 보다 최근의 생계양식이 더 세련되거나 우월하다는 판단을 함축하지도 않는다. 가장 오래된 생계양식은 환경에 관해 매우 복잡하고 세부적인 지식체계를 갖추고 있다. 현대 도시인들이 그와 같은 환경에서 생존하기에 충분할 정도로 신속하게 지식을 학습하려면 상당한 어려움을 느낄

생계양식 특정한 문화 내에서 생계를 유지하는 지배적인 방식

소비양식 특정한 문화 내에서 수요를 충족시키기 위해 물건을 사용하거나 자원을 이용하는 지배적인 방식

교환양식 특정한 문화 내에서 사람들과 집단들 사이에서 재화와 서비스 그리고 여타 항목들을 이전하는 지배적인 방식

수렵채집	원시농경	목축	농업	산업/디지털
생산목적 사용을 위한 생산				**생산목적** 이윤을 위한 생산
분업 가족 기반 성역할의 부분적인 중복				**분업** 계층 기반 고도의 직업 전문화
재산 관련 평등적, 공동 소유				**재산 관련** 계층적, 사적 소유
자원의 이용 조방적, 임시적				**자원의 이용** 집약적, 장기적
지속가능성 높음				**지속가능성** 낮음

그림 3.1 생계양식

것이다.

사람들이 생계를 꾸리는 다양한 방법을 살펴보는 데 있어서 어떤 용어를 사용하는지가 중요하다. 일부 인류학자들은 잉여도 없고 사치품도 없는 최소한의 수준에서 생계를 유지하는 상황을 지칭하기 위해 최저 생계(subsistence)라는 용어를 사용한다. 이것은 잉여와 사치품이 없는 사람은 낙후하고 열등하다는 부정적 견해를 전달하고, 그들이 현대 자본주의 문화 속에서 살아가는 사람들과 더 유사하게 변화해야 한다는 점을 암시한다. 필자는 최저 생계라는 용어를 거부하고, 물질적 박탈 상태를 표현하기 위해 빈곤이라는 용어를 사용한다. **빈곤**(poverty)은 한 개인, 집단, 국가 혹은 지역의 삶과 복지에 기여하는 유무형의 자원에 대한 접근의 결핍이다. 개발기구들이 표준을 이용해서 전 세계의 빈곤을 측정하려고 하지만, 인류학자들은 빈곤의 원인과 함께 빈곤의 의미에 대한 지역적 정의가 광범위하게 다르다는 것을 보여준다(Cochrane 2009, Tucker et al. 2011). 게다가 많은 사람들은 '빈곤하다'라고 묘사되는 것이 모욕적인 것이기 때문에 이를 거부한다. 빈곤은 그 중요성과 복잡성을 고려하여 이 책에서 다시 논의될 것이다. 특정 사회에서 사람들이 얼마나 잘 살아가고 있는지를 고찰하는 보다 생산적인 방법은 **주관적 웰빙**(subjective well-being)을 고려하는 것이다(Kant et al., 2014). 사람들이 물질적 측면에서 가지지 못한 것을 평가하는 대신 웰빙은 무엇이 바람직한 삶인가에 대한 사람들의 가치와 인식을 고려한다. 여기에는 가족의 유대, 안락한 가정의 느낌, 개인적 안전 같은 것들이 포함될 수 있다. 주관적 웰빙은 연간화폐소득 같이 외적으로 정의되는 글로벌 지표로는 측정될 수 없다.

이 절을 읽으면서 대부분의 인류학자들은 이와 같은 유형 분류를 껄끄럽게 생각한다는 사실에 유념해주길 바란다. 그 이유는 유형 분류체계가 특수한 맥락에 착근되어 있는 삶의 복잡성을 반영하지 못하는 경우가 흔하기 때문이다. 범주 구분의 목적은 이 책에서 제시되는 민족지 정보를 체계적으로 조직하고 이해하는 데 도움을 주기 위한 것이다.

수렵채집

수렵채집(foraging)은 채집, 어로, 사냥 등을 통해 이용 가능한 자원을 자연에서 직접 획득하는 생계양식이다. 생계를 유지하는 가장 오래된 방식인 수렵채집은 인간이 다른 비인간 영장류들과 자원을 나누어 갖는 전략이다. 수렵채집은 유사 이래 줄곧 인류를 부양해 왔지만 최근 절멸의 위기에 놓여 있다. 현재 전 세계적으로 약 25만 명의 사람들만이 주로 수렵채집에 의거해서 생계를 유지하고 있다. 현대의 수렵채집민 대부분은 사막, 열대우림, 극지방 같은 주변부 지역으로 간주되는 곳에서 살아가고 있다. 하지만 이러한 지역들에는 석유, 다이아몬드, 금, 값비싼 관광지 같이 중심지에서 수요가 많은 물

빈곤 한 개인, 집단, 국가 혹은 지역의 삶과 복지에 기여하는 유무형의 자원에 대한 접근의 결핍

주관적 웰빙 무엇이 좋은 삶인가에 대한 자신의 인식에 근거해서 자신의 삶의 질을 경험하는 방법

수렵채집 채집, 어로, 사냥 또는 찌꺼기 수집 등을 통해 자연에서 이용 가능한 식량을 얻는 것

	온대기후 수렵채집	극지방 수렵채집
식량	다양한 종류의 견과류, 덩이줄기, 작은 동물, 간혹 큰 사냥감	해양 및 지상의 큰 동물, 작은 계절식물
음식의 조달에서 젠더 분업	남성과 여성 모두에 의한 음식 조달, 남성은 큰 사냥감을 사냥	남성의 사냥 및 어로에 의한 음식 조달
주거지	임시건축, 비영구적, 낮은 내구성	시간집약적 건축, 부분적 영구성, 약간 높은 내구성

그림 3.2 온대기후 지역 및 극지방 지역의 수렵채집체계 비교

질적 자원이 포함되어 있다. 따라서 이들의 삶의 터전이 소위 자원의 저주에 의해 위협받고 있다. 즉 고소득 국가 사람들이 수렵채집민 지역의 천연자원을 원하고, 이로 인해 수렵채집에 활용되는 땅이 광산, 농장, 관광목적지로 전환되어, 결국 수렵채집민들이 자신의 고향 땅에서 쫓겨나 이주하게 되는 현상이다.

환경적 맥락에 따라 수렵채집민의 식량자원은 견과류, 딸기류 및 여타 과일뿐만 아니라 멜론 같은 지표면 성장 채소류, 구근류, 꿀, 곤충, 조류의 알 등을 포함한다. 수렵채집민들은 또한 다양한 종류의 새, 물고기, 동물을 덫으로 포획하거나 사냥한다. 성공적인 수렵채집은 자연환경과 계절적 변화에 관한 복잡한 지식을 요한다. 그중에서도 수원지(水源地)와 다양한 식량을 구할 수 있는 위치에 대한 지식 그리고 동물이 지나다니는 길을 추적하고 날씨를 판단하며 육식동물을 피하는 방법에 관한 지식이 가장 중요하다. 문자로 기록되지 않는 이런 지식은 세대에서 세대로 전해진다(42쪽 '환경에 주목하기' 참조).

수렵채집민들은 야생 식량을 수집하고 운반하고 가공하기 위해 많은 종류의 도구에 의존한다. 그러한 도구들로는 땅에서 뿌리를 제거하거나 동물이 판 구멍을 파헤쳐서 동물을 끄집어내는 데 사용하는 굴착용 막대, 활과 화살, 창, 그물, 칼 등이 있다. 바구니는 음식을 운반하는 데 중요하다. 수렵채집민은 원재료를 먹을 수 있는 음식으로 만들기 위해 으깨고, 갈고, 빻는 데 돌을 사용한다. 육류는 햇볕이나 불에 말린다. 불은 음식을 끓이거나 굽는 데 사용된다. 이러한 활동은 음식의 조리에 필요한 나무나 다른 가연성 물질 이외에 재생 불가능한 연료를 거의 필요로 하지 않는다. 수렵채집은 **조방전략**(extensive strategy), 즉 광활한 땅에 대한 접근과 무제한적인 인구이동을 필요로 하는 생계양식이다. 문화인류학자들은 수렵채집을 두 가지 범주, 즉 온대기후 수렵채집과 극지방 수렵채집으로 구분하는데 이는 각각 상이한 환경적 맥락과 관련되어 있다(그림 3.2 참조).

1960년대 초에 이루어진 연구에 따르면, 남아프리카의 주쯔와시인들은 수자원의 계절적 이용 가능성에 따라 매년 여러 차례 이동했다(21쪽 '문화파노라마' 참조). 일련의 가족들로 구성된 각 집단은 정기적으로 '자신들의' 영토로 돌아가 몇 개의 막대로 뼈대를 세운 다음 나뭇잎이나 덤불로 덮어서 주거지를 다시 만든다. 식량을 채집 및 가공하고 주거지를 짓는 데 필요한 시간은 얼마 되지 않는다.

이러한 온대기후 수렵채집민과 대조적으로 북미, 유럽, 아시아의 극지방에서 살아가는 수렵채집민은 식량을 얻고 주거지를 만드는 데 더 많은 시간과 에너지를 투여한다. 극지방 수렵채집민의 전문 기술은 창, 그물, 칼 등의 제작뿐만 아니라 썰매와 그것을 끄는 가축을 부리는 방식도 포함된다. 썰매를 끄는 데 이용하는 개 등의 동물은 극지방 수렵채집민의 기술과 사회적 정체성의 중요한 측면이다('인류학자처럼 생각하기' 참조). 이글루와 통나무집을 짓는 데는 상당한 양의 노동과 기술이 필요하다. 코트, 장갑, 부츠 등의 방한의류는 만들고 유지하는 데 시간이 많이 드는 극지방 수렵채집의 또 다른 특징이다.

분업 수렵채집민들 사이에서 특정한 개인 혹은 집단에게 특정한 과업을 부여하는 **분업**(division of labor)은 젠더와 연령이라는 요소에 의해 규정된다. 온대기후 수렵채집 문화에서는 최소한의 성별 노동분업만이 존재한다. 온대기후 수렵채집민들은 일상 식량의 대부분을 구근류, 딸기류, 유충, 작은 새와 동물, 물고기 등을 채집하고 사냥해서 얻는데, 여성과 남성이 공히 이러한 기본적인 식량을 수집한다. 하지만 큰 동물의

조방전략 광활한 땅의 일시적 이용과 고도의 공간적 이동을 수반하는 생계의 한 형태

분업 한 사회가 성별, 나이, 신체적 능력 같은 요인에 따라 다양한 과업을 배분하는 방식

인류학자처럼 생각하기

개의 중요성

개는 최초로 가축화된 동물로서, 약 18,000년 전 동유럽과 러시아 유적지에 그 가축화에 관한 고고학적 증거가 남아 있다. 전 세계적으로 개가 인간에 대해 갖는 오래된 중요성에도 불구하고 인간과 개의 관계에 대해 관심을 집중해 온 문화인류학자는 거의 없다. 인간과 개에 관해 탐구한 몇 안 되는 민족지 중 하나는 극지방 수렵채집민 집단에서 개가 갖는 경제적, 사회적, 심리적 중요성에 대한 심오한 통찰력을 제공해준다.

조엘 사비신스키(Joel Savishinsky)가 현지조사를 수행할 당시에 채 100명도 안 되는 해어(Hare) 인디언들이 캐나다 북서부 지역의 콜빌 호수에서 공동체를 이루고 살고 있었다(1974). 세계에서 가장 척박한 환경 하에서 그들의 생계는 수렵과 덫 놓기, 어로를 기반으로 이루어졌다. 사비신스키는 해어 인디언들이 환경적 스트레스에 어떻게 대처하는지를 연구하기 위해 콜빌 호수를 찾아갔다. 환경적 스트레스 요인에는 극단적으로 추운 날씨, 장기간의 고립, 연중 가장 엄혹한 시기에 끊임없이 이동해야 할 필요성이 수반하는 위험한 여행조건 그리고 간헐적인 식량 부족 등이 포함된다. 사회적, 심리적 스트레스 요인들 역시 존재하는데, 여기에는 외부인들과의 접촉이 포함된다. 이와 같은 스트레스 연구뿐만 아니라 사비신스키는 연구 초기에 해어 인디언들에게 개가 얼마나 중요한지를 알게 되었다.

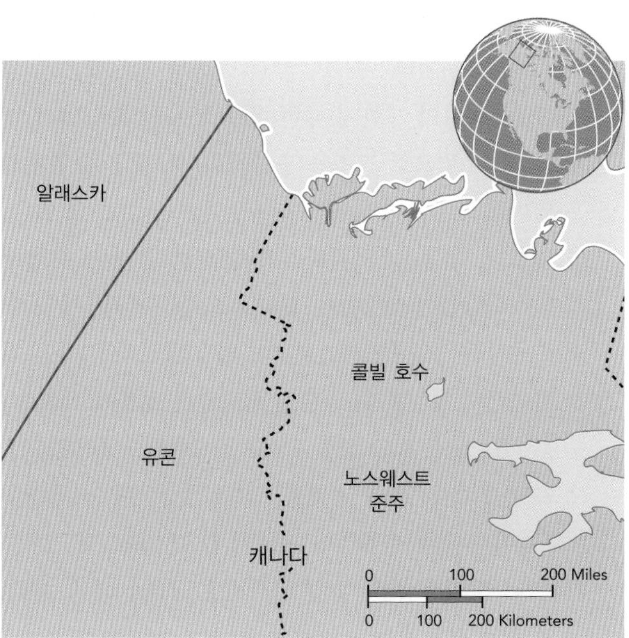

지도 3.1 캐나다 북서부 콜빌 호수 인근의 해어 인디언 지역

초기의 유럽 식민주의자들은 눈덧신토끼로 식량과 의복을 해결했기 때문에 이 지역 사람들을 '해어'라고 명명했다. 해어 인디언들은 임노동 경제에 포섭되면서 알코올 중독에 빠지고 결핵 등의 질병에 걸렸다. 조상들의 땅을 재건하기 위한 청구 노력이 1960년대에 시작되었다. 캐나다의 600개 이상의 원주민집단은 캐나다 정부로부터 권리를 쟁취하기 위해 계속 싸워 나가고 있다.

> …내 전용 개썰매 팀을 꾸리자 나는 훨씬 더 자유롭게 이동할 수 있었고, 이전에는 도저히 따라잡을 수 없었던 많은 사람들과 함께 야영을 할 수 있었다. 나는 개가 끄는 썰매를 타고 10월 중순부터 6월 초순까지 총 600마일 가까이 여행했다. 개와의 꾸준한 접촉 그리고 개를 조정하고 훈련하고 부리는 방법을 배워야 할 필요성 때문에 그 사람들의 삶에서 이 동물들의 사회적 · 심리적 중요성뿐 아니라 생태학적 중요성에 대해서도 인식하게 되었다(1974:xx).

해어 인디언 공동체 14개 가구가 총 224마리의 개를 소유하고 있었으며 가구당 평균 14마리의 개를 보유하고 있었다. 사람들은 여행을 떠날 때 6마리의 개가 필요하다고 추정한다.

> 개는 경제적으로 유용한 수준을 넘어 사람들의 정서적 삶에서 중요한 역할을 한다. 개는 대화의 빈번한 주제이다. 공동체의 구성원들은 개의 크기, 힘, 색깔, 달리는 속도, 민첩성의 특징에 주목하면서 상대방 개의 보살핌, 사육조건, 성장에 대해 끊임없이 비교하고 논평한다(p. 169).

해어 인디언들은 서로 감정표시를 잘 하지 않지만 사람과 개 사이에서는 흔히 볼 수 있다. 사비신스키에 따르면, "강아지와 어린아이들은… 이러한 군단의 사회적 삶에서 유일하게 무조건적인 애정을 받는 대상이다"(pp. 169–170).

생각할 거리

개 또는 다른 가축화된 동물이 사람들의 집중적이고 긍정적인 관심의 초점이 되는 문화(아마도 여러분의 문화)에 대해 생각해보라. 사람과 동물은 어떻게 상호작용하는가? 인간과 가축화된 동물과의 관계에서 연령이나 젠더 차이가 존재하는가?

해어 인디언 아이들이 가족 개썰매를 타고 마을로 식수를 운반하고 있다.

사냥에는 오직 남성들만 참여하는 경향이 있다. 남성들은 함께 소집단을 조직해서 원거리 사냥에 나선다. 큰 사냥물은 온대기후 수렵채집민의 식단에서 작고 불규칙한 부분에 지나지 않는다. 극지방 수렵채집 문화에서는 식단의 중요한 부분을 바다표범, 고래, 곰과 같이 큰 동물과 물고기에서 얻는다. 남성들이 대부분의 사냥과 어로를 한다. 따라서 극지방 수렵채집민들은 훨씬 더 분명한 성별 노동분업을 보여준다.

연령은 수렵채집을 포함한 모든 생계양식에서 과업할당의 토대로 작용한다. 수렵채집 문화의 소년, 소녀들은 식량과 연료를 수집 및 운반하고 보다 어린 형제자매들을 돌보는 등의 여타 일상적 과업을 수행함으로써 도움을 제공한다. 연장자들은 야영지에 머물며 어린아이들을 돌보는 일을 돕는다.

재산관계 수렵채집사회에서는 타인에게 팔 수 있는 어떤 것을 소유한다는 의미에서의 사유재산 개념이 존재하지 않는다. 대신 **용익권**(use right, 사용수익권)이라는 용어가 보다 적합하다. 용익권은 한 개인 또는 집단이 채집, 수렵, 어로를 할 수 있는 지역과 물웅덩이 같은 특정한 자원에 대해 사회적으로 승인된 우선적인 접근권을 가지고 있다는 것을 의미한다. 이러한 접근권은 허락을 통해 기꺼이 다른 이들과 공유된다. 주쯔와시 사회에서는 가족집단이 특정한 물웅덩이와 그 주변의 영토에 대한 접근권을 가진다(Lee, 1979:58–60). 방문을 한 집단은 환영을 받으며 음식과 물을 제공받는다. 환대를 베푼 집단은 다음번에 다른 야영지를 방문하고 그곳에서 환대를 받을 것이다.

지속가능한 체계로서 수렵채집문화 외부의 영향을 받지 않고 충분한 땅이 주어져 있는 한 수렵채집체계는 지속가능한데, 이는 시간이 지남에 따라 핵심적 자원이 인구집단의 수요와 균형을 이루며 재형성된다는 것을 의미한다. 안다만 제도의 한 섬인 노스센티넬 섬이 하나의 분명한 예가 될 수 있다. 섬 주민들이 오랫동안 '닫힌' 체계 내에서 살아왔기 때문이다(지도 3.2 참조). 지금까지 간간히 그 섬 위를 날아서 지나가는 헬리콥터와 섬에 상륙하려는 외부인들의 간헐적인 시도를 제외하면 수백 명의 섬 주민들이 외부 세계로부터 거의 완전히 고립된 상태로 살아왔다.

용익권 한 개인이나 집단이 채집, 수렵, 어로를 할 수 있는 지역과 물웅덩이 같은 특정한 자원에 대해 사회적으로 승인된 우선적 접근권을 가지는 재산관계의 체계

1960년대 남아프리카 주쯔와시인의 전통적인 주거지

수렵채집이 지속가능한 이유 중 하나는 수렵채집민의 욕구가 그리 크지 않기 때문이다. 인류학자들은 최소한의 노력으로 욕구를 충족시키기 때문에 수렵채집 생활양식을 원초적 풍요사회(original affluent society)라고 유형화했다. 이 용어는 현대의 소비문화에서 살아가는 사람들에게 수렵채집이 대부분의 자민족중심주의적 생각과는 반대로 비참하고 부적절한 생계 해결방식이 아니라는 점을 일깨워주기 위해 은유적으로 사용하는 표현이다.

수렵채집민의 재화에 대한 욕구가 제한되어 있기 때문에 최소한의 노력으로 그것을 충족시킬 수 있다. 수렵채집민들은 일반적으로 북미의 평균 직장인들보다 주당 더 적은 시간을 일한다. 전통적인 (외부의 영향을 받지 않은) 수렵채집사회에서 사람들이 식량을 수집하고 도구를 제작 · 수리하는 데 소비한 시간은 일주일에 5시간이 넘지 않았다. 그들은 이야기를 나누거나 게임을 하고 휴식을 하면서 많은 시간을 보낸다. 수렵채집민들은 또한 전통적으로 건강상태가 좋았다. 1960년대 초반 주쯔와시인들의 연령구성과 건강상태는 1900년대 미국인들의 그것과 비교해서 손색이 없었다(Lee, 1979:47–48). 그들은 전염병과 퇴행성 질병(관절염 같은 노화와 관련된 건강 문제)에 거의 걸리지 않았다.

원시농경

원시농경(horticulture)은 손도구를 사용해서 길들인 작물을 농토에서 경작하는 데 의거해 있는 생계양식이다. 원시농경은

원시농경 손도구를 사용해서 길들인 작물을 농토에서 경작하는 데 의거해 있는 생계양식

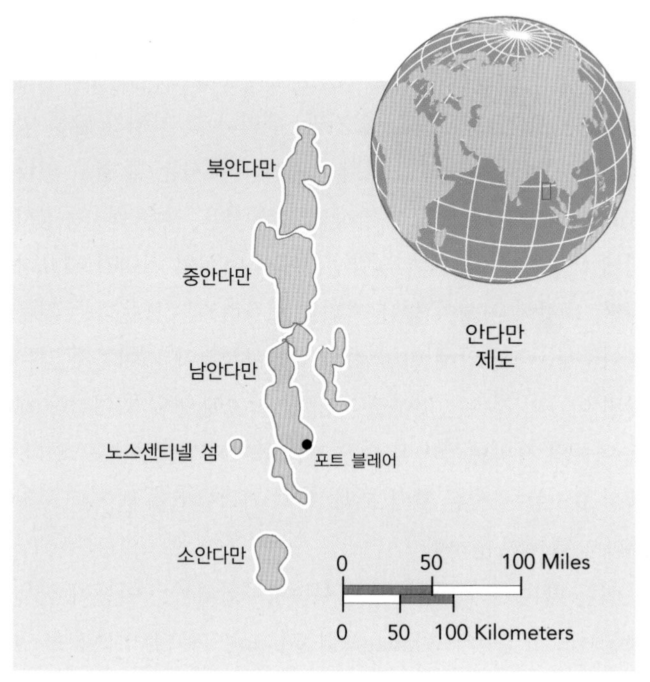

지도 3.2 **인도의 안다만 제도**

이곳 576개의 섬은 지질학적으로 미얀마와 동남아시아의 일부이다. 대영제국은 1947년 인도가 독립할 때까지 이 섬들을 통치했다.

수렵채집민이나 목축민들과의 교역을 통해 동물성 산물을 보충하는 경우가 흔하다. 원시농경은 전 세계의 수많은 사람들이 여전히 실행하고 있다. 주요한 원시농경지역으로 사하라 사막 이남 아프리카, 남아시아, 동남아시아와 태평양, 중남미, 카리브해 지역의 섬 등이 있다. 원시농경의 주요 작물은 얌, 옥수수, 콩, 기장 및 수수 같은 곡물류 그리고 여러 종류의 구근류 등을 포함하는데, 이들 모두 단백질, 미네랄, 비타민이 풍부하다.

원시농경은 굴착용 막대, 괭이, 운반용 바구니 등과 같은 손도구의 사용을 수반한다. 비가 유일한 수자원이다. 원시농경은 지력을 재생시키기 위해 경작지의 순환적인 사용을 필요로 한다. 따라서 원시농경을 다른 용어로 이동경작(shifting cultivation)이라고 부른다. 평균 경작지 면적은 1에이커가 안 되며, 2.5에이커면 5~8명 정도의 가족을 1년 동안 부양할 수 있다. 원시농경의 산출량은 200~250명 규모의 반영구적인 마을을 유지할 수 있을 정도이다. 제곱마일당 전체 인구밀도는 낮은 편이다. 원시농경도 수렵채집과 마찬가지로 조방 전략이기 때문이다. 원시농경은 경작지 개간과 음식 가공에 필요한 에너지로 인해 수렵채집보다 더 노동집약적이다. 인류학자들은 원시농경의 주기를 다섯 가지 단계로 구분한다 (그림 3.3 참조).

정리 : 나무나 관목들을 잘라낸 후 그 일대에 불을 질러 다른 식물군을 소각함으로써 숲의 일부를 부분적 혹은 전체적으로 정리한다. 불은 나중에 풍성한 비료의 역할을 하는 재의 층을 남긴다. '화전경작'이라는 용어가 바로 이 단계를 지칭한다.

씨뿌리기 : 굴착용 막대를 이용해서 땅을 간다. 그들은 씨를 손으로 뿌리거나(흩뿌리기로 불린다) 작물 싹을 갈아진 흙에 손으로 심는다.

잡초 제거 : 원시농경은 잡초 제거를 거의 수반하지 않는다. 왜냐하면 토양위에 덮인 재와 숲 때문에 조성된 그늘진 생육조건으로 인해 잡초의 성장이 억제되기 때문이다.

수확 : 이 단계는 작물을 자르거나 파내서 거주지역으로 옮기기 위해 상당한 노동을 필요로 한다.

휴경 : 토양과 경작한 작물에 따라 땅을 수년 동안 경작하지 않고 내버려둬야 한다. 그래야 지력을 회복할 수 있기 때문이다.

그림 3.3 원시농경의 다섯 단계

분업 젠더와 연령이 노동분업을 구조화하는 핵심적 요소이고 남성의 역할과 여성의 역할이 분명하게 구분되는 경우가 흔하다. 전형적으로 남성이 경작지를 개간하지만 남성과 여성 모두 주식용 작물을 심고 돌본다. 이러한 유형은 파푸아뉴기니, 동남아시아 대부분 지역, 동/서아프리카의 일부 지역에서 관찰된다. 음식 가공은 흔히 여성들이 소집단 형태로 수행하는 반면 남성들은 보다 전형적으로 소집단을 조직해서 수렵과 어로를 수행함으로써 식량을 보충한다.

2개의 독특한 원시농경 사례가 젠더 역할과 젠더 지위에서 극단적인 경우를 보여준다. 첫째는 유럽인들의 도착 이전에 뉴욕주 중부에 살았던 이로쿼이인들이다(Brown, 1975)(지도 3.3 참조). 이로쿼이 여성들은 가장 중요한 작물인 옥수수를 경작했으며 그것의 분배를 통제했다. 이러한 통제는 이로쿼이 여성들이 남성들의 전쟁 개전 여부를 결정할 수 있었다는 것을 뜻한다. 전쟁은 옥수수 공급이 있어야 가능했기 때문이다. 성별 노동분업 그리고 남성에 대한 여성의 지위라는 측면에서 대조적인 사례로는 베네수엘라 지역 아마존의 야노마미족을 들 수 있다(Chagnon, 1992)(지도 3.4 참조). 야노마미 사회에서는 남성이 지배적인 의사결정자이며 여성보다 더 많은 사회적 권력을 행사한다. 야노마미 남성들은 경작지를 정리하고 작물을 돌보고 수확한다. 또한 그들은 의례적 연회를 위한 요리도 대부분 한다. 그렇다고 해서 야노마미 여성들이

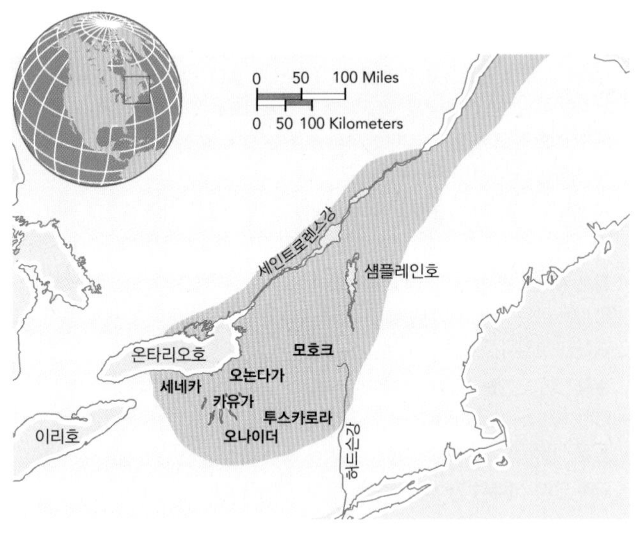

지도 3.3 식민지 이전의 이로쿼이 지역

유럽의 식민지 개척자들이 도착했을 당시 이로쿼이의 6개 민족이 광범위하게 확대되었다. 모호크인(Mohawk)은 연합체의 상징인 롱하우스(longhouse, 장옥 공동체)의 동쪽 문을, 세네카인(Seneca)은 서쪽 문을 호위했다. 여섯 민족은 그들 간의 평화조약을 체결했으며, 민주주의를 수립했다. 위대한 연설가 히아와타(Hiawatha)가 그러한 부족들 간의 연맹계획을 역설했고 그것을 처음으로 승인한 사람은 한 모호크인 여성이었다.

빈둥거리며 노는 것은 아니다. 그들은 주식인 **마니옥**(manioc) 혹은 **카사바**(cassava), 즉 열대지방에서 자라는 전분 뿌리 작물을 공급하는 중요한 역할을 한다. 마니옥을 식용으로 먹기 위해서는 물에 담가 독소를 제거한 다음 긁어서 고운 가루로 만드는 등 장시간의 가공이 필요하다. 이 책의 후반부에서 야노마미족의 생활에 대해 배우게 될 것이다.

지도 3.4 브라질과 베네수엘라의 야노마미 지역

야노마미 지역은 외부인들로부터 격리되어 있는 듯 보인다. 그러나 광부, 목장주, 벌목꾼과 그 밖의 상업적 개발업자들이 천연자원들을 얻어내고 여성과 아동을 성적으로 착취하면서 그 지역을 침탈했다.

누구도 원시농경에서 상이한 형태의 분업이 어떻게 기원했는지에 대해 설명할 수는 없지만, 우리는 그 차이가 남성 및 여성의 지위와 연관되어 있다는 것에 대해서는 잘 알고 있다(Sanday, 1973). 무엇보다 가장 중요한 것은, 많은 원시농경사회에 대한 분석을 보면 식량생산에서 여성의 기여가 필요하지만, 그것이 여성이 높은 지위를 보장하지는 않는다는 것을 보여준다. 다시 말해 만일 여성이 식량생산에 기여하지 않는다면 이들의 지위는 낮아질 것이다. 반면에 만일 기여한다 해도 이들의 지위는 높아질 수 있거나 높아지지 않을 수도 있다. 핵심 요소는 생산된 것의 분배, 특히 가족단위를 넘어선 공적 분배의 통제인 듯하다.

어떤 다른 생계양식보다 원시농경사회에서는 아동이 더욱 생산적으로 일한다(Whiting and Whiting, 1975). **여섯 문화 연구**는 원시농경, 농경, 산업농을 배경으로 하여 아동의 행위를 조사한 연구 프로젝트이다. 서부 케냐의 구시인 같은 원시농경집단에서는 아동들이 아주 나이가 어릴 때부터 대부분의 과업을 수행한다는 사실이 발견되었다. 구시인 소년, 소녀들은 형제자매들을 돌보고 땔감을 모으고 물을 길어 운반한다. 구시사회와 여타 원시농경사회에서는 아동들이 너무나 많은 일을 하는데 그것은 어른, 특히 여성이 밭과 시장에서 일하느라 너무나 바쁘기 때문이다.

재산관계 개인이 소유할 수 있고 판매할 수 있는 사유재산은 원시농경사회의 특징이 아니다. 원시농경사회에서는 일반적으로 용익권이 중요하다. 이 용익권은 수렵채집민의 것보다 더 명확하게 규정되고 공식화된 것이다. 토지의 일정 지역에서 개간과 작물재배를 하기 시작하면서 한 가족은 그 땅과 그곳에서 자라는 작물에 대한 권리를 주장한다. 잉여재화의 생산으로 인해 상품과 자원에 대한 접근에서 사회적 불평등이 발생할 가능성이 있다. 보다 광범위한 집단 내에 존재하는 공유의 규칙은 일부 사람들이 더 높은 지위를 획득하면서 그 중요성이 줄어든다.

지속가능한 체계로서 원시농경문화 휴경은 원시농경의 생존

마니옥 혹은 카사바 열대지방에서 자라는 전분 뿌리 작물로 식용 가능하게 만들기 위해서는 물에 담가 독소를 제거한 다음 고운 가루로 긁어내는 일을 포함하여 오랜 가공이 필요하다.

콜롬비아의 작은 마을에서 카사바 구입하기. 카사바는 열대지방 전역에서 널리 자라고 있으며 많은 다른 이름으로도 통한다. 인구 5억 명인 저소득 국가의 주식으로 탄수화물이 풍부하지만 단백질은 없다.

■ **카사바나 마니옥이 포함된 조리법을 찾아보자.**

력을 유지하는 데 중요하다. 휴경은 대지의 소실된 영양분을 회복하도록 하며, 잡초의 성장을 가능하게 하여 토양의 질을 개선한다. 잡초가 그 뿌리체계를 통해 푸석푸석한 흙을 유지해주는 역할을 하기 때문이다. 휴경에는 두 가지 제약이 있는데 휴경에 요구되는 시간이 길다는 것과 휴경 상태일 때 다른 토지를 사용해야 하기 때문에 대량의 토지가 필요하다는 점이다. 만일 일정한 땅을 오랫동안 사용하거나 휴경 기간이 짧아지면 토양이 고갈되어 작물생산이 감소하고 토양의 침식이 빠르게 진행된다.

목축

목축(pastoralism)은 가축화된 일군의 동물에 의지하고 가축에서 나온 산물, 즉 고기와 우유가 식단 중에 적어도 절반 정도를 차지하는 생계양식이다. 목축은 특히 강우량이 적고 예측할 수 없는 중동, 아프리카, 유럽, 중앙아시아에 오랫동안 존재해 왔다. 신세계의 경우, 15세기에 스페인 사람들이 도래하기 전부터 있었던 유일한 토착적 목축체계는 안데스 지역에 분포했다. 이 지역의 목축은 가축화된 라마에 기반해 있었다(Barfield, 2001). 양, 염소, 말, 소는 스페인이 정복한 후에 일반화된 가축이다. 남서부 미국의 일부 미국 인디언 부족집단은 아직까지도 목축에 의존한다.

전 세계적으로 볼 때 목축에 있어서 여섯 가지 주요한 목축의 종은 양, 염소, 소, 말, 당나귀, 낙타이다. 이와 다른 세 가지 종은 분포가 더욱 제한적인데 아시아의 고산지대에 분포하는 야크, 북극 부근 지역의 순록, 남아메리카 고원의 라마이다. 많은 목축민들은 개를 길러 가축떼를 보호하고 여러 가지 도움을 받는다.

식량 면에서 목축은 주로 우유와 우유제품의 생산에 기반을 두고 가끔씩 고기를 얻기 위해 도살을 하기도 한다. 따라서 일반적으로 목축민은 음식과 자체적으로 생산할 수 없는 여타 재화를 얻기 위하여 수렵채집민, 원시농경민 혹은 농경민과 교역관계를 형성한다. 잘 알려진 교역 품목으로는 식용 곡물 및 냄비와 같은 제조품이 있으며 이것은 목축민이 제공한 우유, 동물, 가죽 그리고 여타 동물에서 생산된 산물과 교환된다.

수렵채집 및 원시농경과 마찬가지로 목축은 일종의 조방전략이다. 모든 목축민에게 공통적인 문제는 동물에게 먹일 신선한 목초와 물이 지속적으로 필요하다는 점이다. 가축떼는 반드시 이동을 시켜야 하며, 그렇지 않을 경우 목초지는 고갈된다.

분업 기초적인 생산단위는 가족, 그리고 친족관계로 연결된 일군의 가족이다. 목축 역시 젠더와 연령이 노동분업의 가장 중요한 요소이다. 많은 목축문화에서 젠더 역할이 명확하게 나뉜다. 남성은 가축들을 여기저기 이동시키는 가축 돌보기를 담당한다. 여성은 특히 우유 같은 가축에서 나온 생산품을 가공하는 책임이 있다. 남성성의 문화적인 강조는 많은 가축 돌보기 집단의 특징을 이룬다. 남성성의 기준이 순록을 돌보는 일일 정도로 핀란드의 사미인에게 순록 돌보기는 남성의 정체성과 밀접히 연결된다(217쪽 '문화파노라마' 참조). 이와 대조적으로 미국 남서부 지역의 나바호인의 경우에는 여성이 가축을 돌본다. 나바호 남자들의 주된 노동은 은으로 된 장식품을 조각하는 것이다.

재산관계 목축민의 가장 중요한 재산 형태는 단연코 동물이며 그다음으로는 주택(예 : 텐트, 유르트)과 가내물품(깔개와 취사도구)이다. 집단에 따라 동물 소유권의 상속은 가장 일반적으로는 남성을 통해 이루어지며 드물게는 나바호인처럼 여성을 통해 이루어진다. 사유재산 개념은 동물에 대해 존재하며, 가장이 다른 재화와 교역할 수 있다. 한 가족의 주거자재

목축 가축의 사육 및 식단의 대부분을 차지하는 고기 및 우유와 같은 생산물의 사용에 기초하고 있는 생계양식

또한 사유재산이다. 반면에 용익권은 목초지와 이동경로를 규정하고 이 권리는 구전을 통해 비공식적으로 통제되는 경향이 있다.

지속가능한 체계로서 목축문화 목축민은 이란 같이 비교적 풍부한 지역에서부터 몽골처럼 보다 척박한 지역을 아우르는 극도로 다양한 환경에서 지속가능한 문화를 발전시켜 왔다. 목축은 다른 형태의 경제체계들과 상호 공존하는 고도로 성공적이며 지속가능한 경제체계이다. 그러나 수렵채집과 원시농경에서처럼 외부세력이 이주가 가능한 공간을 제한하는 즉시 환경의 과잉이용이 초래된다.

농업

농업(agriculture)은 밭갈이, 관개, 거름 주기에 기초해서 작물을 재배하는 생계양식이며 농경(farming)이라고도 불린다. 농업은 수렵채집, 원시농경, 목축문화와 달리 일종의 **집약전략**(intensive strategy)이다. 집약화에는 토지의 동일한 부분을 지력의 손실 없이 반복적으로 이용할 수 있도록 해주는 기술의 사용이 포함되어 있다. 결정적인 투입요소에는 제초를 위해 투입되는 상당량의 노동, 천연 및 화학비료의 사용, 급수 등이 있다. 초기의 농업체계는 약 12,000년 전 중동지방에서 시작한 신석기시대로 기록되어 있다. 농업체계는 현재 남극 대륙을 제외한 전 대륙, 전 세계에 걸쳐 존재한다.

농업은 밭갈이와 운송을 위해 그리고 배설물로 만든 거름이나 퇴비 형태의 유기비료를 얻기 위해 가축을 필요로 한다. 농업은 관개수로 혹은 계단식 경작지 조성 같은 방식의 인공적인 수경원에 크게 의존한다. 이미 논의한 생계양식들과 마찬가지로 농업은 토양의 유형, 강수량 패턴, 식물다양성, 병해충관리를 포함한 환경, 작물, 동물에 관해 복잡한 지식을 필요로 한다. 오랫동안 지속된 농업적 전통이 현재 외부에서 도입된 방법들로 대체되고 있음과 동시에 전 세계적으로 농업과 관련된 토착적 지식도 빠르게 감소하고 있다. 많은 사례에서 관찰되는 바처럼 농업전통은 지식과 결합된 문화 및 언어와 마찬가지로 철저하게 상실되어 가고 있다.

다음은 농업의 두 가지 유형인 가족농과 산업농에 대해 논의하고자 한다.

가족농 이전에 소농에 의한 농경으로 일컬었던 **가족농**(family farming)은 가족을 부양하고 판매용 재화를 생산하는 데 중점을 두는 농업의 한 형태이다. 오늘날은 10억 이상의 인구, 즉 세계 인구의 대략 1/6 이상이 가족농을 통해 생계를 유지한다. 전 세계에 걸쳐 발견되는 가족농은 선진 산업국가보다 멕시코, 인도, 폴란드, 이탈리아와 같은 국가들에서 더 보편적이다. 가족농민은 통문화적인 다양성을 더욱 풍부하게 보여준다. 이들은 전일제 혹은 시간제 농부일 수 있으며 거의 대부분 도시의 시장과 밀접하게 연결되어 있을 가능성이 있고, 가난하면서 부채가 있거나 부유하면서 권력이 있을 수도 있다. 가족농의 주요한 활동으로는 밭갈이, 파종 및 절단, 제초, 관개시설 돌보기와 계단식 경작, 추수, 작물의 가공 및 저장 등이 있다.

분업 농업사회에서 생산의 기본적인 단위는 가족이며, 노동을 조직하는 데 젠더와 연령이 중요하다. 대부분의 가족농경 사회는 뚜렷하게 젠더에 기초한 분업이 존재한다. 젠더 역할의 통문화적 분석에 따르면 조사된 사회의 3/4 이상에서 남성이 노동의 대부분을 수행하는 것으로 드러났다(Michaelson and Goldschmidt, 1971). 인류학자들은 그렇게 많은 종류의 가족농경에서 왜 남성이 생산적인 노동에서 지배적인 역할을 하는지를 설명하는 다양한 이론을 제시해 왔다(그림 3.4 참조).

미국과 캐나다의 가족농경에서 남성은 보통 일상적인 농업노동에 주된 책임이 있으며 여성의 참여 범위는 동등한 정도에서 최소한의 정도까지 다양하게 존재한다(Bartlett, 1989). 미국과 캐나다의 경우 여성이 농장을 경영하기는 하지만 일반적으로 이혼했거나 과부가 되었을 때에만 해당한다. 여성은 항상 가사영역을 관리하는 데 책임이 있다. 평균적으로 여성의 일상적인 노동시간은 남성들보다 25% 더 많다.

가족농에서 남성과 여성 간의 균형적인 노동역할은 남성이 농업노동을 하는 것이고 여성은 시장에 물건을 내다 파는 것이 종종 포함되어 있다. 이러한 성별 노동분업은 중앙아메리카 및 남아메리카 고원에 사는 원주민집단 사이에서 보편적

농업 밭갈이, 관개, 거름 주기를 통한 작물의 재배가 포함된 생계양식

집약전략 동일한 토지와 자원의 지속적인 사용이 포함된 생계양식의 형태

가족농 농민들이 주로 자신의 생계를 위해 생산하고 또 한편으로 시장체제에 판매할 상품을 생산하는 농업의 형태

남성과 밭갈이 가설
이 가설은 파종을 위한 준비 작업에 있어 밭갈이의 중요성과 밭갈이가 거의 독점적인 남성의 일로 되어 있다는 사실에 근거를 두고 있다(Goody, 1976). 일부 인류학자들은 남성이 여성보다 힘이 더 세고 유산소 운동능력(aerobic capacity)이 강하기 때문이라고 말한다. 예를 들어 인도 남부의 경우에는 기후 패턴으로 인해 매우 한정된 기간 안에 밭갈이를 마쳐야 한다(Maclachlan, 1983). 신체적으로 더 강한 젠더에게 일을 맡기는 것은 일을 더욱 빨리 끝낼 수 있도록 보장해주며 따라서 좋은 작물을 얻을 수 있는 기회가 늘어나기 때문에 적응적인 문화전략이 된다.

여성과 육아 가설
이 가설은 밭갈이와 농지에서 이루어지는 여타 노동에 여성이 남성만큼 참여하지 않는 이유를 알려준다. 그러한 노동이 육아와 양립할 수 없기 때문이다(J. K. Brown, 1970).

여성과 음식가공 가설
이 가설은 농업이 집 안이나 집 인근에서의 노동 수요를 증가시킨다는 점에 주목한다(Ember, 1983). 농업생산물에 대한 키질(winnowing), 껍질 벗기기, 조리는 극도의 노동집약적인 과정들이다. 육아에서 여성이 수행하는 일차적 역할 그리고 농경가족에서 증가하는 출산율과 연결되어, 이러한 노동은 여성의 활동을 가내영역에 한정시킨다.

그림 3.4 가족농경의 성별 분업에서 나타나는 남성의 지배적인 역할을 설명하는 세 가지 가설

이다. 예를 들어 오아하카라는 멕시코의 남부 주에 사는 사포텍 인디언은 남성이 옥수수, 주곡 및 바나나, 망고, 코코넛, 참깨와 같은 현금작물을 재배한다(Chiñas, 1992)(88쪽 지도 4.3 참조). 여성은 읍내의 시장에 나가 농작물을 팔며 토르티야를 만들어 집에서 판매한다. 따라서 가족은 여성과 남성 모두의 노동을 통해 수입을 얻는다. 이러한 맥락에서는 남성과 여성의 지위가 상당히 동등하다.

여성과 소녀가 생계에 중요한 역할을 하는 여성농경체계는 주로 수도작이 행해지는 인도 남부와 동남아시아에서 발견된다. 이는 고도로 노동집약적인 농경방식으로 육묘시설에서 모종을 키운 후 그것을 물을 가두어 놓은 논에 이식하는 것이 포함되어 있다. 남성은 물소를 이용해서 밭갈이를 하는 책임을 맡는다. 여성은 땅을 소유하고 모내기와 수확에 대한 결정을 한다. 이러한 농업의 유형에서 중추적인 것은 여성의 노동이다. 그들은 종아리가 흙탕물에 잠기는 상황에서 모를 심고, 잡초를 뽑고, 벼를 수확한다. 여성이 그러한 수도작에서 소유자와 경영자뿐만 아니라 노동자로서도 왜 그렇게 중요한 지위를 차지하는지는 흥미로운 질문이지만 답변은 불가능하다. 그러나 결과적으로 남성과 비교해볼 때 여성이 비교적 높은 지위를 가지고 있다는 것은 분명하다. 여성들은 자기 명의의 땅을 소유할 수 있고 종종 실제로 소유하며, 모심기와 수확에 관해 결정을 내리고, 상당한 자율성을 가지고 있다(Stivens et al., 1994).

농업사회의 맥락에 따라 아동의 역할이 중요한 사회에서 사소한 사회까지 다양하게 나타난다(Whiting and Whiting, 1975). 앞서 언급했던 여섯 문화 연구에서 발견된 바와 같이 케냐의 원시농경사회인 구시사회의 아동노동 비율이 높은 것과 비교해볼 때 북인도와 멕시코의 농촌마을에서는 아동노동의 비율이 낮게 나타난다. 그러나 대다수 농업사회에서는 아동의 노동 참여도가 높다. 인도네시아 자바의 촌락(16쪽 지도 1.2 참조)과 네팔(123쪽 지도 5.5 참조)에서 아동은 성인보다 더 많은 시간을 가축을 돌보면서 보낸다(Nag, White, and Peet, 1978).

재산관계 가족농경은 개간, 계단식 경작, 담장치기와 같이 토지에 상당한 투자를 하며, 이러한 투자는 확고하게 규정되고 보호된 재산권과 연계되어 있다. 토지재산권은 획득과 판매가 가능하다. 흔히 서면으로 된 공식적인 지침들은 토지의 상속과 결혼을 통한 토지재산권의 이전과 관련해서 존재한다. 법률 및 치안과 같은 사회적인 제도들은 사유재산의 보호를 위해 존재한다.

노동과 의사결정에서 남성이 지배적인 가족농경체계에서 여성과 소녀는 토지재산권으로부터 배제된다. 역으로 여성농체계의 상속규칙에서는 여성을 통해 재산권의 승계가 이루어지도록 통제하고 있다.

산업자본농 **산업자본농**(industrial capital agriculture)은 인간과 동물의 노동을 대신하여 기계 및 합성비료와 같은 투입물을 사용하는 자본집약적인 수단을 통해 작물을 생산한다(Barlett, 1989). 이러한 방식은 미국, 캐나다, 독일, 러시아, 일본에서

산업자본농 인간과 동물의 노동을 기계와 구매한 투입요소로 대체하는 자본집약적 농업의 한 형태

가족농경민은 일반적으로 자신의 땅과 동물을 정확히 알 수 있다. 상업적 농경으로 인해 광대한 토지와 그곳의 많은 동물들이 소유주와 분리된다. (위) 에콰도르 고원에의 가족농경. 남성이 밭을 갈고 그 가족의 여성들이 씨감자를 심으면서 뒤따르고 있다. (아래) 상업적 낙농은 직접 손으로 하는 것이 아니다.

주로 행해지며 인도, 브라질, 멕시코, 중국 같은 개발도상국에서도 점차 채택하는 비율이 높아지고 있다.

산업농은 오로지 판매만을 위해 농산품을 생산하고 고용노동에 전적으로 의존하며 회사들이 소유하고 운영하는 거대한 농업기업인 기업농(corporate farm)을 양산했다. 산업농에는 중요한 사회적 효과들이 존재한다(그림 3.5 참조). 산업농에서는 노동수요의 대부분이 계절에 따라 다르며, 노동자들이 연중 과업과 시기에 따라 밀물과 썰물처럼 들락날락한다.

농업의 지속가능성 농업은 앞서 논의했던 경제체계들보다 더 많은 노동의 투입, 기술력, 재생 불가능한 천연자원을 필요로 한다. 전 세계적으로 나타나는 기업농의 꾸준한 증가는 현재 오랜 세월 동안 해 온 관습적인 일들을 대체하고 있으며, 이들이 토지, 물, 에너지자원을 찾아 나서게 되면서 주요 서식지와 문화유산지역이 파괴되고 있다. 집약농경은 지속가능한 체계가 아니다. 다년간에 걸쳐 인류학자들은 농업이 환경과 인간에게 끼친 부정적 영향에 대해 지적해 왔다.

산업과 디지털 시대

산업/디지털 경제(industrialism/digital economy)는 재화와 용역이 사업체와 상업적 기업에서의 대규모 고용 그리고 전자미디어와 인터넷에 기반한 정보의 창출, 조작, 경영, 이전을 통해서 생산되는 생계양식이다. 대부분의 사람들은 기본적 욕구를 충족시키는 재화를 생산하기 위해서가 아니라, 필수적인 재화 그리고 점점 더 필수적이지 않은 재화에 대한 소비자의 수요를 충족시키는 재화를 생산하기 위해 일한다. 농업 부문의 고용은 줄어드는 반면 제조업, 서비스업, 전자 기반 일자리는 늘어난다. 실업은 산업/디지털 사회에서 점점 더 심각해지는 문제이다.

소비양식과 교환양식

3.2 생계양식이 소비 및 교환과 어떻게 연결되어 있는지 인식하기

18세기 후반 캐나다의 태평양 북서부 지역(이 장의 마지막 부분 '문화파노라마' 참조) 브리티시컬럼비아에 있는 콰콰카와쿠의 한 구성원이라고 상상해보라. 당신과 당신의 부족집단은 주인이 손님에게 가장 좋은 음식과 많은 선물을 풍성하게 제공하는 연회인 **포틀래치**(potlatch)에 초대받는다(Suttles, 1991). 가장 명예로운 음식은 어유, 크랜베리, 바다표범 고기이며 의식을 치를 때 쓰는 나무 그릇에 담겨 나온다. 선물에는 수를 놓은 담요, 조각한 나무 상자와 같은 가정용품과 직접 짠 매트, 카누, 다양한 음식이 포함된다. 추장이 주면 줄수록, 그의 지위는 더 높게 올라가며 그럴수록 손님은 그에게 빚을 지게 된다. 이후에 그 손님이 포틀래치를 하게 되는 기회가 돌아

산업/디지털 경제 사업체와 상업기업의 대량고용 그리고 전자 미디어를 통한 정보의 창출과 이동을 통해 재화가 생산되는 생계양식

포틀래치 태평양 북서 문화권에서 행해지는 대연회로 손님은 주인으로부터 초대받아 음식을 먹고 선물을 받는다.

- 기계, 화학약품 및 새로운 작물과 동물종에 대한 유전자 연구를 포함한 복잡한 기술 사용의 증가
  사회적 효과 : 이러한 특성은 소농과 들일을 하는 노동자들의 실직을 야기한다. 예를 들어 미국은 1930년대에 밭갈이를 위해 사용한 노새와 말을 트랙터로 대체함으로써 지주가 더 넓은 단위면적을 경작할 수 있었으며, 이로 인해 소규모 소작인들이 토지에서 축출되었다.
- 화폐 혹은 재산의 형태인 자본(더 많은 부의 생산에 사용되는 부) 사용의 증가
  사회적 효과 : 노동에 대한 자본의 높은 비율은 농부들의 생산을 증가시키지만 유연성은 줄어든다. 만일 한 농부가 콩을 수확할 수 있는 값비싼 기계에 투자한 다음에 콩의 가격이 떨어지면, 그 농부는 콩에서 더 이윤이 나는 작물로 쉽게 전환하기가 어려워진다. 자본화는 쉽게 손실을 흡수할 수 없는 영세한 소농에게 가장 위험하다.
- 작물재배를 위한 에너지(주로 기계의 작동을 위한 가솔린과 비료에 쓰는 질산염) 사용의 증가. 이러한 에너지가 투입되면 종종 수확물에서 산출된 식량에너지의 칼로리를 초과한다. 산업농체계에서 식량 1칼로리를 생산할 때 에너지의 칼로리가 얼마만큼 사용되는지에 대해 계산해보면 식량 1칼로리를 수확하는 데 대략 2.5칼로리의 석유가 든다. 그리고 가공, 포장, 운송할 때는 6칼로리 이상이 들어간다.
  사회적 효과 : 이러한 과도한 에너지 생산양식에서는 에너지 공급처인 세계시장에 대한 농부들의 의존이 발생한다.

출처 : "Industrial Agriculture" by Peggy F. Barlett in *Economic Anthropology*, ed. by Stuart Plattner. Copyright © 1989. Published by Stanford University Press.

그림 3.5 산업농의 세 가지 특성과 그 사회적 효과

오면, 그들은 자신을 초대했던 주인이 했던 것에 못지않거나 더 많은 선물을 줄 것이다.

태평양 북서 지역은 음식물 중에서도 물고기, 사냥감, 산딸기, 견과류가 풍부하다. 그럼에도 불구하고 지역적인 기후 변화의 차이로 인해 어떤 집단은 부족함을 경험하고 어떤 집단은 매년 잉여분을 가지게 되는 상황이 생겨 식량의 공급이 종종 균등하지 않았다. 포틀래치 체계는 이러한 차이를 제거하는 것을 도와준다. 잉여분을 가진 집단이 포틀래치를 후원할 것이며, 그 해에 다른 집단에 의지하는 경험을 가진 사람들은 손님이다. 이러한 방식으로 포틀래치는 광활한 북서 지역을 가로지르는 사회적 안전망을 수립했다. 포틀래치는 생계양식, 소비양식, 교환양식이라는 세 가지 경제 과정 사이의 연관성을 보여준다(그림 3.1 참조). 포틀래치는 식량공급과 연관되어 있으며 이 절의 주제이기도 한 소비 및 교환을 위한 기회이다.

소비양식

소비에는 두 가지 의미가 있는데 첫 번째는 물건 소비의 또 다른 방식인 먹기라는 점에서 '섭취'이며, 두 번째는 획득한 자원을 쓰거나 사용한다는 점에서 '지출'이다. 따라서 예를 들어 섭취가 샌드위치를 먹는 것이라면 지출은 가게에서 샌드위치를 사기 위해 돈을 쓰는 것이다. 이 두 가지 행동은 소비라는 용어에 적합하다.

사람들은 많은 것을 소비한다. 음식, 음료, 의복, 주거지는 대부분의 문화에서 가장 기초적인 소비재이다. 사람들은 또한 도구, 무기, 운송수단, 컴퓨터, 책, 여타 의사소통의 품목들과 예술 및 여타 사치재, 자신이 거주하는 주택을 데우거나 시원하게 해줄 연료를 획득할 것이다. 수렵채집 같은 비현금 경제에서는 욕구의 충족을 위해 시간이나 노동을 '사용한다'. 오늘날의 산업화된 맥락에서처럼 현금에 기반한 경제에서는 대부분의 소비가 현금 혹은 화폐라는 일부 가상적 형태의 소유 여부에 달려 있다.

소비의 변이들을 범주화해보면 두 가지 대조적인 양식과 그것이 혼합된 양식이 드러난다(그림 3.6 참조). 이는 수요(demand, 사람들이 필요로 하거나 원하는 것)와 공급(supply, 수요를 만족시킬 수 있는 자원)과의 관계에 기초한다.

- **최소주의**(minimalism) : 소수이며 유한한 소비자의 수요 및 그것을 충족하려는 적절하고 지속가능한 수단들로 특징지어지는 소비양식. 이것은 자유로운 수렵채집민에게 가장 특징적이지만 원시농경민과 목축민들 사이에서도 일정 정도 발견된다.
- **소비주의**(consumerism) : 수요는 많고 무한하며 그것을 만족시키는 수단은 충분하지 않아서 식민주의, 세계화 그리고 여타 형태의 팽창주의를 추동하는 소비양식. 소비주의는 산업/디지털 경제 문화의 뚜렷한 특징이다. 세

최소주의 소박함을 강조하는 소비양식으로서, 소수의 한정된 소비 욕구로 특정화되고 욕구를 충족시키는 수단의 적절성과 지속가능성을 수반한다.

소비주의 수요가 많고 무한한 데 반해 그것을 충족시키는 수단들은 불충분하고, 수요를 충족시키려는 노력의 과정에서 수단들이 고갈되는 소비양식

수렵채집	원시농경	목축	농업	산업/디지털
소비양식 최소주의 한정된 욕구				**소비양식** 소비주의 무한정한 욕구
소비의 사회적 구조 평등/공유 개인의 필요에 맞추어진 생산물이 소비된다.				**소비의 사회적 구조** 계급에 기반한 불평등 탈개인화된 생산물이 소비된다.
주요 예산 사용처 기본적 욕구				**주요 예산 사용처** 임대/세금, 사치품
교환양식 균형적 교환				**교환양식** 시장교환
교환의 사회적 구조 소집단, 면대면				**교환의 사회적 구조** 익명의 시장거래
주요 교환의 범주 선물				**주요 교환의 범주** 판매

그림 3.6 생계양식, 소비양식, 교환양식

계화가 전 세계에 걸쳐 소비주의를 확산시키고 있으며, 일부 경우는 세계 각처의 매우 부유한 사람들 사이에서 발견되는 것과 같은 과소비주의(hyperconsumerism)로 이어지기도 한다. 과소비주의는 소비 그 자체를 위한 소비로서, 종종 특정 브랜드를 구매해야 한다는 인지된 욕구를 통해 추동되고, 사회적으로 경쟁적인 맥락에서 정체성의 구축 및 유지와 관련되어 있다.

사람들이 어떻게 그리고 무엇을 소비하는지, 누구와 함께 소비하는지, 어디에서 어떻게 소비하는지, 그리고 소비가 개인과 집단에 대해 가지는 의미는 통문화적으로 다양하다. 소비의 패턴은 생계양식과 관련이 있다. 앞에서도 주목했듯이 수렵채집민은 일반적으로 평등주의적이지만 대부분의 농업 및 산업/디지털 사회는 현저한 사회적 불평등을 보여준다. 수렵채집민의 집단 내 공유는 하나의 규범이며 모든 사람은 모든 자원에 평등하게 접근할 수 있다. 주쯔와시인(21쪽 '문화 파노라마' 참조)의 경우 "일할 수 있는 수렵채집민의 일부만이 매일 밖으로 나가지만, 그날 가져온 고기와 채집한 식량은 공동체의 모든 구성원이 공평한 몫을 받는 방식으로 나누어진다"(Lee, 1979:118).

의복, 구슬장식, 악기, 담뱃대 같은 개인적인 재화의 분배도 마찬가지로 평등하게 이루어진다. **평준화기제**(leveling mechanisms)는 어느 누구도 다른 사람보다 더 부유해지거나 더 큰 권력을 소유하지 못하도록 방지하는, 성문화되지는 않았지만 문화에 착근되어 있는 일련의 규칙이다. 이러한 규칙은 사회적 압력과 가십을 통해 유지된다. 주쯔와시인의 중요한 평준화기제 중 하나는 대형 동물을 사냥하면 항상 집단 전체가 나누어 먹어야 하고 그것을 직접 사냥한 사람은 고기가 보잘것없다고 끊임없이 말하면서 겸손함을 보여주어야 한다는 것이다(Lee, 1969). 주쯔와시 사냥꾼이 제공하는 육류는 어떠한 사회적 지위나 권력과도 연결되지 못한다. 이는 다른 수렵채집민의 경우도 마찬가지다. 평준화기제는 원시농경사회와 목축사회에서도 중요하게 작용한다. 예컨대 누군가의 가축 수가 '너무 많아지면' 그 사람은 큰 잔치를 베풀어야 한다는 사회적 압력을 받게 되는데, 그 잔치를 통해 많은 가축이 소비된다.

최소주의와 대조되는 소비양식이 소비주의인데, 세계에서 가장 큰 소비주의 국가는 바로 미국이다. 1970년대 이후 미국의 소비 수준은 인류 역사상 존재한 어떤 사회보다도 높았는데, 아직까지 어떠한 감소의 징후도 보여주지 않고 있다. 자본주의적 요소를 도입한 이후 중국도 거대한 소비주의사회로 급속하게 전환되고 있다. 세계에서 가장 가난한 나라에서도 중산층과 상류층은 마찬가지로 소비주의를 추구하고 있다.

평준화기제 개인이 누구보다 더 부유해지거나 더 강력해지는 것을 막는 문화적으로 내재된 규칙

영국의 소도시인 튜크스베리의 한 농민 직거래시장에서 판매되고 있는 사과주스. 농민 직거래시장은 현대판 정기 시장으로 지역에서 재배된 농산물과 지역에서 만들어진 공예품 및 기타 상품에 방점을 둔다.

소비주의가 전 세계적으로 확산되면서 소비로 인한 사회관계의 변화가 흔하게 발생하고 있다. 수렵채집, 원시농경, 목축사회 같은 소규모 사회의 소비항목은 전형적으로 소비자 자신이 스스로 사용할 목적으로 생산한 것이다. 그렇지 않으면 대체로 소비자와 개인적인 대면관계가 있는 사람이 생산한 물건을 소비하는데, 이를 다른 말로 인격적 소비라고 한다. 생산품이 어디에서 왔고 또 누가 생산한 것인지를 누구나 알고 있다. 이는 지구화된 세계에서 살고 있는 우리들의 소비유형, 즉 몰인격적 소비와 분명한 대조를 이룬다. 몰인격적 소비는 상품을 실제로 생산하는 노동자와 소비자 사이에 거리를 유지함으로써 노동자에 대한 착취를 더욱 용이하게 만든다.

하지만 가장 산업화되고 디지털화된 사회에서도 몰인격적 소비가 인격적 소비를 완전히 대체하지는 못한다. 북미 도심에서 인기 있는 농민 직거래시장은 인격적 소비의 한 예인데, 이를 통해 소비자는 직접 농사를 짓는 농부로부터 농산품을 구매하고, 사과 같은 것을 고르면서 농부와 다정하게 대화를 나눌 수도 있을 것이다.

소비의 미시문화 이 절에서는 계급, 젠더, '인종'에 따른 소비 미시문화의 세 가지 예를 제시한다. 소비 미시문화는 독특한 자격 부여 패턴, 연관된 건강과 복지 수준, 소비와 연결되어 있는 정체성을 포함한다. 문화적 맥락에 따라 사회적 불평등이 중요한 역할을 할 수 있으며 사람들의 복지에 심대한 영향을 미칠 수 있다.

파푸아뉴기니 여성의 치명적인 식단 소비유형은 흔히 젠더를 통해 표현되고 차별 및 불평등과 연결되기도 한다. 특정한 음식은 '남성의 음식' 혹은 '여성의 음식'으로 간주될 수 있다. 음식 소비에서 발견되는 치명적인 젠더 불평등의 한 예를 파푸아뉴기니 고원에서 찾아볼 수 있다(지도 3.5 참조).

이야기는 고원지대 원시농경민인 포레족(Fore) 사이에서 '쿠루'라 불리는 불가사의한 질환이 출현하면서 시작된다(Lindenbaum, 1979). 1957~1977년 사이 이 지역에서 약 2,500명이 쿠루로 사망했다. 쿠루의 초기 증세는 떨림이 수반되고 뒤이어 두통과 사지통증을 느끼면서 움직이는 능력을 점점 상실하게 된다. 쿠루 환자는 처음에는 안정적으로 걷지 못하다가 나중에는 일어날 수도 없게 된다. 첫 번째 증세가 나타나고 약 1년 후면 사망했다. 쿠루의 희생자 대부분은 여성이었다.

미국 의료진들이 쿠루가 신경학적 질환이라는 사실을 밝혔다. 호주 문화인류학자인 셜리 린덴바움(Shirley Lindenbaum)이 쿠루의 문화적 원인을 지적했는데 그것은 다름 아닌 식인 관습이었다. 쿠루 희생자들은 쿠루에 걸려 사망한 이들의 인육을 먹었다.

그러면 왜 쿠루 희생자의 대다수가 여성이었을까? 린덴바움이 밝힌 바에 따르면, 포레족 주민들은 비록 선호하는 음식은 아니었지만 죽은 사람의 인육을 요리해 먹는 것이 큰 문제가 없다고 생각했다. 그들이 선호하는 동물성 단백질은 돼지고기였는데, 남성들이 이 가장 좋은 음식에 대해 우선권을 행사했다. 돼지의 수가 점점 더 감소하는 상황 때문에 포레족 여성들은 인육을 더 자주 먹게 되었다. 지역의 인구밀도가 높아지면서 더 많은 땅이 경작되었고 이 때문에 숲이 감소했다. 돼지는 주로 숲에서 살았는데 서식지인 숲이 감소하면서 그 개체 수도 감소했다. 포레족은 그렇다고 돼지가 더 많은 지역으로 옮겨갈 수도 없었다. 동쪽, 서쪽, 북쪽으로 다른 집단들에 둘러싸여 있었기 때문이다. 남쪽은 황량하고 금기시되는 지역이었다. 이러한 요인들은 포레족의 남성 편향적인 단백질 섭취체계와 맞물려 여성들이 선호도가 낮은 단백질 공급원인 인육에 의존할 수밖에 없도록 만들었다. 그들은 쿠루로 사망한 자의 뇌를 포함한 인육을 먹음으로써 쿠루에 감염되었다.

뉴헤이븐의 '인종'과 아동 쇼핑 전 세계적으로 '인종'에 기초한

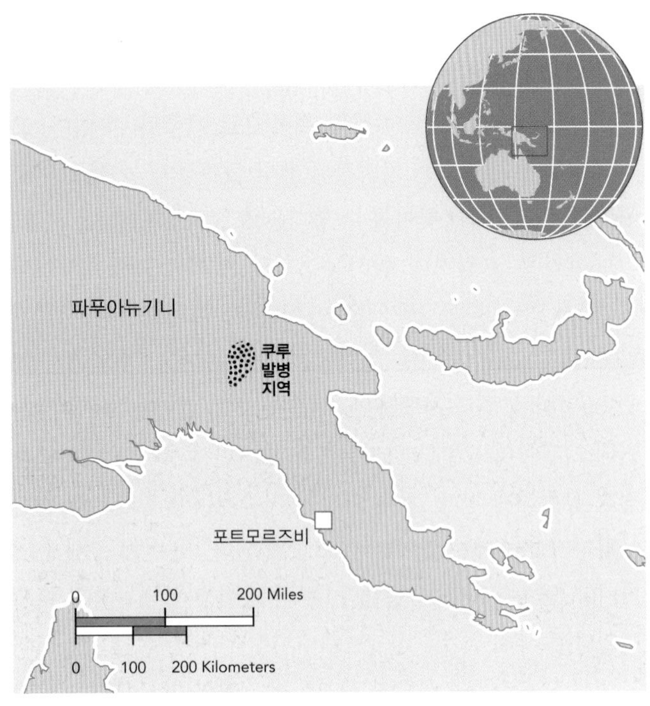

지도 3.5 파푸아뉴기니의 쿠루 전염병 발병지

사회적 범주가 있는 나라에는 흔히 반차별법이 있음에도 불구하고 소비와 삶의 질에서 뚜렷한 불평등이 존재한다. 미국에서는 인종주의가 주택, 치안, 공동체 서비스, 취학, 공중보건 서비스에 대한 접근에서부터 택시를 잡거나 과속으로 경찰의 단속을 받을 가능성까지 삶의 수많은 영역에 영향을 미친다. 미국의 흑인과 백인 간의 인종 불평등은 1970년대 이후 수입, 부, 자산소유, 특히 주택소유 면에서 지속적으로 확대되었다(Shapiro, 2004). 수입이 가장 높은 이들의 재산이 가장 많이 증가했다. 총수입에서 상위 1% 가구가 차지하는 몫이 하위 40% 가구의 몫과 거의 같다.

기회균등을 최상의 가치로 여기는 나라에서 어떻게 이런 일이 발생할까? 해답의 대부분은 자본주의체계하에서는 부와 자산의 세대 간 상속을 통해 불평등 자체가 더 큰 불평등을 초래한다는 단순한 사실에서 찾을 수 있다. 부와 자산을 소유한 사람들은 대학 등록금과 주택구매 대금을 지불해주거나 여타 형태의 재정적인 증여를 통해 자녀가 부를 축적하는 데 도움을 줄 수 있다. 가난한 부모 슬하의 자녀들은 교육과 주택구매 비용을 오직 자기 자신의 수입에만 의존해서 마련할 수밖에 없는데, 이로 인해 그들이 고등교육을 받거나 주택을 구매하게 될 가능성은 훨씬 낮아진다.

예일대학교 인류학과 대학원생인 엘리자베스 친(Elizabeth Chin)은 코네티컷주 뉴헤이븐의 가난한 아프리카계 미국인 공동체의 취학아동들이 보여주는 소비 패턴에 관한 연구를 통해 학위논문을 작성하기로 결정했다(2001). 코네티컷주는 1인당 소득 면에서 미국에서 가장 부유한 주다. 하지만 코네티컷주의 몇몇 주요 도시는 가장 심각한 빈곤과 인종 불평등 문제를 안고 있는데, 뉴헤이븐이 바로 그 한 예이다. 뉴헤이븐은 흑인과 백인 공동체가 명확하게 분리되어 있고, 흑인과 백인이 두려움과 의심의 눈초리로 서로를 마주하는 도시다. 친은 조사를 통해 5세 이하 아동의 절반이 빈곤 상태에서 살고 있다는 것을 발견했다.

친의 조사는 22명 규모의 한 5학년 학급에 초점을 두고 수행되었다. 그녀는 교실에서 아이들과 함께 시간을 보냈고, 가정방문을 통해 아이들과 아이들의 가족을 만나기도 했으며, 쇼핑몰로 쇼핑을 갈 때 아이들을 동행하기도 했다. 이곳 아이들도 예외 없이 소비 관련 미디어 메시지에 무제한 노출되어 있었지만 쓸 수 있는 현금은 거의 없었다. 몇몇은 잡일을 해주고 약간의 돈을 받고, 일부는 특별한 경우에만 소액의 용돈을 받으며, 또 다른 일부는 오이 가판 같은 소규모 장사를 통해 돈을 벌기도 한다. 그들은 가구의 재정상황과 일상적인 비용에 관해 일찍부터 알게 된다. 식탁에 일용할 양식을 올리기 위해 가족들이 매일같이 고군분투하는 것을 보면서 방만한 소비의 부정적 효과에 관해 배우게 된다. "우유를 나누어 마시는 것에서부터 어디서 잠을 잘지를 결정하는 것까지 공유와 상호의무를 강조한다"(2001:5).

이러한 실용적인 교훈은 아이들이 쇼핑몰에서 돈을 쓰는 방식까지 규정한다. 실용성과 관대함의 원리가 그들의 구매선택에 영향을 미친다. 친은 아이들의 구매결정방식을 이해하기 위해서 1명당 20달러를 쥐어주고 함께 쇼핑몰에 갔다. 대부분의 여자아이들은 돈의 반 이상을 가족, 특히 어머니와 할머니를 위해 선물을 사는 데 사용했다(2001:139). 여자아이들은 어머니의 신발과 옷 사이즈를 알고 있었다. 한 남자아이는 가을 학기가 시작하기 직전이었기 때문에 개학하는 날 입을 티셔츠를 사는 데 10달러를 쓰고 반바지 한 벌을 사는 데 6달러를, 그리고 나머지는 연필, 펜, 공책, 바인더 등의 학용품을 사는 데 사용했다(2001:135). 친은 2년에 걸친 조사 동안 아이들 중 누구도 보살펴주는 사람에게 뭘 사달라고 조르는 걸 들어본 적이 없었다.

교환양식

교환은 최소한 두 사람, 집단 혹은 제도 사이에서 이루어지는 물질적이거나 비물질적인 무엇인가의 이전이다. 문화인류학자들은 선물 그리고 말리노프스키가 연구한 남태평양의 쿨라 교역처럼 시장교환과는 다른 형태의 교환에 관해 많은 연구를 수행해 왔다(33쪽 '문화파노라마' 참조). 모든 경제체계 내에서 개인과 집단은 다른 개인 및 집단과 재화와 서비스를 교환한다. 하지만 무엇이 언제 어떻게 교환되고 또 그 교환이 어떤 의미를 가질 것인가에 관해서는 엄연한 차이가 존재한다.

현대 산업/디지털 사회에서는 돈이 교환의 주요 항목이며, 그러한 경제를 화폐화된 경제라고 한다. 비산업사회의 경제에서는 돈의 역할이 덜 중요하고, 시간, 노동, 재화가 중요한 교환 품목이다. 하지만 비산업사회의 경제가 세계화를 통해 연결되면서 서구 화폐의 독특하고 불가사의한 의미에 직면하게 된다. 종종 그들은 특정 화폐를 다른 화폐보다 더 특별하게 취급함으로써 돈에 지역적 의미를 부여한다. 전 세계적으로 돈이 여타 가치 있는 교환 항목들을 빠르게 대체하고 있다. 동전과 지폐 외에도 **모바일 화폐**(mobile money)가 전 세계적으로 부상하고 있다. 여기에는 저소득 국가들도 예외가 아닌데, 특히 아프리카의 여러 국가들이 이 경향을 주도하고 있다(지도 3.6 참조). 모바일 화폐는 셀폰(cell phone)이라고도 불리는 휴대전화를 통해 이루어지는 금융거래를 지칭한다.

앞서 묘사한 두 가지 대조적인 소비양식(최소주의와 소비주의)에 대응해서 두 종류의 특징적인 교환양식을 논할 수 있다(그림 3.7 참조).

- **균형적 교환**(balanced exchange) : 가치 면에서 즉각적이거나 최종적인 균형을 목적으로 하는 이전체계
- **비균형적 교환**(unbalanced exchange) : 한 측이 이윤추구를 시도하는 이전체계

균형적 교환 균형적 교환이라는 범주는 교환에 참여하는 양측의 사회적 관계의 성격과 '보답'이 기대되는 정도에 따라 구분할 수 있는 2개의 하위범주가 있다. **일반적 호혜성**(generalized reciprocity)은 물질적 이익에 관한 혹은 보답으로 무엇을 받을지 또 언제 보답이 이루어질 것인지에 대한 의식적인 관심이 최소한으로 수반되는 거래이다. 이러한 교환은 흔히 한 잔의 커피 같은 일상적인 성격의 재화와 서비스를 포함한다. 일반적 호혜성은 서로 잘 알고 신뢰하는 사람들 사이에서 이루어지는 교환의 주요한 형태이다. 따라서 이는 수렵채집사회의 주요한 교환 형태이다. 이는 또한 통문화적으로 가까운 친척과 친구 사이에서도 발견된다.

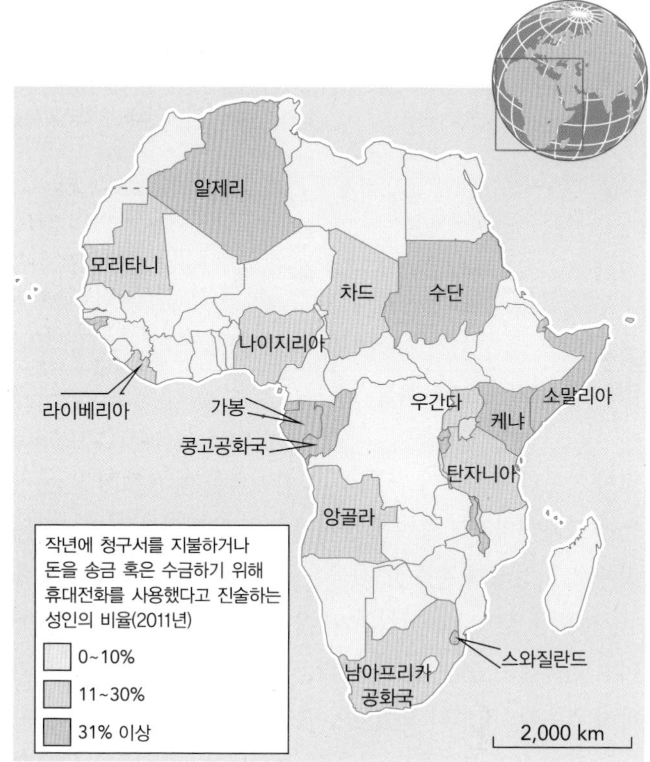

지도 3.6 아프리카의 모바일 화폐 이용

전체 인구 대비 비율로 볼 때, 아프리카는 세계에서 은행업무와 송금을 포함한 화폐관리가 모바일 테크놀로지를 통해 이루어지는 주도적인 지역 중 하나이다. 아프리카 내에서도 케냐는 인구의 거의 70%가 모바일 화폐 거래를 할 정도로 가장 앞서 있고, 수단이 50%로 그 뒤를 잇는다.

순수한 선물(pure gift)은 되갚음에 대한 기대나 고려 없이 제공되는 어떤 것이다. 순수한 선물은 일반적 호혜성의 극단적인 형태이다. 순수한 선물의 예는 무료 급식활동이나 헌혈운동에 돈을 기부하거나, 사후에 장기를 기증하고, 재난구호기관이나 종교 조직에 기부하는 것 등이 있다. 어떤 이들은 그

모바일 화폐 셀폰이라고도 불리는 휴대전화를 통해 이루어지는 금융거래

균형적 교환 가치 면에서 즉각적이거나 최종적인 균형을 목적으로 하는 이전체계

비균형적 교환 한 측이 이윤추구를 시도하는 이전체계.

일반적 호혜성 물질적 이익에 관한 혹은 보답으로 무엇을 받을지 또 언제 보답이 이루어질 것인가에 관한 의식적인 관심이 최소한으로 수반되는 거래이다.

순수한 선물 보답에 대한 기대나 고려가 전혀 없이 제공되는 어떤 것

	균형적 교환			비균형적 교환		
	일반적 호혜성	기대적 호혜성	재분배	부채	시장교환	절도, 착취
행위자	친족, 친구	교역 파트너	지도자와 공동출자집단	비인격적인 채권자/채무자	구매자/판매자	비친족, 비친구, 익명인
보답	계산되거나 기대되지 않음	특정한 시점에 기대됨	연회와 베풂	장기적, 시간이 흐름에 따라 대출자에 대한 이자가 증가함	즉각적 지불	무보답
사례	친구에게 사는 커피 한 잔	쿨라(kula)	모카(moka)	세계은행에 채무가 있는 국가들, 대학 학자금 대출	인터넷 쇼핑	상점의 물건을 훔쳐 도망가기

그림 3.7 교환의 범주와 특징

것이 아무리 측정하기 힘들고, 또 관대함을 베푼 데서 오는 기쁨에 불과하더라도 증여를 통해서 항상 무엇인가를 얻는다는 점에서 진정하게 순수한 선물은 존재하지 않는다고 주장한다. 선물이 얼마나 이기적인가! 자녀에 대한 부모의 보살핌이 어떤 면에서는 순수한 선물이라고들 주장하지만 일부는 동의하지 않는다. 부모의 보살핌이 순수한 선물이라고 말하는 이들은 대다수의 부모들이 차후에 '돌려받을' 의도로 자녀에게 얼마나 지출했는지를 의식적으로 계산하지는 않는다고 주장한다. 부모의 보살핌이 순수한 선물이 아니라고 생각하는 이들은 설사 '비용'이 의식적으로는 계산되지 않더라도 자녀가 물질적인 형태(노후의 부양)나 비물질적인 형태(부모가 자부심을 느끼도록 하는 것)로 어떤 식으로든 '보답'을 할 것이라는 무의식적인 기대를 가지고 있다고 말한다.

기대적 호혜성(expected reciprocity)은 통상 비슷한 사회적 지위를 가진 사람들이 거의 동일한 가치의 재화나 서비스를 교환하는 것이다. 이 교환은 둘 사이에 동시에 이루어질 수도 있고 교환이 완성될 기간에 관한 합의를 수반할 수도 있다. 교환의 이러한 시간적인 차원은 고정된 보답 시점이 없는 일반적 호혜성과 대조된다. 기대적 호혜성에서 두 번째 당사자가 교환을 완성하지 않으면 둘 사이의 관계는 깨지게 된다. 균형적 호혜성은 일반적 호혜성보다 덜 인격적이고 또 서구적 정의에 따르면 비용과 편익에 대한 고려가 수반될 수 있다는 점에서 더 '경제적'이다.

트로브리안드 군도(33쪽 '문화파노라마' 참조)에서 발견되는 쿨라체계가 기대적 호혜성의 한 예이다. 광활한 멜라네시아 전역에 살고 있는 남성들은 목걸이와 팔찌를 일정 기간 동안 보유하고 있다가 그것을 교역 파트너에게 제공하는 형식으로 교환한다. 교역 파트너에는 이웃 주민뿐만 아니라 멀리 떨어진 섬 주민들도 포함되는데, 후자를 방문하기 위해서는 거친 바다를 가로지르는 장시간의 카누 항해가 필요하다. 트로브리안드 남성들은 교환하는 특별한 목걸이와 팔찌를 통해 명성을 얻는데, 특정한 팔찌와 목걸이는 다른 것보다 더 많은 위세를 가진다. "소유는 위대하다. 하지만 소유한다는 것은 곧 준다는 것이다"라는 쿨라의 도덕적 코드로 인해 교역항목을 오랫동안 보유하고 있을 수는 없다. 관대함이 미덕의 핵심이고 인색함은 가장 경멸하는 악덕이다. 쿨라교환에는 대등한 가치를 가진 항목들이 수반된다. 만약 어떤 남자가 매우 가치 있는 목걸이를 파트너와 교환하면, 그만한 가치를 가진 팔찌를 보답의 선물로 받기를 기대한다. 교환의 평등성은 교역 파트너 사이의 유대를 강화할 뿐만 아니라 두 사람 간 신뢰의 표현이기도 하다. 어떤 남자가 이전에 발생한 공격이나 전쟁으로 인해 위험할 수도 있는 지역에 도착하면 환대를 제공해 줄 친구를 찾아 의지할 수 있다.

재분배(redistribution)는 한 개인이 집단의 많은 구성원들로부터 재화나 화폐를 끌어모은 후 나중에 사회적으로 보답을 제공하는 교환의 한 형태이다. 재분배 조직자는 심지어 몇 년이 지난 후에 어떤 공적인 이벤트에서 당초 재화를 공동출자하는 데 기여한 사람들에게 관대한 연회를 베푸는 형태로 '되갚는다'. 호혜적 교환이 쌍방향성을 수반하는 것과 대조적으로 재분배는 일정한 '중심성'을 수반한다. 따라서 재분배에는 불평등의 가능성이 내재되어 있는데, 그 이유는 물질적인 면에서 각 개인이 공동출자를 하는 것과 되갚음을 통해 되돌려

기대적 호혜성 통상 사회적으로 동등한 지위의 사람들 사이에 이루어지는 거의 동일한 가치를 가진 재화나 서비스의 교환

재분배 한 개인이 특정한 집단의 많은 구성원들로부터 재화나 화폐를 모으고 차후에 모으는 데 기여한 모든 사람에게 재화를 '되갚는' 형태로 이루어지는 교환

받는 것이 항상 동등한 가치가 아닐 수도 있기 때문이다. 하지만 공동출자를 하는 집단은 계속 존속할 수 있는데 그 이유는 공동출자를 조직하는 특정한 개인의 리더십으로부터 집단 전체가 이익을 얻기 때문이다. 만약 이웃집단의 공격위협이 있으면, 주민들은 재분배 리더에 의지해서 정치적 리더십을 구축할 것이다(제8장에서 더 상세하게 논의한다). 시간이 지남에 따라, 재분배는 재화의 증여자와 축제 후원자들 모두 합의를 통해 그들 모두 이익을 얻었다고 느끼도록 균형을 이루어야 한다. 그러나 우리가 이 책의 후반부에서 논의하겠지만, 지도자는 추종자들보다 더 많은 위신을 얻는 경향이 있다.

비균형적 교환 산업/디지털 사회에서 부채는 관련 당사자 사이에 인격적 관계가 부재하고, 부채가 너무 커서 결코 상환되지 못할 가능성이 있다는 점에서 균형적 교환과 다르다(Graeber, 2011). 이런 의미에서, 『부채 그 첫 5,000년』이라는 기념비적인 연구의 저자인 데이비드 그레이버(David Graeber)에 따르면, 약 5,000년 전 중동에서 정주 국가들이 전쟁에 휘말리기 시작하기 전까지는 현대적인 의미의 부채가 출현하지 않았다고 한다. 그레이버는 대규모 국가 부채의 현대적 패턴은 전쟁 그리고 세계 주요 강대국 국가안보의 군사적 해결에 부여되는 만연한 가치와 관련이 있다고 주장한다.

시장교환(market exchange)은 비균형적 교환의 중요한 형태로서 수요와 공급의 힘을 통해 가치가 결정되는 경쟁적인 조건에서 상품의 매매가 이루어지는데, 여기서 판매자는 이윤을 추구한다. 시장거래에서 판매자와 구매자는 개인적인 관계일 수도, 아닐 수도 있다. 그들은 또한 사회적으로 대등한 지위일 수도, 아닐 수도 있다. 시장교환은 사회적 결속을 창출할 가능성이 낮다. 대다수의 시장거래는 매매가 발생하는 물리적 장소인 시장에서 이루어진다. 다른 보다 덜 형식화된 **교역**(trade) 맥락으로부터 진화한 시장체계는 설정된 가치기준에 따라 이루어지는 어떤 것과 다른 것의 형식화된 교환을 수반하여 원하는 것을 가진 당사자가 재화를 추구하는 당사자로부터 이익을 얻으려고 한다. 시장체제는 다른, 덜 공식적인 무역의 맥락에서 발전했고, 정해진 가치기준에 따라 한 가지 것을 다른 것으로 공식화하여, 원하는 것을 가진 당사자가 재화를 추구하는 당사자로부터 이익을 얻으려고 한다.

시장체계는 재화생산의 지역적 전문화 및 지역 간 교역과 연결되어 있다. 특정한 생산품이 어떤 소도시 혹은 지역과 동일시되는 경우가 흔하다. 모로코의 페즈시(Fez, 86쪽 지도 4.2 참조)는 청색 유리장식 도자기로 유명하고 아틀라스 산맥의 베르베르족은 정교한 양모담요와 양탄자로 유명하다. 멕시코 오아하카(88쪽 지도 4.3 참조)의 몇몇 마을은 담요, 도기, 석제 분쇄기, 밧줄, 칠리페퍼 생산으로 유명하다(Plattner, 1989). 샴페인처럼 지역적으로 특화된 상품의 생산자들은 지역명을 지역 외부의 유사한 상품생산자들이 사용하지 못하도록 보호하기 위해 지역명에 대해 법적 저작권을 확보하는 경우가 점점 더 늘고 있다.

시장의 종류는 아침에 나타났다가 밤이 되면 사라지는 비형식적인 소규모 가판대에서부터 몇 층이나 되는 거대한 쇼핑센터까지 광범위하다. 지구상의 많은 지역에서 발견되는 시장 중 하나는 정기시장으로, 이는 항구적인 물리적 구조물을 갖추고 있진 않지만 특정한 장소에서 정기적으로(예 : 매달) 매매가 이루어지는 곳을 지칭한다. 판매자는 재화를 가지고 나타나 차일이 달린 가판대 같은 것을 세워 놓고 판매한다. 대조적으로 상설시장은 고정된 장소에 건설된 구조물이다. 하지만 시장은 단순히 매매를 위한 장소 이상의 의미를 가지고 있다. 시장은 사회적 상호작용뿐만 아니라 심지어 사회적 연행(performance)도 수반한다. 판매자는 호객을 하고, 쇼핑객은 누군가와 만나서 대화를 나누며, 정부관료가 들러 일을 처리하고, 종교조직은 봉사활동을 하고, 전통 치료사는 누군가의 치통을 치료할 수도 있다.

테드 베스터(Ted Bestor)는 도쿄에 있는 세계에서 가장 큰 수산시장인 츠키지시장에서 수년간 조사를 수행했다(2004). 츠키지시장에서 이루어지는 거래에는 대규모 회사들이 관여하고 있는데, 이들은 도쿄의 식료품 소매업을 지배하고 있는 소규모 가족경영 회사들에 대부분의 수산물을 공급한다. 베스터는 기본적으로 내부구역과 외부구역으로 구분되는 이 거대한 시장의 배치를 묘사한다. 시장의 외부구역은 개성 있고 트렌디한 의류를 구매하고 보다 진정성 있는 쇼핑을 하고 싶어 하는 비교적 젊고 현대적인 쇼핑객이 주고객이다. 이 구역에는 초밥가게, 국수가게, 칼가게, 젓가락가게뿐만 아니라 사원과 묘지도 있다. 시장의 내부구역은 11개의 하위구역으로 나뉜 어류시장을 포함하고 있다. 해산물구역은 규모와 거래

시장교환 수요와 공급의 힘을 통해 가치가 결정되고 경쟁적인 조건에서 이루어지는 상품의 매매. 비균형적 교환의 한 형태

교역 설정된 가치기준에 따라 이루어지는 어떤 것과 다른 것의 형식화된 교환

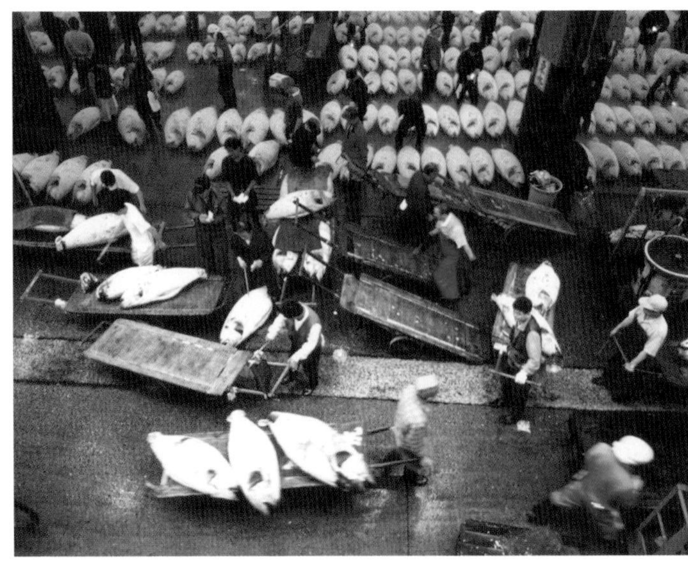

두 상설시장의 모습. (왼쪽) 중국에는 많은 상인들이 여성이다. 이 두 여성은 상하이에서 자동차로 약 1시간 거리에 있는 한 도시의 상설 식료품 시장에서 닭을 판매하고 있다. (오른쪽) 세계에서 가장 큰 어류시장인 도쿄 츠키지시장의 작업부들이 다가오는 경매를 위해 냉동참치를 손수레로 운반하고 있다.

조사 프로젝트의 일환으로 테드 베스터의 츠키지시장 조사에 관해 더 알아보라.

량 면에서 '채소류' 시장을 훨씬 압도한다. 해산물구역은 몇 동의 주건물로 다시 나뉘는데, 바로 이곳에서 경매가 이루어지고 배달과 배송 같은 활동이 수행되며 몇 줄로 늘어서 있는 소매점들은 매일 아침 약 14,000명의 손님을 맞는다. 베스터는 경험이 풍부한 구매자와 판매자 사이에 오가는 구어적으로 코드화된 대화의 의미를 이해할 수 있었는데, 이들은 경험이 부족한 초보구매자보다 더 좋은 가격을 도출해낼 가능성이 높다. 가게의 물건에는 일반적으로 가격표를 붙이지 않기 때문에 판매자와 구매자는 가격을 흥정해야 한다. 그러한 코드에는 '하얀 해변의 아침 안개' 같은 표현이 있는데, 바로 이 표현의 음절 수를 통해 가격이 제안된다.

기타 비균형적 교환 형태 시장거래 외에도 비균형적 교환에는 몇 가지 형태가 더 있다. 이 중에는 어떤 종류의 사회관계도 수반하지 않는 극단적인 경우도 있고, 또 사람들 사이에 지속적인 불평등 관계가 재생산되는 경우도 있다. 이러한 교환 형태는 보답을 제공할 가능성이 전혀 없이 무엇인가를 취득하는 것을 포함한다. 이런 형태의 교환은 모든 종류의 생계양식에서 발생할 수 있지만 균형적 교환의 선택지(대면적 교환이 아닌)가 더 많은 대규모 사회에서 가장 쉽게 발견된다.

도박 도박은 운에 의해 결정되는 게임을 통해 이익을 얻으려는 시도로서, 게임에 이겼을 경우 받을 수 있는 훨씬 더 큰 보상에 대한 기대로 어떤 가치 있는 물건을 내기에 건다. 게임에 지면 내기에 건 것을 잃는다. 도박은 고대부터 있어 온 관행이고 통문화적으로 공통적인 현상이다. 고대적 형태의 도박에는 주사위 던지기와 카드놀이가 포함된다. 주식시장에 투자하는 것은 인터넷을 통해 여러 가지 종류의 도박을 할 수 있는 것처럼 일종의 도박으로 간주할 수 있다. 도박을 비균형적 교환의 범주에 포함시키는 것이 이상해 보일 수도 있지만, 이윤추구를 목적으로 한다는 이유 때문에 비균형적 교환에 포함시킬 수 있을 것이다. '고도' 자본주의체제에서 도박이 증가하고 있다는 사실로 인해 도박에 대한 인류학적 관심이 더욱 필요해지고 있다.

최근 몇 년 동안 미국의 인디언 보호구역에서 수많은 도박장이 우후죽순처럼 생겨났다. 미국 전역에 걸쳐 인디언 카지노가 재정적으로 매우 성공하자 많은 수의 주정부 복권사업에 대해 경제적인 위협으로 인식되기까지 했다. 약 200명 규모의 작은 부족인 코네티컷주의 피쿼트 인디언은 현재 세계에서 가장 수익성 높은 도박장인 폭스우드 리조트 카지노를 운영하고 있다. 도박산업을 통해 다른 많은 인디언 부족집단들도 성공적인 자본가로 변신했다. 인류학자들은 카지노가 인디언 부족민들에게 어떤 영향을 미치고 있는가라는 중요한 질문에 답하려고 시도해 왔다('현실 속의 인류학' 참조).

절도 절도는 남의 물건을 돌려줄 생각이나 기대 없이 가져가

현실 속의 인류학

인디언 카지노의 사회적 영향 평가

2006년 캘리포니아대학교 리버사이드 캠퍼스의 캘리포니아 원주민 센터는 캘리포니아주 인디언 도박시설이 미치는 사회적 영향을 평가한 결과를 공개했다(Spilde Contreras, 2006)(주 : 관련 당사자들의 최근 선호를 존중해서 아메리카 원주민 대신 인디언, 아메리카 인디언, 인디언 부족 등의 표현을 사용했다).

응용인류학자인 케이트 스파일드 콘트레라스(Kate Spilde Contreras)가 인류학자, 정치학자, 경제학자, 역사학자로 구성된 학제적 연구팀을 지휘했다. 이 조사의 목적은 인디언 도박장 운영이 인디언 부족 정부와 캘리포니아 지역 정부에 미치는 사회경제적 영향을 평가하는 것이었다. 연구는 주로 공개자료, 특히 1990년과 2000년의 미국 인구센서스 자료에 의거해서 캘리포니아 인디언 도박산업의 초기 성장기가 보여주는 '전후' 상황을 조명하고자 했다. 조사팀은 또한 보다 최근에 발생한 변화를 포착하기 위해 인디언 부족 정부와 지역 정부의 관료를 대상으로 한 서베이 조사와 개별 인디언 부족 정부에 관한 심층적 사례연구를 수행했다.

조사 결과 캘리포니아 인디언 도박산업의 영향을 규정하는 두 가지 중요한 요인을 발견했는데, 하나는 인디언 부족 정부가 도박장을 소유하고 있다는 점과 다른 하나는 도박장이 기존 인디언 보호구역 내에 위치한다는 점이었다. 따라서 도박장 수입은 인디언 부족집단의 공동체 활동과 정부 활동을 지원하고, 인디언 공동체 내에 지역적 일자리를 창출하는 효과도 발휘한다.

캘리포니아주의 인디언 보호구역들은 미국의 다른 지역보다 경제적으로 더 이질적인 특성을 보여준다. 도박산업을 유치한 이후 도박장이 있는 보호구역과 없는 보호구역 간의 경제적 불평등이 다른 주보다 더 심해졌다. 2000년까지 캘리포니아 인디언 보호구역들 중에서 평균수입이 가장 빠른 속도로 증가한 곳은 도박장이 있는 보호구역이었다. 이러한 상황에 대한 정책적 대응은 인디언 부족 정부와 주정부 간의 도박산업계약, 즉 '수익공유신탁기금'이었는데, 이를 통해 도박장이 없는 보호구역들도 도박장 운영수입을 공유할 수 있도록 했다.

콘트레라스 조사팀은 보호구역을 초월한 도박산업의 사회적 영향도 조명했다. 그 결과 보호구역의 도박장 반경 10마일 범위 내 지역은 더 먼 지역보다 현저하게 고용과 수입이 증가하고 교육이 확대된다는 사실을 발견했다. 캘리포니아 인디언 보호구역들이 가장 가난한 지역에 위치한다는 사실로 볼 때, 이러한 효과는 상당히 진보적인 것이다. 즉 도박산업이 부유한 공동체보다 가난한 공동체에 도움이 되고 있다는 것이다.

콘트레라스는 비록 캘리포니아 도박산업의 수입창출 및 여타 효과가 인디언과 그 이웃에게 분명히 긍정적인 기여를 하고 있지만, 인디언 보호구역의 상황과 대다수 미국인의 상황 사이에는 여전히 커다란 격차가 존재한다는 사실을 지적한다.

생각할 거리

인디언 카지노 산업에서 관찰되는 최근의 발전이 구조 대(對) 행위에 관한 이론적 관점과 어떻게 연결되는가? (제1장의 논의를 다시 보라).

뉴멕시코 북부의 산디아 푸에블로에 위치한 '카지노 산디아'는 주정부가 인디언들의 생활개선기금을 조성할 목적으로 설립한 수많은 카지노 중 하나이다.

는 행위를 말한다. 이는 논리상으로 순수한 선물이라는 개념과 대조된다. 지금까지 인류학자들은 절도에 관한 연구를 외면했다. 절도가 불법행위이며 연구하기도 어렵고 때론 위험을 무릅써야 한다는 점을 고려하면 충분히 이해할 만한 상황이기도 하다.

절도에 관한 보기 드문 연구 중 하나는 서아프리카 어린이들의 식량 도둑질에 대한 것이다(Bledsoe, 1983). 시에라리온의 멘데족(97쪽 지도 4.5 참조)에 대한 현지조사 중 캐롤린 블레드소(Caroline Bledsoe)는 마을의 어린이들이 이웃 동네의 과일나무에 매달려 있는 망고, 구아바, 오렌지 등을 훔친다는 사실을 알게 됐다. 블레드소는 이 같은 식량 도둑질을 예외적인 일로 여겼다. 그러다가 블레드소는 "마을을 지나 다니면서 식량 도둑질에 화가 나서 어른이 고함을 지르거나 붙잡혀 매질을 당하는 어린이의 울음소리를 듣지 않은 적이 거의 없었다"(1983:2)는 것을 깨닫게 됐다. 그래서 어린이들의 식량 도둑질에 대해 좀 더 자세히 살펴보고자 몇몇 아이들에게 일기를 써보라고 제안했다. 아이들의 일기 내용은 절도의 현지어인 '티핑(tiefing)'이란 주제어로 가득했다. 친척이나 친구들에게 임시로 위탁되어 길러지는 어린이들이 친부모와 같이 사는 어린이들보다 식량 도둑질을 더 많이 했다. 이 같은 식량 도둑질은 위탁가정에서 섭취하는 불충분한 식량을 보충하기 위한 어린이들의 노력으로 볼 수 있다.

전 세계적으로 절도는 왜곡된 권리 의식이나 필요에 의해 행해지는 경우가 많으며 탐욕에 눈이 멀어 자행되는 경우도 많다. 명백한 이유가 있기 때문에 문화인류학자들은 마약, 보석, 예술품과 같은 고가 상품에 대한 절도나 절도의 한 유형으로 기업금융 부정행위 등과 같은 상위 수준의 절도를 연구하지 않았다. 충분한 설명에 대한 동의를 구하는 연구윤리를 고려하면 이 같은 범죄행위에 관해 인류학자들의 연구가 승인을 받기는 무척 어려울 것으로 보인다.

착취 착취는 더 적게 주고 더 많은 가치를 가진 무엇인가를 취하는 것으로서 가장 극단적인 그리고 여전히 지속되고 있는 불균형 교환의 한 형태이다. 노예제도는 착취의 한 형태로서 사람들의 노동력을 동의 없이 그리고 가치에 합당한 보상 없이 전유하는 것이다. 여러 학자들의 연구에 따르면, 노예제도는 여전히 인신매매의 형태로 존재하고 있다. 무자비한 사람들이 국내뿐만 아니라 국제적인 인신매매 네트워크를 통해 성적인 것을 포함한 다양한 형태로 타자의 노동력을 착취하고 있다. 수렵채집, 원시농경, 목축사회에서는 노예제도가 매우 드물게 나타난다. 순수한 노예제도와 달리 지속적인 불평등 교환을 수반하는 사회적 관계는 명백한 강제성을 수반하지 않으며 지배 구성원이 피지배 구성원에게 일정한 수준의 대가를 제공하는 것을 포함한다. 하지만 불균형 교환관계가 유지되기 위해서는 어느 정도의 (숨겨지거나 간접적인 형태의) 강제나 종속상태가 존재해야 한다.

콩고민주공화국 이투리 지역의 '피그미(소인족)' 수렵채집민인 에페인과 농경민인 레세인 사이의 관계는 여전히 지속적인 불균형 교환의 한 사례이다(Grinker, 1994)(지도 3.7 참조). 레세인은 작은 마을에 거주한다. 에페인은 반목축민 집단으로 레세인 마을 근처에 임시 캠프를 구축해서 산다. 각 집단의 남성들은 서로 간에 대대로 물려받았고 장기간 이어 온 교환관계를 유지한다. 레세인은 농산물과 철을 에페인에게 주고 에페인은 고기, 꿀 그리고 다른 수렵채집물을 레

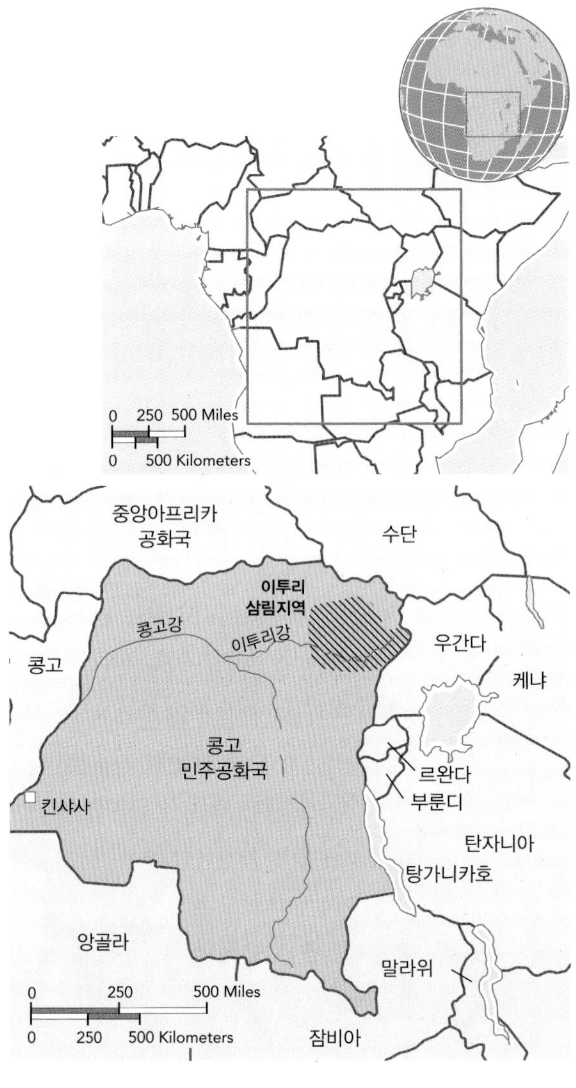

지도 3.7 콩고민주공화국의 레세인과 에페인 거주지역

레세인과 에페인은 콩고강 유역 북부지역에 위치한 울창한 열대다우림인 이투리삼림지역에서 산다. '문화생존'은 이투리삼림지역원주민기금을 지원하고 있다. 이 기금은 에페 수렵채집민들과 레세 농민들의 교육과 건강 증진을 위해 쓰인다. 인터넷에서 이투리삼림지역원주민기금에서 운영하는 다양한 프로젝트에 대해 알아보라.

세인에게 준다.

에페인의 파트너는 따로 살지만 레세인 파트너의 '가구'의 일원으로 간주된다. 이들 사이의 주된 연결고리는 식량의 교환이다. 레세인이 개념화한 이 체계는 무역이 아닌 단일한 단위에 속해 있는 파트너들이 공동으로 생산한 것을 공유하는 개념으로서의 교환이다. 그런데 이들 간의 관계에서는 불평등이 존재하며 레세인이 우위에 있다. 에페인은 레세인이 너무도 원하는 고기를 제공한다. 그러나 이 역할을 통해 에페인은 어떤 지위도 보장받지 못한다. 오히려 지위를 확보하는 쪽은 농산물을 에페인에게 제공하는 레세인이다. 또 다른 불평등의 영역이 존재하는데 바로 결혼과 성관계에서 나타난다. 레세인 남성은 에페인 여성과 결혼할 수 있으며 이들 사이의 자녀는 레세인으로 간주된다. 그러나 에페인 남성은 레세인 여성과 결혼하지 못한다.

세계화와 변화하는 경제

3.3 현대의 생계, 소비, 교환이 어떻게 변화하고 있는지 설명하기

강력한 고소득 국가들이 통제하고 있는 강력한 시장의 힘은 오늘날 소비와 교환의 변화에 영향을 미치는 중요한 요인이다. 고소득 국가들은 시장을 창출하고, 물질자원을 추출하며, 저소득층 국가에서 저렴한 노동력을 착취한다. 하지만 지역의 문화집단들은 글로벌화된 상품, 실천 그리고 그것들의 의미를 다양한 방식으로 수용하면서 적응하고 있다. 간혹 그에 대해 전면적으로 저항하는 상황도 벌어진다. 그리고 일부 글로벌 운동은 지역, 지속가능성, 사회적 관계에 보다 적합한 방식의 소비와 교환을 실천하고 그에 대한 의미를 창출하려고 한다.

아마존의 설탕, 소금 그리고 철기

생물인류학자인 캐서린 밀턴(Katherine Milton)은 서구와의 접촉으로 인한 영양섭취의 변화가 브라질 아마존에 살고 있는 수렵채집민들의 건강과 소비양식에 어떤 영향을 주었는지를 연구했다. 그녀는 20세기 초반부터 브라질 정부가 요리 냄비, 마체테, 도끼, 쇠칼을 정글의 이동 경로에 놓아두는 방식으로 아마존 원주민집단을 '달래고자' 했을 때 원주민들이 서구의 재화에 대해 느꼈던 강력한 매력에 대해 보고했다.

서구 가공음식의 채택은 아마존 사람들의 영양과 건강에 해로운 영향을 미쳤다. 이 사람들은 이전에는 특정한 잎을 태우거나 재를 채취해서 얻은 미량의 소금만을 소비했다. 소비하는 감미료도 야생 과일에서 추출한 과당이 전부였다. 정제된 자당은 유난히 단맛이 강해서 인디언들은 그 맛에 빠져들고 말았다. 충치, 비만과 당뇨가 새롭게 나타나면서 점점 건강을 위협하고 있다. 밀턴은 이렇게 표현한다. "제조 식품이 이 사람들의 섭식에 침입하면서부터 건강은 하향곡선을 그리게 되었다"(1992:41).

한 섬을 집어삼키는 글로벌 수준의 인산염 수요

인산염은 세계 여러 지역의 암석 퇴적물에서 발견된다. 그것은 비료를 사용하는 농업에 수요가 높다. 거대기업들이 인산염을 거래하는데, 그들의 관심은 가능한 한 저렴하게 인산염을 채굴하는 것이다. 태평양 지역에서 중요한 인산염 산지는 키리바시 공화국의 바나바 섬, 즉 오션 아일랜드이다(280쪽 지도 12.1 참조). 민족지적 조사를 통해 글로벌 수준의 인산염 수요가 바나바 섬에 미치는 영향이 보고되었다(2015). 바나바 섬에서는 1900년에 인산염이 발견되었다. 이때부터 인산염 광산이 폐쇄된 1979년까지 한 영국 회사가 섬 표면의 90%를 뒤집어 엎어버렸다. 대다수 원주민이 강제 이주를 당했고, 그 중 대부분이 피지로 이주했는데, 일부는 다시 돌아왔다.

키리바시 정부는 광산을 다시 열고 싶어 하지만, 바나바 섬 주민들뿐만 아니라 섬을 떠난 바나바 이주민들의 저항에 직면해 있다.

유럽과 북미에서의 대안적 푸드운동

몇몇 대안적 푸드운동이 1980년대에 유럽에서 시작해서 유럽과 북미에서 성장하고 있다(Pratt, 2007). 대안적 푸드운동은 음식생산자, 소비자, 시장판매자 사이에 직접 연결망을 다시 만들려고 한다. 방법은 지역에서 만들어지는 음식을 소비하고 음식이 대량으로 생산되지 않도록 장려하는 것이다. 이 운동은 산업화된 농업체계에 정면으로 맞선다. 산업화된 농업체계는 다음과 같은 특징이 있다.

- 소규모 생산자들의 생물다양성을 경제적으로 파괴하고 있다.
- 식단을 패스트푸드, 간편요리, 집으로 사가지고 가는(포장) 음식, 전자레인지용 요리로 뒤바꿔버리고 있다.

문화파노라마

캐나다의 콰콰카와쿠

최근 일부 캐나다 북부 퍼스트네이션 인디언 집단은 언어학적으로 연결되는 20개의 캐나다 북서부 지역 원주민 집단을 지칭하는 이름으로 콰콰카와쿠를 채택했다(Macnair, 1995). 콰콰카와쿠는 '콱왈라를 말하는 사람들'이라는 뜻이다. 이는 초기에 사용되던 '콰키우틀'을 대신해서 쓰이는데, 콰키우틀은 여러 집단 중 오직 한 집단만을 지칭했기 때문에 다른 집단의 성원들에게는 무례가 되는 것이었다.

콰콰카와쿠인의 영토는 울창한 숲과 백사장 해안가로 이루어진 코스트마운틴을 관통하는 수로와 해협뿐만 아니라 다수의 섬들도 포함한다. 옛날에 이 지역을 여행하는 주요 수단은 카누였다. 가족들은 카누에 모든 물건들을 챙겨 계절마다 이동했다(Macnair, 1995).

콰콰카와쿠인은 장식이 화려한 케이프, 치마, 담요 그리고 조각한 긴 목제 토템기둥, 카누, 마스크, 식기 등을 포함하는 물질문화로 잘 알려져 있다.

향나무는 콰콰카와쿠인에게 필수적이다. 이들은 그 나무를 활용해 위에서 언급한 물품을 만들며 내피로는 옷을 만들었다. 여성들은 내피의 섬유질이 분리되어 부드러워질 때까지 고래뼈 방망이로 두드린다. 이렇게 만들어진 섬유를 베틀이나 손으로 짜서 매트를 만들고 그것을 침구로 사용했다.

백인들과의 접촉은 1792년에 탐험가인 조지 밴쿠버(George Vancouver) 선장이 도착하면서 처음 이루어졌다(Macnari, 1995). 당시 콰콰카와쿠인들의 수는 대략 8,000명에 달했다. 프란츠 보아스는 1886년에 도착해서 조지 헌트(George Hunt)의 도움으로 연구를 진행했다. 조지 헌트는 영국계 아버지와 틀링기트(남서부 연안) 고위층 어머니 사이에서 태어났다.

19세기 후반에 식민지 당국과 선교사들은 중매결혼이나 포틀래치 같은 문제를 인정하지 않아 제도의 변화를 촉진하는 법안을 상정한다. 1884~1951년 사이에 포틀래치를 금지하는 법안이 도입된 것도 그 맥락이다. 그러나 사람들은 비밀리에 포틀래치를 계속했다.

캐나다 브리티시컬럼비아주 빅토리아시에 있는 왕립브리티시컬럼비아박물관(RBCM)은 콰콰카와쿠 공동체와 긴밀하게 작업하면서 이들의 포틀래치를 기록으로 남기고 문화 재활성화를 촉진하려 하고 있다[크레이머(Kramer)로부터 개인적으로 얻은 정보, 2005]. 최근 시행된 최초의 합법적인 포틀래치는 1953년에 뭉고 마틴(Mungo Martin)의 주도하에 이루어진 것으로 RBCM 밖에서 행해졌다.

위의 글을 읽고 검토해준 브리티시컬럼비아대학교의 제니퍼 크레이머(Jennifer Kramer)에게 감사드린다.

(왼쪽) 1999년 얼러트베이. 다른 콰콰카와쿠 마을의 카누와 선원들이 함께 모여 새롭게 만들어진 빅 하우스의 개막 축하를 지원하고 있다. (가운데) 콰콰카와쿠 학생들이 코디 넬슨(K'odi Nelson)의 교습하에 얼러트베이의 학교에서 하맛사 춤을 연습하고 있다.

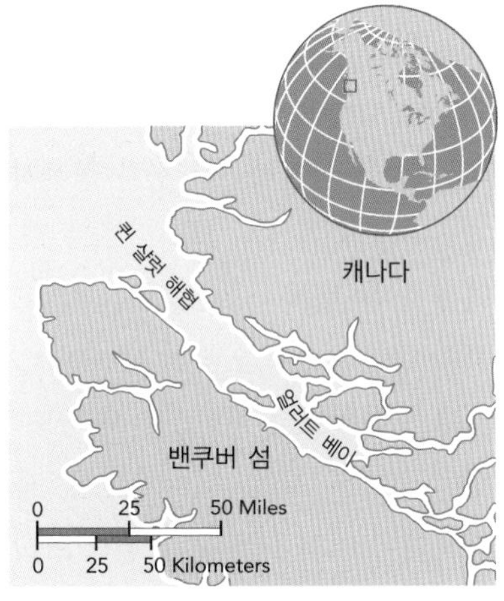

지도 3.8 캐나다의 콰콰카와쿠 지역

콰콰카와쿠인은 태평양 북서부 해안의 원주민이다. 이들의 현재 인구는 약 5,500명이다. 대부분은 밴쿠버 섬 북쪽과 본토에 인접한 브리티시컬럼비아에 산다. 일부는 고향을 떠나 빅토리아나 밴쿠버 같은 도시지역에서 산다. 현재 약 250명이 사용하고 있는 이들의 언어는 네 가지 방언으로 구성되어 있다. 그들은 13개의 군단 정부로 조직되어 있다.

- 식사를 빠르게 한 끼 때우는 것으로 변질시키고 있다.
- 개성 없는 글로벌화된 시장과 공급 형태의 체인점을 촉진하는데, 대표적인 예로 월마트를 들 수 있다.
- 대량생산과 글로벌 시장이 환경에 미치는 영향에 대해서 무관심하다.

대안적인 푸드운동은 다양한 형태로 존재한다. 그중 하나는 이탈리아의 슬로푸드운동으로 1980년대 말엽에 시작되어 전 세계적으로 퍼졌다. 슬로푸드운동은 그 이름을 서구의 '패스트푸드'에 반대하는 의미로 정한 것이다. 이 운동 역시 그 지역에서 생산되는 농업문화의 전통을 지지하고 음식의 질에 관한 한 소비자를 보호하려고 한다. 그리고 사회적으로 함께 하는 요리, 식사, 연회를 옹호한다.

지속되는 포틀래치

미국과 캐나다 북서부 연안의 인디언들 사이에서 행해지던 포틀래치는 유럽인과 유럽계 미국인에 의해 수십 년 동안 탄압을 받았다(Cole, 1991). 선교사들은 비기독교적인 관행이라며 포틀래치를 반대했다. 정부는 인디언들의 '경제적 진보'라는 목표에 방해가 된다며 이를 낭비이자 사치라고 평가했다. 1885년 캐나다 정부는 포틀래치를 법으로 금했다. 모든 북서부 연안의 부족 중에서 콰콰카와쿠인('문화파노라마' 참조)만이 금지법에 대해 가장 강력하고도 오랜 저항을 계속했다. 캐나다에서 포틀래치는 더 이상 불법이 아니다. 그렇지만 그런 제한을 없애기까지 오랜 투쟁이 있었다.

오늘날 포틀래치를 행하는 이유는 과거와 유사하다. 즉 아이에게 이름을 지어주거나 망자를 애도할 때, 권리와 특권을 이전할 때, 결혼식이 있거나 토템기둥을 세울 때 포틀래치를 행한다(Webster, 1991). 그러나 포틀래치를 계획하는 데 들이는 시간의 정도가 달라졌다. 과거에는 몇 년 동안의 준비기간이 필요했지만 지금은 그에 비하면 한 1년 정도면 충분하다. 그래도 500~1,000명에 달하는 손님들 중 어느 누구도 빈손으로 돌아가지 않도록 하는 데 충분한 재화를 확보하기 위해서는 여전히 조직화가 잘 이루어져야 하고 많은 노력을 기울여야 한다. 요즘에 쓰이는 전형적인 포틀래치 재화에는 손뜨개 품목(쿠션 덮개, 담요, 주방 장갑 등), 유리 제품, 플라스틱 제품, 담요 제품, 베개, 수건, 의류, 밀가루와 설탕 봉지 등이 있다. 포틀래치는 지속되고 있지만 변화하고 있다.

3 학습목표 재고찰

3.1 다섯 가지 생계양식의 특징이 무엇인지 이해하기

오늘날 사람들이 살아가는 다섯 가지 생계양식은 수렵채집, 원시농경, 목축, 농업, 산업양식이다.

수렵채집사회에서 노동의 분업은 젠더와 연령에 따라 구분되었다. 온난한 지대의 수렵채집민들은 극지방의 수렵채집민들에 비해 젠더가 겹치는 임무를 더 많이 실천하고 있다. 재산은 공유되었고 모든 사람들은 토지나 우물과 같은 자원에 대한 동등한 권리를 행사했다. 수렵채집은 외부의 압력이 가해지지 않는다면 장기적으로 유지되는 지속성을 갖는다.

원시농경과 목축은 경작하는 식물(원시농경)과 동물(목축)에 의존하는 보다 확대된 조방전략이다. 원시농경은 휴경법을 필요로 하며 목축은 계속해서 동물들을 신선한 초원으로 이동시켜야 한다. 노동의 분업은 다양하다. 그 속에는 남성들이 생산적인 일을 더 많이 하거나 여성들이 더 일을 많이 하는 상황도 포함된다. 또한 여성과 남성들이 일의 부담을 서로 나누어 하는 경우도 있다. 재산관계에서 가장 중요한 형식은 용익권이다. 두 가지 생계양식 모두 외부로부터 침략이 없으면 장기적으로 유지되는 지속성을 가질 수 있다.

가족농체계는 자급자족을 위한 경작과 시장에 내다 팔 몫을 생산한다. 대부분의 가족농체계에서는 들에서의 남성 노동을 더 많이 필요로 하며 여성의 노동은 가내 영역에서 더 많이 필요로 한다. 농업문화의 지속성은 토지를 개간해야 하는 필요성에 의해 제한을 받는다.

산업/디지털사회에서 노동의 분업은 계급, 젠더, 연령에 의해 고도로 분화되어 있다. 만연한 실업은 여러 산업 경제사회에서 나타나는 현상이다. 자본주의사회에서 사유재산은 지배적인 유형이다. 산업/디지털사회는 재생할 수 없는 에너지에 대한 높은 수요 때문에 지속성이 결여되어 있다.

3.2 생계양식이 소비 및 교환과 어떻게 연결되어 있는지 인식하기

인류학자들은 생산에 대한 비시장형 소비양식과 시장형 소비양식을 대비한다. 비시장형 소비양식에서는 최소주의가 소비의 지배적인 양식이 되며 수요는 한계가 정해져 있다. 시장형 소비주의는 소비주의가 지배적인 양식이며 여기에서 수요는 한계가 정해져 있지 않다. 수렵채집사회는 소비의 최소주의 양식으로 분류된다. 산업자본주의/정보사회는 소비주의양식으로 분류된다. 수렵채집사회와 산업/정보사회 사이의 생계양식은 최소주의와 소비주의의 다양한 정도를 보여준다.

비시장형 경제에서 대부분의 소비자들은 스스로를 위한 재화를 생산하며 혹은 누가 그것을 생산하는지를 알고 있다. 시장형 경제에서 소비는 글로벌적인 대량생산을 통해 탈개성화된다.

교환양식 또한 생계양식과 소비와 연관된다. 수렵채집사회에서 교환양식은 균형적 교환이다. 여기에서 교환되는 품목의 가치는 대체로 시간이 지나도 변하지 않고 동등한 수준으로 유지되는 것이 목표가 된다. 균형적 교환을 위해 사람들은 서로 간에 사회관계를 주고받아야 하며 그 관계는 지속적인 교환을 통해 강화된다.

시장교환은 일종의 거래행위이며 이때 판매자의 목표는 이윤을 남기기 위한 것이 된다. 균형적 교환에 종사하는 사람들에 비해 시장교환에 참여하는 사람들은 서로를 아는 정도가 낮으며 사회관계를 지속적으로 가지는 정도도 낮다.

3.3 현대의 생계, 소비, 교환이 어떻게 변화하고 있는지 설명하기

경제적 글로벌화는 전 세계적으로 생활, 소비, 교환을 바꾸고 있다. 강철도끼와 같은 서구의 재화는 비서구, 비산업화된 조건에 사는 사람들로부터 수요가 높은 품목이다. 그런 재화는 구매되어야만 한다. 이를 위해 사람들은 현금을 벌기 위해 일해야만 하고 그렇게 함으로써 물건을 살 수 있다.

지역경제 유형에 대한 세계화의 강력한 영향력에도 불구하고 많은 집단들이 생계, 소비, 교환에서 전통적인 유형을 회복하려고 노력하고 있다. 새로운 푸드운동의 부상은 소규모 농업과 로컬푸드의 생산을 촉진하는데 이는 음식의 생산과 교환을 탈세계화하고 탈개성화하려는 시도의 한 사례이다. 태평양 북서부에서 포틀래치의 부활 역시 전통적인 소비와 교환의 실천을 재활성화하려는 사례가 될 수 있다.

핵심 개념

가족농
교역
교환양식
균형적 교환
기대적 호혜성
농업
마니옥 혹은 카사바
모바일 화폐
목축
분업
비균형적 교환
빈곤
산업/디지털 경제
산업자본농
생계양식
소비양식
소비주의
수렵채집
순수한 선물
시장교환
용익권
원시농경
일반적 호혜성
재분배
조방전략
주관적 웰빙
집약전략
최소주의
평준화 기제
포틀래치

틀에서 벗어나 생각하기

1. 어떤 것이 '순수한 선물'이 될 수 있을지 몇 가지 예를 생각해보라.
2. 일부 사람들은 아동 성노동자들이 스스로를 보호하기 위해 노동조합을 구성해야 한다고 생각한다. 또 다른 사람들은 노동조합화가 아동 성매매의 인정을 의미한다고 주장한다. 여러분은 이 문제에 대해 어떤 입장을 가지고 있으며, 그 이유는 무엇인가?
3. 예수와 부처, 무하마드, 모세를 저녁 식사에 초대했다면 무엇을 대접하고 있겠는가?

CHAPTER 4

재생산과 인간 발달

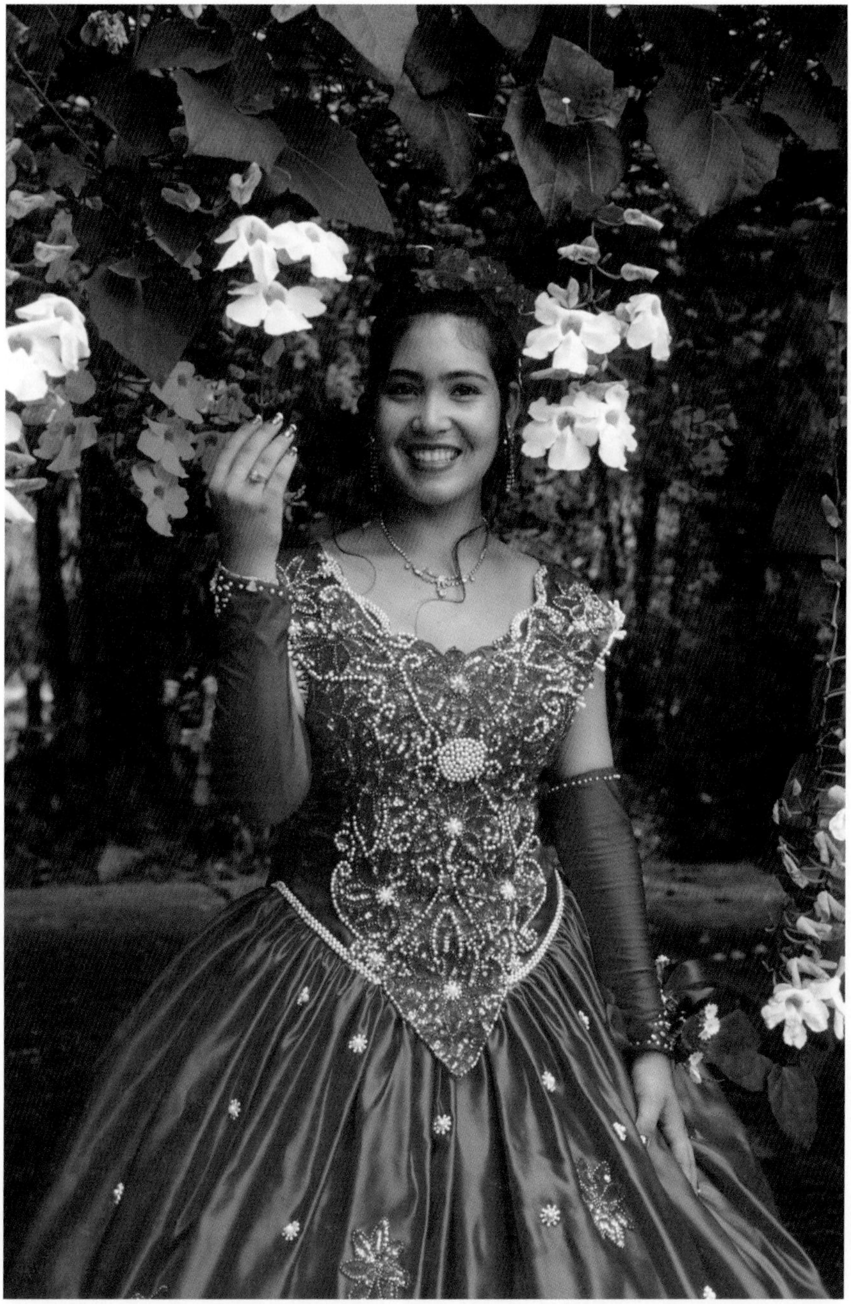

개요

재생산양식

문화파노라마 : 미국과 캐나다의 정통 아만파 교도

문화와 출산

현실 속의 인류학 : 뉴욕시 MSM의 성행위에 대한 연구

인성과 생애주기

인류학자처럼 생각하기 : 문화상대주의와 여성성기절제

학습목표

4.1 재생산양식이 생계양식과 어떤 관련이 있는지 설명하기

4.2 상이한 맥락에서 문화가 출산에 어떤 영향을 미치는지 논의하기

4.3 생애주기에 걸쳐 문화가 인성 형성에 어떤 영향을 미치는지 알아보기

인류학의 연관성

쿠바 아바나에서 한 소녀가 스페인어로 피에스타 데 킨세(fiesta de quince)라고 알려진 열다섯 번째 생일을 축하하고 있다. 전 세계 히스패닉 문화에서는 소녀의 열다섯 번째 생일을 성년의례로 삼고 우아한 드레스와 화려한 케이크를 준비해서 호화로운 파티를 치른다. 아들을 선호하는 여러 아시아 나라들과 달리 여러 라틴 아메리카 나라들은 딸을 평등하게 심지어는 아들보다 선호한다. 쿠바 아바나의 거의 모든 여성은 딸을 선호한다(Härkönen 2010). 딸을 가진 어머니들은 주름장식이 많은 여아 옷과 머리 장식품에 많은 돈을 쓰지만, 아들을 가진 어머니들은 아들에게는 예쁜 옷과 장식품을 사줄 필요가 없으니 비용이 덜 든다고 하면서 스스로를 위로한다. 쿠바는 여성 1인당 1.5명이라는 서반구에서 가장 낮은 출산율을 보여준다. 이는 미국과 캐나다보다도 낮다. 남아나 여아를 낳는 비율이 거의 같기 때문에 많은 쿠바의 어머니들은 아들을 낳으면 실망한다.

이 장에서는 성과 출산의 통문화적 유형과 생애주기에 걸쳐 인성과 정체성이 어떻게 형성되는지에 대해 다룰 것이다. 첫 번째 절에서는 생계양식과 관련하여 재생산에 대해서 개관한다. 두 번째 절에서는 문화와 출산, 특히 출산율 사이의 관계를 밝혀내고자 한다. 세 번째 절에서는 생애주기를 거치면서 문화가 그 구성원의 인성 및 정체성을 형성하는 방식에 대해서 살펴볼 것이다.

재생산양식

4.1 재생산양식이 생계양식과 어떤 관련이 있는지 설명하기

재생산양식(mode of reproduction)은 특정 문화에서 **출산**(**출산율**, fertility)과 **사망**(**사망률**, mortality)의 조합 효과를 통해 인구 변화가 발생하는 지배적인 유형이다. 문화인류학자들은 제3장에서 논의한 다섯 가지 생계양식에 상응하는 세 가지 재생산양식의 일반적 특징을 규정할 수 있을 정도로 충분한 통문화적 자료를 가지고 있다(그림 4.1 참조).

재생산양식 특정 문화에서 출산(출산율)과 사망(사망률)의 조합 효과를 통해 인구 변화가 발생하는 지배적인 유형

출산율 인구에서 출생자의 비율이나 총인구의 증가율

사망률 인구에서 사망자의 비율

수렵채집형 재생산양식

수렵채집형 재생산양식과 관련된 증거는 1970년대에 주쯔와시인들에 관해 수행된 현지조사에 기초한 고전적인 연구에서 찾아볼 수 있다(Howell, 1979)(21쪽 '문화파노라마' 참조). 이 연구는 주쯔와시인들의 출산 간격이 보통 수년씩이나 된다는 것을 보여준다. 출산 간격이 이렇게 긴 이유는 무엇인가? 두 가지 요소, 즉 모유 수유와 여성의 낮은 체지방 수준이 가장 중요하다. 빈번하고 장기적인 모유 수유는 프로게스테론 생산을 방해하고 배란을 억제한다. 또한 배란을 위해서는 일정 수준의 체지방이 요구된다. 주쯔와시 여성들의 식단은 지방을 적게 함유하고, 수렵채집민으로서 그들의 정규적인 신체 활동은 체지방 수준을 낮게 유지시키며 이는 다시 배란을 억제한다. 따라서 식단과 노동이 주쯔와시인들의 인구역학 저변에서 작동하는 핵심적 요인이다.

연구기간 동안 주쯔와시 여성은 전형적으로 2~3명의 아이를 낳았는데, 그중 2명은 생존해서 성인이 되었다. 이러한 재생산양식은 주쯔와시인들의 환경에 적응적이고 장기적으로 지속가능한 것이다. 농부나 노동자가 된 주쯔와시인들 사이에서는 여성 1인당 출산율이 더 높게 나타난다. 이러한 변화는 이들의 식단이 보다 많은 곡물과 유제품을 포함하고, 여성들이 신체적으로 덜 활동적이라는 사실과 관련이 있다.

수렵채집	농업	산업/디지털
인구성장 중간 출산율 중간 사망률	**인구성장** 높은 출산율 사망률 감소	**인구성장** 선진공업국 – 인구의 마이너스 성장 개발도상국 – 높은 인구성장
아이들의 가치 보통	**아이들의 가치** 높음	**아이들의 가치** 혼합
생식력 통제 간접적 수단 여성의 저지방 식단 여성의 일과 활동 장기적인 모유 수유 자연유산 직접적 수단 인공유산 영아살해	**생식력 통제** 직접적 수단에 대한 의존의 증가 인공유산 영아살해 출산장려 기술 약초	**생식력 통제** 과학과 약물에 기초한 직접적 수단 화학적 피임 체외수정 낙태
사회적 측면 동질적인 출산율 소수의 전문가	**사회적 측면** 계급적 차이의 출현 전문화의 증가 산파 약초 전문가	**사회적 측면** 계층화된 출산율 지구적, 국가적, 지역적으로 상당히 발달된 전문화

그림 4.1 생계 및 재생산양식

농업형 재생산양식

농업형 재생산양식은 여기서 논의되는 세 가지 재생산양식 중에서 가장 높은 출산율을 보여준다. 통문화적으로 볼 때 **출산장려**(pronatalism), 즉 출산을 고무하는 태도나 정책은 농업 가족들 사이에서 지배적으로 나타난다. 이것은 토지를 경작하고, 가축을 돌보고, 식량을 가공하고, 장보기를 수행하기 위한 대규모 노동력의 필요에서 비롯된다. 이러한 맥락에서 다산은 생계양식과 관련된 합리적인 전략이다. 따라서 가족농으로 살아가는 농민들은 그들만의 '가족계획'을 가지고 있다고 말할 수 있다. 하지만 이는 다산을 억제하기보다는 장려한다.

여성 1인당 7명 이상의 아이를 낳는 높은 출산율은 니제르(여성 1인당 7.4명), 소말리아(여성 1인당 6.7명 출산), 우간다(여성 1인당 6.7명), 앙골라(여성 1인당 6.5명)와 같은 아프리카의 여러 저소득 농업국가에서 발견된다(Population Reference Bureau 2009). 그러나 농업인구의 출산율은 국가마다 차이가 나타나는데, 이는 부분적으로 최근에 가족노동에 대한 수요가 감소되었기 때문이다. 여성 1인당 2~3명의 아이를 출산하는 낮은 출산율은 베네수엘라, 칠레, 아르헨티나와 같은 남아메리카의 여러 농업국가에서 발견된다.

세계에서 가장 높은 출산율을 보유한 문화집단은 메노파 교도와 후터파 교도들이다. 그들은 미국과 캐나다에서 주로 생활하는 유럽계 기독교도들이다. 이 집단의 여성들은 전형적으로 8~10명의 아이를 낳는데, 그들 중 거의 모두가 살아남아 성인이 된다. 높은 출산율은 또한 이들과 긴밀하게 관련된 집단인 아만파 교도의 특징이기도 하다('문화파노라마' 참조).

또 다른 출산장려의 관점에서, 북인도 농촌의 농업가족에서는 많은 아이(특히 아들)를 갖는 것이 중요하다. 어린 소년들은 아버지로부터 농사짓는 법을 배운다. 그들은 성인으로서 농지를 경작하거나 이웃하는 농부들에게서 양도받은 가족 소유의 토지를 보호할 책임이 있다. 1950년대 후반에 서구식 가족계획 전문가들이 소가족 관념을 장려하기 위해 북인도의 마을들을 방문했을 때, 농부들은 이에 크게 실망했다(Mamdani, 1972). 그들에게 대가족, 특히 많은 아들을 보유한 대가족이란 가난과 실패가 아니라 부와 성공의 표시였기 때문이다.

출산장려 출산을 고무하는 태도나 정책

문화파노라마

미국과 캐나다의 정통 아만파 교도

아만파 교도는 미국과 캐나다의 농촌지역에 사는 기독교도들이다. 그들의 총 인구수는 약 25만 명이다. 그들의 혈통은 16세기에 독일어를 구사하던 스위스 재세례파까지 거슬러 올라간다. 그들은 종교적 박해를 피하고자 18세기 초부터 19세기 중반까지 계속해서 북아메리카로 이주해 왔다. 그래서 오늘날 유럽에는 아만파 교도가 더 이상 존재하지 않는다.

정통 아만파 교도는 아만파 교도들의 다수파를 가리키는 용어이다. 수정 아만파 교도라고 알려진 소수파들은 1960년대 후반에 정통 아만파 교도에서 갈라져 나왔다. 두 집단 모두 과거의 생활방식인 말이 끄는 교통체계를 사용하지만, 수정 아만파 교도는 정통 아만파 교도에 비해 기술을 더 많이 받아들이고 있다.

아만파 교도들은 독일어에서 파생된 방언을 사용한다. 그들은 소박하고 수수한 옷을 입으며 서로 유사한 옷차림을 한다. 또한 지역전력망에서 공급하는 전기를 쓰는 것을 피하고, 대신 태양열전기와 12볼트 배터리를 사용한다. 이들에게 8학년 이상의 교육은 불필요한 것처럼 보인다. 이들 삶의 기본적인 테마는 '세속적'(비아만파, 미국 내 주류) 가치, 종속, 조급함이 그들의 생활에 끼어들지 않도록 주의하고, 함께 살고 일하는 단위로서 가족을 유지하고자 하는 욕구와 깊은 관련이 있다. 자기 자신의 손으로 스스로 일하는 것을 높이 평가하고 겸손함을 미덕으로 여긴다. 농사는 이들의 전통적인 생계수단이다. 이 같은 일반화 외에도 아만파 교도들 사이에는 성경의 가르침을 얼마만큼 엄격하게 해석하는지에 따라 많은 차이점이 존재한다(Kraybill, 2014).

아만파 교도들은 일반적으로 여성 1인당 6~7명의 자녀를 둘 만큼 많은 아이를 출산한다. 일부 아이들이 이곳을 떠나 영어권 지역으로 가고 있음에도 불구하고 아만파 교도의 인구는 20년마다 2배로 증가하고 있다. 정통 아만파의 심장부인 펜실베이니아주 랭커스터카운티에서는 1970년대부터 인구가 급격하게 성장해서 이용 가능한 농토를 초과해버렸다(Kraybill and Nolt, 2004).

현재 아만파 교도들이 운영하고 있는 비즈니스는 수백여 개에 달한다. 많은 사업들이 소규모의 가족 경영 형태로 운영되고 있지만, 어떤 사업들은 대규모 형태로 매년 수백만 달러를 벌어들이기도 한다. 사업을 시작하는 아만파 교도들은 자기 집에서 일을 하고 집에서 물건을 판매함으로써 가족 내 유대의 가치를 유지하고자 노력한다. 그러나 많은 아만파 교도들이 점점 더 가족을 벗어난 외부 세계의 영어권 사람들과 사업상 협력관계를 맺고 비즈니스를 하는 경우가 늘고 있다.

젊은 아만파 교도들은 16세가 되면 아만파 교도가 되기 위한 세례를 받을지 말지 스스로 결정할 기회를 갖는다. 이 시기는 펜실베이니아식 네덜란드어로 '천방지축 날뛴다'는 뜻의 '럼스프링가(rumspringa)' 시기로, 이 시기에 해당하는 젊은이들에게는 텔레비전을 포함한 영어권 문명 세계의 관습을 맛보는 것이 허용된다. 럼스프링가 시기 동안 대부분은 주말에 아만파 교도 친구들과 함께 시간을 보내는 것 외에는 집에 머문다. 드물게도 이들 중 몇몇은 시험 삼아 알코올, 약물, 성관계를 해보기도 한다(Shachtman, 2006). 럼스프링가 이후의 10대 아만파 교도들 가운데 약 90%가 개인주의와 경쟁이라는 '세속적' 생활방식을 따르기보다는 겸손과 공동체적 연대를 강조하는 생활방식을 선택하면서 아만파 교도의 생활방식을 받아들이고 세례를 받기로 결심한다.

이 자료를 검토해준 엘리자베스타운대학의 도널드 B. 크레이빌(Donald B. Kraybill)에게 감사드린다.

(왼쪽) 아만파 교도 가족구성원들이 식탁에 둘러앉아 있다. (가운데) 펜실베이니아주에서 한 농부가 한 쌍의 노새와 가솔린 엔진을 동력으로 사용하는 예초기로 알팔파 목초를 베어내고 있다. 이 기계가 그의 농장 일을 보다 효과적으로 처리해주긴 하지만, 그렇다고 해서 그것이 트랙터 사용을 금하는 정통 아만파 교도의 규율을 위반하는 것은 아니다.

지도 4.1 북미 정통 아만파 교도의 인구수

미국 오하이오주, 펜실베이니아주, 인디애나주에 가장 많은 정통 아만파 교도가 살고 있다.

산업/디지털형 재생산양식

산업사회에서 재생산 수준은 출생자의 수와 사망자의 수가 같아서 현 상태의 인구규모가 유지되는 수준의 출산율을 뜻하는 대체수준 출산율 또는 출생자의 수가 사망자의 수보다 적어서 인구감소가 발생하는 수준의 출산율을 의미하는 대체수준 이하 출산율 지점까지 감소하는 추세이다. 이러한 맥락에서 산업형 재생산양식에서는 자녀들에 대한 노동 수요가 감소하기 때문에 자녀들의 생산이 다른 재생산양식에 비해 덜 유용하다. 게다가 대부분의 산업화된 국가에서 자녀들은 학교에 가야 하는데 학교에 다니는 동안에는 가족의 일을 돕기 위해 많은 시간을 쏟을 수 없다. 사람들은 무의식적으로 적은 수의 아이를 낳고 그들에게 보다 많은 자원을 투자하는 것으로써 이에 대응하고 있다.

산업/디지털형 재생산양식으로 변화하는 과정에서 일어나는 인구변동은 높은 출산율과 높은 사망률의 농업형 재생산양식이 낮은 출산율과 낮은 사망률의 산업형 재생산양식으로 변해 가는 과정인 **인구학적 변화**(demographic transition)라고 말할 수 있다. 인구학적 변화의 모델에는 두 단계가 있다(그림 4.2 참조). 1단계에서는 영양과 건강상태의 호전으로 인해 사망률이 감소하며, 그에 따라 인구성장률이 증가한다. 2단계는 출산율도 저하되는 시기이다. 이 지점에서는 낮은 인구성장률이 나타나는데, 일본, 캐나다, 미국 그리고 유럽의 여러 나라들을 포함하여 많은 산업/디지털사회들이 경험하는 대체수준 이하 출산율의 수준까지 내려간다. 이처럼 낮은 인구성장률은 한편으로는 낮은 인구성장률이 환경의 부담을 덜어준다고 생각하는 많은 사상가들에게는 환영을 받지만, 다른 한편으로는 그러한 결과가 노동력 부족과 세금의 감소로 이어진다고 생각하는 몇몇 국가 지도자들에게는 걱정거리가 되고 있다.

산업/디지털형 재생산양식은 세 가지 뚜렷한 특징을 가진다.

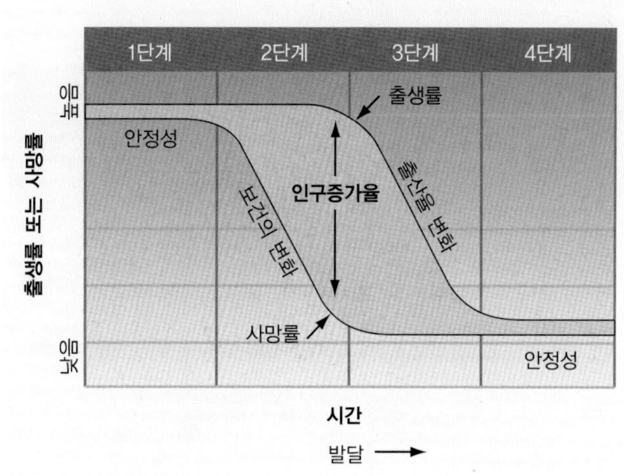

그림 4.2 인구변화의 모델

출처 : Nebel, Bernard J.; Wright, Richard T.; *Environmental Science: The Way The World Works*, 7th edition. Copyright ⓒ 2000. Electronically reproduced by permission of Pearson Education, Inc. Upper Saddle River, New Jersey.

- **계층화된 재생산** : 중산층과 상류층에 속한 사람들은 전형적으로 아이를 적게 낳으려는 경향을 보이지만, 이러한 아이들은 높은 생존율을 보인다. 그러나 가난한 이들 사이에서는 출산율과 사망률이 모두 다 높다. 최근에 산업화되기 시작한 국가인 브라질은 세계에서 가장 극단적인 소득불평등을 보여준다. 이러한 경제적 불평등은 극단적으로 계층화된 재생산과 연결된다.
- **인구고령화** : 노인층의 비율이 젊은 층의 비율에 비해 상대적으로 더 증가할 때. 일본에서 국가 수준의 출산율은 1950년대에 대체수준 출산율까지 감소한 후 대체수준 이하 출생률에 도달했다. 일본은 최근 세대당 약 15퍼센트의 인구 감소를 겪고 있으며, 이와 더불어 급격한 인구의 고령화가 진행 중이다. 많은 이들이 고령의 범주에 들어감에 따라, 젊은 층의 수와 비교하여 고령층의 수와 젊은 층의 수가 균형을 이루지 못하는 방추형 인구피라미드를 형성한다(그림 4.3 참조). 2050년의 인구추계에 따르면 인구피라미드의 꼭대기 부분이 더 팽창할 것으로 예상된다.
- **고도의 과학(특히 의료)기술이 임신, 피임, 낙태를 아우르는 임신의 모든 측면과 관련된다는 것** : 인공수정으로 임신을 하거나 피임 또는 낙태를 하는 것(Browner and Press, 1996). 이러한 경향은 새로운 서비스를 제공하는 데서 이루어지는 전문화의 증가와 맞물려 있다(아래 논의 참조).

인구학적 변화 높은 출산율과 사망률의 농업사회 인구유형에서 낮은 출산율과 사망률의 산업사회 인구유형으로의 변화

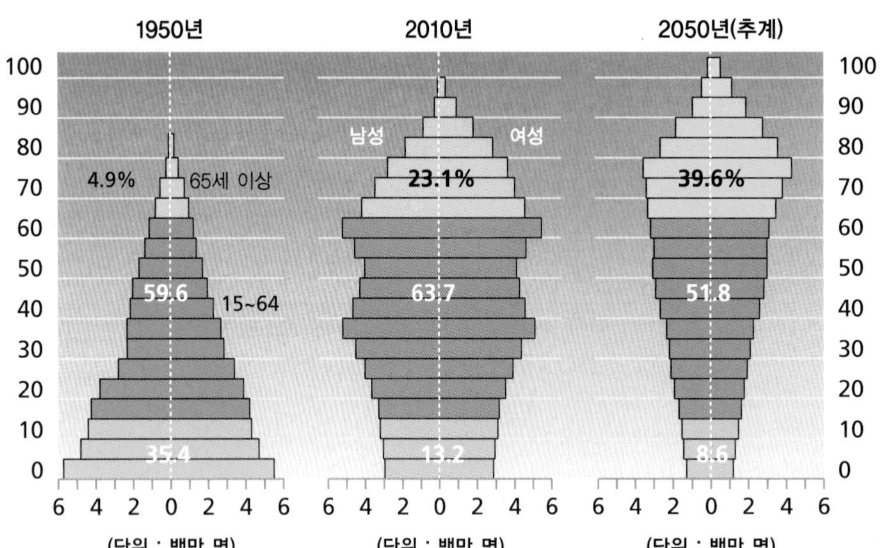

그림 4.3 일본의 인구피라미드 변화

출처 : Statistics Bureau, MIC, Ministry of Health, Labor and Welfare. Reproduced with permission.

문화와 출산

4.2 상이한 맥락에서 문화가 출산에 어떤 영향을 미치는지 논의하기

난자의 수정을 임신으로 간주한다면 그 출발부터 문화가 인간의 출산을 규정하는 셈이 된다. 아래의 논의는 성관계와 함께 시작해서 임신과 출산에 관한 조명으로 이어진다.

성관계

성관계는 사적이고 때로는 비밀스러운 믿음과 행동을 수반한다. 따라서 성적 실천에 관한 인류학적 연구는 특별히 도전적이다. 참여관찰의 윤리로 인해 긴밀한 관찰이나 참여가 불가능하기 때문에 관련 자료가 오직 간접적인 방식을 통해서만 수집될 수 있다. 성적 믿음과 행위에 관한 사람들의 구술 보고는 여러 가지 이유로 인해 왜곡되기가 쉽다. 사람들은 성에 대해 논의하는 것을 지나치게 부끄러워하거나 꺼리고, 아니면 반대로 그것을 뽐내고 과장할 것이다. 많은 사람들은 "지난해에 몇 번 정도 성관계를 했나요?"와 같은 질문에 단순히 대답을 할 수 없을 것이다.

말리노프스키는 트로브리안드 제도(33쪽 '문화파노라마' 참조)에 관한 현지조사를 바탕으로 성에 관한 연구서를 출판한 최초의 인류학자이다(1929). 그의 저서에는 아동들의 성생활, 성적 테크닉, 사랑의 주술, 야한 욕망, 부부간의 질투 등과 같은 다양한 주제가 기술되어 있다. 1980년대 후반 이후 HIV/AIDS를 포함하는 성병의 확산으로 인해 문화가 성에 영향을 미치는 방식에 관한 연구가 점점 더 중요하게 되었다. 성적 가치와 실천에서 나타나는 변이에 관한 이해 없이는 성병을 효과적으로 예방하고 통제할 수 있는 프로그램을 설계하는 것이 불가능하다('현실 속의 인류학' 참조).

언제 성관계를 시작하는가 생물학적으로 볼 때 비록 특정한 맥락에서는 인공수정이 광범위하게 사용되는 옵션이긴 하지만, 통상 인간의 재생산은 생식력 있는 여성과 생식력 있는 남성 사이의 성관계를 필요로 한다. 환경 및 문화와 상호작용하는 생물학적 조건은 여성의 가임기간을 월경이 시작되는 **초경**(menarche)부터 월경이 중단되는 **폐경**(menopause)까지로 한정한다. 전 지구적으로 볼 때 초경의 시작은 12~14세까지 다양하게 나타난다(Thomas et al., 2001). 보통 경제적으로 부유한 국가의 소녀들이 경제적으로 가난한 국가의 소녀들보다 몇 년 더 빨리 초경을 시작한다. 예를 들어 일본에서는 초경 연령이 12.5세인 반면 아이티에서는 15.5세이다. 전 세계적으로 초경 연령이 보다 앞당겨져서 어려지는 경향이 나타나고 있다.

문화는 아이들에게 성관계를 시작하기에 적절한 나이에 관

초경 월경의 시작

폐경 월경의 중단

현실 속의 인류학

뉴욕시 MSM의 성행위에 대한 연구

뉴욕시 게이 프라이드 퍼레이드에서 두 게이 남성이 악수를 하고 있다.

의료인류학자 라라 타백(Lara Tabac)은 6,000여 명의 직원이 있는 뉴욕시 보건정신위생부(DOHMH)에서 다른 문화인류학자와 같이 일을 했다. 그녀가 속한 부서는 보건 및 정신위생국의 역학서비스국이다. 역학은 다양한 인구집단의 건강과 질병의 원인을 연구하며, 공중보건의료 제공자에게 정보를 전달하여 그들이 운영하는 프로그램을 개선할 수 있게 해준다.

타백은 뉴욕시 주민들, 특히 남성과 성관계를 가지는 남성(Men who have sex with men, MSM)의 행위가 이들의 건강과 어떤 연관이 있는지에 대한 질적 데이터 수집을 위해 고용되었다.

타백은 자신의 일을 단어와 숫자가 혼용되는 어려운 과업이라고 묘사한다. 보건정신위생부는 보건의료정책 아젠다를 설정하기 위해 통계를 내기 때문에 양적 연구에 의존한다. 타백은 통계수치가 몇 명이 X 또는 Y를 행하는지 또는 X 또는 Y 질병을 가지고 있는지를 말해주지만 왜 사람들이 그런 행위를 함으로써 특정한 건강문제의 위험에 빠지는지에 대해서는 말해주지 않는다고 설명한다. 타백은 문화인류학자로서의 전문성을 통해 '왜'라는 질문에 통찰력을 가질 수 있었기 때문에 보건정신위생부의 사업이 더 효과적으로 수행될 수 있도록 도움을 주었다.

인류학적 훈련은 관찰하고 질문하는 타백의 개인적 성향을 강화하고 키워나갈 수 있게 해주었다. 그녀는 자신의 기술과 관심을 활용하여 다양한 주제에 대한 사람들의 의견을 들을 수 있었다. 지하철 정액권을 사용하며 그녀는 멀리 떨어진 동네에 살고 있는 사람들과 만나 건강 관련 딜레마나 삶의 어려움, 그리고 어떻게 하면 그들이 필요로 하는 프로그램과 서비스를 개선할 수 있는지에 대한 의견을 들었다.

타백의 목표는 MSM 집단의 콘돔 사용, 즉 누가 사용하고 누구는 사용하지 않는 것에 대해서 알아보는 것이었다. 타백은 질적 데이터를 수집하기 위해 장기간 동안 개별 인터뷰를 진행했다. 그녀는 이 같은 인터뷰가 예민한 이슈에 대한 깊은 이해를 얻기 위해서는 매우 중요하다는 것을 발견했다. 사람들은 여러 사람들 앞에서 말하는 포커스 그룹보다는 신뢰하는 사람과의 일대일 인터뷰에서 자신들의 성적 삶에 대해서 훨씬 더 진솔하게 말한다. 타백은 그녀가 보건정신위생부에서 일하는 것이 진취적이며 사회적으로 유효하다고 말한다. 그녀는 사람들이 자신의 삶을 개선하고자 하는 데 도움을 주고 싶어서 이 일을 하게 되었다고 말한다. 그녀는 자신의 일에 실망하지 않았다.

생각할 거리

위 글을 읽고 감동을 받아 라라 타백의 진로를 추구하고 싶은 마음이 생겼는가? 만약 그렇다/그렇지 않다면 이유는 무엇인가?

모로코 메크네스시에서 전통 결혼예복을 입고 있는 한 신부의 모습

해 사회화하고, 그러한 문화적 규칙이 초경이라는 생물학적 표식보다 더 중요한 변수이다. 문화적 지침은 젠더, 계층, 인종, 종족에 따라 달라진다. 많은 문화에서 성생활은 오직 결혼과 함께 시작되어야 한다. 이러한 원칙은 남성보다 여성에게 더 엄격하게 적용된다. 모로코 북부의 무슬림 도시인 자위야(지도 4.2 참조)에서 신부의 처녀성은 높은 가치를 가지는 반면, 신랑의 동정은 무시된다(Davis and Davis, 1987). 대부분의 신부가 이러한 이상적인 규범을 준수한다. 하지만 일부 미혼의 젊은 여성들은 혼전 성관계를 경험하기도 한다. 만약 그들이 전통적인 혼례 절차를 따라 혼인하기로 했다면 첫날

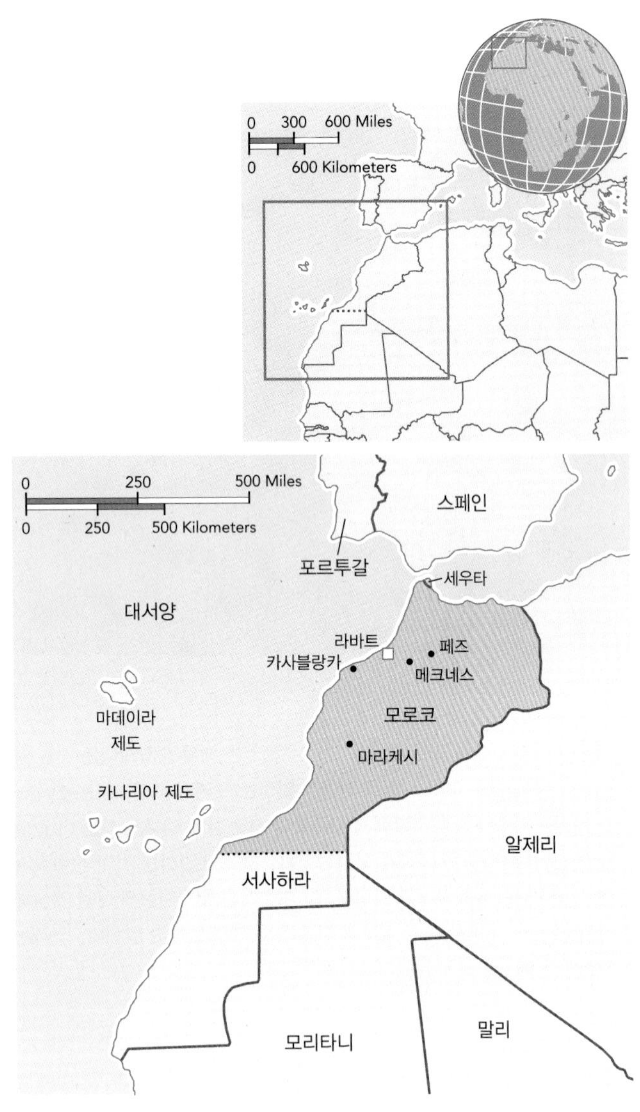

지도 4.2 모로코

모로코왕국은 아랍 세계에서 가장 서쪽에 위치해 있는 국가이다. 1975년 이래로 모로코가 관리해 오고 있는 서사하라와 국경분쟁이 계속되고 있다. 모로코 인구는 약 3,300만 명이다. 지형은 해안의 저지대부터 내륙의 바위산까지 아우른다. 모로코 경제는 인산염 채굴, 해외로부터의 송금, 관광에 기반을 두고 있다. 모로코는 세계에서 가장 큰 대마초 생산 및 수출국가 중 하나이며 1인당 설탕 소비가 가장 높은 국가이다. 대부분의 모로코인들은 수니파 이슬람교도이다. 공용어는 고대 아랍어지만, 모로코식 아랍어가 널리 쓰인다. 인구의 40% 이상이 다양한 종류의 베르베르어를 사용한다.

밤이 지난 후 잠자리에 사용한 시트에 피가 묻어 있어야 한다는 요구를 충족시켜야 한다. 만약 부부가 이미 혼전 성관계를 가진 상태라면, 신랑이 손가락을 칼로 그어 침대시트에 피를 묻혀서 속임수를 도와줄 수도 있다. 또 다른 옵션은 약국에서 파는 가짜 피를 이용하는 것이다.

성관계 빈도와 출산율 통문화적으로 볼 때 성관계 빈도는 문화마다 크게 차이가 난다. 하지만 성관계 빈도와 출산율 사이의 관계는 단순하지 않다. 일반적인 가정은 높은 출산율을 보여주는 문화의 사람들이 보다 빈번하게 성관계를 가질 것이라는 점이다. 콘돔, 경구피임약, 자궁 내 피임기구(IUD)와 같은 현대적 피임수단이 없다면 높은 빈도의 성관계는 논리적으로 높은 출산율을 초래할 것처럼 보인다.

하지만 미국의 유럽계 미국인들과 인도의 힌두교도들이 보여주는 성관계 빈도에 관한 고전적 연구는 이러한 가정에 의문을 던지게 한다(Nag, 1972). 인도인들(주 2회 미만)은 전 연령집단에서 유럽계 미국인들(주 2~3회)보다 훨씬 더 낮은 성관계 빈도를 보여준다. 인도 문화의 여러 특징들이 성교의 빈도를 제한한다. 첫째, 힌두교는 성적 금욕의 가치를 강조하고 이는 다시 성관계 제한을 이데올로기적으로 뒷받침한다. 힌두교는 또한 종교적으로 신성한 날에는 성관계를 피해야 한다고 가르친다. 이 날에는 달이 차기 시작하는 첫날과 달이 기울기 시작하는 첫날, 한 달의 전반(밝은 반)과 후반(어두운 반)의 여덟 번째 날, 그리고 때로 금요일도 포함된다. 이를 합산하면 매년 100일 정도가 금욕해야 하는 날이다. 또 다른 요인은 인류학자들이 정액상실 콤플렉스라고 부르는 것에 관한 남성들의 믿음인데, 이 콤플렉스는 남성의 건강과 힘을 정액의 보전과 연결시킨다. 한 인류학자는 북인도 지방에서 현지조사를 수행하는 동안 이러한 콤플렉스에 관해 알게 되었다.

> 누구나 정액이 쉽게 만들어지지 않는다는 것을 알고 있다. 정액 한 방울이 만들어지는 데는 무려 40일이 걸리고 40방울의 피가 필요하다. … 양질의 정액은 정제되지 않은 우유의 크림과 같이 기름지고 끈적거린다. … 모든 성적 오르가슴은 힘들게 형성된 소중한 정액의 상실을 의미하기 때문에 성적 금욕이 진정한 건강의 가장 우선적인 요구사항이다(Carstairs, 1967:83-86, Nag, 1972:235에서 재인용).

하지만 종교에 기반을 둔 성관계에 대한 제한이 존재하지 않는 세계의 다른 여러 지역들보다 인도에서 출산율이 높게 나타난다는 사실은 여전히 의문으로 남아 있다. 단순한 성관계 빈도가 높은 출산율을 설명할 수 없는 것이 분명하다. 임신을 하기 위해서는 매달 적시에 단 한 번의 성관계만으로 충분하기 때문이다. 이 논의의 요점은 높은 출산율이 사람들이 섹스 외에 마땅히 할 게 없다는 것을 의미한다고 가정하는 역추론이 틀렸다는 것을 보여주는 것이다. 인도에서는 성의 문화

이라크 바그다드시의 한 가족계획 전문병원. 전 세계 여러 지역에서, 서구식 가족계획을 권유하는 것은 현지 주민의 믿음 및 가치와 충돌할 수 있기 때문에 논란의 여지가 있다.

여러분의 문화적 경험상, 가족계획에 대한 지배적인 태도는 무엇인가?

적 역동성이 성적 활동을 규제하는 기능을 하고, 따라서 낮은 출산율이 유지된다.

출산 관련 의사결정

가족적 맥락에서 출산 관련 의사결정자는 아이를 가질 이유와 시기에 영향을 미치는 요인들에 방점을 둔다. 국가적 수준에서는 정부가 때로는 출산을 장려하고 때로는 '출산을 억제'하는 프로그램을 통해 전체 인구를 조절한다. 전 지구적 수준에서는 강력한 정치경제적 이해관계가 국가들의 재생산 정책에 영향을 미치고 이는 다시 가족과 개인에게 영향을 미친다.

가족 수준 가족 내에서 부모와 여타 가족 구성원들은 의식적·무의식적으로 아이의 가치와 비용에 대해 고려한다(Nag, 1983). 통문화적인 연구에 따르면 아이를 원하는 데 영향을 미치는 가장 중요한 요인은 다음 네 가지다.

- 자녀의 노동 가치
- 부모의 노후부양 대책으로서 자녀의 가치
- 유아 및 아동 사망률
- 아이 양육에 필요한 경제적 비용

이 중 처음 세 가지 요인은 출산율에 긍정적인 효과를 미친다. 즉 노동이나 노후부양 면에서 아이의 가치가 높을 때 출산율이 더 높아지고, 유아 및 아동 사망률이 높을 때 사망한 자녀를 '대체'하기 위해 출산율이 높아지는 경향이 있다. 음식, 교육, 의복 같은 직접비용과 산모의 고용기회 포기 같은 간접비용을 포함하는 자녀 양육에 따른 비용의 경우 출산율과 반비례관계를 보여준다. 높은 자녀 양육비용은 아이를 갖고자 하는 욕망을 감소시킨다. 산업/디지털 사회의 맥락에서는 자녀 양육비용이 높은 반면 아이들의 노동 가치는 극적으로 감소한다. 또한 의무교육으로 인해 아이들이 노동에서 배제되고 학비, 교복, 학용품에 직접적인 비용이 든다. 국가가 노후 보장과 연금계획을 제공하는 경우에도 아이를 가질 필요가 감소한다.

남편과 아내가 자신들이 희망하는 자녀 수에 대해서 언제나 동일한 선호도를 보이는 것은 아니다. 멕시코 오아하카주의 고지대에 있는 어느 마을(지도 4.3 참조)에서는 남성이 여성보다 더 많은 자녀를 갖고 싶어 한다(Browner, 1986). 한 자녀만을 둔 여성들 중에서 약 80%의 여성들이 한 자녀 가족규모에 만족했다. 현재의 가족규모에 만족하는 대부분의 남성들(60%)은 넷 또는 그보다 많은 수의 자녀를 두고 있었다. 한 여성은 다음과 같이 말했다. "내 남편은 밤새도록 고요하게 잘도 잠을 잔다. 그렇지만 나는 아이들이 무언가를 필요로 할 때마다 잠에서 깨어나야 한다. 더군다나 종종 아기가 내 몸 위에서 소변을 보기도 하는데, 그럴 때면 추위 속에서 일어나 아기와 내 옷을 모두 바꿔 입어야 하는 경우가 발생하기도 한다"(1986:714).

성별 노동분업과 여타 사회적 특징에 따라 가족은 아들 혹은 딸을 선호할 수도 있고 아들과 딸의 수가 균형을 이루는 것을 선호할 수 있다. 남아선호는 전 세계에 널리 퍼져 있는데 특히 남아시아(인도와 파키스탄 포함)와 동아시아(중국, 한국)에 많이 나타난다. 하지만 이것이 보편적인 현상은 아니다. 예를 들어 동남아시아의 많은 지역에서는 아들과 딸의 수가 균형을 이루는 것을 이상적으로 생각한다. 여아선호는 사하라 남부의 아프리카 일부 지역과 카리브해 지역의 일부 주민들 사이에서도 볼 수 있다.

국가적 수준 한 국가의 정부는 영토 내 인구성장률에 영향을 미치는 정책을 만들어낸다. 이러한 정책들은 출산을 억제하는 태도나 정책인지, 아니면 출산을 장려하는 태도나 정책인지에 따라 다양하며, 그러한 태도나 정책이 추진하는 출산 관리방식에 따라서도 매우 다양하게 나타난다. 이러한 정부 정

지도 4.3 멕시코

멕시코는 스페인어를 사용하는 인구가 세계에서 가장 많은 국가이다. 멕시코는 독립을 쟁취하기 전까지 약 300여 년 동안 스페인의 식민 지배를 받았다. 인구는 약 1억 2,500만 명이고, 수도인 멕시코시티에 거주하는 인구는 대략 2,100만 명이다. 멕시코는 산업, 농업, 무역의 혼합경제를 갖추고 있으며, 세계 10위의 석유생산국이다. 종족적 측면에서, 멕시코의 인구는 메스티소(60%), 인디언(30%), 백인(9%)으로 구성되어 있다. 인디언이 전체 인구에서 가장 높은 비중을 차지하고 있는 지역은 대부분 남부지역에 위치한 주들이다. 멕시코는 OECD 국가 중 칠레 다음으로 극빈곤층과 극부유층 사이의 경제적 불평등이 심한 나라이다.

책에 영향을 미치는 요인들로는 예상된 일자리와 고용 수준, 공공서비스, 과세표준 유지 등과 같은 경제적 요인뿐만 아니라 병력 충원, 종족 및 지역적 비율의 유지, 인구노령화 해결방법 등과 같은 여타의 여러 요인을 들 수 있다.

전 지구적 수준 출산 관련 의사결정에 지대한 영향을 미치는 층위는 국제적 수준에서 발생하며 그곳에서는 제약회사, 종교 지도자와 같은 글로벌 권력구조가 국가와 개인 수준의 의사결정에 영향을 미친다. 1950년대에 서구 국가들 사이에서는 소위 개발도상국에서 다양한 유형의 산아제한 프로그램을 장려하는 열풍이 불었다. 1990년대에 미국은 가족계획에 대해 더욱 제한적인 정책을 채택했고, 낙태 같은 옵션에 대한 지지를 철회했으며, 인구계획의 근간으로 금욕을 장려하기 시작했다.

출산 조절

선사시대 이후, 모든 문화에서 사람들은 출산율을 높이고 낮추며 출산 간격을 조절하는 등 출산에 영향을 미치는 다양한 방법을 개발해 왔다. 몇몇 방식은 낙태를 유도하는 약초 및 약물의 사용과 같은 직접적인 것이고 나머지는 수정의 가능성을 감소시키는 장기간의 모유 수유와 같은 간접적인 방식이다.

토착적 조절방법 통문화적으로 수백 가지의 토착적 출산 조절방법이 존재한다(Newman 1972, 1985).

1980년대에 아프가니스탄에서 수행된 연구에 따르면 단 하나의 지역에서만도 무려 500여 가지의 출산 조절기술이 존재했다(Hunte, 1985). 대부분의 산업화되지 않은 문화에서와 마찬가지로 아프가니스탄에서도 이러한 정보를 소유하고 있는 쪽은 바로 여성들이다. 조산사나 약초 전문가 같은 전문가들은 그 이상의 전문성을 제공한다. 연구 결과에 따르면 아프가니스탄 전체의 출산 조절방법들 가운데 72%는 출산율 증가를 위해, 22%는 피임을 하기 위해, 6%는 낙태를 위한 목적에 이용하는 것으로 나타났다. 대부분의 출산 조절방법은 식물성 및 동물성 물질과 관련이 있다. 허브와 같은 약초는 차로 만들어져 입으로 마신다. 그러한 물질 중 일부는 알약으로 만들거나 찐 뒤에 증기로 들이마시며, 일부는 질 안으로 삽입하거나 여성의 복부 위에 놓고 문지르기도 한다.

인공유산 400개 사회에 대한 검토 결과 이들 사회 대부분에서 사실상 인공유산이 행해지고 있다는 것이 발견되었다

(Devereaux, 1976). 통문화적으로 볼 때 인공유산에 대한 태도는 완전한 수용에서부터 조건부 찬성(명시된 조건하에서만 낙태 승인), 용인(찬성도 반대도 아닌), 반대 그리고 위반자에 대한 처벌에 이르기까지 다양하다. 인공유산의 방법으로는 복부 가격, 단식, 약물복용, 높은 곳에서 뛰어내리기, 펄쩍펄쩍 뛰기, 무거운 물건 들어올리기, 힘든 일 하기 등이 있다. 몇몇 방법들은 분명히 임산부들에게 위험한 행위가 될 수 있다. 아프가니스탄의 조산사들은 임산부의 질에서 출혈을 일으켜 태아를 낙태시키려는 목적을 가지고 황산구리로 처리한 나무 스푼 또는 막대와 같은 물건을 임산부의 질 안으로 삽입한다(Hunte, 1985).

여성이 인공유산을 하려는 이유는 대개 경제 및 사회적 요인들과 관련되어 있다. 이를테면 목축민 여성들은 자주 무거운 짐을 운반하고 종종 먼 거리를 이동하는데, 이러한 생활방식은 여성들이 한꺼번에 많은 유아를 돌보는 것을 어렵게 한다. 가난이 잦은 인공유산의 또 하나의 주요 동기가 되기도 한다. 한정된 자원이라는 맥락에서 여성이 임신을 하게 될 경우에는 어차피 잘 먹이지 못할 아이를 기르기보다는 유산을 더 선호할 것이다. 특히 서구 사회에서 임신에 대해 문화적으로 정의된 '정당성'과 사생아를 낳는 것에 대한 사회적 불이익은 오랫동안 유산에 대한 동기를 부여해 왔다.

몇몇 정부는 낙태에 대한 접근을 통제함으로써 낙태를 장려하거나 금한다. 1980년대 후반 이후 중국은 인구성장을 철저히 제한하는 캠페인을 계속해 오고 있다(Greenhalgh, 2008). 1978년에 공표된 '1가구 1자녀 정책'은 대부분의 가정에서 오직 1명의 아이만을 두도록 제한했다. 이 정책은 임신에 대한 엄격한 감독과 통제, 두 번 이상 임신한 여성에게로 향하는 강력한 집단적 반감, 강제적인 낙태와 불임수술 등을 수반했다. 2014년 중국 정부는 정책을 완화하여 부나 모가 외동일 경우 둘째 아이를 낳을 수 있는 자격을 신청할 수 있게 했다(Levin, 2014). 대개 종교와 낙태는 서로 관련되어 있지만, 특정한 종교가 낙태에 대해 가르치는 것과 사람들이 실제로 행하는 것 사이의 관계는 결코 단순하지 않다. 가톨릭은 낙태를 금지하지만 세계적으로 많은 가톨릭교도 여성들은 낙태를 시도하려고 한다. 대개 가톨릭 국가들은 인위적인 낙태를 불법으로 규정한다. 브라질의 경우 가톨릭 교리와 낙태에 대한 법적인 금지에도 불구하고 많은 여성들, 특히 가난한 여성들은 낙태에 의존한다. 브라질 북동부 헤시피시의 한 판자촌에서는 여성

일본인들은 '돌려보내진' 태아를 기억하는 의미의 작은 조각상인 미즈코를 정기적으로 방문한다.

여러분이 속한 문화에서는 태아와 태아의 지위를 어떻게 정의하는가? 태아가 권리를 가지고 있는가? 혹은 권리가 있어야 하는가?

의 약 1/3이 최소한 한 번의 낙태경험을 가지고 있다고 말했다(Gregg, 2003). 불법적인 낙태는 합법적인 낙태에 비해 여성의 건강에 해로운 영향을 줄 가능성이 더 높다. 브라질에서 가장 가난한 곳인 북동부 일부 지역에서 수행된 몇몇 현장연구에 따르면, 불법적인 낙태로 인한 합병증의 원인으로 약 1/4에 달하는 높은 비율의 임산부 사망이 발생한다(McCallum, 2005).

이슬람교 교리 역시 낙태를 금지하고 있음에도 불구하고 파키스탄 및 인도의 이슬람교도들 사이에서는 여아 낙태가 은밀하게 이루어지고 있다. 힌두교 또한 어머니가 움직임을 감지할 수 있는 태아를 포함하여 모든 생명체에 대한 불살생 및 비폭력을 가르치고 있으나, 많은 힌두교도들이 매년 낙태를 시도하고 있다. 이와는 대조적으로 불교는 낙태에 반대하는 명시적인 규정을 두지 않는다. 일본 불교에서는 모든 생명이 유동적이며 낙태된 태아는 정형화되지 않은 삶인 물의 세계로 되돌아가며 훗날 '다시 돌아올 수 있다'고 가르친다(LaFleur, 1992). 이러한 믿음은 일본에서 산아제한의 한 유형인 인공유산이 빈번하게 일어나고 있는 것과 관련이 있다.

신생식기술 1980년대 초반 이후 생식기술이라는 새로운 형태가 개발되어 왔고 전 세계의 많은 지역들에서 이용 가능하게 되었다.

자궁 밖에서 난자를 수정시키는 체외수정(IVF)은 서구의 많은 부부들, 특히 불가해할 정도로 불임률이 높은 중상류층 부부들 사이에서 수요가 높으며, 전 세계적으로 많은 도시

들에서 보다 쉽게 이용 가능해지고 있다(Inhorn, 2003). IVF가 국제적으로 확대되어 감에 따라 사람들은 자신들의 문화적 틀 내에서 이것을 해석하고 있다. 중동지역의 두 도시인 이집트 카이로와 레바논 베이루트에서 수행된 남성 불임에 관한 연구는 남성적 성 정체성이 남성의 생식력과 어떻게 밀접히 연관되어 있는지를 드러내준다(Inhorn, 2004). 만약 결혼한 부부가 아이를 가지고 싶은데 남편이 불임이면 체외수정은 확실한 해결방법이 될 수 없다. 이들 도시에서 불임 남성은 심각한 사회적 오명을 쓰고 자기무능감에 빠지게 된다. 게다가 이슬람교에 따르면 제3자의 정액기증이 허용되지 않는다. 이 부부들은 이슬람교도의 삶과 아이에 대한 욕망 사이에서 균형을 찾고자 한다.

영아 살해

통문화적으로 볼 때 **영아 살해**(infanticide) 또는 의도적 자녀 살해는 빈번하고 흔하게 실행되는 관행은 아니지만 전 세계적으로 널리 행해지고 있다. 영아 살해에는 두 가지 주요 유형, 즉 직접적인 영아 살해와 간접적인 영아 살해가 있다(Harris, 1977). 직접적인 영아 살해는 폭행, 질식, 독살, 익사와 같은 행위로부터 일어난다. 보다 교묘한 절차인 간접적인 영아 살해는 음식의 박탈과 아픈 아이의 방치 그리고 한겨울에 따뜻한 옷을 입히지 않음으로써 아이를 죽음에 이르게 하는 것과 같이 장기적인 행동을 수반할 수 있다.

지금까지 통문화적으로 보고된 직접적인 영아 살해의 가장 빈번한 동기는 영아가 '기형'이거나 아주 허약하게 태어나는 것과 연관되어 있다(Scrimshaw, 1984). 영아 살해의 또 다른 동기로는 아이의 성별 문제, 간통으로 인한 출산, 미혼모라는 입장, 쌍둥이, 이미 지나치게 많은 아이가 있는 경우 등이 포함된다. 당대 캐나다에서 일어난 148건의 영아 살해에 관한 연구에 따르면, 자녀 살해로 유죄를 선고받은 엄마들은 상대적으로 젊었으며 재정적 여유 및 그들을 도와줄 가족적 지원이 부족했다(Daly and Wilson, 1984).

브라질 북동부의 빈민들에 대한 낸시 셰퍼-휴스(Nancy Scheper-Hughes)의 연구는 20세기 말에 진행된 간접적인 영아 살해가 혹독한 상황 및 가난과 연결되어 있다는 것을 보여주었다(Scheper-Hughes, 1992). 1960년대부터 1990년대까지

영아 살해 영 · 유아의 살해

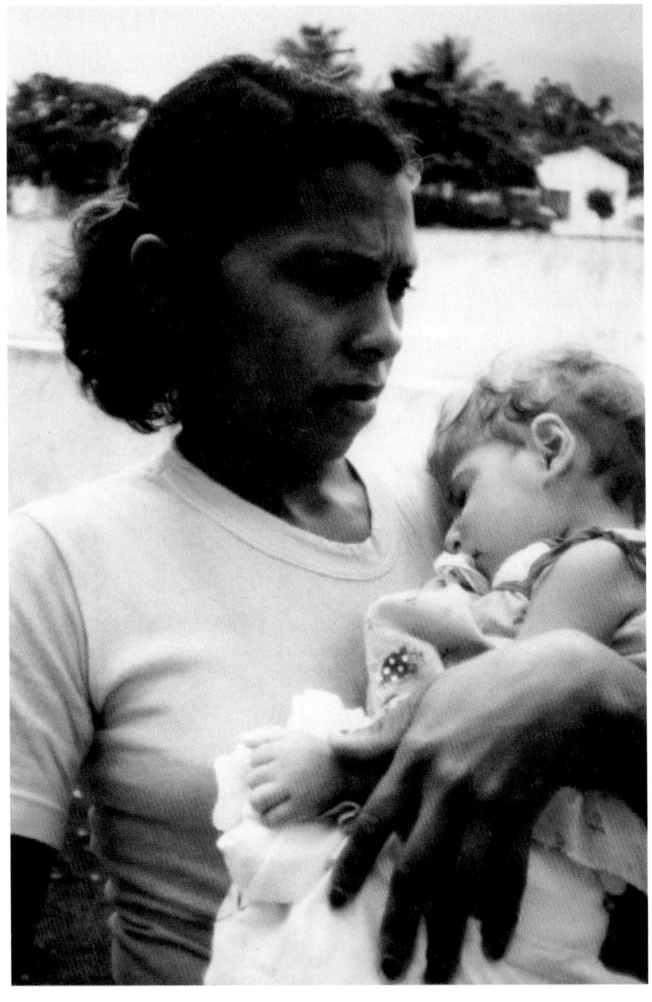

브라질 동북부 지방의 한 판자촌 지역인 봉 제수스에 살고 있는 어머니와 영양실조아. 셰퍼-휴스가 처음 봉 제수스에 살게 된 것은 1960년대 평화봉사단 자원봉사자였을 때다. 그리고 1980년대에 현지조사를 하러 다시 돌아갔다. 당시 극빈곤이란 산모가 자녀들에게 질 좋은 식량을 제공할 수 없거나 빈번한 아이들의 사망에 정신적 고통을 당하고 있다는 것을 의미한다. 오늘날 브라질 동북부 지방의 어린이들은 살아남을 가능성이 높지만 특히 청소년들이 마약과 폭력 때문에 높은 사망률을 보여준다.

심리학 수업에서 자기구속이론(bonding theory)에 대해서 배운 적이 있는가? 무엇을 배웠는가?

브라질은 셰퍼-휴스가 말한 '사망의 현대화'를 경험한다. 브라질에서 사망의 현대화는 부유층과 빈민층 사이에 존재하는 권리상의 큰 격차를 반영하는 계급차별에 기반을 두고 있다. 브라질의 경제성장은 많은 이들의 생활 수준을 높였고, 영아사망률(매년 신생아 1,000명당 1세 미만의 영아사망률)은 최근 수십 년간 급격하게 감소했다. 그러나 이러한 감소가 균형적으로 분포되어 있지는 않다. 높은 영아사망률은 가장 가난한 계층집단에 집중되어 있다. 20세기 말 셰퍼-휴스가 현지조사를 할 때 가난은 엄마들로 하여금 선별적으로 (그리고 무의식적으로) 병약하거나 허약해 보이는 아이들을 키우느라

발버둥 치느니 그들을 '아기천사'로 천국으로 보내주는 길을 선택하게 만든다. 가톨릭의 한 형태인 사람들의 종교적 신앙은 엄마에게 죽은 자녀들이 천국에서 안전할 것이라는 믿음을 줌으로써 간접적인 영아 살해에 대한 심리적 지지를 제공한다. 21세기 초에 추가 연구를 한 셰퍼-휴스는 자신의 현지조사 지역에서 살고 있는 젊은 여성들이 이제는 3명의 아이를 출산한다고 보고한다. 이 변화의 주요한 원인은 정부의 보건의료 서비스다. 불행하게도 영아 생존율은 높아졌지만 이들이 청소년이 되면 마약과 관련된 갱 폭력이라는 새로운 도전에 직면하게 된다.

인성과 생애주기

4.3 생애주기에 걸쳐 문화가 인성 형성에 어떤 영향을 미치는지 알아보기

인성(personality)은 한 개인이 지닌 유형화되고 특징적인 행위 · 사고 · 느낌의 방식이다. 문화인류학자들은 인성이 문화화(또는 사회화), 즉 공식적 · 비공식적 과정을 통한 문화의 학습에 의해서 형성된다고 생각한다. 그들은 다양한 문화들이 어떻게 그 구성원들로 하여금 다양한 인성과 정체성을 갖도록 문화화하는지에 대해 연구한다. 또한 문화인류학자는 문화적 맥락에 따라 인성이 어떻게 달라지는지에 관해 그리고 어째서 그러한 차이가 존재하는지에 대해 질문을 던진다. 또 다른 이들은 문화적 맥락의 변화가 생애주기에 따라 어떠한 방식으로 인성과 정체성 그리고 웰빙에 영향을 미치는지 연구한다.

출생, 유아기, 아동기

이 절에서는 먼저 출산 자체의 문화적 맥락을 고려해보고, 육아와 관련된 문화적 차이와 그러한 차이들이 어떠한 방식으로 개인의 인성과 정체성을 형성하는지에 대해 논의할 것이다. 마지막으로 유아기의 젠더 정체성 형성에 관한 주제를 다룰 것이다.

출산의 문화적 맥락 출산의 문화적 맥락은 유아의 심리적 발달에 영향을 미친다. 출산에 관한 통문화적 연구의 선구자인 브리짓 조르단(Briggitte Jordan)은 멕시코, 스웨덴, 네덜란드, 미국에서의 출산 관행에 대해 비교연구를 수행했다(1983). 그녀는 출산 장소, 조산사의 유형과 역할, 출산기념 행사, 산후조리 기간 등을 포함하는 출산의 배경에 관해 연구했다. 멕시코의 마야 여성들은 분만의 초기 단계에 산파를 부른다. 산파가 하는 일 가운데 하나는 임산부에게 마사지를 해주는 것이다. 또한 산파는 종종 다른 여성들의 출산 경험에 관한 이야기를 통해 임산부에게 심리적 지지를 보낸다. 남편은 '분만이 여성에게 얼마나 고통스러운 일'인지 볼 수 있도록 분만 동안 아내 옆을 지켜야 한다. 임산부의 어머니도 시어머니, 대모, 여자형제, 친구 등 여성의 친족 구성원들과 함께 임산부 옆에서 분만 과정을 지켜봐야 한다. 이러한 까닭에 마야 여성들은 분만 과정에서 힘을 주는 많은 사람들에 의해 둘러싸이게 된다.

미국에서는 병원 분만이 일반적이다. 갓 태어난 아기는 일반적으로 가족구성원이 돌보기보다는 천으로 둘러싼 뒤 밝은 전등 아래에 플라스틱 상자가 놓인 신생아실로 데려간다. 몇몇은 상당히 규제된 병원기반 출산체계가 극단적으로 기술관료적이고 지나치게 통제적이어서 출산 과정과 유아로부터 엄마(다른 가족과 보다 넓은 공동체 구성원을 포함하여)를 소외시킨다고 비판한다(Davis-Floyd, 1992). 이와 같은 비판은 미국에서 출산방법을 어떻게 향상시킬 것인지에 관한 논의를 촉진했다.

유대 현대 서구의 여러 심리학 이론가들에 따르면, 출산 시 부모-아이의 접촉과 유대가 아이에 대한 부모의 애착을 증진시키는 데 핵심적이다. 서구 전문가들은 만약 아기의 출산 당시에 유대가 잘 형성되지 못하면 차후에 다시는 형성될 수 없다고 본다. 청소년 범죄 및 부적합한 아동발달 문제들에 대한 설명은 종종 출산 시 아기와의 적절한 유대가 부족한 데서 그 원인을 찾는다.

셰퍼-휴스(1992)는 1960년대부터 1990년대까지 브라질 북동지역에서 진행한 그녀의 연구에 기반하여 이러한 서구적 유대 이론에 대해 의문을 제기한다. 그녀는 아기에 대한 부모의 애착이 형성되는 데는 유대가 반드시 출산 당시에 이루어질 필요는 없다고 주장한다. 브라질에서 그녀가 관찰한 바에 따르면 많은 저소득층 엄마들이 출산 당시에는 아기와 유대를 보여주지 않는다. 유대관계는 아기가 유아기를 넘기고 난 몇 년 후에야 나타난다. 셰퍼-휴스는 이와 같은 유대 형태가

인성 한 개인에 특유한 행위하고 생각하고 느끼는 방식

당시 브라질 북동부의 가난한 사람들 사이에서 높은 영아사망률이 나타나는 것과 관련되어 있다고 설명한다. 이러한 상황에서 만약 여성이 신생아와 강한 유대를 형성한다면, 아기가 유아기를 넘기지 못하고 죽을 때에는 말로 다할 수 없는 슬픔으로 괴로워하게 될 것이라고 그녀는 말한다. 서구식 유대관계는 아이의 생존 가능성이 높기 때문에 산모의 강한 애착이 합리적인 낮은 사망률과 낮은 출산율의 사회에서나 적용가능한 이론이라 할 수 있다.

서구의학의 출산 모델은 비서구적 관행과 뚜렷한 대조를 보이며, 때로 이러한 차이가 직접적인 갈등으로 이어지기도 한다. 이러한 상황에서 인류학적 전문지식은 서양의학을 배운 전문가들이 서양의학 실천과 다른 신앙과 실천에 대해 인지하고 존중하는 것 또는 오늘날 의료 전문가들이 말하는 **문화적 역량**(cultural competence)을 제공함으로써 갈등을 중재할 수 있다(Gálvez, 2011).

유아기의 젠더 인류학자는 섹스(sex)와 젠더(gender)를 구분한다(제1장 참조). 섹스는 모든 이들이 태어나면서부터 갖는 것이다. 서구의 과학적 관점에서 섹스는 생식기, 호르몬, 염색체라는 세 가지 생물학적 표식이 있다. 남성은 음경, 안드로겐, XY 염색체를, 여성은 질, 에스트로겐, XX 염색체를 갖는다. 점점 많은 과학자들이 이러한 두 가지 분류체계가 완벽하지 않다는 사실을 발견해내고 있다. 전체 인구 가운데 약 10%에 달하는 사람들이 불명확한 생식기, 안드로겐 및 에스트로겐의 비슷한 비율, 단순한 XX 염색체 및 XY 염색체보다 더 복잡한 분포의 염색체 등을 가지고 태어난다.

대조적으로 젠더는 사회문화적으로 구성되며 문화에 따라 매우 가변적이다(Miller, 1993). 대다수 문화인류학자들의 관점에서 보면 인간의 '가소성(可塑性)'(또는 인성의 유연성)이야말로 인성과 행위에서 상당한 차이를 가능하게 하는 것이다. 그러나 보다 생물학적인 입장을 취하는 인류학자들은 성과 관련된 많은 인성 특질이 선천적인 것이라고 지속적으로 주장한다.

선천적인(타고난) 젠더 특질의 존재를 증명하는 것은 두 가지 요소에 의해 어려움에 봉착한다. 첫째, 유아가 문화의 한 구성원이 되기 이전에 그들에 관한 자료를 수집하는 것 자체가 불가능하다. 문화는 심지어 여성의 자궁 안에서부터 소리와 운동을 통해 유아에게 영향을 주기 시작한다. 그러나 현재 시점에서는 태아기 단계의 문화적 영향에 관한 과학적 자료가 매우 빈약하다. 일단 출산이 이루어지고 나면 문화는 사람들이 유아를 다루는 방법, 소통하는 방법 등을 포함하여 다양한 방식으로 유아에게 영향을 준다. 따라서 '자연적' 유아라는 대상 자체가 존재하지 않는 것이다.

둘째, 관찰자의 편견을 개입시키지 않은 채 무엇이 '자연적'이고 무엇이 '문화적'인지를 확인하기 위해 유아의 행위를 연구하고 해석하는 것이 불가능하지는 않더라도 매우 어려움에 틀림없다. 유아에 대한 연구는 인성에 대한 구미인의 세 가지 주요 고정관념의 잠재적 내재성을 평가하는 데 초점이 맞춰져 있다(Frieze et al., 1978:73–78).

- 남아가 여아보다 더 공격적이다.
- 여아가 남아보다 더 사회적이다.
- 남아가 여아보다 더 독립적이다.

이에 대한 증거는 무엇인가? 미국에서 수행된 연구 결과에 따르면 남아가 여아보다 더 많이 우는데, 사람들은 이러한 특징을 남성에게 내재된 높은 수준의 공격성이 나타나는 증거라고 받아들인다. 또 다른 해석은 출산 시 대개 남아가 여아보다 무게가 더 많이 나가는 경향이 있다는 것인데, 그러한 까닭에 남아가 보다 어려운 출산 과정을 거치며 이로부터 회복되는 데 어느 정도의 시간이 걸린다는 것이다. 이와 같은 이유로 남자 아기가 더 많이 우는 것이지 공격성 때문에 그런 게 아니라는 것이다. 사교성 측면에서 보면, 여아가 남아보다 더 잘 웃는데, 몇몇 연구자들은 이러한 차이가 내재된 인성의 특질을 보여주는 것이라고 주장한다. 그러나 문화적 요인이 그러한 차이에 대한 설명이 될 수도 있는데, 미국에서 아기를 돌보는 사람들이 남자 아기 앞에서보다 여자 아기 앞에서 더 잘 웃기 때문이다. 따라서 소녀들이 더 잘 웃는 이유는 문화적으로 학습된 행위가 될 수 있다. 독립성 및 의존성 측면에서 보자면, 남아와 여아는 돌봐주는 사람들에게서 분리될 때 상심하는 정도에서 명확한 차이를 보여주지 않는다. 전체적으로 볼 때 남아와 여아 간에 선천적인 차이를 밝히고자 하는 연구는 설득력이 없다.

구성주의적 관점을 취하는 문화인류학자들은 두 가지 추가

문화적 역량 서양에서 배운 의료 전문가들이 서양의학과 상이한 믿음과 관행을 인정하고 존중하는 것

적인 논점을 제시한다. 그들은 만약 젠더의 차이가 선천적이라면, 어째서 문화가 어린아이를 특정한 젠더로 문화화하기 위해 그렇게 공을 들이는지를 설명할 수 없다고 주장한다. 또한 젠더의 차이가 선천적인 것이라고 한다면, 역사 및 다양한 문화를 통틀어 볼 때 남녀의 인성이 모두 동일해야 하지만 결코 그렇지 않다는 것이다. 다음 절에서는 유년기가 시작되면서 어떻게 문화가 어린아이들의 젠더를 구성해가는지 다양한 사례들을 통해 살펴보자.

유년기의 사회화

제3장에서 논의되었던 **여섯 문화 연구**는 아이들의 행동이나 아이들이 맡는 임무가 어떻게 개인의 인성 형성에 영향을 미치는지를 비교론적으로 살펴보기 위해 고안되었다(Whiting and Whiting, 1975). 연구진은 여섯 지역(그림 4.4 참조)에서 병렬방식을 활용해 3~11세의 아이들을 관찰했다. 연구진은 아이들의 다음과 같은 행동을 기록했다. 이를테면 아이들이 다른 아이들을 배려하면서 도움을 주는지, 다른 아이들을 때리는지, 아이를 돌보거나 요리를 하거나 잔심부름을 하는지를 살펴보았다. 수집된 자료는 중요하게 2개의 인성 유형, 즉 양육책임형과 의존중심형으로 구분되어 설명되었다. 양육책임형 인성은 다른 아이들을 보살피고 서로 나누는 특징을 보인다. 의존중심형 인성은 베푸는 행위를 거의 하지 않고 다른 아이들에 대한 지배를 강조하는 행동을 더 많이 하는 경향을 보이며 더 나아가 어른들로부터 돌봄을 더 많이 필요로 한다.

원시농경집단
케냐의 구시인
멕시코 오아하카의 마야인
필리핀의 타롱인

집약농업 혹은 산업집단
일본 오키나와의 타이라 마을
북인도 마을의 라지푸트인
미국 뉴잉글랜드 오처드타운의 중간계급 유럽계 미국인

그림 4.4 여섯 문화 연구의 대상집단
출처 : Whiting and Whiting(1975).

여섯 문화 중에서 케냐 남서부의 구시인 아이들은 양육책임형이 가장 많은 것으로 드러났다. 그들은 맡은 임무의 범주가 가장 광범위하고 연구에 포함된 다른 어느 문화에서보다도 가장 어린 나이 때부터 이런 임무, 심지어 미국의 오처드타운에서는 어머니가 하는 일을 하는 것으로 나타났다. 물론 여섯 문화 모두에서 다른 아이들을 돌보는 아이들이 일부 있었지만, 구시인 아이들은 (남녀 모두) 대부분의 시간을 그런 일

(왼쪽) 야노마미인 소년이 놀이를 통해 사냥과 전쟁에 필요한 기술을 배우고 있다. (오른쪽) 미국인 소년이 비디오 게임을 하고 있다.
■ 여러분이 속한 문화에서 성인의 역할과 관련된 학습과 기술을 제공하는 아동 게임의 사례를 생각해보라.

을 하면서 보냈다. 이 아이들은 아주 어릴 적부터, 이를테면 5~8세에서부터 이런 책임감을 갖는 것으로 나타났다.

반대로 오처드타운의 아이들은 의존중심형이 가장 두드러졌다. 이런 차이는 생계양식과 상관관계가 있었다. 케냐, 멕시코, 필리핀의 연구지역은 모두 원시농경에 의존하고 있으며 양육책임형 아이들이 더 많았다. 일본, 인도, 미국의 생계는 집약농업형이거나 산업형 기반에 있었다. 어떻게 이렇게 서로 다른 생계양식이 아이들의 인성에 영향을 미치는 것인가? 이것을 설명할 수 있는 핵심 요소는 여성 노동의 역할이다. 원시농경사회에서 여성들은 노동력의 중요한 일원이며 상당히 많은 시간을 집 밖에서 노동하며 보낸다. 이곳에서 아이들은 가족을 지원하는 여러 임무를 맡으며 이로 인해 양육책임형 인성을 계발하게 된다. 두 번째 문화집단에서처럼 여성들이 주로 집에 있는 경우에는 아이들이 맡는 임무는 줄어들고 그에 따른 책임감도 낮아진다. 이를 통해 만들어지는 인성은 의존중심형에 더 가깝게 된다.

이 연구는 서구의 아동발달 전문가에게 많은 시사점을 던져준다. 한 예로 의존중심형 인성이 극단의 수준으로 이어지면 어떤 상태가 되는가? 나르시시스트형 인성이 되지는 않는가? 나르시시스트는 자기에게 집중된 관심과 자기긍정을 끊임없이 추구하는 사람으로서 다른 사람들의 요구에 대해서는 아무런 관심을 보이지 않는다. 소비주의는 나르시시즘의 계발을 부추긴다. 즉 자기규정적 재화(의류, 전자제품, 자동차 등)를 소유하고 자기규정적 서비스(휴가, 치료, 피트니스센터 등)에 대한 접근을 통해 자아정체성을 형성함으로써 나르시시즘을 발전시키게 된다. 여섯 문화 연구는 아이들을 집안일에 개입시킬수록 자기에게만 초점을 맞추는 인성으로부터 거리를 둘 수 있게 되고 이를 통해 점점 양육책임형 사람에 가까워지도록 할 수 있음을 알려준다.

청년기와 정체성

'유년기'로부터 '성인기'로 가는 과정에는 문화적인 사건뿐만 아니라 특정한 생물학적 사건도 거치게 된다. 그리고 이것이 성인기로 가는 과도기가 된다. 문화인류학자들은 이같은 변화가 적어도 생물학적인 것인 만큼 문화적인 것이기도 하다는 점을 보여주는 풍부한 데이터를 제시한다.

청년기는 보편적인 생애주기 단계인가 **사춘기**(puberty)는 인간의 생애주기에서 보편적으로 발생하는 시간이며 여러 생물적 특징과 맞물린다. 남성의 경우, 목소리가 깊어지고 얼굴과 몸에 털이 자라기 시작한다. 여성의 경우에는 초경이 시작되고 가슴이 커지기 시작한다. 남성과 여성 모두 음부와 겨드랑이에 털이 자라기 시작하고 성적으로 원숙해진다. 이와 다르게 **청년기**(adolescence)는 문화적으로 규정된 완숙함의 시간을 의미한다. 사춘기에서 성인기에 이르기까지의 기간에 해당하며 부모가 되거나 결혼을 하거나 혹은 경제적으로 자립이 가능해지는 것 등이 기준이 된다.

일부 학자는 모든 문화에서 청년기에 대한 규정을 마련하고 있다고 이야기한다. 186개의 사회에 대한 자료를 기반으로 한 비교연구를 통해 문화적으로 규정된 청년기라는 단계가 보편적으로 존재한다고 알려지게 되었다(Schlegel, 1995). 연구진은 다음의 근거를 통해 이 주장을 뒷받침하려고 한다. 즉 나바호인이나 트로브리안드 제도 사람들처럼 다양한 문화 속의 사람들이 '청년기', 즉 사춘기와 결혼 사이의 사람에 해당하는 특별한 용어를 갖고 있었다. 연구진은 다윈주의 모델인 생물학적 결정론에 따라 보편적으로 존재한다고 여겨지는 청년기를 진화론적 맥락에서의 적응이라고 해석했다. 청년기는 부모기를 위한 훈련의 기회를 제공하며 이를 통해 재생산에서 성공률을 높이고 부모의 유전인자의 생존력을 높인다는 논리인 셈이다.

다른 인류학자는 청년기를 문화적으로 구성된 매우 다양한 것으로 간주한다. 그래서 사실 생물학적인 맥락으로만 설명할 수 없다고 여기는 것이다. 이 연구진은 여러 문화에서 사람들이 청년기를 인식하지 않는다고 지적한다. 어떤 사람들에게는 청년기를 인정하기 시작한 것이 비교적 최근이라는 것이다. 한 예로, 모로코의 인류학자인 파티마 메르니시(Fatima Mernissi)는 모로코에서 여성의 생애주기 단계에 청년기가 인식되기 시작한 것은 20세기 후반부터라고 한다(1987).

> 결혼하지 않은 여성의 청년기라는 개념은 이슬람교 세계에서 전적으로 새로운 관념이다. 그전까지 여성은 아이로부터 초경을 거치면서 바로 결혼을 해서 보내야 하는 존재로

사춘기 인간의 생애에서 보편적으로 발생하는 시간이며 여러 생물적 특징과 성적 원숙함과 맞물린다.

청년기 문화적으로 규정되는 원숙함의 시기다. 사춘기에서부터 성인기에 이르는 시기로 일부 문화에서 나타나지만 모든 문화에서 나타나는 것은 아니다.

의식과 할례를 받기 전 마사이 청년들은 서로의 머리카락을 땋아준다. 의식의 후반에서는 의식 참가자의 어머니가 머리를 밀어준다.

> 간주되었다. 이렇게 해서 혼전 성관계에 개입될 불명예의 여지를 사전에 예방하려는 것이었던 셈이다(1987:xxiv).

문화구성주의 관점을 뒷받침하는 또 다른 증거가 있다. 서로 상이한 문화에서 청년기의 기간이나 그 세부내용은 남성과 여성에 따라 매우 다양하게 나타난다. 원시농경사회나 목축사회에서 남성들은 전사로서 가치를 인정받는다. 소년기와 성인기 사이의 오랜 기간은 전쟁을 위한 훈련에 할애되며, 비슷한 연령대의 남성들 사이에서 연대감을 형성하는 데도 오랜 시간이 걸린다. 한 예로 이런 유형은 마사이인들에게서 찾아볼 수 있다. 마사이인들은 목축에 종사하며 50만 명 이상의 사람들이 케냐와 탄자니아의 국경지대를 넘나드는 넓은 지대에 살고 있다(지도 4.4 참조). 남성들이 길게 경험하는 청년기는 부모기를 위한 훈련과는 관계가 없다. 이와 반대로 마사이 여성들은 소녀에서 바로 아내로 변화되면서 그 사이에 어떤 청년기도 거치지 않는다. 이 여성들은 어린 시절부터 어른의 역할을 학습한다.

일부 문화에서는, 특히 아프리카 사하라 사막 이남 지역과 남미 아마존 지역에서 소녀들은 긴 청년기를 경험하는 경우도 있다. 이 기간 동안 여성은 전체 집단과 분리되어 생활하면서 특별한 지식과 기술을 전수받는다(Brown, 1978). 이 기간 동안의 격리생활이 끝나면 충분히 성숙한 여성으로 다시 나타나서 결혼하고 아이를 낳는다.

젊은이들이 인생에서 청년기를 거치는 데 왜 젠더가 영향을 미치는지에 대해서는 문화적 설명이 가능하다. 문화유물론(제1장)은 다음과 같이 이런 변화들을 설명한다. 비교적 길

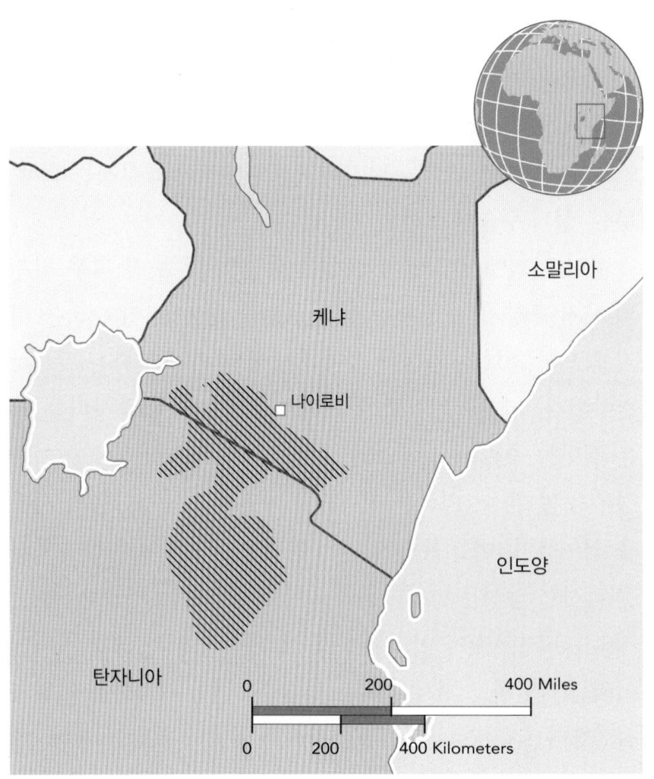

지도 4.4 케냐와 탄자니아의 마사이인 지역

대략 35만 명의 마사이인이 케냐에, 15만 명이 탄자니아에 거주하고 있다. 양국은 반건조지대에 속한다.

면서도 어떤 특징을 지니고 있는 청년기는 몇몇 문화적으로 인정받는 성인의 역할, 이를테면 노동자, 전사, 혹은 부모라는 역할을 위한 준비기간의 의미를 갖는다. 이 가설은 이렇게 입증될 수 있다. 비산업사회에서 여성을 위한 청년기가 연장되는 경우는 성인 여성이 음식물 생산자로서 중요한 의미를 지니는 문화에서 드러난다(Brown, 1978). 이 이론이 산업화 사회에도 적용될 수 있는지에 대해서는 아직 밝혀지지 않았다. 몇몇 학자들은 부유한 나라의 중산층 청소년들이 갖는 확장된 사춘기는 일자리를 찾기 힘든 포화상태가 된 노동시장으로의 진입을 늦추기 위한 것이라고 주장한다.

성인으로 성장한다는 것과 젠더 정체성 '성인으로 성장한다는 것'이라는 표현은 마거릿 미드의 책 『사모아의 청소년(Coming of Age in Samoa)』(1961[1928])을 통해 널리 알려지게 되었다. 이 표현은 일반적으로는 청년기, 특히 청년기의 경계를 구분하는 의식(들)을 의미한다. 아이가 그런 특별한 의식을 거치면서 경험하는 심리적 측면의 의미는 무엇인가? 어떤 의식은 상징적 죽음과 부활이라는 희생적 요소를 갖추

고 있다. 대부분의 경우에 성인이 되는 의식은 젠더로 분화되어 있으며 여성과 남성이 성인이라는 역할을 가지게 되는 것의 중요성을 강조한다. 이런 의식들은 어떤 방식으로든 성년이 되는 신체에 표식을 남기려고 한다. 이런 표식에는 희생, 문신, 성기 수술이 포함되기도 한다.

여러 사회에서 청년기 남성은 남근의 끝 주변 피부 일부의 제거(포경)를 수반하는 성기 수술을 받는데, 이 수술을 하지 않으면 소년은 완전히 성숙한 남성이 되지 못하는 것으로 간주된다. 마사이인처럼 아프리카에서 목축에 종사하는 많은 집단들 중에는 청년기의 남성이 이런 절제의식을 거치는 경우가 많다. 이 의식은 청년기를 마감하고 남성다움의 시작을 의미하며, 이를 통해 집단의 완전한 구성원이 된다. 한 젊은 마사이 남성은 남성다움의 시기로 진입하는 성인식, 즉 절제(切除)라는 '참기 어려운 고통'에 대한 경험과 그 2주 뒤에 머리를 삭발하고 전사가 되는 경험을 1인칭 시점으로 이렇게 설명했다. "앞으로 사는 동안 머리가 삭발되던 날의 경험, 내가 남성, 마사이의 전사가 된 그 과정을 결코 잊지 못할 것이다. 운명을 내가 통제할 수 있을 것 같은 느낌, 그런 엄청난 느낌은 어떤 단어로 표현해도 정확하게 설명할 수 없다"(Saitoti, 1986:71).

전 세계적으로 덜 보편화된 또 다른 의식은 **여성성기절제**(female genital cutting, FGC) 혹은 여성 할례이다. 이 용어는 음핵과 음순 일부 혹은 전체를 절제하는 일련의 관행들을 포괄한다. 어떤 맥락에서 여성성기절제는 음부봉쇄와 더불어 이루어지기도 했다. 음부봉쇄는 질의 입구를 생리혈이 흐를 수 있도록 아주 작은 틈만 남겨두고 꿰매는 관행이다. 이 절차는 대체로 소녀가 7~15세에 해당되면 치러졌다. 아프리카 서부로부터 동부에 걸쳐 뻗어 있는 사헬 지역의 여러 종족들(292쪽 지도 12.5 참조)은 여성성기절제의 일부 형태를 실천하고 있다. 이런 관행은 이집트, 중동의 일부 집단(특히 베두인족), 남아시아와 동남아시아의 이슬람교도 집단에서 행해지고 있다. 종교적 맥락에서 여성성기절제는 모두 그런 것은 아니지만 대체로 이슬람교도와 연결되어 있다. 에티오피아에서는 일부 기독교도 집단에서도 이런 관행이 실천되고 있다. 성기절제는 여성의 노동 참여가 많은 집단에서 나타나지만 그렇지 않은 곳에서도 실천된다.

여성성기절제 부분적으로 혹은 전체로 음핵과 음순을 제거하는 여러 관행

학자들은 여성성기절제가 어떻게 확산되었는지 설명하지 못하고 있다. 이런 관행을 연구하는 인류학자들이 당사자들에게 그들의 입장을 물어본 적이 있다. 많은 어린 소녀들은 이 의식을 통해 유년기의 임무로부터 해방되어 성인 여성에게 기대되는 더 존중받는 역할을 할 수 있기 때문에 이 의식의 진행을 기대한다고 말한다. 이와 다르게 이런 의식에 저항한다는 이야기를 들은 것에 대해서도 인류학자들은 보고하고 있다(Fratkin, 1998:60). 여성성기절제만큼 문화상대주의에 관한 질문을 분명하게 강요당하는 사례는 흔치 않을 것이다('인류학자처럼 생각하기' 참조).

종종 성인식은 죽음과 부활이라는 주제를 수반한다. 이를 통해 남성과 여성의 이전 정체성은 상실되고 다시 새로운 정체성을 부여받게 되는 것이다. 아비가일 애덤스(Abigail Adams)는 1990년대 초에 남성들의 군사학교인 버지니아사관학교에서의 성인식을 연구했다(2002). '쥐방울(rat)'로 불리는 신입생들은 '다이크(dyke, 역주 : 여성 동성애자 중 남성의 역할을 하는 경우에 대한 표현)'로 불리는 상급생 각각과 일대일로 배치된다. 신입생 기간은 쥐방울들이 모욕과 각종 추행을 당하는 시기이다. 다이크들은 쥐방울들을 어린이로 취급하면서 먹고 목욕하는 법을 가르치고, 어린이 다루듯 말을 걸고, 이들에게 고함을 질러댄다. 쥐방울들에게 성인식의 절정은 3월에 다가온다. 구역의 소방차가 캠퍼스 주변으로 물을 뿌려 사방을 진흙탕으로 만든다. 쥐방울들은 2학년과 상급생들이 이들을 향해 공격하고 소리를 질러대며 몰아대거나 이들의 등 위에 앉아 눈, 귀, 얼굴, 옷 등을 진흙탕 범벅으로 만드는 상황을 뚫고 진흙탕을 기어야 한다. 쥐방울들은 앞이 잘 보이지 않는 진흙탕 속에서 간신히 앞으로 나아가기 위해 안간힘을 쓰게 되고 그 와중에 상당수는 바지가 벗겨지기도 한다. 시련은 두 번의 언덕과 구덩이 진흙탕이 이어지는 동안 계속되며 그동안에 2학년과 선배들의 괴롭힘도 계속된다. 마침내 쥐방울들이 두 번째 언덕에 도달하면 다이크들은 달려가서 그들을 맞이해서 부드럽고 다정하게 진흙을 씻겨주고 담요를 둘러준다. 진흙이 모두 씻겨나가는 순간에 쥐방울들은 생도로 변모된다.

애덤스는 이 성인식을 탄생의 사건으로 해석한다. 양수로 뒤덮이고 앞도 보이지 않는 속에 있다가 씻겨지고 담요에 덮이는 과정을 통해 새롭게 탄생하는 것이다. 상급생은 다이크의 경험에 대해 이렇게 표현했다. "마치 내 아이를 낳는 것과

인류학자처럼 생각하기

문화상대주의와 여성성기절제

여성성기절제를 실천하는 문화에서는 이 과정이 여성다움을 충만히 하는 데 필수적인 것으로 받아들여진다. 아버지는 절제를 받지 않은 딸은 결혼을 하기에 적합하지 않다고 말한다. 또 다른 사람들은 음순을 제거하는 것이 여성에게 있는 '남성'의 부분을 제거하는 것이기 때문에 여성을 아름답게 만들어준다고 말하기도 한다. 그간 여성성기절제를 실천해 온 사람들도 많이 공감하는 서구의 주된 관점은 여성성기절제가 여성의 낮은 지위를 상징하며 여성들이 불필요하게 감내해야 하는 고통이라는 것이다.

여성성기절제는 건강을 해치는 여러 요소들과 연관된다. 특히 수술 자체로 인해 위험에 빠질 수 있으며(쇼크상태에 빠지거나 감염) 향후 비뇨생식기상의 합병증이 생길 수도 있다(Gruenbaum, 2001). 음부봉쇄가 질입구에 상처를 남겨 출산 시에 문제를 일으킬 수 있고 이로 인해 어떤 경우에는 유아와 어머니의 사망을 야기할 수도 있다. 음문을 봉합당한 신부의 남편은 그녀를 '열 때' 틈을 벌리기 위해 막대나 칼을 사용하기 때문에 이로 인한 고통도 심하며 감염의 위험도 높아진다. 출산을 하고 나면 대부분의 경우 여성들은 다시 봉합을 당하며 동일한 절차가 다시 반복된다. 의료 전문가들은 여성의 질 부위에 상처와 고통이 반복되면 HIV/AIDS 감염률이 더 높아진다고 말한다.

고통과 건강위험 외에도, 외부인들은 여성성기절제가 음핵을 통한 오르가슴을 느낄 수 없게 하기 때문에 여성의 성적 쾌락을 극히 감소시킨다고 주장한다. 혹자는 음핵절제나 음부봉쇄가 결혼 상대로서의 가치를 떨어뜨리는 불임을 가져올 수 있다고 말한다. 그러므로 여성의 결혼를 보장하기 위해 하는 실천이 여성의 가치와 어머니의 행복을 줄이는 결과를 가져온다. 그럼에도 불구하고 여성성기절제와 불임률 사이의 상관관계가 분명히 드러나지는 않았다(Larsen and Yan, 2000).

내부인들의 관점은 어떠한가? 여성 주체들로부터의 증거들은 있는가? 아니면 이는 모두 구조의 문제이기 때문에 인류학자는 여성성기절제 해방운동을 지원해야 하는 것인가? 아흐마두는 워싱턴 DC에서 자랐으며 시에라리온에서 잘 알려져 있는 코노인(Kono) 혈통의 후손이다. 1991년에 아흐마두는 어머니와 다른 가족들과 함께 시에라리온으로의 여정을 하게 된다. 여정의 목표는 그녀의 표현에 따르면 '절제'를 하기 위한 것이었다. 돌아오는 길에 그녀는 성인식의 경험과 그것이 자신에게 어떤 의미를 지니는지에 대해 글을 썼다. 비록 신체적인 고통이 (마취제를 사용했음에도 불구하고) 너무 심했음에도 불구하고 '긍정적인 측면이 더 깊었다'고 한다(2000:306). 입회식을 통해 그녀는 강력한 여성 세계의 일부를 경험하게 되었기 때문이다. 아흐마두는 성기절제가 건강과 섹슈얼리티에 미친 영향에 대한 분석을 언급한다. 그녀는 보다 덜 극단적인 형태들이 있음에도 불구하고 서구인들은 봉합에만 초점을 맞추면서 쟁점을 과장하고 있다고 이야기한다. 그러나 이 관행을 반대하는 글로벌적인 압력이 더 강해지면 본인 역시 그 운동에 부응하면서 '절제 없는 의례'를 지원하겠다고 밝히기도 했다(2000:308).

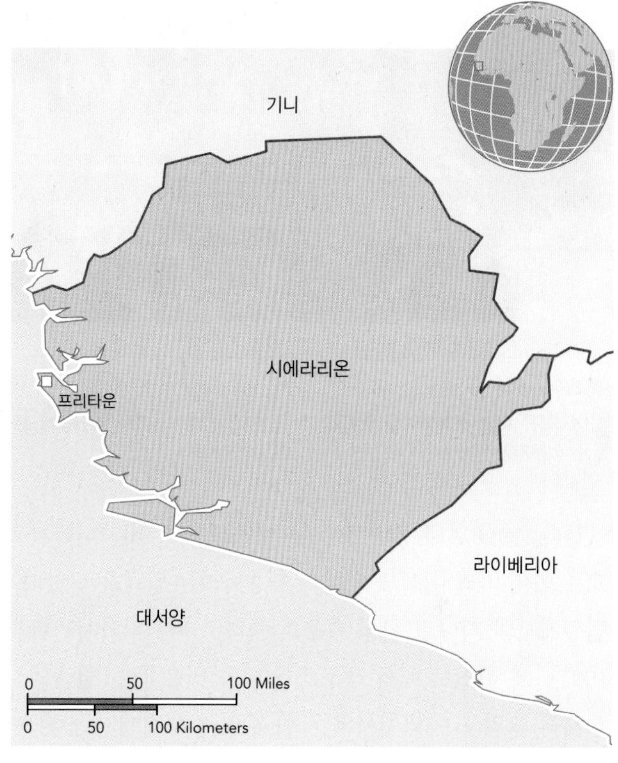

지도 4.5 시에라리온

시에라리온공화국은 대서양을 넘나드는 노예무역의 요충지였다. 수도인 프리타운은 1792년 미국혁명 시기에 영국과 맞서 싸운 노예들의 고향으로 탄생했다. 시에라리온의 연안은 맹그로브 습지로 뒤덮여 있고 내지(內地)는 고원, 삼림, 산으로 구성되어 있다. 인구는 600만 명에 달한다. 시에라리온은 1991~2002년까지 심각한 내전으로 어려움을 겪으면서 수천 명이 사망했고 200만 명 이상이 거처를 옮겨야 하는 상황이 되었다. 1인당 소득은 전 세계적으로 최저 수준이며 영어가 공식언어지만 대부분의 사람들은 지역언어, 부족언어를 사용한다.

생각할 거리

- 왜 서구에서는 여성성기절제가 인권논쟁에서 중요한 이슈가 되면서도 남성 할례나 다른 형태의 성인식(남학생 클럽이나 여학생 클럽에서 신입생 괴롭히기)은 그렇지 않은가?
- 여성성기절제에 대해 여러분은 어떤 입장을 가지고 있으며 그 이유는 무엇인가?
- 여러분의 문화에서는 어떤 방식으로 여성의 몸을 개조하는 문화를 실천하고 있는가?

같지요"(2002:39). 그러나 이 의식에는 여러 모호한 측면이 뒤섞여 있다. 한 예로 남성 '어머니(혹은 '아버지')' 역할을 하는 사람을 왜 다이크로 표현하는지는 모호하다. '브레이크 아웃'이란 성인식은 버지니아사관학교에서 더 이상 실행되지

'브레이크 아웃'은 버지니아사관학교가 남성만의 학교였을 때 행해지던 통과의례이다.

여러분은 어떤 통과의례를 경험했으며 인류학적으로 그 과정을 어떻게 분석할 수 있는가?

않는다. 1990년대 중반에 정부 지원을 받은 버지니아사관학교는 법에 따라 여성의 입학을 허용하라는 압력을 받았다. 대법원에서의 기나긴 법적 싸움의 결과로 버지니아사관학교는 1997년에 최초로 여성 생도의 입학을 허용했다. 탈출의식은 신체적 그리고 야외에서의 각종 훈련과 도전이 포함되는 일주일 내내 지속되는 행사로 대체되었다.

성 정체성과 젠더다원주의 오랫동안 학자들은 성적 선호와 젠더 정체성이 생물학적으로 결정된 것(유전적 혹은 호르몬 요소에 의한 것)인지 혹은 문화적으로 구성되며 학습되는 것인지 여부를 둘러싸고 논쟁을 벌여 왔다. 생물인류학자인 멜빈 코너(Melvin Konner)는 중간자적 입장을 취한다(1989). 두 가지 요소 모두 나름대로의 역할을 하지만 동시에 누가 동성애자인지에 대해 어느 누구도 간단하게 답할 수는 없는 문제라는 점을 고려해야 한다고 강조한다.

문화구성주의적 입장은 성적 지향을 형성하는 데 생물학적 측면보다 사회화와 아동기의 경험을 더 중요하게 강조한다. 이러한 입장의 인류학자들은 비교문화적 기록이나 사례를 통해 자신들의 입장을 지지할 근거를 찾는다. 생애기간 동안에 사람들이 자신의 성적 지향을 한 번 혹은 때로는 한 번 이상 바꾸는 것에 관한 기록이나 사례들도 찾아볼 수 있다. 걸프만 지역에 위치한 오만의 하니스(xanith)가 이러한 사례가 될 수 있다(Wikan, 1977). 하니스는 남성인데 한동안 여성처럼 굴면서 여성의 옷을 입고 다른 남성과 성관계를 가지는 사람이다. 일정 시기가 지나면 하니스는 일반적인 남성 역할로 돌아와서 여성과 결혼해 아이를 낳는다. 이에 따르면 생물학적 기반이 동일한 상황에서 어떤 사람들은 생애기간 동안 서로 다른 성적 지향성을 지닌다는 것이다.

어떤 문화에서는 제3의 젠더, 즉 순수하게 '남성'도 아니고 순수하게 '여성'도 아닌 젠더를 이에 해당하는 특별한 문화적 개념정의에 따라 허용하기도 한다. 오만의 하니스처럼 이 같은 젠더 범주는 '남성들'에게 젠더의 구분선을 넘어 보다 '여성적'인 행동, 인성, 특징, 의상을 갖출 수 있는 길을 터준다. 일부 아메리카 인디언들에게 '두 영혼을 가진 자'는 직업 역할이나 성적 성향이 본인의 성기에 주어진 역할과 같을 수도 있고 아닐 수도 있다(Williams, 1992). 개인은 다양한 방식으로 '두 영혼을 가진 자'가 될 수 있다. 어떤 경우에는 만일 이미 아들이 몇 명 있다면, 부모가 아들 중 1명을 선정해서 '두 영혼을 가진 자'가 되게 할 수 있다. 또 다른 경우에 한 소년이 전형적으로 여성적이라고 간주되는 행동을 하거나 여성의 옷을 입기를 즐겨한다면 '두 영혼을 가진 자'가 될 수 있다. 그 아이는 가족의 자존감을 높이는 존재가 되며 기대에 어긋나는 실망감을 안겨주거나 낙인 찍히는 경우는 결코 없다. 기독교 선교사들을 포함하는 구미 식민주의자들과 접촉하던 시기에 외부인들은 '두 영혼을 가진 자'의 역할에 불만을 표하며 조롱했다(Roscoe, 1991). 아메리카 인디언 문화는 이후로 두 영혼 전통을 억압하기 시작했다. 1980년대 이후로 아메리카 인디언들의 문화적 자존감이 되살아나기 시작하면서 '두 영혼을 가진 자'를 드러내는 풍습도 되살아나기 시작했다. 주류 백인 문화와 비교할 때 현대 아메리카 인디언 문화는 유동적인 젠더 역할에 대해 훨씬 수용적이다.

인도에는 '두 영혼을 가진 자'에 상응하는 히즈라가 있다. **히즈라**(hijra)는 여성처럼 입고 여성처럼 행동하지만 진정한 남성도 아니고 진정한 여성도 아니다(Nanda, 1990). 대부분의 히즈라는 남성 성기를 갖고 태어나기도 하고 그렇지 않고 남성이나 여성 어느 쪽도 아닌 성기를 갖고 태어나기도 한다. 히즈라는 전통적으로 신생아의 집을 방문해서 그 성기를 살펴본 뒤에 남성인지 여성인지 성기의 구분이 분명하지 않은 아이를 자신들의 집단 소속으로 주장할 권리를 갖는다. 남성의 성기를 갖고 태어난 히즈라는 음경과 고환을 제거하는 통

히즈라 인도에서 경계가 흐릿한 젠더 역할을 하는 사람으로서 대체로 생물학적으로는 남성이지만 여성의 옷을 입으며 여성스러운 행동을 한다.

과의례를 거칠 수도 있다. 히즈라는 인도의 대도시에 머물면서 상점가를 돌아다니며 생계를 위해 구걸을 하기도 하고 돈을 내지 않으면 치마를 올리겠다는 위협을 하면서 살아가기도 한다. 여성들은 대중 앞에서 노래하거나 춤추지 않기 때문에 히즈라는 특히 춤이나 음악인으로서 공개적인 행사에서 공연에 중요한 역할을 한다. 인도의 주류사회에서 히즈라는 존중받거나 존경받지 못한다. 그리고 어느 가족도 아들이 히즈라가 된다는 소식을 기뻐하지 않는다.

동남아시아의 상황은 좀 더 개방적이어서 젠더 기회나 **젠더다원주의**(gender pluralism)의 폭이 더 넓다. 젠더다원주의는 여성성, 남성성, 경계가 흐릿한 문화적으로 다층적인 젠더 범주가 허용되고 정당성을 부여받는 곳에서 존재한다(Peletz, 2006:310). 태국에는 세 가지 범주의 젠더, 즉 푸차이(남성), 푸양(여성), 카토이(복장전환자/성전환자/남녀추니)가 오래전부터 존재했다(Morris, 1994). 카토이는 '원래' 남성이 여성적이라고 규정된 신체, 인성, 옷을 넘나드는 사람이다. 카토이의 성적 지향은 유동적이어서 파트너는 남성일 수도 있고 여성일 수도 있다. 현대 태국에서는 동성애에 대해 드러내 놓고 토론하며 인정하는 분위기가 형성되어 있다. 대체로 영어식 표현으로 언급되면서 외국적이라는 의미를 내포하기도 한다. 레즈비언은 톰(thom, 영어의 'tomboy'에서 유래했다)과 툿[thut, 미국 영화 '투시(Tootsie)'에서 유래했다. 이성애 남성이 여성으로 분장한 영화라는 측면을 고려할 때 역설적이긴 하지만]으로 불린다.

개인의 섹슈얼리티를 정의하는 또 다른 변이는 이란의 수도 테헤란의 젊은이들 사이에서 발견되는 이슬람교적 가치, 도시적 근대성, 그리고 이성애자와 동성애자라는 서구의 이분법적 꼬리표에 대한 거부가 결합된 결과이다(194쪽 지도 8.3 참조)(Mahdavi, 2012). 테헤란의 많은 젊은 여성들은 첫 성적 경험을 다른 여성과 가진다. 젠더 분리정책 탓도 있지만 젊은 여성들이 서로 친해질 가능성이 높기 때문이다. 그러나 이들은 자신을 동성애자로 규정하지 않을뿐더러 간혹 동성애 혐오적인 의견을 표하기도 한다. 하지만 정치적으로 테헤란의 많은 청년 남녀성은 이란이 동성애 남성을 처형하는 것에 대해서는 국제인권 기준에 입각해서 반대한다.

섹슈얼리티 그리고 이와 관련된 많은 복잡성 외에 기존의 용어에 도전하는 또 다른 범주, 즉 **무성애**(asexuality)가 존재한다. 무성애자는 성적인 끌림을 경험하지 않는 사람이다. 무성애자들은 세계 곳곳에 존재하면서 커밍아웃하기 시작했고, 웹 페이지와 공적 영역에 자신들을 드러내기도 한다. 게이는 아니지만 게이 인권 퍼레이드에 참가해서 자신들을 알리기도 한다(Scherrer, 2008).

한국의 트랜스젠더 음악밴드 '레이디'는 4명의 트랜스섹슈얼로 구성되어 있다.

위의 사례 모두 모든 사람들이 남성과 여성이라는 2개의 젠더와 그에 적합한 사회적 역할로 나뉘고 이성애적 관계를 가진다고 믿는 **이성애규범**(heteronormativity)에 반하는 목소리를 들려준다.

섹슈얼리티, 동성애, 무성애에 관해 어떤 이론적 또는 개인적 관점을 가진 것과 무관하게 동성애혐오(동성에 대한 성적 취향을 가진 사람을 증오하는 것)는 전 세계에 광범위하게 확

젠더다원주의 여성성, 남성성, 흐릿한 젠더라는 다층적인 범주가 허용되고 정당화되는 문화 속에 존재한다.

무성애 성적 끌림이나 성적 활동에 관심이 없는 것

이성애규범 모든 사람이 남성과 여성이라는 2개의 젠더와 그에 따른 사회적 역할로 나뉘고 이성애적 관계를 가진다는 믿음

산되어 있고, 동성애자들은 이성애가 표준인 모든 곳에서 차별을 받고 있음이 분명하다. 미국에서 동성애자들은 증오범죄, 주거차별, 그리고 직장에서의 임금과 복지 차별 등 상당히 많은 어려움을 겪는다. 이들은 부모로부터, 동료들에 의한, 그리고 보다 넓게는 사회로부터의 낙인 때문에 고통을 받는다. 미국에서 사회적 낙인과 차별에 기인하는 심리적 자아존중감 손상은 젊은 동성애자들이 실제로 이성애자들에 비해 자살을 시도하는 비율이 높게 나타나는 현실로 이어지고 있다(Suicide Prevention Resource Center, 2008). 한 공중보건 연구는 미국의 히스패닉 동성애 여성들이 히스패닉 이성애 여성에 비해 천식을 포함한 여러 가지 건강문제를 가지고 있을 확률이 더 높다는 사실을 보여준다(Kim and Fredriksen-Goldsen, 2012).

성인기

대부분의 사람들에게 성인기는 어떤 형태로든 결혼을 하거나 장기간의 동거관계 그리고 자녀를 갖는 것을 의미한다. 이후에 언급될 내용에는 부모기와 '노후'의 심리적 측면에 대한 고려도 포함되어 있다.

부모가 된다는 것 구미문화에서 여성은 아이를 낳을 때 어머니가 된다. 모성의 장은 어머니가 되는 문화 과정이다(Raphael, 1975). 성인기와 마찬가지로 모성의 장은 그 기간과 의미를 고려할 때 통문화적으로 다양한 양상을 보인다. 일부 문화에서 여성은 임신이라고 생각되는 순간부터 어머니로 변환된다. 또 다른 곳에서 여성은 '적절한' 성을 부여받은 유아를 낳았을 때에만 모성이라는 충분한 지위가 부여되며 어머니가 될 수 있다. 적절한 성은 이를테면 대부분의 북인도에서처럼 아들에 대한 선호가 강한 곳에서는 아들이 된다.

여러 비산업적인 문화에서 모성의 장은 가족 구성원들의 지지 속에서 생겨난다. 어떤 문화에서는 특정한 음식에 대한 금기를 지키게 하거나 하는 산전관행을 도모하기도 한다. 모성의 장의 일환으로 간주되기 때문이다. 그런 규칙을 통해 임신한 여성은 임신이 좋은 결과로 이어지리라는 확신을 가질 수 있게 된다. 서구에서 의료 전문가들은 점차 산전기간을 모성의 장의 주요한 국면으로 규정하고 있다. 그러면서 잠재적인 부모, 특히 어머니를 위한 과학적 · 의료적인 여러 규정들에 관한 지침을 제기하고 있다(Browner and Press, 1996). 임신한 여성은 의사로부터 정기적인 검진을 받으면서 산전기를 보내도록 권유받고 있다. 의사는 태아의 성장과 발전 단계를 감시하며 특별한 식이요법과 신체의 보전을 위한 지침을 마련하면서 초음파 검사와 같은 진찰을 받도록 권유하고 있다. 일부 인류학자들은 이 같은 임신에 관한 의료관리가 오히려 산후우울증을 더 크게 야기할 수도 있다고 생각한다. 왜냐하면 의료관리를 통해 모성의 장에서 어머니의 주체성이 결여되기 때문이다.

부성의 장, 즉 아버지가 되는 문화 과정은 통문화적으로 모성의 장보다는 문화적 차이가 덜 두드러진다. 이런 일반화에 대한 한 가지 예외는 **의만**(couvade)이다. 이는 아내의 임신과 출산기간에 남성에게 적용되는 신념과 관습이다(Broude, 1988). 일부의 경우 아버지는 출산 전에 출산과 더불어 출산 이후를 함께 경험하며 잠자리에 들며 고통과 소진상태를 경험하기도 한다. 의만은 아버지로 기대되는 사람에 대한 규칙이 포함되기도 한다. 아버지가 될 사람은 특정한 동물은 사냥해서는 안 되고 특정 음식을 먹어서는 안 되며, 특정 물체를 베어서도 안 된다. 왜 의만이 존재하는지에 대한 초기의 이론은 프로이트적인 해석에 기반하고 있었다. 즉 아버지의 역할이 약했던 상황에서는 남성이 여성적 역할과 일체화를 경험한다고 해석되었다. 통문화적 자료는 반대되는 사례를 알려준다. 왜냐하면 의만은 오히려 아버지가 아동양육에서 중요한 역할을 하는 사회에서 나타나기 때문이다. 이런 맥락에서 의만은 부성의 장의 한 단계가 된다. 아버지의 적절한 행동은 안전한 출산을 보장하며 건강한 아기를 낳는 데 도움이 된다.

아이가 태어나면 누가 돌봐주는가? 대부분의 문화인류학자들은 전 세계적으로 아동을 돌보는 일이 전적으로 여성들의 책임이라는 점에 대해서는 동의하지만 보편적으로 그런 것은 아니다. 인류학자들은 유전적인 요인이나 호르몬의 요인보다는 문화구성적인 요소를 찾아보려고 한다. 그 증거로 아동 양육의 역할이 통문화적으로 다양하다는 점이 발견되었다. 한 예로 남태평양 전역에서 아동 양육은 가족들 모두가 나눠서 하는 역할이며 여성들은 다른 여성의 아이들을 모유 수유한다. 부성의 개입 역시 통문화적으로 다양하다. 중앙아프리카공화국의 아카 수렵채집민(지도 4.6 참조)에게는 아버지의 아동 양육이 더 두드러진다(Hewlett, 1991). 아카인 아버지는 친

의만 아이가 태어나는 과정과 그 이후 아버지의 행동에 적용되는 관습

아카인의 아버지와 아들. 아카인의 아버지는 유아와 어린아이를 정서적으로 돌보는 사람이 된다. 어머니에 비할 때 아버지가 아이를 더 많이 포옹해주고 입맞춤해준다.

밀하며 정서적인 도움을 많이 베푸는 편이며 매일 절반 정도의 시간을 유아를 안아주거나 가깝게 대하며 보낸다. 아버지가 오히려 어머니보다 아이들과 껴안고 입맞춤을 해주는 경우가 많다. 아카인들 사이에서 좋은 부성이라는 것은 아이들을 감정적으로 지지하며 어머니의 노동부담이 과중할 때 돕는 것이다. 아카인에게 젠더의 평등은 보편화되어 있으며 여성에 대한 폭력에 대해서는 알려진 바가 없다. 이처럼 아버지의 개입 수준이 매우 높은 측면은 부모 되기에 관한 생물학적 결정론의 관점보다는 구성주의적 관점과 그와 관련된 모든 유형을 뒷받침하는 것과 관계된다.

중년 여러 산업/디지털사회에서 40세 생일은 남성에게 중요한 전환점이 된다. 미국에서 40세를 맞이한 남성들에 관한 연구에 따르면 40세 증후군은 불안감, 반항감, 불행하다는 감정과 맞물려 있으며 이 때문에 종종 가족의 붕괴로 이어지기도 한다(Brandes, 1985). 40세를 인생의 전환기로 강조하는 배경에 놓인 이유 중 하나는 미국 중산층 남성에게 이 나이대가 전형적인 생애주기에서 중간점이기 때문이다. 이보다 생애주기가 더 짧은 문화에서는 이른바 중년의 위기는 40세가 아닌 다른 시기에 발생하기 쉽다.

폐경 혹은 생리의 중단은 모든 문화에서는 아니지만 여러

지도 4.6 중앙아프리카공화국과 콩고민주공화국의 아카인 지역

3만 명에 달하는 아카인들은 열대우림 지역의 수렵채집민들로 수백에 달하는 식물과 동물들에 대해 잘 알고 있다. 이들은 근류와 잎, 견과류와 열매, 버섯, 꿀, 애벌레, 송충이 그리고 원숭이, 쥐, 몽구스, 고슴도치 고기 등을 섭취한다. 이들은 농부들의 카사바와 다른 경작을 통해 얻은 음식을 자신들의 고기와 교환한다. 이들은 사회적으로 평등하며, 이들의 종교신념은 토착적이다. 주로 사용하는 언어는 디아카어이며 음조적이다. 아카인의 영토는 상업적인 벌목꾼에 의해 심각하게 손상되고 있다.

문화에서 여성의 중년을 나타내는 중요한 조건 중 하나이다. 멕시코의 마야인 여성과 그리스의 농촌 여성들 사이에서 폐경에 대한 인식과 경험의 차이를 비교한 연구가 있다(Beyene, 1989). 마야인 여성들 사이에서 폐경은 스트레스나 위기의 시간이 아니다. 이들은 생리를 하나의 질환으로 여기기 때문에 이것이 끝나기를 고대한다. 이 여성들 사이에서 폐경은 신체적 혹은 정서적 증상과 결합되지 않는다. 그들은 부정적인 신체적 또는 감정적 증상을 경험하지 않는다. 이와 달리 그리스의 농촌 여성들은 폐경을 밤시간에 갑자기 열이 나는 경험을 거의 1년 동안 하는 시기로 간주한다. 이 여성들은 폐경이 심각한 것이 아니며 의료적 관심을 기울일 만한 중요한 것이 아

니라고 생각한다. 폐경 이후에 여성들은 자신들이 느끼는 안도감과 자유로움을 강조한다. 폐경기를 겪은 여성들은 다른 때라면 감히 하지 못할 행동을 한다. 이를테면 스스로 카페를 찾아다니기도 하고 교회의식에 더 열심히 참여하기도 하는 것이다. 마찬가지로 일본에서도 폐경은 스트레스가 별로 없는 것이며 의료적 관심을 기울여야 할 이유도 그다지 없는 것으로 간주된다(Lock, 1993).

노후 노후의 생애주기 단계는 현대 인류사회에서 개발된 것일 수도 있다. 왜냐하면 다른 대부분의 포유류들처럼 우리의 초기 선조들은 재생산기 이후까지는 살아남는 경우가 드물었기 때문이다. 여러 문화에서 노인들은 그들 삶의 경험을 통해 폭넓은 지혜를 갖췄다고 생각되어 많은 존경을 받는다. 또 다른 문화에서 노인은 가족과 사회에 대한 부담으로 작동한다.

통문화적인 연구를 통해 알 수 있는 것은 노인에 대한 지위가 높을수록 복지가 잘 보장되어 있고 그런 맥락에서 노인들이 가족과 더불어 지속적으로 살아갈 가능성도 높은 것으로 나타난다는 것이다(Lee and Kezis, 1979). 그러나 이런 유형은 산업화된 사회보다는 비산업화된 사회에서 더 많이 나타난다. 산업화된 사회에서는 노인이 어린 세대의 친척들과 함께 사는 빈도가 덜하다. 오히려 '양로원'과 같이 연령별로 구분되어 살아갈 것으로 기대된다. 이를 통해 노인들은 새로운 사회적 역할과 사회적 연대를 만들면서 새로운 방식으로 자존감과 개인적 만족감을 얻는 길을 모색하려고 한다. 뉴욕 중심부에 있는 작은 동네의 양로원에 관한 연구에 따르면 반려동물과 함께하는 것이 개인의 웰빙 정서를 촉진한다고 한다(Savishinsky, 1991).

마지막 단계 : 죽음과 죽어가는 것 어떤 문화에서도 죽음은 환영받지 못하는 것 같다. 여성이든 남성이든 간에 그 개인의 건강이 매우 좋지 않거나 너무 심한 고통을 받는 상황이 아니라면 말이다. 의료기술에 의존하는 오늘날의 미국에서 특히 죽음에 대한 저항 강도가 높은 분위기가 있는 것 같다. 종종 사람들은 죽음에 맞서기 위해 높은 재정적 부담과 심리적 비용을 치르기까지 한다. 다른 여러 문화에서는 상당한 정도로 죽음에 대해 수용적이다.

알래스카 이누이트인들이 죽음과 죽어가는 것에 대해 어떤 태도를 보이는지를 살펴본 연구에 의하면 이들은 죽음에 대해 수동적인 피해자로 남기보다 적극적으로 죽음에 참여한다고 한다(Trelease, 1975). 죽음에 임박해 있는 사람은 친구와 주변 이웃들을 모두 불러 기독교적인 성사를 받으며 그러고 나서 몇 시간 뒤에 죽음을 맞이한다. 저자는 이렇게 말한다. "모두가 신부가 오기를 기다리며 그 뒤에 바로 죽는다고 이야기하는 것은 아니다. 그렇지만 갑작스러운 죽음을 당하지 않는 대다수의 사람들은 어느 정도는 계획을 하면서 일정 정도 공식적인 행사나 종교적 의례를 통해 기도를 하고 찬양을 하며 환송의 과정을 거친다"(1975:35).

특히 고도의 의료기술을 갖춘 산업/정보사회에서 말기 환자들은 어떤 방식으로 그리고 어느 곳에서 죽어야 할지에 대한 선택의 기로에 설 수 있다. 집에서 마지막을 보낼 것인지, 아니면 병원에서 보낼 것인지, '이례적인 수단'까지 동원해서 생명을 연장할 것인지, 아니면 '의료적 지원을 받는 자살'을 선택할 것인지를 둘러싼 선택을 고민할 수 있다. 문화적 맥락을 고려하면 이런 선택은 활용 가능한 의료기술과 의료보장 서비스의 정도에 의해서만 영향을 받을 뿐만 아니라 이상적인 친족 그리고 젠더 역할이라는 사안에 의해서도 영향을 받는다(Long, 2005). 일본의 도시에서 말기 환자들은 '좋은 죽음'이 무엇인지에 대한 분명한 생각을 갖고 있고 '좋은 죽음'에 대한 두 가지 주요한 '각본'까지 알고 있다. 병원에서 죽어가는 현대적 각본은 폭넓게 받아들여지고 있는데 그 이유는 이것이 가족 구성원들의 부담을 줄여주기 때문이다. 그러나 가족들에 둘러싸여 죽음을 맞이하는 것을 가치 있다고 생각하는 분위기 역시 여전하다. 이런 실천을 통해 죽어가는 사람은 그 개인이 기억될 수 있다는 확신을 가질 수 있다.

여러 문화에서 망자를 제대로 묻어주며 장례식을 하지 못했다는 것은 심각한 사회적 고통을 야기할 수 있는 사안이 된다. 말라위 인근에서 살고 있는 모잠비크 난민들이 겪는 가장 커다란 스트레스는 죽은 가족 구성원들을 제대로 묻어주지도 못하고 장례식을 치러주지 못한 채로 이들을 남겨두고 강제로 떠나오게 된 상황이다(Englund, 1998). 이처럼 제대로 치러주지 못했다는 의미는 이로 인해 망자의 불행한 영혼이 떠돌면서 살아있는 사람 주변에 남아 괴롭힌다는 것이다. 이런 믿음은 난민들 사이에서 매우 많이 드러나는 정신질환이라는 문제와 관련된다. 이들의 이런 근심을 줄여주기 위한 문화적인 조언은 이들이 고향으로 돌아갈 여비를 마련해주는 것이다. 그래서 돌아가서 망자들을 제대로 묻어주고 그에 관한 장례식을 치를 수 있도록 해주는 것이다. 그렇게 함으로써 살아남은 사람들은 큰 평화를 얻게 된다.

사랑하는 사람 혹은 친하게 지내던 공동체 구성원의 죽음으로 인한 개인의 슬픔에 대해 인류학자들은 거의 아는 바가 없다. 애도뿐만 아니라 슬픔과 비통함을 느끼는 기간은 자연스러운 것처럼 느껴진다. 그렇지만 비통함을 외적으로 표현하는 방식은 매우 다양하다. 극적으로 대중 앞에서 과대하게 감정을 표현하며 비통함을 드러내는 경우도 있지만 가시적으로 비통함을 전혀 드러내지 않는 경우도 있다. 가시적으로 비통함을 드러내지 않는 사례로서 인도네시아의 발리에서는 이것이 일종의 규범처럼 되어 있다(13쪽 지도 1.1 참조). 장례식에서 사람들의 표정은 침착하며 목소리를 통해서는 어떤 슬픔도 표현하지 않는다(Rosenblatt, Patricia, and Douglas, 1976). 침착한 얼굴표정을 짓고 침묵을 지킨다고 해서 발리인들이 슬픔이 없는 것인가? 이처럼 상실에 대한 표현이 서로 다른 것은 생존자들을 위한 치유 과정과도 관련이 있을 것이다. 치유의 과정은 사회적으로 인정되는 행동규칙, 즉 상실에 관한 각본을 제공함으로써 진행된다. 공개적으로 애도를 강하게 표현하거나 그렇지 않고 비통함을 억누르거나 그 어느 방식이든 맥락에 따라 나름대로 동등한 결과와 연결될 것이다.

4 학습목표 재고찰

4.1 재생산양식이 생계양식과 어떤 관련이 있는지 설명하기

문화인류학자들은 수렵채집, 농업, 산업/디지털과 관련된 세 가지 재생산을 설명한다.

수천 년 동안 수렵채집민들은 직간접적인 수단을 통해 출산율을 통제함으로써 균형화된 수준의 인구를 유지해 왔다. 주쯔와시인에 관한 고전적 연구는 수렵채집민들의 생활이 어떤지를 잘 보여준다. 이들은 저지방 음식을 섭취하며 여성들이 신체활동에 종사하는 방식으로 출산율을 조절했다.

정주형 생활방식이 점차 정착되면서 음식의 공급도 원활해지고 농업과 더불어 저장도 가능하게 되면서 인구의 성장도 늘었다. 선사시대와 역사시대를 거치면서 인구성장은 정착농업문화 시기에 최고치에 달했다. 현대 농업문화에서 높은 출산율을 보이는 집단은 북아메리카의 아만파 교도와 메노파 교도이다.

4.2 상이한 맥락에서 문화가 출산에 어떤 영향을 미치는지 논의하기

통문화적으로 출산율을 높이거나 낮추기 위한 시기를 조절하는 기술은 많다. 문화마다 성관계를 가질 수 있는 적절한 연령과 빈도에 대한 서로 다른 평가기준을 갖고 있다. 출산율에 직접적으로 영향을 미치는 문화실천이라는 측면을 고려하면 수백 가지 상이한 전통적 방식이 존재한다. 이 중에는 출산을 촉진하거나 예방할 수 있는 약초나 다른 자연 재료를 사용하는 방법과 원하지 않는 임신인 경우 낙태를 유도할 수 있는 방법도 포함된다.

비산업사회에서는 출산율 조절에 대한 지식과 실천이 전문적이지 않았기 때문에 모든 여성들이 활용할 수 있었다. 산업/디지털사회의 재생산양식에서 과학적 · 의료적으로 전문화된 방식이 발전함에 따라 대부분의 지식과 전문성은 여성이기보다는 소수의 전문가들에게 집중되어 있다. 출산을 조절하는 방식에 대한 계층으로 분화된 방식은 글로벌적으로 그리고 국가 내에서 모두 존재한다.

인구성장은 영아 살해 관습과도 연결되어 있다. 고대로부터 기원했음에도 불구하고 오늘날까지 여전히 존재한다. 이 관습은 종종 가족 자원이 제한된 상황에서 가능한 대응책의 하나로 활용되기도 했다. 이를테면 아이가 상황에 '시기적절'하지 않다는 판단을 하게 되는 경우 혹은 후손의 젠더에 관한 선호의 차이 때문에 활용되는 방식의 하나였다.

4.3 생애주기에 걸쳐 문화가 인성 형성에 어떤 영향을 미치는지 알아보기

문화인류학자들은 젠더 정체성을 포함해서 인성 형성에서 아동 양육 관행이 영향을 미친다는 점을 강조한다. 다른 통문화 연구를 통해 노동의 젠더 분업과 가족 내 아동의 일에 대한 역할의 편차가 다양하게 유형화되는 인성에 상응한다는 점이 밝혀졌다. 사춘기 즈음부터 성인기까지 이르는 시기를 문화적으로 일컫는 청년기는 존재하지 않는 문화에서부터 상세한 훈련과 정교화된 의식이 포함되어 있는 문화에 이르기까지 통문화적으로 매우 다양하다.

구미문화 속의 '남성'과 '여성' 사이의 분명한 구분과 반대로 다른 많은 문화에서는 제3의 젠더 정체성이 전통적으로 존재했다. 젠더다원주의는 여러 문화에서 발견되며 특히 일부 아메리카 인디언과 아시아 문화에서 나타난다.

통문화적으로 성인의 역할은 대체로 부모의 역할을 포함한다. 비산업사회에서 모성에 대한 학습은 삶의 다른 여러 측면에 내포되어 있으며 출산에 대한 지식과 아동 양육은 여성들 사이에서 공유되고 있다. 산업/정보문화에서 과학과 의학은 대부분의 지역에서 모성의 역할을 규정하는 데 활용된다.

노후는 일반적으로 산업/디지털사회보다 비산업사회에서 기간이 짧다. 왜냐하면 산업사회에서는 생애주기가 더 길어지는 경향이 있기 때문이다. 비산업문화에서 노인 여성과 남성은 존중을 받으며 지식의 수준도 가장 높다고 간주되어 문화 속에서 이들 스스로의 위치를 강하게 점할 수 있다. 산업/디지털사회에서 노인들은 가족들과 떨어져 살면서 양로원과 같이 연령으로 구분된 기관이나 혼자서 여러 해를 살게 된다.

핵심 개념

문화적 역량	영아 살해	재생산양식	출산장려
무성애	의만	젠더다원주의	폐경
사망률	이성애규범	청년기	히즈라
사춘기	인구학적 변화	초경	
여성성기절제(FGC)	인성	출산 또는 출산율	

틀에서 벗어나 생각하기

1. 여러분이 속한 미시문화에는 희망 자녀 수와 관련해서 특정한 성에 대한 선호가 존재하는가? 자녀의 출생순서에 대한 선호는 있는가?

2. 여러분이 5세였을 때, 혹은 10세나 15세였을 때 일상적으로 어떤 활동을 했는지 떠올려보라. 어떤 일을 했는가? 여섯 문화 연구의 범주를 통해 보면, 여러분은 어떤 유형의 인성을 가지고 있는가?

CHAPTER 5

질환, 질병 그리고 치료

개요

학습목표

5.1 종족의학의 범위와 최근 변동 양상 기술하기

5.2 의료인류학의 세 가지 주요한 이론적 접근 설명하기

5.3 세계화가 건강, 질병 그리고 치유에 미친 영향을 이해하기

인류학의 연관성

인도의 전통 의료는 약초, 환약, 오일 마사지, 식이요법, 명상, 운동 등과 같은 요소들을 포함한다. 두 가지 주요 분파에는 힌두교와 연관된 아유르베다 치유법과 이슬람교와 연관된 유나니 치유법이 있다. 이 두 치유법은 많은 요소를 공유하고 있으며, 각각은 문제를 진단하고 치료방법을 처방할 수 있는 훈련된 전문가를 필요로 한다. 지난 10여 년 동안 아유르베다 치유법이 국제적인 주목을 받아왔다. 인도에서도 특히 케랄라 지방의 남부 주에 있는 5성급 스파들에서는 아유르베다 요법을 제공하고 있다. 이곳에서는 인도 내국인들뿐만 아니라 유럽과 중동 지방에서도 사람들이 찾아오는 의료관광이 붐을 일으키고 있다. 아유르베다 치유법의 여러 측면이 힌두교도이든 비힌두교도이든 상관없이 세계 각지의 많은 사람들로부터 호응을 얻고 있으며, 아유르베다 요법은 다양한 종류의 건강문제를 다루는 데 상당한 효과를 발휘하는 것으로 보인다. 예를 들어 최근 노르웨이에서 발표된 한 연구는 치료저항성이 있다고 간주되는 섬유근육통을 앓고 있는 여성들이 통증과 우울증을 포함한 증상들이 현저하고 장기적으로 완화되는 경험을 했음을 보여준다.

의료인류학은 인류학 진영 내에서 가장 급속하게 성장하고 있는 연구분야 중 하나이다. 이는 아마 세계가 직면해 있는 중요한 도전, 즉 인간의 건강문제와 관련되어 있기 때문일 것이다. 이 장의 첫 번째 절에서는 상이한 문화적 배경을 가진 사람들이 건강, 질병, 치료와 관련해서 어떻게 생각하고 행동하는가에 관해 논의한다. 두 번째 절에서는 의료인류학의 세 가지 이론적 접근을 다룬다. 세 번째 절에서는 결론적으로 세계화가 건강에 어떤 영향을 미치고 있는가에 관해 탐구한다.

종족(민족)의학

5.1 종족의학의 범위와 최근 변동 양상 기술하기

종족의학(ethnomedicine, 역주 : '민족의학'이라고도 함), 즉 통문화적 건강체계에 관한 연구는 인류학의 초창기부터 조사의 중요한 초점 중 하나였다. 건강체계는 건강문제의 지각과 분류, 예방수단, 진단, 치료(주술적, 종교적, 과학적 치료 및 치료물질), 치료사 등 다양한 영역을 포괄한다.

종족의학이라는 용어는 그것이 처음 사용되기 시작한 1960년대에는 오직 비서구사회의 건강체계만을 지칭했고, 현재는 폐기된 용어인 미개의학(primitive medicine)과 동의어이기

종족의학 통문화적 건강체계에 관한 연구

멜리사 구젤(Melissa Gurgel)은 브라질의 모델이자 미인대회 우승자로 2014년 미스 브라질 선발대회에서 우승했고 2014년 미스 유니버스대회에 브라질 대표로 출전했다. 그녀는 여성적 아름다움과 건강의 전 지구적 모범인 것처럼 보인다. 하지만 많은 모델과 미인대회 우승자들은 광범위한 건강문제와 행동장애로 고통 받고 있다.

도 했다. 이렇게 이 용어의 초기 용법은 자민족중심주의적 성격이 강했다. **서구생의학**(Western biomedicine, WBM)은 현대 서구의 과학기술에 입각해서 인간의 신체와 관련된 건강문제를 진단하고 처치하는 치료체계인데, 이 또한 종족의학체계 중 하나이다. 의료인류학자들은 서구생의학을 서구적 가치와 긴밀하게 맞물려 있는 일종의 문화체계로서 연구한다. 따라서 종족의학이라는 용어의 최근 의미는 모든 곳의 건강체계를 포괄한다.

건강문제의 정의와 분류

의료인류학자와 의료전문가들이 직면하는 중요한 도전 중 하나는 건강문제를 명명하는 데서 나타나는 에믹적 다양성이다. 생의학적으로 훈련받은 전문가들이 진리이자 정확하고 보편적인 것으로 받아들이고 있는 서구의 명칭이 타문화의 명칭과 일치하지 않는 경우가 흔하다. 의료인류학자들이 건강문제에 관한 다양한 통문화적 지각과 명칭을 분류하기 위해 사용하는 한 쌍의 개념이 바로 질환–질병 이분법(disease-illness dichotomy)이다. 여기서 **질환**(disease)은 세균이나 바이러스 감염 혹은 팔의 골절 같이 객관적이고 보편적인 생물학적 건강문제를 지칭한다. **질병**(illness)은 건강문제를 지각하고 경험하는 문화적으로 특수한 방식을 가리킨다. 의료인류학자는 질환과 질병 모두를 연구하고, 왜 양자 모두 그 고유한 문화적 맥락 속에서 이해되어야 하는가를 보여준다.

종족의학적 연구의 첫 번째 단계는 사람들이 건강문제를 어떻게 명명하고 범주화하며 분류하는가를 이해하는 것이다. 문화에 따라서 원인, 매개체(vector, 모기 같은 전염의 수단), 감염된 신체부위, 증상 혹은 이들 요소의 조합 등이 건강문제를 명명하고 분류하는 근거가 될 수 있다.

식견 있는 연장자가 종족의학적 지식의 소유자이고 그것을 구전적 전통을 통해 다음 세대로 전수하는 경우가 흔하다. 미국 워싱턴–오리건 지역 인디언 집단의 경우, 대중적 이야기의 많은 부분이 건강과 관련되어 있다(Thompson and Sloat, 2004). 이러한 이야기는 건강문제를 예방하고, 신체적 손상을 피하며, 고통을 줄이고, 늙음에 대처하는 방법에 관한 메시지를 담고 있다. 예를 들어 어린아이들을 위한 이야기인 종기 이야기가 있다.

> 종기가 점점 커졌다.
> 남편은 그녀에게 목욕을 하라 했다.
> 그녀는 물로 들어갔다.
> 그녀가 사라졌다(2004:5).

종기와 관련된 더 긴 이야기들은 종기의 위치와 특정한 종기를 다루는 방식에 관해 보다 복잡한 내용을 담고 있는데, 이를 통해 토착적인 분류양식이 잘 드러난다.

한 고전적인 연구는 수바눈 사람들이 건강문제를 범주화하는 방식에 초점을 맞추고 있다(Frake, 1961). 1950년대의 수바눈 사람들은 필리핀 민다나오 섬의 고산지대에 사는 원시농경민이었다(지도 5.1 참조). 평등주의적 가치를 강조하는 수바눈은 어린이를 포함한 모든 사람들이 건강문제에 관해 상당한 지식을 가지고 있었다. 건강문제에 관한 수바눈의 186가지 명칭 중 일부는 '가려움증' 같은 단일 단어인데, 이는 '얼룩반점 가려움증' 같이 두 단어를 사용해서 확장될 수 있다. 피부질환은 수바눈 사람들이 겪는 일반적인 병증으로 몇 단계의 특이성을 보여준다(그림 5.1 참조).

서구생의학(WBM)의 경우 의료전문가 집단이 건강문제를 과학적 기준에 따라 명명하고 분류하는 방식에 관해 합의해야 한다. 수천 종류의 병증에 관한 분류와 특징에 대한 설명이 두꺼운 매뉴얼 형태와 온라인으로 출판되어 있고, 의사들은 진단을 하기 전에 그것을 참조한다. 의료 서비스가 상업화되어 있는 나라에서는 선택되는 질병 코드가 환자 치료비의 보험처리 여부를 결정할 수도 있다.

더욱이 서구의 의료지침들은 서구생의학이 인정하는 질환에 편향되어 있고 타문화들이 인정하는 수많은 건강문제는 무시해버린다. 인류학자들은 전 세계에 걸쳐 흔히 **문화적으로 특수한 증후군**(culture-specific syndrome)이라 불리는 많은 종류의 건강문제를 목격해 왔다. 문화적으로 특수한 증후군은 일련의 증상이 특정한 문화와 관련되어 있는 건강문제이다(그림 5.2 참조). 스트레스, 공포, 충격 같은 사회적 요인이 문화적으로 특수한 증후군의 기저 원인이다. 문화적으로 특수

서구생의학 현대 서구의 과학기술에 입각해서 인간의 신체와 관련된 건강문제를 진단하고 처치하는 치료체계

질환 질환–질병 이분법에서 객관적이고 보편적인 생물학적 건강문제

질병 질환–질병 이분법에서 건강문제를 지각하고 경험하는 문화적으로 특수한 방식

문화적으로 특수한 증후군 특정한 문화 혹은 제한된 수의 문화에 한정되어 나타나는 징후와 증상의 집합

지도 5.1 필리핀

필리핀공화국은 7,000개 이상의 섬으로 구성되어 있는데, 그중 약 700개 섬에 사람이 살고 있다. 인구는 1억 400만이고 그중 2/3가 루손 섬에 산다. 필리핀의 경제는 농업, 경공업 그리고 성장세에 있는 BPO(business-processing outsourcing) 산업에 기초해 있다. 800만 명 이상의 필리핀인이 해외에서 일하고 있고 매년 120억 달러를 국내로 송금하는데, 이는 필리핀 경제의 큰 부분을 차지한다. 필리핀어와 영어가 공식어지만 170개 이상의 언어가 사용되고 있다. 문해율은 남녀 모두 높다. 국가 내에 많은 종족집단들이 거주하고 그중 타갈로그인이 30%를 차지한다. 필리핀은 세계에서 세 번째로 큰 가톨릭교도 인구집단을 가진 나라로 로마 가톨릭이 지배적이다.

- 발진
- 부스럼
- 염증
  - 부스럼
  - 곪은/벌레 물린 것 같은
  - 궤양이 있는
- 종기
  - 말단 궤양
    - 얕은
    - 깊은
  - 기부(基部) 궤양
    - 얕은
    - 깊은
  - 단순 종기
  - 확산성 종기
- 백선
  - 노출성
  - 비노출성
  - 확산성 가려움
- 상처

그림 5.1 수바눈족의 피부병 범주

출처 : Frake 1961: 118의 그림 1에서 부분 수정 후 인용.

한 증후군은 생리학적 증상을 수반하고 치명적인 결과를 초래할 수도 있다. **신체화**(somatization), 즉 체화(embodiment)는 몸이 사회적 스트레스를 흡수해서 병적인 증세를 보여주는 과정을 가리킨다.

예를 들어 **수스토**(susto), 즉 '공포/충격질환'은 스페인과 포르투갈에서 그리고 사는 지역에 상관없이 라틴계 인구집단에서 주로 발견된다. 수스토로 인해 고통받는 사람들은 그 원인을 사랑하는 사람의 상실이나 끔찍한 사고경험 같은 사건에서 찾는다(Rubel, O'Nell, and Collado-Ardón, 1984). 예를 들어 멕시코 남부 오아하카(Oaxaca, 88쪽 지도 4.3 참조)의 한 여성은 시장에 내다 팔려고 들고 가던 도자기가 깨지는 사고 때문에 수스토가 발병했다고 하는 반면, 한 남성은 위험한 뱀을 목격한 후부터 수스토 증세가 나타나기 시작했다고 말했다. 수스토의 증상은 식욕부진, 의욕상실, 호흡곤란, 전신통증, 악몽 등을 수반한다. 조사자들은 세 마을에서 나타나는 다양한 수스토의 사례를 분석했다. 그들은 수스토 증세를 가장 흔하게 보여주는 사람들 대부분이 사회적으로 주변적인 위치에 있거나 좌절감을 겪고 있는 사람들이라는 사실을 발견했다. 예를 들어 도자기가 깨진 여성은 두 번의 유산을 겪고 다시는 아기를 가질 수 없을지도 모른다는 염려를 해 왔다. 오아하카에서 수스토 증후군을 가진 사람들은 그렇지 않은 사람들보다 사망률이 더 높다. 따라서 사회적 주변성이나 심한 사회적 좌절감이 특정인의 사망위험을 높일 수 있다. 이 때문에 수스토의 보다 근원적인 원인을 밝히는 것이 중요하다.

초창기 의료인류학자들은 문화적으로 특수한 증후군을 주로 비서구 문화의 맥락에서 연구했는데, 이로 인해 문화적으로 특수한 증후군이 오직 '타'문화에만 존재한다고 생각하는 편견이 초래되었다. 이제 인류학자들은 서구문화에도 마찬가

신체화 몸이 사회적 스트레스를 흡수해서 병적인 증세를 보이는 과정으로 체화라 불리기도 한다.

수스토 공포/충격질환. 스페인과 포르투갈, 그리고 사는 지역에 상관없이 라틴계 인구집단에서 주로 발견되는 문화적으로 특수한 질병. 증세는 척추통, 피로, 무기력, 식욕부진 등을 포함한다.

증후군 명칭	분포	귀속 원인	특징과 증상
신경성 거식증	미국과 유럽의 중산층 및 상류층 소녀들, 전 세계적으로 확산되는 추세	미상	음식거부로 인한 체중감소, 너무 뚱뚱하다는 강박, 극단적인 경우 사망
히키코모리	일본, 사춘기 소년과 성인을 아우르는 남성	학교에서 좋은 성적을 거두고 샐러리맨으로서 성공해야 한다는 사회적 압력	심각한 사회적 고립, 학교를 가지 않으려고 하거나 몇 개월 혹은 몇 년 동안 방을 떠나지 않으려고 한다.
코로	중국 및 동남아시아 남성	미상	남근이 몸속으로 위축되어 들어갔다는 믿음
페이토 아베르토(구멍 난 가슴)	동북부 브라질, 특히 여성. 다른 지역의 라틴계 인구집단에서도 발견된다.	타인에 대한 지나친 염려	심장이 '터질 것 같이' 커져서 '심장에 구멍'이 나게 만든다.
퇴직남편증후군	일본, 남편이 은퇴한 노년층 여성	스트레스	궤양, 어눌한 말, 눈 주변 발진, 인후 폴립
수프리엔도 델 아구아[수인병(水因病), 물로 인한 고통]	멕시코 계곡 분지, 저소득층 중에서도 특히 여성	깨끗하고 안정적인 수자원의 부족	불안
수스토	스페인, 포르투갈, 중남미, 미국과 캐나다의 라틴계 이민자들	충격이나 공포	무기력, 식욕부진, 불면증, 불안

그림 5.2 문화적으로 특수한 증후군

출처 : Chowdhury 1996; Ennis-McMillan 2001; Faiola 2005; Gremillion 1992; Kawanishi 2004; Rehbun 1994; Rubel, O'Nell, and Collado-Ardón 1984.

지로 문화적으로 특수한 증후군이 있다고 인정한다. 신경성 거식증 및 이와 관련된 증상인 식욕항진증은 비록 미국의 일부 흑인 소녀들과 젊은 남성들에게도 나타나지만 주로 백인 중산층 사춘기 소녀들에게서 발견되는 문화적으로 특수한 증후군이다(Fabrega and Miller, 1995). 1990년대 이래 서구적 세계화의 영향으로 인해 홍콩과 일본 및 인도의 도시에도 신경성 거식증 사례들이 보고되고 있다. 신경성 거식증의 증세는 비만하다는 자의식, 음식의 거부, 과잉행동 등을 포함하고, 증세가 진행되면서 지속적으로 체중이 감소해서 흔히 죽음에 이른다.

비록 일부 연구자가 유전적인 원인이 있다고 주장하지만 아무도 신경성 거식증의 분명한 생물학적 원인을 찾아내지는 못했다. 문화인류학자들은 많은 증거들이 신경성 거식증이 문화적으로 구성되었을 가능성을 강하게 보여준다고 주장한다. 문화적 원인의 논리적 귀결 중 하나는 신경성 거식증을 치료하는 데 의학적·심리학적 치료가 전혀 성공적이지 않다는 점이다(Gremillion, 1992). 극단적인 음식박탈은 중독상황으로 발전할 수 있고, 그러면 병증이 몸의 생물학적 기능과 맞물리게 된다. 장기간의 단식으로 인해 몸이 섭취한 음식을 더 이상 소화흡수할 수 없게 된다. 따라서 의학적 처치의 일환으로 그러한 생물학적 장애를 무효화하기 위해 정맥주사를 통해 영양분을 공급하기도 한다.

하지만 신경성 거식증의 문화적 원인 또한 정확하게 파악하기는 힘들다. 일부 전문가들은 소녀들로 하여금 외모, 특히 체중에 대해 지나친 관심을 갖도록 만드는 사회적 압력을 지적한다. 다른 이들은 거식증이 부모의 지나친 통제에 대한 소녀들의 무의식적 저항과 관련되어 있다고 생각한다. 그러한 소녀들에게 음식섭취는 스스로 통제력을 행사할 수 있는 유일한 영역 중 하나일 것이다.

종족(민족)병인학

모든 문화에는 건강문제를 해명하고 그 원인을 밝히려는 시도, 즉 병인학(etiology)이 존재한다. **종족병인학**(ethno-etiology, 역주 : '민족병인학'이라고도 번역한다)이라는 용어는 건강문제와 병증에 대한 통문화적으로 특수한 인과론적 설명을 뜻한다.

브라질 동북부의 도시빈민들은 아플 때 여러 개의 인과론적 가능성을 고려한다(Ngokwey, 1988). 브라질 동북부 바이아주에서 두 번째로 큰 도시인 페이라데산타나(58쪽 지도 3.4 참조)의 종족병인학에 따르면 건강문제는 자연적, 사회경제

종족병인학 건강문제와 병증에 관한 문화적으로 특수한 인과론적 설명

적, 심리학적, 혹은 초자연적인 요인이 포함되어 있다. 자연적 원인에는 환경에의 노출이 포함된다. 예를 들어 습기와 비는 류머티즘을, 지나친 열은 탈수를, 특정한 유형의 바람은 편두통을 유발한다고들 말한다. 질병에 관한 또 다른 종류의 자연적 설명은 노화, 유전, 인성, 젠더 등의 영향을 고려해서 이루어진다. 특정한 음식 및 식사습관과 마찬가지로 전염 또한 자연적 설명 중 하나이다. 사회심리적 영역에서는 분노와 적대감 같은 감정이 특정한 종류의 건강문제를 유발한다. 초자연적 영역의 경우 정령과 주술이 건강문제를 유발할 수 있다. 바이아 지역의 아프리카-브라질계 종교에는 질병을 유발할 수 있는 수많은 정령들이 있는데, 불행하게 죽은 자의 영혼이나 악마와 비슷한 정령들이 그에 해당된다. 어떤 정령은 구체적인 질병을 유발하고 또 어떤 정령은 전반적인 불행을 가져온다. 게다가 악한 눈을 가져 질투심이 강한 사람들은 타인에게 주문을 걸어 많은 질병을 유발하기도 한다. 사람들은 또한 경제적 자원, 적합한 위생시설, 보건의료 서비스 등의 결여를 건강문제의 구조적 원인으로 인식하기도 한다. 어떤 사람의 표현에 따르면, “가난한 사람이 많기 때문에 질병도 많다”(1988: 796).

페이라데산타나의 사람들은 또한 인과관계에 여러 개의 수준이 있다고 생각한다. 위통의 경우, 먼저 다툼(기저원인)이 발생했고, 이 때문에 상처를 입은 측이 마술사의 개입(매개원인)을 요구했고, 결과적으로 마술사가 주문(직접원인)을 걸어서 그 질병을 유발했다는 식으로 설명한다. 이러한 다층적 인과론은 가능한 치료방법도 단수가 아닌 복수임을 의미한다.

바이아의 병인학에서 발견되는 다원적 이해는 서구생의학의 과학적 인과론과 대조된다. 가장 뚜렷한 차이로 생의학적 병인학은 구조적 문제와 사회적 불평등을 질병의 유발요인에서 제외하는 경향이 있다는 점을 들 수 있다. 의료인류학자들은 빈곤, 전쟁, 기근, 강제이주 등과 같은 강력한 요인에 의해 유발되는 건강문제를 지칭하기 위해 **구조적 병증**(structural suffering) 혹은 사회적 병증이라는 용어를 사용한다. 그러한 구조적 요인은 다양한 방식으로 건강에 영향을 미쳐 불안과 우울증부터 죽음까지 아우르는 광범위한 결과를 초래한다.

명백하게 구조적인 요인에 의해 유발되는 것으로 보이는 문화적으로 특수한 증후군의 한 예는 수프리엔도 델 아구아, 즉 ‘수인병(水因病)’이다(Ennis-McMillan, 2001). 멕시코 중부 지방에 위치하는 멕시코 계곡분지(88쪽 지도 4.3 참조)의 한 저소득 공동체에 관한 조사는 수인병이 특히 여성들 사이에서 일반적으로 발생하는 건강문제라는 사실을 보여주었다. 직접적인 원인은 마시고 요리하고 씻을 수 있는 물의 부족이다. 즉 요리와 세탁을 책임지고 있는 여성들이 수도꼭지에서 나오는 물을 정규적으로 사용할 수 없다. 이러한 물 공급의 불안으로 인해 여성들은 늘 불안하고 신경과민상태에 빠져 있게 된다. 물 부족은 또한 사람들이 콜레라, 피부 감염, 눈 감염 등을 포함한 다양한 생리적 문제에 노출될 위험성이 높다는 것을 의미하기도 한다. 수프리엔도 델 아구아를 유발하는 보다 깊은 구조적 원인은 불균등발전이다. 멕시코 계곡분지의 수도관 시스템 건설은 주로 보다 부유한 도시와 관개 시설 및 산업부문에 물을 공급하는 데만 치중했고 가난한 공동체의 물 부족 문제는 무시해버렸다. 멕시코 전역에 걸쳐 인구의 약 1/3이 깨끗한 음용수와 목욕, 세탁, 요리에 필요한 물을 적합하고 안정적으로 공급받지 못하고 있다.

치료방법

아래에 제시하는 자료는 대부분의 독자들에게 잘 알려지지 않은 두 가지 종류의 치료방법 혹은 치료에 대한 접근방식들을 소개한다. 그다음으로는 치료사와 치료물질에 관한 통문화적 사례들을 논의한다.

공동체 치료 개인적 치료는 **공동체 치료**(community healing)와 일반적으로 구분이 가능하다. 개인적 치료는 신체적 병을 사회적으로 고립된 상황 속에서 처리하는 반면 공동체 치료는 사회적 맥락을 치료에 결정적인 요소로 포함한다. 서구생의학에 비해 비서구 의료체계는 공동체 치료를 활용하는 경우가 더 흔하다. 공동체 치료의 한 예로 남아프리카 칼라하리 사막의 주쯔와시 수렵채집민을 들 수 있다(21쪽 ‘문화파노라마’ 참조). 주쯔와시 사람들은 치료의 핵심적 요소로 공동체 ‘에너지’의 동원을 강조한다.

> 이러한 치료전통의 중심 이벤트는 밤새워 추는 치료의 춤이다. 평균 한 달에 네 번, 밤이 오면 치료의 춤이 시작된다. 여성들은 모닥불 둘레에 앉아서 노래를 부르고 박자에

구조적 병증 전쟁, 기아, 테러, 강제이주, 빈곤 등과 같은 경제적 · 정치적 상황이 원인이 되어 발생하는 인간의 건강문제

공동체 치료 사회적 맥락을 핵심적 요소로 강조하고 공적인 영역에서 수행되는 치료

남아프리카 칼라하리 사막에서 트랜스 상태에 빠진 한 주쯔와시 치료사. 주쯔와시 치료사는 대부분 남성이지만 여성도 일부 있다.

여러분의 문화에서는 다양한 종류의 치료사들이 어떤 유형의 젠더, 민족 그리고 계급적 특징을 보여주는가?

> 맞춰 박수를 친다. 남성들은 노래 부르는 여성들을 에워싸고 춤을 추는데, 가끔 여성들이 이 춤의 대열에 가세하기도 한다. 춤이 무르익으면 넘, 즉 영적 에너지가 치료자들(남녀 모두 가능하지만 주로 춤을 추는 남성들)에 의해 활성화된다. 넘이 활성화되면 참가자들은 키아, 즉 의식이 고양되는 경험을 하기 시작한다. 치료사들은 키아를 경험하면서 춤에 참가한 모든 이들을 치료한다(Katz, 1982: 34).

춤은 캠프의 구성원 전체가 참여하는 공동체 차원의 이벤트이다. 넘의 치유력에 대한 사람들의 믿음은 키아를 통해서 춤에 의미를 부여하고 또 치료효과가 발휘되도록 한다.

공동체 치료가 '효험'이 있을까? 답은 비서구적 측면에서뿐만 아니라 서구적인 측면에서도 '그렇다'이다. 공동체 치료는 몇 가지 수준에서 '효력을 발휘한다'. 사람들의 결속과 집단적 회합이 정신적 · 육체적 건강을 증진하고 일종의 건강보호체계로 작동할 수 있다. 사람들이 병에 걸리면 밤새워 추는 춤의 드라마와 에너지가 병자들을 강하게 하는 방향으로 작용할 수 있는데, 서구과학이 이를 측정하는 데는 어려움이 있을 것이다. 친밀한 관계로 결속되어 있는 소규모 집단에서 춤은 아프거나 슬픔에 빠진 구성원의 기운을 북돋아준다.

움반다는 브라질의 민간신앙으로서 점점 더 국제적으로 확산되고 있다. 움반다 종교의식은 영적 수단을 통한 치료를 목적으로 거행된다. 이 의식의 일환으로 특정한 신위와 관련된 춤을 추고 있는 움반다 신도들의 모습을 예배당 뒤쪽의 관광객들이 구경하고 있다.

여러분은 건강과 치료에서 영성이 갖는 역할에 대해 어떻게 생각하고 또 어떤 근거에서 그렇게 생각하는가?

주쯔와시 치료체계의 중요한 측면은 개방성이다. 모든 사람이 치료법에 접근할 수 있는 권한을 가지고 있다. 치료사의 역할 또한 개방되어 있다. 특권을 가진 특별한 부류의 치료사가 존재하지 않는다. 반 이상의 성인 남성과 약 10%의 성인 여성이 치료사이다.

체액치료 **체액치료**(humoral healing)는 신체와 개인적 환경을 구성하는 특정한 요소들 사이의 균형이라는 철학에 토대를 두고 있다(McElroy and Townsend, 2008). 이 치료체계 내에서는 음식과 약재들이 몸에 상이한 영향을 미치고, '따듯하게 하는 것'과 '차갑게 하는 것'으로 분류된다. 여기서 작은따옴표를 사용한 이유는 이들 속성이 물리적 온도와는 다르다는 점을 강조하기 위해서이다. 질환은 신체적 불균형, 즉 과도한 열기나 냉기의 결과로서 섭생과 행동의 변화를 통해 중화하거나 균형을 회복할 수 있는 약을 먹어야 한다.

체액치료체계는 중동, 지중해 연안, 아시아 대부분의 지역에서 수천 년 동안 시행되어 왔다. 신세계에도 토착적인 체액

체액치료 체내의 자연적인 요소들 사이에 존재하는 균형을 강조하는 치료

치료체계가 존재하는데 때로 스페인 식민주의자들이 들여온 것과 혼합되어 있는 경우가 있다. 체액론은 서구생의학의 확산에도 불구하고 많은 사람들을 위한 치료의 원천으로서 상당한 정도의 탄력성을 보여 왔다. 지역 주민들 또한 서구의 생의학적 치료법을 '따듯하게 하는 것'과 '차갑게 하는 것'으로 분류해서 재구성해버린다.

말레이시아(13쪽 지도 1.1 참조)에는 외래문화와 접촉해온 역사를 반영해서 상이한 종류의 체액치료 전통이 여럿 공존하고 있다. 말레이시아는 토착문화와 인도, 중국, 아랍-이슬람문화 사이에 이루어진 약 2,000년에 걸친 교역과 접촉에 의해 영향을 받아왔다. 인도, 중국, 아랍의 건강체계는 각각 고유한 편차를 보여주긴 하지만 모두 건강을 체내에 있는 상반된 요소들 간 균형의 문제로 접근한다는 점에서 일치한다(Laderman, 1988). 말레이시아의 토착적 믿음체계 또한 열기와 냉기라는 관념에 의거해 있었기 때문에 이러한 외부로부터 수입된 모델과 양립할 수 있었을 것이다.

외부와의 접촉에 상대적으로 영향을 받지 않은 말레이시아 반도 내륙 토착민인 오랑아슬리에 관한 논의를 통해 외래문화가 도래하기 이전의 토착체계가 어떠했는가에 대한 실마리를 얻을 수 있을 것이다. 열기-냉기의 대립은 오랑아슬리 사람들의 우주론, 의료지식 그리고 사회 이론을 지배하는 개념체계이다. 토착 체액론에서 열기와 냉기가 갖는 특성과 의미는 이슬람, 인도, 중국의 체액론과 많은 측면에서 차이를 보여준다. 예를 들어 이슬람, 인도, 중국의 체액치료체계에서 죽음은 과도한 냉기의 결과이다. 반대로 오랑아슬리의 경우에는 과도한 열기가 죽음의 일차적인 원인으로 간주된다. 오랑아슬리 사람들의 관점에서 열기는 태양에서 발산되고 배설물, 피, 불운, 질병, 죽음과 연관되어 있다. 인간은 피가 뜨겁기 때문에 죽음을 피할 수 없고, 육류의 섭취는 죽음에 이르는 과정을 더 가속화시킨다. 열기는 월경, 폭력적 감정, 공격성, 취기를 유발한다.

대조적으로 냉기는 오랑아슬리 사람들의 건강에 절대적인 중요성을 가진다. 숲속에 머무는 것이 태양의 해로운 영향으로부터 보호해준다고 믿고 있다. 이러한 논리를 따라 질병의 치료는 열기의 감소나 제거를 목적으로 한다. 만약 어떤 사람이 개간지에서 병이 나면, 집단 전체가 냉기가 있는 숲으로 옮겨간다. 숲은 또한 차갑게 하는 잎과 약초의 원천이다. 치료사는 냉한 성질을 가지고 있고 냉기를 보존하기 위해 냉수에 목욕을 하고 불에서 멀리 떨어져서 잠을 잔다. 하지만 극단적인 냉기는 해로울 수 있다. 위험한 수준의 냉기는 출산 직후의 상황과 관련되어 있다. 산모는 열기의 상당 부분을 상실한다고 믿고 있기 때문이다. 아기를 갓 출산한 산모는 찬물을 마시거나 찬물에 목욕하면 안 된다. 그녀는 허리에 따듯한 잎이나 재를 넣은 띠를 둘러 체열을 높이고 불 가까이 누워 있는다.

치료사 비공식적인 의미에서 보면 모든 사람이 '치료사'이다. 누군가 아프다고 느낄 때 가장 먼저 고려하는 것이 자가 진단과 치료이기 때문이다. 하지만 모든 문화는 사람들 중에서 일부 사람들만을 건강문제를 진단하고 치료하는 특별한 능력을 가지고 있는 자로 인정한다. 통문화적 증거에 따르면 치료사는 일정한 기준을 공유하고 있는 것으로 나타난다(그림 5.3 참조).

다양한 문화의 치료전문가에는 조산사, 접골사(부러진 뼈를 다시 맞추는 사람), **샤만**(shaman)과 **샤만카**(shamanka)(각각

선정 : 특정한 개인은 치료사로서의 역할에 입문할 수 있는 능력을 다른 사람보다 더 많이 보여줄 수 있다. 서구 의과대학의 경우 치료사 입문을 위한 선정이 입학시험과 대학 성적 같이 명백하게 객관적인 기준에 의거해서 이루어진다. 일본 북부지방의 토착민 아이누족의 경우, *이무*라 불리는 일종의 발작상태에 진입할 수 있는 특별한 능력을 가진 남성이 치료사로 선정된다(Ohnuki-Tierney, 1980).

훈련 : 훈련기간은 수년간의 관찰과 수련을 수반하고 험난하며 심지어 위험하기까지 할 수 있다. 서구생의학의 경우 치료사가 되기 위해서는 의과대학에서 엄청난 분량의 암기, 가족 및 정상적인 사회생활로부터의 격리, 수면부족 등을 경험해야 한다.

자격증 : 치료사는 특정한 형태의 의례적 · 법적 자격증을 취득한다. 예를 들어 샤만은 공식적 입사의례를 통과하고 이는 샤만으로서의 능력을 입증하는 것으로 여겨진다.

전문가 이미지 : 치료사의 역할은 행동과 의상을 포함하는 다양한 표식을 통해 보통 사람들과 구별된다. 예를 들어 서구의 치료사는 흰색 가운을 입고 시베리아의 샤만은 정령을 부르는 방울 달린 소고를 가지고 있다.

보수의 기대 : 공식적인 치료사에게는 친절의 형태든 현금의 형태든 특정한 종류의 보상이 제공된다. 보수의 수준은 치료사의 지위와 여타 요인에 따라 달라질 수 있다. 북인도의 농촌에서는 강한 남아선호사상으로 인해 딸을 낳았을 때보다 아들을 낳았을 때 조산사에게 2배의 보수를 제공한다. 미국에서는 다양한 전문성을 가진 의료전문가들이 현저하게 차이 나는 월급을 받고 있다.

그림 5.3 치료사가 되기 위한 척도

샤만 혹은 샤만카 각각 남성과 여성 치료사를 지칭함

환경에 주목하기

볼리비아 아마존 지역의 토착식물학적 지식과 아동 건강

치마네는 볼리비아 동북부의 아마존 지역(지도 5.2 참조)에 사는 수렵채집-원시농경민 사회로 인구는 약 8,000명이다(McDade et al., 2007). 치마네 사람들 대부분은 원시농경을 주로 하고 약간의 수렵채집을 통해 보충하는 방식으로 생계를 유지한다. 하지만 최근 벌목캠프나 목장에서 임금노동을 할 기회가 점점 더 많아지고 있고 열대 숲에서 나는 산물을 판매하기도 한다. 2002~2003년 여기서 소개하는 연구가 수행될 당시 치마네 사회는 아직 외부 세력에 크게 영향을 받지 않았고 토착자원에 주로 의존해서 생계를 유지하고 있었다.

이 연구는 어머니의 식물학적 지식과 자녀 건강 사이의 상관관계에 초점을 맞추고 있다. 식물학은 식물에 관한 지식체계를 뜻한다. 가구 방문과 인터뷰를 통해 어머니들의 식물학적 지식에 관한 자료를 수집했다. 아동의 건강은 세 가지 척도, 즉 C 반응성단백질의 농도[면역력과 '감염성 존재량'(역주 : 감염성 질환과 암 또는 뇌졸중 같은 여타 질환 사이의 상관관계를 규명하는 데 사용되는 개념으로 전염성 병원체에 감염된 정도를 뜻한다)'의 척도], 피하지방의 두께(체지방을 측정하는) 그리고 신장(전반적인 성장과 발달의 정도를 나타내는)을 통해 평가되었다.

연구 결과는 어머니의 식물학적 지식과 자녀의 건강 사이에 밀접한 연관성이 있음을 보여주었다. 식물학적 지식은 더 나은 영양공급을 가능하게 함으로써 자녀의 건강을 증진한다. 즉 지식이 풍부한 어머니는 보다 건강에 좋은 식물성 음식을 자녀에게 제공하는 경향이 있다. 식물학적 지식이 풍부한 어머니는 또한 약초를 이용해서 자녀의 질환을 치료함으로써 자녀들의 건강을 증진한다. 전체적인 결론은 지역의 식물자원에 관한 어머니의 지식은 자녀에게 직접적으로 이익이 된다는 것이다. 대조적으로 어머니의 교육수준과 가구의 수입수준은 자녀의 건강과 거의 관련이 없었다.

어머니의 식물학적 지식과 토착 식물자원의 활용이 아동들의 건강증진에 긍정적인 효과가 있다는 것이 사실이라면, 식물자원에 대한 원주민들의 접근권을 보호하고 토착 식물학적 지식을 존중 및 보존하는 것이 중요하다.

생각할 거리

여러분이 오레가노, 파슬리 혹은 시나몬 같은 약초나 향신료가 포함된 음식을 먹을 때, 또는 홍차나 커피 같은 식물성 음료를 사서 마실 때 그것이 여러분의 건강에 미치는 긍정적인 혹은 부정적인 영향에 대해 어떻게 생각하는가?

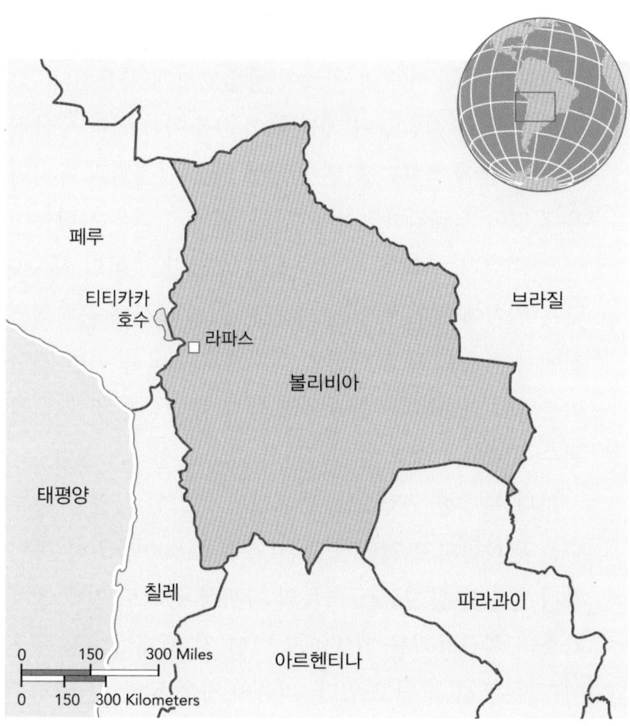

지도 5.2 볼리비아공화국

안데스산맥에 위치하는 볼리비아는 남미에서 베네수엘라 다음으로 두 번째로 큰 유전을 가지고 있을 뿐만 아니라 여타 천연자원도 풍부하지만 저소득 국가이다. 1,000만 명의 인구 중 다수자가 원주민인데, 이 원주민 다수자는 약 40개의 상이한 집단으로 구성되어 있다. 가장 큰 집단은 아이마라어 집단(200만 명)과 케추아 언어를 사용하는 집단(150만 명)이다. 인구의 30%가 메스티소이고 15%가 유럽계이다. 인구의 2/3는 저소득층 농민이다. 국가의 공식종교는 로마 가톨릭이지만 개신교도 확대되고 있는 중이다. 종교적 혼합주의가 두드러진다. 아이마라어와 케추아어도 일반적으로 사용되긴 하지만 대부분의 사람들은 스페인어를 주언어로 사용한다. 오루로 카니발로 알려진 볼리비아의 대중 축제는 유네스코 무형문화유산 목록에 등재되어 있다. 2014년 볼리비아 정부는 수도인 라파스와 인접 도시인 엘알토를 잇는 대량 운송용 공중 케이블을 건설하기 시작했다. 엘알토는 세계에서 가장 높은 곳에 있으며 라틴아메리카에서 원주민 인구가 가장 많은 도시이다.

남성과 여성 치료사로 인간과 영적 세계를 매개한다), 약초학자, 일반개업의, 정신과의, 간호사, 침술사, 척추지압요법사, 치과의사, 호스피스 제공자 등이 포함된다. 어떤 형태의 치료사는 다른 형태보다 더 높은 사회적 지위와 권력을 누리고 더 높은 보수를 받을 수 있다.

조산술은 세계 대부분의 지역에서 소멸위기에 처해 있는

치료술 중 하나이다. 출산이 점점 더 의료화되고 가정을 벗어나 병원이라는 제도화된 영역으로 포섭되고 있기 때문이다. 조산사라는 용어는 여성의 출산을 돕도록 공식적 혹은 비공식적 훈련을 받은 사람을 일컫는 말로 보통은 여성을 가리킨다. 코스타리카에서는 의사의 출석하에 병원에서 출산하도록 장려하는 정부 캠페인으로 인해 20세기 말에 이르자 출산의 98%가 병원에서 이루어지게 되었다(Jenkins, 2003). 그 결과 조산사 중에서도 특히 농촌 지역의 조산사들이 더 이상 조산을 업으로 먹고살 수 없게 되었고, 이로 인해 그들 대부분이 이 직업을 포기하고 있다. 병원출산의 장려로 인해 조산사가 공동체에 기반해서 수행하는 긍정적인 역할뿐만 아니라 임산부를 위한 사회적 지원과 마사지 같은 기술의 공급원도 사라지고 있다.

치료물질 전 세계적으로 수천 종류의 자연적 혹은 인공적 물질이 건강문제를 예방하거나 치료하는 약재로 사용된다. 그동안 인류학자들은 대체로 서구보다 비서구문화에서의 약 사용을 연구하는 데 더 많은 시간을 투자해 왔다. 하지만 현재 서구약학의 용법과 의미도 탐구하는 보다 완전한 통문화적인 성격의 접근이 부상하고 있다(Petryna, Lakoff, and Kleinman, 2007).

식물요법(phytotherapy)은 식물을 사용해서 치료하는 방법이다. 통문화적으로 사람들은 위장병, 피부병, 상처와 종기, 통증완화, 불임, 피로, 고산병 등을 포함하는 광범위한 건강문제를 치료할 수 있는 수많은 종류의 식물을 알고 있고 또 사용한다('환경에 주목하기' 참조). 전 세계에 걸쳐 잠정적으로 유용한 식물의 분포에 관한 인식의 증가로 인해 세계의 문화다양성 보호를 위한 동기가 강하게 부여되고 있다. 그 이유는 식물자원에 관한 지식을 가지고 있는 당사자가 바로 사람들, 특히 원주민들이기 때문이다(Posey, 1990).

코카 나무의 잎은 수 세기 동안 남미 안데스산맥 지방의 건강체계에서 핵심적인 부분을 차지해 왔다(Allen, 2002). 코카는 의례용으로도 중요할 뿐만 아니라 공복으로 인한 통증을 완화하고 감기를 이기는 데도 중요하다. 안데스 사람들은 위장병, 접질림, 부종, 감기 등을 치료하는 데 코카를 사용한다. 코카잎은 그대로 씹어서 섭취할 수도 있고, 다른 약초나 뿌리 그리고 물과 섞어 마테라는 음용약을 만들어 마실 수도 있다. 훈련된 약초전문가가 마테 제조에 관한 전문지식을 소유하고 있다. 천식치료용 마테를 예로 들 수 있는데, 환자는 뿌리와 코카잎을 갈아 만든 마테를 천식이 나을 때까지 하루 3~4회 마신다.

광물질 또한 예방과 치료에 광범위하게 사용된다. 전 세계에 걸쳐 많은 사람들이 예를 들어 유황이나 여타 광물질 함량이 높은 물에 목욕을 하면 건강에 좋고 관절염과 류머티즘 같은 질병이 치료된다고 믿고 있다. 매년 수많은 사람들이 피부병을 치료하기 위해 이스라엘과 요르단 사이의 해수면보다 낮은 위치에 펼쳐져 있는 사해를 찾는다. 사해 근처의 유황온천에서 목욕을 하고 해안의 진흙으로 목욕을 하면 건선 같은 피부병이 완화된다. 일본을 포함한 동아시아 전체에 걸쳐 광천수 목욕이 건강을 증진하는 방법으로 인기가 있다.

보다 특별한 관행으로 관절염을 포함한 다양한 종류의 병증을 완화한다고 알려진 라돈(역주 : 1900년에 한 독일 화학자가 발견한 물질로서 라듐의 방사성 붕괴로 인해 발생한다) 가스의 치료효과를 기대하고 매년 전 세계의 수많은 사람들이 '라돈온천'을 찾고 있다. 미국의 경우 몬태나산맥의 탄광에 라돈온천이 많이 있다(Erickson, 2007). 몬태나산맥의 온천 중 하나인 프리엔터프라이즈 탄광에서 추천하는 치료법은 1시간 동안 온천에 들어가 있는 일을 하루에 두세 번씩 반복하고 이

시리아의 소년들이 약초로 사용되는 히솝을 팔고 있다. 우나니, 즉 이슬람 전통의료체계 내에서 히솝은 천식 같은 증상을 완화하는 데 사용된다.

■ **히솝과 그 의학적 용도에 관해서 더 알아보라.**

식물요법 식물을 사용한 치료

북한 하온포리에 있는 경성모래온천에서 방문객들이 라돈치료를 받고 있다. 이 온천은 500년의 역사를 가진 요양 중심지다. 이 사진에서 볼 수 있는 '모래찜질'은 관절염, 수술 후유증, 일부 여성 건강문제 같은 만성질환에 이용되고 있는 치료법이다.

를 약 30회까지 반복하는 것이다. 탄광에는 벤치와 의자들이 비치되어 있는데, 고객들은 책을 읽고, 카드놀이를 하거나, 얘기를 나누고, 낮잠을 잘 수도 있다. 일부 '단골'은 매년 탄광을 찾아 이전 방문에서 만났던 친구들과 재회할 계획을 세우기도 한다.

양약이 전 세계적으로 대중화되고 있는 추세이다. 비록 이러한 의약품이 많은 이점을 가지고 있는 건 사실이지만, 과도한 처방과 처방전 없는 남용 등 부정적 영향도 나타나고 있다. 특히 약품의 판매가 규제되지 않는 경우가 흔하여 자가치료를 하는 환자가 그것을 지역 약국에서 임의로 구매할 수도 있다. 캡슐약품과 주사약이 대중화되고 과용됨으로써 약물에 내성을 가진 변종질환의 출현 같은 보건상의 위기가 증가해 왔다.

세 가지 이론적 접근

5.2 의료인류학의 세 가지 주요한 이론적 접근 설명하기

건강체계를 이해하는 첫 번째 중요한 이론적 접근은 건강문제를 규정하는 환경의 중요성과 그것이 어떻게 확산되는가에 방점을 두고 있다. 두 번째 접근은 사람들이 병증과 치료관행을 표현하는 데 사용하는 상징과 의미를 강조한다. 세 번째 접근은 건강문제의 기저 원인으로서 구조적 요인을 파악하는 것이 갖는 중요성을 피력하고, 서구생의학을 문화적으로 특수한 제도 중 하나로서 접근한다.

생태학적/역학적 접근

생태학적/역학적 접근(ecological/epidemiological approach)은 자연환경의 일부가 문화와 어떻게 상호작용해서 특정한 건강문제를 유발하고 또 그것이 전체 인구집단으로 확산되는 데 어떤 영향을 미치는가라는 문제를 탐구한다. 이 접근에 따르면 가족 내 음식분배, 성적 관행, 위생, 외부인과의 접촉 정도 등 건강에 영향을 미치는 환경적 맥락과 사회적 유형에 관한 정보를 수집하는 데 조사의 초점을 맞추어야 한다. 조사방법과 자료는 주로 양적이고 에틱적인 경향을 보여준다. 하지만 양적 자료를 맥락화해 이해하기 위해서 질적 · 에믹적인 자료를 포함하는 추세가 점점 더 강해지고 있다(제2장 참조).

생태학적/역학적 접근의 목적은 공중보건 프로그램을 도출하기 위해 유용한 연구결과를 이끌어내는 데 있다. 이러한 접근은 특정한 건강문제의 위험에 처해 있는 집단에 관해 필요한 정보를 제공해줄 수 있다. 예를 들어 비록 구충(hookworm, 역주 : 십이지장충으로도 불림)은 중국의 농촌 전역에서 일반적인 현상이지만, 역학적 연구자는 쌀농사를 짓는 농민들이 가장 높은 감염률을 보여준다는 사실을 발견했다. 그 이유는 농민들이 일하는 논에 분뇨(비료로 사용되는 인간 배설물)를 뿌리는데 바로 이 분뇨를 통해 구충이 확산되기 때문이다.

도시화는 건강에 긍정적인 측면과 부정적인 측면 모두에서 중대한 영향을 미치는 또 다른 중요한 환경적 요인이다. 부정적인 측면에서는 고고학자들의 연구를 통해 밝혀진 것처

고인 물속에 서서 하는 농업노동은 구충에 감염될 위험성을 높인다. 구충병은 중국 도처에서 나타나는 풍토병이다.

여러분이 사는 곳에서 구충은 위협적인가? 여러분이 거주하는 지역의 주요 전염병은 무엇인가?

생태학적/역학적 접근 의료인류학의 한 접근방법으로 자연환경의 일부가 사회적 환경과 어떻게 상호작용해서 질병을 유발하는지를 조명하는 데 방점을 둔다.

지도 5.3 미국 48개 주의 식민화 이전 인디언 분포

유럽 식민주의자들이 도래하기 이전에는 이 지역의 유일한 점유자가 인디언이었다. 가장 초창기 영국 이주민들은 인디언들의 키와 강건한 신체조건을 보고 감탄해 마지 않았다.

럼 밀집한 공간에서 정주생활을 하는 인구집단은 이동생활을 하는 인구집단보다 전염병과 영양결핍 같은 건강문제를 겪을 가능성이 더 높다(Cohen, 1989). 이러한 문제는 동아프리카와 서아프리카에서 최근 정주생활을 시작한 유목민들 사이에서 분명하게 나타난다. 한 연구는 케냐(95쪽 지도 4.4 참조) 서북부의 두 투르카나 집단, 즉 목축생활을 하는 한 집단과 정주생활을 하는 한 집단의 건강상태를 비교했다(Barkey, Campbell, and Leslie, 2001). 이 두 집단은 식단, 육체적 활동, 건강 면에서 현격한 차이를 보여주었다. 목축생활을 하는 투르카나 집단의 경우 주로 동물성 음식(우유, 고기, 피)을 먹고, 장시간 동안 혹독한 육체적 활동을 하며 대가족집단 내에서 생활했다. 정주생활을 하는 투르카나 집단 남성은 주로 옥수수와 콩을 먹었다. 그들의 정주생활은 육체적 활동과 운동량이 더 적다는 것을 의미했다. 건강 면에서는 정주생활을 하는 남성들의 경우 눈 감염, 가슴 감염, 요통, 기침/감기 등의 사례가 더 많았다. 그렇다고 해서 목축생활을 하는 투르카나 남성들이 건강상 전혀 문제가 없는 것은 아니었다. 목축생활을 하는 남성의 1/4이 눈 감염 증세를 보여주었는데 정주생활을 하는 남성의 경우 1/2이 눈 감염 증세를 보여주었다. 영양 면에서는 정주생활을 하는 사람들이 상대적으로 키가 작고 몸집도 뚱뚱한 편이었는 데 반해 유목생활을 하는 사람들은 키가 크고 날씬했다.

인류학자들은 식민주의가 원주민들의 건강과 생존에 미치는 부정적인 영향을 연구하기 위해 생태학적/역학적 접근방법을 활용해 왔다. 식민세력과의 접촉은 전반적으로 부정적인 영향을 미쳤다. 영향의 범위는 원주민들이 급속하고 철저하게 절멸해버리는 경우부터 타 집단들 사이에서 탄력적으로 적응하는 경우까지 포함한다. 서반구에서 유럽 식민주의의 확산은 비록 정확한 수치에 대해서는 논쟁이 있지만 원주민 인구의 극적인 감소를 초래한 것이 분명하다(Joralemon,

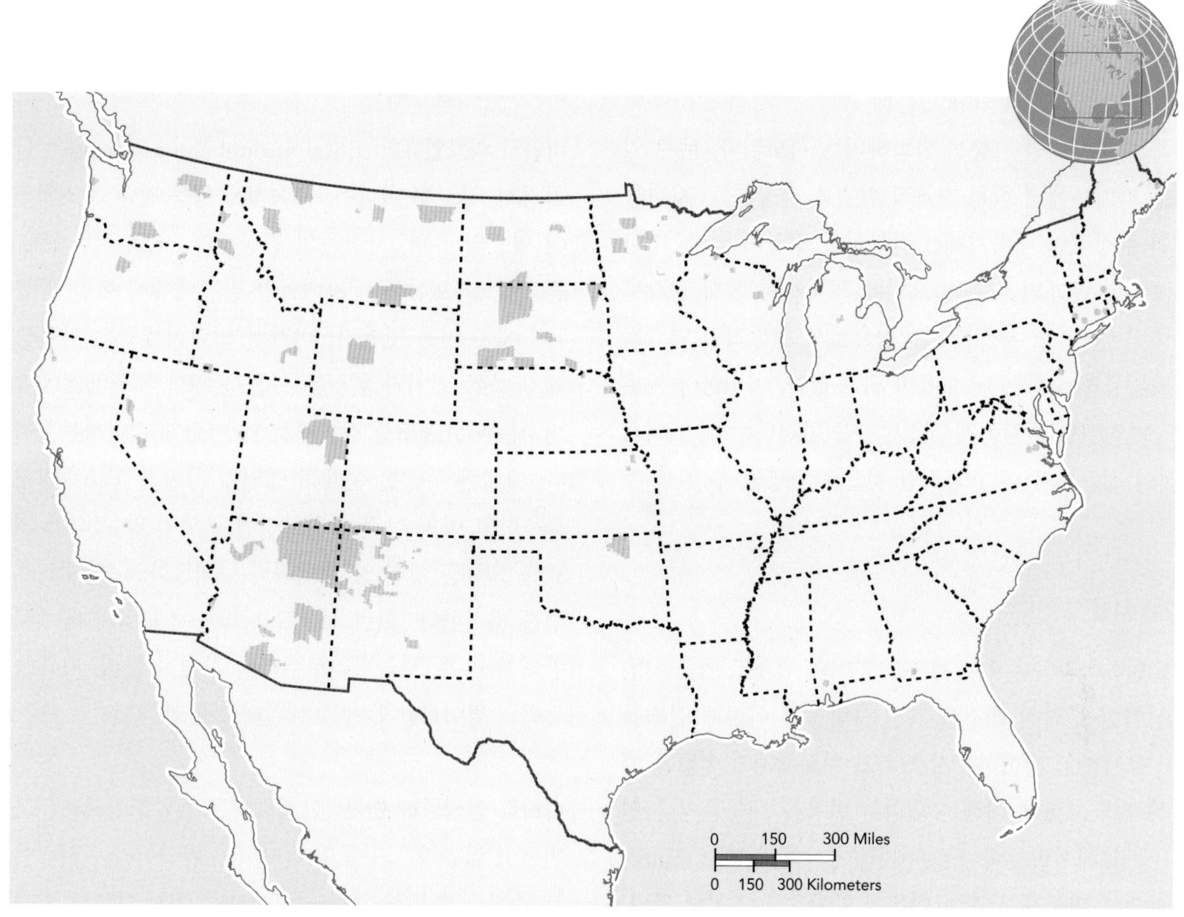

지도 5.4 미국 48개 주 지정 인디언 보호구역

오늘날 연방 인디언 보호구역은 미국의 광대한 영토 중에서 아주 작은 부분을 차지한다. 보호구역들은 '공인된 부족들'에게 할당되었다. 하지만 이 지도에는 특정 주들에 의해 공인된 보호구역들이 표시되어 있지 않다. 그러한 보호구역들이 동부 주에는 드문 반면, 서부의 여러 주에는 광범위하게 분포되어 있다. 더욱이 이 지도는 미국 인디언의 존재를 실제보다 적게 드러낸다. 이는 아직까지 공식적으로 인정받지 못한 부족들이 많이 있고, 많은 인디언들이 보호구역을 벗어나서 살고 있기 때문이다.

1982). 조사에 따르면 접촉 이전의 신세계에는 천연두, 홍역, 발진티푸스, 매독, 나병, 말라리아 등과 같은 유럽의 주요 전염병들이 거의 없었다. 따라서 저항력이 전혀 없던 원주민들이 이들 전염병에 노출되면 매우 파괴적인 결과를 초래할 수밖에 없었다. 한 연구자는 식민주의적 접촉을 '생물학 전쟁'에 비유했다.

> 천연두는 그 전쟁에서 인간살상 부대의 대위였다. 발진티푸스 열은 그 부대의 중위였고, 홍역은 소위였다. 말을 탄 정복자들보다 더 공포스러웠고 검과 화약보다 더 치명적이었던 이들 질환의 창궐은 백인들의 정복을 매우 용이하게 만들었다(Ashburn, 1947:98, Joralemon, 1982:112에서 재인용).

이 인용구는 신세계의 식민사를 장식했던 세 가지 주요 질병, 즉 천연두, 발진티푸스, 홍역의 중요성에 방점을 두고 있다. 더 나중에 전파된 콜레라는 오염된 물과 음식을 통해 심각한 영향을 미쳤다. 원주민들은 전염병에 의한 초토화 외에도 공공연한 살인, 노예화, 가혹한 노동에 의해 거의 절멸되다시피 했다. 토지와 생계수단, 사회적 결속, 조상들의 묘지에 대한 접근권의 상실에 따른 심리적 손상은 세대를 넘어 지속되는 트라우마를 낳았다(지도 5.3, 5.4 참조).

원주민들이 유럽 식민주의를 경험한다는 것은 우울증과 자살률이 높고, 자존감이 부족하며, 아동 및 청소년의 약물중독, 알코올 중독, 비만, 고혈압 등의 비율이 높게 나타난다는 것을 의미한다. **역사적 트라우마**(historical trauma)는 식민주의

역사적 트라우마 식민주의의 유해한 영향이 부모 세대에서 자식 세대로 전이되는 것

의 정서적 · 심리적 영향이 부모 세대에서 자녀 세대로 전이되는 것을 뜻한다(Brave Heart, 2004). 역사적 트라우마는 약물남용과 밀접하게 연관되어 있는데, 이는 역사적 트라우마가 유발하는 지속적인 고통을 완화하려는 시도이다. 문제 있는 부모는 자녀들에게 힘든 가족적 환경을 제공하고, 자녀들은 부모의 부정적인 대처기제를 반복하는 경향이 있다. 역사적 트라우마라는 개념은 과거 요인에 의거해서 현재 건강문제의 사회적 · 공간적 분포를 설명함으로써 전통적인 역학적 연구의 범위를 확장하는 데 도움이 되고 있다. 이러한 접근은 문화적으로 적절한 건강문제 개선방안을 마련하는 데 있어서 생의학적인 접근보다 더 효과적인 것으로 판명될 수 있을 것이다.

상징적/해석학적 접근

일부 의료인류학자들은 건강체계를 의미의 체계로 접근한다. 그들은 상이한 문화적 배경을 가진 사람들이 어떻게 질병을 명명하고 묘사하고 경험하는지 그리고 치료체계가 어떻게 개인과 공동체의 고통에 대해 유의미한 반응을 내놓는지를 연구한다. 상징/해석인류학자들은 의례에서의 트랜스(trance) 같은 치료의 측면들을 상징적 연행의 일종으로 조명해 왔다. 프랑스의 인류학자 레비스트로스(Claude Lévi-Strauss)는 『상징의 효과(The Effectiveness of Symbols)』(1967)라는 제목의 고전적인 글에서 이러한 접근을 확립했다. 그는 파나마의 구나 인디언(Guna Indian) 사이에서 출산 시 샤만이 부르는 노래가 분만의 고통을 겪는 여성에게 어떻게 도움을 주는지 조사했다. 여기서 중요한 것은 치유체계가 외견상 의미 없는 형태의 고통을 겪고 있는 사람에게 의미를 제공해준다는 점이다. 의미의 제공은 고통 받는 사람에게 심리적으로 도움을 주며, 상징적 혹은 여타 비물질적인 요인에 의거한 치료방법의 긍정적인 결과를 통해 치료효과를 강화할 수도 있는데, 서구 과학에서는 이를 **플라세보 효과**(placebo effect) 혹은 의미효과(meaning effect)라고 부른다(Moerman, 2002). 미국에서는 건강문제의 종류에 따라 치료제 처방 효력의 10~90%가 플라세보 효과이다. 몇 가지 설명적 요인들이 의미효과와 연관되어 있을 수 있는데, 그것은 치료제를 처방하는 전문가에 대한 신뢰, 처방전 자체의 작용, 알약의 색깔과 모양 같은 처방의 구체적인 세부사항 등이다.

비판적 의료인류학

비판적 의료인류학(critical medical anthropology)은 글로벌 정치경제, 글로벌 미디어, 사회적 불평등 같은 구조적인 요인들이 병증의 유형, 사람들의 건강상태, 의료 서비스에 대한 접근권 등을 포함하는 지배적인 건강체계에 어떤 영향을 미치는가에 초점을 맞춘다. 비판적 의료인류학은 서구생의학 자체가 종종 빈민과 힘없는 자들을 위한 지원체계에 악영향을 미치는 의료제도를 강화하는 데 어떻게 기여하는가를 보여준다. 그들은 특정한 문제의 원인이 사실상 구조적인 것임에도 불구하고 마치 그것이 의학적인 문제인 양 그리고 의학적 치료를 요하는 것인 양 개념화하는 **의료화**(medicalization)의 과정을 지적한다. 이런 식으로 사람들에게 알약과 주사약을 처방해서 빈곤, 보금자리로부터의 강제적 분리, 가족을 부양할 능력의 결여라는 문제를 해결하고자 한다.

사회적 불평등과 빈곤 산업사회든 개발도상사회든 상관없이 빈곤이 질환과 사망률의 일차적인 원인이라는 사실을 보여주는 증거는 충분하다(Farmer, 2005). 이는 예컨대 차드나 네팔의 아동영양실조 혹은 고소득 국가의 도시 빈민들 사이의 거리폭력이라는 상이한 방식으로 드러날 것이다.

부국과 빈국을 가장 광범위한 수준에서 비교해보면, 산업화되고 부유한 나라의 가장 일반적인 건강문제와 가난하고 덜 산업화된 나라의 가장 일반적인 건강문제 사이에 상당한 차이가 드러난다. 전자의 경우 사망의 주요 원인이 순환기 질환, 악성종양, HIV/AIDS, 지나친 음주와 흡연 등이다. 가난한 나라의 경우 폐결핵, 말라리아, HIV/AIDS 등이 세 가지 주요한 사망 원인이다.

개발도상국의 아동영양실조 비율은 수입과 반비례 관계에 있다. 다시 말해 수입이 증가하는 만큼 권장 일일 칼로리양대로 섭취하는 경향도 높아진다(Zaidi, 1988). 따라서 빈곤층의 수입 증가는 아동의 영양과 건강을 증진하는 가장 직접적인

플라세보 효과 상징적 혹은 여타 비물질적인 요인에 의거한 치료방법의 긍정적 효과

비판적 의료인류학 사람들의 건강상태, 의료 서비스에 대한 그들의 접근권 그리고 이와 연동되어 있는 지배적인 의료체계가 정치적 · 경제적 구조에 의해 어떻게 규정되는가를 분석하는 데 방점을 두는 의료인류학의 한 접근방식

의료화 어떤 쟁점이나 문제가 사실 경제적 혹은 구조적인 것임에도 불구하고 그것을 의학적인 문제로 또 의학적인 치료를 요하는 것으로 개념화하는 것

방법이다. 그러나 이렇게 논리적으로 보이는 접근방식과 대조적으로 전 세계 대부분의 건강 및 영양증진 프로그램은 빈곤의 원인 자체가 아니라 빈곤의 결과로 나타나는 건강문제를 처치하는 데 주로 초점을 맞추고 있다.

비판적 의료인류학자들은 개발도상국들에 광범위하게 확산된 의료화 관행을 기술한다. 한 가지 사례로 브라질 북동부의 봉제수스(Bom Jesus)에서 이루어진 낸시 셰퍼-휴스의 연구를 들 수 있다(제4장을 다시 읽어보고 58쪽 지도 3.4를 보라). 가난하고 흔히 실직상태에 있는 봉제수스 사람들은 무기력증, 불면증, 불안증을 빈번하게 경험한다(1992). 지역 병원의 의사들은 그들에게 알약을 주면서 먹게 했다. 하지만 사람들은 배가 고프고 영양이 부족했다. 그들이 필요한 것은 알약이 아니라 음식이었다. 다른 많은 사례들과 마찬가지로 이 사례에서도 빈곤의 의료화는 가난한 사람들에게가 아니라 제약회사의 이익에 도움이 되며 의사들이 무엇인가 하고 있는 것처럼 느끼게 만든다. 이것은 의사들이 구조적인 폭력과 빈곤에 마음을 쏟도록 훈련되어 있지 않기 때문이다.

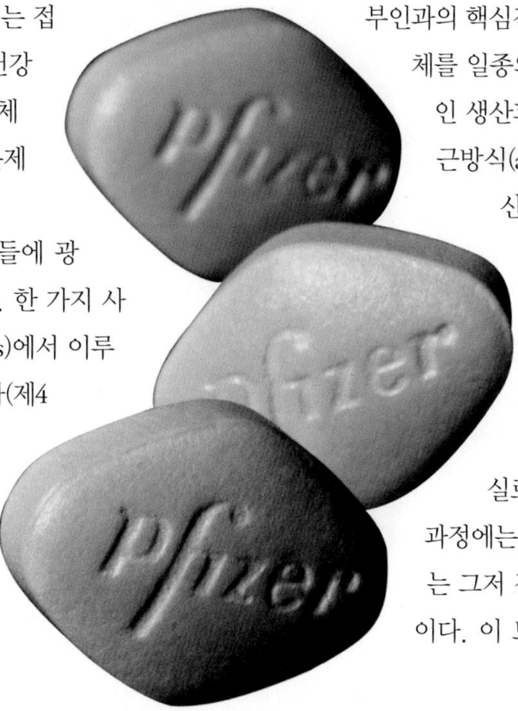

제약회사들은 판매를 촉진하기 위해 새로운 알약의 디자인과 색상 및 광고에 상당한 자원을 투자한다. 화이자의 발기부전 치료제인 비아그라는 에너지와 원기 왕성함을 나타내도록 모양이 만들어졌으며 사진에서 보이는 약의 배열 역시 활동성과 운동성을 전달해준다.

■ **이 약의 색을 파란색으로 선택한 것에 대해 어떻게 생각하는가?**

서구생의학적 수련에 관한 비판 1980년대 이후 비판적 의료인류학자들은 서구생의학을 하나의 문화체계로 연구해 오고 있다. 그들은 서구생의학의 많은 이점을 인정하지만 그것을 더 개선할 수 있는 방법들을 제시하는데, 그 예로 기술에 대한 의존성 줄이기, 건강문제가 단순한 생물학적 조건이 아니라 구조적 조건들과 맞물려 있다는 인식의 확장 그리고 마사지, 침술, 척추지압 같은 대안적인 방법들을 통한 치료의 다변화 등을 들 수 있다.

몇몇 비판적 의료인류학자들은 서구의 의과대학 수련 과정에 대한 조사를 수행해 왔다. 미국의 산부인과 수련에 관한 한 연구에서 남자 10명과 여자 2명을 포함한 12명의 산부인과 전문의에 대한 인터뷰를 실시했다(Davis-Floyd, 1987). 의과대학 학생이던 시절 그들은 출산의 기술적 모델을 서구 산부인과의 핵심적인 가치로 습득했다. 이 모델은 신체를 일종의 기계로 다룬다. 의사들은 효과적인 생산과 질적 통제를 위해 조립라인형 접근방식(assembly-line approach)을 통해 출산을 관리한다. 레지던트 과정을 밟고 있는 한 수련의가 다음과 같이 설명했다. "우리는 환자들을 면도하고 준비시키며, 혈관주사를 연결하고 진정제를 투여한다. 우리가 아기를 받으면 아기는 영아실로 보내고 산모는 병실로 보낸다. 이 과정에는 한 치의 오차도 있을 수 없다. 우리는 그저 정확한 절차에 따라 그들을 옮길 뿐이다. 이 모든 과정은 마치 조립라인같이 보일 것이다"(1987:292). 목표는 건강한 아기의 '생산'이다. 의사는 이러한 목표의 달성을 책임지고 있는 기술전문가이며, 산모는 이차적인 위치를 차지한다. 한 산부인과 전문의는 "우리 모두가 항상 추구하도록 훈련받은 것은 바로 완전한 아기이다. 이것이 바로 우리가 생산하도록 훈련받는 것이다. 우리는 산모가 경험하는 질적인 측면에 대해서는 거의 생각해보지도 않는다. 우리가 행하는 모든 것은 완전한 아기를 얻기 위한 것이다"(1987:292)라고 말했다.

이러한 목표는 정교하고 복잡한 모니터링 장치의 사용을 수반한다. 한 산부인과 의사는 "나는 태아 모니터링 장치에 전적으로 의지한다. 모두 훌륭한 장치이기 때문이다! 그 장치들은 다른 많은 일들로부터 해방시켜준다. … 나는 저쪽에 앉아 산통 중인 산모의 배에 손을 얹고 있으면서 동시에 여기서 하루에 20~30명의 외래 환자들을 볼 수는 없었을 것이다"(1987:291). 과학기술의 사용은 또한 의사들에게 권위를 부여해준다. 누군가는 "환자들에게 인간적인 관심을 보이는 산부인과 의사는 누구도 존경받지 못한다. 존경받는 것은 바로 기계에 대한 관심이다"(1987:291)라고 말했다.

의과대학 학생들은 어떻게 기술적 모델을 학습하고 받아들이게 될까? 데이비스-플로이드(Davis-Floyd)는 조사를 통해

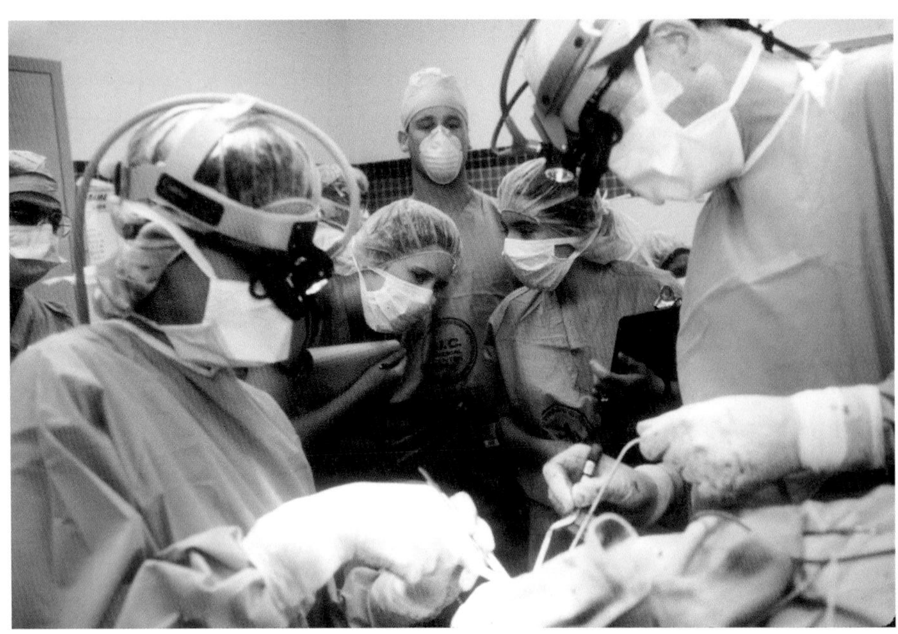

서구생의학적 배경에서 훈련받고 있는 의과대학 학생들. 이 학생들은 뇌수술을 관찰하고 있다.

이 장면이 서양의학의 가치와 신념에 관해 무엇을 전하고 있는가?

세 가지 핵심적인 과정을 지적한다. 그중 한 방식은 신체적으로 못살게 굴기(hazing), 즉 이 경우에는 수면박탈로 인한 스트레스를 수반하는 가혹한 통과의례이다. 신참 못살게 굴기는 의과대학과 수련의 시절 내내 일반화되어 있다.

둘째, 미국의 의과대학 수련은 인지퇴행(cognitive retrogression) 과정을 수반하는데, 이 과정에서 학생들은 비판적인 사고와 성찰적인 방식의 학습을 포기하게 된다. 의과대학의 첫 2년 동안 대부분의 과정은 기초과학이며 학생들은 어마어마하게 방대한 자료들을 반드시 암기해야 한다. 엄청난 분량의 암기로 인해 학생들은 어쩔 수 없이 무비판적인 접근을 취해야 한다. 이러한 정신적 과부하는 의학적 지식이 지고의 중요성을 가진다는 좁은 시야를 학생들에게 제공함으로써 그들을 천편일률적인 유형으로 사회화시킨다.

셋째는 탈인간화(dehumanization)로 불리는 과정으로, 의과대학 수련은 기술과 환자의 대상화에 방점을 둠으로써 인본주의적 이상을 삭제해버린다. 한 산부인과 학생은 다음과 같이 설명한다. "우리들 대부분은 아주 인본주의적인 이상을 안고 의과대학에 들어왔다. 그런 이상을 가지고 있었다는 걸 나는 안다. 하지만 의학교육의 전체 과정은 우리를 비인간적으로 만들어버린다. … 수련의가 될 때쯤이면 숙달할 수 있는 가장 최신의 기술과 수행할 수 있는 실험이 얼마나 정교한가에 대한 관심 외에는 어떤 것에도 관심이 없는 사람이 되어버린다"(1987: 299).

세계화와 변동

5.3 세계화가 건강, 질병 그리고 치유에 미친 영향을 이해하기

세계화로 인해 건강문제는 전 세계적으로 그리고 보다 먼 지역과 문화로 전보다 훨씬 빠른 속도로 이동하게 되었다. 동시에 서구생의학을 포함한 서구문화도 이동하고 있다. 자본주의 시장체제와 영어를 제외하면 서구문화의 요소들 중에서 서구생의학만큼 비서구세계 전역으로 확산된 것은 아마도 없을 것이다. 하지만 이러한 문화적 흐름은 일방적인 것이 아니다. 북아메리카와 유럽의 많은 사람들이 침술과 마사지 요법 같이 비서구적이고 비생의학적인 형태의 치료로 전환하고 있다. 이 절에서는 건강상 새롭게 부상하고 있는 도전들, 치료에서 발생하고 있는 변화 그리고 응용의료인류학이 점점 더 설득력을 갖게 된 사례들에 관해서 논의한다.

전염병

20세기 중반에 항생제, 아동질환 예방백신, 개선된 위생기술과 같은 과학의 발달로 인해 전염병의 위협이 극적으로 감소했다. 하지만 1980년대는 HIV/AIDS의 창궐과 급속한 확산으로 인해 신념이 흔들리기 시작했던 시대였다.

국제여행과 이주의 증가, 삼림벌채, 개발 프로젝트 등을 통해 병인에 노출되고 전염의 새로운 맥락들이 조성되고 있다. 여행과 이주의 증가는 HIV/AIDS와 SARS, 에볼라 및 또 다른 새로운 전염병의 확산에 기여했다. 전염병의 하위 범주에

AIDS와 사투를 벌이는 아프리카. (왼쪽) 활동가인 녹솔로 부누(Noxolo Bunu)가 여성 콘돔을 사용하는 방법을 시연하고 있다. 이 피임기구가 널리 확산되어 성적으로 전염되는 질병을 줄이는 데 도움이 될지는 분명하지 않다. (오른쪽) 사회적 낙인은 종종 HIV/AIDS 희생자의 고통을 가중시킨다. 남아프리카의 소웨토(Soweto) 인근에 설치된 옥외 광고판은 콘돔 사용을 촉진하고 사회적 거부와 낙인을 줄이기 위한 시도이다.

는 동물매개 감염질환이 있다. 동물매개 감염질환은 동물에서 사람에게 확산되는 질환이다. 그 사례로는 말라리아와 라임병(Lyme disease, 역주 : 진드기가 옮기는 세균성 감염증)이 있다.

삼림벌채는 모기를 통해 확산되는 말라리아의 증가와 연관이 있다. 모기는 숲과 상반되는 환경인 개방되고 햇빛이 잘 드는 물웅덩이들에서 번성한다. 댐 건설과 개간 같은 개발 프로젝트는 종종 지역민들에게 의도하지 않은 건강문제를 유발한다.

개발질환

개발질환(disease of development)은 경제개발계획에 의해 초래되거나 증가한 건강문제를 지칭한다. 예를 들어 열대지방 도처의 댐과 관개체계의 건설은 혈액체계 내의 기생충으로 인한 주혈흡충증(schistosomiasis)의 극적인 증가를 초래했다. 심신을 쇠약하게 만드는 이 질환으로 인해 2억 명이 넘는 인구가 고통 받고 있으며, 유병률이 가장 높은 곳은 아프리카의 사하라 사막 이남 국가들이다(Michaud, Gordon, and Reich, 2005). 호수나 강 같이 천천히 흐르는 물에서 유충들이 알에서 부화하고 성숙한다. 성충이 되면 접촉한 인간의(혹은 다른 동물들의) 피부를 뚫고 들어간다. 성체가 된 주혈흡충이 일단 인간의 신체 내부에 들어가면 방광과 창자 주변의 혈관에 산란을 한다. 수정된 알은 소변과 배설물을 통해 주변 환경으로 배출된다. 그다음 이 수정란들은 물을 오염시키고 유충으로 부화한다.

인류학적 조사에 따르면 적도 지방의 대규모 댐 지역에서 주혈흡충증이 급속하게 증가하는 현상이 나타났다(Scudder, 1973). 이 위험은 물의 흐름을 느리게 하는 댐으로 인해 초래되었다. 고여 있는 수계는 유충들의 성장에 이상적인 환경을 제공한다. 대규모 댐 건설을 반대하는 사람들이 자신의 입장을 뒷받침하기 위해 이러한 정보를 사용해 왔다.

다소 역설적이게도 많은 나라에서 증가하고 있는 비만 역시 개발질환으로 볼 수 있다. 전 세계적으로 고소득 국가에서 나타나는 높은 아동비만 증가율은 아동들의 건강 그리고 그들이 나이를 먹으면서 공중보건 시스템에 부과하게 될 부담에 관한 우려를 발생시키고 있다. 이른바 아동비만 전염병은 분명히 건강에 영향을 미치지만, 그 일차적이고 가장 중요한 원인이 의료적인 것이 아니다. 그 예방을 위한 가장 중요하고 효과적인 수단 또한 의료영역 외부에 존재한다(Moffat, 2010). 일반적으로 예방은 아동들의 식단과 활동 패턴을 바꾸는 것과 관련되어 있다.

의료다원주의

문화 간 접촉은 예를 들어 서로 다른 둘 혹은 그 이상의 언어, 종교, 법률체계, 건강체계와 같은 두 문화의 요소들이 공존하는 상황을 만들 수 있다. **의료다원주의**(medical pluralism)란 한

개발질환 환경 그리고 인간과 환경 간의 관계에 해로운 영향을 미쳐 온 경제개발활동들에 의해 초래되거나 증가한 건강문제

의료다원주의 한 문화 내에 한 가지 이상의 건강체계가 존재하는 상황. 또한 지방의 국지적 치료체계들을 생의학적 체계 내로 통합하려는 정부의 부양 정책

수상 경력이 있는 영국인 요리사 제이미 올리버(Jamie Oliver)도 음식활동가 중 한 명이다. 그는 영국에서 학교 급식을 개선하기 위해 노력했으며, 2010년에는 웨스트버지니아주 헌팅턴에 와서 같은 일을 했다. 헌팅턴은 미국에서 가장 건강상태가 좋지 않은 주의 가장 건강이 좋지 않은 도시로 불렸다. 그는 학교 급식의 질을 향상시키기 위해 센트럴시티초등학교의 조리사를 설득하기 위해 노력했으나 조리사, 학생 그리고 도시 행정가들의 강한 저항에 부딪혔다. 학생들은 그가 만든 건강에 좋은 치킨 너겟조차 거부했다.

제이미 올리버는 단순히 웨스트버지니아의 음식문화를 바꾸어보려는 엘리트주의 미식가에 불과한가?

사회 내에 복수의 분리된 건강체계가 존재하는 상태를 지칭한다. 다양한 치료 형태의 공존은 환자들에게 선택의 폭을 제공하고 건강의 질을 증진시킨다. 의료다원주의가 선택의 장점을 제공하지만, 사람들에게 질병과 치료의 상충되는 모델을 제시하기 때문에 치료사와 환자 사이에 오해가 발생하고 불행한 결과가 초래될 수 있다.

선택적 다원주의 : 셰르파의 사례 네팔의 셰르파(Sherpa, '문화파노라마' 참조)는 전통적인 치유체계에 대한 선호가 강하게 남아 있으면서 서구생의학의 선택적인 사용과 결합해 있는 흔치 않은 문화 중 하나이다(Adams, 1988). 동북부 네팔 쿰부(Khumbu)의 상부 지역에서 만날 수 있는 치료사는 다음 세 가지 범주로 나뉜다.

- 쿰부 사람들에게 예방과 치료를 위한 축복기도를 해주는 라마(lama) 승려와 체액치료체계인 티베트 전통의료를 실행하는 암치(amchi)를 포함하는 정통 불교의 사제 치료사들
- 진단을 위해 점복의식을 수행하는 비정통 종교 혹은 샤만 치료사들
- 관광객을 치료하기 위해 최초로 세운 병원에서 일하는 생의학 치료사들. 이 병원은 1967년에 항구적인 의료시설로 세웠는데, 많은 셰르파들이 이곳을 선택적으로 이용한다.

이와 같이 이 지역에는 세 가지 건강관리체계가 공존한다. 전통 치료사들은 관광산업, 새로운 부의 유입, 현대성 관념 등이 초래한 변화에 위협받지 않은 채 번성하고 있다. 서구생의학이 다른 치료체계를 완전히 대체하지 않은 이유는 단순하지 않다. 이유 중 하나는 고산관광이 지역의 생산과 사회관계에 깊은 영향을 미치지 않는다는 것이다. 비록 고산관광이 새로운 부를 가져다주기는 하지만 예를 들어 다른 곳의 거대 호텔 관광개발처럼 외부로부터의 대규모 자본투자를 필요로 하지는 않는다. 셰르파는 여전히 트레킹 지식과 기술을 포함한 자신들의 생산자원에 대한 통제를 유지하고 있다.

설명 모델 간의 갈등 하지만 인류학자들은 다른 많은 맥락에서 서구생의학과 지역 건강체계 사이에 발생하는 갈등과 몰이해의 사례들을 보고해 왔다. 매번 식사 때 약을 먹어야 한다는 처방처럼 일견 간단해 보이는 문제에 관해서도 서구생의학 의사와 환자 사이에 오해가 발생하는 경우가 흔하다. 서구생의학적으로 훈련받은 의사는 그것이 하루에 세 번 복용하는 것을 의미한다고 가정한다. 하지만 일부 사람들은 하루에 세 번 식사를 하지 않기 때문에 의도치 않게 의사의 복용지시를 따르지 못하게 된다.

통문화적 차이로 인해 죽음이 발생한 사례에 관한 인류학적 연구는 상이한 의료문화 사이의 의사소통의 문제가 얼마나 복잡한가를 잘 보여준다. 'F씨 가족'은 미국령 사모아(지

문화파노라마

네팔의 셰르파

셰르파(sherpa)는 '사람(person)'을 뜻하는 단어이다. 약 15만 명의 셰르파가 네팔에 살고 있는데, 주로 북동부 지역에 거주한다. 부탄과 시킴 그리고 유럽과 북아메리카의 도시들에도 수천 명이 거주한다.

네팔의 셰르파는 쿰부(Khumbu) 지역과 가장 밀접하게 결합되어 있다. 쿰부는 히말라야 고산지대에 있는 계곡으로 완전히 산으로 둘러싸여 있으며 에베레스트산이 선명하게 보이는 곳이다(Karan and Mather, 1985). 셰르파는 목축, 티베트와 인도 간의 교역, 소상공업, 감자가 주작물인 농업 등을 포함하는 혼합경제에 기반하고 있다.

1920년대 이후 서구 산악인들이 도래하면서 점점 더 많은 셰르파 남성들이 등산객과 등반가들을 위한 안내원과 짐꾼으로 고용되기 시작했다. 많은 셰르파 남성과 여성들은 현재 게스트하우스를 운영하거나 게스트하우스에서 요리사, 음식 서빙, 청소원 같은 일을 한다.

셰르파는 18개의 분리된 종족(宗族, lineage), 즉 '루(ru, 뼈)'로 조직되어 있는데, 여기서 결혼은 자신이 출생한 종족 외부에서 이루어진다. 최근 이들은 다른 종족집단(ethnic group)과 결혼하기 시작했는데, 이 때문에 셰르파 정체성의 범위와 의미가 확대되고 있는 중이다. 종족 간 결혼의 증가 때문에 일정 정도 셰르파로 간주될 수 있는 사람의 수는 13만 명이다.

지위는 '큰 사람(big people)', '중간 사람(middle people)', '작은 사람(small people)'으로 구분되는데, 이 중에서 중간집단이 단연 규모가 가장 크다(Ortner, 1999:65). 가장 상위의 사람들이 갖는 주요한 특권은 짐을 운반하지 않는 것이다. 지위가 가장 낮은 가난한 사람들은 가진 땅이 없고 남을 위해 일한다.

셰르파는 토착화된 티베트불교를 믿고 있는데, 이는 모든 존재를 연결하는 자연 정령신앙과 관련된 비불교적인 요소들을 포함하고 있다. 예컨대 쿰부라는 지역명도 지역의 수호신을 뜻한다.

외부의 힘들이 지역을 초월한 수준의 교역 관계를 통해 오랫동안 셰르파에게 영향을 미쳤다. 관광은 셰르파의 주요한 변화 요인이었으며, 지금도 마찬가지다. 쿰부의 연간 국제관광객 수는 셰르파의 인구를 넘어선다. 국제관광은 통문화적 노출을 통해 셰르파의 경제를 화폐화하고 지역문화를 변동시키는 가장 중요한 요인이다.

2014년 에베레스트 등반 도중 5명의 셰르파 가이드가 눈사태로 사망하면서 관광산업에 대한 의존성, 특히 산악인들을 가이드하는 활동에 대해 의문이 제기되었다. 셰르파 협회는 가족 복지혜택을 요구했다.

이 자료를 검토해준 캘리포니아대학교 샌프란시스코캠퍼스의 빈켄 애덤스(Vincanne Adams)에게 감사드린다.

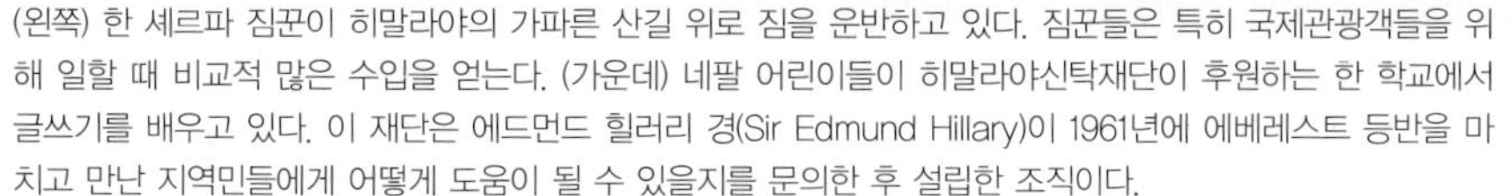

(왼쪽) 한 셰르파 짐꾼이 히말라야의 가파른 산길 위로 짐을 운반하고 있다. 짐꾼들은 특히 국제관광객들을 위해 일할 때 비교적 많은 수입을 얻는다. (가운데) 네팔 어린이들이 히말라야신탁재단이 후원하는 한 학교에서 글쓰기를 배우고 있다. 이 재단은 에드먼드 힐러리 경(Sir Edmund Hillary)이 1961년에 에베레스트 등반을 마치고 만난 지역민들에게 어떻게 도움이 될 수 있을지를 문의한 후 설립한 조직이다.

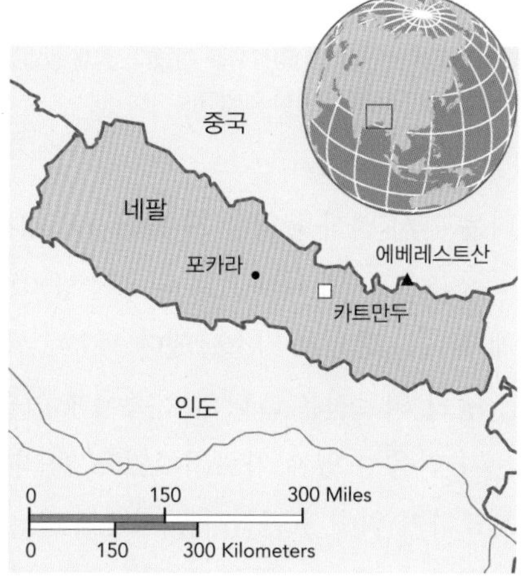

지도 5.5 네팔

네팔왕국의 인구는 약 3,000만 명으로 30년 전 인구의 2배에 달한다. 영토의 대부분은 히말라야산맥 내에 있으며 이곳에 세계 10대 고봉 중 8개가 있다.

도 5.6 참조) 출신 이민자로 하와이 호놀룰루에 살고 있다(Krantzler, 1987). 부모는 모두 영어를 하지 못한다. 자녀들은 영어를 '일정 수준으로' 읽고 쓸 수 있지만 집에서는 영어와 사모아어를 섞어서 쓴다. F씨는 전통적인 사모아 치료사로 훈련받았다. 그의 딸 매리는 16세에 처음으로 당뇨병에 시달렸다. 그녀는 호놀룰루의 저소득층 주택 단지에 있는 집 근처 보도에서 반쯤 의식을 잃은 상태로 쓰러진 후 응급차로 병원에 실려 갔다. 의료진들과의 몇 개월간의 비정규적인 접촉 후 그

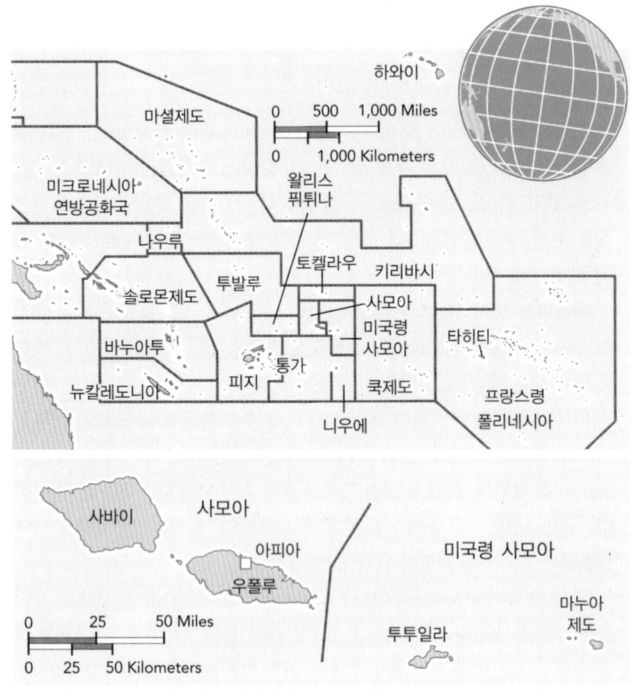

지도 5.6 사모아와 미국령 사모아

사모아 혹은 사모아독립국은 UN에 의해 주권국으로 인정받기 전까지는 독일령 사모아(1900~1919)와 서사모아(1914~1997)로 알려져 있었다. 인구는 약 19만 명이다. 미국령 사모아는 약 5만 5,000명의 인구가 사는 미국 영토이다. 제2차 세계대전 동안에는 미국령 사모아에 주둔하는 미 해병대의 수가 지역민보다 더 많았고 강력한 문화적 영향력을 미쳤다. 현재 실업률이 높은 상태이며 미군이 가장 많은 일자리를 제공하고 있다.

녀는 다시 의식을 잃은 채 응급차로 병원에 실려가 거기서 사망했다. 그녀의 아버지는 의료적 방치로 매리를 죽음에 이르게 했다는 혐의로 기소당했다.

병원 의료진은 그녀의 가족에게 인슐린 주사를 어떻게 놓는지 참을성 있게 가르쳐주었고, 매리는 포도당과 아세톤을 체크하기 위해 소변검사를 어떻게 하는지 배웠고 식이요법에 관해서도 조언을 받았다. 하지만 생의학적 관점에서 볼 때 그녀의 부모는 매리에게 적절한 처치를 해주는 데 실패했다. 그녀는 외래병동을 방문해서 상태를 점검받았고, 환자를 동일한 종족 출신의 의사와 연결해주는 병원의 비공식적인 정책에 따라 유일한 사모아인 소아과 수련의와 만나도록 배정되었다. 그 후 몇 달 동안 매리는 병원에서 다른 수련의의 진찰을 한 번 받았고 그다음 세 번의 예약을 놓쳤다. 그 후 예약 없이 병원을 한 번 찾았는데 그때 받은 검사 결과를 근거로 다시 입원했다. 이때 매리와 매리의 부모 그리고 그녀의 언니는 그들이 받은 의학적 처방을 준수하는 것이 얼마나 중요한가에 대해 다시 한 번 조언을 들었다. 4개월 후, 그녀는 한쪽 눈을 실명하고 다른 쪽 눈의 시력이 저하된 상태에서 다시 병원을 찾았다. 그녀는 백내장 진단을 받았고 사모아인 의사는 다시 한 번 매리에게 질병의 심각성과 의사의 권고를 준수하는 것이 얼마나 필요한가에 대해 충고했다. 의료전문가들은 점차 '문화적 차이'가 기본적인 문제였고, F씨 가족과 의사소통을 하려는 모든 시도에도 불구하고 그들이 기본적으로 매리를 돌볼 능력이 없다고 판단했다.

이와 대조적으로 가족들의 입장은 파아 사모아(fa'a Samoa), 즉 사모아적 방식에 의거해 있었다. 그들이 병원에서 한 경험은 처음부터 긍정적이지 않았다. F씨는 매리를 데리고 처음 병원에 도착했을 때 딸의 통역으로 여러 명의 다른 의료진과 이야기를 했다. 그들이 찾은 곳은 바로 의과대학 부속병원이었기 때문에 다양한 수련의와 전문의들이 매리를 진찰했다. F씨는 매리를 돌보는 전담의사가 없고 그녀를 돌보는 데 일관성이 없다는 점을 염려했다. 매리의 가족들은 매리가 중환자실에 있을 때 한 아이가 죽어나가는 것을 목격했는데, 이로 인해 매리에 대한 치료가 부적절하다는 인식이 강해졌고 병원에서 매리가 생존할 수 있는 가능성에 대해 의구심이 커졌다.

매리의 가족과 의료진 간의 언어차이로 인해 문제는 더 심각해졌다. 몇몇 병원 직원은 매리의 가족에게 그녀의 문제가 '설탕'이라고 말했다. 영어로 '설탕'은 당뇨병을 뜻하는 민속용어이다(1987:330). 매리의 어머니는 그 얘기가 매리의 식단에 설탕이 더 많이 필요한 것으로 생각했다. 잘못된 의사소통은 병원 직원에 대한 매리 가족의 신뢰 부족으로 이어졌고, 가족들은 사모아의 전통 치료사인 매리의 아버지를 믿고 따르는 등 전통적인 자원에 더 많이 의지하기 시작했다.

사모아인의 관점에서 보면 F씨 가족은 논리적이고 적절하게 처신했다. 매리의 아버지는 집안의 가장이자 나름의 자격을 가진 치유자로서 스스로 권위가 있다고 느꼈다. A박사는 비록 사모아인이긴 했지만 서구의 의료체계에 의해 재사회화되어 사모아적 배경에서 멀어졌다. 그는 F씨 가족이 기대했던 개인적인 보살핌을 제공하지 않았다. 사모아인들은 자녀가 12세가 넘으면 더 이상 어린애가 아니며 책임감 있게 행동할 수 있다고 생각한다. 따라서 매리보다 12살 많은 언니에게 매리의 인슐린 주사와 그 결과를 기록하도록 돕게 한 것은 그들의 입장에서 보면 적절한 처리였다. 게다가 미국령 사모아의 병원은 진료예약을 요구하지 않는다. 바로 문화적 오해가 매리의 죽음의 궁극적인 원인이었다.

응용의료인류학

응용의료인류학(applied medical anthropology)은 의료 서비스 제공자들의 목표를 향상시키기 위해 인류학적 지식을 적용하는 것이다. 이는 예컨대 다문화적 배경에서 의사–환자 간의 소통을 증진하고, 문화적으로 적절한 건강개입 프로그램을 구축하기 위한 권고사항을 도출하며, 의료진들이 통상 고려하지 못하는 질환과 연관된 요인에 관해 통찰력을 제공할 수 있을 것이다. 응용의료인류학자들은 종족의학적 지식 그리고 세 가지 이론적 접근이나 그것들의 조합에 의거한다('현실 속의 인류학' 참조).

멕시코계 미국인 아동들의 납 중독 줄이기 응용의료인류학이 긍정적인 영향을 준 한 사례는 멕시코계 미국인 아동들의 납 중독을 다룬 로버트 트로터(Robert Trotter)의 연구이다(1987). 미국에서 아동 납 중독의 가장 일반적인 세 가지 원인은 다음과 같다.

- 납 성분이 포함된 페인트 조각을 먹는 것
- 먼지에 납 성분이 많은 제련소 근처에서 거주하는 것
- 부적절하게 처리된 납 성분 유약으로 만든 도자기를 사용해서 먹고 마시는 것

1980년대에 로스앤젤레스의 보건전문가들이 특이한 납 중독의 사례를 발견했는데, 이는 제4의 원인을 이해하게 된 조사를 시작하는 계기가 되었다. 제4의 원인은 바로 납 성분이 있는 전통적인 치료제인 아사르콘(azarcon)의 사용이었는데, 이 약은 많은 멕시코계 미국인들이 엠파초(empacho)라는 문화적으로 특수한 증후군을 치료하기 위해 사용한다. 엠파초는 내장의 벽에 달라붙은 음식 때문에 발생한다고 믿는 소화불량과 변비의 결합증상이다.

미국공중보건서비스청(U.S. Public Health Service)은 트로터에게 아사르콘의 획득과 사용실태를 조사하도록 요청했다. 그는 멕시코로 가서 약재상의 품목들을 조사했다. 그는 쿠란데로스(curanderos, 전통 치료사)들과 대화를 나누었다. 그의 조사 결과는 미국 정부로 하여금 아사르콘과 그와 관련된 그레타(greta)라는 치료제를 제한하도록 설득했다. 트로터는 또한 엠파초를 치료하는 데 부작용이 없는 대체 치료제를 공급할 필요가 있다고 권고했다. 그는 어떻게 하면 문화적으로 효과적인 방법으로 대체 치료제를 광고할 수 있을지에 관한 아이디어도 제공했다. 트로터는 이 문제에 관여하는 동안 여러 개의 역할, 즉 조사자, 상담원, 프로그램 개발자의 역할을 단계적으로 수행했다. 이러한 역할을 통해 공중건강문제를 해결하는 데 인류학적 지식을 응용할 수 있었다.

공중보건 커뮤니케이션 응용의료인류학은 공중보건 커뮤니케이션(public health communication)에 대해 많은 연구를 수행해 왔다(Nichter, 1996). 인류학자들은 다음과 같은 방법들을 통해 보건교육자들이 더 의미 있는 메시지를 개발하는 데 도움을 줄 수 있다.

- 건강에 대한 지역적 믿음과 관심을 다루기
- 모든 지역적 질병용어와 관습을 진지하게 받아들이기
- 지역의 의사소통방식을 활용하기
- 상이한 유형의 메시지와 인센티브에 반응할 가능성이 있는 인구집단 내의 하위집단들을 확인하기
- 시간에 따라 건강 메시지에 대한 공동체의 반응을 모니터링하고 필요할 경우 커뮤니케이션의 오류를 수정하기
- 건강 메시지에 내재 가능한 '희생자 비난(blaming the victim)'을 드러내고 제거하기

이러한 원칙은 의료 서비스와 관련된 공무원들이 아시아와 아프리카의 여러 나라에서 이루어진 공중 예방접종 프로그램에 대한 지역의 반응을 이해하는 데 도움이 된다. 이와 같은 여러 가지 방식으로 인류학자는 **문화중개자**(cultural broker)로 봉사할 수 있다. 문화중개자란 두 문화 모두에 익숙하고 문화 간 의사소통과 이해를 증진할 수 있는 사람을 뜻한다.

함께 일하기 : 서구생의학과 비생의학적 체계 1970년대 이후 세계보건기구(WHO)는 지역적 치료관행들을 국가적 건강체계로 병합하는 것을 지지해 왔다. 이러한 정책은 몇 가지 요인에

응용의료인류학 인류학적 지식을 의료인들의 목적을 증진시키는 데 적용하는 것

문화중개자 두 문화 모두에 익숙하고 문화 간 의사소통과 이해를 증진할 수 있는 사람

현실 속의 인류학

개발도상국에서 예방접종 프로그램 장려하기

개발도상국의 예방접종 프로그램 중에서도 특히 UNICEF가 장려하는 프로그램은 대대적인 환영을 받으며 도입된다. 하지만 그것은 간혹 대상 인구집단의 시큰둥한 반응에 직면하게 된다. 인도에서는 많은 사람들이 예방접종 프로그램을 은밀한 가족계획 프로그램으로 의심한다(Nichter, 1996). 또 다른 경우에는 외국 백신에 대한 두려움으로 인해 사람들이 접종을 거부하기도 한다. 파키스탄과 아프가니스탄에서는 몇몇 공중보건 종사자들이 외딴 지역 아동들에게 소아마비 백신을 제공하다가 서양의 스파이로 오인되어 살해되었다.

전반적으로 예방접종 수용률은 서구의 공중보건 기획자들이 기대하는 것보다 낮다. 의료인류학자들은 사람들이 예방접종을 거부하는 이유를 밝히기 위해 몇몇 국가에서 설문조사를 수행했다. 그 결과 많은 부모들이 백신의 작용에 대해 부분적인 혹은 부정확한 이해를 하고 있다는 사실이 드러났다. 일부 사람들은 수차례에 걸친 백신접종의 중요성을 이해하지 못했다. 공중보건 전문가들은 설문조사 결과들을 두 가지 방식으로 결합했다.

- 대중들의 관심사를 다루는 대중교육 캠페인
- 지역의 문화적 관행과 믿음에 대한 이해와 관심이 갖는 중요성에 대한 공중보건 전문가 교육

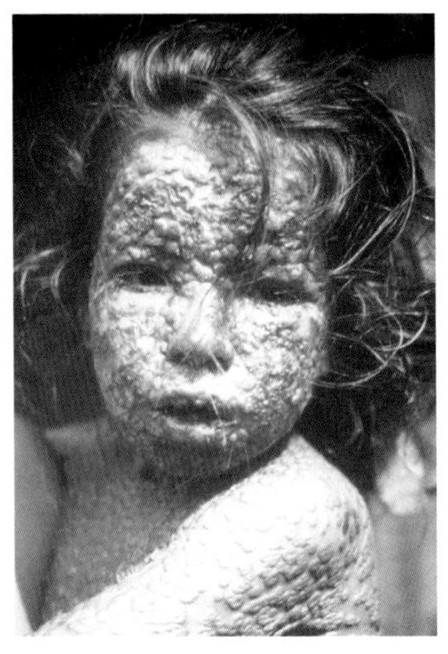

1975년에 찍은 사진으로 한 방글라데시 소녀가 천연두로 인한 발진증세를 보이고 있다. 1977년에 세계보건기구는 방글라데시에서 천연두가 근절되었다고 선언했다.

■ **천연두는 전 세계적으로 근절되었는가?**

생각할 거리

만약 여러분의 직업이 모국에서 더 많은 사람들이 백신접종을 받아들이도록 장려하는 일이라면, 교육 캠페인을 시작하기 전에 무엇을 알고 싶은가?

대한 대응으로 부상했다. 첫째, 많은 비서구적 치료전통의 가치에 대한 공감이 증가하고 있다. 둘째, 생의학적 훈련을 받은 인력이 부족하다. 셋째, 인간의 심리사회적 맥락을 다루는 데서 드러나는 서구생의학의 약점에 대한 자각이 증가하고 있다.

생의학과 구별되는 수많은 전통 의료관행들의 효과에 대해서 논쟁이 계속되고 있다. 예를 들어 전통 의료의 증진을 반대하는 사람들은 그것이 콜레라, 말라리아, 결핵, 주혈흡충증, 한센병 등과 같은 전염성 질환에는 전혀 효과가 없다고 주장한다. 그들은 예를 들어 한 아이가 콜레라 예방접종을 받지 않은 상태에서 콜레라에 대항하는 의례적 관행을 허용하거나 조장하는 것은 말이 되지 않는다고 주장한다. 전통의료를 **상호문화적 건강체계**(intercultural health)의 한 요소로서 지지하는 사람들은 상호문화적 건강체계가 건강문제의 보다 효과적인 예방과 치료를 위해 지역 건강체계와 서구 건강체계 사이의 격차를 줄이려고 시도하는 건강 관련 접근방식이라고 생각한다(Torri, 2012). 이러한 건강체계의 결합은 한 개인의 마음, 영혼, 사회적 배경을 무시하는 서구생의학의 공백을 메우고, 생의학의 기술적 이점 중 일부를 전통의료와 통합하는 데 도움을 줄 것이다.

상호문화적 건강체계 건강문제의 보다 효과적인 예방과 치료를 위해 지역 건강체계와 서구 건강체계 사이의 격차를 줄이려고 시도하는 건강 관련 접근방식

5 학습목표 재고찰

5.1 종족의학의 범위와 최근 변동 양상 기술하기

종족의학은 특정한 문화들의 건강체계에 대한 연구이다. 건강체계는 질병의 범주와 지각 그리고 예방과 치료에 대한 접근방법들을 포함한다. 종족의학적 연구는 몸에 대한 인식이 통문화적으로 어떻게 다른가를 보여주고 상이한 건강체계들이 질병과 증상을 자각하는 데서 보여주는 차이와 유사성을 밝힌다. 문화적으로 특수한 증후군은 단지 비서구사회에서만이 아니라 모든 문화에서 발견되고, 그중 많은 경우가 현재 세계화되어 가고 있는 추세이다.

치료, 치료물질, 치료사에 관한 종족의학적 연구는 질병에 대한 접근방법이 아주 광범위하다는 사실을 보여준다. 공동체 치료는 소규모 비산업사회에서 더 전형적으로 나타난다. 공동체 치료는 집단적 상호작용 그리고 개인을 사회적 맥락 내에서 처치하는 데 방점을 둔다. 체액치료는 식단, 활동, 행위를 통해 체액의 흐름과 물질적 요소들의 균형유지를 추구한다. 산업화/디지털화 사회에서 생의학은 별개의 단위로서 몸을 강조하고, 치료는 개별적인 몸과 마음을 대상으로 하며 보다 광범위한 사회적 맥락은 배제해 버린다. 생의학은 기술에 의존하고 전문화되는 정도가 점점 더 심해지고 있다.

5.2 의료인류학의 세 가지 주요한 이론적 접근 설명하기

생태학적/역학적 의료인류학은 환경과 건강 사이의 연결성을 강조한다. 이 접근은 특정한 범주의 사람들이 과거와 현재의 다양한 맥락 내에서 특정한 질환에 걸릴 위험에 어떻게 처하게 되는가를 밝힌다.

상징적/해석학적 접근은 질병과 치료를 일단의 상징과 의미로서 연구하는 데 초점을 맞춘다. 통문화적으로 건강문제에 대한 정의와 치료체계는 의미체계 내에 착근되어 있다.

비판적 의료인류학자들은 구조주의적인 틀 내에서 건강문제와 치료에 접근한다. 그들은 어떤 성격의 권력관계가 연루되어 있고 또 특별한 치료형태를 통해 누가 이익을 얻는지에 대해 질문한다. 그들은 건강문제에서 불평등과 빈곤이 차지하는 역할을 분석한다.

5.3 세계화가 건강, 질병 그리고 치유에 미친 영향을 이해하기

세계화와 함께 세계 도처의 건강체계가 급속한 변화에 직면해 있는데, 이에는 서구 자본주의의 확산뿐만 아니라 새로운 질환과 새로운 의료기술의 확산도 포함된다. '새로운 전염병'은 예방과 치료의 측면에서 건강관리체계에 대한 도전으로 작용하고 있다. 개발질환은 댐이나 광산처럼 물리적 · 사회적 환경을 변화시키는 개발 프로젝트, 그리고 개발된 환경에서 살아가는 사람들의 식단과 생활 패턴의 변화－이는 당뇨병이나 비만 같은 만성 질환으로 이어질 수 있다－로 인해 초래되는 건강문제이다.

서구생의학이 많은 비서구사회의 맥락들로 확산되는 것이 변화의 주요 방향이다. 그 결과 의료다원주의가 모든 나라에 존재한다. 복수의 분리된 시스템의 존재는 어떤 종류의 치료사에게 의뢰할지를 선택할 수 있는 여지를 제공한다. 하지만 이와 같은 상황은 종종 혼란스러울 수 있고 상충되는 관점으로 인해 부정적인 결과를 초래할 수 있다. 상호문화적 건강체계라는 새로운 제안은 서로 다른 형태의 지식과 해결책을 조합하는 데 도움을 줄 것이다. 응용의료인류학자들은 건강체계를 개선하는 데 몇 가지 역할을 수행한다. 그들은 의료 서비스의 제공자들에게 더 적절한 치료 형태에 관해 알려주고, 지역 주민들에게 점점 더 복잡해지는 의료상의 선택에 관해 조언을 해주며, 유해한 치료관행을 변화시켜 건강문제를 예방하는 데 도움을 주고, 공중보건 커뮤니케이션을 문화적으로 더욱 적합하고 효과적인 것으로 만들어 공중보건 프로그램을 증진하기도 한다.

핵심 개념

개발질환	상호문화적 건강체계	신체화	종족의학
공동체 치료	생태학적/역학적 접근	역사적 트라우마	질병
구조적 병증	샤만 혹은 샤만카	응용의료인류학	질환
문화적으로 특수한 증후군	서구생의학(WBM)	의료다원주의	체액치료
문화중개자	수스토	의료화	플라세보 효과
비판적 의료인류학	식물요법	종족병인학	

틀에서 벗어나 생각하기

1. 여러분 자신의 문화적 맥락에서 몸에 대한 지배적인 인식은 무엇이며 의학적 치료와 어떤 관련이 있는가?
2. 여러분의 문화적 맥락이나 캠퍼스 내에서 문화적으로 특수한 증후군의 예에 관해 논의해보라.
3. 여러분은 감기에 걸리거나 두통이 있을 때 스스로 치료하기 위해 어떤 조치를 취하는가? 만약 약을 먹는다면 그 약이 어떤 재료로 만들어졌는지 알고 있는가?

CHAPTER 6

친족관계와 가족생활

개요

학습목표

6.1 문화가 친족을 구성하는 세 가지 방법 규명하기

6.2 인류학자들이 가구와 가내생활을 어떻게 정의하고 연구하는지 알아보기

6.3 친족과 가구가 어떻게 변화하고 있는지 설명하기

인류학의 연관성

미난카바우 여성은 토지와 집을 소유하고, 농사와 관련된 일들에서 결정권을 행사한다('문화파노라마' 참조). 하지만 미난카바우인들은 독실한 이슬람교도이다. 이들은 어떻게 이슬람교와 여성 중심의 친족을 융합할 수 있었을까? 적어도 현재까지 알려진 바에 따르면, 정답은 토지와 집에 대한 모녀 간 '상부' 상속 그리고 부의 소득에 대한 부자 간 '하부' 상속을 규정하는 비이슬람교적 전통을 따르는, 친족과 젠더에 대한 다원주의적 접근방식이다(Shapiro, 2011). '하부' 상속은 아들이 딸이 받는 것의 2배를 받아야 한다는 이슬람교의 율법을 따른다. 하지만 소녀와 여성은 머리 스카프를 써야 하는 것을 포함한 새로운 이슬람교적 관행이 출현하고 있다(Parker, 2008). 미난카바우는 이슬람 사회에서 여성이 높은 지위를 유지할 수 있는지와 관련된 중요한 사례이다.

타문화의 친족체계를 이해하는 것은 다른 언어를 배우는 것만큼이나 어려운 일이다. 로빈 폭스(Robin Fox)는 아일랜드의 토리 섬 주민들에 대한 연구를 수행하면서 그 어려움을 실감했다(1995[1978])(지도 6.1 참조). 토리 섬의 친족 호칭은 미국식 영어 호칭과 유사하다. 예를 들어 muintir라는 단어는 영어에서처럼 가장 폭넓은 의미의 '국민(people)'을 뜻한다. 이 단어는 '우리 사람(my people)'의 경우처럼 특정한 사회 범주의 사람들이나 가까운 친척들을 언급하는 데도 사용된다. 또 다른 유사성은 '친척'이나 '같은 혈통의 사람들'이라는 뜻을 가진 gaolta라는 단어에서 찾을 수 있다. 이 단어의 형용사적 형태는 영어 단어 kin이 '친절함(kindness)'과 연결되는 것과 마찬가지로 친절하다는 뜻을 가지고 있다. 토리 섬 주민들은 또한 영어 단어 '후손(descendant)'과 마찬가지로 '자녀(children)와 손자녀(grandchildren)'라는 구절을 갖고 있다. 중요한 한 가지 차이점은 토리 섬에서 '친구'를 뜻하는 단어가 '친족'을 뜻하는 단어와 동일하다는 것이다. 이러한 용법은 인구가 적어서 모든 주민이 친족관계로 연결되어 있는 토리 섬의 문화적 맥락을 반영하고 있다. 따라서 논리적으로 친구는 또한 친척이기도 하다.

모든 문화는 친족 혹은 특정한 타자와의 연결감을 정의하는 방식을 가지고 있다. 문화는 또한 누가 친족이고 친족에 기대되는 행동은 무엇인지에 관한 지침을 제공하고 있다. 사람들은 유아기부터 자기 문화의 고유한 **친족체계**(kinship system), 즉 문화 속에서 지배적인 형태의 친족관계 및 그와 연관된 특정한 종류의 행위에 대해 학습한다. 언어와 마찬가지로 개인의 친족체계는 너무나 깊이 각인되어 있기 때문에 문화적이기보다 자연스러운 어떤 것으로 당연시된다.

이 장에서는 먼저 친족체계의 세 가지 특징에서 나타나는 문화적 변이를 살펴본다. 그다음에는 가족생활의 핵심 단위인 가족에 초점을 맞춘다. 마지막 절에서는 친족과 가족조직에서 관찰되는 현대적 변화의 사례들을 제시한다.

문화가 친족관계를 구성하는 방식

6.1 문화가 친족을 구성하는 세 가지 방법 규명하기

모든 문화에서 친족은 생계 및 재생산양식과 연결되어 있다(그림 6.1 참조). 19세기 인류학자들은 친족이 비산업, 비국가 수준의 문화에서 가장 중요한 사회조직의 원리임을 발견했다. 친족집단은 결혼을 조율함으로써 집단의 연속성을 보장하고, 도덕적 규칙을 정하고 그것을 위반하는 자를 처벌함으로써 사회질서를 유지하며, 생산, 소비, 분배를 조절하여 구성원들의 기본적 필요를 충족시키는 등의 기능을 수행한다.

친족체계 문화 속에서 지배적인 형태의 친족관계 및 그와 연관된 특정한 종류의 행위

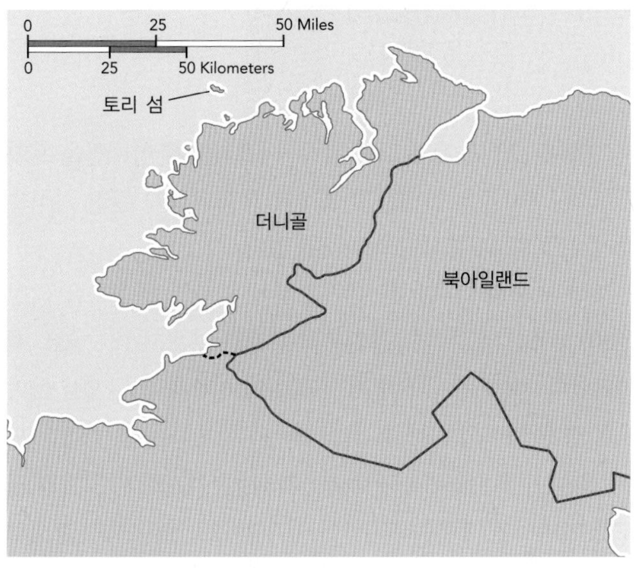

지도 6.1 아일랜드

아일랜드공화국의 인구는 약 460만 명이다. 지형은 중부의 저지 평야를 산들이 에워싸고 있는 형태이다. 유럽연합(EU) 회원국이며 생활수준의 향상으로 인해 켈트의 호랑이(Celtic Tiger)라는 별칭을 얻었다. 경제적 기회 때문에 루마니아, 중국, 나이지리아로부터 이주민들이 몰려들고 있다. 2008년 시작된 금융위기는 경제에 큰 타격을 주었다. 인구 대부분이 가톨릭 신자이며 그다음으로 아일랜드 성공회 신도가 많다.

대규모 산업/디지털사회에도 친족유대는 존재하지만 다른 많은 종류의 사회적 유대 또한 사람들을 결속시키는 기능을 수행한다.

또한 19세기 인류학자들은 자신들이 연구한 문화에서 친족 구성원을 정의하는 방식이 유럽이나 미국과 전반적으로 다르다는 사실을 발견했다. 서구 문화는 일차적 '혈연'관계 혹은 생물학적 부모로부터의 출생에서 비롯된 관계를 강조한다(Sault, 1994). 그렇다고 해서 '혈연'이 친족의 보편적인 기반은 아니다. 심지어 '혈연'에 의거해서 친족을 이해하는 문화에서도 누가 '혈족'이고 누가 그렇지 않은가를 정의하는 방식에서 차이를 보여준다. 한 예로 몇몇 문화에서 남성 후손은 '혈족'으로 간주되는 반면 여성 후손은 그 범주에서 제외된다.

알래스카 북부의 이누이트인이 친족을 결정하는 방식은 혈연과 관계없다(Bodenhorn, 2000). 이누이트인 사이에서는 친족처럼 행동하는 사람이 친족이다. 만일 어떤 사람이 더 이상 친족처럼 행동하지 않는다면 그 사람은 더 이상 친족의 일원이 아닌 것으로 간주된다. 따라서 이누이트인의 경우, 어떤 사람이 '한때는' 내 사촌이었다고 표현하는 것이 가능하다.

친족연구 : 형식분석에서 실제 친족관계로

20세기 전반의 인류학자들은 특정한 문화에서 누가 누구와 어떻게 친족관계로 연결되어 있는가를 밝히는 데 연구의 초점을 맞췄다. 전형적으로 인류학자들은 소수의 사람들에 관한 인터뷰를 수행하면서 다음과 같은 질문을 던진다. "형제의 딸을 어떻게 부르나요?", "남성인 당신은 아버지의 형제의 딸과 결혼할 수 있나요?", "어머니의 자매를 부를 때 어떤 용어를 사용하나요?" 인류학자들은 특정한 인물을 인터뷰하면서 그 사람의 모든 친척을 열거하고 그들이 자신과 어떻게 연결되고 그들을 부를 때 사용하는 용어를 일러달라고 요청한다.

수렵채집	원시농경	목축	농업	산업/디지털
출계와 상속				**출계와 상속**
양계		단계(모계 또는 부계)		양계
결혼 거주율				**결혼 거주율**
신거제 혹은 양거제		모거제 혹은 부거제		신거제
가구유형				**가구유형**
핵가구		확대가구		핵가구, 한 부모 가구, 독신가구

그림 6.1 생계, 친족, 그리고 가족 구조의 양식

인물		관계		친족용어의 약자	
●	여성	=	결혼	Mo	어머니
▲	남성	≈	동거	Fa	아버지
⊘	사망한 여성	≠	이혼	Br	형제
▲	사망한 남성	≉	별거	Z	자매
●	친족도표상의 여성 '에고'	⊙	입양녀	H	남편
▲	친족도표상의 남성 '에고'	▲	입양남	W	아내
		|	세대관계	Da	딸
		┌┐	형제자매관계	S	아들
				Co	사촌

그림 6.2 친족도표에 사용되는 상징들

이런 정보를 토대로 인류학자들은 일단의 상징들을 이용해서 에고(ego)로 지칭되는 한 개인의 모든 친족관계를 체계적으로 표시하는 방법인 친족도표를 그릴 수 있다(그림 6.2 참조). 친족도표는 에고의 기억에 의거해서 에고의 친척들을 묘사한다. 친족이 중요한 사회조직 원리인 문화에서 에고는 수십 명이 넘는 친척에 관한 정보를 제공할 수도 있다. 대학 시절 필자가 연구방법론 수업을 수강할 때 받은 과제는 미국인이 아닌 누군가를 인터뷰해서 수집한 정보를 토대로 친족도표를 그려보라는 것이었다. 나는 인도의 도시 중산층 기업가라는 가족 배경을 가진 한 학생을 인터뷰했다. 그는 아버지 측과 어머니 측 모두 포함해서 총 60명의 친척을 기억해냈다. 그의 친척에 관한 친족도표를 작성하는 데는 테이프로 연결한 여러 장의 종이가 필요했다.

계보는 친족도표와 달리 가계도를 제시하는 체계적인 방법으로서 추적 가능한 가장 최초의 선조로부터 시작해서 현재까지 추적해 내려오는 방식으로 작성할 수 있다. 따라서 계보는 에고로부터 출발하지 않는다. 로빈 폭스가 에고에서 시작하는 친족도표를 작성코자 했을 때, 토리 섬 주민들은 그와 같은 접근방식을 불편하게 생각했다. 섬 주민들은 계보적인 방식을 더 선호했고 폭스는 그들의 선호에 따랐다. 한 가족의 전체 계보를 추적하기 위해서는 가능한 한 전체적인 역사를 구축하는 데 필요한 문헌조사를 수행해야 할 경우도 있다. 유럽과 미국의 기독교도는 계보를 가족 성경책 앞부분에 기록하는 관행을 오랫동안 유지해 왔다. 아프리카계 미국인을 포함한 많은 사람들은 자신들의 조상과 문화유산에 관한 지식을 얻기 위해 DNA 분석에 의존하고 있다.

수십 년간의 인류학적 연구를 통해 사람들이 친족을 지칭할 때 사용하는 단어인 친족용어에 관한 정보가 대량으로 축적되었다. 예를 들어 유럽계 미국인의 친족관계 내에서 아버지의 형제/자매의 자녀 혹은 어머니의 형제/자매의 자녀는 모두 '사촌'이라는 친족용어로 부른다. 마찬가지로 아버지의 자매나 어머니의 자매는 모두 '이모'라 부르고 아버지의 형제와 어머니의 형제는 모두 '삼촌'이라 부른다. '할머니'와 '할아버지'는 부계나 모계 쪽의 윗세대를 지칭한다. 이렇게 병합하는 유형이 보편적인 것은 아니다. 어떤 문화에서는 모계친족과 부계친족에 대해 서로 다른 용어를 사용하기 때문에 어머니의 자매를 부르는 용어가 아버지의 자매를 지칭하는 용어와 다르다. 또 다른 유형의 친족체계는 동성 형제자매들 간의 결속을 강조한다. 한 예로, 미국 남서부의 나바호인은 어머니와 어머니의 자매를 동일한 용어, 즉 영어로 번역하면 'mother'라고 부른다.

초기 인류학자들은 친족용어체계상의 통문화적 다양성을 특정한 용어체계가 처음 발견된 집단의 이름을 따라 6개의 기본유형으로 분류했다. 도식적인 설명을 위해 6개의 유형 중 두 종류, 즉 이로쿼이형과 에스키모형을 제시했다(그림 6.3 참조). 인류학자들은 다양한 문화를 그것이 어디에 위치하든

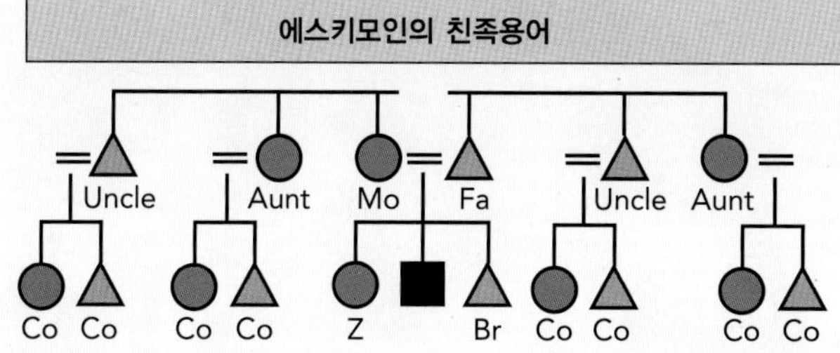

에스키모인의 친족용어에는 대다수 유럽계 미국인들의 경우와 같이 어머니, 아버지, 자매, 형제 등 핵가족 구성원들에게만 사용하고 다른 친척에게는 적용되지 않는 특유한 친족용어들이 존재한다. 이 사실은 핵가족의 중요성과 연관되어 있다. 또 다른 특징은 양계출계의 특징 중 하나로서 어머니 측과 아버지 측 친척 모두에게 동일한 용어를 사용한다는 것이다.

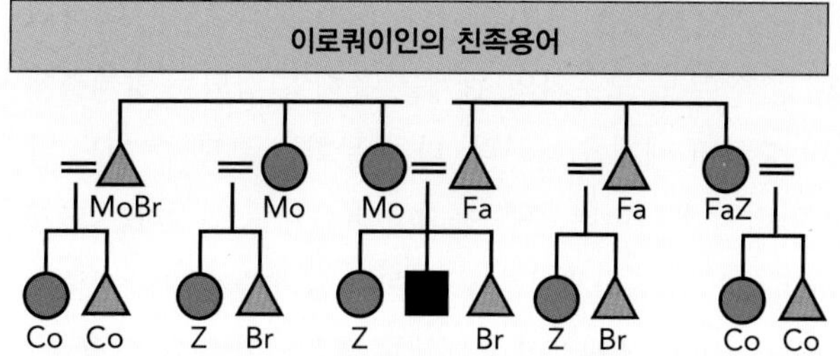

이로쿼이인의 친족용어는 단계출계체계 내에서 작동한다. 그 결과 중 하나는 어머니 측 친척과 아버지 측 친척에게 사용하는 용어가 다르고 평행사촌과 교차사촌을 구분한다는 점이다. 또 다른 특징은 에고의 어머니와 어머니의 자매가 '병합'되고(모두 '어머니'로 부른다.) 에고의 아버지와 아버지의 형제가 '병합'된다는 것이다(모두 '아버지'로 부른다).

그림 6.3 두 가지 친족용어체계

상관없이 친족용어체계의 유사성을 기준으로 6개의 범주 중 하나로 분류한다. 이에 따라 아마존의 야노마미인이 이로쿼이형 용어체계를 가진 것으로 분류된다. 오늘날 친족을 연구하는 인류학자들은 6개의 친족유형이 친족관계의 실질적인 역동성을 제대로 조명하지 못한다는 판단하에 이러한 범주화를 지양해 왔다. 따라서 이 책에서는 그중 두 종류만 사례로 소개하고 나머지 유형에 관한 상세한 설명은 생략했다.

최근의 친족연구는 친족이 세계화, 종족 정체성, 심지어 테러리즘 같은 주제들과 어떻게 관련되는가에 대한 관심을 보여주고 있다. 최근 한 세기 이상의 친족연구를 검토한 프랑스 인류학자 모리스 고들리에(Maurice Godelier, 2012)의 책에서 드러나는 바처럼, 인류학자들은 오랫동안 친족을 어떻게 분류하고 그것이 왜 중요한지를 보여주고자 했다. 유물론적 관점에 영향을 받은 고들리에는 친족이 경제적 쟁점, 권력 조직, 새로운 형태의 기술과 어떻게 연결되어 있는지를 살펴보았다. 오늘날 세계의 친족이 어떻게 변화하고 있는지에 대한 그의 통찰은 특히 임신이 불가능하거나 임신을 해도 출산으로 이어질 수 없는 불임 상태에 대한 두 가지 대응방법인 체외수정과 대리모 같은 새로운 재생산기술의 역할(제4장 참조)을 포함하는 근대성의 여러 측면으로부터 영감을 얻고 있다. 체외수정과 대리모는 문화적 맥락과 종교적 규범에 따라 매우 다르게 전개되는 친족에 대한 전통적 정의에 도전한다. 예를 들어 이슬람교에서는 제3자의 정자를 사용하는 것을 금지한다(Inhorn, 2004). 그럼에도 불구하고 불임 문제가 있는 많은 무슬림 부부들이 이 방법을 택한다.

다른 인류학자들은 사람들이 일상생활적으로 친족과 어떻게 소통하는지를 살펴본다. 인도 중부 농촌지역에 관한 한 연구는 신체접촉을 수반하는 인사를 통해 친족관계를 재확인하고 젊은이들이 친족 연장자에 대해 존경을 표시하는 행위의 중요성을 보여준다(Gregory, 2011). 젊은이가 친족 어른에게 허리를 숙여 인사하고 발을 만지면, 친족 어른은 오른손으로 젊은이의 턱을 만진다. 친족이 아닌 사람들이 만나면 가슴 높이에서 손을 잡으며 인사하고 다른 신체부위는 접촉하지 않는다.

인류학자들이 친족연구에서 어떤 이론적 관점을 취하든 상관없이, 친족은 비록 문화적 맥락에 따라 상이한 규칙, 강조점, 의미를 가지고 있지만 통문화적으로 출계, 공유, 혼인이라는 세 가지 요인을 통해 구성된다. 하지만 이들 세 가지 요인 모두 다른 요인들과 맞물려 시간에 따라 변화하고, 친족의 변화 자체가 사람들의 문화적 삶을 다양한 방식으로 변화시킨다.

출계

출계(descent)는 부모관계를 통해 친족관계를 추적하는 것이다. 이는 모두가 누군가로부터 출생했다는 사실에 기반하고 있다. 출계는 통시적으로 누가 누구로부터 유래했는가에

출계 혈통을 통해 친족관계를 추적하는 것

관한 계열을 구축한다. 하지만 모든 문화가 동일한 방식으로 출계를 개념화하는 것은 아니다. 어떤 문화에서는 자녀의 출계가 양쪽 부모 모두와의 관계를 통해 인정되는 **양계출계**(bilineal descent)체계를 따른다. 다른 문화는 부모 중 어느 한 쪽, 즉 아버지나 어머니 쪽을 통해서만 출계를 인정하는 **단계출계**(unilineal descent)체계를 보여준다. 양계출계와 단계출계의 분포는 상이한 생계양식과 대체로 연관되어 있다(그림 6.1 참조). 이러한 연관성이 나타나는 이유는 사람들을 사회적으로 조직하는 방식과 경제체계(생산, 소비, 교환)가 밀접하게 연결되어 있기 때문이다.

단계출계 단계출계는 가장 일반적인 형태의 출계로 지구상 약 60%의 문화에서 친족체계의 토대를 제공하고 있다. 이 체계는 고정자산기반이 있는 사회에서 주로 발견된다. 따라서 단계출계는 목축민, 원시농경민, 그리고 농민들 사이에서 가장 일반적으로 나타난다. 오직 한쪽 계보를 통해서만 재산을 이전토록 하는 상속규칙은 자산기반의 응집력을 유지하는 데 도움이 된다.

단계출계에는 2개의 주요 형태가 있다. 하나는 친족관계를 남성계열에 따라 추적하는 **부계출계**(patrilineal descent)이고, 다른 하나는 여성계열에 따라 친족관계를 추적하는 **모계출계**(matrilineal descent)이다. 부계출계에서는 남자아이만 친족의 구성원으로 간주된다. 여자아이는 결혼과 함께 '출가외인'으로서 남편 친족의 구성원이 된다. 모계출계에서는 딸만이 가족의 계열을 이을 수 있는 것으로 간주되고 아들은 결혼과 함께 '출가외인'이 된다.

부계출계는 전체 문화의 약 45% 정도에서 발견된다. 남아시아, 동아시아, 중동, 뉴기니, 아프리카 북부의 대부분 사회와 일부 사하라 이남 아프리카의 원시농경사회에서 나타난다. 세계에서 가장 뚜렷한 부계출계는 동아시아, 남아시아, 중동에서 발견된다('인류학자처럼 생각하기' 참조).

양계출계 출계를 양쪽 부모로부터 추적하는 것

단계출계 출계를 오직 한쪽 부모로부터 추적하는 것

부계출계 출계를 추적하는 데 있어서 남성의 중요성을 강조하는 출계체계. 신랑의 가족과 함께 혹은 가까운 곳에 사는 거주율을 가지고 있으며 재산의 상속은 남성계열에 따라 이루어진다.

모계출계 출계를 추적하는 데 있어서 여성의 중요성을 강조하는 출계체계. 신부의 가족과 함께 혹은 가까운 곳에 사는 거주율을 가지고 있으며 재산은 여성계열에 따라 상속된다.

예멘의 출계는 부계적 성격을 강하게 가진다. (위) 예멘의 베두인 가족의 일부 구성원. 베두인은 예멘 인구의 작은 부분을 차지한다. (아래) 예멘의 하바바에서 놀고 있는 소년들. 이 부계제 문화에서는 공적 공간이 젠더에 따라 분리되어 있다.

모계출계는 전체 문화 중 약 15% 정도에서 발견된다. 모계출계는 배타적으로 여성계열을 통해서만 친족관계를 추적하고, 친족은 어머니와 딸, 그리고 딸의 딸들로만 구성된다. 모계출계는 여러 북미 원주민 집단과 중앙아프리카의 대규모 군단 사이에서 광범위하게 발견된다. 또한 동남아시아, 태평양, 호주의 여러 집단들, 그리고 인도 동부와 남부지역, 방글라데시 북부의 소규모 지역, 그리고 스페인과 포르투갈의 지중해 연안 일부에서 발견된다. 모계출계는 수렵채집과 농업사회에서 발견된다. 하지만 대부분의 모계제 문화는 여성이 생산과 분배를 지배하는 원시농경 경제체계를 보여준다. 항상 그런 것은 아니지만 흔히 모계제 친족체계는 이로쿼이인과 호피인의 경우처럼 공적 지도자 지위를 여성에게 부여하는 것과 관련되어 있다. 인도네시아의 미난카바우인은 세계에서 가장 큰 모계제 사회이다('문화파노라마' 참조).

인류학자처럼 생각하기

이름에는 어떤 의미가 담겨 있는가?

자녀의 작명은 언제나 중요하다. 부모는 문화적 규범을 따라 장남이면 할아버지의 이름을 이어받게 하고 장녀라면 외할머니의 이름을 이어받게 할 수 있다. 어떤 부모들은 신생아의 경우 1~2년 동안 공식적인 이름으로 불러서는 안 되고 대신 별명을 불러야 한다고 믿고 있다. 또 다른 경우 사람들은 이름이 자녀에게 바라는 어떤 특별한 속성을 담고 있어야 하거나 독특해야 한다고 생각할 수도 있다.

하첸 마을은 홍콩 북서부의 외딴 농촌지역에 위치한다(Watson, 1986). 이 마을의 주민은 약 2,500명이다. 마을의 남성들은 모두 동일한 부계종족에 속하고 모두 성(姓)이 '텡'이다. 이들은 모두 12세기에 이 지역으로 이주해서 정착한 한 남성 조상의 후손이다. 하첸의 딸들은 마을 외부의 가족에게 시집가며 거주율은 부거제이다.

여성은 재산을 소유하지 않으며 가구경제에 대한 통제권이 없다. 기혼 여성 중 임금노동에 종사하는 사람은 드물다. 이들은 남편의 재정적 지원에 의존해서 생활한다. 지역정치는 남성이 지배적이고 모든 공적 의사결정도 마찬가지이다. 신부로서 여성의 지위가 낮기 때문에 딸이 신부가 되는 것은 심리적 고통을 수반할 수 있다. 여성의 일차적 역할은 재생산, 특히 아들을 낳는 일이다. 여성은 자녀, 특히 아들을 낳으면 가족 내에서 지위가 상승한다.

이 지역의 작명체계는 남성의 권력, 중요성, 자율성을 반영한다. 태어나서 며칠이 지나면 모든 아이들에게 '밍'이라 불리는 이름을 지어준다. 아이가 아들이면 가족이 부담할 수 있는 한도 내에서 30일 기념식을 성대하게 치른다. 이 의식은 많은 이웃과 마을 원로들을 초대해서 연회를 베풀고 공동체 구성원 모두에게 빨간 달걀을 선물한다. 여자아이의 경우, 30일 기념식은 단지 가까운 가족 구성원들이 모여 특별한 식사를 하는 것으로 끝난다. 아들에 대한 편파적인 지출은 밍을 선택하는 데 적용하는 사고방식과도 맞물려 있다. 소년의 밍은 독특하고 돋보이는 것으로 선택한다. 그것은 고전문헌과 관련이 있을 수도 있다. 소녀의 밍은 '마지막 아이', '너무 많음', '작은 실수'와 같이 흔히 부정적인 의미를 가진다. 딸에게 흔히 쓰이는 밍은 '남동생으로 이어지길'이다. 이는 그녀가 어머니에게 다음에는 아들을 낳는 행운을 가져올 것이라는 소망을 담은 것이다. 때로 사람들은 남자아이에게 '작은 노예 계집' 같은 부정적인 이름을 지어주기도 한다. 이러한 작명관행의 배경에는 보호의 의미가 깔려 있다. 즉 아이를 가치 없는 여자아이에 불과하다고 여기도록 해서 귀신이 아이를 해치지 않도록 속이기 위함이다.

결혼은 그다음으로 공식적인 작명을 하는 때이다. 남성은 결혼할 때 '추', 즉 결혼이름을 받거나 스스로 선택할 수 있다. 추의 획득은 남성이 성인이 되었다는 중요한 표식이다. 추는 일상적 호칭으로 사용되지는 않지만 공식문서에 주로 사용된다. 남성은 또한 공적인 별칭인 '와이 하오', 즉 '바깥 이름'도 갖는다. 중년에 이른 남성은 '하오', 즉 존칭을 갖는다. 스스로 선택하는 이 이름은 본인의 야망과 자기인식을 반영한다.

여성의 경우 결혼을 하면 밍이 없어진다. 그녀는 더 이상 이름이 없다. 대신 남편은 그녀를 '네이 젠', 즉 '안사람'이라 부른다. 그녀의 삶은 이제 가내 영역, 남편의 가족 그리고 그 이웃에 국한되기 때문이다. 사람들은 또한 그녀를 '테크노님', 즉 다른 사람과의 관계에 기반한 이름, 예를 들어 '누구누구의 아내'나 '누구누구의 엄마'로 부르기도 한다. 그녀는 늙으면 '아포', 즉 '늙은 여성'이라 불린다.

일생 동안 남성은 여성보다 더 많고 더 좋은 이름들을 받게 된다. 남자들은 그 이름 중 상당수를 본인이 직접 선택한다. 여성들은 일생 동안 남성들보다 적은 이름을 갖는다. 여성의 이름은 표준화되지만 개인화되지는 않는다. 동시에 여성은 그런 이름 중 어느 것도 스스로 선택하지 못한다.

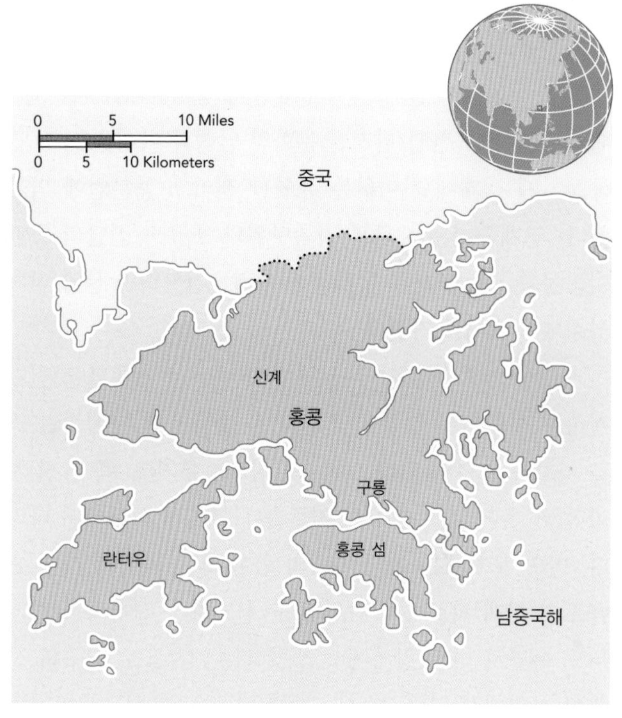

지도 6.2 홍콩

홍콩의 공식명칭은 중화인민공화국 홍콩특별행정구이다. 세계의 금융과 무역의 중심 중 하나지만 자연자원과 농지가 부족해서 거의 모든 식량과 원자재를 수입한다. 700만 명이 살고 있는 홍콩의 인구밀도는 극히 높은 반면 출산율은 1.1로 세계에서 가장 낮은 편에 속한다. 인구의 대부분은 중국인이며 대부분이 조상숭배를 실천하고 있다. 인구의 10%가 기독교도이다. 홍콩 헌법은 종교의 자유를 보장하고 있다.

생각할 거리

신생아의 작명에 대해 인터넷 검색을 해보라. 본인의 이름에 만족하는가? 만약 다른 이름을 원한다면 무엇이고 왜 그런가?

양계출계 양계출계는 자녀의 친족관계를 양쪽 부모 모두로부터 동등하게 추적한다. 양계출계는 전 세계 문화의 1/3 정도에서 발견된다(Murdock, 1965[1949]:57). 양계출계는 생계양식 도표(그림 6.1 참조)의 양극단에서 가장 빈번하게 나타난다. 그 예로 주쯔와시 수렵채집민들은 북미 대부분의 도시 전문직들 사이에서 발견되는 바와 같이 양계출계를 따른다. 수렵채집 문화와 산업/디지털 문화의 남성과 여성은 어느 정도 동등하게 생계에 기여하는 유연한 젠더 노동분업에 의거해 있다. 양계출계는 소규모 가족단위와 소규모 집단의 공간적 이동성을 가능케 해주기 때문에 수렵채집사회와 산업/디지털 사회에서 의미를 가진다.

거주율(역주 : 결혼 후 부부가 어디에서 거주할 것인가를 정하는 사회적 규정을 가리킨다)은 출계율의 지배적인 방향을 따르는 경향이 있다(그림 6.1 참조). 부거제, 즉 남편 가족과 함께 혹은 가깝게 사는 거주율은 부계제 사회에서 나타난다. 반면 모거제는 아내 가족과 함께 혹은 가깝게 사는 거주율로 모계제 사회에서 발견된다. 신거제는 신부와 신랑가족 어느 쪽과도 다른 장소에서 생활하는 거주율로 서구의 산업화된 사회에서 일반적으로 관찰된다. 거주유형은 정치적, 경제적, 사회적 함의를 가진다. 예를 들어 부계출계와 부거제는 전쟁을 위해 동원 가능한 결집력이 강한 남성집단의 형성을 촉진한다.

공유

대부분의 문화는 공유와 원조행위에 기반한 친족유대를 강조한다. 이러한 관계는 비공식적일 수도 있고 의례적으로 공식화되어 있을 수도 있다. 대부모와 의형제는 의례의 형태로 공식화되어 있고 공유에 기반해 있는 친족유대의 예이다.

음식의 공유를 통한 친족관계 공유에 기반한 친족관계는 동남아시아 대륙, 호주, 태평양 제도의 문화에서 일반적으로 나타난다(Carsten, 1995). 말레이시아의 수많은 작은 섬 중 하나에 살고 있는 주민들은 공유에 기반한 친족관계가 자궁, 즉 산모의 피가 태아에게 영양을 공급하는 때부터 시작된다고 생각한다. 출산 후 어머니의 모유가 영아에게 영양분을 공급한다. 이러한 유대는 매우 중요하다. 모유를 먹지 않고 자란 아이는 어머니를 '알아보지' 못할 것이다. 모유 수유는 근친상간금기의 기반이 되기도 한다. 같은 모유를 먹고 자란 사람들은 서로 친족이기 때문에 결혼하지 않는다. 젖을 뗀 후 가장 중요한 음식은 쌀밥이다. 모유와 마찬가지로 쌀밥을 공유하는 것 역시 친족유대, 특히 여성과 그 자녀 사이에 유대가 형성되고 유지되는 또 다른 방식이다. 남성들은 고기잡이를 위해 집을 떠나 있는 경우가 많고 찻집이나 모스크에서 많은 시간을 보내기 때문에 자녀와 쌀밥 공유를 통한 친족결속이 용이하지 않다.

입양과 수양 공유에 기반한 또 다른 형태의 친족관계는 생물학적 부모로부터 다른 사람에게로 자녀의 양육을 이양하는 것이다. 입양은 공식적이며 영구적인 형태의 자녀 이양이다. 입양의 일반적인 동기로 불임과 특정한 종류의 아이(흔히 아들)를 가지려는 욕구가 있다. 생물학적 부모가 다른 사람에게 자녀를 이양하는 동기에는 혼전 임신을 인정하지 않는 사회적 맥락, 자녀가 '너무 많은' 경우, 혹은 특정 성별의 자녀가 '너무 많은' 경우 등이 해당된다. 동아프리카의 마사이 목축민들 사이에서는 자녀가 여럿인 여성이 그중 1명을 친구나 이웃 혹은 돌봐줄 자녀가 없는 노인에게 이양할 수 있다.

문화인류학자이자 입양 부모인 주디스 모델(Judith Modell)은 미국 내 피입양인, 생물학적 부모, 입양 부모로서의 경험을 연구했다(1994). 연구를 통해 모델은 입양의 법적 절차가 가능한 한 생물학적 관계와 유사하게 입양관계를 구축한다는 사실을 발견했다. 닫힌 입양의 경우, 입양된 아이는 새로운 출생증명서를 발급받으며, 생물학적 부모는 그 아이와 더 이상 어떠한 형태의 접촉도 할 수 없다. 최근의 경향은 열린 입양으로 향하고 있는데, 이 경우 피입양아와 생물학적 부모가 서로의 정체성에 대한 정보를 주고받으며 자유롭게 왕래할 수 있다. 모델이 인터뷰한 28명의 피입양인 대부분이 자신을 낳아준 부모를 찾는 데 관심을 보였다. 낳아준 부모를 찾는 것은 '자신이 진실로 누구인가'를 발견하려는 시도를 수반한다. 다른 이들에게 이러한 시도는 정체성 형성을 향한 길이 아니라 퇴행적 행동에 불과할 수도 있다. 결과적으로 미국에서는 입양이 공유에 기반한 친족관계를 법제화한 것이지만, 관련된 모든 사람들에게 있어서 혈통에 기반한 친족관계의 의미를 대체하는 것은 아니다.

아이의 수양(收養)은 항구적일 뿐만 아니라 일종의 친족관계라는 점에서 때로 공식적 입양과 유사하게 보인다. 혹은 친족관계에 대해 거의 혹은 아무런 의미를 부여하지 않고 특정한 목적에 따라 일시적으로 다른 사람이 아이를 데려다 양육

문화파노라마

인도네시아의 미난카바우인

미난카바우인은 세계에서 가장 큰 모계문화로 인구가 400~500만 명에 달한다(Sanday, 2002). 대부분 인도네시아 서수마트라에서 거주하고 있고 약 50만 명이 말레이시아에서 살고 있다. 미난카바우인은 기본적으로 농업에 종사하는 농민이고 상당한 양의 잉여 쌀을 생산한다. 많은 남녀 미난카바우인은 일정 기간 동안 인도네시아의 도시에 취업해서 일한 후 고향으로 돌아온다.

미난카바우 여성들은 뚜렷한 모계친족체계 내에서 종족계보를 통해 상속받은 토지와 그 산물 그리고 토지경작을 위한 농업고용의 통제를 통해 권력을 행사하고 있다(Sanday, 2002). 많은 여성들이 사업 부문, 특히 쌀과 관련된 분야에서 지배적인 위치를 차지하고 있다. 남성들은 주로 학자, 상인, 정치인이 된다.

경작용 토지와 집을 포함하는 재산은 어머니에게서 딸로 상속된다. 수 세대로 구성되는 각 하위 모계종족의 구성원들은 한 집에서 함께 살거나 근처에 있는 여러 집에서 생활한다.

흔히 남성들과 성장한 소년들은 마을 모스크 같은 따로 분리된 건물에서 생활한다. 가구 내에서는 여성 연장자가 권력을 행사하고 경제와 의식에 관련된 모든 일에 대한 결정권을 가진다. 하위 모계종족의 남성 연장자는 다른 집단과 관계에서 자기 집단의 이해관계를 대변하는 역할을 한다. 하지만 그는 단지 대변인일 뿐 본질적으로 강력한 권한을 가진 인물이 아니다.

물소는 미난카바우인의 쌀 경제뿐만 아니라 상징적인 측면에서도 중요하다. 전통가옥의 지붕선은 물소의 뿔처럼 위로 치솟는 곡선 모양을 이루고 있다. 미난카바우 여성들의 축제용 머리장식도 동일한 모양을 따른다.

미난카바우인은 대부분 이슬람교도이다. 하지만 이들의 이슬람 신앙은 고대적 전통 및 힌두교의 요소들과 섞여 있다. 이들은 음악, 무술, 직조, 목각, 그리고 금은 선세공, 보석공예 등 오랜 전통을 가지고 있다.

서수마트라 지역의 전통 목조가옥과 궁전들은 심각하게 훼손되고 있다(Vellinga, 2004). 여성들만 가옥에서 거주하는 모계적 전통이 변화하고 있으며 오늘날에는 남성과 여성이 핵가족의 형태로 함께 생활하는 경우가 더 많다.

위 글을 읽고 검토해준 에모리대학교의 마이클 펠레(Michael G. Peletz)에게 감사드린다.

(왼쪽) 뾰족하게 치솟은 지붕선을 가진 미난카바우인의 전통 목조장옥. 가옥의 내부는 하위 모계집단들이 사용하는 '공간'으로 구분되어 있다. 많은 목조장옥들이 더 이상 거주지의 역할을 하지 않고 있고 회의 장소로 사용되거나 방치된 채 허물어져 가고 있다. (가운데) 전통가옥의 지붕선에서 명백하게 드러나는 물소의 상징적 중요성은 소녀와 여성들의 의식용 머리장식에서도 반복된다. 이 머리장식은 미난카바우 문화의 성장과 활력에 미치는 여성들의 영향력을 표상한다.

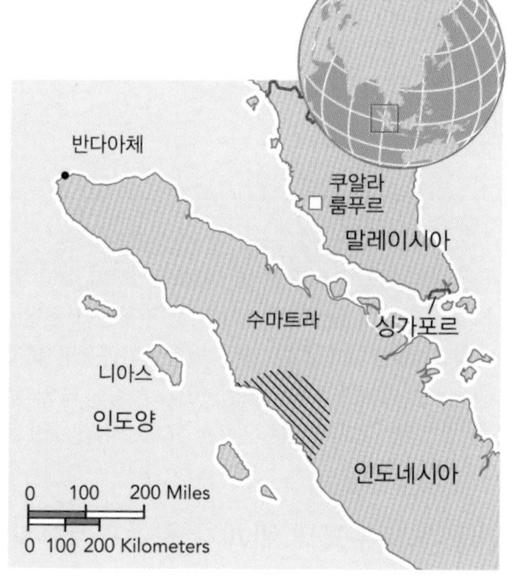

지도 6.3 인도네시아 미난카바우 지역

빗금 친 부분이 서수마트라 지역에 위치한 미난카바우 문화의 전통적인 중심지이다. 많은 미난카바우인이 수마트라의 여타 지역과 이웃 말레이시아에도 살고 있다.

하는 경우도 있다. 아이의 수양은 사하라 이남 아프리카에서 일반화되어 있다. 부모는 아이가 공식 교육을 받을 기회를 얻을 수 있도록, 혹은 마케팅 같은 기술을 배울 수 있도록 하기 위해 아이를 수양 보낸다. 대부분의 수양 아동들은 농촌에서 도시로, 가난한 가구에서 보다 부유한 가구로 이동한다. 가나의 아크라(지도 6.4 참조)에서 수행된 한 현지조사는 수양 아동들의 삶을 조명하고 있다(Sanjek, 1990). 이 공동체에서는 아이들 중 약 1/4이 수양아일 정도로 아이의 수양이 일반화되어 있다. 수양 아동 중 여자아이가 남자아이보다 2배 많다. 학교에 입학하는 아이들은 주로 남자아이들이다. 남아들은 모두 학교에 다니지만 여아 31명 중 학교에 다니는 아이는 4명뿐이다. 아이들의 처우에 영향을 미치는 중요한 요소는 수양

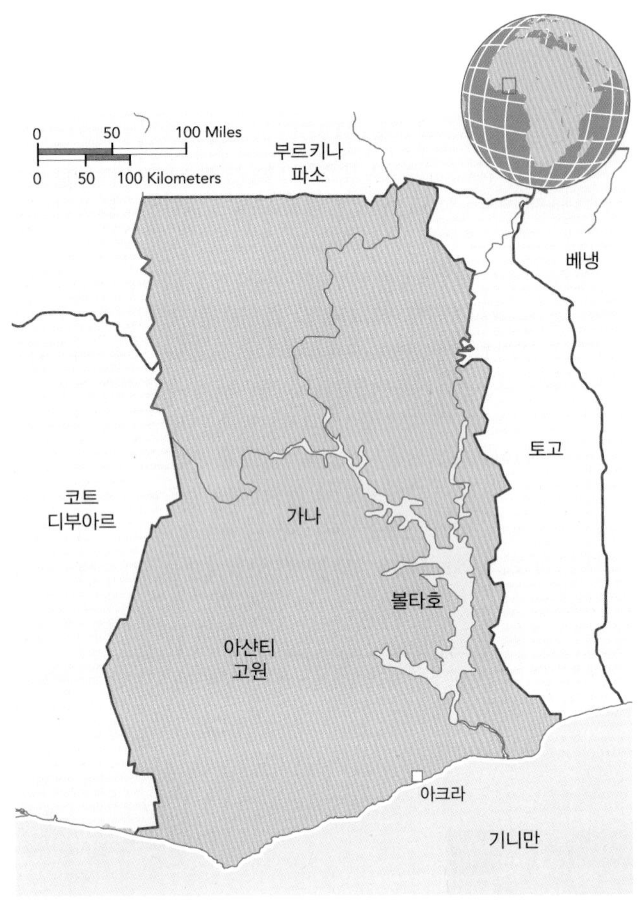

지도 6.4 가나

가나공화국에는 2,500만 명 이상의 인구가 살고 있다. 가나는 풍부한 자연자원을 갖고 있으며 금, 목재, 코코아를 수출한다. 농업이 국내 경제의 토대이다. 여러 종족집단들이 있지만 그중 아칸인이 인구의 40%를 차지한다. 공식언어는 영어지만 그 외에도 80여 개의 언어가 사용되고 있다. 인구의 60% 이상이 기독교도이고 전통 종교를 믿는 인구는 20%, 이슬람교도는 16% 정도이다.

아동과 대부모의 관계가 친족관계인지 여부이다. 비록 전체 수양 아동의 80%가 대부모의 친척이지만 여아들의 경우 50%만 이에 해당된다. 친족이 아닌 여자아이의 대부모는 여자아이의 부모에게 현금을 지급한다. 이 소녀들은 요리를 하거나 집안을 청소하고, 물건을 나르거나 점포를 지키면서 시장 일을 돕는다. 대부분 대부모의 친척인 수양 남아들은 학교에 가야 하기 때문에 그런 일을 하지 않는다.

의례적으로 구축되는 친족관계 성년과 다른 사람의 자녀 간에 의례를 통해 구축되는 유대관계는 전 세계에 걸친 기독교도, 특히 가톨릭 신자들 사이에서 일반적으로 관찰된다. 대부모와 대자녀 사이의 관계는 종종 강한 정서적 유대와 대부모에게서 대자녀로의 재정적 흐름을 수반한다.

멕시코의 오아하카 마야인(88쪽 지도 4.3 참조) 사이에서는 대부모 역할이 후원자인 대부모가 가진 지위의 상징이자 대부모의 지위를 재고하는 수단이기도 하다(Sault, 1985). 부모가 특정한 사람에게 자신의 자녀를 후원해달라고 요청하는 것은 후원자의 지위에 대한 공개적인 인정이다. 대부모는 대자녀에 대한 영향력을 획득하고 대자녀에게 노동을 요구할 수도 있다. 여러 자녀의 대부모가 된다는 것은 필요할 때 상당한 규모의 노동력을 동원할 수 있고 이를 통해 더 높은 지위를 획득할 수도 있음을 의미한다. 대부분의 오아하카의 대부모들이 부부지만 여성 혼자인 경우도 많다. 이러한 양상은 마야 여성의 높은 지위를 반영한다.

결혼

친밀한 인간관계를 형성하는 세 번째 주요한 기반은 결혼 혹은 장기적 동거와 같이 '결혼과 유사한' 형태를 통한 것이다. 이어지는 자료는 결혼에 초점이 맞춰져 있다.

개념 정의 인류학자들은 비록 다양한 형태를 띠고 상이한 기능을 수행하지만 결혼에 대한 일정한 개념이 모든 문화에 존재한다는 점을 인정한다. 하지만 결혼에 관한 통문화적으로 타당한 정의가 무엇으로 구성되는가에 대해서는 여전히 논쟁의 대상이다. 다음 1951년에 이루어진 결혼에 대한 표준적 정의는 이제 더 이상 타당하지 않다. "결혼은 한 남성과 한 여성 사이의 결합으로서 이 여성에게서 태어난 아이는 부모의 합법적인 자녀로 인정된다"(Barnard and Good, 1984:89). 이 개념 정의에 따르면 배우자는 서로 다른 성이어야 하며 결혼관계 밖에서 태어난 아이는 사회적으로 합법적인 자녀로 인정되지 않는다. 두 가지 특징 모두에 벗어나는 예외들이 통문화적으로 존재한다. 배우자의 젠더에 관해서 보면, 동일 젠더(동성 또는 게이 결혼)는 가장 먼저 법적으로 인정한 나라들(덴마크, 노르웨이, 네덜란드)부터 현재 인정하고 있는 다른 많은 나라들까지 점점 더 전 세계적으로 확산되고 있다. 결혼의 개념과 그 적법성은 인류학 내외에서 뜨거운 논쟁의 대상이 되고 있는 분야 중 하나이다(Feinberg, 2012).

'자녀의 합법성'과 관련해서 보면, 많은 문화에서 자녀의 합법성을 결혼관계 내에서 출생했는지 여부를 통해 정의하지 않는다. 예를 들어 카리브해 지역의 여성들은 대체로 인생의 후반기까지 결혼하지 않는다. 그 이전까지 여성들은 연속적

캐나다 밴쿠버의 레즈비언 부부 결혼식. LGBT 동성애자들의 권리는 전 세계에서 논쟁이 되고 있다. 캐나다는 서반구에서 처음으로 동성결혼을 합법화한 나라이다.

으로 남성 파트너들과 관계를 맺으며 자녀를 출산한다. 그렇게 태어난 자녀 중 어느 누구도 다른 자녀보다 더 혹은 덜 '합법적'으로 간주되지 않는다.

결혼에 대한 또 다른 정의는 배우자의 성에 대한 권리에 초점을 둔다. 하지만 모든 형태의 결혼이 성관계를 수반하는 것은 아니다. 그 예로 수단 남부의 누에르(315쪽 지도 13.6 참조) 사회와 여타 일부 아프리카 사회에서 발견되는 여성과 여성 간의 결혼 관행을 들 수 있다(Evans-Pritchard, 1951:108-109). 이런 유형의 결혼에서는 경제적 능력이 있는 여성이 '아내'를 얻기 위해 선물을 제공하고 결혼식을 치른 다음 마치 남성이 여성과 결혼한 것처럼 이 여성을 거주지역으로 데리고 온다. 이렇게 들어온 아내는 생산적 노동을 가구에 제공한다. 이 두 여성은 성관계를 갖지 않는다. 대신 이 가구로 결혼해 들어온 여성이 남성과 성관계를 갖는다. 하지만 그녀가 출산한 아이는 그녀가 결혼해 들어온 가구에 소속된다.

결혼(marriage)이라는 이름하에 진행되는 관행들이 너무 다양하기 때문에 모든 사례에 들어맞는 정의를 찾는다는 것은 불가능한 일이다. 다음은 결혼과 관련된 이러한 문제에 대처할 수 있는 정의가 될 수 있을 것이다. 결혼은 통상 두 사람 사이에서 이루어지지만 반드시 함께 거주하거나, 성관계를 가지거나, 출산을 하는 것은 아닌 다소 안정된 결합이다.

배우자 선택 모든 문화에는 결혼 혹은 성관계를 누구와 해야 하며 누구와 해서는 안 되는지에 관한 선호가 존재한다. 어떤 경우에는 이들 선호가 비공식적이고 암묵적이지만, 다른 경우에는 공식적이고 명백하다. 이들 선호에는 배제의 규칙(누구와 결혼해서는 안 되는지를 규정하는)과 선호의 규칙(누가 바람직한 배우자인지를 규정하는)이 있다.

근친상간금기(incest taboo), 즉 특정한 친족관계 내에서 결혼이나 성관계를 금하는 규정은 가장 기본적이고 보편적인 배제의 규칙 중 하나이다. 1940년대에 쓴 글들에서 레비 스트로스는 근친상간금기가 보편적인 이유로 비국가 사회에서는 근친상간금기가 남성으로 하여금 가족 간 여성교환의 동기를 제공했다는 점을 제시한다. 레비 스트로스가 생각하기에 이 교환은 직계가족을 초월한 수준의 모든 사회적 네트워크와 사회적 유대의 토대이다. 이 같은 네트워크는 상이한 자원을 가진 지역 간의 교역을 촉진하고, 신부교환으로 형성되는 연대를 통해 평화를 증진한다. 따라서 레비 스트로스에게 근친상간금기는 중요한 사회적 · 경제적 기능을 가진다. 다시 말해 근친상간금기는 사람들로 하여금 가족을 초월한 수준의 사회조직을 구성하도록 만든다는 점을 의미한다.

최근의 유전학적 연구는 근친상간금기의 보편성에 대해 또 다른 이론을 제시한다. 이 이론에 따르면 보다 광범위한 번식 풀은 유전적으로 전달되는 열성인자의 빈도를 줄인다. 레비 스트로스의 이론처럼 유전학적 이론 또한 기능주의적이다. 각 이론은 근친상간금기의 보편성을 인간의 생존과 번식에 기여하는 2개의 다른 적응기제로 설명하고 있다. 인류학적 데이터는 두 이론 모두를 지지하지만 민족지적 데이터는 고려해야 할 몇 가지 퍼즐을 제공한다.

가장 기본적이고 보편적인 근친상간금기의 형태는 아버지와 그 자녀들 그리고 어머니와 그 자녀들 사이의 결혼이나 성관계를 금하는 것이다. 비록 대부분의 문화에서 남녀 형제간의 결혼을 금하지만 일부 예외도 존재한다. 남녀 형제간의 결혼이 공인되는 가장 널리 알려진 사례는 로마 시대의 이집트에서 찾을 수 있다(Barnard and Good, 1984:92). 남녀 형제간 결혼이 왕실의 규범이었고 일반인들 사이에서도 흔해서, 결혼의 15~20%가 남녀 형제간 결혼이었다.

근친 간 결혼의 또 다른 사례는 사촌들 사이에서 발견된다. 근친상간금기가 사촌 간의 결혼을 보편적으로 배제하는 것은

결혼 꼭 그럴 필요는 없지만 같이 살고 성관계를 가지며 아이를 낳아 키우는 두 사람의 결합

근친상간금기 특정한 친족관계 내에서 결혼이나 성관계를 엄격하게 금하는 규정

교차사촌혼

FaZ Fa Mo MoBr
FaZDa FaZS S Da MoBrS MoBrDa

딸은 아버지의 여자형제의 아들 또는 어머니의 남자형제의 아들과 결혼한다. 아들은 아버지의 여자형제의 딸 혹은 어머니의 남자형제의 딸과 결혼한다.

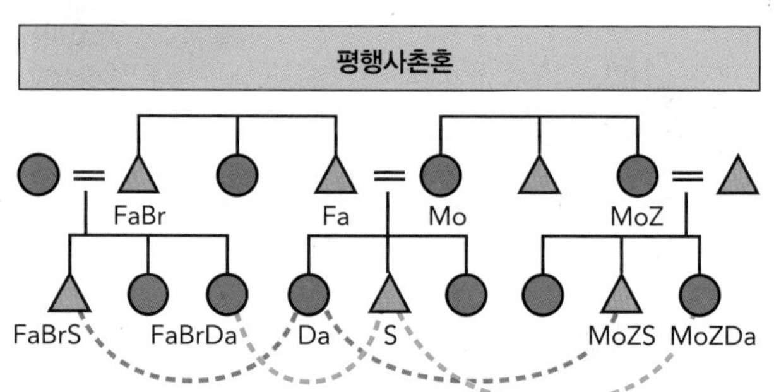

딸은 아버지의 남자형제의 아들 또는 어머니의 여자형제의 아들과 결혼한다. 아들은 아버지의 남자형제의 딸 또는 어머니의 여자형제의 딸과 결혼한다.

그림 6.4 사촌 간 결혼의 두 유형

아니다. 아래에 논의되는 바와 같이 사실 일부 친족체계는 사촌 간의 결혼을 장려한다.

누구와 결혼해야 하는가에 관한 다양한 선호 규칙들이 통문화적으로 존재한다. **내혼**(endogamy)률, 즉 특정한 집단 내에서 결혼해야 한다는 규칙은 반드시 한정된 사회적 범주 내에서 배우자를 구해야 한다는 점을 명시하고 있다. 내혼의 경우 특정한 친척, 흔히 사촌이 선호의 대상이 된다. 사촌혼의 주요 형태는 두 가지이다. 하나는 **평행사촌**(parallel cousins) 사이의 결혼으로 그 형태는 한 아버지의 자녀와 아버지의 남자형제의 자녀 사이, 혹은 한 어머니의 자녀와 어머니의 여자형제의 자녀 사이의 결혼이다. 이때 평행이라는 용어는 연관된 형제자매의 성이 동일함을 의미한다(그림 6.4 참조). 평행사촌혼은 중동 및 북아프리카의 여러 이슬람교도 집단들이 선호하는 결혼 형태이다. 사촌 간 결혼의 두 번째 형태는 **교차사촌**(cross-cousins) 간의 결혼으로, 한 아버지의 자녀와 그 여자형제의 자녀 사이, 혹은 한 어머니의 자녀와 그 남자형제의 자녀 사이에서 이루어지는 결혼이다. 이때 교차라는 용어는 관련된 형제자매의 성이 다름을 의미한다. 남인도의 힌두교인이 교차사촌혼을 선호한다. 비록 사촌혼이 선호되지만 그럼에도 불구하고 이 지역에서 이루어지는 전체 결혼 중 소수에 불과하다. 남인도 첸나이(전에는 마드라스로 불렸다)시에 사는 수천 쌍의 부부에 관한 조사에 따르면, 전체 결혼의 3/4 정도가 친척이 아닌 사람들 사이에서 이루어진 반면, 1/4이 교차사촌 간 혹은 교차사촌과 동일한 관계로 간주되는 삼촌과 질녀 사이의 결혼으로 나타났다(Ramesh et al., 1989).

내혼 특정한 집단 혹은 지역 내에서 결혼하는 것

평행사촌 아버지의 남자형제의 자녀 혹은 어머니의 여자형제의 자녀

교차사촌 아버지의 여자형제의 자녀 혹은 어머니의 남자형제의 자녀

사촌혼에 생소한 독자들은 동족 결혼이 가져올 수 있는 유전적 장애에 근거하여 불쾌하다고 생각할 수 있다. 하지만 인도 남부지방에서 발견되는 수천 사례의 사촌혼에 관한 연구는 유전적 문제의 발생률이 사촌혼이 실천되지 않는 문화와 비교할 때 근소한 차이만 있을 뿐이라는 사실을 보여준다(Sundar Rao, 1983). 결혼 네트워크가 방대한 지역으로 퍼져 있고 분산되어 있어 '사촌'에 대한 다양한 선택지를 제공하고 있다. 이 상황은 훨씬 더 폐쇄적인 하나의 촌락 또는 읍내의 상황과 대조된다. 국한된 공간의 작은 인구집단 내에서 사촌 결혼이 행해질 경우 유전적 문제가 발생할 가능성이 높다.

내혼은 또한 공간적 성격을 띨 수도 있다. 동부 지중해 지역의 기독교도와 이슬람교도가 선호하는 결혼 형태는 촌락 내혼이다. 이는 또한 인도 전역의 이슬람교도과 남인도의 힌두교인 사이에서 선호되는 유형이기도 하다. 대조적으로 북인도의 힌두교도는 촌락 내혼을 금지하고 이를 근친상간의 한 형태로 간주한다. 대신 그들은 촌락 **외혼**(exogamy)을 하거나 정해진 사회집단 외부에서 결혼을 한다. 이 경우 배우자는 촌락이나 읍내로부터 멀리 떨어진 곳에 살아야 한다. 인도에서 결혼 거리는 남부보다 북부에서 더 멀고, 이 때문에 북인도

외혼 특정한 집단 혹은 지역 외에서 결혼하는 것

상향혼	신부가 자신보다 높은 신분의 신랑과 결혼하는 경우.	신랑은 신부보다 더 부자거나 학력이 높거나 나이가 많거나 신장이 클 수 있다.
하향혼	신부가 자기보다 낮은 신분의 신랑과 결혼하는 경우.	신부가 신랑보다 더 부자거나 학력이 높거나 나이가 많거나 신장이 클 수 있다.
동등혼	신부와 신랑의 신분이 같은 경우.	신부와 신랑이 부, 학력, 나이, 신장 면에서 비슷하다.

그림 6.5 배우자 선택 시의 신분에 대한 고려(이성결혼)

의 신부들은 친정 가족들과 정규적인 접촉을 유지할 가능성이 훨씬 적다. 북인도 여성들의 노래와 이야기 중 많은 부분이 친정 가족들과 헤어져 사는 슬픔을 담고 있다.

신분에 대한 고려가 흔히 배우자의 선택을 규정하기도 한다(그림 6.5 참조).(이하의 논의는 이성결혼에 국한된다.) 상향혼 혹은 '위를 향한 결혼'은 신부의 지위가 신랑의 지위보다 낮은 경우를 뜻한다. 상향혼은 북인도, 특히 상류층 집단에서 폭넓게 행해진다. 이는 또한 미국의 중산층과 상류층 사이에서도 두드러진다. 상향혼 때문에 의료계나 법조계같이 최상층 전문직에 종사하는 여성, 특히 북미에서 의대에 다니는 여학생들은 적절한 파트너를 찾는 데 어려움을 겪는다. 왜냐하면 이들의 경우 위를 향한 결혼의 선택지가 매우 적거나 거의 없기 때문이다. 상향혼의 반대 유형인 하향혼 혹은 '아래를 향한 결혼'은 신부의 지위가 신랑보다 높은 경우를 말한다. 하향혼은 통문화적으로 드물게 나타난다. 동등혼은 지위가 동등한 파트너 사이의 결혼으로서 남녀 성의 역할과 지위가 평등한 문화에서 주로 이루어진다.

지위를 기반으로 한 상향혼과 하향혼의 하위 유형은 나이 그리고 심지어 키 같은 요인에 기반하기도 한다. 나이 상향혼은 신부가 남편보다 나이가 적을 때를 말하며 전 세계적으로 흔하다. 반대로 하향혼은 신부의 나이가 남편의 나이보다 많을 때이다. 나이 하향혼은 통문화적으로 드물지만, 미국에서는 같은 나이 또는 나이가 더 많은 남자와 결혼하고 싶지만 결혼압박 때문에 어쩔 수 없는 여성들 사이에서 점점 증가하고 있다.

신체적 특징, 이를테면 능력과 외모 등도 배우자 선택에 암묵적 혹은 명시적으로 영향을 미치는 요소이다. 얼굴의 아름다움, 피부색, 머릿결과 머리카락 길이, 신장, 몸무게 등이 다양한 방식으로 중요하게 고려된다. 신장 측면에서의 상향혼(즉 신랑이 신부보다 키가 큰 경우)은 남성 지배적인 맥락에서 더 일반적으로 나타난다. 신장 측면에서의 동등혼은 동남아시아의 많은 지역에서와 같이 성역할이 상대적으로 동등하고 성적 이형성(모양과 크기 면에서 여성 신체와 남성 신체가 보여주는 차이)이 두드러지지 않는 문화에서 일반적으로 나타난다.

배우자 선택에서 로맨틱한 사랑이 갖는 역할은 생물학적 결정론자와 문화구성주의자 사이에서 논쟁의 대상이 되고 있다. 생물학적 결정론자는 로맨틱한 사랑이라는 감정이 자식을 돌보는 데 필요한 남녀 부부관계를 결속시키는 역할을 하기 때문에 인류에 보편적이라고 주장한다. 이와 반대로 문화구성주의자는 로맨틱한 사랑이 배우자 선택에 영향을 미치는 이례적인 요소라고 주장한다(Barnard and Good, 1984:94). 문화구성주의자는 로맨틱한 사랑을 강조하는 데서 발견되는 통문화적 차이를 설명하기 위해 남성과 여성이 갖는 경제적 역할의 차이를 지적한다. 로맨틱한 사랑은 남성이 생계에 더 크게 기여하고 이로 인해 여성이 남성에게 경제적으로 종속되어 있는 문화에서 관계 형성에 중요한 요인으로 작용하기 쉽다. 그 원인이 생물학적이든 문화적이든 혹은 양자 모두이든 간에, 로맨틱한 사랑은 점점 더 많은 문화에서 결혼의 일반적 토대로 작용하고 있다(Levine et al., 1995).

미국의 여성들은 결혼의 토대로서 로맨틱한 사랑에 가치를 부여하는 정도에서 미시문화적 편차를 보여준다(Holland and Eisenhart, 1990). 한 연구는 1979~1981년 사이에 대학에 들어간 젊은 미국 여성들을 대상으로 그들이 대학을 졸업하고 성인의 삶을 시작한 이후인 1987년에 인터뷰를 진행한 바 있다. 연구대상 지역은 미국 남부의 대학 두 곳으로 한 곳은 백인 유럽계 미국인들이, 다른 곳은 아프리카계 미국인들이 주로 다니는 대학이다. 이 두 여성집단 사이에서 일정한 차이가 발견되었다. 백인 여성들이 흑인 여성들에 비해 로맨틱한 사랑이라는 관념에 더 많은 영향을 받는 것으로 나타났다. 백인 여성들은 커리어를 추구하려는 의지가 상대적으로 약했고 배우자에게 경제적으로 의존하려는 생각이 더 강했다. 흑

	유형	실천되는 지역
지참금	신부의 가족이 결혼하는 부부에게 주는 재화나 화폐	유럽과 아시아 문화 농업과 산업 사회
신랑대	신부의 가족이 결혼하는 부부나 신랑의 부모에게 주는 재화나 화폐	남아시아, 특히 인도북부
신부대	신랑의 가족이 신부의 부모에게 주는 재화나 화폐	아시아, 아프리카, 중남미문화 원시농경과 목축
신부봉사	신랑이 신부의 부모에게 제공하는 노동	동남아, 태평양, 아마존 문화 원시농경

그림 6.6 결혼 교환의 유형

인 여성들은 독립심과 커리어 추구 의지를 강하게 보여주었다. 로맨틱한 사랑이라는 테마는 젊은 백인 여성들에게 영웅적인 남성 부양자라는 이상적 모델을 제공해주었고, 여성들은 남성을 매혹하고 그들에게 결혼생활을 위한 가정을 제공하는 역할을 수행한다. 흑인 여성들은 경제적으로 보다 독립적이도록 성장했다. 이런 유형은 두 가치 차원과 관련되어 있다. 하나는 여성 스스로 자신의 소득을 얻고 관리한다는 아프리카적 전통이고, 다른 하나는 아프리카계 미국인 남성을 매우 불리한 상황에 위치시키는 미국 고용시장 내의 심각한 인종차별이다.

중매혼은 신부와 신랑 가족 사이의 '바람직한 결합'이 어떠해야 하는가에 대한 부모의 고려를 기반으로 이루어진다. 중매혼은 중동, 아프리카, 아시아의 여러 나라에서 일반적이다. 일부 이론가들은 중매혼은 '전통적'이고 연애혼은 '현대적'이라고 주장한다. 이들은 중매혼이 현대성의 도래와 함께 사라질 것이라고 믿는다. 일본은 고등교육을 받은 인구가 상당히 많은 산업/디지털사회임에도 불구하고 여전히 중매혼이 전체 결혼에서 차지하는 비율이 25~30%이다(Applbaum, 1995). 2010년 쓰나미와 핵재앙 이후 중매혼이 전체 결혼 중 40%에 이를 정도로 증가한 것으로 보인다. 그 이유는 아마도 여행의 제약이 많아졌고 외로움과 개인적 불안감이 높아졌기 때문인 것 같다(Millward, 2012). 배우자를 정하는 가장 중요한 기준은 가족의 평판과 사회적 지위이다. 이를테면 가족 중에 이혼이나 정신질환 같은 바람직하지 못한 사례의 부재와 교육, 직업, 소득 등을 중요하게 고려한다.

결혼 선물 대부분의 결혼은 신랑과 신부 가족 사이에 재화나 서비스의 교환을 수반한다(그림 6.6 참조). 결혼 교환의 두 가지 통문화적으로 주요한 형태는 지참금과 신부대이다. **지참금**(dowry)은 신부 측에서 새롭게 결혼하는 부부가 사용할 재화 혹은 화폐를 양도하는 것이다. 지참금에는 가구와 주방용품 같은 생활용품이나 때로 주택 소유권이 포함된다. 지참금은 서유럽에서부터 지중해 북부와 중국 그리고 인도 등 유라시아 전역의 농업사회에서 발견되는 주된 결혼 교환 형태이다. 인도 대부분 지역에서 지참금은 보다 정확하게 신랑대로 불

하우사인은 가나의 중요한 종족집단 중 하나다. 이 사진은 가나의 수도인 아크라에서 하우사인이 지참금으로 사용하는 재화를 진열해 놓은 것을 보여주고 있다. 하우사인의 지참금 중 가장 귀중한 부분은 카얀 다키('신혼방의 물건들')로 그릇, 냄비, 장식용 유리잔과 조리기구 등을 포함한다. 이들 재화는 이웃 여성들이 신부의 가치를 가늠할 수 있도록 신혼방에 과시적으로 진열된다. 신부의 부모는 이같은 신분과 시용 재화와 조리기구 같은 실용적 항목에 대한 비용을 지불한다.

지참금 신부 측에서 새롭게 결혼하는 부부에게 그들이 사용할 재화 혹은 현금을 양도하는 것

리는데 그 이유는 재화나 화폐가 신혼부부에게 양도되지 않고 오히려 신랑의 가족에게 전달되기 때문이다(Billig, 1992). 마오쩌둥 치하의 중국에서는 지참금을 여성에 대한 억압의 상징으로 간주해서 불법화했다. 중국에서는 개인적 부가 증가하고 소비주의가 확산되면서 특히 신흥 부유층 도시민들 사이에서 신부대 관행이 다시 나타나기 시작했다(Whyte, 1993).

신부대(brideprice) 또는 신부값은 신랑 측에서 신부 부모에게로 재화나 화폐가 이전되는 것을 말한다. 이는 원시농경문화와 목축문화에서 일반적으로 나타난다. 신부대의 하위유형인 **신부봉사**(brideservice)는 신랑이 신부의 부모에게 일정 기간 동안 노동을 제공하는 것이다. 이는 특히 아마존 같은 일부 원시농경사회에서 발견되는 관행이다.

대부분의 결혼에서 신부와 신랑 측 사이에 교환되는 선물은 균형을 이룬다. 미국에서 오래 지속된 양상은 신부 측에서 결혼과 신혼여행 비용을 주로 부담하고, 신랑 측에서는 결혼 전날 이루어지는 예행연습 후의 만찬을 책임지는 것이다. 신부와 신랑이 비용을 분담하는 경향으로의 변화는 결혼관계가 보다 평등해지고 있다는 징후일 것이다.

결혼 형태 문화인류학자들은 연관된 파트너의 수를 기준으로 결혼 형태를 크게 둘로 구분한다. **단혼제**(monogamy)는 두 사람 사이의 결혼이다. 이성애 커플의 경우 한 남성과 한 여성이, 동성애 커플인 경우 동일한 성의 두 사람이 개입된다. 이성애적 단혼제는 통문화적으로 가장 일반적인 형태이고 많은 국가에서 유일하게 합법적인 결혼 형태이기도 하다.

복혼제(polygamy)는 여러 배우자를 수반하는 결혼으로서 다양한 문화에서 허용되는 형태이다. 복혼에는 두 가지 형태가 있다. 그중 보다 일반적인 형태가 **일부다처제**(polygyny)로, 한 남성이 1명 이상의 여성과 결혼하는 것을 의미한다. **일처다부제**(polyandry), 즉 여성 1명과 1명 이상의 남성이 결혼하는 형태는 드물게 나타난다. 일처다부제가 흔히 발견되는 곳은 티베트, 인도, 네팔의 일부를 포함하는 히말라야 지역이다. 이 지역에서 일처다부제를 실천하지 않는 사람들은 일처다부제를 행하는 사람들을 후진적이라고 멸시한다(Haddix McCay, 2001).

가구와 가내생활

6.2 인류학자들이 가구와 가내생활을 어떻게 정의하고 연구하는지 알아보기

일상적 대화에서 북미인은 함께 사는 사람들을 지칭할 때 가족과 가구를 혼용한다. 그러나 사회과학자들은 두 용어를 구분한다. **가족**(family)은 서로 친족관계를 통해 연결되어 있다고 생각하는 사람들의 집단이다. 북미 영어에서 이 용어는 '가까운' 친척과 '먼' 친척 모두를 포함할 수 있다. 가족의 모든 구성원들은 반드시 함께 모여 살 필요는 없고 서로 간에 강력한 유대를 가질 필요도 없다. 그렇지만 그들은 여전히 '가족'이다.

이와 연관된 개념으로 **가구**(household)가 있다. 가구는 1명 혹은 1명 이상의 사람이 공유된 생활공간에 함께 거주하는 경우인데, 이들은 친족관계일 수도 아닐 수도 있다. 대부분의 가구는 친족관계를 통해 연결되는 사람들로 구성되지만, 점차 그렇지 않은 경우가 증가하고 있는 추세이다. 비친족적 가구의 한 예는 일단의 친구들이 같은 아파트에 사는 경우이다. 이 절에서는 가구의 형태와 조직을 통문화적으로 살펴보고 가구 구성원들 사이의 관계를 조명해보고자 한다.

가구 : 다양성

이 절에서는 가구의 세 가지 형태와 가장이라는 개념에 관해 논의한다.

가구조직은 결혼한 성인의 수에 따라 몇 개의 유형으로 나눌 수 있다. **핵가구**(nuclear household)(많은 사람들이 핵가족이라 부른다)는 한 쌍의 성인 커플(결혼했거나 혹은 '파트너'

신부대 신랑 측으로부터 신부의 부모에게로 재화나 금전을 양도하는 것

신부봉사 결혼 교환의 한 형태로 신랑이 신부와 집으로 돌아가기 전에 일정 기간 장인을 위해 일하는 것

단혼제 두 사람 사이의 결혼

복혼제 여러 배우자를 포함하는 결혼

일부다처제 1명의 남편과 1명 이상의 아내의 결혼

일처다부제 1명의 아내와 1명 이상의 남편의 결혼

가족 출계, 결혼, 공유와 같이 일정한 형태의 친족관계를 통해 연결되어 있다고 느끼는 사람들의 집단

가구 혼자 살거나 혹은 친족관계일 수도 아닐 수도 있는 일단의 사람들이 생활공간을 공유하는 경우

핵가구 한 쌍의 성인 커플(결혼했거나 '파트너' 사이)이 자녀와 함께 혹은 자녀 없이 꾸리는 가구집단의 단위

네팔의 한 일처다부제 가구

사이)이 자녀와 함께 혹은 자녀 없이 꾸리는 가내집단이다. 확대가구는 한 쌍 이상의 결혼한 성인 커플을 포함하는 가내집단이다. **확대가구**(extended household)의 커플들은 아버지-아들의 계보(부계 확대가구), 어머니-딸의 계보(모계 확대가구), 혹은 형제자매 계보(방계 확대가구)를 통해 연결된다. 일부다처제(아내가 여럿인 경우)와 일처다부제(남편이 여럿인 경우) 가구는 복합가구로서, 1명의 배우자가 여러 명의 파트너와 그 자녀들과 함께 혹은 인근에서 사는 가내집단을 말한다.

이러한 다양한 가구 유형의 통문화적인 분포는 아직 정확하게 밝혀진 바 없지만, 일부 개괄적인 일반화는 가능하다. 첫째, 핵가구는 모든 문화에서 발견되지만, 이것이 지배적인 가구 유형인 경우는 전 세계 문화에서 1/4 정도밖에 되지 않는다(Murdock, 1965[1949]:2). 확대가구는 전체 문화의 약 절반 정도에서 가장 중요한 형태이다. 이 두 가지 가구 형태의 분포는 생계양식과 대체로 일치한다(그림 6.1 참조). 핵가구는 생계양식의 양극단에 위치하는 사회, 즉 수렵채집사회와 산업/디지털사회에 가장 특징적인 형태이다. 이러한 유형은 두 생산양식 모두 공간적 이동성과 유연성을 필요로 한다는 점을 반영하고 있다. 확대가구는 원시농경, 목축, 그리고 농업이 경제적 기반인 사회에서 가구의 상당 부분을 차지한다.

가내관계의 역동학

가구의 구성원들은 서로 어떻게 상호작용하는가? 이들 사이의 정서적 애착, 권리, 책임에는 어떤 것들이 있는가? 배우자, 형제자매, 서로 다른 세대 등 가구 내 다양한 범주의 구성원 사이의 권력관계는 어떠한가? 친족체계는 이런 관계들이 어떠해야 하는지를 규정한다. 일상생활에서 사람들이 그러한 이상에 부합해서 사는 정도는 높을 수도 낮을 수도 있다.

배우자-파트너관계 여기서는 배우자관계를 두 측면, 즉 결혼만족도와 일생에 걸친 성생활이라는 측면에서 논의해보고자 한다.

1959년 도쿄에서의 결혼에 관한 한 획기적인 연구는 연애혼과 중매혼을 한 부부의 결혼만족도를 비교했다(Blood, 1967). 모든 결혼에서 만족도는 시간이 지나면서 감소했지만 두 유형 사이에 일정 정도 차이가 나타났다. 만족도가 감소하는 경향은 중매혼을 한 아내의 경우가 가장 강했고 중매혼을 한 남편의 경우 가장 약했다. 연애혼의 경우 부부 모두의 만족도가 극적으로 감소했지만(아내의 경우는 조금 더 일찍, 남편의 경우는 조금 늦게 나타났다), 결혼기간이 9년이 넘으면 부부 모두 거의 동등한 수준의 만족도를 보여주었다.

부부간 성생활은 결혼만족도의 지표이자 원인일 수 있다. 1988년 미국에서 이루어진 부부 성생활에 대한 조사 보고서에 따르면, 월평균 성생활 빈도가 결혼기간이 지속됨에 따라 꾸준히 감소하는 것으로 나타났다. 19~24세 부부의 경우 한 달에 평균 12번의 성관계가 있는 반면, 75세 이상의 연령대에서는 한 달에 1번 이하인 것으로 나타났다(Call, Sprecher, and Schwartz, 1995). 결혼한 지 오래된 부부는 성관계의 빈도가 낮았다. 관계가 좋지 못한 부부의 성관계 빈도도 낮았다. 각

여전히 중국과 대만의 농촌지역에는 직계가족이 흔하지만 핵가족이 증가하고 있는 추세이다. 아직도 아들들은 방문과 식사 대접 등을 통해 부모에게 책임을 다하고, 노후 부양을 보장하기 위해 노력한다.

확대가구 한 단위 이상의 부모-자녀관계로 구성된 동거집단

범주 내에서 다음 세 범주의 사람들이 더 높은 성관계 빈도를 보여주었다.

- 동거는 하지만 결혼하지 않은 사람들
- 결혼 전에 동거를 했던 사람들
- 두 번째 결혼 혹은 늦은 결혼을 한 사람들

형제자매관계 형제자매관계는 가내관계의 역동학과 관련해서 가장 연구가 덜 된 분야이다. 레바논 베이루트의 노동자 커뮤니티에 관한 연구가 한 예다(Joseph, 1994). 이 연구를 수행한 인류학자는 몇몇 가족과 친해졌는데, 특히 그중 한 가족의 장남인 해나와 친했다. 해나는 매력적인 청년으로 종교–종족집단을 초월해서 많은 친구가 있었고 훌륭한 배우자감으로 간주되었다. 따라서 그 인류학자는 해나가 12세 된 여동생 플라우에게 소리를 지르고 뺨을 때리는 모습을 보고 충격을 받았다고 적고 있다. 둘 사이의 관계를 더 관찰한 결과 해나가 플라우에게 아버지 역할을 한 것임을 알게 되었다. 해나는 플라우가 아파트 근처 거리에서 다른 소녀들과 수다 떨며 돌아다니는 모습을 특히 참지 못했다. "그는 플라우를 아파트 위층으로 강제로 데리고 올라가서는 뺨을 때리고 좀 더 품위 있게 행동하라고 요구했다"(1994:51). 그 가구의 성인들은 해나의 행동이 전혀 문제되지 않는다고 생각했다. 그들은 플라우도 오빠의 위협적인 관심을 좋아한다고 말했다. 플라우 스스로도 "해나 오빠가 날 때릴 때 아프지도 않아요"라고 말했다. 플라우는 자신도 해나 같은 남편을 만나길 원한다고 했다.

아랍 문화에서 일반적인 이와 같은 오누이 관계는 가구 내의 남성 지배를 유지하고 영속화하는 사회화 과정의 일부로 해석될 수 있다. "해나는 플라우에게 사랑이라는 이름으로 남성의 권력을 받아들이도록 가르치고 있었다. … 여동생을 사랑한다는 것은 그녀에 대한 책임을 진다는 것이고 오빠의 행동이 여동생을 위한 것으로 간주되는 한 오빠가 여동생을 훈육할 수 있다는 것을 의미한다. 플라우는 남성의 사랑이 폭력적인 통제를 수반할 수 있다는 것과 그의 사랑을 받으려면 통제에 순종해야 한다는 것을 배운다"(1994:52).

파트너 간 가정폭력 가내 파트너 사이의 폭력은 주로 남성이 가해자로서 지배하고 여성은 피해자가 되는 구도로서, 비록 그 형태와 빈도는 다르지만 거의 모든 문화에서 발견된다(Brown, 1999). 아내 구타는 남성이 부를 통제하는 맥락에서 더 흔히 그리고 더 심각하게 나타난다. 아내 구타는 여성 노동집단과 사회적 네트워크가 존재하는 곳에서는 빈도도 낮고 덜 심각하게 나타난다. 여성 노동집단의 존재는 생산 영역과 모계 중심 주거에서 여성이 갖는 중요성과 관련되어 있다. 이들 요소는 여성들이 학대관계를 벗어날 수 있는 수단을 제공해준다. 한 예로 중앙아메리카 벨리즈의 아프리카계 인디언인 가리푸나인 사이에는 배우자 학대 사건이 발생하긴 하지만 매우 빈도가 낮고 확대되지 않는다(Kerns, 1999).

가정폭력의 전 세계적인 증가는 가정이 피난처이거나 안전

네팔의 한 보호시설에 살고 있는 과부와 아들. 과부는 흔히 남편의 가족으로부터 거부되고 친정 가족에게 돌아갈 수도 없어서 사회적으로 주변화된다.

현실 속의 인류학

켄터키 농촌의 아내학대 예방을 위한 민족지

미국에서 가정폭력 발생빈도가 가장 높은 주는 켄터키이다. 켄터키의 가정폭력에 관해 수행된 한 민족지적 연구는 높은 아내학대 발생률과 맞물려 있는 몇 가지 문화적 요인을 밝히고 있다(Websdale, 1995). 이 연구는 켄터키 동부의 피학대 아내 50명, 여성쉼터의 가정폭력 피해 여성, 경찰, 쉼터직원, 사회복지사 등에 대한 인터뷰를 통해 수행되었다.

켄터키 농촌에는 가정폭력 예방을 특별히 어렵게 만드는 세 종류의 고립이 존재한다.

1. 물리적 고립 : 여성들은 자신들의 삶에서 물리적 고립감을 느낀다고 보고했다. 지리적 고립 때문에 가해자의 학대방법이 더 효과적으로 작동했다. 학대방법에는 자동차를 고장 내서 아내가 집을 떠날 수 없게 만들기, 자동차를 파괴해버리기, 자동차의 주행거리를 모니터링하기, 한겨울에 온도조절장치를 잠궈버리기, 난폭운전으로 아내에게 겁주기, 애완동물 같은 대상을 향해 총 쏘기 등이 포함된다.

   가장 가까운 포장도로가 집에서 몇 마일이나 떨어져 있는 경우, 피학대 여성, 특히 아이가 있는 여성이 집에서 도망치는 일은 어렵거나 아예 불가능하다. 켄터키 농촌에는 심지어 포장도로상에도 대중교통 서비스가 없다. 전체 가구의 약 1/3이 전화가 없다. 학대를 신고하기 위해 전화를 찾아 나서야 하기 때문에 신고 자체가 지연되고, 신고의 지연으로 인해 경찰은 문제가 심각하지 않다는 인상을 받게 되며, 이는 다시 여성의 절망감을 가중시키게 된다. 이 지역의 피학대 여성들 사이에는 보안관들이 가정폭력 신고전화에 아예 신경도 쓰지 않는다는 부정적 평판이 있다.
2. 사회적 고립 : 젠더 역할을 포함한 농촌문화의 여러 측면은 '수동적 치안유지' 체계를 떠받치고 있다. 남성은 부양자로, 여성은 가사노동과 자녀양육을 전담하는 자로 간주된다. 여성들이 집 밖에서 일을 하는 경우에도 받는 임금은 남성의 50% 정도에 불과하다. 부부는 흔히 남편의 가족과 가까운 지역에서 생활한다. 그러므로 여성은 가능한 친정의 지원으로부터 고립되어 있고, 남편 가족은 그녀를 도와주지 않는 경향이 있기 때문에 인근에서 도움을 청하는 데도 한계가 있다. 지역 경찰은 가족을 하나의 사적인 단위로 보기 때문에 가족문제에 개입하기를 꺼리는 경향이 있다. 집은 남성의 세계이며 남성이 집에서 지배권을 행사해야 하는 것으로 여기기 때문에, 경찰은 학대혐의로 신고된 남편의 체포를 꺼린다. 어떤 경우에는 경찰이 남편의 아내 통제권에 관한 믿음을 공유하기 때문에 가해자 편에 서기도 한다.
3. 제도적 고립 : 켄터키, 특히 농촌에는 피학대 여성을 위한 사회복지가 거의 없다. 피학대 여성들이 사회복지사와 아는 사이라는 사실이 역설적으로 도움 요청을 더더욱 어렵게 만든다. 이유는 가족의 사생활이 중요시되는 문화 때문이다. 또 다른 제도적인 제약으로는 저학력, 자녀를 가진 여성들이 집 밖에서 일할 수 있도록 해주는 보육시설의 부족, 부적절한 의료 서비스, 기독교 근본주의의 종교적 교리 등이 있다. 근본주의적 기독교 교리는 결혼관계를 유지하고 '폭풍을 견디듯' 인내하는 것이 여성의 도리라는 가치관을 강조한다.

이 연구는 몇 가지 제안점을 시사한다. 첫째, 농촌 여성들에게 더 나은 취업기회를 제공해서 학대하는 배우자에 대한 경제적 의존도를 낮출 필요가 있다. 이를 위해 농촌방문 프로그램을 더 강화해야 한다. 전화 개설의 확대는 농촌 여성의 제도적 고립을 완화할 것이다. 하지만 켄터키의 사회적 조건이 보여주는 복잡성 때문에 하나의 단일한 해결책으로는 충분하지 않을 것이다.

생각할 거리

이 연구가 이루어진 이후 휴대전화 사용이 전 세계로 확산되었다. 휴대전화가 켄터키 농촌에서 살고 있는 여성의 고립을 줄일 수 있을까?

지도 6.5 미국 켄터키주

미국 동남부에 위치하는 켄터키는 광활한 애팔래치아 지역의 일부로 인구가 400만이 넘고 제곱마일당 농민의 수가 가장 많은 주이다. 1인당 소득은 50개 주 중 47위이다. 켄터키는 18세기 후반 영국 이민자들이 정착하기 전까지는 미국 인디언 쇼니인과 체로키인이 수렵활동을 하던 지역이었다. 오늘날의 인구구성은 백인이 91%, 흑인이 7%, 아메리카 인디언이 0.6%, 아시아인이 0.9%이다. 켄터키는 종마사육과 경마, 버번과 위스키 증류, 바비큐, 블루그래스 음악으로 유명하다.

레바논의 한 시리아 난민 가족. 시리아 내전이 발발한 이후 약 200만 명 이상의 시리아인들이 주변 국가로 피난했다. 국내 유민의 수는 650만 명으로 추정된다. 전체적으로 시리아 인구의 거의 반이 집을 떠나야 했다.

한 장소라는 관념에 의문을 갖게 만든다. 미국에서는 가정 내 아동학대(성적 학대를 포함해서), 배우자나 파트너 사이의 폭력, 노령 가족구성원에 대한 학대가 높은 비율로 나타나고 계속 증가하고 있다. 인류학 연구는 정책입안자와 사회복지사들이 가구 내에서 개인의 안전에 영향을 미치는 요인들을 더 잘 이해함으로써 개인의 안전을 신장할 수 있는 더 효과적인 프로그램을 기획하는 데 도움을 주고 있다('현실 속의 인류학' 참조).

집 없는 가구 가구의 정의에는 '생활공간의 공유'가 포함되어 있다. 이는 대부분의 문화에서 특정한 종류의 '집', 즉 사람들이 안전한 환경에서 식사를 준비해서 먹고 잠자고 함께 시간을 보내는 구조물을 의미한다. 집에서 생활하는 가구라는 이상은 전 세계 수백만 명의 사람들에게 점점 더 불가능한 현실이 되고 있다. 가족 혹은 개인의 집 없는 상태(역주 : 노숙)의 주된 원인은 빈곤, 전쟁과 분쟁, 자연재해, 정신질환과 여타 신체적 장애, 약물 남용, 가정폭력 등이다.

집 없는 상태, 노숙을 방지하기 위해 이들 원인에 주목하는 것이 중요하다. 동시에 노숙자들에게 지원 서비스를 제공하는 것 또한 필수적이며, 그 지원은 특수한 개인들의 상황과 잠재력, 그리고 필요에 대한 지식에 근거해야 한다. 문화인류학자 필립 부르주아(Philippe Bourgois)와 사진작가 제프 숀버그(Jeff Schonberg)는 이른바 사진민족지 연구에 협력해서 헤로인에 중독된 샌프란시스코 노숙자들에 관한 책을 출판했다(2009). 그들은 12명의 노숙자를 추적조사하면서 그들이 어떻게 노숙자가 되었는지, 어떻게 사회적 주변성과 중독에 대처하는지, 그리고 그들이 다른 노숙자들과 형성하는 사회적 유대에 관해 연구했다. 여기서 이 책의 수많은 교훈을 몇 문장으로 요약하는 것은 불가능하지만, 가장 중요한 것은 당장의 해를 줄이기 위해서 중독자들에게 안전한 마약주사 장소와 깨끗한 주삿바늘을 제공하는 것이 우선적으로 필요하다는 점이다. 마약중독 노숙자들에게 이와 같은 지원을 제공하는 프로그램은 이미 많은 나라에서 실행되고 있다. 아마도 더 많은 사람들이 집에서 살 수 있게 하는 것도 도움이 될 것이다.

친족관계의 변화와 가구의 역동성

6.3 친족과 가구가 어떻게 변화하고 있는지 설명하기

이 절에서는 결혼과 가구의 패턴이 어떻게 변화하는가와 관련된 사례들을 살펴보려고 한다. 이들 변화의 상당 부분은 식민주의에 뿌리를 두고 있지만 여타 경우는 세계화로 인해 발생한 최근의 변화 결과이기도 하다.

출계의 변화

유럽 식민주의와 당대의 서구적 세계화로 인해 모계출계가 전 세계적으로 감소하고 있는 추세이다. 아프리카와 아시아에서 이루어진 유럽의 식민통치는 토지와 기타 재산을 추정할 때 심지어 여성이 가장인 경우에도 남성 가장의 이름으로 등록하게 함으로써 모계친족의 쇠퇴를 초래했다(Boserup, 1970). 이러한 과정은 여성의 기존 권리와 권력을 잠식했다. 서구의 선교사들 또한 모계문화를 부계체계로 전환시키는 데 기여했다(Etienne and Leacock, 1980). 한 예로 유럽 식민주의의 영향은 북미 인디언의 모계친족관계가 쇠퇴하는 데 기여했다. 유럽 식민주의 이전에 북미 지역은 전 세계에서 모계출계가 가장 많이 분포했던 지역 중 하나였다. 애리조나의 인디언 보호구역에 사는 나바호인 세 집단의 친족관계에 관한 비교연구에 따르면, 보호구역이 설정되기 이전 시대의 상황과 가장 유사한 집단에서 더욱 뚜렷한 모계적 성격이 나타난다(Levy et al., 1989).

인도네시아 미난카바우인(이 장의 '문화파노라마' 참조)

의 경우 세 가지 요인으로 인해 모계친족관계가 쇠퇴했다(Blackwood, 1995).

- 네덜란드 식민주의는 남성이 가장인 핵가족 이미지를 이상형으로 장려했다.
- 이슬람교 교리는 여성을 아내로, 남성을 가장으로 이상화한다.
- 현대화 과정에 있는 인도네시아 국가는 가장 자격을 남성에게 부여하는 정책을 취했다.

결혼에서 발생하는 변화

결혼 제도 일반은 여전히 지배적인 형태로 유지되고 있지만, 구혼방식, 결혼식, 결혼관계 등 세부 내용에서는 많은 변화가 발생하고 있다. 커뮤니케이션의 새로운 형태가 구혼방식에 심대한 영향을 미치고 있다. 서부 네팔에 있는 한 마을(123쪽 지도 5.5 참조) 사람들의 결혼 이야기에 따르면, 1990년대 이후 중매혼은 감소하고 서로 눈이 맞아 도망가는 형태의 연애혼이 증가하는 것으로 나타난다.

거의 모든 곳에서 초혼 연령이 상승하고 있다. 결혼 연령의 상승은 결혼 전 일정 기간 동안의 교육을 받는 것이 점점 더 강조되고, 주택소유와 같은 물질적 열망이 점점 높아지는 것과 관련되어 있다. 서로 다른 나라와 종족 사이의 결혼도 증가하고 있는데, 이는 부분적으로 국제 이주의 증가에서 기인한다. 이주민들은 고유한 결혼 및 가족 관행과 함께 이주한다. 그들은 또한 이주목적지의 규범과 관행에도 적응해야 한다. 이러한 상황으로 인해 결혼식을 두 번(한 번은 자신들의 '원래' 문화에 맞게, 다른 한 번은 목적지의 문화에 따라) 치르는 다원주의적 관행이 형성되고 있다.

결혼 위기는 결혼하고자 하는 사람들이 어떤 이유로 인해 결혼하지 못하는 상황이다. 적어도 소위 결혼시장의 젊은이들이 인식하고 보고하는 바에 따르면, 과거에 비해 현재 결혼 위기가 더 빈번하게 발생하고 있다. 거의 모든 아프리카 사하라 사막 이남 지역에서는 많은 젊은 남성들이 신부대와 여타 결혼비용을 준비하는 데 드는 충분한 돈을 마련할 수 없다. 오늘날 그 이유는 흔히 높은 실업률 때문이다. 약 3만 8,000명이 거주하는 서아프리카 니제르의 한 읍내에 관한 사례연구는 몇 가지 요점을 드러낸다(Masquelier, 2005). 이슬람교도 마우리인들에게 결혼은 소년을 성인 남성으로 변화시키는 결정적인 의례이다. 한동안 경제가 침제되고, 전형적인 농장 임금과 여타 임금이 전보다 낮아졌다. 반면 신랑이 지불해야 하는 결혼 비용은 하락하지 않고 오히려 상승했다. 부유한 청년은 신부의 부모에게 결혼 선물로 자동차를 줄 수도 있지만 대부분의 마우리인 청년들은 그런 선물을 제공할 능력이 없기 때문에 결혼 위기에 처해 있다. 이 청년들은 부모의 집에서 빌붙어 살고 있는데 이는 원래 여성들만이 경험했던 상황이다. 결혼 적령기지만 싱글로 남아 있는 많은 젊은 여성들은 소녀와 아내 사이의 새롭고 수상쩍은 사회적 공간을 점하고 있으면서 부도덕하다는 평판을 듣고 있다. 중국에는 또 다른 종류의 결혼 위기가 존재하며 점점 더 심해지고 있다. 인구 전문가들은 2020년이 되면 약 200만 명의 중국 남성들이 결혼할 여성을 찾을 수 없을 것이라고 전망한다. 이 상황은 1가구 1자녀 정책과 남아선호 사상 그리고 그 결과인 성비불균형 때문이다(*Global Times*, 2010).

일본 요코하마시 수족관에서 결혼식을 올리는 일본인 신랑 신부를 바라보는 흰고래. '돌고래 결혼식'이라고 불리는 이 결혼식의 비용은 거의 3,000달러이며 15분 동안 진행되고 최대 60명만 참석할 수 있다.

특별한 결혼식에 대한 판타지가 있는가? 이를 실행하기 위해 얼마까지 지불할 의향이 있는가? 이같은 질문에 답하는 데 얼마만큼 본인의 문화가 영향을 주는지 생각해보라.

결혼은 문화가 드러나는 중요한 사건이다. 전 세계적으로 결혼 스타일의 변화가 풍부하게 발생하고 있다. 결혼 스타일의 변화를 조명하는 데 고려할 수 있는 요소들로 결혼식, 결혼 비용, 적합한 의복, 신혼여행 가능성 등이 있다. 신부가 흰 드레스를 입는다는 이유로 그렇게 이름 붙여진 서구식 결혼이 전 세계적으로 확산되고 있다. 하지만 이는 신부와 신랑의 의상, 웨딩케이크 디자인, 꽃장식 등을 포함하는 여러 특징에서 놀라운 지역적 변이를 보여주고 있다. 아시아 전역에 걸쳐 광고나 고급 상점들에서 서구식 흰 웨딩드레스를 볼 수 있지만, 인도만큼은 예외이다. 인도에서는 흰옷을 입은 여성이 과부를 의미하고 그로 인해 불길한 것으로 간주되기 때문이다. 어떤 곳에서는 지역의 민속 스타일이 부활하고 있다. 한 예로 모로코의 도시에서는 신부가 결혼식의 한 부분에서는 서구 스타일의 흰 드레스를 입고 다른 단계에서는 '이국적인' 베르베르식 의상(산간지역 목축민들의 특징인 긴 겉옷에 화려한 은 장식을 한 의상)을 입기도 한다. 이 같은 서구적 요소와 비서구적 요소의 혼합은 세계화 시대를 살아가는 가족의 복합적인 정체성을 드러낸다.

변화하는 가구

세계화는 가구 구조와 가내관계의 역동성에 급격한 변화를 초래하고 있다. 산업화, 도시화와 함께 확대가구가 감소하고 핵가구가 증가할 것이라는 가정이 있다. 이 장의 앞부분에서 핵가구와 산업/디지털 사이의 관계에 관해 언급한 내용으로 볼 때, 이러한 생산양식의 확산이 핵가구 수의 증가를 초래할 가능성은 매우 높다.

이러한 논지는 1990년대 초 이후 보르네오 고산지대의 켈러빗인(Kelabit)이 경험한 가구 구조상의 변화를 통해서 명백하게 확인된다(Amster, 2000). 1963년에 인도네시아 국경지대 근처에 켈러빗인의 정착지가 건설되었다. 당시에는 모든 사람이 20가족 이상이 함께 사는 장옥에서 생활했다. 이 건물은 영국군대가 지붕을 제공하고 개인용 취침구역이 개조된 '현대식' 장옥이었다. 그럼에도 불구하고 이는 전통적인 장옥과 마찬가지로 개인들이 자유롭게 이동할 수 있는 본질적으

(왼쪽) 사진 뒤쪽의 긴 건물은 1990년대에 건설된 켈러빗인들의 현대식 장옥이다. 이 건물에는 현재 여섯 가족이 살고 있는데 이전에는 20가족이 함께 살았다. (오른쪽) 1990년대 이후 고산지대에서는 핵가족용으로 건설된 주택이 유행하고 있다. 이들 주택은 이전의 다가구용 장옥의 터 위에 세워졌다.

로 평등주의적인 생활공간이었다. 오늘날에는 그러한 장옥이 더 이상 없다. 대부분의 젊은이들은 연안지역 소도시로 이주해서 석유 관련 산업에 종사하고 있다. 현재 대부분의 주택은 사생활을 강조하는 핵가족 단위의 주택이다. 노인들은 마을의 '좋지 못한 고요'에 대해 불평하고 있다. 아무도 옛날 방식으로 방문객을 환대하지 않는다. 공동체 연회와 의례를 위한 공동의 장옥은 더 이상 존재하지 않는다.

국제이주는 가구 형성과 가구 내 관계를 변화시키는 또 다른 중요한 원인이다(제12장에서 보다 상세하게 논의한다). 예를 들어 대만이나 이집트에 살던 농업가구의 구성원들이 영국, 프랑스, 캐나다 혹은 미국으로 이주하면 한 세대 내에 출산율이 급격하게 감소할 수 있다. 이들의 고향에서는 여러 자녀를 낳는 것은 경제적으로 의미가 있을 수 있지만 새로 이주한 곳에서는 그렇지 않다. 이들 이주민 대다수가 자녀를 하나 혹은 둘만 낳기로 결정한다. 그들은 소규모의 고립된 핵가구에서 생활하는 경향을 보여준다. 국제이주는 부모-자식 관계에도 새로운 도전을 불러일으키고 있다. 자녀들은 흔히 새로운 문화에 강하게 동화되고 조상의 문화와는 연결고리가 약해진다. 이러한 단절은 부모들의 근심과 자녀의 데이트, 의복 스타일, 직업선택 같은 쟁점을 둘러싼 부모-자식 간의 갈등을 초래한다.

가구의 형태도 변하고 있다. 21세기가 시작하는 즈음 미국에서는 세 가지 종류의 가구가 가장 일반적이다. 초혼부부로 구성된 가구, 한 부모 가구, 그리고 재혼을 통해 형성된 가구가 그것이다. 새로운 네 번째 범주는 다세대 가구로서 성인 자녀가 부모와 함께 사는 경우이다. 미국에서는 2007년과 2008년 사이 다세대 가구의 수가 5% 증가한 사실이 경기침체와 연관되어 있는 것으로 보인다(Pew Center, 2010). 다세대 가구의 증가는 1980년대 이민자가 증가하면서 이미 시작되었지만, 경제위기로 인해 가속화된 것이 분명하다. 현재 인구의 16%가 다세대 가구의 집에서 살고 있다. 젊은 성년의 혼인연령 또한 높아졌고, 이들 결혼하지 않은 젊은이들은 부모와 함께 살 확률이 가장 높다. 다섯 번째 범주는 여성의 출산 연령이 지속적으로 높아지는 것과 연관되어서 나타나고 있다. 소위 만혼가족이라 불리는 이 재생산 패턴은 많은 여성들의 커리어 열망과도 맞물려 있다(Konvalinka, 2013). 단점은 양육과 관련해서 만혼가족의 자녀들이 조부모로부터의 돌봄과 사회화를 경험할 수 없다는 것이다. 손주들이 성장할 때 조부모들은 이미 너무 고령일 가능성이 크기 때문이다. 친족관계, 가구, 그리고 가족생활은 지루하고 정태적인 주제가 전혀 아니다. 전 세계적 변화를 추적하는 일은 말할 필요도 없고, 북미에서 발생하는 변화양상을 포착하는 일만 해도 만만치 않은 도전적인 과제이다.

6 학습목표 재고찰

6.1 문화가 친족을 구성하는 세 가지 방법 규명하기

단계출계와 양계출계에는 핵심적 차이가 있다. 단계출계 내에는 재산 상속, 결혼한 부부의 거주 규정, 남녀 성의 상대적 지위라는 측면에서 부계출계와 모계출계 사이에 주요한 편차가 존재한다. 전 세계적으로는 단계출계가 양계출계보다 더 일반적이다. 단계친족체계 내에서는 부계친족이 모계친족보다 더 일반적이다.

친족관계의 두 번째 중요한 기반은 공유이다. 비공식적 혹은 공식적 절차를 통해 자녀를 다른 사람과 공유하는 것은 아마도 문화적으로 보편적인 현상일 것이다. 공유에 기반한 친족관계는 모유 수유(일부 문화에서는 동일한 여성의 모유를 먹고 자란 아이들을 친족으로 간주하기 때문에 서로 결혼할 수 없다)를 포함한 음식의 공유를 통해 창출된다. 대부모의 사례처럼 의례화된 공유는 친족관계를 구축한다.

친족관계의 세 번째 기반은 결혼이다. 비록 결혼에 대한 정의가 근본적으로 다를 수도 있지만 결혼은 또 다른 하나의 보편적인 요소이다. 모든 문화에는 배우자 선택에 관한 배제와 선호의 규칙이 있다. 이들 규칙은 가능한 배우자의 친족관계, 지역, 계급, 부, 교육, '외모'에 관한 인식 등의 요소에 영향을 미친다.

6.2 인류학자들이 가구와 가내생활을 어떻게 정의하고 연구하는지 알아보기

가구는 1명의 혼자 사는 사람으로 구성되거나 친족관계를 통해 연결될 수도 아닐 수도 있는 1명 이상의 사람으로 구성되는 하나의 집단일 수도 있다. 후자의 경우 구성원들은 거주 공간, 그리고 흔히 가구의 재정적 책임을 공유한다.

핵가구는 어머니와 아버지 그리고 그 자녀로 구성되지만, 자녀가 없이 단지 부부만으로 구성될 수도 있다. 핵가구는 모든 문화에서 발견되지만 수렵채집사회와 산업/디지털사회에서 가장 일반적이다. 확대가구는 하나 이상의 핵가구를 포함한다. 확대가구는 단계친족체계를 가진 문화에서 일반적으로 발견된다.

가구의 가장권은 두 파트너가 공유할 수도 있고 여성이 가장인 가구처럼 한 사람이 가질 수도 있다. 부모와 자녀 그리고 형제자매 사이에 존재하는 가내관계의 역동성에 관한 연구는 공유와 때로 발생하는 폭력뿐만 아니라 복잡한 권력관계도 드러내준다.

6.3 친족과 가구가 어떻게 변화하고 있는지 설명하기

유럽 식민주의에서 시작한 현재의 세계화라는 변화의 동력은 친족관계의 형성과 가구의 패턴 및 역동성에 두드러진 영향을 미쳐 왔고 또 지속적으로 영향을 미치고 있다. 1500년대에 시작된 유럽의 식민주의적 팽창 이후 모계친족체계의 분포는 줄곧 감소해 왔다.

많은 저소득 국가들에서 혼인 연령이 높아지는 경향을 포함해서 결혼의 많은 측면이 변화하고 있다. 비록 결혼이 핵가구와 확대가구의 형성에 여전히 중요한 기반으로 작동하고 있지만, 선진국의 도시지역을 포함한 다양한 맥락에서 다른 선택지(이를테면 동거)도 그 중요성이 증가하고 있다. 결혼식은 문화를 들여다볼 수 있는 창 역할을 하며, 이를 통해 문화가 어떻게 변화하는지를 알 수 있다. 화이트 웨딩이 세계화되어 가는 동시에 기존의 문화적 가치 및 실천과 맞물려 지역화되고 있다.

친족관계와 가구의 형성에서 발생한 당대의 변화는 미래에 관해 몇 가지 심각한 질문을 제기하고 있다. 아마 가장 중요하게는 자녀, 노인, 장애인 같이 의존적인 구성원들을 보살피는 문제일 것이다. 출산율이 감소하고 가구의 평균 규모가 줄어들면서 친족관계에 기반해서 제공되는 기본적 필요의 충족과 정서적 지지는 사라지고 있다.

핵심 개념

가구	단계출계	신부봉사	출계
가족	단혼제	양계출계	친족체계
결혼	모계출계	외혼	평행사촌
교차사촌	복혼제	일부다처제	핵가구
근친상간금기	부계출계	일처다부제	확대가구
내혼	신부대	지참금	

틀에서 벗어나 생각하기

1. Match.com 또는 Chemistry.com을 검색해보고 사람들이 이력서에서 어떤 문화적 선호를 보여주고 있는지 알아보라.
2. 중매혼에 비해 연애혼의 상대적 장점이 무엇이고 무슨 근거로 그렇게 생각하는가?
3. 여러분의 문화에서 결혼비용에 대한 지배적인 관념은 무엇이고 또 누가 지불해야 한다고 생각하는가?

CHAPTER 7

사회집단과 사회계층

개요

사회집단
인류학자처럼 생각하기 : 친구 만들기

사회계층
문화파노라마 : 동유럽의 루마인

시민사회
현실 속의 인류학 : 과테말라 마야인을 위한 과학수사인류학

학습목표

7.1 사회집단이 무엇인지 설명하기

7.2 사회계층이라는 용어에 포함된 것이 무엇인지 규정하기

7.3 시민사회 개념에 대해 논의하기

인류학의 연관성

고유한 민족과 국민 정체성으로서의 위구르라는 개념은 20세기 초반 중국과 러시아에 반대하는 반식민주의적 정서를 가진 위구르 지식인들 사이에서 부상한 개념이다(Roberts, 2010). 중국 북서부 위구르 지역 전역에 걸쳐 아직도 긴장이 지속되고 있다. 동시에 우루무치 같은 위구르의 도시들은 위구르 사업가들의 요지로 성장하고 있다(Harlan and Webber, 2012).

1800년대 초 프랑스의 정치철학자 알렉시스 드 토크빌이 미국을 방문했을 때 미국을 '참여자들의 나라(nation of joiners)'라 불렀다. 토크빌이 이 표현을 통해 의미했던 바는 어떤 문화에서는 다른 문화에 비해 사람들이 특정한 집단에 참여하기를 좋아한다는 것이다. 무엇이 사람들이 집단에 참여하도록 동기를 유발하는가, 무엇이 집단 내에서 사람들을 결속시키는가, 집단은 어떻게 리더십과 참여라는 문제에 대처하는가 등의 질문은 수 세기 동안 다양한 분야의 학자들의 관심을 끌어왔다.

이 장에서는 비친족집단과 미시문화의 형성에 초점을 맞춘다. 제1장에서 미시문화와 관련된 몇 가지 요소, 즉 계급, '인종', 종족, 토착성, 젠더, 연령 그리고 감옥 혹은 양로원 같은 제도들에 관해 논의했다. 이 절에서는 어떻게 미시문화가 집단의 정체성과 조직을 규정하고 서로 다른 집단들 사이의 관계를 위계와 권력이라는 측면에서 형성하는지를 살펴본다. 이를 위해 먼저 소규모집단에서 대규모집단까지 아우르는 다양한 사회집단을 검토한 뒤, 사회집단들 사이의 불평등을 논한다. 마지막 절에서는 시민사회라는 개념과 관련 사례들을 탐구한다.

사회집단

7.1 사회집단이 무엇인지 설명하기

사회집단(social group)은 가족단위를 초월한 사람들의 집합으로서, 비록 집단 내부의 구성원들 사이에 친족관계가 존재할 수도 있지만 통상 비친족적 유대를 토대로 관계가 형성된다. 집단은 기본적으로 두 종류의 범주로 구분할 수 있다. **일차집단**(primary group)은 상호작용하는 사람들로 구성되어 있으며 개인적으로 서로를 알고 있다. **이차집단**(secondary group)은 몇몇 공통의 기반을 통해 서로 동일시하는 사람들로 구성되지만 개인적으로 만나거나 상호작용하는 일이 전혀 없을 수도 있다.

모든 사회집단의 구성원들은 집단과의 관계에서 일정한 권리와 의무감을 가지고 있다. 면대면 상호작용으로 인해 일차집단의 성원권은 이차집단의 성원권에 비해 보다 직접적인 권리와 의무를 수반한다.

생계양식이 사회집단의 형성에 영향을 미치며, 농경문화와 산업/디지털사회에서 가장 다양한 종류의 집단들이 나타난다(그림 7.1 참조). 한 이론에 따르면 이러한 양상이 나타나는 이유는 수렵채집민이나 목축민 같은 유동인구집단의 경우 단순히 정주민들보다 사회적 밀도와 지속적인 상호작용의 정도가 낮은 연유로 인해 친족관계를 초월하는 영속적인 사회집단을 발달시킬 가능성이 낮기 때문이다. 비록 수렵채집민과 목축민의 경우 사회집단의 다양성 정도가 낮지만 그렇다고 해서 그들에게서 사회집단이 전혀 발견되지 않는 것은 아니다. 수

사회집단 가족단위를 넘어서는 사람들의 집합으로서 통상 비친족적인 유대를 통해 관계가 형성된다.

일차집단 면대면관계에 기반해서 만나는 사회집단

이차집단 특정한 기반에 의거해서 서로를 동일시하지만 개인적으로는 서로 한 번도 만나지 않을 수도 있는 사람들의 집단

	수렵채집	원시농경	목축	농업	산업/디지털	
특징	비공식적, 일차적 평등주의적 구조 균형적 교환에 기반한 결속		의례적 결속	공식적, 이차적 공인된 리더십 수수료와 사용료		**특징**
기능	동반자관계			특별한 목적 일, 전쟁, 정부에 대한 로비		**기능**
유형	친구관계	친구관계 나이에 기반한 노동집단 젠더에 기반한 노동집단		신분집단 : 계급, '인종', 종족, 카스트, 나이, 젠더 제도적 집단 : 감옥, 양로원 의사정치집단 : 인권, 환경단체	친구관계 도시청년 패거리집단 클럽, 협회	**유형**

그림 7.1 생계양식과 사회집단

렵채집민과 목축민들에게 가장 두드러지는 형태의 사회집단은 **동년배집단**(age set)이다. 이는 할례 같은 특정한 의례를 동시에 경험한 연령대가 비슷한 사람들의 집단이다.

아프리카, 라틴아메리카, 동남아시아 전역에 걸쳐 다양한 공식·비공식집단들이 작동하고 있다. 하지만 파키스탄, 인도, 네팔, 부탄, 방글라데시, 스리랑카를 포함하는 남아시아 지역에서는 그러한 집단들이 두드러지게 나타나지 않는다. 한 예로, 인구밀도가 높은 농업사회인 방글라데시(지도 7.1 참조)의 경우 토착적인 사회집단이 매우 드물다. 직접적인 가구를 넘어서는 가장 두드러지는 유대는 친족에 기반한 것이다(Miller and Khan, 1986). 토착적 사회집단의 결여에도 불구하고 방글라데시는 20세기 후반 이후로 그라민은행이라 불리는 조직을 통해 지역집단을 형성하는 데 성공한 것으로 유명하다. 그라민은행은 가난한 사람들에게 소액대출을 제공해서 소규모 사업을 시작할 수 있도록 도움을 주는 제도이다. 마찬가지로 남아시아의 나머지 지역 전역에 걸쳐 현대로 접어들면서 환경에 관한 전통적 지식을 보존하고 여성과 아동의 건강과 생존을 증진하며 레즈비언과 게이의 권리 및 빈곤퇴치를 옹호하는 데 헌신하는 사회집단들같이 다양한 종류의 활동적인 사회집단이 나타나고 있다. 이 같은 집단의 증가는 정

동년배집단 연령대가 비슷한 사람들의 집단. 이들은 서로 특정한 의식, 이를테면 할례 같은 의식을 동일 시간대에 경험한다.

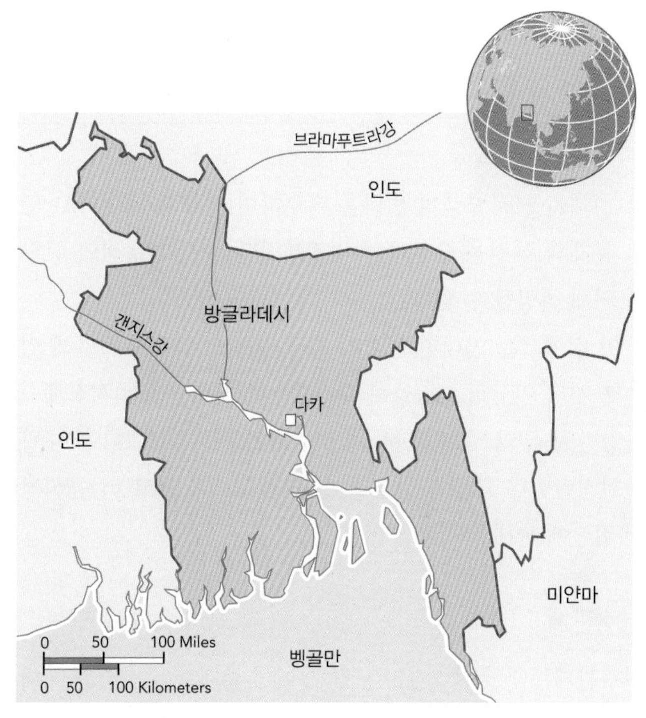

지도 7.1 방글라데시

방글라데시인민공화국은 비옥하지만 홍수의 위험이 높은 삼각주 범람평야에 위치하고 있다. 방글라데시는 세계에서 인구밀도가 가장 높은 나라 중 하나로서 약 1억 6,000만 명이 위스콘신주 크기만 한 영토에 살고 있다. 방글라데시는 이슬람교도가 다수인 나라들 중에서 세계에서 세 번째로 크고 인구로는 세계 8위이다.

인류학자처럼 생각하기

친구 만들기

사람들의 일상적 활동은 흔히 친구관계라는 결속의 기반이 된다. 스페인 남부의 안달루시아(43쪽 지도 2.4 참조)에서는 남성과 여성이 서로 다른 종류의 일을 하고, 이와 관련해서 상이한 친구관계 양식을 보여준다(Uhl, 1991). 남성의 노동은 집과 이웃을 벗어난 들판이나 공장에서 수행된다. 여성들은 대부분의 시간을 가내 영역에서 이루어지는 무임 가사노동에 할애한다. 하지만 이러한 이분법은 여성들이 때로 가내 역할의 수행을 위해 시장이나 군청에 갈 수도 있기 때문에 다소 유동적인 것이다.

남성들에게 친구의 중요한 범주는 '아미고'인데, 이는 일상적으로 편하게 만나는 그런 친구를 말한다. 이런 친구관계는 남성들이 함께 밤새 술을 마시는 술집 또는 바에서 표현되고 유지된다. 바는 남성들의 세계이다. 아미고들은 학교, 스포츠, 취미 그리고 함께 일하는 경험을 공유한다. 이와 대조적으로 여성들은 친구를 부를 때 친족용어를 사용하거나 '이웃'이라는 뜻의 '베시나'로 부르는데, 이는 여성의 일차적 지향이 가족과 이웃임을 반영한다.

'진정한 친구'라는 범주에서도 차이가 존재한다. 진정한 친구는 배신당할 염려 없이 비밀을 공유할 수 있는 사람을 의미한다. 남성들이 여성들보다 진정한 친구가 더 많은데, 이는 남성들의 사회적 네트워크가 더 넓음을 반영하는 양식이다.

스페인 남부 안달루시아의 목자. 안달루시아 농촌은 지중해 지역 대부분에서와 같이 분명한 성별 노동분업이 특징적이다. 남성은 집 밖에서 일하고 여성은 집 안이나 근처에서 일한다. 친구관계도 이러한 양식을 보여준다. 남성은 퇴근 후에 카페나 바에서 다른 남성들과 유대를 형성하며 여성은 이웃에서 다른 여성들과 유대를 구축한다.

생각할 거리

여러분은 어떤 범주의 친구들이 있는가? 어떤 범주의 친구가 다른 범주의 친구에 비해 '더 친하거나' '더 진정한' 친구인가? 친한 친구관계의 기반은 무엇인가?

부 정책과 프로그램의 변화를 촉구하며 정부가 외면하고 있는 문제의 해결을 요구하는 비정부집단의 전 지구적인 동향에 의해 설명될 수 있다.

이 절에서는 면대면 성격이 가장 강하고 우정에 기반해 있는 2~3명 이상의 사람들로 구성되는 일차집단에서 시작해서 다양한 종류의 사회집단들을 조명해볼 것이다. 그다음 대항문화집단이나 활동가집단 같이 보다 규모가 크고 더 공식적인 집단에 관해 논의할 것이다.

친구관계

친구관계는 최소한 2명의 사람 사이에 존재하는 긴밀한 유대관계를 의미하며 이들 사이의 유대는 비공식적, 자발적이며 개인적이고 면대면의 상호작용을 수반한다. 일반적으로 친구관계는 비친족 사이에서 나타나지만 어떤 경우에는 친족이 친구이기도 하다(제6장에서 논의했던 토리 섬 주민들을 상기해보라). 친구관계는 일차적 사회집단의 범주에 속한다.

문화인류학자들이 던지는 질문 중 하나는 친구관계가 문화적으로 보편적인가라는 것이다. 두 가지 이유 때문에 이에 답하기가 쉽지 않다. 첫째, 이 질문에 명확하게 답하기에는 통문화적 연구가 아직 불충분하다. 둘째, 친구관계를 통문화적으로 정의하는 것 자체가 문제가 될 수 있다. 그러나 '친구관계'와 유사한 무엇인가는 문화적으로 보편적이라고 할 수 있다. 다만 문화에 따라 그 정도는 다르게 형성된다('인류학자처럼 생각하기' 참조).

친구관계의 사회적 특징 친구는 선택되고 그렇게 형성된 친구관계는 자발성에 기반해서 유지된다. 그렇다고 하더라도 누가 친구로서 자격을 갖는가를 결정하는 기준은 문화적으로 구축될 수 있다. 예를 들어 젠더 분리는 이성 간의 친구관계를 방지하고, 동성 간의 친구관계를 촉진할 수 있다. 마찬가지로

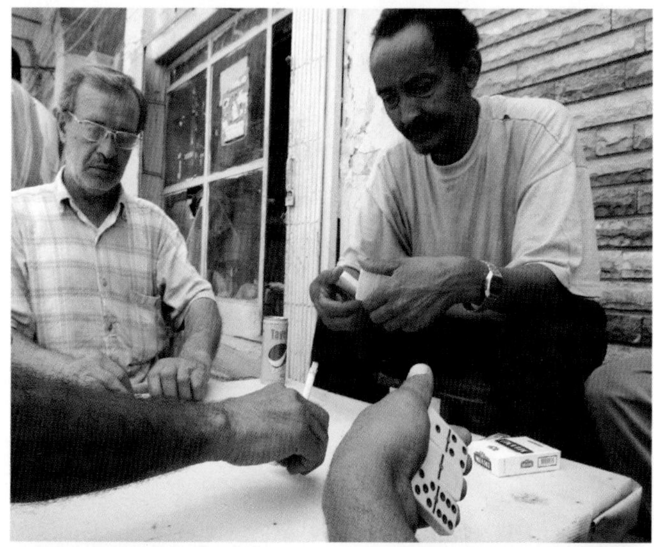

도미노 게임은 전 세계 남성들에게 인기이다. 브라질 리우데자네이루시(위), 이라크 바그다드시(중앙), 중국 북경시(아래)의 저소득층 동네에서처럼 남성들은 흔히 공개적인 장소에서 남성 친구들의 응원을 받으며 도미노 게임을 한다.

지금부터 20년 후에도 이들 도시의 남성들이 여전히 도미노 게임을 할 것이라고 생각하는가? 그렇지 않다면 어떤 게임을 할까?

인종 분리 역시 '인종'을 초월한 친구관계를 제약할 수 있다. 친구관계의 또 다른 특징은 친구들이 심리적으로 그리고 때론 물질적으로도 서로를 지원해준다는 점이다. 지원은 상호

지도 7.2 남아메리카의 카리브해 연안 국가들

남미의 가이아나, 수리남, 프랑스령 기아나는 다양한 언어의 종족집단들이 살고 있는 카리브해 연안국들이다. 가이아나, 즉 가이아나협동공화국은 남아메리카에서 영어를 공식언어로 사용하는 유일한 국가이다. 영어 외에도 힌두어, 와이와이어와 아라와크어가 사용되고 있다. 인구는 70만 명이다. 수리남공화국 혹은 수리남은 이전에 네덜란드의 식민지였으며 남아메리카에서 가장 작은 독립국이다. 인구는 57만 명이다. 네덜란드어가 공식언어지만 대부분의 수리남인들은 네덜란드어, 영어, 포르투갈어, 프랑스어, 토착어가 섞인 스라난 통고어, 즉 수리남어를 사용한다. 프랑스령 기아나는 프랑스의 해외 영토 중 하나이기 때문에 유럽연합에 속해 있다. 남아메리카에서 가장 작은 정치단위이며 인구는 26만 명이다. 공식언어는 프랑스어지만 토착어인 아라와크어와 카리브어를 포함한 다른 언어들도 사용한다.

적이며 예측 가능한 방식으로 주고받는다(제3장에서 논의한 '균형적 교환' 참조). 친구관계는 대개 사회적으로 대등한 사람들 사이에서 나타나지만 예외도 존재한다. 이를테면 나이 든 사람과 젊은 사람 사이, 관리자와 평직원들 사이, 그리고 선생과 학생들 사이에서 친구관계는 가능하다.

스토리텔링을 공유하는 행위는 흔히 친구집단의 기초가 된다. 가이아나(지도 7.2 참조)의 술집에서 관찰되는 남성 친구집단 내 상호작용에 관한 연구에 따르면, 어릴 적부터 서로 알고 지낸 인도계 가이아나인 남성들은 매일 술집에서 함께 먹고 마시고 서로 즐겁게 얘기를 나누며 시간을 보낸다(Sidnell, 2000). 남성들은 마을의 역사와 여타 지역적 지식에 관한 스토리텔링을 공유함으로써 서로 간의 평등을 표현한다. '돌림 이야기'로 지칭되는 스토리텔링의 양식은 모든 사람이 돌아가며 이야기를 할 수 있도록 배려하고, 이는 또한 평등과 결속을 유지하는 데 기여한다. 이런 친구집단은 결속력이 강할 뿐만 아니라 그 구성원들이 경제적, 사회적, 정치적 도움을 포함해서 다른 지원이 필요할 때 서로 도움을 청할 수도 있다.

자메이카의 도시와 농촌의 저소득층 표본집단에 대해 수행한 참여관찰과 인터뷰에 따르면 휴대전화가 빈번하게 사용되고 있었다(Horst and Miller, 2005). 자메이카인들은 자신들의 통화 목록과 목록에 있는 많은 사람들과 얼마나 자주 연락을 하는지에 관해 정확하게 인지하고 있다. 휴대전화는 '연결', 즉 친한 친구들, 미래의 가능한 성 파트너, 그리고 자신이 다니는 교회의 신도들을 포함하는 광범위한 네트워크의 창출을 가능케 한다. 친척의 전화번호 또한 사람들의 전화번호 목록에서 두드러졌다. 목록에 있는 사람들과 정기적으로 통화를 함으로써 자메이카 저소득층들은 친구관계나 다른 종류의 유대관계를 유지하고 필요할 때면 그들에게 도움을 청할 수 있다. 휴대전화는 이전보다 더 광범위한 친구관계와 여타 종류의 네트워크를 가능케 해준다.

미국 도시 빈민들의 친구관계 1970년대 초반 캐럴 스택(Carol Stack)의 기념비적 연구는 친구 네트워크가 어떻게 도시 저소득층 아프리카계 미국인들의 경제적 생존 가능성을 높이는가를 잘 보여주고 있다(1974). 스택은 '플래츠(The Flats)'라는 한 중서부 대도시 흑인 공동체의 가장 빈곤한 구역에서 현지조사를 수행했다. 그녀는 '자조, 즉 경제적으로 심각하게 박탈된 공동체 성원들이 상부상조를 통해 생존할 수 있는 전략을 제공해주는' 광범위한 친구 네트워크를 발견했다(1974:28).

플래츠의 사람들, 특히 여성들은 교환을 통해 일련의 친구관계를 유지한다. 교환은 누군가 특정한 시점에 필요한 것이 있을 때 재화(음식, 의복)를 '맞교환'하고, 돌아가면서 '아이를 돌보고', 식료품 쿠폰과 현금을 제공하거나 빌려주는 방식으로 이루어진다. 이러한 교환은 지속적으로 선물과 부탁을 주고받는 분명하게 이해되는 양식의 일부이다. 이렇게 결속된 친구들은 서로에게 의무를 지고 있으며 필요할 때 언제든지 서로 도움을 청할 수 있다. 극빈층의 사회적 관계는 붕괴되기 쉽다고 주장하는 이론들과 달리 이 연구는 어떻게 가난한 자들이 사회적 유대를 전략적으로 활용해서 상황에 대처하는가를 잘 보여주고 있다.

스택의 연구 이후 현재까지 수십 년 동안, 많은 다른 연구들이 모든 사회계급의 사람들 사이에서 친구관계가 갖는 긍정적인 측면을 보여주었다. 하지만 친구관계는 누구도 모든 사람과 친구가 될 수는 없기 때문에 부정적인 측면도 있다. 따라서 일부 사람들은 버림받았다고 느낄 수 있다. 집단 따돌림, 즉 개인을 업신여기거나 흔히 악독하게 왕따시키는 행동은 친구맺기와 정반대로 간주할 수 있다. 많은 사회학자와 심리학자들이 집단 따돌림에 대해 연구를 해 온 반면, 현재까지 이를 연구하는 문화인류학자는 그렇게 많지 않다.

클럽과 친목회

클럽과 친목회는 성원권을 목적의식과 정체성의 공유라는 측면에서 정의하는 사회집단이다. 이들 집단은 동일한 종족적 유산, 직업이나 사업, 종교 혹은 젠더를 가진 사람들로 구성될 수 있다. 여러 클럽들은 일차적으로 사교와 심리적 지원이라는 기능을 수행하기 위해 존재하는 것으로 보이지만, 보다 깊이 있는 분석에 따르면 흔히 이들 집단이 경제적 · 정치적 역할도 수행한다는 것을 알 수 있다.

대학의 남성클럽이나 여성클럽은 유흥과 사회적 서비스 같은 다양한 가시적 기능을 제공하는 매우 선별적인 집단이다. 이들 클럽은 구성원 사이에 일종의 유대관계를 형성해서 졸업 이후 직장을 구하는 데 도움이 되기도 한다. 몇몇 인류학자가 미국 대학 내의 '그리스어 알파벳을 타이틀로 하는 클럽(Greek System)'에 대해 연구한 바 있다. 이들 중 예외적인 경우는 페기 샌데이(Peggy Sanday)의 연구이다. 그녀는 자신이 가르치던 대학에서 일부 남성클럽 멤버들이 한 여학생을 집단 강간한 사건이 발생한 후에 대학 내 남성클럽에 대한 연구를 시작했다. 샌데이의 책 *Gang Rape: Sex, Brotherhood, and Privilege on Campus*(1990)는 남성클럽 입회식에 대한 분석

캄보디아의 수도인 프놈펜에서 한 소년이 힙합 음악에 맞춰 춤을 추고 있다. 무장 강도로 유죄 판결을 받고 미국에서 추방당한 폭력집단 구성원들이 만든 타이니툰스 센터는 약 400명에 가까운 어린이들에게 디제이 기술과 랩을 가르쳐주고 있다. 타이니툰스의 창립자이고 케이케이로 더 잘 알려진 투이 소빌(Tuy Sobil)은 마약 중독자들과 가난한 거리의 아이들이 삶을 개선하는 데 도움을 주고 있다고 칭찬을 받았다.

을 통해 그것이 여성의 희생과 조롱을 통해 강화되는 남성들의 결속과 어떻게 연관되는가를 조명하고 있다. 집단 강간 혹은 '훈련'은 모두는 아니더라도 대부분의 남성클럽에서 만연해 있는 관행이다. 남성클럽 파티로의 초청은 '훈련'의 가능성을 내포할 수도 있다. 전형적으로 남성 멤버들은 '파티 걸', 즉 받아들일 수밖에 없는 특별한 상황에 있거나 술 혹은 여타 물질(술에 뭔가를 '탔을' 수도 있다)에 심하게 취한 취약한 여성을 찾는다. 그들은 이 여성을 한 멤버의 방으로 데려간다. 여기서 그 여성은 멤버 중 한 사람과 성관계를 가지는 데 동의할 수도 동의하지 않을 수도 있지만 흔히 정신을 잃는다. 그 후 '훈련'의 일환으로 그녀와 성관계를 가진다. 기소되는 경우가 거의 없기 때문에 남성 참가자들은 여성 외부자의 학대를 수반하는 이러한 집단의례를 통해 자신들의 특권과 권력의식 그리고 결속감을 강화하게 된다.

아마존의 많은 원주민 집단들은 남성의 집에 여성이 들어오는 것을 강력하게 배척한다. 만약 여성이 남성의 영역을 침범하면 남성들은 여성을 집단 강간으로 처벌한다. 이같은 문화적 실천에 대한 해석은 남성들이 용맹한 전사와 성적으로 강한 남성이라는 정체성에 고도의 불안감을 가지고 있다는 것이다(Gregor, 1982). 즉 외부자를 배척하는 용맹한 전사라는 정체성을 유지하는 데 같은 집단 내 여성과의 관계에서 공격적인 태도를 보여주는 것이 필요하다는 해석이다.

통문화적으로 여성들은 여성혐오적(혹은 반여성적)인 남성클럽과 논리적으로 평행을 이루는 남성혐오적(혹은 반남성적)인 클럽을 형성하지 않는 경향을 보인다. 예를 들어 대학 내 여성클럽은 남성클럽의 반대가 아니다. 비록 일부 여성클럽의 입회식이 신입 서약자들에게 심리적으로 가혹한 경우가 있지만, 구성원들의 유대를 강화하기 위해 남성을 학대하는 행동을 하지는 않는다.

대항문화집단

어떤 종류의 집단은 특정한 이유로 인해 사회의 '주류'를 벗어나 지배적인 문화양식에 순응하기를 거부하는 사람들로 구성된다. 소위 1960년대의 히피들이 이런 종류의 집단에 속한다. 이들 집단의 유사성은 클럽이나 친목회처럼 입회식이나 여타 종류의 의례를 통해 이루어지는 결속의 중요성이다.

청년 패거리집단 **청년 패거리집단**(youth gang)이라는 용어는 주로 도시지역에서 발견되는 젊은이들의 집단을 지칭하는데, 성인들과 경찰은 흔히 이들을 사회문제로 간주한다(Sanders, 1994).

청년 패거리집단은 얼마나 공식적으로 조직되느냐에 따라 다양하게 나타난다. 클럽과 친목회처럼 흔히 패거리집단들도 인정받는 리더가 있고 신입 회원을 위한 공식화된 입회식이 있으며 문신이나 특별한 의상 같이 정체성을 드러내는 상징적 표식들을 갖추고 있다. 공식적인 리더십 위계나 입회식이 없는 비공식적 청년 패거리집단의 한 예로 남태평양 솔로몬제도의 수도 호니아라의 '마스타 리우(Masta Liu)'를 들 수 있다(Jourdan, 1995)(지도 7.3 참조). 마스타 리우가 되는 젊은 남성들을 결합시키는 일차적 요인은 실업이다. 대부분은 원하지 않는 삶, 즉 연장자들의 통제하에 들판에서 일하는 삶으로부터 도피하기 위해 시골에서 도시로 이주해 온 사람들이다. 일부 리우는 그 도시에 사는 확대친족들과 함께 생활하는 경우도 있고 다른 리우들은 자신들만의 가구를 조직하기도 한다. 이들은 최대 10명 정도로 패거리 지어 도심을 배회하고 다니면서 시간을 보내는데, 지역에서는 이를 '와카바웃 한다'라고 표현한다.

> 이들은 배회하는 길에 있는 모든 상점을 들러 진열된 물건을 구경하지만 경비원들에 의해 쫓겨날까 두려워한다. 이들은 모든 영화관을 둘러보지만 영화 포스터 앞에서 그저 상상의 나래를 펼칠 뿐이다. … 영화관에 입장할 수 있는 단 2달러의 돈도 없기 때문이다. 이들은 수 시간 동안 끝까지 꼼짝 않고 중국인 상점에 전시된 전자제품을 한마디 말도 없이 쳐다보고 있기도 한다. 그들의 시선에서 그들이 꾸는 무언의 꿈을 읽어낼 수 있다(1995:210).

청년 패거리집단 중에서 보다 공식적인 성격을 보여주는 경우가 거리 패거리집단이다. 이 집단들은 일반적으로 리더가 있으며 구성원의 역할과 책임에 위계가 존재한다. 이들 집단은 이름을 가지고 있고 그 구성원들은 문신이나 '색깔'을 통해 정체성을 표시한다. 대중들은 거리 패거리집단을 폭력과 연결시켜 생각하지만 모두가 폭력에 연루되어 있는 것은 아니다. 뉴욕, 로스앤젤레스, 보스턴의 약 40개에 달하는 거리

청년 패거리집단 주로 도시지역을 기반으로 하는 젊은이들의 집단을 지칭하며 때로 성인들이나 법을 집행하는 관계당국에 의해서 사회적 문제로 간주되는 집단

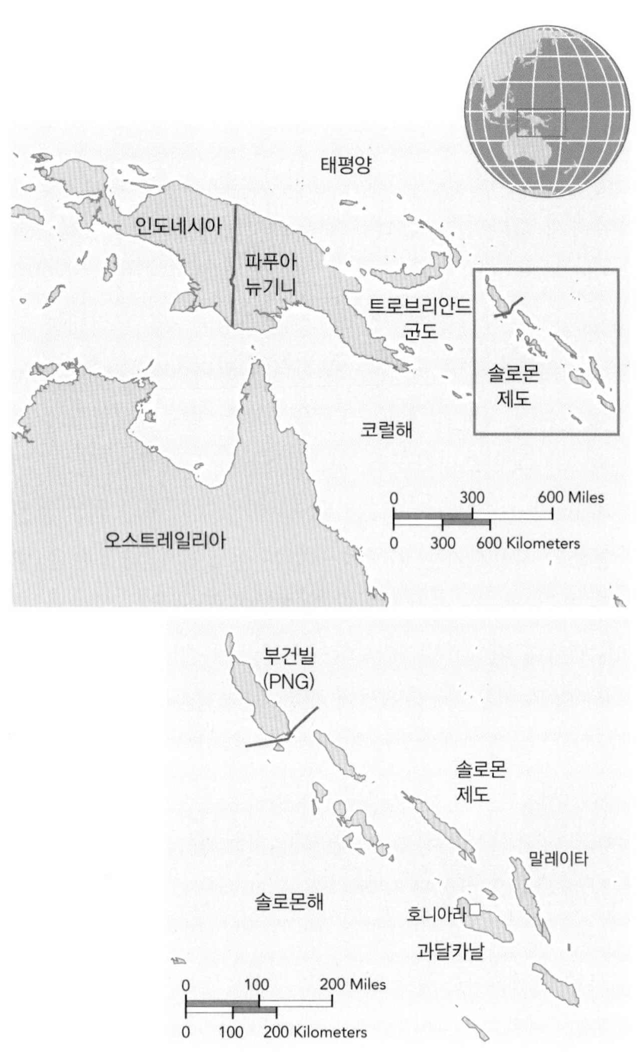

지도 7.3 **솔로몬제도**

이 나라는 약 1,000개의 섬으로 구성되어 있다. 수도는 과달카날 섬에 위치한 호니아라이고, 인구는 60만 명이다. 주민 대부분이 소규모 농업과 어업을 통해 생계를 유지한다. 상업적 벌목으로 인해 지역 삼림이 심각하게 손상되었다. 70개 이상의 언어가 사용되고 있고 최근 4개 언어가 추가로 사멸했다. 인구의 대다수가 기독교도, 특히 성공회 신자이다. 솔로몬제도는 제2차 세계대전 시 가장 치열한 전투 중 일부가 치러진 곳 중 하나이다.

패거리집단을 연구한 한 인류학자는 개인들이 패거리집단에 가입하는 이유를 조명하고 대중적 사고방식과 모순되는 통찰력을 제공해준다(Jankowski, 1991). 일반적인 선입견 중 하나는 소년들이 패거리에 가입하는 이유가 가정 내에 동일시할 수 있는 권위 있는 남성이 부재하기 때문이라는 것이다. 연구에 따르면 패거리집단 구성원 중 절반 정도가 온전한 핵가구 출신이다. 또 다른 일반적인 선입견 중 하나는 패거리집단이 가족이 없는 데서 비롯되는 상실감을 채워준다는 것이다. 이 연구는 친밀한 가족적 유대를 가진 구성원의 수가 그러한 유대가 없는 구성원의 수와 동일하다는 것을 보여준다.

그렇다면 왜 청년들은 도시 패거리집단에 가입할까? 이 연구에 의하면 대부분의 패거리집단 구성원들이 반항적 개인주의자로 불리는 특수한 인성적 유형을 가지고 있었다. 반항적 개인주의자들은 다섯 가지 특징을 보여준다.

- 강한 경쟁심
- 타인에 대한 불신
- 자기의존성
- 사회적 고립
- 강한 생존본능

구조주의적 관점은 빈곤, 특히 도시 빈곤이 이런 종류의 인성 발달을 초래한다고 주장하는데, 이는 만연한 경제적 장애와 불확실성에 대한 합리적인 대응이다. 도시 청년 패거리집단의 글로벌적인 확산을 설명하기 위해 구조주의자들은 도시 고용기회를 규정하는 글로벌적 경제변화를 지적하고 있다. 많은 나라에서 도시산업기반의 쇠퇴는 도심 공동체의 항구적인 빈곤을 초래해 왔다. 동시에 학교교육과 대중매체는 더 나은 삶에 대한 열망을 부추기고 있다. 이런 관점에서 볼 때 도시 패거리집단의 구성원은 자신의 통제를 초월해서 작용하는 거시적인 구조적 힘의 피해자이다. 이 구조적 힘은 한편으로 그들이 성공적인 생활방식을 갈망하도록 부추기면서 동시에 그런 열망을 실현할 수 있는 합법적인 수단을 획득하지 못하도록 막고 있다. 이 청년들 중 상당수가 경제적으로 성공하고 싶어 한다. 하지만 사회적 조건은 그들의 관심과 소질을 성취를 위한 합법적인 경로보다 불법적인 일에 쏟도록 만들고 있다.

신체변형집단 신체변형집단은 미국 내 여러 대항문화 운동 중 하나인 신체변형이라는 형태를 통해 공동체 의식을 강화하는 사람들을 포함한다. 제임스 마이어스(James Myers, 1992)는 캘리포니아에서 항구적인 신체변형, 특히 생식기 피어싱, 인두 찍기, 절단 등에 대한 관심 때문에 스스로를 특별한 집단이라고 느끼는 사람들을 연구한 바 있다. 현지조사의 일환으로 참여관찰과 인터뷰를 수행했다. 마이어스는 샌프란시스코의 사도마조히스트(SM) 공동체를 대상으로 조직한 워크숍에 참여했고, 1990년에 오리건주 포틀랜드에서 개최된 '제5차 가죽과 더불어 사는 사람들 연례회의'에도 참여했다.

(왼쪽) 타히티의 한 추장이 자신의 높은 신분을 의미하는 문신을 하고 있다. (오른쪽) 팔에 문신을 하고 코걸이를 한 미국 여성.

여러분의 미시문화적 경험에서는 문신을 한 사람을 볼 때 그 문신이 여러분에게 어떤 의미를 가지는가?

또한 문신과 피어싱을 하는 스튜디오에서도 시간을 보냈고, 그의 고향에서 이런 유형의 신체변형에 참여하고 있는 다양한 부류의 사람들을 인터뷰했다. 연구대상에는 남성과 여성, 이성애자, 게이, 레즈비언, 양성애자, 사도마조히스트가 모두 포함되었다. 이 중 유일하게 규모가 가장 큰 집단은 사도마조히스트 동성애자와 양성애자 집단이었다. 연구대상은 주로 백인이었고, 대부분 대학을 다닌 적이 있거나 대학을 졸업한 사람들이었다.

마이어스는 워크숍에서 많은 신체변형 장면을 목격했다. 변형을 원하는 사람들은 무대에 올라가서 유명한 전문가가 진행하는 절차들 중 하나를 선택했다. 어떤 절차를 통해 행해지든 지원자들은 고통스러운 모습을 거의 보여주지 않는다. 통상 고통은 바늘이 피부를 뚫는 순간이나 인두가 피부에 닿는 순간 날카롭게 숨을 들이마시는 정도로 표현된다. 그 결정적인 순간이 지나면 청중들은 귀에 들릴 정도로 큰 안도의 한숨을 내쉰다. 지원자가 일어나서 자신의 옷을 다시 챙겨 입으면 청중들은 박수갈채를 보낸다. 이러한 공개적인 이벤트는 전문가와 지원자 그리고 집단을 결속시키는 일종의 입회식이다. 고통은 다양한 통과의례의 중요한 부분이다. 이 사례에서 청중들은 그 경험을 목격 및 확증하고, 목격을 통해 입회식에 참여하게 된다.

이 연구는 항구적인 신체변형의 뚜렷한 동기는 특정한 집단의 사람들과 동일시하고자 하는 욕구임을 밝히고 있다. 한 연구 참여자는 피어싱은 자신이 특별한 집단의 일부라는 것을 느끼게 해주고 피어싱을 한 다른 사람과 동일시할 수 있다고 말했다(1992:292).

협동조합

협동조합은 구성원들이 잉여를 공유하고 각 개별 구성원이 동일한 한 표를 행사하는 민주적 원칙에 따라 의사결정이 이

파나마 산블라스 제도에서 몰라를 팔고 있는 구나 인디언 여성.

■ 인터넷에서 몰라에 관해 알아보라.

루어지는 경제집단의 한 형태이다(Estrin, 1996). 농업협동조합과 신용협동조합은 전 세계적으로 확산된 가장 일반적인 형태의 협동조합이고, 그다음이 소비자협동조합이다.

파나마 동부 해안가에 사는 구나 여성들은 몰라, 즉 아플리케 디자인을 아름답게 수놓은 천을 오랫동안 만들어 왔다(지도 7.4 참조). 구나인들은 이 천으로 자신들의 옷도 만들어 입었는데, 1960년대 이후로는 몰라가 세계 시장과 파나마를 찾는 관광객을 대상으로 판매하는 중요한 상품이 되었다(Tice, 1995). 몰라를 국제 시장과 관광객에게 판매함으로써 얻는 수익은 구나인 가구소득의 중요한 일부가 되었다. 일부 여성들은 여전히 스스로 천과 실을 구매해서 몰라를 만든 다음 그것을 수출하는 중간상인에게 넘기거나 지역의 관광시장에 내다파는 식으로 독립적으로 일하고 있다. 그러나 대부분의 여성들은 경제적 안정성을 보다 더 보장해주는 협동조합에 가입

지도 7.4 **파나마 구나 지역**

구나인은 파나마 동부 해안과 섬 지역에 살고 있는 원주민이다. 일부는 도시에 살고 이웃 콜롬비아의 촌락에도 소수 살고 있다. 구나인 인구는 약 15만 명이다. 농업, 어업, 관광이 경제의 주요 부분이다. 각 공동체가 자체 정치조직을 가지고 있으며 이들 전체가 구나총회라는 연합체를 구성한다. 대부분이 구나어, 즉 둘레가야('사람들의 언어'라는 뜻)와 스페인어를 사용한다. 이들은 전통적인 종교적 관습을 가지고 있는데 이는 흔히 기독교적인 요소와 혼합되어 있다.

해 있다. 협동조합은 천과 실을 대량으로 구입해서 여성들에게 분배해준다. 여성들은 최종 판매가에서 아주 적은 액수의 협동조합 유지비와 운영비만을 제하고 각 몰라에 대해 전체 판매가의 대부분을 지급받는다. 이들의 소득은 계절에 따라 변동이 심한 관광시장 가격에 비해 더 안정적이다. 협동조합에 가입함으로써 얻게 되는 또 다른 이득으로는 그것이 소비자협동조합(회원들을 위해 쌀과 설탕을 대량으로 구매할 수 있다)으로서도 기능한다는 점, 상부상조의 원천을 제공해준다는 점, 여성들이 보다 훌륭한 리더십을 익히고 더 광범위한 사회적 맥락에서 정치적으로 참여할 수 있는 기회를 얻을 수 있는 장이라는 점 등이다.

사회계층

7.2 사회계층이라는 용어에 포함된 것이 무엇인지 규정하기

사회계층(social stratification)은 상이한 집단들 사이에 층위처럼 배열된 위계적 관계를 통해 구성된다. 계층화된 집단들은

사회계층 상이한 집단들 사이에 마치 '층위'처럼 배열된 일단의 위계적 관계

물적 자원, 권력, 복지, 교육, 상징적 속성 등 다양한 측면에서 불평등할 수 있다. 높은 층위의 집단에 속한 사람들은 낮은 층위의 집단에 속한 이들이 경험할 수 없는 특권을 행사하고 자신들의 특권적 위상을 계속 유지하는 데 관심이 있다. 사회계층은 인류역사상 비교적 늦은 시기, 특히 농업의 출현과 함께 가장 분명하게 나타나기 시작했다. 이제는 사회계층의 일부 형태가 거의 보편화되었다.

계층체계 내 범주들, 이를테면 계급, '인종', 젠더, 연령, 토착성 같은 범주들에 대한 분석에 따르면, 이 범주는 그 집단 성원군이 **귀속지위**(ascribed position), 즉 특정한 개인이 출생을 통해 획득하는 지위인가 아니면 **성취지위**(achieved position), 즉 특정한 개인이 활동을 통해 획득하는 지위인가의 정도에 따라 상당한 차이를 보여준다. 귀속지위는 개인의 '인종', 종족, 젠더, 연령 또는 신체적 능력에 기반할 수 있다. 비록 젠더나 특정한 종류의 신체적 조건에 대해서는 일정 정도의 융통성이 존재하지만(수술이나 호르몬 치료를 통해), 이들 요소는 일반적으로 개인의 통제력을 넘어서 있다. 또한 개인은 또 다른 '인종' 혹은 종족집단의 구성원으로 '인정'될 수도 있다. 연령은 특히 흥미로운 귀속지위의 한 범주인데, 그 이유는 특정한 개인이 연령에 따라 다수의 상이한 지위를 통과하기 때문이다. 성취가 집단 성원권의 토대라는 것은 한 개인의 집단 성원권이 어떤 가치 있는 속성의 획득에 기반해 있다는 것을 의미한다. 따라서 그 방향이 상향이거나 하향이거나 간에 체계 내 유동성이라는 측면에서 볼 때 귀속적 체계는 보다 '폐쇄적'이며 성취적 체계는 보다 '개방적'이다. 사회적 지위를 연구하는 일부 학자들은 20세기에 발생한 현대화와 사회적 복잡성의 증대로 인해 성취에 기반한 지위는 증가하고 귀속에 기반한 지위는 감소했다고 생각한다. 아래에서는 사회적 범주가 집단 성원권과 집단 간의 불평등한 관계를 어떻게 규정하는지 살펴볼 것이다.

사회는 사람들을 사회 내의 **지위**(status), 위치 혹은 위상으로 지칭되는 범주들, 이를테면 학생, 남편, 자녀, 은퇴자, 정치적 지도자, 우등생클럽(Phi Beta Kappa)의 구성원 등과 같은 범주를 통해 분류한다(Wolf, 1996). 각 지위에는 그에 수반되는 역할이 있는데, 이는 특정한 지위를 가진 어떤 이에게 기대되는 행위양식, 즉 행동, 외모, 말하는 방식이 어떠해야 하는가를 규정하는 일종의 '각본'이다. 어떤 지위는 다른 지위에 비해 부여되는 특권이 더 많다. 지위의 구분이 뚜렷한 사회에서는 상이한 지위집단들이 소유하고 있는 재화, 여가활동, 사용하는 언어 등을 포함하는 특정한 생활방식을 통해 표식된다. 지위가 높은 범주의 집단들은 때로 집단 내 결혼과 집단 내 배타적인 사교를 통해 낮은 지위집단들과의 관계에서 배타적인 관행을 실천함으로써 사회적 지위를 유지하기도 한다. 개인과 마찬가지로 집단도 사회 내에서 지위 혹은 위상을 가지고 있다.

귀속지위 한 개인이 출생을 통해 획득하는 사회 내에서의 위상

성취지위 한 개인이 활동을 통해 획득하는 사회 내에서의 위상

지위 한 개인이 사회 내에서 차지하는 위치 혹은 위상

성취지위 : 계급

사회계급(제1장에서 정의한 바 있다)은 사회 내에서 차지하는 개인이나 집단의 위치를 지칭하는 한 범주로서 주로 경제적 측면에서 정의된다. 계급은 여러 문화에서 개인의 지위를 결정하는 핵심적 변수지만, 다른 문화에서는 예를 들어 특정한 가문에 태어나는 것보다 덜 중요할 수 있다. 하지만 계급과 지위가 언제나 일치하는 것은 아니다. 부유한 사람이 부정한 방식으로 부자가 되어 결코 높은 지위를 얻지 못하는 경우도 있을 수 있다. 지위집단과 계급집단 모두는 이차적인 집단인데, 그 이유는 특히 대규모 사회에서는 한 개인이 집단 내 다른 구성원 모두를 알 가능성이 낮기 때문이다.

자본주의사회의 지배적인 이데올로기는 체제가 상향 이동을 가능케 하며 모든 개인에게 상향 이동할 수 있는 기회가 있다는 것이다. 일부 인류학자들은 이 이데올로기를 보상받을 자격이 있는 자에게 보상이 주어진다고 믿는 능력주의적 개인주의라 부른다(Durrenberger, 2001). 대조적으로 구조주의적 관점은 한 개인이 특정한 생활방식을 유지하거나 다른 종류의 생활방식을 선택할 수 있는 능력을 규정하는 경제적 계급위치의 영향력을 지적한다. 물론 부유하게 태어난 사람이 자신 때문에 가난하게 될 수도 있고, 가난한 사람이 부자가 될 수도 있다. 규칙에 예외가 존재하긴 하지만, 부유하게 태어난 사람이 그 계급에 전형적인 생활방식을 누릴 가능성이 높고, 마찬가지로 가난하게 태어난 사람은 그 계급에 전형적인 생활방식을 유지할 가능성이 높다.

계급의 개념은 칼 마르크스의 이론에서 핵심적인 위치를 차지한다. 유럽의 산업혁명과 자본주의의 성장이라는 맥락 내에

서 연구한 마르크스는 계급의 차이, 자본가에 의한 노동계급의 착취, 노동자들의 계급의식, 그리고 계급갈등이 자본주의를 궁극적인 붕괴로 이끌 변화의 원동력이라고 주장했다.

귀속지위 : '인종', 종족, 젠더, 카스트

사회계층의 네 가지 주요 귀속체계는 '인종', 종족(제1장에서 정의), 젠더, 카스트에 따라 사람들을 불균등하게 등급화된 집단들로 구분하는 데 기초해 있는데, 이 중 카스트는 출생을 통해 결정되는 등급화된 집단이고 흔히 특정한 직업 및 남아시아 문화와 연결되어 있다. 지위집단 및 계급집단과 마찬가지로 이 네 범주는 이차적인 사회집단이다. 어느 누구도 전체 집단의 다른 모든 구성원과 개인적인 관계를 맺을 수 없기 때문이다. 각 체계는 맥락에 따라 지역적 특수성을 보여준다. 예를 들어 비록 정체성과 지위라는 측면에서 무엇을 의미하는지는 국가에 따라 차이를 보여주지만, 라틴아메리카 대부분의 지역에서 '인종'과 종족은 문화라는 개념과 맞물리고 중첩되어 있다(de la Cadena, 2001). 일부 지역에서 **메스티사헤**(mestizaje), 즉 메스티소는 문자 그대로 '인종적' 혼혈을 의미한다. 하지만 중 · 남아메리카에서는 인디언의 뿌리로부터 단절된 사람들, 혹은 일부 토착적인 문화관행을 유지하면서 글을 쓰고 읽을 수 있는 성공한 사람들을 지칭한다. 이 범주가 수반하는 불평등의 역학을 이해하기 위해서는 지역의 범주체계와 그것에 부여되는 의미를 알아야 한다.

'인종', 종족, 젠더, 그리고 카스트 차이에 기반한 체계들은 서로 간에 그리고 계급에 기반한 체계와 몇 가지 중요한 특징을 공유하고 있다. 첫째, 이 차이는 많은 수의 사람들에게 생계수단, 권력, 안전, 존경, 자유에 대해 상이하고 특별한 정도의 자격을 부여한다(Berreman, 1979[1975]:213). 이 단순한 사실을 간과해서는 안 된다. 둘째, 더 많은 자격을 가진 사람들이 더 적은 자격을 가진 사람들을 지배한다. 셋째, 지배집단의 구성원들은 의식적, 무의식적으로 자신의 지위를 유지하려고 한다. 이들은 지배당하는 사람들의 이데올로기를 통제하는 제도와 지배당하는 사람들에 의한 잠재적 반란이나 전복행위를 물리적으로 억압하는 제도를 통해 자신의 지위를 유지한다(Harris, 1971, Mencher, 1974:469에서 재인용). 넷째, 지배체계를 유지하려는 노력에도 불구하고 전복과 반란은 발생하고, 이는 억압당하는 사람들에게도 주체적으로 행동할 수 있는 잠재력이 존재한다는 것을 의미한다.

'인종' 인종에 따른 계층화는 비교적 최근에 나타난 사회적 불평등의 한 형태이다. 인종은 식민지화, 노예제 그리고 여타 대규모 집단적 이동을 통해 이전에는 분리되어 있던 두 집단이 불평등하게 접촉한 결과 초래된 것이다(Sanjek, 1994). 1500년대부터 시작된 유럽의 '발견의 시대'는 글로벌적 접촉의 새로운 시대를 열었다. 대조적으로 비교적 동질적인 문화에서는 종족이 '인종'보다 더 중요한 구별 기준이다. 한 예로 현대 나이지리아의 경우, 인구는 대체로 동질적이고 종족이 더 중요한 의미를 가진다(Jinadu, 1994). 여타 아프리카 국가들뿐만 아니라 중동, 중부 유럽, 유라시아, 중국에서도 유사한 상황이 지배적이다.

인종적 사고의 핵심적 특징은 사람들이 보여주는 행태적 차이가 '자연적', 선천적이거나 생물학적으로 발생했다는 주장이다. 서구의 인종 범주화의 전 역사에 걸쳐 머리 크기, 머리 모양, 뇌의 크기 같은 특징이 행태적 차이의 원인으로 간주되어 왔다. 20세기 초에 저술활동을 한 프란츠 보아스는 선천적이고 인종적인 것으로 가정된 속성들을 행태적 차이와 분리하는 데 기여했다(제1장 참조). 보아스는 머리 크기가 같더라도 상이한 문화에 속한 사람들은 상이한 행위양상을 보여주고 머리 크기가 다르더라도 동일한 문화에 속한 사람들은 유사한 행태를 보여준다는 사실을 입증했다. 보아스와 그의 동료들에게 행태를 설명하는 주된 단서는 생물학이 아니라 문화였다. 따라서 '인종'은 생물학적 실체가 아니다. 인류집단을 특정한 생물학적 특징에 기반해서 서로 다른 '인종'으로 구분할 수 있는 방법은 전혀 없다. 그럼에도 불구하고 사회적 인종과 인종주의는 존재한다. 다시 말해 다양한 맥락에서 '인종'이라는 개념은 사람들에게 자격과 지위를 부여하고 그들을 대하는 방식을 규정한다는 점에서 분명한 사회적 실체를 가지고 있다. 20세기 미국에서 인종주의를 약화시키는 데 약간의 진보가 있었음에도 불구하고 인종차별은 여전히 존재한다.

카리브해와 라틴아메리카에서 인종 분류는 복잡한 지위 분류체계를 수반한다. 이 복잡성은 수 세기에 걸쳐 진행된 유럽인, 아프리카인, 아시아인, 그리고 원주민 사이의 다양한 접촉의 결과이다. 피부색이 인종 분류의 토대 중 하나지만, 이

메스티사헤 문자 그대로 '인종적' 혼혈을 의미한다. 하지만 중 · 남아메리카에서는 인디언의 뿌리로부터 단절된 사람들 혹은 일부 토착적인 문화적 관행을 유지하면서 글을 쓰고 읽을 수 있는 성공한 사람들을 지칭하는 용어이다.

는 여타 신체적 특징 및 경제적 지위와 혼합되어 있기도 하다. 한 예로 아이티의 인종범주에는 피부조직, 피부색의 농도, 두발의 색깔과 모양, 얼굴의 특징 같은 신체적 요소들이 고려된다(Trouillot, 1994). 인종범주는 또한 개인의 소득, 사회적 출신, 공식 교육수준, 인성과 행동, 친족유대 등을 포함하기도 한다. 이런 변수들이 어떻게 결합되느냐에 따라 한 개인의 인종범주가 정해지고, 심지어 동일한 사람이 범주들 사이를 왔다갔다 할 수도 있다. 따라서 특정한 신체적 특징을 가진 가난한 사람은 동일한 신체적 특징을 가진 부유한 사람과 다른 '피부색'으로 간주된다.

인종적 계층화의 극단적 사례는 남아프리카공화국의 인종분리 정책으로, 이는 지배적인 백인과 비백인을 합법적으로 분리해서 차별한다. 남아프리카공화국(지도 7.5 참조)에서의 백인 지배는 1800년대 초 백인이 이주, 정착하면서부터 시작되었다. 1830년대에 노예제도가 폐지되었는데, 동시에 백인들 사이에서 인종주의적 사고가 팽배해지기 시작했다(Johnson, 1994:25). 인종주의적 이미지에는 아프리카인들이 게으르고 정치적으로 조직화되기 힘든 사람들이라는 이미지가 포함되어 있었는데, 이는 식민주의적 지배를 정당화하는 논거의 일부로 기능했다. 아프리카인들이 백인의 지배에 오랫동안 저항해 왔음에도 불구하고 백인들은 근 200년 동안

지도 7.5 남아프리카

남아프리카공화국은 아프리카의 여러 나라 중에서 가장 많은 식민 이민자를 받아들인 나라다. 냉전시대에는 풍부한 광물자원 때문에 강대국의 관심을 끌었다. 총인구 5,200만 명 중 80%가 흑인이다. 나머지는 혼혈('유색인'으로 지칭되는), 인도인 그리고 식민 이민자의 백인 후손이다. 남아프리카는 11개의 공식언어를 사용하고 8개의 비공식언어를 인정하고 있다. 아프리칸스어와 영어가 주요 행정언어다. 비공식어에는 산족 및 여타 원주민들의 언어가 포함된다.

통제를 유지하고 증진하는 데 성공했다. 남아프리카공화국은 인구의 90% 정도가 흑인이다. 백인 소수자는 엄격한 인종 분리 정책을 통해 수적 다수자인 흑인을 1994년까지 오랫동안 지배해 왔다. 인종 분리 정책 시기에 백인과 아프리카인들은 유아사망률, 평균수명, 교육 등 삶의 질을 측정하는 모든 척도에서 명백한 격차를 보여주었다. 물리적 박탈에 의한 고통에 더해 남아프리카공화국의 흑인들은 경찰의 협박과 실질적 급습 및 흑인을 대상으로 한 여타 형태의 폭력에서 연유하는 항구적 불안감 때문에 심리적으로도 큰 고통을 겪었다.

1991년 인종분리정책이 공식적으로 폐지되고 1994년 첫 민주적 선거가 치러진 지 근 30년이 지났다. 비록 많은 것이 변했지만 남아프리카공화국의 거의 모든 흑인들은 아직도 빈곤 속에 살고 있으며, 과도한 사망률과 HIV/AIDS로 고통 받고 있다. 7명의 남아프리카공화국 청년들의 생애사에 기반해서 진행된 한 연구는 과거 인종 분리에 입각해 있던 불평등이 이제 자신들의 인종 내에서 점점 더 심각해지고 있는 상황에 대해 좌절감이 커지고 있다는 사실을 보여준다(Newman and De Lannoy, 2014). 다양한 배경을 가진 청년 7명의 이야기는 탈인종분리정책 세대의 부상과 청년들이 여전히 새로운 민주주의체제하에서 자신들의 길을 찾아가는지를 친밀하게 보여주고 있다. 결론 중 하나는 기회와 권리 면에서 주요한 흑-백 간 차이가 여전히 지속되고 있는 반면, 새로운 유형의 불평등이 각 인종집단 내에서 출현하고 있다는 것이다. 일부 흑인들이 사회경제적 지위를 획득하고 있는 반면, 그러한 지위가 이제 더 이상 백인에게 당연히 보장되지는 않는다.

종족 종족은 역사, 영토, 언어, 종교 혹은 이들의 조합에 기반해서 공유된 정체성을 통해 구축되는 집단 성원권이다(Comaroff, 1987). 종족은 자원(토지, 건물, 혹은 인공물 같은)에 대한 권리요구뿐만 아니라 그러한 자원을 보호하거나 재획득하는 기반이 될 수도 있다.

국가는 안정을 위협하지 않는 한도 내에서 종족을 관리하는 데 관심이 있다. 중국은 수많은 종족집단을 관리하는 가장 공식화된 체계를 갖춘 나라 중 하나로서 소수종족, 즉 비한족 집단에 대한 공식적인 정책을 시행하고 있다(Wu, 1990). 중국 정부는 전체 인구의 대략 92%를 차지하는 다수종족인 한족 외에 55개 소수종족을 공식적으로 인정하고 있다. 인구의 나머지 8%는 이들 55개의 소수종족으로 구성되어 있으며 약

2003년 치료행동캠페인(Treatment Action Campaign, TAC)은 남아공 정부가 HIV/AIDS 예방 및 치료계획에 서명하고 실행할 것을 촉구하기 위해 시민불복종 운동 프로그램을 전개했다. TAC는 인종분리정책에 저항해서 일어난 소웨토 봉기에서 처음으로 사망한 청년 헥터 피터슨의 이미지를 활용하고, '투쟁은 계속된다: HIV/AIDS 치료를 즉각 지원하라!' 같은 구호를 외쳤다.

한 국가의 정부가 HIV/AIDS의 예방과 치료에 책임져야 하는가에 대해 찬반 입장을 밝히고 그 논거를 제시하라.

6,700만 명에 달한다. 비한족 소수종족은 광대한 중국 영토의 60%를 점하고 있고, 이들은 티베트, 윈난, 신장, 네이멍구 지역 같은 서남북 쪽 접경 혹은 '변경'지대에 거주하고 있다. 종족집단을 정의하는 기본적인 기준에는 언어, 영토, 경제, 그리고 '심리적 태도'가 포함된다. 중국 정부는 집단 성원권과 집단 특성에 대해 엄격한 정의를 세우고 있는데, 심지어 종족 의상과 춤에 관한 기준도 정하고 있다. 티베트인에 대한 중국의 처우는 특히 심하여 종족학살 혹은 지배집단에 의한 종족집단 문화의 절멸로 간주될 수도 있다. 1951년 중국은 티베트를 강제로 합병했고 중국 정부는 이전에 중앙집중화되지 않았던 불교 봉건체제를 사회경제적으로 변혁시키려는 조치를 취했다. 이 변혁으로 인해 티베트인은 시위하고 한족은 탄압하는 등 양자 사이에 종족갈등이 증가했다.

한 거주지역에서 다른 거주지역으로 이주한 종족집단 성원들은 지역 주민들에 의해 배타적 처우를 당할 위험이 있다. 루마인(종종 외부자들이 집시라 부르는데 루마인은 이 용어를 경멸적인 뜻으로 받아들인다)는 자신들의 원래 고향을 떠나 흩어져 살아가는 **디아스포라 집단**(diaspora population)이다. 루마인은 유럽과 미국 전역에 흩어져 있다('문화파노라마' 참조). 이들이 주류사회 내에서 갖는 지위는 경제적, 정치적, 사회적 척도에서 항상 주변적인 위치에 있다.

디아스포라 집단 자신의 원래 고향을 벗어나 흩어져 살아가는 집단

젠더와 성차별주의 다른 형태의 사회적 불평등과 마찬가지로, 젠더 불평등은 남성이나 여성, 혹은 그 중간의 어떤 유형으로 태어난 사람들 사이에서 인지된 차이에 기반하고 있으며, 문화에 따라 상당한 차이를 보여준다. 이 책에서 이미 젠더 불평등에 관한 여러 사례를 제시했고, 이어지는 장들에서 더 많은 사례들이 다루어질 것이다. 아래의 논의는 남성의 지배가 갖는 몇 가지 특징을 통문화적으로 조명해본다.

부권제(patriarchy), 즉 경제, 정치, 사회, 이데올로기 영역에서의 남성 지배는 일반적으로 나타나지만 그렇다고 해서 보편적이지는 않다. 부권제는 또한 그 엄격성과 결과에서도 차이를 보여준다. 가부장제의 가장 엄격한 형태에서는 여성과 소녀들이 전적으로 남성의 권력 아래에 놓여 있고 사회적 반향 없이 남성에 의해 죽임을 당할 수도 있다. 한 예로 소위 명예살인을 들 수 있다. 이는 처녀성의 규범을 어기거나 중매혼에 저항하는 소녀와 여성을 남성친족이 살해하는 경우로 극단적인 가부장제의 한 예다(Kurkiala, 2003). 이보다 덜 폭력적이지만 여전히 심각한 경우는 소녀들의 교육에 미치는 가부장제의 영향이다. 여러 나라에서 소녀들의 취학을 전혀 허용하지 않고, 설사 취학한다고 하더라도 남자형제들이 다니는 학교보다 수준이 낮은 학교를 남자형제들보다 더 짧게 다닌다.

부권제의 논리적 반대는 **모권제**(matriarchy), 즉 경제, 정치, 사회, 이데올로기 영역에서의 여성 지배이다. 모권제는 현대 문화에서 너무나 드물기 때문에 인류학자들은 심지어 모권제가 존재는 하는지, 혹은 존재하기나 했는지에 대해 확신을 못하고 있다. 유럽 식민주의자들이 도착했을 당시 이로쿼이 여성들은 옥수수 형태로 축적된 공공자금을 통제했으며 전쟁을 일으켜야 하는지 여부에 대한 결정권도 가지고 있었다. 그리고 비록 지도자가 남성이긴 하지만 지도자를 뽑는 것도 여성들이었다. 이로쿼이인이 실제로 모권적이었는지, 아니면 보다 정확히 말해 혼합적이고 균형적인 젠더체계를 가진 성 평등사회였는지는 분명하지 않다. 진정한 모권사회를 보여주는 보다 분명한 사례는 말레이시아와 인도네시아의 미난카바우인에게서 발견된다(137쪽 '문화파노라마' 참조).

카스트와 카스트제도 **카스트체계**(caste system)는 힌두교와 연

부권제 경제, 정치, 사회, 이데올로기적 영역에서의 남성 지배

모권제 경제, 정치, 사회, 이데올로기적 영역에서의 여성 지배

카스트체계 힌두교와 연관된 개인이 특정한 집단 내에서 출생한 것에 기반한 사회계층체계

문화파노라마

동유럽의 루마인

루마인은 유럽에서 가장 큰 소수종족이다. 이들은 유럽과 중앙아시아의 거의 모든 나라에서 살고 있다. 유럽에 살고 있는 루마인의 총 수는 700~900만 명에 이른다(World Bank, 2003). 특히 가장 많이 밀집해 있는 동유럽에서는 인구의 약 10%를 차지한다.

루마인은 9~14세기 사이에 원래의 고향인 인도 북부 지방을 떠나 연쇄적인 이주 물결을 이룬 이후로 유랑과 주변성의 긴 역사를 가지고 있다(Crowe, 1996). 유럽의 많은 루마인은 아직도 마차를 끌고 밤새 나타나 도시의 변두리 지역에서 임시로 캠핑을 하고 다시 이동하는 유랑적인 삶을 영위하고 있다. 정착생활을 하는 대부분의 루마인도 안락한 집, 깨끗한 물, 좋은 학교가 없는 주변화된 지역에 살고 있다. 주류사회의 구성원들은 루마인을 깔보거나 심지어는 경멸하기도 한다.

헝가리 부다페스트의 소수종족 루마인은 가장 열악한 상황에 처해 있는 종족집단이다(Ladányi, 1993). 하지만 부다페스트에 사는 모든 루마인이 가난한 것은 아니다. 약 1% 정도는 부를 획득했다. 나머지 99%는 페스트 지역 내부 슬럼가의 표준 이하의 열악한 주거에서 살고 있다. 헝가리에서 국가사회주의가 무너지면서 루마인에 대한 사회적 차별이 더 심해졌다. 일부 루마인 공동체는 생활조건을 개선하기 위해 노력하고 있다. 정부는 루마인에게 일정 정도 자치를 허용하는 정책을 시행했다(Schaft and Brown, 2000).

슬로바키아에는 루마인 중 1/3이 오사다라고 불리는 게토 같은 거주구역에 살고 있다(Scheffel, 2004). 이 거주구역에는 깨끗한 물, 하수처리, 안정적인 전기공급, 안락한 주택, 좋은 학교, 기능적인 도로시설 등을 찾아볼 수 없다. 오사다는 슬로바키아 종족, 즉 '백인'들이 거주하는 부촌과 인접해 있다. 스비니아라는 마을에서는 670명 정도의 슬로바키아인이 1,400헥타르 이상의 토지를 소유하고 있는 반면 약 700명에 달하는 루마인은 겨우 1헥타르의 습지에 밀집해서 복잡하게 살고 있다(2004:8).

더 많은 동유럽 국가들이 유럽연합에 가입함에 따라 루마인의 생활조건을 개선하고 차별을 방지하기 위한 프로그램들을 시행하고 있다. 2004년 유럽연합에 가입한 후 헝가리는 유럽연합 의회에 2명의 루마인을 선출했다. 2005년 불가리아에서는 루마인이 소송에 승리해서 분리교육이 위헌이라는 판결을 받아냈다. 하지만 슬로바키아 현지조사에 따르면, 정부가 루마인의 삶을 개선하기 위해 하는 것이 거의 없는 것으로 나타났다.

2008년에 시작된 글로벌 경제위기로 인해 동유럽 전역에서 루마인에 대한 폭력이 증가했다. 경기침체는 헝가리, 루마니아, 슬로바키아, 세르비아 같은 루마인 수가 많은 유럽 국가에 타격을 주었다. 이들 나라의 일부 정치인과 극단주의자 집단은 루마인이 비루마인의 일자리를 뺏고 있다고 비난했다. 2010년 이후 프랑스는 루마인들을 국내 정착지로부터 추방하기 시작했다.

위 글을 읽고 검토해준 톰슨리버스대학교의 데이비드 셰펠(David Z. Scheffel)에게 감사드린다.

(왼쪽) 1993년 스비니아의 루마인 정착지. 1990년대 이래 생활수준은 개선되지 않았는 데 반해 인구는 약 50% 증가해서 정착지는 초만원이 되어 스트레스가 극도로 증가했다.

(가운데) 루마인 어린이의 학교시설 접근성은 심각하게 제한되어 있다. 일부 어린 루마인 학생들이 학교급식 프로그램에 참가하고 있지만, 이 경우에도 식사는 식당 옆에 별도로 분리된 방에서 하도록 되어 있다.

지도 7.6 동유럽 루마인

루마니아는 세계에서 가장 많은 루마인이 사는 나라로서 그 수가 100~200만 명에 달한다. 마케도니아는 루마인 인구비율이 가장 높은 나라이다.

관된 사회계층체계로서 개인이 특정한 집단 내에서 출생했다는 사실에 기반하고 있다. 카스트는 인도, 특히 힌두교 인구집단에서 그리고 네팔, 스리랑카, 피지처럼 힌두교 인구가 많은 지역에서 가장 분명한 형태로 나타난다. 카스트체계는 힌두교인과 특별히 연결되어 있는데, 그 이유는 고대 힌두 경전이 소위 바르나(varna, 산스크리트어로 '색깔'이라는 뜻)라고 불리는 주요한 사회범주를 정의하는 본질적 원천으로 간주되기 때문이다(그림 7.2 참조). 4개의 바르나는 사제인 브라만, 전사인 크샤트리아, 상인인 바이샤, 노동자인 수드라이다. 상위 3개의 바르나에 해당하는 사춘기 남성들은 입회식 의례를 통해 '다시 태어나고', 이후 신성한 띠를 가슴에 두르는데, 이는 그들의 순결함과 '두 번 태어난 자'로서의 높은 지위를 상징한다. 네 번째 바르나 아래에 해당하는 사람들은 등급이 너무나 낮아서 카스트체계의 외부에 존재하기 때문에 영어 표현으로 'outcast(추방자)'라 불린다. 이들의 또 다른 영어 이름은 'untouchable(불가촉천민)'인데, 그 이유는 상위 바르나의 사람들이 순결함을 유지하기 위해 이들과의 어떤 접촉도 회피하기 때문이다. 상층 카스트에 속했던 마하트마 간디는 불가촉천민의 지위를 수드라로 승격시키기 위해 그들을 하리잔(즉 '신의 자녀')으로 바꾸어 불렀다. 최근 이 범주의 구성원은 '억압받는' 혹은 '최하층'을 뜻하는 **달리트**(dalit)라는 용어로 스스로를 부른다.

4개의 전통적 바르나와 달리트의 범주는 카스트 혹은 더 정확하게는 자티(출생집단)라 불리는 수백 개의 지역적 명칭을 가진 집단 수백 가지를 포함한다. 카스트라는 용어는 포르투갈어 casta에서 유래한 말로 '혈통' 혹은 '유형'을 의미한다. 포르투갈 식민주의자들은 15세기에 그들이 조우한 폐쇄적인 사회집단을 지칭하기 위해 이 용어를 처음 사용했다. 에믹(내부자) 용어인 자티는 '힌두인은 태어나면서부터 어떤 집단에 속해서 태어난다'는 의미이다. 자티는 귀속적 지위집단이다. 4개의 바르나가 서로에 대한 상대적 관계를 통해 등급화되듯 모든 자티들도 마찬가지다. 예를 들어 브라만의 자티는 사제집단과 비사제집단의 하위집단으로 나뉜다. 사제 브라만은 가구 사제, 사원 사제, 장례 사제로 다시 구분된다. 가구 사제는 다시 둘 또는 그 이상의 범주로 분화되고, 이들 각각은 또 다시 종족적 유대에 따른 하위집단으로 분화된다(Parry, 1996:77). 이들 모든 범주 내에는 정교하게 정의된 지위상의 위계가 존재한다.

카스트체계는 그것을 유지하는 몇몇 기제, 이를테면 결혼 규정, 공간적 분리 및 의례와 맞물려 있다. 결혼 규정은 자티

달리트 인도 카스트체계 내에서 사회적으로 규정된 최하위집단에 속한 당사자들이 선호하는 이름으로, '억압당하는' 혹은 '최하층'이라는 뜻이다.

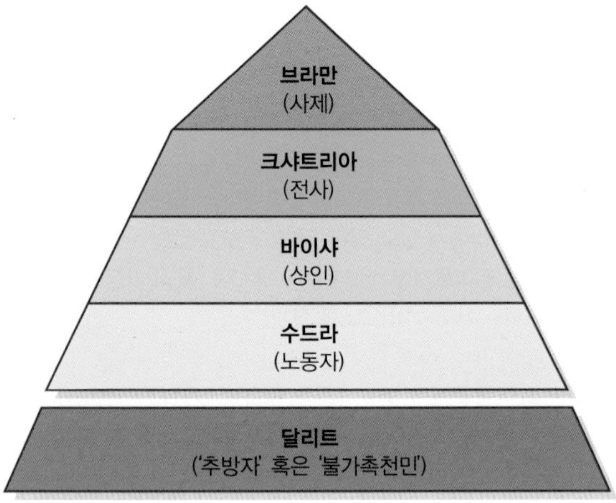

브라만 (사제)
크샤트리아 (전사)
바이샤 (상인)
수드라 (노동자)
달리트 ('추방자' 혹은 '불가촉천민')

그림 7.2 인도의 바르나 범주 모델

내혼, 즉 자티 내 결혼을 엄격하게 강제한다. 특히 농촌지역에서 자티를 벗어난 결혼, 특히 상위 카스트 여성과 하위 카스트 남성 사이의 결혼은 카스트 연장자와 지역의 여타 권력자에 의해 심각한, 심지어 치명적인 처벌을 받을 수 있다. 도시의 교육받은 엘리트들 사이에서도 자티 내혼 경향은 지속되고 있다.

공간적 분리는 상층 카스트의 특권을 유지하고 하층 카스트의 주변적 지위를 지속적으로 인지하게 하는 데 기여한다. 여러 농촌 마을에서 달리트는 상층 카스트 사람들이 전혀 접근하지 않으려고 하는 완전히 분리된 지역에 거주한다.

카스트체계 내에서의 사회적 이동은 전통적으로 매우 제한적이지만, 집단적 '카스트 상향 이동'의 사례들에 관한 기록을 찾아볼 수 있다. 가능한 몇 가지 전략은 부의 획득, 다소 높은 자티와의 연합이나 병합, 교육, 이주, 정치운동 참여 등을 포함한다(Kolenda, 1978). 보다 높은 자티 지위를 획득하려는 집단은 다시 태어난 자티의 행태나 의상을 따라 한다. 그러한 관행에는 남성들이 신성한 가슴 띠를 두르고, 채식을 행하며, 과부의 재가를 불허하고 공적 영역으로부터 여성을 격리시키고, 딸의 결혼에 대규모 지참금을 지불하는 것 등이 포함된다.

1949년에 인도 헌법은 카스트에 기반한 차별을 불법으로 선언했다. 하지만 헌법적 칙령이 뿌리 깊게 구조화된 불평등을 종식시키지는 못했다. 20세기 후반에 인도 정부는 달리트의 사회경제적 개선을 촉진하기 위한 정책, 예를 들어 의대 정원, 정부 의석, 공공부문 일자리의 일부를 그들에게 할당하는

인도 카스트의 세 가지 장면. (왼쪽 위) 인도 남부의 타밀나두에 있는 치담바람 신전에서는 오직 특별한 범주의 브라만 사제만이 의례를 집전할 수 있다. 이 사진은 여러 연령대의 성원들이 잠시 앉아서 휴식을 취하고 있는 모습이다. (왼쪽 아래) 인도 북부 한 마을의 목수가 자신의 집 앞에 앉아 있다. 목수의 지위는 중간 수준으로 엘리트와 동물 가죽이나 배설물 같은 오염물질을 다루는 사람들 사이에 위치한다. (오른쪽 위) 인도 뉴델리에서 달리트 기독교도들과 달리트 이슬람교도들이 힌두교가 지배적인 전체 달리트 운동 내에서 자신들의 권리를 주장하기 위해 집회를 하고 있다.

정책을 실행했다. 이 같은 '적극적 차별시정조치' 계획으로 인해 상층 카스트의 많은 사람들이 격노했는데, 그중 가장 위협을 느낀 브라만의 경우가 특히 심했다. 카스트체계는 무너지고 있는가? 분명히 카스트체계의 일부 양상이 변하고 있다. 특히 대도시에서 상이한 자티 구성원들이 서로를 '인정'하고 보다 동등한 기반 위에서 공적인 삶에 참여하고 있다. 물론 이는 그렇게 할 수 있는 경제적 수단을 가진 경우에만 국한되어 있다.

시민사회

7.3 시민사회 개념에 대해 논의하기

시민사회(civil society)는 경제적 차원과 정치적 차원을 포함하는 삶의 다양한 측면을 조직하기 위해 정부 외부에서 기능하는 광범위한 이익집단의 사회적 영역으로 구성된다. 독일의 철학자 G. W. F. 헤겔에 따르면 시민사회는 개인과 국가 사

시민사회 삶의 경제적, 정치적 차원 및 여타 차원을 조직하기 위해 정부 외부에서 기능하는 이익집단들의 집합

이에 존재하는 사회집단과 제도를 망라한다. 이탈리아의 사회이론가 안토니오 그람시(Antonio Gramsci)는 시민사회를 구성하는 제도를 두 유형, 즉 교회나 학교와 같이 국가를 지지하는 제도와 노동조합, 사회저항집단, 시민권리집단 같이 국가의 권력에 저항하는 제도로 구분했다. 이 절에서는 국가가 지원하는 집단뿐만 아니라 국가의 탄압에 저항하는 활동가집단에 대한 사례들도 논의한다.

국가를 위한 시민사회 : 중국의 여성운동

어떤 경우는 정부가 정부 자체의 목표를 진척시키기 위해 시민사회를 구축하기도 한다. 중국의 여성운동은 그러한 국가가 창출한 조직의 한 예이다. 캐나다의 인류학자 엘렌 주드(Ellen Judd, 2002)는 중국의 여성운동에 관한 연구를 수행했는데, 이 연구는 중국 정부가 외국인의 인류학 현지조사에 대해 정하는 제약 내에서 이루어졌다. 마오쩌둥 지배 시절에는 외국인 인류학자가 중국 내에서 수행하는 여하한 종류의 연구도 허용되지 않았다. 1980년대부터 여전히 엄격한 제한 내에서이긴 하지만 일부 현지조사가 가능해질 정도로 상황이 변화하기 시작했다.

주드는 중국과 몇십 년에 걸쳐 장기적인 관계를 발전시켜 왔다. 1974~1977년까지는 학생으로 살았고, 1986년에는 장기적 현지조사를 수행했으며, 그 이후에도 연구나 여성계발 프로젝트에 관여하거나 제4차 베이징세계여성대회에 참여하는 등 다른 활동을 위해 거의 매년 중국을 방문했다. 주드에 따르면 "이처럼 다양한 방식으로 중국에 오게 된 경험을 통해 중국 여성과 상호작용을 할 수 있었고 그들의 생활에 대해 일정 정도의 지식을 얻게 되었다"(2002:14). 주드는 중국 여성운동에 관한 최근의 한 프로젝트에서 문화인류학자가 통상 그렇게 하는 바와 같이 장기간의 집약적인 참여관찰을 통해 연구를 수행하고자 했다.

연구를 처음 시작할 때 주드는 지역의 여성조직에 참여하거나 그 여성들 중 누구와도 개인적으로 대화를 나누는 일을 허용받지 못했다. 관리들이 모든 가구 방문이나 인터뷰에 따라붙었다. 하지만 주드는 회의에 참석하고 부련(婦聯)이라 불리는 여성조직의 여성운동 목표에 관련된 모든 공식적인 정보에 접근할 수 있도록 허용되었다.

중국 정부의 정책적인 목표 중 하나는 여성의 삶의 질을 개선하는 것이었고, 부련은 그 목표를 달성하기 위해 조직된 집단이었다. 정부는 국가 수준에서부터 읍과 촌 단위에 이르는 모든 수준에서의 활동을 관리하고 감독한다. 일차적인 목표는 여성, 특히 농촌 여성을 동원해서 이들을 문맹퇴치 훈련과 시장활동에 참여케 하는 것이다.

주드의 현지조사는 정부규정에 따른 제약을 받긴 했지만 나름의 통찰을 제공해준다. 주드는 여성 구성원과의 인터뷰를 통해 그러한 정부 주도 프로그램으로 혜택을 받은 몇몇 여성들에 관한 이해를 얻을 수 있었고, 여성들이 시장활동에 참여할 수 있는 능력을 키우는 데 교육이 얼마나 중요한가를 알 수 있었다. 주드가 집필한 책은 주로 서술적인 내용으로 한 지역 부련의 '공식적 외피'에 초점을 맞추고 있다. 이러한 서술적 설명은 당시 중국에서 수행한 조사를 통해 도출할 수 있는 최선의 결과였다. 이렇게 여성조직이 정부에 의해 그리고 정부를 위해 조직된 것임을 감안하면, 이 사례는 시민사회의 개념을 확장시키는 경우이다.

활동가집단 : 코-마드레스

활동가집단은 정치적 억압, 폭력, 인권 침해 등과 같은 특정한 상황의 변화를 목적으로 형성된 집단이다. 문화인류학자는 활동가집단에 관한 연구를 통해 그러한 집단을 조직하는 동기 및 집단의 목표와 전략은 무엇인지 그리고 이들 집단이 규정하는 리더십의 유형은 어떤 것이 있는가에 관심을 가진다. 많은 인류학자들은 사회정의의 실현을 위해 활동가집단들 편에서 혹은 그들과 함께 일한다('현실 속의 인류학' 참조).

엘살바도르(288쪽 지도 12.4 참조)의 코-마드레스(CO-MADRES)는 라틴아메리카에서 여성이 주도하는 사회운동 중 하나이다(Stephen, 1995). 코-마드레스는 스페인어 약자로서 영어로 'Committee of Mothers and Relatives of Political Prisoners, Disappeared and Assassinated of El Salvador(엘살바도르의 정치적 수감자, 실종자, 암살자의 어머니와 친척들의 위원회)'라 불리는 조직이다. 이는 1977년 엘살바도르 정부와 군부가 저지른 잔학행위에 저항하는 일단의 어머니들이 조직한 단체이다. 1979~1992년까지 지속된 내전 동안 총 8만 명에 달하는 사람들이 죽었고 7,000명 이상이 실종되었는데, 이는 엘살바도르 인구 100명당 1명에 해당한다.

처음 이 단체는 9명의 어머니 회원들로 시작했는데, 1년 뒤에는 몇몇 남성을 포함해서 회원 수가 30명 가깝게 성장했다. 1980년대에는 조직이 성장하면서 유럽, 호주, 미국, 캐나다

현실 속의 인류학

과테말라의 마야인을 위한 과학수사인류학

과학수사인류학자 프레디 페세렐리(Fredy Peccerelli)는 목숨을 걸고 모국 과테말라에서 벌어지는 정치적 폭력의 피해자들에 대한 연구를 진행하고 있다. 페세렐리는 과테말라 과학수사인류학재단(이하 FAFG)의 창시자이자 대표이사를 맡고 있다. FAFG는 1960년대 중반부터 1990년대 중반까지 휘몰아친 무자비한 내전시기에 과테말라 군대에 의해 '실종'되거나 철저하게 살해당한 수천 명에 달하는 마야인들의 유해를 복원하고 신원을 밝히기 위해 설립되었다.

페세렐리는 과테말라에서 태어났다. 그의 가족은 변호사였던 아버지가 암살단의 협박을 받으면서 미국으로 이주했다. 페세렐리는 뉴욕시에서 성장했고 1990년대에 브루클린대학을 다녔다. 그러다 고국 과테말라와 다시 인연을 맺어야 한다는 생각을 하게 되었고 모국에 기여할 수 있는 하나의 방법으로 인류학을 공부했다.

FAFG의 과학자들은 숨겨진 거대한 무덤들을 발굴해서 유해를 수습하고, 치과 혹은 의료기록과 대조하는 등의 방법을 활용해서 유해의 신원을 파악한다. 유골의 구조를 살펴 그 사람의 연령, 젠더, 조상, 생활습관 등을 밝혀낸다. 비용상의 문제로 DNA 연구는 많지 않다. 과학자들은 피해자의 친지나 학살의 증언자들로부터 정보를 수집하기도 한다. 1992년 이후로 FAFG 연구팀은 대략 200개에 달하는 거대 무덤 터를 발견하고 발굴했다.

페세렐리가 재단을 설립한 목적은 인간의 기본적인 관심사에 과학적 원칙을 적용하기 위해서였다. 신원이 밝혀진 피해자의 유해는 가족들에게 돌려보낸다. 이를 통해 가족들은 사랑했던 사람에게 무슨 일이 있었는가에 대해 일종의 정리를 할 수 있게 된다. 각 가족은 형편에 맞게 장례를 치르고 이를 통해 고인의 명복을 빌 수 있기 때문이다.

과학자들은 여기서 그치지 않고 과테말라 정부에 명백한 증거를 제시함으로써 이 같은 잔혹한 행위를 저지른 사람들을 처벌할 수 있는 근거를 마련하기도 한다. 장기집권하고 있는 군부 지도자 중 일부는 여전히 정부 내에서 막강한 지위를 장악하고 있다.

페세렐리와 그의 가족 및 동료들은 협박과 공격을 받기도 한다. 페세렐리의 집으로 총탄이 날아들기도 하고 집을 강탈당한 적도 있었다. FAFG 소속 과학자 중에 살해협박문을 받은 사람도 11명에 달한다. 그러나 UN을 비롯한 다른 인권단체들은 FAFG의 진상조사를 지지한다는 분명한 입장을 과테말라 정부에 전달한 바 있다. 그래서 안전조치를 보다 강화하고 발굴작업을 여전히 지속하고 있다.

2004년 미국과학진흥협회는 엄청난 위험에도 불구하고 인권을 위해 애쓰고 있는 페세렐리와 그의 동료들에게 상을 수여했다. 1999년 타임지와 CNN은 '새천년 라틴아메리카의 지도자' 50인 중 1명으로 페세렐리를 선정했다. 같은 해 과테말라 청소년위원회는 페세렐리를 과테말라 청소년들의 '우상'으로 선정했다.

과테말라시에서 딸을 안고 있는 한 여성이 내전에서 사망한 사람들의 사진을 보고 있다. 몇몇 전문가들은 마야 원주민들을 공격하는 비공식적 전쟁이 아직도 끝나지 않았다고 주장한다.

뿐만 아니라 라틴아메리카의 다른 국가들로부터도 지지를 받기 시작했다. 불행하게도 이 단체의 인지도가 확대되면서 정부의 탄압이 시작되었다. 1980년대에는 단체 사무실이 몇 차례나 폭격을 당하기도 했다. 코-마드레스 회원 중 수감된 사

오클랜드시 엘라 베이커 인권센터의 외벽에 그려진 벽화가 방문객들을 맞이하고 있다. 이 인권센터는 도심지 청소년들을 위한 녹색 일자리 프로그램을 만드는 데 힘쓰는 비영리 사회정의 단체이다. 녹색 일자리 프로그램은 2009년 백악관 녹색일자리를 위한 특별자문위원회 자문위원이었던 밴 존스(Van Jones)의 아이디어다. 오클랜드시는 오염, 빈곤, 실업률이 높은 미국에서 가장 위험한 도시 중 하나다. 녹색 일자리 프로그램의 목표는 도심지 주민들이 향후 10년 내에 만들어질 녹색 일자리에 취업할 수 있는 경쟁력을 갖출 수 있도록 준비시키는 것이다.

람이 48명이었고 5명은 암살 당했다. 탄압과 실종은 심지어 1992년 1월에 서명된 평화조약 이후에도 계속되었다. "1993년 2월에는 코-마드레스의 창립멤버 중 1명의 아들과 조카가 우술루탄에서 암살당했다. 이 여성은 자신의 수감, 딸의 수감과 집단강간, 그리고 다른 가족구성원들의 실종과 암살을 감내하면서 살아왔다"(1995: 814).

1990년대에 코-마드레스는 내전 기간 동안 발생한 인권침해에 대해 국가에 책임 묻기, 정치적 수감자의 보호, 미래의 인권보호 확립을 위한 방안 마련, 가정폭력 추방을 위한 활동, 정치적 참여에 관한 여성 교육, 여성을 위한 경제 프로젝트의 실행 등에 방점을 두었다. 전 역사에 걸쳐 코-마드레스는 어머니와 다른 가족구성원들의 상실한 가족에 대한 관심과 국가와 군부의 만행을 폭로하고 저지하려는 관심을 통해 '개인적' 요소와 '정치적' 요소를 결합해 왔다. 코-마드레스의 사례가 주는 교훈 중 하나는 코-마드레스는 여성이 친족관계나 가내영역과 관련된 쟁점에 기반하여 조직한 활동가집단이지만 이들의 영향이 최상층부에게까지 미칠 수 있다는 것이다.

사회자본, 사회운동 그리고 소셜미디어

이 장은 친구관계와 정체성 같이 사람들을 하나로 모이게 하는 요인들에 관한 논의에서 출발해서 분열을 초래하는 요인들에 대한 논의로 넘어간다. 마지막으로 중요한 개념인 사회자본에 대한 소개로 마무리한다. **사회자본**(social capital)이란 사회적 유대, 신뢰, 협력을 통해 존재하는 무형의 자원을 지칭한다. 전 세계의 많은 지역 단체들이 사회자본을 활용하여 기본적인 사회적 필요를 제공하고 있으며, 이는 흔히 최빈국에서도 성공적인 결과를 도출하고 있다.

사회자본을 정의하는 것도 어렵지만, 단기적이건 장기적이건 그 효과를 측정하는 것은 더 어렵다. 하지만 사회집단에 속하는 것이 승수효과를 가져온다는 주장에 반대할 사람은 별로 없을 것이다. 주변화되고 억압받는 개인 혹은 집단과 일하는 이들은 사람들을 하나로 모으고 사회적 연대를 형성해서 집단적 안전성의 감각을 구축하는 것을 통해, '저축'하고 필요할 때 '손에 쥔 현금처럼 활용할 수 있는' 비화폐적 가치, 즉 사회자본의 규정 불가능한 승수효과를 창출할 수 있음을 점점 더 많이 보여주고 있다. 제14장과 제15장에서 논의되는 사례들은 사회자본이 이주민과 빈곤자들에게 어떻게 활용되는지를 보여준다.

사회과학자들은 20세기 후반 전 세계적으로 부상한 수많은 사회활동가집단을 지칭하기 위해 신사회운동이라는 용어를 사용하기 시작했다. 이들 집단은 흔히 원주민, 종족집단, 여성, 빈민 같이 탄압받는 소수자에 의해 결성된다. 그들은 사회자본뿐만 아니라 소셜미디어를 전략적으로 활용하여 자신들의 삶을 개선한다.

사회자본 사회적 유대, 신뢰, 협력 내에 존재하는 무형의 자원

신사회운동은 멤버를 늘리고 아이디어를 교환하며 기금을 모으기 위해 인터넷을 통해 끊임없이 변화하는 커뮤니케이션 형태를 활용하고 있다(Escobar, 2002). 인터넷으로 강화된 사회운동은 이제 흔히 매우 중요한 정치적 역할을 수행한다. 긍정적 측면에서 인터넷은 신사회운동의 지지자를 확보하고 잠재적으로 사회를 변화시킬 수 있도록 해준다. 다음 장에서 논의하는 바와 같이 공식적인 정치 지도자들도 자신과 자신이 속한 정당의 웹사이트를 활성화하고, 페이스북과 트위터를 포함한 수많은 종류의 채널을 통해 대중들과 소통하는 데 점점 더 많은 신경을 쓰고 있다. 필자 또한 자주 버락 오바마, 미셸 오바마, 조 바이든, 빌 클린턴으로부터 이메일을 받는다.

7 학습목표 재고찰

7.1 사회집단이 무엇인지 설명하기

사회집단은 모든 구성원이 서로 면대면 상호작용을 하는가, 성원권이 귀속적인가 성취적인가, 집단의 조직과 리더십의 구조가 얼마나 공식적인가에 따라 구분될 수 있다. 사회집단은 친구관계에 기반한 것과 같이 가장 비공식적이고 면대면 성격이 강한 집단에서부터 공식적인 성원권을 요구하고 구성원들이 광범위하게 분산되어 있어서 결코 서로 만날 수 없는 집단까지 포함한다. 모든 집단은 흔히 젠더 또는 계급 정체성, 직업적 역할, 주류문화에 대한 저항, 경제적 목적, 혹은 자기개선이라는 측면에서 인지된 유사성에 기반해서 구성원의 척도를 정한다.

많은 집단들이 새로운 구성원에게 공식적인 입회의례를 요구한다. 일부 입회의례는 위험하고 공포스러운 활동을 통해 참가자가 무기력감을 함께 경험하도록 함으로써 구성원 간의 결속을 강화하는 경우도 있다.

7.2 사회계층이라는 용어에 포함된 것이 무엇인지 규정하기

사회계층은 상이한 집단들 사이의 위계적 관계로 구성되는데, 이는 통상 문화적으로 규정된 특정한 지위개념에 기반해 있다. 상이한 지위집단 사이에 존재하는 사회적 불평등의 정도는 농업사회와 산업/디지털사회에서 뚜렷하게 드러난다. 대부분의 수렵채집사회에서는 뚜렷한 지위상의 불평등이 특징적으로 나타나지 않는다. 목축과 원시농경사회의 경우 통상 심각한 불평등의 형성을 방지하기 위해 작동하는 평준화 기제가 있기 때문에 지위 불평등이 가변적이다.

맥락에 따라 계급, '인종', 종족, 젠더, 등급 같은 범주가 집단과 개인의 지위를 결정할 수 있다. 인도의 카스트체계는 개인의 출생집단에 기반해 있는 엄격한 사회불평등 구조의 중요한 예다. 고대 힌두교 경전에 따르면, 인구집단은 상이한 권리와 특권을 가진 상호배타적인 집단으로 분절된다. 공식적으로 불법이지만 여전히 존재하는 인종차별의 경우처럼 카스트에 기반한 차별은 인도 헌법에 의해 금지되어 있음에도 불구하고 여전히 만연해 있다. 사회적 불평등의 패턴은 더 나은 방향으로(불평등의 감소) 혹은 더 나쁜 방향으로(불평등의 증가) 변할 수 있다. 변화는 인종분리정책 철폐 같이 위로부터의 정책 변화나 불평등한 조건에 저항하는 풀뿌리 사회운동으로부터 올 수 있다.

7.3 시민사회 개념에 대해 논의하기

시민사회는 경제적 · 정치적 측면을 위시한 생활의 다양한 측면을 조직하기 위해 정부 외부에서 기능하는 다양한 이익집단들로 구성된다. 시민사회는 자발적인 사회집단과 제도들을 포괄한다. 시민사회집단은 정부의 정책과 발의를 지원하고 정부의 이해에 봉사하는 집단과 정부의 정책과 활동에 반대하는 집단으로 구분될 수 있다. 중국의 여성운동은 전자의 예이며 엘살바도르의 코-마드레스는 후자의 예이다.

20세기 말부터 다수의 신사회운동이 전 세계적으로 부상하기 시작했다. 이들 집단의 활동은 사이버권력, 즉 새로운 정보통신기술의 활용을 통해 강화된다. 이메일, 인터넷, 휴대전화는 시민사회집단들이 인지도를 확대하고 지지자들과의 접속을 유지하는 데 도움을 준다.

사회자본은 사회적 결속과 연대를 가진 사람들의 이익에서 비롯된다. 사회자본은 사람들의 복지를 개선할 수 있는 승수효과를 발휘한다.

핵심 개념

귀속지위	모권제	성취지위	청년 패거리집단
달리트	부권제	시민사회	카스트체계
동년배집단	사회계층	이차집단	
디아스포라 집단	사회자본	일차집단	
메스티사헤	사회집단	지위	

틀에서 벗어나 생각하기

1. 사회적으로 배제된 집단이 소위 주류집단의 음악, 의상 및 여타 형태의 표현문화의 방식을 변화시킨 사례가 있는지 생각해보라.
2. 여러분은 어떤 종족집단이나 사회집단에 속해 있다고 생각하는가? 그렇게 생각하는 근거는 무엇인가? 여러분의 사회집단은 사회적 지위 면에서 높은가, 낮은가?
3. 지금 바로 인터넷에서 코-마드레스에 관해 알아보라. 이 단체는 여전히 존재하고 있는가? 그렇다면 이 단체의 목표, 활동, 업적은 무엇인가?

CHAPTER 8

권력, 정치 그리고 사회질서

개요

학습목표

8.1 인류학자가 공적 권력을 어떻게 정의하고 연구하는지 알아보기

8.2 문화가 사회질서를 유지하고 갈등을 다루는 방법을 알아보기

8.3 공적 권력과 사회통제에서 발생하는 변화를 설명하기

인류학의 연관성

서아프리카 가나의 아샨티 정치 지도자. 영국 식민주의자들은 이러한 지도자를 영어로 '추장(chief)'이라 불렀다. 아마 '왕(king)'이 더 적절한 호칭이었을 것이다. 그럼에도 불구하고 추장이라는 용어가 꾸준히 사용되어 왔다. 2012년 미국에 살고 있는 아샨티인들은 황금 목걸이, 팔찌, 왕관, 그리고 전통의상인 **켄테 의상**(kente cloth)을 입은 자신들의 뉴욕 추장을 추대했다(Semple, 2012). 추대식에서 원로들은 헌주를 바치고 켄테를 입은 수백 명의 손님들은 북 장단에 맞춰 춤을 추었다. 2011년 현재 뉴욕 추장은 브롱크스에서 마이클이라는 이름의 회계사로 평범하게 살고 있는 아킴퐁-티에쿠이다. 그는 10명으로 구성된 아샨티 원로회 뉴욕지부의 추천을 받고 이민사회 구성원들에 의해 선출되었다. 그는 의례적인 의무 외에도 실질적으로 가족이나 사업상의 분쟁을 법정으로 가기 전에 중재하고 가나 이주민들에게 일자리, 주택, 보건의료, 법률 등에 관한 도움을 제공하는 의무를 수행한다. 하지만 그가 직면하고 있는 가장 어려운 도전은 조직의 존속 그 자체이다. 뉴욕가나인회 창립 멤버 중 많은 수가 가나로 돌아갔거나 사망했다. 가나계 미국인 청년들은 이 협회에 가입하거나 가나의 전통을 유지하려는 협회의 노력에 관심을 가지고 있지 않다.

이 장에서는 문화인류학 내 2개의 하위 분야인 정치인류학과 법인류학에 해당하는 주제를 다룬다. 첫 번째 절에서 다루어지는 정치인류학은 공적 권력과 관련된 인간 행위와 사고의 영역을 다룬다. 누가 권력을 갖고 있으며 누가 갖고 있지 않은지, 권력의 정도, 권력의 기반, 권력의 남용, 정치권력과 종교권력의 관계, 정치조직과 정부, 사회갈등과 사회통제, 도덕성과 법 등을 다룬다. 두 번째 절의 주제인 법인류학은 사회질서 유지와 분쟁해결의 사회적으로 인정되는 방식을 연구하는 학문이다.

공적 권력 : 정치조직, 리더십

8.1 인류학자가 공적 권력을 어떻게 정의하고 연구하는지 알아보기

정치학과 비교할 때, 문화인류학은 정치에 대해 폭넓은 관점, 즉 많은 독자들이 경험한 것과 같이 공식적인 정당정치, 투표, 국가 정부를 넘어서는 행위와 사상의 여러 종류를 망라하는 관점으로 접근한다. 문화인류학자는 근대 국가에서 성장한 사람들에게는 '정치적'인 것으로 보이지 않을 수도 있는 정치체계와 행태를 사례로 제공한다. 이 절에서는 인류학적 관점에서 본 기본적인 정치개념들을 탐구하려고 한다.

이 장에서 사용되는 정치라는 용어는 가족이나 가내집단에서의 사적인 미시정치학이 아닌 공적인 권력의 조직화된 활용을 의미하는 것이다. **권력**(power)은 결과를 가져올 수 있는 능력으로서 종종 강제적인 수단을 점유하거나 활용함으로써 행사된다. 권력과 밀접하게 연관되어 있는 것은 권위와 영향력이다. **권위**(authority)는 개인의 성취지위나 귀속지위를 통해 혹은 도덕적 평판에 기대어 특정한 형태의 행동을 취할 수 있는 능력이다. 권위와 권력은 두 가지 점에서 다르다. 권력은 강제력 사용의 잠재적 가능성에 의해 뒷받침되고, 권위가 없는 개인에 의해서도 행사될 수 있다. **영향력**(influence)은 사회적 혹은 도덕적 압력을 행사함으로써 원하는 목표를 성취할 수 있는 능력이다. 권위와 다르게 영향력은 낮은 신분의 주변적인 위치에서도 행사될 수 있다.

켄테 의상 가나 아칸족 왕실에서 사용되는 신성한 천으로 만든 옷으로 기하학적 무늬와 밝은 색상 그리고 속담, 지도자, 사건, 식물과 관련된 디자인이 특징적이다.

권력 저항에 직면했을 때 행동을 취하거나 필요하다면 무력을 사용할 수 있는 능력

권위 개인의 성취지위나 귀속지위를 통해 혹은 도덕적 평판에 기대어 행동을 취할 수 있는 능력

영향력 원하는 목표를 성취하기 위해 다른 사람 혹은 다른 집단에 대해 사회적 혹은 도덕적 압력을 행사할 수 있는 능력

권력, 권위, 영향력은 사람이 원하는 결과를 성취하기 위해 선택할 수 있는 여러 방법이다. (왼쪽 위) 중국 경찰이 발생 가능한 폭력으로부터 학생들을 보호하기 위해 훈련하고 있다. 경찰은 권력을 가지고 있다. (왼쪽 아래) 2008년 한 기념행사에서 호주 선주민인 엔감브리-나나왈(Ngambri-Ngunnawal) 민족의 원로인 마틸다 하우스가 케빈 러드 전총리 그리고 브렌단 넬슨 자유당 대표와 함께 손을 잡고 있다. 호주 의회가 전통적인 방식으로 선주민에게 환영을 받은 것은 이번이 처음이다. 그녀는 권위를 가지고 있다. (오른쪽 위) 2008년 아일랜드 출신 가수 보노는 한 기자회견에서 주요 8개국(G8)이 아프리카 지원금을 약속한 액수보다 터무니없이 부족하게 제공했다고 신랄하게 비판했다. 그는 영향력을 가졌다.

이 세 가지는 모두 관계적이다. 개인의 권력, 권위, 영향력은 다른 사람과의 관계에 달려 있다. 권력은 강제적이며 위계적인 관계의 가능성이 가장 크며, 권위와 영향력은 대부분 합의에 따르는 협조적인 정책결정의 범위에서 행해진다. 권력, 권위, 영향력은 모두 정치와 연관되어 있으며, 이 중에서 권력이 행동이나 정책결정을 위한 가장 강력한 기반이 된다. 그리고 잠재적인 맥락에서 가장 덜 도덕적이다.

정치인류학자는 정치조직을 이렇게 정의한다 — **정치조직**(political organization)은 공적인 정책결정과 리더십을 통해 사회적 단결과 질서를 유지하고 외적 위협에 대해 안전을 확보하며 책임지는 문화 속의 집단이다.

문화인류학자는 통문화적으로 발생하는 여러 형태의 정치조직을 모아 네 가지로 유형화해서 이를 생계양식과 대략적으로 연결한다(그림 8.1 참조).

군단

군단(band)은 수렵채집사회와 결합된 정치조직의 형태로서 구성원의 구성도 유연하며 공식적인 지도자도 없다. 수렵채집이 거의 모든 인간 존재를 위한 생계양식 중에서 지배적이었던 것처럼 군단은 인류의 가장 오래된 형태의 정치조직이다. 생활양식으로서 수렵채집이 절멸위기에 처한 것처럼 군단 형태의 정치조직 또한 절멸위기에 처해 있다.

하나의 군단은 20명 정도로 구성되며 최대로 해야 몇백 명 정도인데 모두 친족으로 연계되어 있다. 이런 모임들은 수렵채집양식과 의례의 일정에 따라 한 해의 특정한 시기에 함께 모인다.

군단의 구성원 자격은 유동적이다. 만일 한 개인이 다른 개인 혹은 배우자와 심각한 불일치를 드러내면 가능한 선택은 그 군단을 떠나서 다른 군단으로 가는 것이다. 리더십은 비공식적이며 어느 한 개인이 영구적인 지도자로 지명되지 않는다. 거주지를 옮기기 위해 집단을 조직하거나 사냥하도록 사람들을 보내는 등 사안별로 사안에 맞는 특정 인물이 지도자가 되며 이 사람의 충고나 지식은 각별하게 존중받는다.

모든 집단의 구성원은 사회적으로 동등하며 군단의 지도자

정치조직 공적인 정책결정과 리더십을 통해 사회적 단결과 질서를 유지하고 외적 위협에 대해 안전을 확보하는 책임을 지는 집단

군단 유연한 구성원과 최소의 리더십을 가지고 있는 수렵채집사회와 결합된 정치조직의 형태

수렵채집	원시농경	목축	농업	산업/디지털
정치조직				**정치조직**
군단	부족	추장사회	연방제	국가
리더십				**리더십**
군단 지도자	우두머리	추장		왕/여왕/대통령
	빅맨		최고 추장	총리/황제
	빅우먼			
사회갈등				**사회갈등**
면대면	무장 분쟁		전쟁	국제전쟁
소규모	복수살인			기술적 무기
드물게 치명적임				대규모 살생
				종족갈등
				상비군
사회통제				**사회통제**
규범				법
사회적 압력				공식사법
따돌림				영구경찰
				감금

추세

- 인구밀도 증가와 거주의 집중화 →
- 자원과 부의 잉여 증가 →
- 사회불평등/위계의 증가 →
- 정치조직의 기반으로서 친족관계 의존도의 하락 →
- 내적 · 외적 사회갈등의 증가 →
- 지도자의 권력과 책임 증가 →
- 대중의 정치조직 지원의 부담 증가 →

그림 8.1 정치조직, 분쟁, 사회통제양식

라고 해서 특별한 신분을 갖지 않는다. 그는 일정 정도의 권위와 영향력은 갖지만 대체로 존경받는 사냥꾼이나 이야기꾼일 뿐이다. 그렇다고 해서 그가 권력을 갖는 것도 아니며 다른 사람들이 자신의 관점을 받아들이도록 강제할 수도 없다. 누군가가 다른 사람보다 더 많은 권위나 영향력을 가지려 하면 사회를 수평화하려는 기제를 통해 그것을 막아낸다. 군단에서의 정치활동은 이주, 음식분배, 사람들 상호 간에 발생하는 갈등의 해결을 둘러싼 정책결정이 중심이 된다. 집단들 사이의 외적 갈등은 드물다. 왜냐하면 다른 군단들과 영토가 서로 멀리 떨어져 있고 인구밀도도 낮기 때문이다.

군단으로서 조직화되는 수준은 가까스로 정치조직의 모양새를 갖추는 정도에 불과하다. 왜냐하면 집단들은 유동적이고 리더십은 일시적이며 정치적인 소속감에 대한 기호나 상징도 없기 때문이다. 때문에 일부 인류학자는 평온한 군단사회에서는 진정한 의미의 정치가 존재하지 않는다고 논의하기도 한다. 군단은 여전히 존속하고 있지만 그 구성원들은 다른 형태의 정치조직들과 상호작용하는 방법을 배워야 했다.

부족

부족(tribe)은 군단보다는 더 공식적인 정치조직이다. 전통적으로 원시농경이나 목축과 결합되어 있는 부족조직은 1만~1만 2,000년 전 사이에 이런 생계양식이 출현하면서 나타났다. 부족은 몇몇 군단이나 혈통집단으로 구성된 정치적 집단으로서 각 부족은 동일한 언어와 생계양식을 공유하면서 서로 다른 영토를 점하고 있다. 부족집단은 씨족 구조를 통해 연결될 수도 있다. 이를 통해 대부분의 사람들은 비록 정확한 관계를 더듬어 밝힐 수는 없지만, 자신들이 공통된 조상의 후손이라고 주장한다. 친족은 구성원 자격의 일차적인 기반이 된다. 부족집단은 100명에서부터 몇천 명 정도로 구성된다. 부족은 미국 원주민뿐만 아니라 중동, 남아시아, 동남아시아,

부족 유사한 언어와 생활방식을 가지고 있으며 특정 지역에 거주하는 여러 무리 또는 혈통집단

카야포인의 지도자인 추장 폴 파야칸. 파야칸은 알타미라에서 거대한 싱구강 수력 발전 댐을 건설하려는 시도에 반대하여 카야포인과 다른 아마존 종족집단들의 광범위한 저항을 조직했다.

인터넷에서 카야포인와 알타미라 댐 프로젝트에 대한 최신 자료를 찾아보라.

태평양, 아프리카, 서반구 등지에서 발견된다.

부족의 추장(대부분의 부족 지도자들은 남성이다)은 군단의 지도자에 비해 보다 더 공식적인 지도자이다. 추장은 열심히 일하면서도 관대하고 좋은 인간성을 지녀야만 한다. 추장은 파트타임으로만 활약하는 정치 지도자지만, 이 역할은 군단의 지도자에 비해서는 고된 일이다. 생계양식에 따라 추장은 목축 떼를 옮기고 식물을 심고 수확할 시기를 결정하며 계절별 연회와 축하를 벌일 시기를 정하는 데 책임을 진다. 내적 갈등이나 외적 갈등에 대한 해결 역시 추장의 책임이다. 추장은 권력보다는 오히려 주로 권위와 설득에 의존한다. 이런 전략이 효과적인 이유는 부족의 구성원이 모두 친족이며 서로 간에 충성하기 때문이다.

빅맨과 빅우먼 리더십 부족과 추장사회 사이에 있는 것이 **빅맨체계 또는 빅우먼체계**(big-man system or big-woman system)이다. 이는 개인이 정치적 기반을 만들어 신망을 쌓아 영향력을 행사하면서 개인적 유대와 연회를 베푸는 방식으로 재분배체계를 활용해 권위를 행사하는 정치조직의 형태이다(제3장 참조). 인류학자들은 뉴기니로부터 피지에 이르는 남태평양의 넓은 지역인 멜라네시아(지도 8.1 참조)를 연구해서 빅맨 정치의 존재를 밝혔다(Sahlins, 1963). 이와 유사하게 호의에 기반한 정치체계는 현대 국가를 포함하는 다른 곳에서도 찾을 수 있다.

성공한 빅맨 혹은 빅우먼의 정치적 유대에는 여러 마을의 사람들이 포함된다. 사람들은 계속해서 그가 관대하길 바라지만, 빅맨은 그의 동료들에 비해 더 큰 부를 지니는 경향이 있다. 빅맨을 지지하는 핵심 세력은 친족일 가능성이 높으며 비친족을 포함하는 네트워크로 확대되기도 한다. 빅맨은 강한 책임감을 지닌다. 그는 경작물을 심을 시기를 정하는 것과 같은 내부적 업무와 집단 간의 연회, 거래, 전쟁과 같은 외부적 업무를 규제하는 책임을 진다. 어떤 경우, 빅맨은 자신의 책임을 수행하는 데 있어 다른 존경받는 남성집단들로부터 도움을 받기도 한다. 이 위원회는 서로 다른 층위에서 빅맨을 지지하는 사람들과 더불어 구성된다.

파푸아뉴기니 고산지대(16쪽 지도 1.2 참조)의 하겐산 지역에 살고 있는 몇몇 부족에서는 야심 찬 빅맨이 **마우카**(moka)라고 불리는 과정을 통해 리더십의 위치로 올라서기도 한다(Strathern, 1971). 마우카는 돼지 등 기념품이나 선물에 대한 교환이나 선물수여가 발생하는 커다란 연회를 후원하는 것을 포함하는 정치적 리더십을 개발하기 위한 일종의 전략이다. 하겐산 지역에서 빅맨의 리더십을 결정하는 주요 요소는 최소한 1명 이상의 아내를 갖는 것이다. 야심 있는 빅맨은 돼지를 먹일 음식을 더 많이 만들 수 있도록 그의 아내나 아내들에게 다른 평범한 여성들보다 더 열심히 일하도록 독촉한다. 한 남성이 소유하는 돼지의 수는 그의 신분과 가치를 측정하는 중요한 수단이 된다.

야심 찬 빅맨은 먼저 친족과 마우카관계를 만들고 그다음에는 친족을 넘어선다. 사람들에게 재화를 건넴으로써 그들

빅맨체계 또는 빅우먼체계 부족과 추장사회 사이에 존재하며 개인적 유대와 재분배를 목적으로 둔 연회를 베풀어 정치적 기반을 만드는 주요 개인들의 리더십에 의존하는 정치조직의 형태

마우카 파푸아뉴기니 고산지대에서 선물과 호의를 교환하거나 선물수여가 발생하는 커다란 연회를 후원하여 리더십을 개발하기 위한 일종의 전략

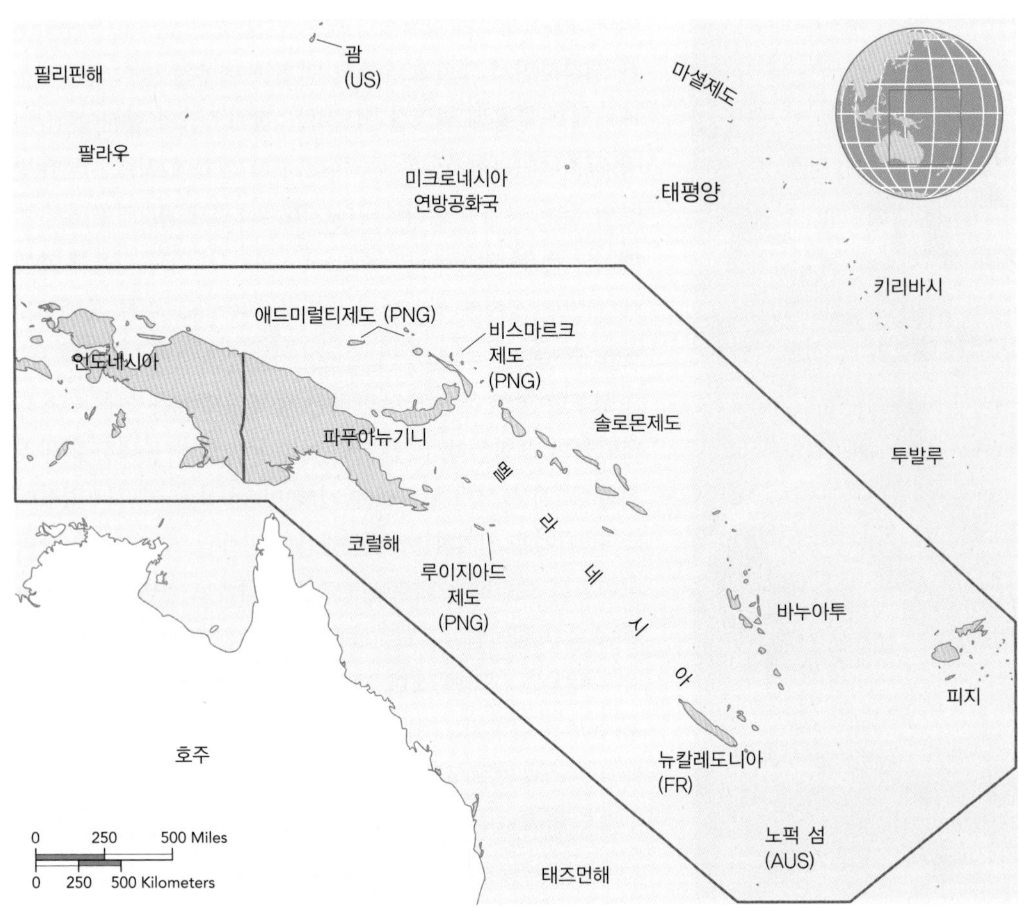

지도 8.1 멜라네시아

멜라네시아는 독립국가인 파푸아뉴기니, 바누아투공화국, 솔로몬제도, 피지뿐만 아니라 다른 나라들에 의해 통치되고 있는 수많은 섬들을 포함하는 남태평양의 한 지역이다. 이 지역은 인도네시아가 통치하는 뉴기니 섬 서부지역과 뉴기니의 서쪽에 있는 섬들도 포함하고 있지만, 정작 이곳에 살고 있는 사람들은 자신들을 멜라네시아인으로 생각하지 않는다.

에게 신망을 얻는다. 재화를 받는 사람은 그에 준하는 혹은 그보다 큰 가치를 지닌 선물로 보답하라는 압력을 받게 된다. 교환은 몇 년 동안 주고받으면서 지속된다. 야심 찬 빅맨이 많이 주면 줄수록 교환 네트워크를 통해 그가 관리할 수 있는 사람들은 더 많아지고 그가 얻는 신망도 더욱 커진다.

빅우먼과 빅맨이라는 존재는 바나티나이 섬에 관한 연구를 통해 밝혀졌다(Lepowsky, 1990). 이 같은 젠더 평등 문화에서는 남성과 여성 모두 귀중품들이 분배되는 연회, 특히 죽음의 연회(죽은 이들을 위한 연회)를 후원함으로써 권력과 명망을 획득할 수 있다. 비록 바나티나이 여성보다 더 많은 남성들이 정치적 교환과 리더십에 참여하지만 일부 여성들은 정치적 지도자로서 상당히 적극적이다. 이 여성들은 주변 이웃에게로 배를 타고 가는 여정을 통해 교환 파트너(남성도 있고 여성도 있다)를 방문하는 데 앞장서며 여러 많은 사람들이 참석하는 호화로운 연회를 후원하기도 한다.

추장사회

추장사회(chiefdom) 또는 추방사회는 정치조직의 한 형태로 1명의 추장 아래 영속적으로 연맹을 맺은 부족과 마을이 속해 있는 체계가 포함되며 여기에서 지도자는 권력을 소유한다. 다른 부족들과 비교할 때, 추장사회는 인구규모가 크며 종종 수천 명에 달할 때도 있다. 추장사회는 보다 더 중앙집중적이며 사회적으로 복합적이다. 사회적 서열과 경제적 계층화에 대한 세습체계는 추장사회의 핵심적 특징이다. 추장과 그 후손들은 일반인에 비해 두드러지게 높은 신분을 차지하며 두 계층의 구성원들 사이에서 내혼은 금지되어 있다.

추장직은 언제나 그 자리에 사람이 있어야 한다. 추장이 죽거나 은퇴하면 여성이나 남성으로 반드시 대체되어야 한다. 이와 반대로 군단 지도자나 빅맨 혹은 빅우먼의 사망 시에는 반드시 대체되지 않는다. 추장은 군단이나 부족의 지도자에 비해 더 많은 책임을 진다. 추장은 생산과 재분배를 규제하며 내적 갈등을 해결하고 습격이나 전쟁을 위한 원정대를 이끈다. 추장이 되기 위한 기준에는 귀속적 능력, 성취적 능력 모

추장사회 정치조직의 형태로서 추장이란 '공직'을 가진 한 지도자 아래 영속적으로 연맹을 맺은 부족과 마을이 속해 있는 체계

오랜 기간 동안 남태평양 대부분 지역의 빅맨과 빅우먼 정치는 정치 지도자가 자신의 관대함을 증명하는 것이었다. (위) 지도자들은 이 사진에 나오는 멜라네시아 지역 바누아투공화국의 수많은 섬 중 하나인 탄나 섬에서 개최되는 감동적인 연회를 위해 자원을 동원할 수 있어야 한다. (아래) 지역 사람들이 성스럽고 중요한 연회용품으로 생각하는 피지 해안의 바다거북이

여러분이 속해 있는 환경에서 공공연회는 어떤 정치적 역할을 하는가?

두가 포함된다. 귀속적 기준에는 추장계 혈통일 것, 추장의 맏아들이나 맏딸일 것이 포함된다. 성취는 개인적 리더십 자질, 카리스마, 축적된 부를 통해 측정된다. 추장사회는 세계 전역에서 존재했다.

오늘날의 뉴욕주(58쪽 지도 3.3 참조)에 주로 거주하던 이로쿼이인은 여성의 간접적인 정치적 중요성의 사례를 제공한다(Brown, 1975). 남성은 추장이지만 여성과 남성 평의회가 그 추장을 선출하는 집단이 된다. 남성들 대부분은 일정 기간 동안 떠나 멀리 델라웨어나 버지니아로 가서 전쟁을 치른다. 여성들은 주요 경작산물인 옥수수의 생산과 분배를 통제한다. 만일 여성들이 특별한 행사로 인해 전사들이 떠나지 않길 원한다면 그 계획에 대한 거부권을 행사함으로써 이들에게 옥수수를 제공하는 것을 거부할 수 있다.

확대된 형태의 추장사회는 여러 추장사회가 함께 결합해서 연맹을 만들 때 발생한다. 이런 집단은 '우두머리 추장'이나 최고 추장 같은 추장의 추장들이 이끌어간다. 5개의 네이션으로 구성된 이로쿼이 동맹, 테네시의 체로키, 오늘날의 버지니아와 메릴랜드 체사피크 지역의 알곤킨, 1700년대 후반 하와이 연맹을 포함해서 두드러지는 연맹들은 매우 많이 존재했다. 알곤킨 연맹에서는 각 마을별로 추장이 있었으며 지역 위원회는 지역 추장으로 구성되었고 최고 추장이 이끌었다. 포카혼타스의 아버지 포하탄은 1600년대 초 영국인이 도착했을 때 알곤킨의 최고 추장이었다.

국가

국가(state)는 많은 공동체를 포괄하는 중앙화된 정치단위이자 관료화된 구조를 갖고 있으며 지도자는 강제력을 소유한다. 국가는 오늘날의 정치조직 형태로서 모든 사람이 국가에 속해 살고 있다. 군단조직, 부족, 추장사회도 존재하지만 이들은 모두 다양한 편차와 더불어 국가 구조 내로 병합되었다. 기원전 1000년 이전에는 국가가 없는 사회가 일반적이었다. 현재는 국가가 지배적인 형태의 정치조직이다. 국가의 경계를 정하는 일 그리고 어느 집단이 특정 국가에 속하는지 그렇지 않은지를 둘러싼 분쟁이 세계 곳곳에서 발생하고 있다. 많은 집단들이 현재 소속되어 있는 국가로부터 분리되어 자신들만의 국가를 형성하고 싶어 한다. UN은 1945년 창립 당시 51개의 국가를 인정했다. 현재 UN은 193개의 국가를 인정하고 있다.

국가 많은 공동체를 포괄하는 중앙화된 정치단위이자 관료화된 구조를 갖고 있으며 강제력을 가진 지도자가 있는 정치조직의 형태

국가의 권력과 역할 국가는 폭넓은 범위의 권력과 책임을 갖는다.

- 국가는 상호 관심사를 둘러싸고 다른 국가와 협상하기 위해 국제관계에 개입한다. 국가는 국경을 유지하기 위해 방어적으로 무력을 사용할 수도 있고 영토를 넓히기 위해 공격적으로 사용할 수도 있다.
- 국가는 무력의 사용을 독점하며 내적으로 법률, 법정, 경찰을 통해 법과 질서를 유지한다.
- 국가는 (비상근 무력과 반대되는) 상비군과 경찰을 유지한다.
- 국가는 시민권, 그리고 시민의 권리와 책임을 규정한다. 복잡사회에서는 초기 이후부터 시민으로서 동등한 권리를 모든 거주민에게 부여하지 않았다.
- 국가는 정기적으로 갱신되는 인구조사체계를 통해 시민들의 수, 연령, 젠더, 지역, 부에 대한 기록을 관리한다.
- 국가는 세금이라는 명목으로 시민으로부터 자원을 끌어낼 권력을 갖는다.
- 국가는 정보를 조작한다. 국가와 그 지도자를 보호하기 위한 정보를 직접적으로(검열, 대중들에게 특정 정보에 대한 접근권을 제한하고 선전을 활용해 선호하는 이미지를 촉진하는 등) 그리고 간접적으로(언론사, TV 네트워크, 다른 미디어에 압력을 넣어 선택적으로 정보를 제시하거나 특정한 방식으로 정보를 제시하는 등) 통제할 수 있다.

국가권력의 상징 종교적 신념과 상징은 종종 국가권력의 리더십과 밀접하게 연관되어 있다. 통치자는 신이나 부분적인 신으로, 국가적 종교의 높은 사제로, 혹은 고문으로 복무하는 높은 사제와 밀접하게 연결되는 사람으로 간주될 수 있다. 건축과 도시계획은 국가의 위대함을 대중들에게 일깨운다.

민주적 국가에서는 지도자들이 대중투표를 통해 선출된다. 정치적 수사로 사회적 평등을 강조하는 사회주의국가에서는 보다 평등한 복장을 채택하는 방식으로 지도자들의 돈 씀씀이와 우아함이 감춰진다(사적인 영역에서도 이 지도자들은 주거, 음식, 엔터테인먼트의 맥락에서 상대적으로 더 풍요로운 삶을 영위한다). 각자의 서열에 관계없이 모든 중국인 지도자들이 '마오 재킷'을 입은 초기의 관행은 이들의 반위계적인 철학을 드러내는 상징적인 언술이었다. 캐나다나 영국의 수상이나 미국의 대통령을 포함해서 모인 대중을 얼핏 보기만 해서는 누가 지도자인지 알기는 어렵다. 왜냐하면 의복에 차이가 없기 때문이다. 영국 왕실의 구성원조차도 왕권이 요구되지 않는 공적인 상황에서는 '길거리 옷차림'을 한다.

의복 이외에 상층부 리더십의 위치와 결합된 상품으로 주거, 음식의 질, 교통수단의 양상을 들 수 있다. 국가 지도자들은 거대한 맨션에 살면서 종종 집도 한 채 이상인 경우가 많다. 한 예로 모로코의 왕은 공식적으로 나라 전역에 걸쳐 여러 채의 궁전을 갖고 있으며 이 궁전 사이를 정기적으로 왕래한다. 조지 W. 부시 대통령은 '대중의 한 사람'으로 간주되었는데 왜냐하면 그가 햄버거를 즐겨 먹었기 때문이다. 국가 지도자들은 일반 시민들이 하는 방식으로 여행하지 않는다. 안전상의 이유로 지도자들의 육로 차량은 방탄유리로 만들어졌으며 지도자의 차량을 보호하는 안전 차량과 함께 행진한다. 많은 아프리카 국가에서 정치적 권력을 새롭게 상징하는 가장 중요한 요소는 값비싼 외제차를 타는 것이다(Chalfin, 2008).

국가에서 젠더와 리더십 대부분의 현대 국가들은 위계적이며 가부장적이다. 이들 국가에서 하층계급이나 여성 구성원은 동등한 참여에서 배제당한다. 일부 국가는 다른 국가에 비해 남성이 지배적인 경향이 덜하지만 어느 국가도 여성이 지배하지 않는다. 국가의 젠더 불평등성을 드러내는 하나의 관점에 따르면, 국가의 발전과 더불어 남성 지배가 증대하는 것은 생산과 전쟁 기술에 대한 남성의 통제력이 기반이 되기 때문이다(Harris, 1993). 대부분의 문화에서 여성은 권력의 영역에 접근하는 데 제한을 받는다. 다소 평화로운 국가인 핀란드, 노르웨이, 스웨덴, 덴마크에서는 여성의 정치적 역할이 더 두드러진다.

여성들이 대략 세계 인구의 절반을 차지함에도 불구하고 이들은 평균적으로 전 세계 국회의원(또는 의원과 동등한 직위) 중 19%만 차지할 뿐이다(Franceschet, Krook, and Piscopo, 2012). 최근 여성의원의 비율이 가장 높은 경우는 르완다인데 여성이 50% 이상을 차지한다. 하지만 이는 후투족과 투시족 사이에 발생한 정치적 폭력 때문에 많은 남성들이 사망했기 때문이다. 여성 국회의원이 25% 이상인 나라는 르완다나 남아프리카공화국처럼 최근에 폭력을 경험한 아프리카 국가들 아니면 정치적으로 진보적인 스칸디나비아 국가들뿐이다.

(왼쪽) 하미드 카르자이 아프가니스탄 대통령은 지역의 정치적인 상징들을 조심스럽게 조합한 의복을 입는다. 줄무늬 망토는 북부 부족을 상징한다. 페르시아 양털 모자는 수도인 카불에서 유행하는 우즈베크 스타일이다. 그는 또한 농민들을 연상시키는 튜닉과 바지를 입고 가끔 양복 재킷을 입는다. 그의 옷차림은 조국의 다양성과 단결에 대한 그의 입장을 의미한다. (가운데) 버락 오바마 미국 대통령은 공적인 행사에는 주로 검은 양복과 하얀 와이셔츠를 입고 넥타이를 맨다. 하와이를 주제로 한 백악관 행사에서는 자신이 태어났고 성장기의 상당 부분을 보낸 하와이와의 친밀성을 보여주기 위해 하와이식 화환을 목에 걸었다. (오른쪽) 엘렌 존슨–설리프 라이베리아 대통령과 힐러리 클린턴 미국 국무장관은 자신들의 정장을 통해 상이한 입장을 보여주고 있다. 설리프–존슨은 아프리카와의 관계를 명확히 보여주고 있고 클린턴은 자신의 트레이드마크인 바지정장을 입음으로써 중립적 입장을 보여주고 있다.

여성 국회의원(혹은 대등한 직위)의 비율이 상대적으로 높은 나라들은 젠더쿼터, 즉 여성이 차지해야 할 의석을 정해 놓고 있다. 이 같은 쿼터제가 국제 정책이나 국내 정책 수립에 변화를 가져올 것인지에 대해서는 여전히 논쟁이 진행 중이다. 다시 말해 더 많은 여성들이 지도자적 위치에 오르면 평화, 재생산권, 인적자본투자 증진(학교, 아동 프로그램) 같은 여성 관련 이슈를 지원하는 정책이 더 많이 시행될까?

이 논의는 젠더 본질주의라는 문제를 제기한다. 즉 남성 혹은 여성이라는 사실만으로 그 사람이 자기 성에 이로운 정책을 지지할 것이라는 예측이 가능한가? 최근 일부 국가에서는 여성이 수상이나 대통령직에 임명되었다. 최근 등장한 강력한 여성 국가 지도자들로는 인도의 인디라 간디, 이스라엘의 골다 메이어, 영국의 마거릿 대처, 파키스탄의 베나지르 부토, 칠레의 미첼 바첼레트, 독일의 앙겔라 메르켈, 라이베리아의 엘렌 존슨–설리프, 핀란드의 타르야 할로넨이 있다. 많은 국가의 여성 지도자들은 국가의 남성 지도자와 이를테면 아내나 딸처럼 친족관계로 연계되어 있다. 한 예로 인디라 간디는 독립 인도 최초의 대중적인 첫 수상 자와할랄 네루의 딸이다. 이 여성들이 정치적 가문의 구성원으로 태어나 그 지위를 물려받은 것인지 아니면 간접적인 사회화를 통해 성취한 것인지 혹은 둘 다인지 여부는 불분명하다. 국가 지도자거나 국회의원 혹은 대등한 직위를 가진 남성들 또한 친족관계를 통해 그 지위를 획득할 수 있다.

사회질서와 사회갈등

8.2 문화가 사회질서를 유지하고 갈등을 다루는 방법을 알아보기

탄자니아와 케냐의 마사이인 중 많은 이들이 도시에 살고 있으며 국제관광객들을 상대하고 일부는 대학을 다닌다. 하지만 농촌에 살고 있는 거의 모든 마사이인들은 전통적으로 방대한 지역을 자유롭게 떠도는 것을 중요한 가치로 여겼던 유목민으로서 글로벌 수준에서 발생하는 사건에 대해서는 제한적인 지식을 가지고 있다. 일부 농촌 마을에는 전기가 들어오지 않아 텔레비전을 볼 수 없는 사람들도 있다. 2002년 키멜리 나이요메는 미국 캘리포니아 스탠퍼드대학교에서 의학을 공부하고 케냐의 오지에 있는 자신의 마을로 돌아와 마을 사람들에게 놀라운 이야기를 해주었다(Lacey, 2002). 이들은 2001년 9월 11일 미국에서 발생한 테러사건에 대해서 들어보지도 못했다. 그는 대규모 화염이 구름까지 치솟은 초고층 건물들이 붕괴되었다고 설명했다. 마을 사람들은 건물 밖으로 뛰어내리는 사람이 죽을 정도로 건물이 높을 수 있다는 사실을 믿을 수 없어 했다.

9 · 11사건에 대한 이야기는 마을 사람들을 슬프게 했다. 이들은 피해자들을 위해 무엇인가 해주기로 결정했다. 마사이인들에게는 소가 가장 소중하다. 키멜리 나이요메는 "소는 우리 삶의 중심이나 마찬가지입니다. … 성스러운 것이죠. 재산보다 더 귀중합니다. 우리는 소에게 이름을 지어줍니다. 소와 대화를 하고 같이 의례를 치르기도 합니다"(2002:A7)라고 설명한다. 2002년 6월 한 엄숙한 의식에서 마을 사람들은 14마리의 소를 미국에 증여했다. 소들은 축복을 받은 후 주케냐 미국대사관의 부실장에게 전해졌다. 부실장은 미국을 대표해서 감사를 표하고 소를 미국으로 운송하는 것은 어려울 것이라고 설명했다. 소는 매각되었고 돈은 마사이 학교를 후원하는 데 쓰였다.

폭력뿐만 아니라 평화를 위한 기회도 전례 없이 글로벌한 수준의 영향을 받는다. 10년 넘게 서파푸아에서 연구를 수행한 에벤 커크시(Eben Kirksey)는 우리가 '서로 얽힌 세계'에서 살고 있다고 말한다(2012). 이 책의 거의 모든 독자들에게 아주 먼 곳으로 보이는 서파푸아에서도 사람들은 휴대전화를 사용하고 매일매일 국제 뉴스에 큰 관심을 가진다. 커크시가 현지조사를 시작하기 위해 서파푸아에 도착했을 때, 사람들은 이미 한 인류학자가 왔다가 갔다고 말했고, 자신들의 상황과 필요한 것을 언급하며 자신들을 위해 무엇을 해줄 수 있냐고 커크시에게 물었다. 이같은 첫 만남으로 인해 커크시는 서파푸아인들이 얼마나 끔찍한 형태의 식민주의를 그리고 최근에는 **군국주의**(militarism)를 경험했는가에 대해 오랫동안 연구해 왔다. 군국주의는 군부가 국가와 사회 행정을 지배하는 것을 의미한다. 아직까지 서파푸아인들은 외부 세력에 대해 직접적인 대규모 저항을 하지 않았지만, 이른바 생존을 위한 타협이라고 할 수 있는 행동을 보여 왔다.

이 절에서는 범죄예방과 처벌에 대한 비공식적 장치와 공식적 법이나 체계를 포함해서 사회질서와 평화에 대해 논의하려고 한다. 먼저 사회질서에 대한 통문화적 연구로 시작해서 갈등과 폭력에 대한 논의로 넘어가려고 한다.

군국주의 군부가 국가와 사회의 행정을 지배하는 것

인류학에서 **사회통제**(social control)라는 것은 사람들이 집단으로서 질서 있는 생활을 유지하기 위한 과정이다. 사회통제체계에는 적절한 행동의 사회화, 교육, 동료 간에 압력을 통해 만들어지는 비공식 사회통제가 포함된다. 사회통제에는 적절한 행동이 무엇이며 일탈에 대해서는 처벌이 따른다는 등의 코드화된 규칙이라는 공식체계가 포함되기도 한다. 미국과 캐나다에서 아만파 교도(82쪽 '문화파노라마' 참조)와 메노파 교도들은 대부분의 미시문화적 집단에 비해 비공식적인 사회통제에 더 많이 의존한다. 아만파 교도와 메노파 교도들은 경찰력도 법적 체계도 없다. 그러나 사회질서는 종교적 가르침과 집단의 압력을 통해 유지된다. 만일 교도 중 한 사람이 올바른 행동으로부터 방향을 바꾸면 외면('피하기')과 같은 처벌이 적용될 수도 있다.

규범과 법

문화인류학자는 규범과 법이라는 2개의 주요한 사회통제 기제를 구분한다. **사회규범**(social norm)은 어떻게 사람들이 행동해야만 하는지에 대해 일반적으로 인정된 기준으로, 대체로 성문화되어 있지 않기 때문에 사회화를 통해 무의식적으로 학습된다. 모든 사회에는 규범이 있다. 한 예로 규범에는 다음과 같은 것들이 포함된다. 자녀들은 부모의 조언에 따라야 하며, 사람들은 질서정연하게 줄을 서야 하고, 개인들은 (악수가 일반적인 인사로 인정되는 문화에서) 상대방이 처음 만나서 악수를 청할 때 받아주어야 한다. 규범에 대한 강제는 비공식적이다. 한 예로 위반은 그저 단순하게 버릇없다고 간주될 수도 있고 위반자는 앞으로 외면당할 수도 있다. 그러나 이를테면 회의를 방해하는 사람에게 나가길 요구하는 것과 같은 직접적인 행동이 취해질 수도 있다.

법(law)은 올바른 행동과 잘못된 행동에 따른 처벌에 대한 관습이나 공식적인 법규를 통해 만들어진 규칙들의 결합이다. 법의 체계는 국가 수준의 사회에서 더 일상화되어 있으며 더 정교하다. 그러나 많은 비국가사회도 공식화된 법을 갖추고 있다. 때때로 종교가 법의 정당성을 제공하기도 한다. 호

사회통제 비공식적 · 공식적 기제를 통해 질서 있는 사회생활을 유지하기 위한 과정

사회규범 흔히 명시되지 않고 무의식적으로 배우는 것으로서 사람들이 어떻게 행동해야 하는지를 규정하는 일반적으로 인정된 기준

법 올바르고 합리적인 행동을 규정하고 처벌의 위협으로 집행되는 관습이나 공식적인 법규를 통해 만들어진 규칙들

사회규범과 법은 통문화적으로 다양하다. 중국 상하이에서 개최된 2010년 세계박람회에서 방문객들이 줄을 서 있다. 이 행사에는 6개월 동안 약 7,000만 명의 방문객이 그리고 평균적으로 매일 38만 명이 방문할 것으로 예측되었다. 인구 과밀 상황에서는 줄서기가 합리적이다.

주의 애버리진들은 꿈의 시대(Dreamtime, '꿈꾸는 중'으로 불리기도 한다)에 법이 인류에 생겨나기 시작했다고 믿는다. 꿈의 시대는 선조들이 세상을 창조한 신화적인 과거의 시기이다. '법'과 '종교'라는 용어는 현대 이슬람교 국가에서는 동의어이다. 세속적인 서구 국가에서는 서구법의 상당 부분이 유대-기독교 신앙에 기반하고 있음에도 불구하고, 국가의 법이 종교적으로 중립적이라고 생각한다.

사회통제의 체계

아래에서 다루는 자료들은 대규모 사회와 대비되는 소규모 사회에서의 사회통제 형태를 고려한다. 소규모 사회는 규범의 활용이 더 두드러진다. 대규모 사회, 특히 국가는 비록 이웃공동체라는 지역 수준의 집단들이 스스로의 사회적 제재를 관행화하긴 하지만 법적 제재에 더 크게 의존한다. 마지막 주제는 법과 사회불평등 사이의 관계를 다룬다.

소규모 사회에서의 사회통제 인류학자는 갈등해결, 사회질서, 위반행위에 대한 처벌의 측면에서 소규모 사회와 대규모 사회를 구분한다.

군단은 소규모의 촘촘한 집단이기 때문에 다툼은 토론을 통해서나 일대일 싸움을 통한 대인관계의 수준에서 처리되는 경향이 있다. 집단의 구성원들은 위반자에 대해 모욕을 주거나 조롱하는 것처럼 다 같이 행동하는 방식으로 처벌을 단행한다. 이때의 강조점은 위반자를 심하게 처벌하는 것이 아니라 사회질서를 유지하며 사회적 균형상태를 회복하는 것이다. 위반자를 추방하는(그 사람에게 집단을 떠나도록 강제하는) 방법은 처벌의 일상적인 수단이다. 극형(처형)은 드물다.

일부 호주의 애버리진 사회에서는 입회식을 거친 남성이 종교적 의식이나 기념물품에 접근하는 것을 법으로 규제하고 있다. 만일 입회식을 거친 남성이 입회식을 거치지 않은 사람과 비밀을 공유하면, 연장자들은 집단 내 한 사람을 대리자로 임명해서 그 위반자를 살해하도록 할 수 있다. 그런 상황에서 연장자들은 일종의 법정처럼 행동한다.

소규모의 비국가사회에서 처벌은 종종 초자연적인 힘이나 이런 힘이 사람들에게 영향을 미치는 능력에 대한 신념을 통해 정당화된다. 숨바(13쪽 지도 1.1 참조)라는 인도네시아 섬의 고산지대 원시농경민들에게 가장 큰 위반 가운데 하나는 약속을 지키지 않는 것이다(Kuipers, 1990). 만일 약속을 깨뜨리게 되면 그 잘못된 행동 때문에 침해를 받은 사람들의 선조들로부터 '초자연적인 공격'을 받게 된다. 그 처벌은 경작이 손상을 입거나 친척의 질환이나 죽음, 위반자의 집이 파괴되거나 혹은 그 사람의 옷이 불에 타는 등의 형태로 나타날 수 있다. 그런 재앙이 발생하면 의지할 수 있는 것이라고는 선조들을 달랠 의례를 후원하는 것뿐이다.

소규모 사회에서 갈등에 대처하는 전반적인 목표는 집단의 조화를 회복하는 것이다. 마을의 분열(갈라서는 것)과 추방은 보다 심각한 갈등을 다루는 메커니즘이다.

국가에서의 사회통제 보다 사회적으로 계층화되어 있고 더 많은 부를 가지고 있으며 인구밀도가 높은 사회에서는 잉여나 유산의 분배, 토지에 대한 권리와 관계된 사회적 스트레스가 더 많이 발생한다. 더욱이 사회규모가 커지면 모두가 서로를 더 잘 알지 못하게 된다. 일대일 책임은 지역화된 집단 내에서만 존재한다. 사회통제의 국가체계에서 중요한 세 가지 요소는 다음과 같다.

- 사회통제에 개입된 전문적인 역할
- 공식적인 재판과 법정
- 권력으로 강제하는 처벌의 형태, 이를테면 교도소와 사형

사회통제라는 비공식적 기제 역시 지역 수준에서 이런 공식 체계와 나란히 공존한다.

전문화 경찰, 판사, 변호사처럼 법과 질서와 관련된 임무의 전문화는 국가조직의 출현과 더불어 더욱 증대된다. 판사와 변호사를 전업으로 하는 전문직은 국가와 더불어 출현했다. 이 전문가들은 종종 강력한 사회집단의 구성원인데 바로 이 사실이 사법절차 그 자체에서 엘리트주의적 편견이 지속됨을 드러낸다.

치안유지(policing)는 사회질서를 유지한다는 명목으로 감시하며 처벌에 대한 위협을 드러내는 절차를 포함하는 사회통제의 한 형태이다(Reiner, 1996). 경찰은 특화된 조직이며 그 직원은 범죄를 찾아내고 보고하며 조사하는 사람이다. 일종의 전문화된 집단으로서 경찰은 국가와 결합되어 있다.

일본의 낮은 범죄율은 그것이 경찰체계의 결과라고 생각하는 서구의 법-질서 전문가들의 관심을 불러일으켰다. 이들은 미국 범죄의 문제해결이 이웃 주변에 초소를 만들고 소규모의 지역경찰 파출소를 설치하고, 이웃에 기반하여 조직된 걸어다니는 도보 순찰단이나 자원 범죄예방집단을 갖추는 것과 같은 일본의 치안유지 관행을 통해서도 가능한지 여부를 궁금해했다. 삿포로시의 형사들에 대한 현지조사에 의하면 낮은 범죄율을 촉진하는 것은 일본의 문화적 측면과 치안유지 방식이었다(Miyazawa, 1992). 일본에서 경찰은 어떤 잘못된 체포도 없을 것이며 모든 체포가 자백으로 이어진다는 데 대한 높은 기대 속에서 활약한다. 사실 자백하는 비율도 매우 높다. 자백률이 높은 것은 경찰이 유죄집단을 목표로 삼는 데에서 훌륭하게 임무를 수행하기 때문이거나 경찰이 하는 심문에 대해 거의 완벽에 가까운 수준의 통제가 이루어지기 때문일 수도 있다. 경찰은 오랜 시간 동안 피의자를 고립된 상태로 내버려둘 수 있는데 이런 관행으로 저항이 약화될 수 있다. 피의자의 진술은 문자 그대로 혹은 테이프의 형태로 기록되지 않고 오히려 형사가 받아 적고 피의자가 그에 서명하도록 요구된다. 전반적으로 일본의 치안유지 문화는 미국에 비해 피고 측보다 경찰에게 더 많은 권력을 부여하며 사법절차를 왜곡할 가능성이 있다.

재판과 법정 영령과 선조들이 잘못된 행동과 처벌을 규정하는 사회에서 개인의 유죄는 그 불행이 당사자에게 닥친다는 단순한 사실만으로 입증된다. 만일 개인의 경작물이 이를테면 번개 같은 것으로 손상되면, 그 사람은 뭔가 잘못을 저지른 것이다. 다른 경우에 유죄는 **시련을 통한 재판**(trial by ordeal)으로 결정될 수도 있다. 이는 유죄인지 무죄인지를 판단하는 하나의 방법인데, 피고인을 고통스러운 시험에 빠뜨리게 하는 것이다. 이를테면 피고인의 손을 끓는 기름에 넣거나 몸의 일부를 뜨겁게 달군 칼에 닿게 하는 것이다. 만일 불에 데면 유죄라는 의미이고 데지 않는다면 피의자는 무죄가 된다.

변호사, 판사, 배심원을 갖춘 법정체계는 현대의 여러 사회에서 활용된다. 물론 어떻게 사건들이 재현되고 배심원들이 구성되는지에 대한 다양한 편차도 존재한다. 현대 법정재판의 목표는 정의와 공정함을 확보하는 것이다. 그러나 미국과 다른 곳에서 발생하는 법정공방의 역동성과 정책결정의 양식을 분석한 연구들은 이런 목표를 달성하는 데 심각한 문제가 있음을 밝히고 있다.

교도소와 사형 처벌에 대한 집행에는 위반을 저지른 사람에게 불쾌한 일을 경험하게 하는 것도 포함된다. 주지하다시피, 소규모 사회에서 처벌의 가장 극단적인 형태는 추방이며 죽

치안유지 사회질서를 유지한다는 명목으로 감시하며 처벌에 대한 위협을 드러내는 절차를 포함하는 사회통제의 한 형태

시련을 통한 재판 고통스럽고 스트레스를 주고 때로 치명적인 시험을 통해 피고인이 유죄인지 무죄인지를 판단하는 하나의 방법

음은 아주 드물다. 목축사회, 특히 중동의 이슬람교 문화에서 도둑질이나 살해사건에 대한 처벌의 일상적인 형태는 유죄집단이 손해를 입은 가족의 구성원들에게 보상을 대가로 지불하는 것이다.

수감자들의 수는 전 세계적으로 매우 편차가 크다. 미국은 전 세계적으로 수감자들이 가장 많은 나라이다(The Pew Charitable Trusts, 2015). 단순한 수치뿐만 아니라 수감률에 대해서 살펴보는 것도 중요하다. 국가별 수감률은 한 국가에서 인구 10만 명당 감옥에 수감되어 있는 사람의 수로 계산된다. 국가별로 수감률의 편차는 매우 크다. 미국은 최고의 수감률을 보이는데 인구 10만 명당 743명이 감옥에 갇혀 있다. 그 뒤를 이어 르완다는 595명, 러시아는 568명, 그루지야는 547명이다(Walmsley, 2010).

전국 수치의 내용을 살펴보는 것도 중요하다. 영국과 프랑스에서는 압도적으로 많은 수의 수감자들이 이슬람교도이다(Moore, 2008). 구금률에서 종족 차이와 젠더 차이가 가장 두드러지는 곳은 미국이다. 흑인은 15명 중 1명꼴로 수감되어 있으며 20~34세에 해당하는 흑인의 경우에는 9명당 1명꼴로 수감되어 있다. 35~39세에 해당하는 백인 여성의 경우 355명당 1명꼴로 수감되어 있는 데 반해, 흑인 여성은 100명당 1명꼴로 감옥에 갇혀 있다. 히스패닉의 경우에는 성인 히스패닉 남성 36명당 1명꼴로 감옥에 수감되어 있다. 가장 높은 투옥률을 보이는 주는 루이지애나로 일반적으로 북부 주보다 남부 주에서 비율이 더 높게 나타났다.

사회불평등과 법 **비판적 법인류학**(critical legal anthropology)은 통문화적 법체계에 관한 연구 내의 접근방법으로 권력이 약한 집단을 보호하기보다는 이들에 대한 차별적 관행을 통해 강한 집단의 지배를 유지하는 법적 · 사법적 절차의 역할을 검토하는 것이다. 소수종족, 원주민, 그리고 다른 어느 범주보다 여성에 대한 체계적 차별은 오랫동안 민주정치를 실시했던 나라를 포함해서 전 세계의 사법체계에 걸쳐 기록으로 나타나고 있다. 이 부분에서는 호주를 사례로 들어보려고 한다.

호주 애버리진 지도자의 초청을 받은 페이 게일(Fay Gale)과 그의 동료들은 애버리진 청년들과 백인 청년 간에 사법체계상의 처우를 비교하는 연구를 진행했다(1990). 애버리진 지도자들이 제기한 문제는 이것이었다. "왜 우리 아이들이 언제나 곤란을 겪나요?" 이러한 질문에 답을 위해서는 두 가지 가능한 방향을 떠올릴 수 있다. 첫째, 구조적 요인을 찾아볼 수 있다. 애버리진이 자신들의 원래 터전으로부터 옮겨 살게 되면서 빈곤, 나쁜 생활조건에 처해 있고 미래의 전망도 불투명한 구조적 요인이 원인일 수도 있다. 둘째, 형사사법절차가 애버리진 청년과 백인 청년들을 동등하게 대하고 있는지를 검토할 수 있다. 연구자들은 형사사법절차로 방향을 잡아 살펴보기로 했다. 왜냐하면 이 분야에 대한 사회과학자들의 연구가 거의 없었기 때문이다.

비판적 법인류학 법체계에 관한 통문화적 연구 내에서의 접근으로 권력이 약한 집단을 보호하기보다는 이들에 대한 차별적 관행을 통해 강한 집단의 지배를 유지하는 법적, 사법적 절차의 역할에 대한 연구

체첸의 한 군사감옥에 감금되어 있는 이 남성은 러시아 정부로부터 체첸 저항군에 참여했다는 혐의를 받고 있다. 몇 년 동안 인권활동가들은 체첸 감옥에서 수감자들에게 가해지는 학대에 우려를 표했다.

여러분의 나라에서 수감자들의 인권은 어떠한가?

연구 결과 청소년 사법절차의 모든 수준, 즉 체포(경찰에 의해 검거되는) 단계에서부터 공판 전의 절차를 거쳐 선고받는 최종 단계(판사의 결정)와 처분(처벌)이라는 모든 수준에 걸쳐 애버리진 청년들이 지나치게 많다는 것이 드러났다. "다른 젊은 사람들에 비해 애버리진이 가혹한 경로를 따르는 비율이 훨씬 더 많았다. … 절차 내에서 재량권이 발휘될 수 있는 각각의 단계에서 애버리진 청년들은 다른 젊은이들에 비해 정책결정자들로부터 가능한 가장 혹독한 결과를 받는 경향이 강하게 드러났다"(1990:3). 체포 단계에서 피의자는 공식적으로 체포되거나 혹은 비공식적으로 출두하도록 통보를 받을 수 있다. 공식적인 체포는 위반자가 법정에 확실히 서도록 확보하기 위함이다. 경찰관은 피의자의 집 주소를 묻고

	애버리진 청년(%)	백인 청년(%)
경찰 보고가 아닌 연행으로 사법체제에 들어왔다	43.4	19.7
청소년조력위원회가 아닌 청소년법정으로 보내졌다	71.3	37.4
구금으로 이어지는 법정출두 비율	10.2	4.2

그림 8.2 교환의 범주와 특징

주 : 청년 대부분이 남성이다. 데이터는 1979~1984년까지의 자료이다.

출처 : *Aboriginal Youth and the Criminal Justice System: The Injustice of Justice*, by Fay Gale, Rebecca Bailey-Harris, Joy Wundersitz, Copyright © Cambridge University Press 1990. Reprinted by permission of Cambridge University Press.

당사자에게 직업이 있는지를 묻는다. 애버리진 청년들은 백인 청년들에 비해 확대가족의 형태로 빈민 주거지역에 살면서 실업상태에 있을 가능성이 더 높다. 그러므로 이들은 '믿을 수 없는' 범주로 구분되는 경향이 높고 이에 따라 백인 청년들에 비해 동일 범죄일지라도 공식적으로 체포되는 비율이 높게 나타나는 것이다(그림 8.2 참조). 그다음은 피의자를 청소년법정에 세울 것인가 아니면 청소년조력위원회로 보낼 것인가를 결정하는 절차이다. 호주 남부의 청소년조력위원회는 개인들에게 기회를 제공해서 이들이 반복해서 피의자가 되는 길을 피하게 하고, 더 나아가 이들이 사회에서 적절한 자리를 찾을 수 있게 하는 데 도움이 된다고 전 세계적으로 격찬을 받고 있다. 그러나 대부분의 애버리진 청년 피의자들은 위원회로의 접근을 차단당해 오히려 법정에 서게 되고 그곳에서 젊은 피의자 대다수가 유죄판결을 받는 상황이 이어지고 있었다. 이 연구를 통해 드러난 명백하고도 우려스러운 점은 이 같은 체포양식이 뒤이어지는 모든 단계를 결정하는 경향이 있다는 점이었다. 이 같은 불공정한 체계에 반대해서, 문화인류학자를 포함한 많은 사람들이 사회적으로 불이익을 당하는 사람들에게 기본적인 인간적 필요와 기회에 대한 접근권을 보장해주는 것을 추구하는 사회적 평등에 입각한 공정성의 개념, 즉 **사회정의**(social justice)를 지지하고 증진하기 위해 일하고 있다.

사회갈등과 폭력

모든 사회통제체계는 갈등과 폭력이 발생할 수 있다는 사실과 대면해야 한다. 이 절에서는 다양한 사회갈등을 살펴보려고 한다.

사회정의 사회적으로 불이익을 당하는 사람들에게 기본적인 인간적 필요와 기회에 대한 접근권을 보장해주는 것을 추구하는 사회적 평등에 입각해 있는 공정성의 개념

종족갈등 종족갈등이나 종족불만은 소수종족이 더 많은 자율성을 얻고자 하거나 혹은 더 동등한 대우를 받고자 시도한 결과로 발생할 수 있다. 또한 지배집단이 소수종족을 굴복시키거나 억압하거나 혹은 인종학살(뚜렷하게 구별되는 종족적, 인종적, 종교적 집단을 대규모로 학살하는 것)이나 종족학살(뚜렷하게 구별되는 집단의 문화를 파괴하는)을 통해 제거하려 해서 생겨날 수도 있다.

지난 몇십 년간 정치적 폭력은 국가들 사이에서 벌어지기보다는 일국 내부에서 증가하는 경향이 더 강했다. 물론 종족 정체성이 사람들에게 원인이 될 만한 이데올로기적 몰입을 하게 한다는 것은 사실이다. 그러나 그런 명목 아래에 보다 깊이 있고 구조적인 쟁점들이 존재하고 있는 것은 아닌지도 살펴볼 필요가 있다. 중앙아시아(지도 8.2 참조)를 고려해보자. 중앙아시아는 광대한 영토에 수많은 종족들이 살고 있는데 어느 누구도 토지에 대한 원래의 토착적인 권리를 지니지 않는다. 그러나 표면으로 드러나는 중앙아시아의 모든 논쟁, 즉 '카자흐스탄의 토지권과 일자리를 둘러싼 러시아인과 우크라이나인 대 카자흐인의 대립, 사마르칸트와 부하라의 지위를 둘러싼 우즈베크인 대 타지크인의 대립, 키르기스스탄 내 키르기스인과 우즈베크인 사이의 갈등, 우즈베키스탄의 페르가나 계곡에서 캅카스 투르크인과 우즈베크인 사이의 폭동'(Clay, 1990:48) 등은 종족의 기반을 갖기 위한 것이다. 이런 모든 문제의 원인을 종족의 차이로만 돌리는 것은 종족 차이가 아닌 지역적 차이에 기반한 자원을 둘러싼 경쟁을 보지 못하는 것이다. 우즈베키스탄은 도시 대부분과 관개수로가 갖춰진 경작농토를 차지하고 있는 반면, 키르기스스탄과 타지키스탄은 대부분의 물을 통제하고 있고 투르크메니스탄은 광범한 석유와 풍부한 가스를 차지하고 있다.

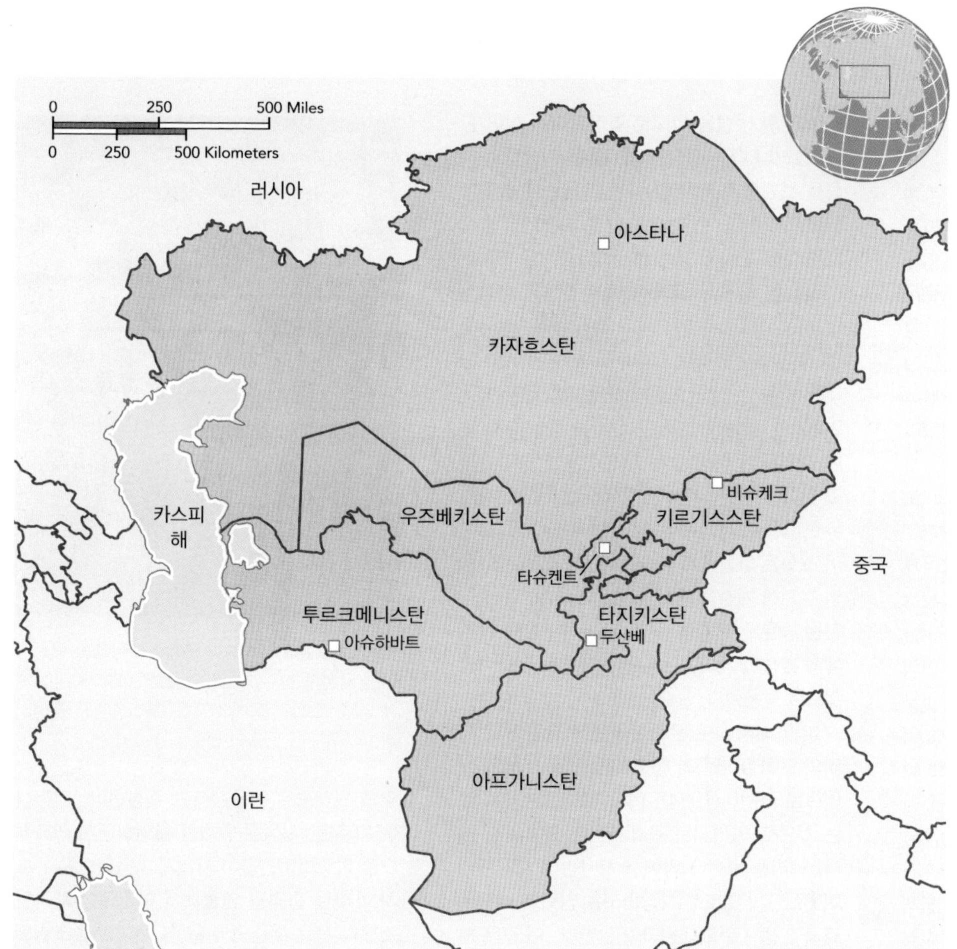

지도 8.2 중앙아시아 국가들

중앙아시아의 5개 국가는 카자흐스탄, 투르크메니스탄, 우즈베키스탄, 키르기스스탄, 타지키스탄이다. 중앙아시아는 바다가 없는 큰 지역으로 역사적으로는 목축과 중동과 중국 간의 무역경로였던 실크로드와 관련 있다. 지형은 사막, 고원, 산으로 둘러싸여 있다. 몇몇 주요한 세계 강대국과 근접해 있는 전략적 위치로 인해 이 지역은 자주 다른 국가의 이해관계에 얽힌 전쟁터가 되었다. 지배적인 종교는 이슬람교이며 대부분은 수니파이다. 언어는 투르크어 집단에 속한다. 중앙아시아에는 주로 현악기와 함께 즉석에서 가사를 지어 대결하는 랩스타일의 토착음악이 존재한다. 이 같은 음악 예술가 또는 '아킨'은 자신들의 예술을 통해 정치 후보를 위한 캠페인에 참가하고 있다.

종파분쟁 **종파분쟁**(sectarian conflict)은 한 종교 내에 존재하는 다른 종파나 분파들 간의 인지된 차이에 기반한 분쟁이며 흔히 권리 및 자원과 관련되어 있다. 수백 년 동안 영국의 섬들에서는 양쪽 다 기독교에 속하는 가톨릭교와 개신교 사이에 종파분쟁이 있었다. 이슬람교 내의 종파분쟁은 흔히 시아파와 수니파의 분열에서 발생한다(제12장 참조). 이 분열은 각 파들의 성소를 공격하는 것과 같은 노골적인 폭력으로 표현됐다. 또한 파키스탄 북부에서 일어난 시아파–수니파 분쟁에 대한 연구가 보여준 것처럼 간접적이고 구조적인 폭력의 형태를 보여주기도 한다(Varley, 2010). 분쟁이 발생하는 동안, 배타적인 보건의료 서비스가 제공되어 산부인과에서 수니파 여성들은 민간요법을 사용해서 재치료를 받아야 할 정도로 질 낮은 이등급 치료를 받았다.

전쟁 전쟁에 대한 정의 중 하나는 2개의 정치단위 사이에서 갈등을 공개적으로 선포하는 것이다. 그러나 이 정의는 미국–베트남 전쟁처럼 선포되지 않은 전쟁을 포함한 여러 유사 전쟁갈등을 제외할 수 있다. 그렇지 않고 전쟁을 단순히 조직화된 침략으로 정의할 수도 있다. 그러나 이 정의는 너무 광범위하다. 모든 조직화된 폭력이 반드시 전쟁으로 간주되어야 하는 것은 아니기 때문이다. 아마도 **전쟁**(war)에 대한 최적의 정의는 조직화된 분쟁으로서 다른 집단을 직접 겨냥한 치명적인 무력을 통한 집단행동이라 할 수 있을 것이다(Ferguson, 1994, Reyna, 1994:30에서 재인용).

전쟁의 빈도와 심각한 정도에 관한 문화적 편차가 존재한다. 자유롭게 이동하는 수렵채집자들 사이에서 발생하는 집단 내부의 갈등에 들어맞는 전쟁이라는 정의는 민족지 기록에는 존재하지 않는다. 군단들 사이에서의 비공식적, 비위계

종파분쟁 한 종교 내에 존재하는 다른 종파나 분파들 간의 인지된 차이에 기반한 분쟁

전쟁 다른 집단을 직접 겨냥한 치명적인 무력을 통해 조직되고 이 목적을 위한 집단행동

인류학자처럼 생각하기

야노마미인 : '사나운 사람들?'

야노마미인은 아마존 밀림에서 40~250명 정도 규모로 마을을 이루고 사는 원시농경민들이다(Ross, 1993). 1960년대부터 생물인류학자인 나폴레옹 샤농(Napoleon Chagnon)은 여러 야노마미인 마을을 연구했다. 그는 널리 읽히고 여러 차례 재간행된 야노마미인에 대한 민족지를 집필한 사람이다. 초기 판본에는 '사나운 사람들'이라는 부제가 달려 있었다(1992[1968]). 그는 또한 야노마미인에 대한 고전적인 민족지 영화인 '연회(The Feast)'와 '도끼싸움(The Ax Fight)'의 제작을 돕기도 했다.

샤농의 글과 영화는 야노마미인을 유별나게 폭력적이고 치명적인 전투를 일삼는 사람들로 묘사했다. 샤농에 의하면 야노마미인 성인 남성 중 약 1/3이 폭력적으로 죽고, 모든 성인의 약 2/3가 자신의 친한 친척 중 최소한 1명을 폭력을 통해 잃은 경험이 있다. 또한 50% 이상은 최소한 2명 혹은 그 이상을 폭력으로 잃었다(1992:205). 그는 자신이 현지조사를 하는 첫 15개월 동안 한 마을이 25번이나 습격당했다고 보고했다. 비록 마을 간에 동맹관계가 가끔 구축되기도 하지만, 이 동맹은 서로 쉽게 등을 돌리고 적대적으로 돌변할 정도로 취약하고 예측 불가능한 것이다.

샤농이 묘사한 야노마미인의 세계는 위험, 위협, 반대 위협의 세계이다. 인간과 초자연적인 적이 사방에 존재한다. 자기 편으로부터의 지원도 불확실하다. 샤농에 따르면 이 모든 불확실성으로 인해 야노마미 남성들 사이에 야노마미어로 '웨이터리' 콤플렉스라는 일련의 행동과 태도가 지배적으로 관찰된다. 이 콤플렉스로 인해 남성들은 정치적, 개인적으로 매우 사나운 태도를 보여주고, 개인과 집단 모두 공격성과 독립성을 강조하는 커뮤니케이션 방식을 형성하고 있다. 소년들이 몽둥이 싸움을 하고, 다른 소년들과 가슴치기 결투를 하고, 창을 사용하는 법을 배우는 과정에서 사나움이 사회화의 지배적인 테마로 작동한다.

샤농은 야노마미인이 보여주는 사나움에 대해서 생물학적, 다윈주의적 설명을 제시했다. 그는 야노마미인에게서 들었다며 마을 습격과 전투는 남성들이 배우자를 얻기 위한 것이라고 보고했다. 야노마미인은 마을 내의 여성과 결혼하기를 원한다. 하지만 여아살해를 실천하는 관행으로 인해 야노마미인들에게 신부가 부족하다. 야노마인들은 내혼을 선호하지만 결혼하지 못해서 총각으로 남아 있느니 다른 집단의 여성을 아내로 맞아들이고 싶어 한다. 그러나 다른 집단의 남성들은 자신들의 여성을 포기하려 하지 않는다. 그러므로 습격이 필요한 것이다. 습격의 또 다른 이유는 주술에 대한 의심과 식량 절도 때문이다.

샤농은 이 같은 체제 속에서 전쟁이 성공적인 재생산으로 이어진다고 주장한다. 왜냐하면 성공적인 전사는 1명의 아내 혹은 여러 아내를 얻을 수 있기 때문이다(일부다처제가 용인된다). 샤농은 성공한 전사는 유능하지 못한 전사들에 비해 높은 재생산율을 보여준다고 한다. 따라서 샤농에 따르면 성공한 전사는 유전적으로 사나움에 탁월한 소질이 있으며 이 소질은 아들에게 계승된다. 이 같은 사나움의 유전적 계승을 통해 폭력적 남성을 가진 집단은 높은 성장률을 갖게 된다. 이 같은 관점에서 남성의 사나움은 생물학적으로 적응적인 것으로 작용한다.

마빈 해리스는 문화유물론적 관점에서 지역의 단백질 부족과 인구 역동성을 전쟁의 원인으로 꼽는다(1984). 야노마미인은 가치 있는 것으로 여겨지는 육류자원이 풍부하지 않다. 해리스는 한 지역에서 사냥감이 사라지면 이웃집단의 영토로 확장하려는 압력이 커지고 결국 분쟁으로 확대된다고 말한다. 이 같은 분쟁은 성인 남성의 높은 사망률을 초래한다. 여기에 높은 여아살해율이 추가되면, 이 육류-전쟁 복합체는 환경이 부양할 수 있는 범위 내에서 인구성장률이 유지될 수 있도록 한다.

세 번째 관점은 역사적 자료에 의존한다. 브라이언 퍼거슨(Brian Ferguson, 1990)은 야노마미인의 강한 폭력성이 지난 100년 동안 진행된 강력한 서구사회의 현전 때문이라고 주장한다. 더 나아가 홍역과 말라리아 같은 외부로부터의 질병은 야노마미인의 인구를 감축시켰으며 주술(야노마미인이 질병의 원인이라고 설명하는)에 대한 공포를 크게 증가시켰다. 강철 도끼와 총 같은 서양의 재화도 집단 간의 경쟁을 부추겼다. 따라서 퍼거슨은 '사나운 사람들'이라는 오명이 역사적인 힘, 특히 외부인과의 접촉과 여기서 비롯된 압력 때문에 생겨난 것이라고 주장한다.

퍼거슨의 입장을 지지하면서도 조금 새로운 관점을 지닌 저널리스트 패트릭 티어니(Patrick Tierney)는 샤농 자신이 문제라고 주장한다(2000). 티어니는 사농과 그의 연구팀의 존재 그리고 그들이 가지고 온 대량의 재화가 야노마미인들 사이에 바로 이들 재화에 대한 경쟁을 증가시켜 연쇄적이고 치명적인 습격의 원인으로 작용했다고 주장한다. 티어니에 따르면, 샤농은 영화를 촬영하면서 의도적으로 야노마미인들이 사납게 행동하도록 유도하고 마을 습격을 연출해서 이전에 존재하던 것보다 높은 수준의 마을 간 적대감이 조성되도록 만들었다.

1995년 나폴레옹 샤농(가운데)이 두 명의 야노마미인 남성과 현지에 있다. 샤농은 야노마미인들에게 강철 도끼와 담배와 같은 재화를 나눠주면서 자신의 연구에 이들의 협조를 얻고자 했다.

2001년 미국인류학회는 특별전문위원회를 구성하여 샤농과 다른 사람들이 가졌던 야노마미인과의 상호작용과 이들에 대한 재현이 야노마미인에게 큰 악영향을 미쳤고 '집단해체'를 초래했다는 티어니의 다섯 가지 주장을 규명하고자 했다. 엘도라도특별전문위원회의 보고서는 미국인류학회 홈페이지인 www.aaanet.org에서 찾아볼 수 있다. 이 특별전문위원회는 샤농에 대한 모든 혐의를 기각했으며 오히려 미래의 과학적 연구를 위험에 빠뜨릴 수도 있는 거짓 제소의 해악을 강조했다.

비판적 사고를 위한 질문

- 위에 언급된 관점들 중 어느 관점이 야노마미인 남성의 행동을 가장 설득력 있게 설명하고 있다고 생각하는가? 왜 그렇게 생각하는가?
- 이 사건은 폭력이 보편적인 인간의 본성이라는 이론과 어떻게 연관되는가?
- 여러분은 인류학 연구가 연구대상 인구집단의 폭력 증가를 야기할 수 있다고 생각하는가?

적인 정치조직은 무력충돌을 도발하는 것으로 이어지지 않는다. 군단들은 전문화된 군사력이나 군부가 없다.

비록 군단들 사이에는 전쟁 같은 행위의 증거가 존재하지 않지만, 일부 부족집단에서는 존재한다. 하지만 이를 '전쟁'으로 규정하는 데는 주의가 필요하다. 왜냐하면 이러한 부족 수준의 사회에서는 '전쟁'이 대립하는 집단의 남성들이 화살과 방패를 들고 한 줄로 서서 마주보고 싸우다가 한 명이 다치면 '전쟁'을 멈추는 상황을 의미할 수도 있기 때문이다. 부족사회의 한 극단적인 사례로, 전쟁 빈도가 아주 높은 것으로 보고되고 있는 브라질 아마존의 야노마미족이 있다(58쪽 지도 3.4, '인류학자처럼 생각하기' 참조).

국가에서는 세금과 다른 형태의 세입 유발을 통해 물적 자원을 증진함으로써 군과 복합적인 군대위계가 지지를 받는다. 국가권력이 강대할수록 보다 강력하고 효율적인 군대 구조가 가능하게 되고 이에 따라 다시 국가권력은 더 강화된다. 그러므로 군대와 국가 사이에는 서로를 강화하는 관계가 발생한다. 비록 대부분의 국가들이 고도로 군사화되어 있지만 그렇다고 모든 국가들이 그렇지는 않으며 모든 국가들이 동등한 정도로 국가화되는 것도 아니다. 코스타리카(266쪽 지도 11.1 참조)는 군대를 보유하고 있지 않다.

국가들 사이에서 발생하는 전쟁의 원인을 검토하기 위해 오랜 세월 동안 여러 분야의 학자들이 연구를 진행했다. 몇몇 전문가들은 영토 확장, 더 많은 자원 확보, 시장 개척, 정치·경제적 동맹세력의 지지, 다른 국가로부터 침입에 대한 저항 등과 같은 일상적인 근본 원인을 지적한다. 다른 사람들은 인도주의적 관심사를 지적한다. 자유와 같은 가치를 옹호하기 위해 혹은 한 국가에서 옹호되는 인권과 같은 기본적 가치가 다른 국가에 의해 침탈되는 것으로부터 보호하기 위해 '정당한 전쟁'에 즉각 참여하는 것을 그 예로 든다.

아프가니스탄에서 전쟁의 원인은 시간이 지남에 따라 변화했다(Barfield, 1994). 17세기 이후로 전쟁은 하나의 방법으로 점점 더 활용되기 시작했다. 이를테면 왕이 영국이나 제정 러시아라는 외부세력으로부터 독립을 유지하기 위한 필요라는 측면에서 권력을 정당화하는 방식이 통용되기 시작했다. 아프간 최후의 왕은 1978년 쿠데타를 통해 살해당했다. 소련이 1979년에 침공했을 때는 소련에 맞설 중앙화된 지배집단이 존재하지 않았다. 소련은 지배파벌을 내몰고 소련 자체적인 지배집단을 구성해서 100만 명에 달하는 사람들을 학살하고 300만 명에 달하는 사람들이 나라를 떠나 피신하게 만들면서 국내에서도 또 다른 수백만 명의 사람들이 옮겨 다니게 만들었다. 여전히 중앙화된 명령체계가 없는 가운데 종족과 종파적인 차이가 존재하지만 소련군대의 장비보다 뛰어난 아프간인들이 저항의 전쟁을 시작하면서 소련을 이겨 1989년에 소련은 결국 후퇴하고 말았다.

긴 세월 동안 진행된 아프가니스탄의 선전 포고 없는 전쟁은 전근대 시대, 즉 전쟁이 문제를 분명하게 해결해주었던 시기에 훨씬 더 지배의 효과적 수단이었음을 시사한다(Barfield, 1994). '근대'적 전쟁 이전에는 정복한 이후 지배를 유지하기 위해서는 군대가 덜 필요했다. 왜냐하면 지속적인 내부의 반란은 덜 일상적이었고 주된 쟁점은 외부의 경쟁상대에 맞선 방어였기 때문이다. 오늘날 미국의 이라크 대공습이었던 '충격과 공포' 이후 지도자들은 국가를 공격하고 전복하는 것이 과정의 첫 단계에 불과하며 체제 변화라는 의미가 훨씬 더 복잡하다는 것을 확실히 알아야 한다.

아프가니스탄은 50여 년간의 전쟁 시기를 거쳐 여전히 회복하고 재건하려고 시도하는 와중에 있다(Shahrani, 2002). 국가의 회복에 영향을 미치는 문화적 요소에는 다음의 것들이 포함된다. 정치적 자율성에 가치를 두고 받은 상처에 보복을 요구하는 명예코드, 이슬람교도의 도덕체계, 마약 경제, 그리고 대표적으로 미국 같은 여러 외국 정부와 주요 자원을 축출해가는 기업들을 포함한 외부세력으로부터의 개입의 효과 등이다. 이처럼 충돌하는 내·외적 요인들에 직면해서 충성스러운 시민들과 더불어 강력한 국가를 건설하려는 도전은 매우 힘겨운 일이다.

글로벌-로컬 분쟁 지금까지 논의된 분쟁의 범주는 종족집단, 종파집단, 국가 등 대체로 유사한 단위들 사이에서 발생하는 것을 말한다. 적어도 유럽 강대국들이 열대지방의 나라들을 식민지로 만들기 시작한 15세기 이래 전 세계적으로 또 다른 형태의 분쟁이 발생해 왔다. 종언의 기미가 보이지 않는 이 과정은 비록 시간이 지남에 따라 주요 행위자들이 교체되긴 하지만 여전히 진행되고 있다. 세계에서 가장 강한 나라로 알려진 미국은 최근 이라크와 아프가니스탄에서 동시에 2개의 전쟁을 치르고 있다. '테러와의 전쟁'으로 정당화되지만 좀 더 비판적으로 보면 신식민주의 전쟁으로 해석될 수 있다. 즉 지배국의 물질적 자원과 정치적 이익을 확보하기 위해 세계의 전략적 지역을 통제하려는 전쟁이다. 이 같은 전쟁은 공식적으로 선전 포고가 이루어지지 않으며, 전쟁포로에 대한 처우 같은 국제 교전규칙을 따르지도 않는 경우가 빈번하다.

또 다른 형태의 분쟁은 다국적 기업 대 전형적으로 이들 기업에 반대해서 문제를 제기하고 흔히 물리적으로 투쟁하는 지역 집단 사이의 분쟁이다. 일부 문화인류학자들은 댐 건설, 광산, 석유채굴 같은 사업을 추진하는 다국적 기업이 그 사업에 영향을 받는 주민들과 조화로운 관계를 형성하고 유지할 수 있도록 도움을 준다. 비록 다양한 수준에서 진행되고 있지만, 거대 다국적 기업들이 점점 더 **기업의 사회적 책임**(corporate social responsibility, CSR)이라는 개념을 채택하고 있다. CSR에 대한 정의는 논쟁적이지만, 대부분 환경과 사람들에게 해를 끼치지 않으면서 이윤을 창출하려는 기업윤리로 요약하는 데 동의할 것이다. 목표는 인류와 지구를 보호하면서 이윤을 추구하는 것이다.

다른 인류학자들은 권익옹호자로서 소위 '영향을 받는 사람들'을 대변해서 사업에 의해 받은 피해를 기록하고, 흔히 보잘것없는 액수에 지나지 않고 늘어진 법적 절차 때문에 뒤늦게 이루어지는 경우가 대부분이지만 일정 정도의 보상을 받을 수 있게 도와준다('현실 속의 인류학' 참조). 인류학의 또 다른 역할은 자원 채취 과정의 시작 단계에서 환경영향평가에 필요한 법적 절차 그리고 이 과정이 어떻게 전형적으로 권력 네트워크를 가지고 있는 기업에게 유리하게 진행되는가를 보여주는 일이다. 하나의 사례로 페루의 한 광업 회사는 회사에 유리한 증언을 해줄 과학 전문가를 고용할 수 있었지만, 탄광을 반대하는 캄페시노(소농민)들은 그에 반대되는 증언을 해줄 전문가를 부를 수 있는 능력이 없었다(Li, 2009).

변화하는 공적 권력과 사회통제

8.3 공적 권력과 사회통제에서 발생하는 변화를 설명하기

정치인류학자와 법인류학자들은 글로벌-로컬 차원의 정치적, 법적 연결성과 변화에 대해 중요한 연구를 수행한다. 이 절에서는 변화의 세 가지 사례를 살펴볼 것이다.

국민과 초국적 국민

국민에 대한 여러 다양한 정의가 가능하며 그중 일부는 국가에 대한 정의와 겹치기도 한다. **국민**(nation)은 언어, 문화, 영토적 기반, 정치조직, 역사를 공유하는 사람들의 집단이라는 정의도 있다(Clay, 1990). 이런 맥락에서 국민은 문화적으로 동질적이며 미국은 하나의 국민으로는 간주될 수 없고 오히려 여러 국민으로 구성된 정치단위라고 할 수 있다. 이 정의에 따르면 영토적 기반을 결여한 집단은 국민으로 불릴 수 없다. 이와 관련된 용어는 국민국가(nation-state)로, 이에 대해 어떤 사람들은 하나의 국민으로만 구성된 국가라고 언급하기도 하고 다른 사람들은 여러 국민으로 구성된 국가를 의미하는 것으로 사용하기도 한다. 첫 번째 관점에 대한 사례는 이로쿼이 네이션에서 찾을 수 있다(58쪽 지도 3.3 참조).

국민과 다른 집단들은 자원과 권력의 정도에 따라 국가의 안정성과 통제에 영향을 미치는 정치적 위협이 될 수 있다. 이런 사례에는 중동의 쿠르드인('문화파노라마' 참조), 멕시코와 중앙아메리카의 마야인, 스리랑카의 타밀인, 중국의 티베트인, 중동의 팔레스타인인 등이 포함된다. 지역의 정치운동에 대한 대응으로 국가는 단일화된 정체성이라는 의미를 창출하여 이를 유지하려고 한다. 정치학자 베네딕트 앤더슨(Benedict Anderson)은 자신의 책『상상의 공동체(Imagined Communities)』(1991[1983])에서 다양한 사람들에게 일종의 소속감('상상의 공동체')을 만들어내기 위해 국가가 기울이는 상징적 노력에 대해 저술했다. 이런 전략에는 국어로 하나의 언어를 부과하는 것, 통일을 강조하는 기념물과 박물관을 건설하는 것, 통일화된 국가라는 이미지를 촉진하기 위한 노래, 의상, 시, 다른 미디어 메시지를 활용하는 것 등이 포함된다. 중국과 같은 국가는 국가에 대한 충성과 국가와의 일체감을 장려하기 위한 목적으로 종교적인 표현을 통제하기도 한다.

세계화와 증가하는 국제이주를 통해 인류학자들은 국가에 대한 개념을 재고하고 있다(Trouillot, 2001). 미국의 유사식민지라는 지위를 유지한다는 바로 그 점 때문에 푸에르토리코(지도 8.4 참조)의 사례는 특히 시사하는 바가 있다(Duany, 2000). 푸에르토리코는 완전한 미국의 주도 아니고 그 자체의 국민 정체성을 갖고 있는 자율적인 정치단위도 아니다. 더 나아가 푸에르토리코 사람들은 경계 지어진 공간적 영토에서 서로 공존하고 있는 것도 아니다. 1990년대 후반 무렵에 미국 본토에 살고 있는 푸에르토리코인들에 거의 준하는 수준의 사

기업의 사회적 책임(CSR) 환경과 사람들에게 해를 끼치지 않으면서 기업의 이윤을 창출하려는 기업윤리

국민 언어, 문화, 영토적 기반, 정치조직, 역사를 공유하는 사람들의 집단

현실 속의 인류학

파푸아뉴기니의 권익옹호 인류학과 지역사회 행동주의

응용인류학에서 논쟁적인 이슈는 인류학자가 자신이 연구를 수행하는 사람들을 대신해서 지역사회 활동가 역할을 할 수 있는가이다(Kirsch, 2002). 일부는 인류학자가 갈등 상황에서 중립적 입장을 취하고 양쪽 중 누구든 이용할 수 있는 정보만을 단순하게 제공해야 한다고 말한다. 또 일부는 인류학자가 힘 없는 자들의 편에서 힘 있는 자들에게 맞서 싸우는 데 도움을 주는 것이 적절하고 옳은 일이라고 말한다. 인류학자가 활동가 역할을 해야 한다고 생각하는 인류학자들은 중립성은 결코 진정하게 중립적이지 않다고 주장한다. 즉 표면적으로 어떤 입장도 취하지 않음으로써 간접적으로 기존의 질서를 지지하게 된다는 것이다. 양쪽 모두에게 전해준 정보는 힘이 있는 쪽의 이해관계에 봉사하기 마련이다.

1996년 파푸아뉴기니 옥테디 강가에 모여 소송 절차를 논의하기 위해 마을 회의를 하고 있는 용곰인

스튜어트 커쉬(Stuart Kirsch)는 15년 동안 파푸아뉴기니의 한 지역에서 현지조사를 수행한 후 활동가 역할을 하게 되었다. 이 지역은 옥테디 광산으로 불리는 대규모 동금광산에 의해 피해를 입었다(16쪽 지도 1.2 참조). 이 광산은 매일 8만 톤의 광산폐기물을 지역 강에 내다 버려서 광범위한 환경 파괴를 초래했고, 이는 곧 지역 주민들의 식량과 수자원을 오염시켰다. 커쉬는 더 이상의 오염을 막고 피해에 대한 보상을 받기 위한 장기간의 법적 투쟁과 캠페인에 지역 주민들과 함께 참여했다.

그는 지역 공동체와 연대하는 일을 일종의 호혜적 교환이라고 설명한다. 지난 수년 동안 지역 주민들은 그에게 자신들의 문화에 대한 정보를 제공해주었다. 그는 그가 취득한 지식이 지역 주민들의 문화적 자산이고, 주민들이 이 지식의 유용성에 대해 정당한 권리를 가지고 있다고 믿는다. 지역 공동체의 목표에 대한 커쉬의 지원은 세 가지 형태로 이루어졌다.

- 광산 하류에서 살고 있는 사람들의 문제를 생계와 건강을 유지할 수 있는 능력이라는 측면에서 기록한 것을 제공했다.
- 지역의 지도자들과 협력해서 그들의 주장이 대중들에게 알려지고 법원에 전달될 수 있도록 도와주었다.
- 광산 하류에 살고 있는 옥테디 주민들의 문제 해결을 돕기 위해 지역주민, 정치인, 광업회사 임원진, 변호사, 비정부기구 대표단 사이의 논의 과정에서 문화중개자, 즉 양쪽 문화 모두에 익숙해서 분쟁을 중재하고 예방할 수 있는 사람의 역할을 수행했다.

2001년 광산을 폐쇄할 것을 권고하는 공식 보고서에도 불구하고 광산의 미래는 불투명하다. 과거 지역사회의 피해에 대한 평가는 전혀 이루어지지 않았다. 사건이 계속 진행되는 동안 커쉬는 지역 공동체의 노력을 지속적으로 지원하고 있다. 전 세계의 원주민들은 점점 더 자신들에 관한 인류학적 지식에 대해 권리를 주장하고 있다.

커쉬에 따르면 옥테디 사례는 다른 여러 사례와 함께 문화인류학자로 하여금 자신이 연구하는 대상과의 관계와 역할에 대해 재검토하도록 만들고 있다. 이제 지역 주민이 정보를 제공하면 인류학자는 정보를 기록하고 자신의 지적 발전만을 위해 그 정보를 보관하는 구식의 현지조사는 끝났다. 전체적인 목표는 협동과 협력의 형태를 띠어야 하고, 인류학자는 흔히 연구대상자들의 권익옹호자로서 기여해야 한다.

최근 자료를 제공해준 미시간대학교 스튜어트 커쉬에게 감사드린다.

생각할 거리

옥테디 사건이나 다른 측면에서 인류학적 권익옹호의 장단점에 대해 생각해보라. 인류학자는 자신이 연구해온 지역 주민의 편에 서서 강력한 외부 세력에 맞서야 하는가? 인류학자가 지역 주민의 편에 서지 않는 것이 외부 세력의 편에 서는 것과 마찬가지인가?

람들이 푸에르토리코 섬에 살고 있었다. 푸에르토리코로의 이주도 빈번해서 그곳에서도 문화적 다양성이 나타나고 있다. 이주민에는 귀환한 푸에르토리코인들도 포함되며 도미니카인이나 쿠바인들처럼 미국으로 건너가 사는 사람들도 포함된다.

문화파노라마

중동의 쿠르드인

쿠르드인은 2,000~3,000만 명 정도의 인구를 가진 종족집단으로 대부분이 이란과 다른 나라에서 사용되는 페르시아어와 관련된 여러 쿠르드어의 방언 중 하나를 사용하고 있다(Major, 1996). 대다수가 이슬람교 수니파이다. 쿠르드인의 친족은 강한 부계제이며 가족과 사회관계는 남성이 지배하고 있다.

쿠르디스탄, 즉 '쿠르드인의 땅'이라 불리는 이들의 본 지역은 터키에서부터 이란, 이라크, 시리아까지 이어진다. 이 지역은 초원이며 가끔 산이 있지만 해안은 없다. 제1차 세계대전 전에는 양과 염소를 키우는 목축을 전업으로 했다. 전쟁 이후 이라크, 시리아, 쿠웨이트가 건국되자 많은 쿠르드인들은 새로운 국경을 넘나드는 전통적인 방식의 방목을 할 수 없게 되었다. 비록 몇 달간은 텐트에서 지내는 소수의 목축민들이 존재하지만 대부분은 1년 내내 텐트에서 지내는 방식을 고집할 수 없게 됐다. 다른 일부는 농업에 종사한다. 마을과 도시에서는 상점을 운영하거나 전문직에 종사하거나 다른 다양한 일을 하는 쿠르드인도 있다.

중동의 쿠르드인 인구에 대한 신뢰 있는 데이터는 존재하지 않으며 측정치들 사이에서 차이가 크다. 전체 쿠르드인의 절반가량인 1,000~1,500만 명이 터키에서 살고 있다. 여기서 쿠르드인은 터키 전체 인구의 20% 이상을 차지한다. 약 600만 명이 이란에서 살고 있고 400~500만 명은 이라크에서 살고 있으며 나머지 150만 명 정도는 시리아에서 살고 있다. 나머지는 아르메니아, 독일, 프랑스, 미국에서 살고 있다.

지난 수십 년 동안 쿠르드인은 독립국가를 설립하고자 노력했지만 성공하지 못하고 주로 정부군으로부터 가혹한 대우를 받고 있다(King, 2014). 터키에서 국가는 이들을 '산의 투르크인'이라 부르며 여러 방식으로 이들이 소수종족으로 공식적으로 인정되는 것을 거부했다. 터키에서는 쿠르드어를 사용하는 것이 제한되어 있다. 이라크에서는 특히 1980~88년 이란-이라크 전쟁에서 이란을 지지한 이유로 비슷한 탄압을 받았다. 사담 후세인은 쿠르드족 마을을 파괴하고 이들을 대상으로 화학무기를 사용했다. 페르시아만 걸프전쟁 이후 쿠르드인 200만 명은 이란으로 대피했다. 다른 많은 사람들은 유럽과 미국으로 이민을 갔다. 1991년 이라크의 쿠르드인은 서방세력의 지원으로 봉기에 성공하여 바그다드로부터 정치적 독립을 얻었다.

많은 쿠르드인은 건국이라는 공유된 목표를 중심으로 단결하고 있지만 여러 강력한 정치분파가 내부에 존재하며 터키에는 게릴라 운동을 하는 쿠르드인도 존재한다. 터키의 쿠르드인은 학교와 라디오-텔레비전 방송에서 쿠르드어를 사용할 수 있는 권리와 자신들의 종속관습이 인정되길 원한다. 쿠르드인은 음악과 춤을 좋아하며 쿠르드인의 마을은 독특한 공연양식으로 널리 알려져 있다.

위 글을 읽고 검토해준 켄터키대학교 다이앤 E. 킹(Diane E. King)에게 감사드린다.

(왼쪽) 염소와 양 방목은 쿠르디스탄 전역에서 주요한 경제활동이다. (가운데) 이라크 다후크에 위치한 마지슈퍼마켓과 드림시티는 복합쇼핑센터와 테마파크다. 슈퍼마켓에 진열된 물품들은 대부분 두바이나 터키에서 수입된 것이다.

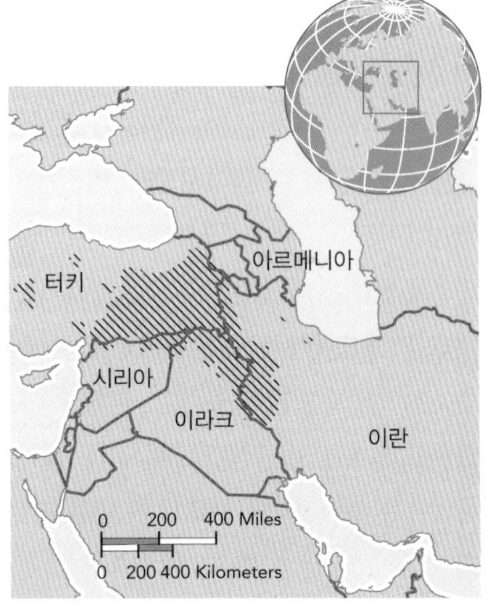

지도 8.3 중동의 쿠르드인 지역

쿠르디스탄은 이란, 이라크, 시리아, 터키, 아르메니아를 포함한다. 전체 쿠르드인의 반이 터키에 살고 있다.

이렇게 (들고 나는) 이주의 흐름은 푸에르토리코를 하나의 국민이라는 의미로 구성하는 데 이중적인 의미를 제기한다. 첫째, '국민' 절반이 본토 밖에서 살고 있다. 둘째, 본토라는 영토 내에서도 이곳으로 이주하는 사람들의 다양성 때문에 국민 동질성은 존재하지 않는다. 귀환이주를 한 푸에르토리코인들은 그중 많은 사람들이 영어를 일차적인 언어로 채택

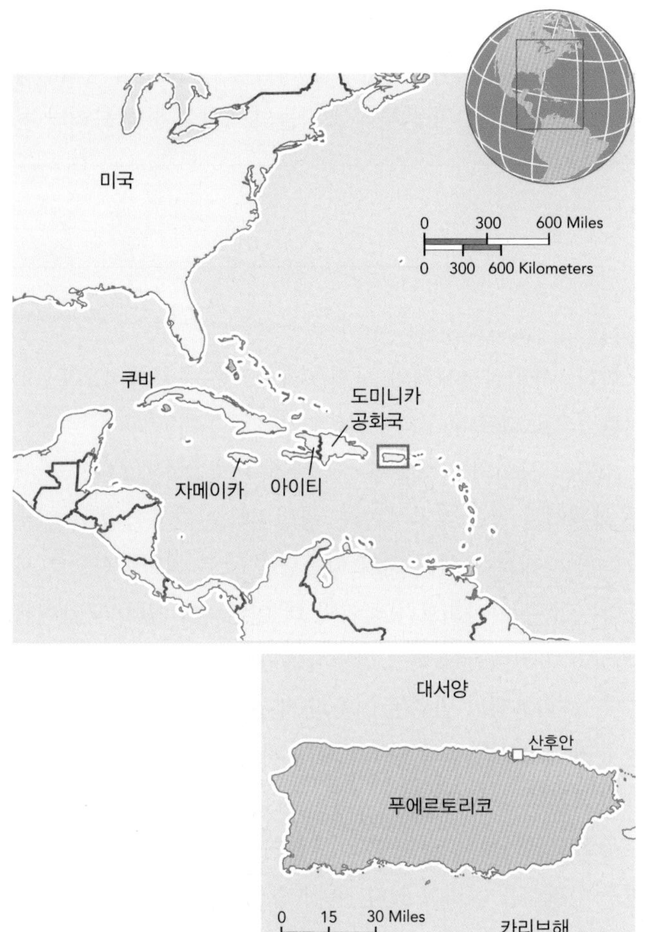

지도 8.4 푸에르토리코

자유연합주 푸에르토리코는 미국의 자치령이다. 섬의 원주민인 타이노인은 멸종했다. 현재 푸에르토리코에 살고 있는 주민들의 DNA를 분석한 결과 이들의 조상은 타이노인, 스페인 식민주의자, 노예로 끌려왔던 아프라카인이 섞여 있다. 경제는 농업이 기본이고 사탕수수가 주요 농산물이다. 관광과 외부로부터의 송금도 중요하다. 공식언어는 스페인어와 영어이다. 천주교가 지배적인 종교지만 개신교인의 수도 증가하고 있다.

하고 있기 때문에 섬에서 원래 살던 사람들과 다르다. 이 모든 과정을 부추기는 것은 초국적 정체성의 출현이다. 초국적 정체성은 미국이나 푸에르토리코 중 어느 하나를 중심으로 국민적 정체성을 삼는 것과는 다르다(제12장에 초국주의에 대한 추가적인 자료들이 제시된다).

민주화

민주화는 권위주의체제로부터 민주주의체제로 전환하는 과정을 의미한다. 이 과정에는 고문의 종식, 정치 수감자들의 해방, 검열의 완화, 일부 반대파에 대한 관용(Pasquino, 1996) 등 몇 가지 특징이 포함된다. 일부 사례의 경우 성취된 것은 민주주의로의 진정한 전환이기보다는 권위주의의 완화에 더 방점이 찍힌다. 그리고 민주주의로의 진정한 전환은 권위주의적인 정부가 더 이상 통제하지 않을 때 발생한다. 전통적인 이해관계를 대변하거나 다른 반대입장을 표명하는 정치 정당들도 나타난다.

민주주의로의 전환은 고도의 권위주의적인 사회주의 정부에서 변화가 일어나려고 할 때 특히 어려워 보인다. 이 양식은 민주화가 계획경제로부터 시장자본주의에 기반한 것으로 전환된 것이라고 간주되는 측면에서 일부 설명이 가능하다(Lempert, 1996). 얼룩투성이가 된 민주화라는 기록은 친족과 후원제에만 기반하던 지역의 정치적 전통과 민주주의 원칙의 여러 측면이 잘 들어맞지 않는다는 사실과도 연관되어 있다.

UN과 국제 평화유지

국제 평화유지에서 문화인류학이 기여할 수 있는 바는 무엇인가? 로버트 카네이로(Robert Carneiro, 1994)는 이에 대해 비관적인 답변을 내놓았다. 카네이로는 군단으로부터 국가로 진화해 온 오랜 기간에 걸친 인류의 정치사 속에서 전쟁은 정치단위가 자신의 권력과 영역을 확장하기 위한 주요한 수단이었다고 한다. 카네이로는 이런 과정을 끝낼 만한 어떤 논리적 목적을 찾지 않는 한 전쟁은 초국가가 엄청난 규모로 커져서 궁극의 단계에서 하나의 거대국가가 되기 전까지 계속 전쟁으로 이어질 것이라고 예견했다. 그는 세계 평화에 대한 근본적인 장애물을 대하는 UN의 무능력을 떠올렸다. 문제는 국가의 주권적 이해관계인 것이다. 카네이로는 강제력을 결여한 UN이라는 점 그리고 군사적 개입을 통해 분쟁을 해결하고자 한 UN의 시도가 극히 일부에 불과하다는 점을 규탄한다.

만일 전쟁이 불가피하다면 인류학적 지식으로써 평화를 유지하는 노력을 기울일 수 있다는 데 대해서도 거의 희망을 가질 수 없을 것이다. 카네이로의 관점도 그러했음에도 불구하고, 문화인류학자들은 전쟁이 문화적으로 보편적인 것이 아니며 일부 문화는 전쟁에 의존하지 않고도 논쟁을 해결했다는 것을 익히 밝혀 왔다. '비판적 문화상대주의'(제1장에서 개념을 검토함)라는 문화인류학자들의 관점은 갈등이라는 쟁점에 대한 유용한 배경지식을 제공할 수 있을 것이며 더불어 관계된 양측 사이에 깊이 있는 대화를 촉진할 수 있을 것이다.

2개의 긍정적인 입장이 발견된다. 최소한 UN은 논쟁을 공표하는 데 도움이 된다. 이에 따라 국제 평화조직은 세계적 문제에 관한 상호연관성을 분석하는 포럼의 장을 마련하거나 폭력의 원인과 결과를 드러냄으로써 세계 평화와 질서를 위한 역할을 할 수 있다. 또 다른 긍정적 방향성은 집단 간 이해관계에 다리를 놓는 혁신을 통해 지역적 · 글로벌적 평화협상을 촉진하는 NGO와 풀뿌리 조직들의 역할을 통해 드러난다.

8 학습목표 재고찰

8.1 인류학자가 공적 권력을 어떻게 정의하고 연구하는지 알아보기

정치인류학은 공적 영역에서 나타나는 권력관계를 연구하고 이들이 통문화적으로 어떻게 다르고 변화하는지를 연구하는 학문이다. 정치인류학자들은 권력 자체에 대한 개념과 이와 관련된 개념인 권위와 영향력을 연구한다. 이들은 소규모와 대규모 사회의 정치와 정치조직에서 볼 수 있는 리더십의 역할과 책임 그리고 권력의 분배에서 비슷한 점과 다른 점을 발견했다.

수렵채집민들은 군단이라는 최소한의 정치조직 형태를 가지고 있다. 군단의 가입조건은 우연하다. 만약 한 구성원이 다른 사람이나 배우자와 심각한 불화가 생기면, 그의 선택 중 하나는 군단을 떠나 다른 군단에 가입하는 것이다. 군단의 리더십은 비공식적이다. 부족은 군단보다 좀 더 공식적인 정치조직 형태이다. 부족은 여러 군단이나 혈통집단으로 구성되며 남성 또는 여성 우두머리가 지도자이다. 빅맨 또는 빅우먼 정치체계는 부족의 확대된 형태이다. 지도자는 여러 마을에 속해 있는 사람들을 다스린다. 추장사회는 수천 명을 다스릴 수 있다. 계급은 상속되며 추장의 가계 구성원들과 보통 가계의 구성원들 사이에는 사회적 구분이 존재한다.

국가는 여러 공동체를 아우르며 강제력을 가지고 있는 중앙집중화된 정치단위이다. 국가는 몇몇 곳에서 집약적 농업의 등장, 잉여의 증가, 인구밀도의 증가 등과 함께 진화해 왔다. 대부분의 국가는 위계적이며 가부장제적이다.

8.2 문화가 사회질서를 유지하고 갈등을 다루는 방법을 알아보기

법인류학은 사회질서와 사회갈등의 문화적 차이를 연구하는 것을 포함한다. 최근 시도되는 접근방식인 비판적 법인류학에서는 어떻게 법제도가 사회불평등과 불의를 유지하고 지원하는지를 보여준다. 법인류학자들은 규범과 법의 차이를 연구한다. 사회질서체제와 사회통제방식은 통문화적으로, 또 시간적으로 다르다.

소규모 사회의 사회통제는 위반자를 처벌하기보다는 질서를 복원하는 것을 우선시한다. 광범위하고 다양한 법률 전문가들의 존재는 사회 수치와 따돌림을 주로 처벌방식으로 사용하는 소규모 사회보다 국가와 더 연관되어 있다. 국가에서는 국가의 거대한 권력을 반영하는 구금과 사형이 존재할 수 있다. 사회분쟁의 범위는 이웃과 배우자 간에 일어나는 면대면 분쟁에서부터 종족집단과 국가 간의 분쟁과 같은 큰 집단 간의 분쟁까지 이어진다.

문화인류학자는 글로벌적 분쟁과 평화유지 방안에 대한 연구에 관심을 돌리고 있다. 핵심 쟁점은 분쟁을 해결하는 과정에서 문화에 대한 지식이 어떠한 역할을 하는지 그리고 어떻게 국제 또는 국지적 조직이 평화를 만들고 유지할 수 있는지다.

8.3 공적 권력과 사회통제에서 발생하는 변화를 설명하기

정치체계와 법체계의 변화에 대한 인류학적 연구는 변화의 여러 경로를 기록하고 있다. 대부분은 유럽 식민주의와 현대 자본주의의 글로벌화의 강력한 영향과 연관되어 있다. 탈식민지 국가들은 내부적인 종족분열과 민주화의 압력과 싸우고 있다.

집단들이 국가 내에서 자신들의 권익을 증대하려고 경쟁하거나 국가로부터 분리하고자 하면서 종족정치는 국가 내부적으로 국가 사이에서 나타나고 있다. 쿠르드인은 정치적 자립을 위해 싸우는 종족집단의 한 사례이다.

문화인류학자는 UN과 같은 국제기구의 내부 역동성을 포함한 국제적 쟁점에 대한 연구를 더 많이 하고 있다. 이들의 연구는 문화인류학이 국제 평화유지 및 분쟁해결과 무관하지 않다는 것을 보여준다.

핵심 개념

국가	마우카	사회규범	정치조직
군국주의	국민	사회정의	종파분쟁
군단	법	사회통제	추장사회
권력	부족	시련을 통한 재판	치안유지
권위	비판적 법인류학	영향력	켄테 의상
기업의 사회적 책임	빅맨체계 또는 빅우먼체계	전쟁	

틀에서 벗어나 생각하기

1. 이 장에서 정의된 권력, 권위, 영향력이라는 개념들을 캠퍼스 정치 또는 여러분에게 익숙한 다른 맥락에서 생각해 보라.
2. 여러분의 국가에는 국가권력을 상징하는 것으로 어떤 것들이 있는가?
3. 여러분은 국가에 대해 어떤 입장을 가지고 있는가? 그 입장이 평화로운 세계 그리고 국내 안정과 시민 복지를 위해 가장 좋은 선택인가? 성공적인 국가의 사례로는 어떤 것이 있는가?

CHAPTER 9

커뮤니케이션

개요

학습목표

9.1 인간이 커뮤니케이션하는 방식을 요약하기

9.2 커뮤니케이션이 문화다양성 및 사회불평등과 어떻게 연결되어 있는지 논의하기

9.3 언어변화의 사례들을 설명하기

인류학의 연관성

투아레그족은 전통적으로 서부 아프리카 사헬 지방에 광범위하게 흩어져서 살아가는 유목민이다(292쪽의 지도 12.5 참조). 투아레그족에서는 여성이 아닌 남성이 머리와 얼굴을 가리는 베일을 착용한다(Rasmussen, 2010). 투아레그 사회에는 모계적 특성을 보여주는 이슬람 이전의 전통 그리고 부계적 유산을 중시하는 이슬람 법과 관행들이 뒤섞여 있다. 투아레그 사회 남성들의 베일 착용은 정착민에 대한 사회적 존중과 동시에 그들로부터의 사회적 거리를 표현하는 것으로서 일정한 형태의 시각적 신호를 구성한다. 현재 많은 투아레그족 청년들이 베일을 착용하지 않고 있는데, 연장자들은 이를 존엄성의 상실로 간주하고 있다. 더욱이 투아레그 남성들은 베일을 벗고 얼굴을 드러내는 것을 수치스럽게 생각함에도 불구하고, 국가가 신분증 사진을 요구하기 때문에 베일을 벗고 얼굴 전체를 드러낸 채 사진을 찍어야 한다.

이 장은 커뮤니케이션과 언어에 관한 장으로서 언어인류학과 문화인류학적 연구에 동시에 의거해 있다. 이 장은 커뮤니케이션을 광각렌즈를 통해 바라봄으로써 단어선택에서 언어사멸까지 아우르는 광범위한 주제를 다루고 있다. 이 장의 첫 번째 절에서는 인간이 어떻게 커뮤니케이션을 하고 또 무엇이 인간과 동물의 커뮤니케이션을 구별할 수 있게 하는가에 관해 논의한다. 두 번째 절에서는 언어, 미시문화 그리고 불평등의 예들을 제시한다. 세 번째 절에서는 언어의 변화와 관련해서 먼 과거에 발생한 언어의 기원에서부터 언어의 소실에 관한 현재의 관심까지 포함하는 폭넓은 주제를 다룬다.

보노보 원숭이 수컷인 칸지와 함께 있는 영장류학자 수 새비지-럼보(Sue Savage-Rumbaugh). 칸지는 영장류 언어에 관한 장기 연구 프로젝트에 참여하고 있다. 그는 상징을 사용하는 방법을 여러 개 학습했다. 일부 침팬지, 보노보, 오랑우탄, 고릴라는 미국식 수화를 통해 커뮤니케이션을 할 수 있고, 컴퓨터 키보드의 상징들을 알아볼 수 있다.

인간 커뮤니케이션의 다양성

9.1 인간이 커뮤니케이션하는 방식을 요약하기

인간은 발화나 문자화된 단어, 제스처, 의복이나 헤어스타일 같은 다양한 형태의 신체언어를 통해 그리고 전화, 편지, 이메일 같은 방법을 통해 소통한다.

언어와 구어적 커뮤니케이션

대부분의 사람들은 다른 사람들, 초자연적인 것들 또는 애완동물 등과 거의 항상 소통한다. 우리는 대면적 상황에서 직접 소통하거나 편지 또는 이메일을 통해 간접적으로 소통하기도 한다. **커뮤니케이션**(communication)은 메시지를 주고받는 과정이다. 인간들 사이의 커뮤니케이션은 일정한 형태의 언어, 즉 학습되고 공유된 의미를 담고 있는 상징과 기호의 체계를 수반한다. **언어**(language)는 발화나 수화로 표현될 수도 있고 또 문자로 기록될 수도 있다. 또한 언어는 몸의 움직임, 신체

커뮤니케이션 의미 있는 메시지를 주고받는 과정

언어 한 집단에 의해 공유되고 세대에 걸쳐 전달되는 학습된 상징과 기호의 체계적인 묶음에 기초해서 이루어지는 커뮤니케이션의 한 형태

피라항 집단의 오두막. 대니얼 에버렛(Daniel Everett)이 수년에 걸쳐 행한 피라항 문화와 언어에 대한 연구는 피라항 사람들이 문화적으로 빈곤한 삶을 살고 있지 않다는 점을 보여준다. 피라항 사람들은 술래잡기 및 여타 게임류의 여가활동이 포함된 자신들의 생활방식에 만족하고 있다. 그들은 자신들의 삶의 방식대로 살아가길 희망하고 있다. 하지만 그들의 보호구역은 외부의 영향으로부터 완전히 자유롭지 못하다.

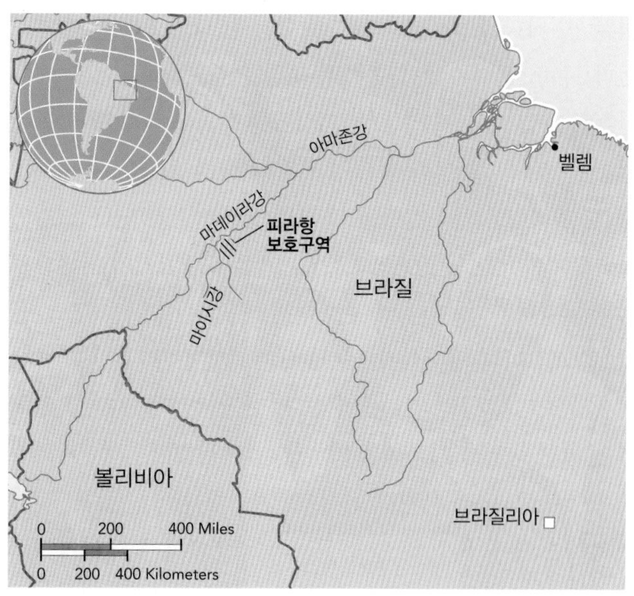

지도 9.1 브라질의 피라항 보호구역

언어학자 대니얼 에버렛은 1980년대에 피라항 보호구역의 경계를 정하는 일을 도왔다. 그 경계표시는 '문화생존'을 위시한 여러 단체들로부터 지원을 받아 1994년에 법적으로 공표되었다.

표식과 신체변형, 헤어스타일, 의상, 장식 등을 통해 전달될 수 있다.

인간 언어의 두 가지 특징 몇 세기 동안 언어 연구자들은 여타 생물의 커뮤니케이션과 구별되는 인간 언어의 특징을 제시해 왔다. 아래 자료는 그러한 특징 중 가장 명백한 두 가지를 묘사하고 있다.

첫째, 인간의 언어는 **생산성**(productivity), 즉 제한된 일련의 규칙으로부터 무한한 범위의 이해 가능한 표현을 창출할 수 있는 능력이 있다. 이 특성은 인간이 커뮤니케이션을 위해 사용하는 상징과 기호의 다양성에서 비롯된다. 대조적으로, 비인간 영장류는 보다 제한적인 커뮤니케이션 자원을 가지고 있다. 그들은 **호출체계**(call system), 즉 환경적 요인에 대한 반응으로 생성된 일련의 의미 있는 소리를 통해 이루어지는 구어적 커뮤니케이션에 의존한다. 비인간 영장류는 인간과 같은 종류의 발화에 필요한 생리적 능력이 없다. 하지만 능력 면에서 일부 보노보 원숭이(피그미침팬지)와 침팬지는 수화를 사용하거나 차트에 있는 상징을 가리키는 방식으로 인간과 효과적으로 소통하는 법을 학습할 수 있다. 세계에서 가장 유명한 보노보원숭이는 아이오와주 디모인 대형유인원보호소에 있는 칸지이다. 칸지는 인간이 자신에게 하는 말의 많은 부분을 이해하고 칠판에 그려진 상징을 조합해서 대답도 할 수 있다. 그는 또한 팩맨 같은 단순한 비디오 게임도 즐길 수 있다(http://www.greatapetrust.org).

둘째, 인간 언어는 **전위**(displacement, 轉位)의 특성, 즉 즉각적인 현재를 초월한 사건과 쟁점을 지시할 수 있는 능력이 두드러진다. 이 점에서 과거와 미래는 전위된 영역으로 간주된다. 이 전위된 영역은 환상이나 소설에서처럼 전혀 존재하지 않는 인물과 사건에 대한 묘사를 포함한다.

인간 언어의 생산성 및 전위와 관련해서, 브라질 피라항 사람들의 언어는 가정된 언어의 보편적 특징들에 관해 많은 질문을 던지게 한다(Everett, 2008)(지도 9.1 참조). 피라항 사람들의 언어에는 생산성과 전위가 일정 정도 존재하긴 하지만 양자 모두 강조되지는 않는다. 피라항은 마이시강 유역의 아마존 열대우림 속 보호구역에 살고 있는 약 350명의 수렵채집민 집단이다. 그들의 언어에는 단지 3개의 대명사와 소수의 시간 관련 단어만 있고, 과거형 동사와 색깔용어는 없으며 영

생산성 잠재적으로 무한한 수의 메시지를 효과적으로 소통할 수 있는 인간 언어의 한 특징

호출체계 환경적 요인에 대한 반응으로서 생성된 일련의 의미 있는 소리를 통해 비인간 영장류들 사이에서 이루어지는 구어적 커뮤니케이션의 한 형태

전위 현재와 과거의 사건에 관해 이야기할 수 있는 인간 언어의 한 특성

어로 '약 하나'로 대략 번역될 수 있는 한 단어 외에는 숫자도 없다. 문법이 단순해서 종속절 또한 없다. 친족용어도 매우 단순하고 몇 개 되지 않는다. 피라항은 신화나 설화도 없고 목걸이와 소수의 조야한 막대기 모양의 물건 외에는 공예품도 없다. 피라항은 브라질인들 그리고 언어가 다른 인근 인디언들과 200년이 넘게 접촉해 왔지만 여전히 단일언어 집단으로 남아 있다.

1977년 이래 언어학자 대니얼 에버렛은 피라항인들과 함께 생활하며 그들의 언어를 배웠다. 따라서 그가 피라항 언어의 중요한 측면을 간과했을 가능성은 거의 없다. 그는 피라항 언어가 결코 '미개'하거나 부적합하지는 않다고 주장한다. 그 언어에는 매우 복잡한 동사 그리고 언어학에서 운율학이라 불리는 풍부하고 다양한 강조용법과 성조가 있다. 피라항인은 자신들 사이에서뿐만 아니라 조사자와의 관계에서도 농담과 놀리기를 특히 좋아한다.

수십 년 동안 언어인류학자들은 주로 현장조사와 참여관찰을 통해 커뮤니케이션과 언어에 관해 연구해 왔고, 이 장 대부분의 논의는 그러한 연구 결과물에 입각해서 이루어진다. 하지만 최근 일부 학자들은 흔히 휴대전화, 페이스북, 트위터 같은 커뮤니케이션 소스와 인터넷의 사용을 통해 생성되는 수천, 수백만, 혹은 수십억 단위의 데이터를 포함하는 정보의 수집, 즉 **빅데이터**(big data)를 활용하는 양적접근을 추구해 왔다(Palchykov et al., 2012). 예를 들어 한 연구는 유럽의 한 나라에서 7개월 이상 이루어진 휴대전화 사용을 분석했는데, 여기에는 총 10억 9,500만 회의 통화와 50억 개의 문자메시지가 포함된다. 연구자들은 발신자와 수신자의 연령과 성을 기준으로 데이터를 분석했고, 통화의 빈도를 추적했다. 놀라운 발견 중 하나는 여성들의 경우 나이가 많을수록 남자에게 전화를 하는 경향이 줄어들고 부모와 자식들에게 더 자주 전화를 한다는 점이었다. 젊은 여성일수록 남성에게 전화를 더 많이 하는 경향이 있었다. 이러한 수준의 거시적인 분석은 한 나라 수준의 놀라운 패턴을 드러낸다. 대부분의 문화인류학자들은 보다 구체적인 패턴과 휴대전화 통화에서의 젠더차이를 규정하는 맥락에 대해서 더 알고 싶어 할 것이다.

구어의 형식적 특질 인간의 언어는 모든 언어의 형식적 구성

빅데이터 흔히 휴대전화, 페이스북, 트위터 같은 커뮤니케이션 소스와 인터넷의 사용을 통해 생성되는 수천 혹은 수백만 단위의 데이터를 포함하는 정보의 세트

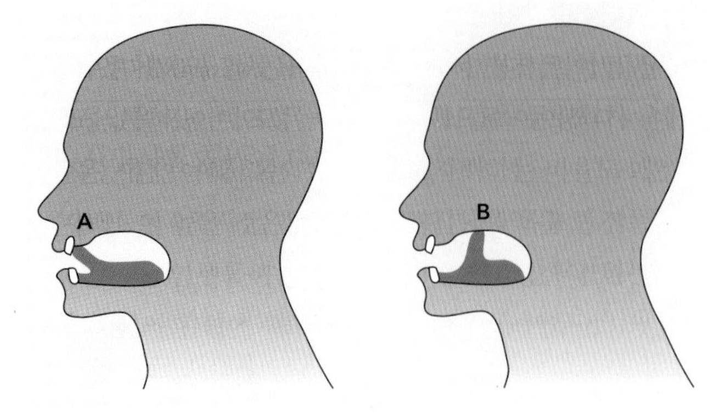

그림 9.1 치음과 반전음의 혀 위치

치음을 낼 때에는 윗앞니 뒤쪽에 혀를 위치시킨다(그림의 A 위치). 반전음을 만들 때에는 혀를 입천장 중앙에 위치시킨다(그림의 B 위치).

요소인 소리, 어휘, 구문(때로 문법이라는 불리는) 등의 형식적 특질을 통해 분석될 수 있다. 하지만 언어는 어떤 소리가 중요하고, 어휘목록에서 어떤 단어가 중요하며, 의미 있는 문장을 만들기 위해 단어들을 어떻게 조합하는가라는 측면에서 광범위한 다양성을 보여준다. 새로운 언어를 배운다는 것은 통상 새로운 일련의 소리를 배운다는 것을 의미한다. 구어에서 의미의 차이를 만들어내는 소리를 **음소**(phoneme, 音素)라 한다. 음소에 대한 연구가 바로 음성학(phonetics)이다.

영어가 모국어인 사람이 북인도의 주요 언어인 힌디어를 배우고자 한다면 반드시 여러 개의 새로운 소리를 발성하고 인식하는 방법을 배워야 한다. 힌디어에는 네 가지 다른 'd' 음이 있다. 이들 음은 통상 윗앞니 뒤쪽의 잇몸에 혀를 대고 발음하는 영어의 'd' 음과 완전히 다르다(발음해보라). 언어학자들이 '치음(齒音)'이라 부르는 한 힌디어의 'd' 음은 윗앞니 뒤쪽에 혀를 강하게 눌러서 발음한다(발음해보라)(그림 9.1 참조). 다른 하나는 대기음(帶氣音, 공기로 발음하는 음)으로 발음하는 'd' 음인데, 이 소리를 내려면 혀를 치음 'd'를 낼 때와 동일한 위치에 두고 공기를 불어야 한다(이것을 발음해보고 또 공기를 전혀 불지 않는 치음 'd'도 다시 발음해보라). 다음은 '반전음(反轉音)'이라 부르는 것으로 입천장 중앙에 혀를 튕겨서 발음한다(바람을 불지 않고 발음해보라). 마지막으로 입천장 중앙에 혀를 대고 바람을 불어서 발음하는 대기반전음(帶氣反轉音) 'd'이다. 이 발음이 되면 이 일련의 발음을 't'를 사용해서 다시 한 번 시도해보라. 힌디어에서는 't'음을 'd'

음소 구어에서 의미의 차이를 만드는 소리

- 온화한 날씨에 안정적이고 차분하게 내리는 눈
- 간헐적인 결빙/해빙과 강한 바람으로 인해 두텁게 다져진 눈
- 강한 바람으로 단단하게 다져지면서 형성된 눈
- 늦겨울과 봄에 발견되고 지표에 가장 가까운 바닥 층에 있는 건성의 결이 굵고 수분을 함유하고 있는 눈
- 비가 온 후에 단단한 층을 형성하는 눈
- 얼어 있는 지표에 내린 비에 의해 형성되는 목초잎을 덮은 얼음 층
- 얇은 얼음판 역할을 하는 다른 눈 층들 사이에 있는 한 층의 결빙된 눈

그림 9.2 사미족이 순록목축과 관련해서 인식하는 '눈'의 종류

출처 : Jernsletten, 1997.

음과 동일한 양식으로 발음한다. 힌디어의 수많은 발음은 올바른 단어의 소통을 위해 정교한 대기음의 사용과 혀의 위치 조정을 필요로 한다. 적절한 시기가 아닌 때에 대기음을 내면 '편지'를 말하고자 하는데 '유방'이라는 단어를 말해버리는 심각한 실수를 저지르게 된다.

모든 언어에는 의미 있는 단어의 총합인 어휘 또는 어휘목록이 있다. 발화자는 의미를 생성하기 위해 단어를 조합해서 구와 문장을 만든다. 의미론(semantics)은 단어, 구, 문장의 의미를 연구하는 분야이다. 인류학자들은 특수한 문화적 맥락 내에서 단어, 구, 문장의 의미를 연구하는 분야인 **종족의미론**(ethnosemantics)이라는 개념을 추가한다. 그들은 언어가 세계를 분류하는 방식이 심지어 색깔과 질병 같이 일견 자연적인 것들조차도 상이한 방식으로 범주화할 정도로 예측 불가능하다는 사실을 발견했다(제5장의 수바눈 질환에 관한 논의를 상기해보라). 종족의미론적 연구는 인간이 세계와 그 속에 존재하는 자신의 위치를 정의하고 사회적 삶을 조직하는 방식에 대해 그리고 무엇이 그들에게 중요한 의미를 가지는가에 대해 많은 것을 알려준다. 초점어휘는 특정한 문화의 중요한 측면을 표현하는 일군의 단어이다. 예를 들어 여러 극지방 언어에는 눈과 관련된 초점어휘가 풍부하다(그림 9.2 참조). 아프가니스탄 산악지역에 사는 사람들은 다양한 종류의 바위에 관해 수많은 용어를 사용한다.

구문론(syntax) 혹은 문법은 특정한 문장이나 문자열(string) 속에서 의미 있게 단어를 조합하는 방식을 규정하는 양식과 규칙으로 구성된다. 비록 그 형태는 변화하지만 모든 언어는 일정한 구문규칙이 있다. 심지어 현대 유럽어도 구문상의 변이를 보여준다. 예를 들어 독일어는 동사가 문장의 끝에 위치하는 경우가 흔하다.

구어적 커뮤니케이션의 모든 형식적 측면은 모든 사람들이 발화를 통해 자신과 자신의 경험에 대해 단순하고 복잡한 메시지를 전달할 수 있도록 해준다. 아래의 절에서 논의하는 침묵의 중요성처럼 모든 문화가 그 성원들을 동일한 정도로 '수다스럽게' 만드는 것은 아니다. '수다스러운' 문화에서는 자신의 경험, 특히 고통스럽고 트라우마적인 경험에 관해 이야기를 나눌 수 있는 것이 치유의 한 방법일 수 있다('현실 속의 인류학' 참조).

비구어

구어적 발화에 의존하지 않는 언어와 커뮤니케이션의 형태도 다양하게 존재한다. 하지만 비구어도 구어와 마찬가지로 상징과 기호에 기초해 있고 적절한 조합과 의미의 생성을 위한 규칙이 있다.

수화 **수화**(sign language)는 메시지의 전달을 위해 주로 손의 움직임을 사용하는 커뮤니케이션의 한 형태이다. 수화는 구어와 마찬가지로 사용자에게 충분한 커뮤니케이션 체계를 제공해준다(Baker, 1999). 세계에는 미국 수화, 영국 수화, 일본 수화, 러시아 수화, 그리고 여러 개의 호주 원주민 수화를 포함하는 수많은 종류의 수화가 있다. 대부분의 수화는 청각장애인들의 주요 커뮤니케이션 형태로서 사용된다. 하지만 여러 호주 원주민 공동체의 경우 흔히 구어가 가능한 사람들이 수화를 능숙하게 사용하기도 한다(Kendon, 1988). 예를 들어 그들은 어떤 성스러운 맥락, 즉 남성이 사냥을 할 때나 미망인이 상중에 있을 때 같이 구어가 금기시되거나 바람직하지 못한 것으로 간주되는 상황에서 수화로 대신한다. 제스처는 의미를 전달하는 움직임인데 통상 손의 움직임이다. 어떤 제스처는 보편적인 의미를 가질 수 있지만 대부분 문화적으로 특수하고 완전히 자의적인 경우도 흔하다. 어떤 문화에는 다른 문화보다 더 고도로 발달된 제스처 체계가 있다. 남아프리카 프리토리아와 요하네스버그의 흑인 젊은이들은 풍부한 제스처를 구사한다(Brookes, 2004)(165쪽 지도 7.5 참조). 일부 제

종족의미론 특정한 문화적 맥락에서 수행하는 단어, 구, 문장의 의미에 관한 연구

수화 주로 손의 움직임을 이용해서 메시지를 전달하는 커뮤니케이션의 한 형태

현실 속의 인류학

문제에 관해 말하기

폭력에서 살아남은 난민들은 특히 정신분석학자들이 말하는 외상후 스트레스장애(PTSD)를 포함하는 다양한 정신건강문제의 위험에 노출되어 있다. 이 장애는 우울, 불안, 수면장애, 성격변화 같은 증세를 포함한다. 북미의 난민 생존자들을 치료하면서 수난자들이 억압된 기억을 내려놓는 방법으로 그 또는 그녀의 경험을 말하게 하는 내러티브 치료법을 포함한 다수의 접근법이 활용되었다. 이 치료법은 한 개인이 안전하고 사려 깊은 대인관계 속에서 자신에게 발생한 사건에 대한 이야기를 상세하게 하도록 요청하는 것을 수반한다.

현재 미국에 살고 있는 보스니아 난민들에 관한 한 연구는 생존자들로 하여금 자신들의 공포와 고통의 경험을 이야기하도록 하는 것이 긍정적인 효과가 있음을 잘 보여준다(Weine et al., 1995). 피조사자 중 10명은 남성, 10명은 여성이었고, 연령은 13세에서 62세까지였다. 한 사람을 제외한 나머지는 모두 무슬림이었고, 모든 성인은 혼인했으며 집 안팎에서 일을 했다. 그들의 내러티브에 대한 분석은 모든 사람이 많은 트라우마적 사건을 경험했고 그 빈도가 연령에 따라 증가한다는 사실을 보여주었다.

거의 모든 난민들이 가옥의 파괴, 강제 소개, 물과 음식의 박탈, 가족 구성원의 실종, 폭력과 죽음에의 노출, 난민캠프 억류, 그리고 강제이주를 경험했다 : "거의 모든 난민들이 이웃, 동료, 친구, 친척들이 갑작스럽게 인간적인 배신을 했을 때 받은 충격을 강조했다"(1995: 538).

난민들의 증언은 보스니아 무슬림 전체 인구를 대상으로 행해진 트라우마적 폭력의 인종청소적 성격을 드러내준다. 이 트라우마적 경험은 "극단적이고 여러 번에 걸쳐 반복되었으며, 공동체 전체에 대해 지속되었다"(1995:539). 생존자 중 일부는 죽음과 잔혹함의 항구적인 이미지를 안고 산다. 한 남성은 그러한 이미지를 자신의 뇌리에서 상영되는 '영화'로 묘사한다. 대조적으로 어떤 이들은 사건에 대한 기억을 상실했는데, 한 여성은 3주 전에 자신이 말했던 트라우마적 이야기를 나중에 기억하지 못했다. "온갖 종류의 일들이 한꺼번에 왔다. 추방당했다. 우리가 잃어버린 것들. 20년 동안 일했지만, 갑자기 아무것도 남아 있지 않은 상황이 되어버렸다. …모든 기억이 동시에 일어나고, 그게 너무 과도하다"(1995:541).

정신과 의사들의 보고에 따르면, 그들 고통의 엄청난 무게가 PTSD라는 정신과적 진단범주의 한계를 넘어서까지 확장된다. 하지만 깊고 광범위한 고통에도 불구하고 미국에 있는 다수의 보스니아 난민들은 스스로를 회복하고 재구축하고 있는데, 이는 아마도 부분적으로 내러티브치료의 성공 때문일 것이다.

하지만 다른 문화적 배경을 가진 난민들에게 이와 같은 치료적 접근을 적용한 사례를 연구한 바에 따르면, 일부 사람들은 아주 세심하고 안전한 세팅에도 불구하고 자신들의 경험에 관해 이야기하기를 극단적으로 꺼리는 경우가 있다. 따라서 내러티브치료법이 모든 문화에서 효과적인 것은 아닐 수도 있을 것 같다.

지도 9.2 보스니아헤르체고비나

이전 유고슬라비아 사회주의공화국 연방의 일부였던 보스니아헤르체고비나의 인구는 약 400만 명이다. 보스니아는 이 나라의 북부지역에 위치하고 전체 영토의 4/5를 점하고 있는데, 헤르체고비나는 남부지역에 위치한다. 이 나라는 1992~1995년 전쟁 이후 재건 문제에 여전히 직면해 있다. 밝은 면을 보면, 이 나라는 전 세계에서 수입평등 수준이 가장 높은 나라 중 하나이다.

한 유해발굴 전문가가 보스니아의 대량학살 매장지에서 발견된 두개골에서 흙을 제거하고 있다. 이 매장지는 1992~1995년 전쟁 중 세르비아계 보스니아 군인들에 의해 학살된 약 500명의 무슬림 민간인 유해가 매장되어 있는 것으로 추정되고 있다.

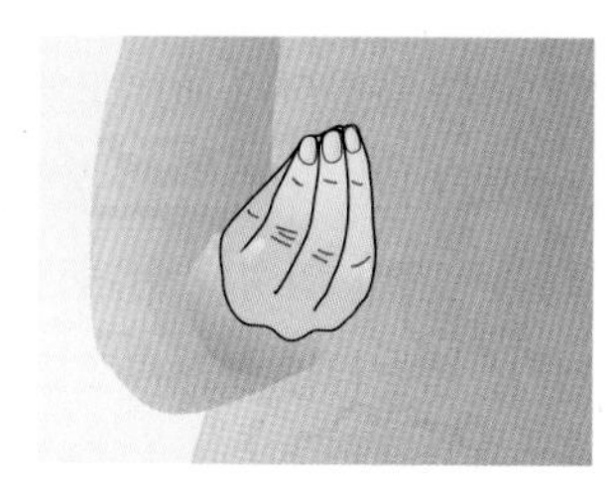

아이
한 손의 손가락 끝을 모아 위로 향하게 한다.

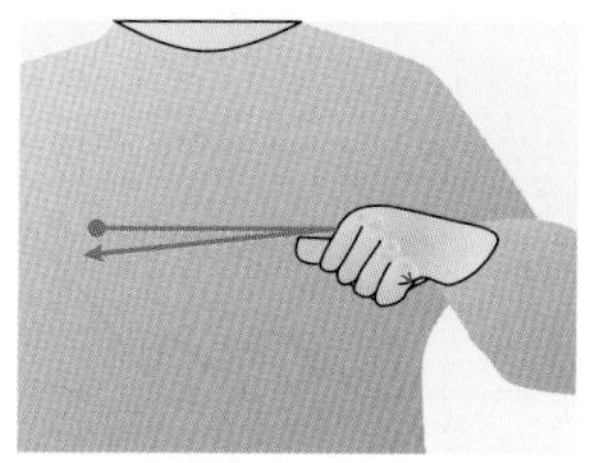

소녀/여자친구
엄지로 양쪽 가슴을 터치한다. 사용하는 손의 반대쪽 가슴에서 시작해서 다른 쪽 가슴을 터치한 다음 다시 처음으로 돌아간다.

아버지/남성 연장자/남자친구
엄지를 턱 밑에 대고, 검지 관절의 옆면을 턱 아래 방향으로 한두 번 문지른다.

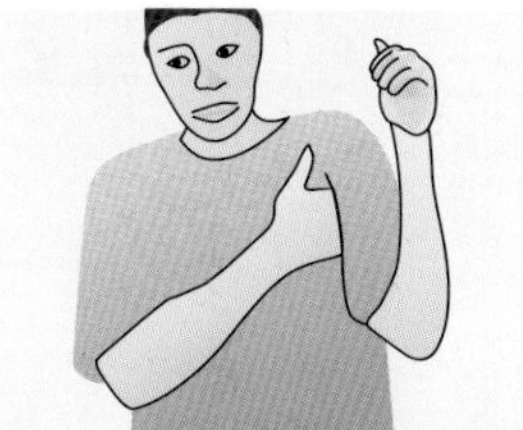

비밀애인
한 손을 반대쪽 겨드랑이 밑에 넣는다.

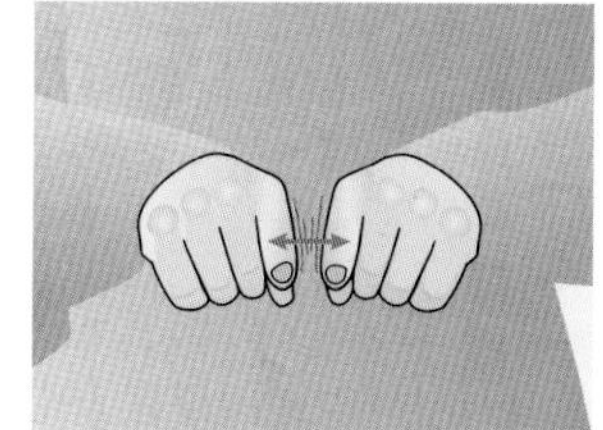

우정
양손의 검지 옆면끼리 몇 번 톡톡 부딪친다.

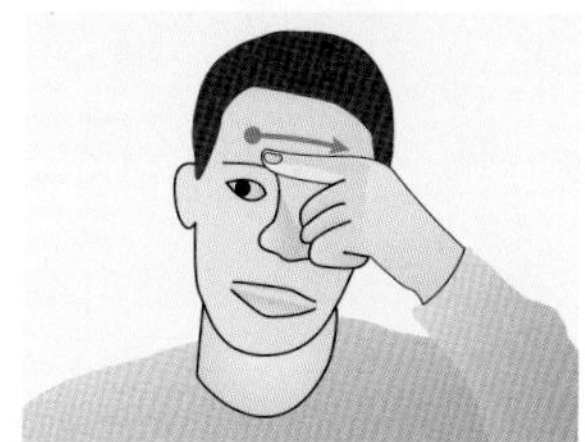

술에 취함(그 또는 그녀가 술에 취함)
구부린 검지의 옆면을 이마를 가로질러 끌어당긴다.

그림 9.3 남아프리카의 남성들이 사용하는 제스처

출처 : *A Repertoire of South African Quotable Gestures*, from *The Journal of Linguistic Anthropology*, Copyright ⓒ 2004 Blackwell Publishers Ltd. Reproduced with permission of Blackwell Publishers.

스처는 폭넓게 사용되고 또 인지되지만, 대부분 연령과 젠더 그리고 상황에 따라 달라진다(그림 9.3 참조). 남성이 여성보다 제스처를 더 많이 사용하지만 그 이유는 명확하지 않다.

알려진 모든 문화에서 커뮤니케이션의 중요한 부분인 인사는 제스처를 수반하는 경우가 흔하다(Duranti, 1997b). 전형적으로 인사는 관광객과 외국어를 배우고자 하는 사람뿐만 아니라 아동이 처음으로 학습하는 일상적 커뮤니케이션의 일부이다. 인사는 사회적 조우를 성립시킨다. 그것은 통상 구어와 비구어를 모두 수반한다. 사회적 관계와 맥락에 따라서 구어적 내용과 비구어적 내용 모두에 다양한 변이들이 존재한다. 맥락적 요인은 형식성과 비형식성의 정도를 포함한다. 사회적 요인은 젠더, 종족, 계급, 연령 등을 포함한다.

침묵 침묵은 비구어적 커뮤니케이션의 또 다른 형태이다. 침묵의 사용은 흔히 사회적 지위와 관련되어 있다. 하지만 그것은 어디까지나 예측 불가능한 방식으로 그러하다. 시베리아 농촌의 경우 시집 온 며느리는 가구 내에서 가장 낮은 지위에 속하기 때문에 거의 말을 하지 않는다(Humphrey, 1978). 다른 맥락에서는 침묵이 권력과 맞물려 있다. 예를 들어 미국 법원에서 변호사는 누구보다 말을 많이 하고 판사는 드물게 말을 하는데 변호사보다 판사가 훨씬 많은 권력을 행사하고, 침묵하는 배심원들은 가장 강력한 권력을 행사한다(Lakoff, 1990).

침묵은 여러 미국 인디언 문화에서 커뮤니케이션의 중요한 요소로 자리 잡고 있다. 사회복지사를 포함하는 백인 외부자들은 가끔 이 침묵을 존엄성의 반영 혹은 감정이나 지성의 결핍으로 오해한다. 이러한 판단이 얼마나 자민족중심적인가는 애리조나주 서아파치 인디언의 침묵에 관한 연구에서 잘 드러난다(Basso, 1972[1970])(지도 9.3 참조). 서아파치 인디언은 네 가지 맥락에서 침묵을 사용한다.

- 특히 장날이나 로데오 혹은 여타 대중적 이벤트에서 이방인을 만났을 때. 이방인과의 대화는 즉시 돈, 일, 운임 같은 것들에 대해 관심이 있다는 것을 의미하는데, 이들

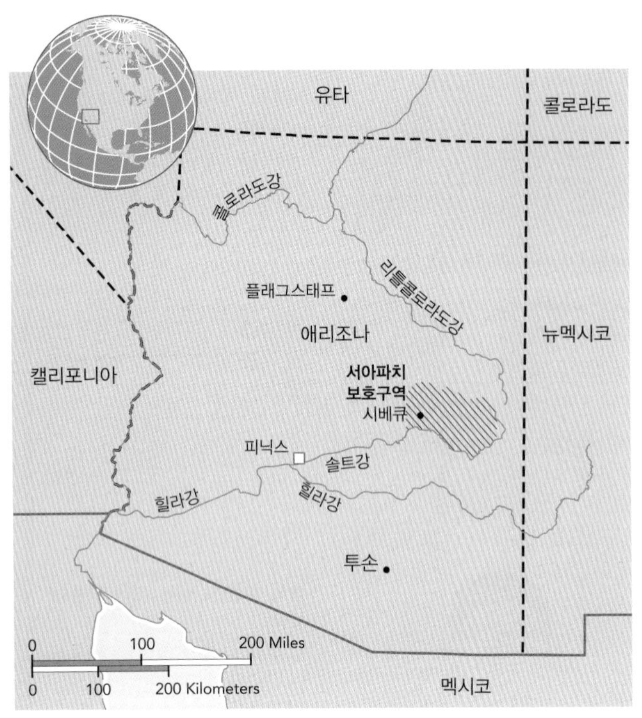

지도 9.3 애리조나 서아파치 보호구역

유럽 식민주의 이전의 아파치 인디언은 오늘날의 애리조나에서 서북부 텍사스까지 아우르는 광대한 지역에서 살았다. 그들은 원래 수렵채집민이었는데 1600년경부터 몇 가지 곡물을 재배하기 시작했다. 스페인 사람들이 도래한 이후 아파치 인디언은 능숙한 기마전사가 된다. 19세기 후반 미국 정부는 수많은 아파치 집단을 절멸시키는 데 힘을 쏟았고, 백인 거주지를 개척하기 위해 생존자들을 보호구역에서 살도록 강제했다.

모두 예의 없는 행동의 구실이 될 수 있다.

- 연애가 초기 단계일 때. 말없이 손을 잡고 여러 시간 동안 앉아 있는 것이 적절한 행동으로 간주된다. '너무 일찍' 말을 하면 성적인 의도나 관심으로 간주된다.
- 집을 떠나 기숙학교에서 생활하던 자녀가 돌아와 부모와 재회할 때. 그들은 약 15분간 침묵해야 한다. 지속적인 대화가 시작되는 데는 2~3일 정도가 걸린다.
- 특히 술자리에서 '욕을 먹었을' 때

이들 맥락의 저변에는 관련된 사회관계의 불확실성, 애매모호성, 예측 불가능성이라는 유사성이 존재한다.

신체언어 인간의 언어는 흔히 이러저러한 방식으로 신체를 이용해서 메시지를 주고받는다. 말하기, 듣기, 제스처, 보기 등의 메커니즘을 넘어 몸 자체가 메시지를 전달하는 '텍스트'로 기능할 수 있다. 신체언어의 전체적인 범위는 눈의 움직임, 자세, 걷는 방식, 서거나 앉는 방식, 문신이나 머리모양 같이 신체에 새기는 문화적 각인, 의복, 신발, 보석 같은 장식을 아우른다. 신체언어는 구어와 마찬가지로 일정한 양식과 규칙을 따른다. 구어와 마찬가지로 신체언어의 규칙과 의미는 학습, 그것도 흔히 무의식적 학습을 통해 습득된다. 규칙과 의미를 학습하지 않으면 커뮤니케이션상의 실수를 범할 수 있는데, 그것은 때로 우스꽝스러울 수도 있고 때로는 심각할 수도 있다.

상이한 문화는 상이한 신체언어 수단을 강조한다. 어떤 문화는 다른 문화보다 더 신체접촉 지향적이고 또 어떤 문화는 표정을 더 많이 사용한다. 유럽인과 미국인들의 경우 대화 시 눈을 마주치는 것을 바람직하게 여기는 데 반해 아시아에서는 대부분 직접적인 눈 마주치기를 예의 없는 행동 혹은 성적인 유혹으로 간주한다.

의복, 머리모양, 신체의 변형이나 신체상의 표식 등은 나이, 젠더, 성적 관심이나 성관계 가능성, 직업, 부, 기분 등에 관한 메시지를 전달한다. 어떤 사람의 옷 색깔은 그 사람의 정체성, 계급, 성 그리고 그 이상의 어떤 것에 관한 메시지를 전달한다. 미국의 경우 병원 신생아실에서 남자아이는 파란색, 여자아이는 분홍색 코드로 구별하는 것에서부터 젠더 구분이 시작된다. 일부 중동지방에서는 여성의 외출복은 검은색, 남성의 외출복은 흰색이다.

신체의 다양한 부분을 의복으로 가리거나 가리지 않는 것은 문화적으로 코드화되는 또 다른 관행이다. 이집트와 쿠웨이트에서 머리 또는 얼굴 가리기가 갖는 상이한 의미에 관해 생각해보자(MacLeod, 1992). 쿠웨이트 여성의 머리 가리기는 머리를 가리지 않는 아시아 여성 이주노동자들에 비해 더 부유하고, 한가로우며, 명예로운 존재로 차별화해준다. 대조적으로 이집트에서의 머리 가리기는 주로 경제적으로 하층 혹은 중간층 출신의 여성들이 행한다. 그들에게 머리 가리기는 보수적인 이슬람적 가치에 순응하면서도 가정 밖에서 일할 수 있는 권리를 확보하는 방편이다. 이집트에서 머리 가리기는 '나는 훌륭한 무슬림이자 좋은 아내 또는 좋은 딸이다'라는 의미를 전달한다. 쿠웨이트에서는 머리 가리기가 '나는 부유한 쿠웨이트 시민이다'라는 의미를 가진다. 대부분의 보수적인 무슬림 지역의 여성은 공적인 맥락에서 몸 전체를 덮을 수 있는 장옷을 걸쳐 머리 외에도 신체의 다른 부분을 가리는 것

후리소데 기모노는 고급 비단 천, 긴 소매, 정교한 색깔과 문양이 특징이다. 처녀의 20번째 생일선물로 통상 후리소데를 주는데, 이것은 그녀가 성년이 되었다는 것을 표시한다. 오직 미혼 여성만 후리소데를 입는다. 따라서 후리소데를 입고 있다는 것은 결혼이 가능하다는 것을 의미한다. 남자 앞에서 후리소데의 긴 소매를 팔락이는 것은 그 사람에 대한 사랑을 표현하는 한 방법이다.

여러분의 문화에서는 소매의 모양과 길이가 어떤 의미를 전달하는가?

이 중요하다. 여타 가부장적 가치와 더불어 이러한 규범은 일부 무슬림 사회의 여성들이 학교 체육활동이나 올림픽 같은 공적 스포츠 이벤트에 참여하기가 힘들도록 만든다.

일본에서는 기모노가 성과 생애주기를 지시하는 정교한 기호체계를 제공한다(Dalby, 2001). 여성의 지위가 높을수록 기모노의 소매는 짧아진다. 남성들의 기모노는 소매 길이가 비교적 짧게 통일되어 있다. 미혼 여성의 소매는 거의 땅에 닿을 정도로 길지만, 기혼 여성의 소매는 거의 남성 기모노의 소매만큼이나 짧다.

미디어 커뮤니케이션과 정보기술

미디어인류학은 라디오, 텔레비전, 영상, 음악, 인터넷, 신문, 잡지, 대중문학 등의 출판매체를 통해 통문화적으로 커뮤니케이션을 연구하는 분야이다(Spitulnik, 1993). 미디어인류학은 최근 부상하고 있는 중요한 분야로서 언어인류학과 문화인류학을 연결하고 있다(Allen, 1994). 미디어인류학자들은 미디어 과정, 미디어 콘텐츠, 청중의 반응, 미디어적 재현의 사회적 영향을 연구한다. **비판적 미디어인류학**(critical media anthropology)은 미디어 메시지에 대한 접근이 자유의 신장이나 사회적 통제에 어느 정도 기여하는가 그리고 미디어가 누구의 이해에 봉사하는가를 문제시한다. 비판적 미디어인류학자들은 저널리즘, TV, 영화, 광고, 인터넷, 소셜미디어, 게임 등을 포함하는 수많은 영역에서의 권력 문제를 조명한다.

일상생활에서의 아랍 미디어에 관한 한 연구는 아랍 미디어의 주요 범주들을 드러낸다(Zayani 2011). 첫째, 아랍 미디

비판적 미디어인류학 권력관계가 미디어에 대한 사람들의 접근과 미디어 콘텐츠에 어떤 식으로 영향을 미치는가를 탐구하는 통문화적 미디어 연구의 한 분야이다.

문화인류학자와 언어인류학자들은 소셜미디어를 그것이 어떻게 인간의 주체적 행위능력을 증대시키고 또 전 지구적 수준의 정치경제와 연결되어 있는가를 이해하기 위해 연구한다. (위) 카이로의 한 여성이 알렉산드리아에서 경찰에 의해 잔혹하게 고문당한 후 사망한 것으로 보도된 추정상 이집트인 희생자의 사진이 게시된 페이스북 웹페이지를 보고 있다. (아래) 중국에서는 한 여성이 북경의 사무실 칸막이 안에서 온라인으로 일을 한다. 웨이보 같은 중국의 웹사이트가 세계에서 가장 큰 인터넷마켓에서 성황을 이루고 있다.

한 맥도날드 광고판이 캘리포니아 LA 남부에 사는 이민자집단 중 하나인 라틴아메리카 인구집단을 타깃으로 삼고 있다. LA 남부는 LA시에서 가장 가난한 지역 중 하나로서, 시에서 패스트푸드 식당이 가장 집중적으로 분포하고 식료품 가게가 단지 몇 개밖에 없는 곳이다. 패스트푸드 식단과 연관된 비만과 당뇨병 같은 건강 문제가 이곳에 사는 50만 인구의 많은 부분에 영향을 미치고 있다.

어란 무엇인가? 그것은 국가의 통제하에 있는 테크놀로지를 활용한 대중 커뮤니케이션을 지칭하는 느슨한 범주이다. 예를 들어 여러 아랍 국가들은 오랫동안 시민들의 사고방식을 통제하기 위해 라디오 프로그램을 활용해 왔다. 현재 TV가 아랍 국가들의 대중 커뮤니케이션을 지배하고 있긴 하지만 인터넷의 중요성이 점점 커지고 있는 추세이다. 저널리즘과 영화는 다른 두 형태의 중요한 대중매체이다. 아랍세계를 연구하는 문화인류학자들이 최근 사회변혁과 시민역량강화를 위한 역학과 선택지들을 평가하기 시작했다. 2010년 아랍의 봄 운동은 휴대전화 커뮤니케이션과 여타 형태의 소셜미디어가 없었다면 그만큼 성공적이지 못했을 것이다.

미국의 라티노를 대상으로 한 광고 미국 광고시장이 가장 관심을 두고 있는 대상 중 하나는 바로 광고산업 내에서 '히스패닉 시장'이라고도 불리는 라티노이다(Dávila, 2002). 16개 라티노 광고 에이전시 직원들에 대한 인터뷰와 그들의 광고내용에 관한 분석은 라티노를 단일하고 문화적으로 특수한 시장으로서 접근하고 있음을 드러내주었다. 지배적인 테마 혹은 수사는 라티노문화의 가장 중요한 특징인 '가족'인데, 이는 보다 개인주의적인 앵글로색슨 인구집단의 스테레오타입과 대조된다. 최근 앵글로색슨 인구집단을 대상으로 한 우유 광고는 윗입술에 수염처럼 우유가 묻은 스타를 보여준다. 라티노 인구집단을 대상으로 한 광고는 전통적인 우유 디저트를 요리하고 있는 할머니를 등장시키고 광고문구는 "당신은 오늘 사랑하는 이들에게 충분한 우유를 먹였습니까?"이다(2002:270). 스페인어 텔레비전과 라디오 네트워크에서는 지역색이나 방언이 전혀 없는 일종의 포괄적인 형태의 '표준' 스페인어가 사용된다.

하지만 실제 라티노는 매우 이질적인 인구집단이다. 미디어 메시지는 라티노문화에 대한 획일적인 이미지를 확산시킴으로써 보다 획일적인 유형으로 정체성 변화를 초래할 수도 있을 것이다. 동시에 그러한 미디어 이미지들은 라티노 인구집단 내에 존재하는 보다 특수한 시장을 개척할 수 있는 기회를 분명히 놓치고 있다.

언어, 다양성 그리고 불평등

9.2 커뮤니케이션이 문화다양성 및 사회불평등과 어떻게 연결되어 있는지 확인하기

이 절에서는 언어, 미시문화 그리고 사회적 불평등에 관한 자료들을 제시한다. 이 절은 언어와 문화의 관계를 설명하는 두 가지 모델을 제시하는 것으로 시작한다. 계급, 젠더, 섹슈얼리티, '인종'과 종족성, 연령에 관한 사례들이 예로 제시될 것이다.

언어와 문화 : 두 가지 이론

20세기에는 두 가지 이론적 관점이 언어와 문화의 관계를 연구하는 분야에서 영향력을 발휘했다. 비록 이 두 가지 관점이 실제 생활에서는 겹쳐 있고 인류학자들도 양자 모두에 의지하는 경향이 있지만 여기서는 각각을 구분해서 제시해보도록 하겠다(Hill and Mannheim, 1992).

첫 번째 모델은 초창기 언어인류학의 창시자격 인물인 에드워드 사피어(Edward Sapir)와 벤저민 워프(Benjamin Whorf) 두 사람에 의해 형성되었다. 그들은 20세기 중반에 이른바 **사피어-워프의 가설**(Sapir-Whorf hypothesis)이라는 영향력 있는 모델을 제시했는데, 이는 언어가 인간의 사고를 규정한다는 관점이다. 만약 특정한 언어에 예를 들어 영어단어 'snow'에 해당하는 단어가 많이 있다면, 그 언어의 사용자는 'snow'에 해당하는 단어가 적은 언어의 사용자보다 더 많은 방식으

사피어-워프의 가설 언어가 사고를 결정한다고 주장하는 언어인류학의 한 관점

로 그것에 대해 '생각'할 것이다. 순록목축을 전통적인 생업으로 삼고 있는 사미인(217쪽 '문화파노라마' 참조)은 'snow'에 관해 매우 풍부한 단어를 가지고 있다(그림 9.2 참조). 만약 어떤 언어에 'snow'에 해당하는 단어가 없다면, 그 언어를 사용하는 사람은 'snow'에 대해 생각하는 것이 불가능하다. 따라서 언어는 사고의 세계를 구축하고, 상이한 언어를 사용하는 사람은 상이한 세계를 사고한다. 이러한 주장은 언어가 세계에 관한 의식과 행위를 결정한다는 이론인 언어결정론의 토대를 제공해준다. 극단적 언어결정론은 특정한 개인이 사용하는 일차적 언어의 틀과 정의가 너무나 강력해서 다른 언어를 완전하게 학습하는 것이 불가능하고 따라서 다른 문화를 완전하게 이해하는 것도 불가능하다는 것을 암시한다. 대부분의 인류학자들은 사피어-워프의 가설이 가치가 있다고 생각하지만 이러한 극단적인 형태는 거부한다.

언어와 문화의 관계를 이해하는 두 번째 접근방법은 **사회언어학**(sociolinguistics) 분야의 학자들에게서 비롯되었다. 이러한 접근은 문화적 · 사회적 맥락이 사람들의 언어와 그것의 의미에 영향을 미치는 방식에 방점을 둔다. 따라서 사회언어학자들은 문화구성주의자이다.

대부분의 인류학자들은 언어, 문화, 맥락 그리고 의미가 매우 밀접하게 맞물려 있기 때문에 두 관점 모두에서 일정한 가치를 발견한다. 즉 언어가 문화를 규정하고 문화는 언어를 규정한다.

비판적 담론분석 : 젠더와 '인종'

담론(discourse)은 발화, 참여, 의미의 다양성을 포함하는 문화적으로 유형화된 구어적 언어사용을 지칭한다. **비판적 담론 분석**(critical discourse analysis)은 권력과 사회적 불평등이 어떻게 커뮤니케이션에 반영되고 또 그것을 통해 어떻게 재생산되는가를 탐구하는 언어인류학 진영의 한 접근방식이다(Blommaert and Bulcaen, 2000). 비판적 담론 분석은 언어와 사회적 불평등, 권력 그리고 사회적 낙인 사이에 존재하는 관련성을 드러낸다. 이는 또한 언어를 통한 주체적 행위능력의 발휘와 저항에 관해 통찰력을 제공해준다. 아래의 자료는 언어를 통해 구현되는 젠더와 인종적 권력의 예를 제시하고 있다.

구미식 대화에서의 젠더 대부분의 언어는 단어 선택, 문법, 억양, 내용, 형식을 통해 젠더의 차이를 표현한다. 구미 백인들의 언어와 젠더에 관한 초기 연구에 따르면 여성들의 말에는 세 가지 일반적인 특징이 있다(Lakoff, 1973).

- 공손함
- 문장 끝이 올라가는 억양
- **부가의문**(tag question)("오늘 날씨가 좋다, 그렇죠?"와 같이 확인을 위해 의문을 문장 뒤에 위치시키는 의문문)

영어의 경우 남성들의 말은 일반적으로 덜 공손하고 문장이 단조로우며 확언적인 어조이고 부가의문문을 사용하지 않는다. 공손함과 관련되어 있는 현상으로 남녀가 대화할 때 남성이 여성의 말을 끊는 경우가 그 반대의 경우보다 더 많다.

데보라 태넌(Deborah Tannen)의 유명한 책 『당신은 전혀 이해하지 못한다(You Just Don't Understand)』(1990)는 대화방식의 차이 때문에 구미 백인 남녀 사이에 어떤 몰이해가 발생하는가를 잘 보여준다. "여성들은 관계와 친밀감의 언어를 말하고 듣는 반면 남성들은 지위와 독립의 언어를 말하고 듣는다"(1990:42)고 그녀는 주장한다. 비록 남녀 모두 간접적 응답(질문에 직접적으로 답하지 않는)을 하지만, 남녀의 상이한 동기 때문에 말에 내포된 의미도 달라진다.

미셸 : 콘서트 시간이 언제죠?
개리 : 7시 30분까지 준비해야 돼요(1990:289).

개리는 미셸의 질문에 대해 간접적 응답을 사용하면서 자신의 역할을 일종의 보호자로 설정한다. 그는 미셸의 질문의 진정한 의미를 포착함으로써 단순히 '그녀를 보살펴준다'고 느낀다. 미셸은 개리가 자신의 질문에 직접적으로 답하지 않음으로써 정보를 숨기고 있고 권력자의 위치를 유지하고 있

사회언어학 언어인류학의 한 관점으로 문화, 사회, 그리고 개인의 사회적 위치가 언어를 결정한다고 주장한다.

담론 발화, 참여, 의미의 다양성을 포함하는 문화적으로 유형화된 구어적 언어사용을 지칭한다.

비판적 담론 분석 권력과 사회적 불평등이 어떻게 커뮤니케이션에 반영되고 또 그것을 통해서 어떻게 재생산되는가를 탐구하는 언어인류학의 한 접근방식

부가의문 확인을 위해서 질문을 문장의 끝에 위치시키는 의문문

다고 느낀다. 대조적으로, 남편의 질문에 대한 아내의 간접적 응답은 남편의 숨겨진 관심을 예측함으로써 도움이 되고자 하는 목적에서 유발된다.

네드 : 다 돼가요?
밸러리 : 지금 저녁 먹을래요?(1990:289)

통문화적으로 볼 때 여성의 말이 수용적이고, 순종적이며, 공손한 것이 보편적인 현상은 아니다. 여성의 역할이 지배적이고 가치 있는 것으로 간주되는 문화적 맥락에서 여성의 언어는 여성의 지위를 반영하고 또 그것을 강화하기도 한다.

일본의 젠더와 공손함 그리고 버르장머리 없는 10대 소녀들

일본어 구어에서 젠더 위상어(位相語)는 젠더의 차이를 분명하게 반영한다(Shibamoto, 1987). 특정한 단어와 문장구조는 여성성과 겸손함 그리고 공손함의 메시지를 전달한다. 남성과 여성의 말이 갖는 중요한 차이 중 하나는 여성 화자의 경우 존칭 접두어 '오(お)'를 명사 앞에 붙인다는 점이다(그림 9.4 참조). 이러한 접두어의 첨가로 인해 여성의 말은 보다 세련되고 공손한 어조를 띠게 된다.

젠더화된 언어의 대조적인 양상은 여성적 당당함으로 유명한 일부 14~22세 일본 여성들을 일컫는 코갸루(コギャル)에서 발견된다(Miller, 2004). 코갸루는 그들만의 독특한 언어, 의상, 헤어스타일, 메이크업, 활동, 태도 등을 가지고 있는데, 이 모든 것은 젊은 여성들에게 부과되는 사회적 통념에 도전하는 의미가 있다. 코갸루의 전체적인 스타일은 세계적인 요소와 지역적인 요소를 조합해서 신선하고 활기찬 특징을 보여준다. 휴대전화를 많이 사용하는 코갸루들은 복잡하고 끊임없이 변화하는 일련의 이모티콘, 즉 '와우!', '이크!', '박수!', '네 말을 들을 수 있어' 등의 의미를 전달하는 다양한 '얼굴 캐릭터'를 사용한다. 그들은 또한 수학기호와 러시아어 알파벳 같은 기호들을 혼합한 독특한 휴대전화 문자코드를 발명했다.

	남성	여성
점심도시락	벤또(べんとう)	오벤또(おべんとう)
돈	카네(かね)	오카네(おかね)
젓가락	하시(はし)	오하시(おはし)
책	혼(ほん)	오혼(おほん)

그림 9.4 일본어에서 남성의 무표명사(無表名辭)와 여성의 유표명사(有表名辭)

출처 : *Language, Gender, and Sex in Comparative Perspective*, by Susan U. Philips, Susan Steele, Chrisitne Tanz. Copyright © Cambridge University Press 1987. Reprinted with permission of Cambridge University Press.

10여 년 전인 2004년 도쿄의 첨단 유행 거리인 시부야에서 한 코갸루가 스티커로 뒤덮인 휴대전화를 펼쳐 보여주고 있다. 코갸루의 메이크업과 의상 스타일은 코갸루 언어처럼 지속적으로 변화한다.

코갸루의 구어는 매우 풍부하고 신속하게 변화하는 속어의 혼합인데, 이는 고전적이면서 아주 최근에 새로 발명된 것이기도 하다. 그들은 '마쿠루(マクーる, 맥도날드에 가다)'처럼 일본어의 명사화 접미사 '루(る)'를 첨부한 합성을 통해 신조어를 만든다. 그들은 의도적으로 남성적인 언어를 강하게 사용하고, 성에 관해 노골적으로 이야기하며, 성적 금기어를 비틀어서 새로운 의미를 만들어낸다. 주류사회는 코갸루에 대해 경악에서 감탄에 이르는 복합적인 반응을 보여준다. 여하튼 그들은 문화적 영향력을 발휘하고 있고 젠더적 질서와 언어를 뒤흔들고 있다.

게이언어와 인도네시아에 속하기 인도네시아 국어는 바하사 인도네시아로 불린다. 다수의 인도네시아 동성애 남성들은 바하사 게이, 즉 '게이언어'를 사용한다(Boellstorff, 2004). 인도네시아는 인구 면에서 세계에서 네 번째로 큰 국가로 2억 5,000만 명의 국민이 약 6,000개의 섬에서 거의 700종류의 지역언어를 사용하면서 살고 있다. 이러한 높은 문화적 · 언어적 다양성에도 불구하고 바하사 게이는 매우 표준화되어 있다.

바하사 게이에는 주류언어를 우스꽝스럽게 희롱하고 정치적 발언을 통해 주류적 삶에 도전하는 독특한 어휘들이 있다. 이들 어휘변형은 비슷한 소리가 나는 단어를 사용하거나 표준단어에 접미사를 추가해서 의미를 뒤튼다. 강력한 이성애적 이미지가 국가에 부여되어 있다는 점에서 인도네시아 게이들은 주류로부터 분명하게 배제된 집단으로 보일 수 있다. 그럼에도 불구하고 바하사 게이는 주류언어문화 내로 침투해 들어가고 있는데, 이는 게이들이 언어를 통해 주체적 행위능력을 발휘하고 있고 국가의 통제로부터 자유를 추구한다는 것을 시사한다.

미국 흑인영어 : 오만과 편견 미국 흑인영어 혹은 미국 흑인의 영어방언이라는 주제는 과거와 현재의 인종주의 때문에 더욱 복잡해진다(Jacobs-Huey, 2006). 학자들은 미국 흑인영어가 그 자체로서 하나의 언어인지 아니면 영어의 한 방언(비표준어)인지에 관해 논쟁하고 있다. 표준적인 미국 주류영어에 손을 들어주는 '언어적 보수주의자'는 흑인영어를 '교정'되어야 할 비문법적 형태의 영어로 보고 있다. 주류영어가 정상에 있는 최근 미국의 언어적 위계질서하에서 흑인영어 사용자들은 주류영어를 자랑스럽게 생각하면서 흑인영어를 부정적으로 평가하고 그 사용자를 차별하는 사람들에 의해 오명을 쓰고 있다고 느낄 것이다(Lanehart, 1999).

미국 흑인영어는 노예제도에서 기원해서 수많은 지역적 변이를 보여주지만 미국 전역에 걸쳐 일정 정도 표준어로 발전한 상대적으로 새로운 언어이다. 특징적인 문법 중 일부는 아프리카적인 뿌리에서 기원했다. 가장 명백한 것 중 하나는 영어 동사 'to be' 형식의 사용 혹은 비사용이다(Lanehart, 1999:217). 흑인영어에서 'She married'는 주류영어에서 'She is married'에 해당한다. 외부자들은 '수준 낮은' 영어로 오해하지만, 'She married'는 흑인영어의 문법을 따르고 있다. 흑인영어가 자체의 고유한 문법과 용법을 가지고 있다는 점은 주류영어 사용자가 아닌 사람이 그것을 말하려고 할 때 자주 실수를 저지른다는 사실에서 분명하게 드러난다(Jacobs-Huey, 1997).

남서부 필라델피아의 한 노동자 거주지역의 흑인 취학아동에 관한 민족지적 연구는 명령문(누군가에게 무엇을 하게 하는), 주장, '누가 말했는데' 유의 비난, 이야기하기 등을 포함하는 젠더 내 그리고 젠더 간 대화를 분석했다(Goodwin, 1990). 이들 모든 발화활동은 문화적 맥락 속에 착근되어 있는 복잡한 구어적 전략을 수반하고 있다. 아동들은 특정한 주장을 하면서 '사이키(psych)'라는 지시어를 앞에 붙여 상상적인 사건을 '꾸밈새'로 끌어들이거나, 주장을 재미있게 하기 위해서 어떤 노래에 나오는 단어를 사용하기도 한다. 아동들이 하는 주장의 많은 부분은 매우 의례적인 '모욕 주기'를 수반하는데 이는 처음 모욕을 준 자에게 즉시 모욕으로 되갚는 방식으로 작동한다. 일단의 소녀들이 춤 연습을 하며 노래를 하고 있을 때, 한 소년이 "너희들 노래 정말 못한다"라고 했다. 그러자 한 소녀가 "우리는 정확히 네가 생긴 것처럼 노래해"라고 되받아쳤다(1990:183). 이 연구는 아동들 사이에서 구어적 유희와 기술이 갖는 중요성을 밝혀준다. 그것은 또한 양성이 혼재하는 상황에서 흔히 소녀들이 구어적 경쟁에 탁월하다는 사실을 보여주었다.

가정과 또래집단 내에서 흑인영어를 사용하면서 성장한 아이들은 주류영어를 사용하도록 요구하는 학교에서 어려움에 처하게 된다. 스페인어가 모국어인 사람이나 최근 비영어권에서 이민 온 사람들처럼, 흑인아동들은 흑인영어와 주류영어에 모두 능숙해지도록 암묵적인 요구를 받는다. 이에는 어휘와 문법 이상의 것들이 수반된다. 교사들은 흑인아동들이 그 자체로서 가치가 인정되어야 할 문화적으로 독특한 표현방식을 가지고 있을 수도 있다는 점을 이해해야 한다. 예를 들어 내러티브 양식에서 흑인아동들은 선형적인 양식을 적용하는 대신 요점을 이야기하기 전에 이런저런 다른 이야기를 하는 나선형적인 양식을 사용하는 경향이 있다. 교실에 흑인영어 사용자가 있다는 것은 어떤 결함이 아니라 언어세계가 주류영어에 제한되어 있는 아동들에게 문화적 다양성을 제공하는 것이다.

1996년에 이러한 연구 결과에 영감을 받은 캘리포니아주 오클랜드학교위원회는 에보닉스, 즉 흑인영어를 흑인학생들의 일차언어 혹은 방언으로 인정하는 결의에 동의했다. 그 학교는 브리지 프로그램이라는 특수한 교수법을 개발했는데, 여기서 흑인영어 사용자들은 흑인영어와 표준미국영어 사이의 번역 과정을 통해 표준미국영어를 배우도록 권장받았다(Rickford, 1997). 몇 개월 후 브리지 프로그램에 참여한 학생들의 표준미국영어 독해능력은 그 프로그램에 참여하지 않은 흑인학생들보다 훨씬 더 빨리 향상되었다. 그럼에도 불구하고 그 프로그램은 너무나 많은 부정적 평가를 받았고 소수자 학생의 학습을 증진하는 최선의 방법에 관해 너무 민감한 질문들을 제기하는 바람에 시행 당해에 취소되고 말았다.

이른바 에보닉스 논쟁의 저변에 깔린 문제들은 아직도 해결되지 않은 채로 남아 있다. 논쟁의 대상이 되었던 가장 골치 아픈 문제는 흑인영어/흑인방언영어/에보닉스가 미국 학교들이 특별한 프로그램을 마련해서 정규교과 과정을 통해 다루어야 할 정도로 충분히 다른가(표준미국영어와 분리된 언어로서 또는 하나의 방언으로서)라는 질문이다.

언어와 커뮤니케이션의 변화

9.3 언어변화의 사례들을 설명하기

문화의 일부인 언어는 문화와 마찬가지로 지속과 변화를 동시에, 그것도 유사한 원인을 통해 경험한다. 인간의 창조성과 상호접촉은 언어혁신과 언어차용을 수반한다. 언어는 전쟁, 제국주의, 대량학살 그리고 여타 종류의 재난으로 인해 파괴되어버릴 수도 있다. 이 절에서는 먼저 인류 언어의 기원에 관해 알려진 사실을 논의하고 쓰기(문자)의 간략한 역사를 제시한다. 뒷부분에서는 유럽 식민주의가 언어에 미친 영향, 민족주의와 언어, 세계어 그리고 당대의 언어소실과 부활 등에 관해서 논의한다.

언어의 기원과 역사

구어가 정확히 어떻게 기원했는가에 대해서는 아무도 모른다. 인류의 문화적 진화에 관한 최근의 증거들에 따르면, 구어는 초기 현생인류가 상징적 사고와 구어적 커뮤니케이션을 할 수 있는 신체적 · 정신적 능력을 갖추게 된 때인 10만~5만 년 전에 발달하기 시작한 것으로 보인다. 얼굴표정, 제스처, 자세 등은 오늘날 대부분의 비인간 영장류들과 마찬가지로 초기 인류 커뮤니케이션의 중요한 특징이었을 것이다.

초창기 언어학자들은 흔히 유럽어의 구조가 표준이고 다른 구조를 가진 언어는 덜 발달하고 불완전한 것이라는 잘못된 자민족중심주의적 가정에 빠져 있었다. 예를 들어 그들은 유

(왼쪽) 한 아프리카 보노보 원숭이 수컷이 공격적 의사의 표시로 나뭇가지를 흔들고 있다. (오른쪽) 미국에서는 여성 라크로스 선수가 아메리카 인디언들에 의해 발명된 경쟁적인 스포츠에서 스틱을 사용한다.

이 보노보 원숭이의 행위는 명백하게 위협을 수반한다. 라크로스 경기에서는 볼을 패스하고 점수를 따기 위해 스틱을 사용한다. 라크로스 경기에서 스틱을 사용하는 것도 위협적인 측면을 가질까?

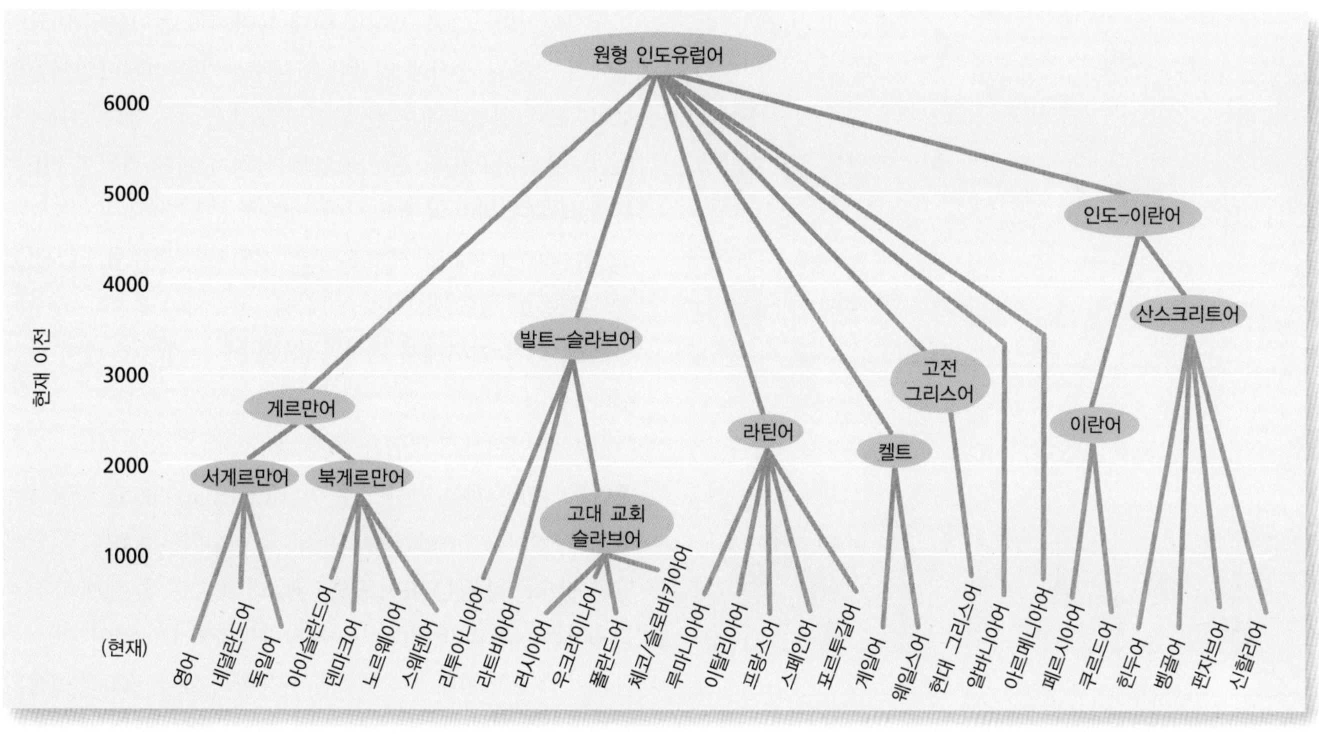

그림 9.5 인도유럽어족

럽어 동사와 같은 종류의 동사가 없다는 이유로 중국어를 원시적인 언어로 간주했다. 서두에서 논의했듯이 피라항 언어는 영어와 비교할 때 그들의 문화와 마찬가지로 많은 측면에서 더 단순하다. 하지만 피라항 언어와 영어 모두 그 문화적 맥락 속에서 파악되어야 한다. 피라항어는 열대우림의 수렵채집 인구집단에 적합한 언어이다. 영어는 세계화되고 테크놀로지에 의해 추동되는 소비주의문화에서 작동하는 언어이다. 오늘날 수렵채집문화의 언어를 주의 깊게 분석해보면 수천 년 전 수렵채집민들의 언어가 어떠했는가에 대한 통찰력을 얻을 수도 있다. 하지만 그것을 '석기시대'의 언어가 '냉동보관된' 사례로 간주해서는 안 될 것이다.

역사언어학

역사언어학(historical linguistics)은 언어의 역사적 변화에 관한 연구이다. 그것은 음성, 구문, 의미 등과 같은 언어의 다양한 측면에서 발생하는 시공간에 따른 변화를 비교하는 특수한 방법론에 의거한다. 역사언어학은 18세기 인도의 영국 식민지 행정가로 일했던 윌리엄 존스 경(Sir William Jones)이 이룩한 발견에서 기원했다. 존스 경은 여가시간에 인도의 고대언어인 산스크리트어를 연구했다. 그는 산스크리트어, 그리스어, 라틴어 사이에 어휘와 구문 면에서 현저한 유사성이 존재한다는 사실을 발견했다. 예를 들어 영어의 'father'는 산스크리트어로 pitr 이고, 그리스어로는 patéras, 라틴어로는 pater이다. 이는 유럽 문화의 뿌리를 고대 그리스 · 로마 세계로부터 찾고, '오리엔트(동양)'를 '유럽'과 완전히 분리된 세계로 묘사하는 사고방식이 지배적이었던 당시로서는 놀라운 발견이었다(Bernal, 1987).

존스 경의 발견에 따라, 다른 학자들도 상이한 언어들의 어휘목록과 문법적 형태들, 예를 들어 프랑스어 père, 독일어 Vater, 이탈리아어 padre, 고대 영어 faeder, 고대 노르웨이어 fadhir, 스웨덴어 far 등을 비교하기 시작했다. 학자들은 이러한 목록에 의거해서 이들 언어 사이에 존재하는 원근관계의 정도를 결정했다. 후에 학자들은 **어족**(language family), 즉 동일한 모어에서 기원한 언어들의 집합이라는 개념을 구축하는 데 기여했다(그림 9.5 참조). 프랑스어와 스페인어 같이 동일한 모어(양자 모두 라틴어에서 기원)에서 기원한 개별 언어들을 자매어라 칭했다.

역사언어학 음운, 구문, 의미 등과 같이 언어의 여러 측면에서 발생하는 시공간에 따른 변화를 형식적 방법을 통해 비교연구하는 분야

어족 동일한 모어에서 기원한 언어들의 집합

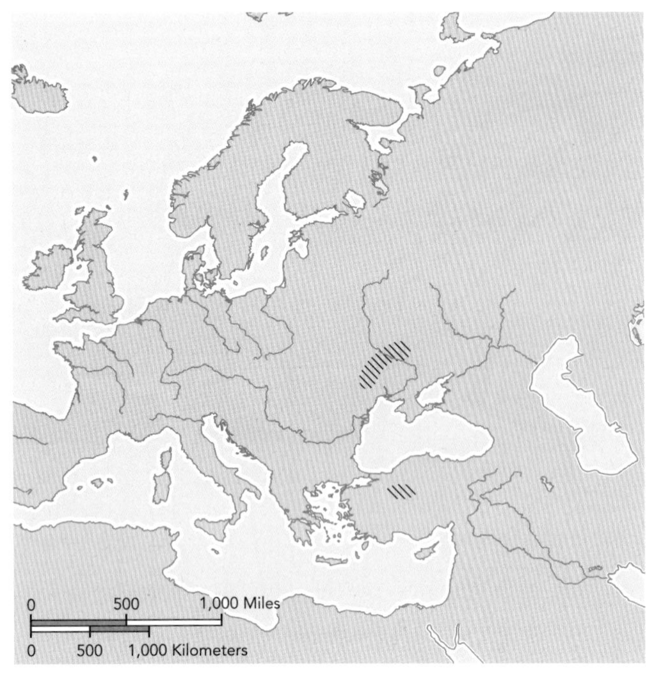

지도 9.4 원형인도유럽어의 두 기원지

원형인도유럽어의 기원지를 추적하는 두 가지 주요 이론이 있는데, 그중 흑해 남부지역이 더 초기인 것으로 간주된다.

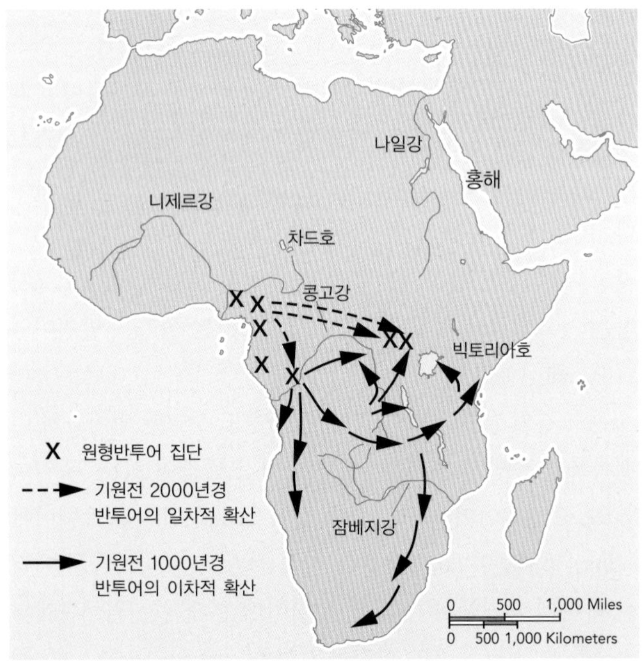

지도 9.5 아프리카에서 반투족의 이주

반투어를 사용하는 사람들의 이주에 관한 언어학적 증거는 동아프리카, 중앙아프리카, 남아프리카 일부의 언어와 서아프리카에 있는 반투어 기원지의 언어 사이에 존재하는 유사성에서 찾을 수 있다. 600개 이상의 아프리카언어가 원형반투어에서 기원했다.

역사언어학자들은 고대와 당대 유라시아 언어들의 비교연구에서 발견된 증거에 입각해서 대부분의 유라시아언어들의 모어, 혹은 원형어에 관한 가설적 모델을 구축했다. 이는 원형인도유럽어(PIE)라 불린다. 언어학적 증거에 따르면 PIE는 흑해 북부나 남부의 유라시아 지역에 분포했다(지도 9.4 참조). 6,000~8,000년 전 PIE는 그 기원지에서 유럽으로 퍼졌고 그다음은 중앙아시아, 남아시아, 동아시아 쪽으로 확산되었는데, 이들 지역에서 지역판 PIE들이 수 세기에 걸쳐 발전했다.

유사한 언어학적 방법을 통해 반투어족 모어의 형태, 즉 원형반투어의 존재를 발견할 수 있다(Afolayan, 2000). 학자들은 아프리카에서 이루어진 반투어의 확산이 약 5,000년 전에 시작된 것으로 추정한다(지도 9.5 참조). 오늘날 전 세계에 걸쳐 분포하는 아프리카 이주민을 차치하더라도 1억 명이 넘는 사람들이 특정한 형태의 반투어를 사용하고 있다. 600개 이상의 아프리카어가 원형반투어에서 기원했다. 언어학적 분석에 따르면, 원형반투어의 고향은 현재 서아프리카의 카메룬과 나이지리아 일대이다. 원형반투어는 수백 년 동안에 걸친 농경민의 확산과 이주에 따른 인구이동을 통해 토착 수렵채집민들이 점유하고 있던 지역들로 확산되었을 가능성이 크다. 비록 명확한 증거를 찾는 것은 불가능하지만 반투문화의 확산은 몇몇 지역어들을 소멸시켜 버렸을 수도 있다. 하지만 언어학적 증거는 농경민과 수렵채집민 사이에 일정 정도의 상호작용이 있었고 이를 통해 표준반투어가 지역언어의 요소들을 흡수했다는 점을 분명히 시사한다.

문자체계

최초의 문자언어에 관한 증거는 메소포타미아, 이집트 그리고 중국에서 찾을 수 있다. 가장 오래된 문자체계는 기원전 4,000년경 메소포타미아에서 사용되었다(Postgate et al., 1995). 모든 초기 문자체계는 단어, 음절, 소리를 지시하는 기호들, 즉 **약호**(logograph)를 사용했다. 시간이 흐르면서 일부 약호는 그 본래의 의미가 유지되었고, 다른 일부 약호에는 보다 추상적인 의미가 부여되었으며, 비약호적 상징들도 추가되었다(그림 9.6 참조).

문자의 출현은 국가의 발달과 관련이 있다. 일부 학자들은

약호 지칭하는 대상을 닮은 형태와 그림을 통해 의미를 전달하는 상징

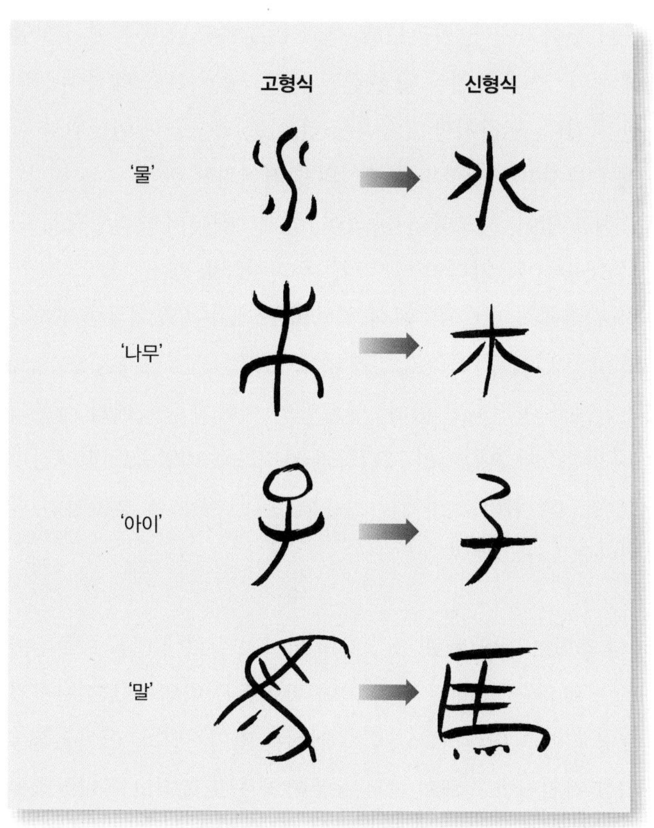

그림 9.6 중국의 약호와 현재의 문자 형식

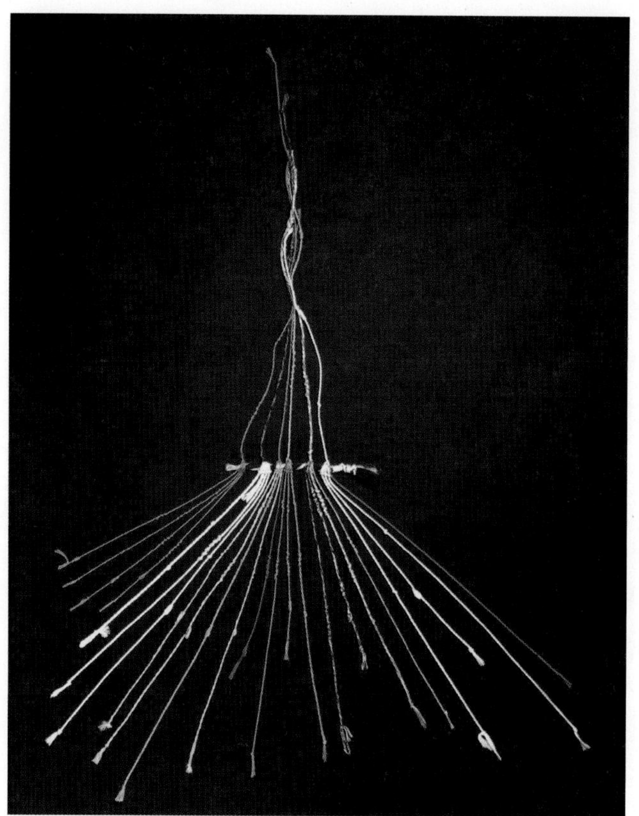

키푸 혹은 매듭끈은 잉카제국에서 국가 수준 회계의 토대였다. 매듭은 그 의미를 읽을 수 있는 사람들에게 중요한 정보를 전달했다.

문자를 국가와 비국가적 정치 형태를 구별하는 핵심적 속성으로 간주하는데 그 이유는 기록보관이 국가의 매우 중요한 과제였기 때문이다. 페루 안데스산맥에 중심을 둔 잉카제국은 이러한 일반화에 주목할 만한 예외이다. 잉카제국은 **키푸**(khipu), 즉 매듭을 한 다양한 색깔의 노끈을 회계와 사건기록을 위해 사용했다. 잉카의 코드체계는 너무나 복잡하기 때문에 과거에 키푸가 어떻게 작용했는지 정확하게 알 수 없다. 키푸가 실제적인 언어로 작용했는가 아니면 보다 단순한 회계 체계로 사용되었는가에 관한 논쟁이 여전히 진행 중이다. 그 답이 무엇이든 14세기에 세계에서 가장 거대했던 제국이 키푸에 의존했다는 사실은 의미심장한 일이다.

초기 문자체계의 기능에 대해서는 두 가지 해석이 존재한다. 첫 번째는 문자가 주로 의례적 목적으로 사용되었다고 주장한다. 이 입장은 초기 문자가 무덤, 갑골문, 사원의 명문 등에 지배적으로 사용되었다는 데서 그 논거를 찾는다. 두 번째는 초기 문자가 주로 정부의 기록보관과 교역 등 세속적 목적을 위해 사용되었다고 주장한다. 고고학적 자료는 돌 같이 주로 내구성이 있는 물질에 집중되어 있다. 사람들은 의례적 목적으로 사용된 문자를 존속시키길 원했기 때문에 돌에 새겼을 가능성이 더 높다. 대조적으로 실용적 문자는 사람들이 그것을 영구적으로 보관할 의도가 없었기 때문에 보다 쉽게 소멸되어 버리는 물질에 기록되었을 가능성이 높다(사람들이 쇼핑목록을 어떻게 취급하는지를 생각해보라). 하지만 여타 형태의 비의례적인 문자뿐만 아니라 보다 실용적인 문자 또한 존재했을 가능성이 크다.

식민주의, 민족주의 그리고 세계화

유럽 식민주의는 언어변화의 주요한 힘이었다. 식민권력은 자신의 언어를 정부, 비즈니스, 교육을 위한 공식언어로 선포했을 뿐만 아니라 흔히 토착언어와 문학을 억압하는 직접적인 수단을 동원하기도 했다. 광범위한 이중언어사용(bilingualism) 혹은 모국어 외에 다른 언어를 말할 수 있는 능력은 식민주의의 명백한 효과이다. 또한 세계화는 언어에 중대하고도 복잡한 영향을 미치고 있다.

키푸 잉카제국 시대에 회계와 사건기록을 목적으로 사용된 매듭이 있는 끈

유럽 식민주의와 접촉언어 이 책의 다른 부분에서 논의하는 바와 같이 15세기부터 유럽의 식민세력은 그 확산 과정에서 접촉하게 된 사람들에게 극적인 영향을 미쳤다. 언어변동은 식민주의와 토착문화에 얽힌 이야기의 중요한 부분을 차지한다. 접촉의 유형과 기간에 따라 식민주의는 언어를 사용하는 사람들의 운명과 함께 새로운 언어의 발달, 여타 언어들의 쇠퇴, 수많은 언어의 절멸 등을 초래했다(Silverstein, 1997). 유럽 식민주의에 의해 생겨난 두 가지 형태의 새로운 언어는 피진(pidgin)과 크레올(creole)이다.

피진(pidgin)은 최소한 2개 이상의 모어로부터 언어적 요소들을 혼합한 것으로, 언어가 다른 2개의 상이한 문화가 조우해서 소통해야 할 때 출현하는 언어이다(Baptista, 2005). 모든 피진 사용자는 모국어가 따로 있지만 초보적인 제2의 언어로서 피진을 배워야 한다. 피진은 전형적으로 교역과 초보적인 사회적 상호작용 같이 특정한 기능적인 영역에 제한되어 있다. 서반구에서 발견되는 수많은 종류의 피진은 대서양의 노예무역과 플랜테이션 노예노동의 결과였다. 노예 소유자들은 노예들과 소통할 필요가 있었고 아프리카의 다양한 지역 출신인 노예들도 서로 간에 소통할 필요가 있다.

피진은 흔히 크레올로 진화한다. **크레올**(creole)은 피진으로부터 유래해서 결과적으로 그것을 모국어로 사용하는 사람들이 있는 언어로서 피진보다 어휘가 풍부하고 더 발달한 문법 체계를 가지고 있다. 서반구 전체에 걸쳐 수많은 크레올 언어들이 루이지애나, 카리브해, 에콰도르, 수리남 등지에서 발달해 왔다. 크레올 언어 및 관련된 문학과 음악은 노예적 유산의 산 증거이다. 하지만 그것은 또한 아프리카 출신 이산민들 사이에 존재하는 저항과 창조성의 증거이기도 하다.

원래 영어, 사모아어, 중국어, 말레이시아어의 혼합으로 구성된 파푸아뉴기니의 피진어인 톡피진(Tok Pisin, 'talk pidgin'의 원주민식 발음)은 이제 하나의 크레올이고 파푸아뉴기니의 공식 언어 중 하나로 인정된다. 2개의 다른 크레올 또한 국가적으로 인정되고 있다. 인도양의 세이셸 군도에서 사용되는 프랑스어 혼합어인 세셀와와 카리브해 네덜란드령 앤틸리스 제도의 퀴라소 섬에서 사용되는 네덜란드어 혼합어인 파피아멘토가 그것이다.

프랑스 식민주의는 아라비아가 미친 영향에 더해서 모로코문화에 또 다른 층위를 구성했는데, 이는 수많은 간판에 이중언어와 삼중언어가 사용되는 현상을 낳았다.

대중적으로 사용되는 다중언어를 본 적이 있는가? 어떤 언어들이 사용되고 있고 또 왜 사용되는가?

민족주의와 언어 동화 소수자의 문화적 동화에 대한 민족주의적 정책은 전 세계에 걸쳐 지역 방언들을 탄압하고 소멸시켰으며 수많은 원주민과 소수자 언어를 절멸시켰다. 언어동화를 위한 직접적인 정책의 예로 표준어의 공표 그리고 공립학교용 교육언어에 관한 법규 등이 있다. 흔히 기독교 선교사들은 '이교도'를 '문명화'하려는 시도의 일부로서 토착어를 탄압하려고 했다('문화파노라마' 참조). 간접적인 언어동화 기제로는 언어에 기반한 고용차별과 사회적 오명을 들 수 있다.

세계어 세계 인구의 96%가 전 세계 언어의 4%를 사용한다(Crystal, 2000). 가장 많이 사용되는 8개 언어는 중국어, 스페인어, 영어, 벵골어, 힌디어, 포르투갈어, 러시아어, 일본어 순이다. 광범위한 사용자를 확보한 언어를 **세계어**(global languages)라고 한다. 세계어는 전 세계적으로 다양한 문화적 맥락에서 사용된다. 그것은 그 본래의 지역과 문화를 초월해서 확산되면서 새롭게 지역화된 정체성을 띠게 된다. 동시에 '모어'는 지역언어로부터 단어와 구절을 취한다(그림 9.7 참조). 세계어는 언어적 · 경제적 기회의 형태로 그리고 문화제국주의의 형태로 동시에 작용할 수 있다.

피진 최소한 2개의 모어로부터 언어적 요소들을 혼합해서 생성된 언어로서 상이한 언어를 사용하는 사람들이 조우해서 소통해야 할 때 출현한다.

크레올 피진에서 직접 유래했지만 그것을 모국어로 사용하는 사람들이 있고 언어적 확장과 정교화를 수반하는 언어이다.

세계어 전 세계적으로 다양한 문화적 맥락에서 광범위하게 사용되는 언어로서 흔히 토착어를 대체해버린다.

문화파노라마

사프미 또는 라플란드의 사미족

사미족은 노르웨이, 스웨덴, 핀란드 그리고 러시아의 최북단 지역에 사는 원주민이다(Gaski, 1993). 이 지역은 사미족의 땅이라는 뜻의 사프미 혹은 라플란드로 불린다. 사미족의 총인구는 약 10만 명으로 다수가 노르웨이에 산다(Magga and Skutnabb-Kangas, 2001).

최초의 문자기록이 발견된 시기인 약 1,000년 전 모든 사미 사람들이 다양한 육지와 해양 생물 중에서 야생 순록을 사냥했고, 운송을 위해 일부 순록을 길들여 사육했을 것으로 추정된다(Paine, 2004). 시간이 흐르면서 가축화된 순록을 사육하는 순록목축이 발달해서 경제적 주업으로 자리 잡게 되었다.

하지만 순록목축은 지난 수백 년 동안 점차 감소해서 현재는 인구의 10% 정도만 전문적으로 순록목축에 종사하고 있다. 정착생활을 하는 사미 사람들은 농민이 아니면 교역, 소규모 산업, 수공예, 서비스업, 전문직 등에 종사하고 있다.

사미의 전통적인 순록목축은 가족에 기초한 체계였다. 남성과 여성은 순록을 돌보고 아들과 딸은 순록에 관한 권리를 동등하게 상속했다(Paine, 2004). 권리와 특권을 제한하는 사회적 평등이라는 가치가 강했다.

사미 사람들은 현대 국가체계 내로 편입되면서 차별, 배제, 영토권 상실, 문화적 · 언어적 탄압을 경험해 왔다. 사미 문화의 존속에 영향을 미친 환경적 위협으로는 1986년 체로노빌 재앙 후 바람이 불어오는 방향에 위치했고, 시베리아의 구소련 핵실험장에 가까우며, 수력발전용 댐 건설 때문에 조상들의 묘지와 성스러운 공간을 상실했고, 군사훈련장으로 사용하기 위해 그들의 목초지를 박탈한 것 등을 들 수 있다(Anderson, 2004).

20세기에 이루어진 국가의 문화동화 정책과 기독교로의 강제 개종은 사미어를 주변화시켜 소멸 위기에 처하게 했다(Magga and Skutnabb-Kangas, 2001). 여러 종류의 사미어와 방언이 여전히 존재한다. 하지만 공간적으로 거리가 먼 방언들은 상호소통이 불가능하다(Gaski, 1993: 116).

언어는 사미 사람들에게 문화적으로 핵심적인 가치가 있으며, 1960년대 이후부터 그것을 보전하려는 노력이 이루어져 왔다. 사미어와 더불어 전통적 노래형식인 요이크가 특히 중요하다(Anderson, 2005). 요이크의 가사는 정치적 내용을 은폐할 수 있는 미묘한 이중적 의미체계를 가능하게 해준다(Gaski, 1997).

이 자료를 리뷰해준 퍼듀대학교의 미르딘 앤더슨(Myrdene Anderson)에게 감사드린다.

(왼쪽) 유명한 사미 가수이자 작곡가인 마리 보언이 노르웨이 북부 사프미 카우토케이노의 부활절 축제에서 공연하고 있다. (가운데) 노르웨이 사미족의 결혼식에서 신랑과 신부가 전통의상을 입고 있다. 결혼식은 순록의 대규모 이동이 있기 전 봄에 이루어진다.

지도 9.6 사프미 혹은 라플란드의 사미족
사프미는 노르웨이, 스웨덴, 핀란드 그리고 러시아의 콜라 반도에 걸쳐 있다.

영어는 역사상 가장 세계화된 언어이다(Bhatt, 2001; Crystal, 2003). 영국식 영어는 식민지의 확장을 통해 오늘날 미국, 캐나다, 호주, 뉴질랜드, 남아시아, 아프리카, 홍콩, 카리브해 지역으로 이식되었다. 영어는 정부와 통상 분야 그리고 학교 교육에 사용되는 식민지의 지배적 언어였다. 시간이 흐르면서 지역식 그리고 하위지역식 영어가 발달했고, 이들은 흔히 영국 원어민이 전혀 이해할 수 없는 '신영어'로 진화한다. 학자들은 영어가 너무나 다양해서 영어어족에 관해 논의하기 시작했는데, 이에는 미국식 영어, '스페인식 영어', '일본식 영어', '텍스-멕스' 등이 포함된다.

알코올(alcohol)	중동의 아라비아어
아보카도(avocado)	멕시코/중미의 나와틀어(Nahuatl)
바나나(banana)	서아프리카 만딩고어(Mandingo)
보거스(bogus)	서아프리카의 하우사어(Hausa)
캔디(candy)	중동의 아라비아어
코커스(caucus)	북미 버지니아/델라웨어의 알곤킨어(Algonquin)
침팬지(chimpanzee)	서 · 중부아프리카의 반투어
초콜릿(chocolate)	멕시코/중미의 아즈텍 나와틀어
공(gong)	동남아시아의 말레이어
해먹(hammock)	남미의 아라와크어(Arawak)
힙(hip/hep)	서아프리카 월로프어(Wolof)
허리케인(hurricane)	카리브해 타이노어(Taino)
라임(lime)	남미의 잉카 케추아어(Quechua)
무스(moose)	북미 버지니아/델라웨어의 알곤킨어
판다(panda)	남아시아 네팔어
사바나(savannah)	카리브해 타이노어
샴푸(shampoo)	남아시아 북인도의 힌디어
슈거(sugar)	남아시아의 산스크리트어
티피(tepee)	북미 다코타의 수어(Siux)
터그(thug)	남아시아 북인도의 힌디어
타바코(tobacco)	남미의 아라와크어
토마토(tomato)	멕시코/중미의 나와틀어
툰드라(tundra)	북유럽 라플란드(Lapland)의 사미어(Saami)
타이푼(typhoon)	동아시아의 만다린 중국어
좀비(zombie)	중앙아프리카와 서아프리카의 콩고어와 앙골라어

그림 9.7 북미영어의 차용어

텍스티즈(Textese)는 영어 및 여타 언어에서 휴대전화 커뮤니케이션과 관련해서 새롭게 부상하는 언어적 변이로서 약어와 속어를 수반한다. 지금까지 휴대전화 문자 메시지에 허용되는 제한된 수의 문자로 인해 단어와 문장을 축약하는 데 광범위한 창의성이 나타났다. 영어 텍스티즈에서는 모음이 자주 삭제되고 하나의 문자가 하나의 단어를 나타낼 수 있다. 많은 축약 문구가 lol(역주 : laugh out loud의 약어)처럼 사용자들에게 광범위하게 인식되는 약어로 활용된다.

위험에 처한 언어들 그리고 언어재활

제1장에서 언급한 바와 같이 언어인류학은 미국에서 사라져가는 토착언어를 기록할 필요 때문에 등장했다. 오늘날 인류학자를 위시한 다양한 학자들과 토착언어 공동체들은 여전히 언어의 급속한 상실에 대해 우려하고 있다(Fishman, 1991; Maffi, 2005). 소멸하고 있는 언어를 기록하는 일이 급선무인데, 이는 흔히 위험에 처해 사멸해가고 있는 언어의 보호와 재활을 목적으로 하는 응용연구를 수반한다('인류학자처럼 생각하기' 참조).

학자들에 따르면 언어쇠퇴와 언어소멸은 네 가지 국면 혹은 단계를 거친다(Walsh, 2005).

- 언어변환 혹은 언어쇠락은 언어쇠퇴의 한 범주로서 화자들이 제한적인 어휘로 모국어를 사용하는 반면 중간 정도 혹은 완전히 유창하게 말하는 새로운 언어를 더 자주 사용할 때 발생하는 상황을 지칭한다(Hill, 2001).
- 언어위기는 특정한 언어의 사용자가 1만 명 이하일 때이다.
- 근사절멸은 특정한 언어의 사용자로 오직 소수의 나이 든 사람들만 생존해 있는 상황이다.
- 언어절멸은 특정한 언어를 유창하게 사용하는 사람이 전혀 없을 때 발생한다.

위험에 처해 사멸하고 있는 언어를 추적하는 일은 쉬운 일이 아니다. 얼마나 많은 언어가 가까운 과거에 존재했었고 심지어 현재 몇 개의 언어가 존재하는가를 확실하게 알 수 있는 방법이 없기 때문이다(Crystal, 2000). 오늘날 살아있는 언어는 대략 5,000~7,000종류 정도로 추정된다. 수치상의 편

웹상에서 이용할 수 있는 원주민 언어 사전과 용법에 관한 안내가 점점 증가하고 있는데, 이는 이 호주 소년들 같은 원주민이 자신의 문화를 보존하는 데 도움을 준다.

'호주언어에 관한 인터넷 가이드(The Internet Guide to Australian Languages)'를 검색해보라.

텍스티즈 영어와 여타 언어에서 휴대전화 커뮤니케이션과 관련해서 새롭게 부상하는 언어적 변이로서 약어와 속어를 수반한다.

인류학자처럼 생각하기

사라져가는 언어를 부활시킬 필요가 있을까?

서구의 미디어는 특정한 개구리나 조류같이 위험에 처한 생물종에 관한 기사나 그들을 멸종위기로부터 구할 필요가 있다는 내용의 기사를 자주 싣는다. 생물종의 멸종에 대해 관심을 갖는 이유는 다양하다. 주요한 이유 중 하나는 지구상에 생물다양성을 유지하는 것이 그저 좋은 일이기 때문이다. 위험에 처한 생물종을 보호하기 위해 특별한 수단을 동원하는 데 반대하는 자들은 진보가 경쟁을 수반하고 그 경쟁에서 살아남을 수 있는 종의 생존을 의미한다는 다윈주의적 입장에서 논거를 찾는다. 경제적 진보는 단순히 거대한 주차장이 딸린 새로운 쇼핑센터나 공항을 건설하는 것을 의미할 수도 있다. 그러한 건설이 어떤 특별한 종의 비인간 영장류, 새, 꽃 혹은 곤충의 멸종을 의미할지라도 '진보'라는 미명하에 내버려두고 있다.

위험에 처한 언어의 생존과 위험에 처한 생물종의 생존 사이에는 어떤 유사성이 존재한다(Maffi, 2005). 언어의 보존과 재활성화를 지지하는 사람들은 지구상에 다양성이 존재한다는 단순한 사실 자체가 좋은 일이라고 주장할 것이다. 즉 그것은 지구가 모든 사람의 언어를 위한 공간이 있는 문화적으로 건강한 행성이라는 지표일 수 있다. 그들은 언어가 문화의 본질적인 부분이라고 주장할 것이다. 언어가 없다면 그 문화 또한 사멸할 것이다.

다른 사람들은 다윈주의적 관점을 취해서 언어도 생물종과 마찬가지로 경쟁의 세계 속에서 존재한다고 볼 것이다. 언어생존은 강하고 적합한 것은 존속하고 약하고 적합하지 않은 것은 사멸한다는 것을 의미한다. 그들은 사멸하고 있는 언어가 더 이상 존재하지 않는 과거의 일부이기 때문에 언어적 유산을 보존하는 것이 무용한 일이라고 주장할 것이다. 그들은 공공기금을 언어보존을 위해 사용하는 데 반대하고 부활 프로그램을 낭비라고 생각할 것이다.

비판적 사고를 위한 질문

- 최근 미디어를 통해 위험에 처한 생물종에 관해서 읽거나 들어본 적이 있는가? 있다면 어떤 종이었는가?
- 최근 미디어를 통해 위험에 처한 언어에 관해서 읽거나 들어본 적이 있는가? 있다면 어떤 언어였는가?
- 여러분은 생물종 보호와 언어 보호에 관해 어떤 입장을 취하고 있고 또 그 이유는 무엇인가?

차가 큰 이유 중 하나는 언어와 방언을 구분하는 문제가 단순하지 않기 때문이다. 지구상에서 가장 많은 종류의 언어가 발견되는 지역은 파푸아뉴기니, 파푸아 서부의 인도네시아 영토 그리고 몇몇 인근의 작은 섬들로 구성된 뉴기니 제도이다(Foley, 2000). 이 지역에는 1,000개 이상의 언어가 있는데 이들 중 다수가 완전히 다른 어족에서 기원한 언어이다.

언어절멸은 호주-태평양 지역에서 특히 심각한데 이 지역 토착어의 99.5%가 사용자 10만 명 이하의 언어이다(Nettle and Romaine, 2000:40). 아메리카, 시베리아, 아프리카, 남아시아, 동남아시아의 상황은 갈수록 더 심각해지고 있다. 세계의 반 이상의 언어가 1만 명 이하의 사용자를 가지고 있고 1/4은 사용자가 1,000명 이하이다.

지방언어를 부활시키거나 보존하려는 노력들이 많은 도전에 직면해 있다(Fishman, 2001). 지역 정체성 운동을 두려워하는 정부가 정치적으로 반대할 수도 있다. 정부는 흔히 소수자 언어 프로그램의 지원을 위한 예산책정을 꺼린다. 위험에 처한 언어 중에서도 어떤 종류를 보호할 것인가를 결정하는 일이 지역 정치에 영향을 미칠 수도 있다(Nevins, 2004). 하지만 언어보존의 가장 건전한 예 중 하나인 프랑스어권 퀘벡의 사례와 같이 주목할 만한 업적을 달성하기도 했다.

언어보존과 재활성화에 접근하는 방식은 지역의 특수한 상황뿐만 아니라 상실의 정도가 얼마나 심각한가, 얼마나 많은 현존 사용자가 있는가, 특정한 언어의 여러 가지 방언 중에서 어느 것을 보존 혹은 재활성화할 것인가, 보존과 재활성화 프로그램을 위해 어떤 자원이 사용 가능한가 등 다양한 요인들이 반드시 고려되어야 한다. 주요한 전략은 다음과 같다(Walsh, 2005).

- 교실에서의 공식적 교육
- 원로 교사가 일대일로 비사용자에게 언어를 가르치는 사부-제자 시스템
- 언어학습의 장려를 위해 웹을 토대로 한 학습도구와 서비스의 제공

각각의 방법은 장점과 단점을 모두 가지고 있다. 핵심적으로 중요한 사실은 특정한 언어에 관한 지식을 활성화하고 보존하기 위해서는 살아있는 공동체를 끌어안아야 한다는 점이다(Maffi, 2003).

9 학습목표 재고찰

9.1 인간이 커뮤니케이션하는 방식을 요약하기

인간의 커뮤니케이션은 언어를 통해 의미 있는 메시지를 전달하는 것이다. 언어는 학습되고 공유된 의미를 담고 있는 상징과 기호의 체계적인 묶음이다. 언어는 말해질 수도 있고, 수신호로 표현될 수도 있으며, 글로 기록될 수도 있다. 언어는 또한 몸의 움직임, 표식, 장식 등을 통해서도 의미를 전달할 수 있다.

인간의 언어는 다른 여타 생물의 커뮤니케이션 체계와 구별되는 두 가지 특징이 있다. 하나는 생산성, 즉 무한한 수의 새롭고 이해 가능한 메시지를 창조할 수 있는 능력이다. 다른 하나는 전위, 즉 과거, 미래 그리고 상상의 것에 관해 소통할 수 있는 능력이다.

언어는 기본적 소리, 어휘, 구문 등으로 구성된다. 통문화적으로 언어의 세 가지 측면 모두 그 구체적인 내용 면에서 본질적으로 다양하다.

인간은 상호 커뮤니케이션을 위해 다양한 종류의 비구어를 사용한다. 수화는 주로 손의 움직임을 이용해서 소통하는 커뮤니케이션의 한 형태이다. 침묵은 그 자체로 고유한 문화적 가치와 의미를 담고 있는 비구어적 커뮤니케이션의 한 형태이다. 신체언어는 몸의 움직임, 타자와의 관계에서 몸의 위치 설정, 문신과 피어싱 같은 몸의 변형, 의복, 머리모양, 냄새 등을 포함한다.

미디어인류학은 문화가 미디어 메시지를 규정하는 방식과 미디어 제도 내에서 작동하는 사회적 역동성을 조명한다. 비판적 미디어인류학은 미디어와 연관된 권력관계를 탐구한다.

9.2 커뮤니케이션이 문화다양성 및 사회불평등과 어떻게 연결되어 있는지 논의하기

사피어-워프의 가설은 언어가 문화를 규정하는 방식을 강조한다. 이와 경쟁하는 모델인 사회언어학은 특정한 개인의 문화와 그 문화 속에서 차지하는 개인의 위치가 언어를 규정하는 방식을 강조한다. 각 입장은 고유한 장점을 가지고 있고 많은 인류학자들이 두 모델 모두를 활용한다.

비판적 담론분석은 언어를 통한 커뮤니케이션이 권력자의 이해에 봉사하고 사회불평등을 유지하거나 심지어 심화하는 방식을 연구한다. 비록 언어가 사회적 배제를 강화하고 확대할 수 있지만 그것은 또한 맥락에 따라서 탄압당하는 사람들에게 저항의 힘을 제공해주기도 한다. 북미 주류사회에서 여성의 말은 남성의 말보다 일반적으로 더 공손하고 순응적이다. 일본에서는 젠더 코드로 인해 여성의 말에 공손함을 강조하지만 일부 젊은 여성들, 즉 코갸루는 새로운 저항의 언어양식을 창조하고 있다. 인도네시아의 게이언어는 관료적 통제로부터의 자유를 표현하는 기제로서 주류에 편입되고 있다. 여러 전문가에 따르면 미국 흑인영어(AAE)는 지역적 변이를 가진 일종의 표준어로 진화해 왔다.

9.3 언어변화의 사례들을 설명하기

인류 구어의 정확한 기원은 알려져 있지 않다. 역사언어학과 역사언어학적 어족연구는 초기 인류의 역사와 정주양식에 관해 많은 통찰력을 제공해준다. 문자는 메소포타미아에서 국가와 함께 출현했는데 그 시기는 지금부터 약 6,000년 전까지 거슬러 올라간다. 문자(script)는 전 세계적으로 광범위하게 확산되었다. 한 예로 아람어 체계는 남아시아와 동남아시아 문자의 토대로 확산되었다. 문자의 기능은 맥락에 따라 다양하다. 어떤 상황에서는 공적인 기록보관이 지배적이고 다른 상황에서는 짝짓기에 중요하다.

언어변화의 최근 역사는 지난 수 세기 동안의 식민주의 그리고 금세기의 서구적 세계화에 의해 영향을 받았다. 문화적 통합을 지향하는 민족주의적 정책은 흔히 소수자 언어의 탄압과 표준어의 장려를 수반한다. 식민지 개척에 의한 접촉은 다양한 피진어가 출현할 수 있는 맥락을 조성했고 이들 중 다수는 크레올로 진화했다. 서구적 세계화는 영어의 확산과 그 지역화된 변이들이 출현하는 데 기여했다.

지난 500년 동안 식민주의와 세계화는 수많은 원주민 언어와 소수자 언어의 절멸을 초래했고, 또 그만큼의 언어들이 절멸의 위기에 처해 있다. 응용언어인류학자들은 지구상에 언어다양성을 보전하고자 노력하고 있고 다양한 언어를 기록하고 사어나 사멸하고 있는 언어를 교육하는 프로그램의 개발에 참여하고 있다. 언어 재활성화와 생존에 핵심적인 요소는 공동체로 하여금 그 언어를 사용하게 하는 것이다.

핵심 개념

담론	사회언어학	언어	크레올
부가의문	생산성	역사언어학	키푸
비판적 담론 분석	세계어	음소	텍스티즈
비판적 미디어인류학	수화	전위	피진
빅데이터	약호	종족의미론	호출체계
사피어-워프의 가설	어족	커뮤니케이션	

틀에서 벗어나 생각하기

1. 주동사를 문장의 마지막에 위치시키는 영어문장을 작성해보라.
2. 침묵을 이용해야 하는 경우를 생각해보고 그것이 사회관계나 여타 다른 요인에서 애매성을 수반하는지 확인해보라.
3. 미국 공립학교에서 표준미국영어를 장려하기 위해 흑인영어의 사용을 제한해야 하는가? 단일 언어를 사용하는 교육의 장단점은 무엇인가?

CHAPTER 10

종교

개요

비교론적 관점에서 본 종교

환경에 주목하기 : 독수리 보호, 국립공원 그리고 호피 인디언 문화의 보존

현실 속의 인류학 : 호주 원주민 여성의 문화와 성소보호

세계종교와 그 지역적 변이

문화파노라마 : 중국 시안의 회족 무슬림

종교변화의 방향

학습목표

10.1 인류학자가 종교와 그 핵심적 특징을 어떻게 정의하는지 기술하기

10.2 지구화가 세계종교에 어떤 영향을 끼쳤는지 알아보기

10.3 오늘날 종교변화의 사례를 확인하기

인류학의 연관성

이 장면은 3명의 요넨구 십대가 아동에서 성년으로 전환하는 상황을 따라가는 영화 '요넨구 보이(Yolngu Boy)'를 위해 촬영되었다. 요넨구 사람들은 2012년 그들의 최고 예술가 중 한 명인 굴룸부 율핑구의 죽음을 애도했다. 가족들은 그녀를 둘러싸고 신성한 고래의 소야곡을 들려주었다. 100명 가까운 사람들이 그녀의 병실 밖에서 밤새 자리를 지켰다. 그녀는 항상 도움이 필요한 사람들에게 가장 먼저 손을 내밀었다. 이제 그녀의 공동체가 그녀와 함께했다. 그녀는 요넨구의 전통적인 은하수 이야기들을 그 너머에 있는 별들의 세계까지 확장해서 우주를 그렸다. "나는 아버지가 말씀해주셔서 이들 이야기를 알고 있다." 그녀의 아버지는 씨족의 지도자이자 예술가였다. 그는 그녀에게 계절과 별들에 관해 그리고 별들이 어떻게 사람들을 안전하게 지키는지에 관한 이야기를 들려주었다.

출처 : Eccles, 2012

로링 댄포스(Loring Danforth)는 그리스 농민의 종교적 삶을 연구하는 인류학자로서 종교의례의 참가자들이 불이 붙은 석탄 위를 몇 야드나 걸어서 지나가는 행위를 관찰했다(1989). 이 의례의 참가자들은 성인에 대한 믿음이 보호해주기 때문에 화상을 입지 않는다고 말했다. 댄포스는 미국으로 돌아와 한 미국인을 만났는데, 이 사람은 뉴에이지 신앙의 일환으로 정규적으로 불 위를 걷고 또 불 위를 걷는 방식을 배우고 싶어 하는 사람들을 위해 워크숍을 조직하기도 한다. 댄포스는 메인주 시골의 한 의례에서 직접 불 위를 걸어본 적도 있다.

그리스 북부의 불 위를 걷는 기독교도들이 뜨거운 석탄 위를 걷고 있다. 이들은 화상을 입지 않음으로써 신의 보호를 재확인한다.

만약 여러분이 종교적 신앙을 가지고 있다면, 특정한 종교 의례를 통해 고통이나 여타 종류의 육체적인 불편함을 경험해본 적이 있는가?

종교를 연구하는 모든 인류학자가 이와 같은 도전을 하는 것은 아니다. 하지만 그들은 모두 인류가 초자연적인 영역을 이해하고 또 그것과 관계 맺는 방식에 대한 관심을 공유하고 있다. 왜 어떤 종교에는 신이 여럿이고 다른 종교는 유일신을 믿을까? 왜 어떤 종교는 희생제의를 실행할까? 왜 어떤 종교는 여성의 참여가 더 높을까? 종교는 변화하는 정치경제적인 조건에 어떻게 반응할까?

종교는 문화인류학이 하나의 학문분과로서 출발한 이래 줄곧 가장 근본적인 주제 중 하나였다. 19세기의 초창기 인류학적 관심은 유럽에서 멀리 떨어진 장소에 살고 있는 원주민들의 종교에 초점이 맞추어져 있었다. 현재 인류학자들은 국가 수준의 사회에서 관찰되는 종교와 세계화가 종교변화에 미치는 영향에 관해서도 연구한다.

비교론적 관점에서 본 종교

10.1 인류학자가 종교와 그 핵심적 특징을 어떻게 정의하는지 기술하기

이 절에서는 종교의 정의, 종교의 기원에 관한 이론, 그리고 종교적 신앙, 의례, 사제의 유형을 포함하는 종교인류학의 기본적 문제들에 관해서 논한다.

종교란 무엇인가

인류학이 태동한 이후 줄곧 학자들은 다양한 방식으로 종교를 정의해 왔다. 1800년대 후반 영국 인류학자 타일러 경은 종교를 영적 존재에 대한 믿음으로 정의했다. 최근의 보다 포괄적인 정의에 따르면 **종교**(religion)는 초자연적인 존재와 힘들에 관한 믿음과 실천으로 구성된다. 이러한 정의는 종교를 최고신에 대한 믿음과 연결시키기를 분명하게 거부하는데 그 이유는 최고신이라는 개념 자체가 없는 종교도 있고 다수의 신을 믿는 종교도 있기 때문이다.

종교는 사람들의 세계관과 관련이 있지만 동일한 것은 아니다. 다시 말해 종교는 세계의 기원과 설계 그리고 인간이 세계 내에서 차지하는 위치에 관한 이해의 방식이라 할 수 있다. 세계관은 보다 광범위한 개념이고 초자연적인 영역에 대한 관심을 포함하지 않는다. 즉 무신론자에게도 세계관은 있지만 종교는 없다.

버지니아에 있는 한 라오스불교 사원. 종교는 많은 이민자 집단들에게 사회적 결속과 심리적 지원의 중요한 자원을 제공한다.

주술과 종교 타일러 경은 인간들이 물리적 세계와 그 속에서 발생하는 사건을 설명하는 상이한 방식이라는 점에서 주술, 종교 그리고 과학이 유사하다고 주장했다(1871). 그는 과학이 이들 셋 중에서 가장 우수하고 합리적이라고 생각했다. 타일러 경보다 약간 뒤에 제임스 프레이저 경(Sir James Frazer)은 **주술**(magic)을 초자연적 힘과 존재를 일정한 방식으로 행동하게 하려는 인간의 시도라고 했다(1978[1890]). 그는 주술과 대조적으로 종교는 초자연적 힘과 존재를 달래려는 시도라고 했다. 프레이저 경은 주술의 일반적 원리를 두 가지로 구별했다.

- 유사성의 법칙 : 이는 모방주술의 토대로서 만약 X라는 인물 또는 항목이 Y라는 인물 또는 항목과 비슷하면, X라는 인물 또는 항목에 대해 수행된 행위는 Y라는 인물 또는 항목에 영향을 미칠 것이라는 가정에 근거해 있다. 익숙한 예는 부두 인형이다. Y라는 인물을 대표하는 인형 X에 핀을 꽂으면 Y가 고통을 느낄 것이다.
- 감염의 법칙 : 이는 감염주술의 토대로서 한때 특정한 인물과 접촉했던 인물 혹은 사물은 여전히 그 인물에게 영향력을 발휘한다는 것이다. 효과적인 감염주술의 일반적인 항목은 특정한 인물의 잘린 머리카락, 손톱 조각, 치아, 침, 피, 배설물 그리고 아기의 태반 등이다. 감염주술을 행하는 문화의 구성원들은 개인적 폐기물을 조심스럽게 처리함으로써 아무도 그것을 장악하지 못하게 한다.

타일러와 프레이저를 포함하는 초기 인류학자들은 주술이 종교에 앞선다는 진화론적 모델을 지지했다(제1장을 다시 보라). 그들은 주술이 종교보다 덜 영적이고 윤리적이기 때문에 더 '미개'하다고 생각했다. 그들은 조만간 주술이 보다 '고차원적인' 체계인 종교에 의해 완전히 대체될 것이고 종교는 궁극적으로 가장 합리적 사고방식인 과학에 의해 대체될 것이라고 가정했다. 이들이 현대 세계에도 지구, 자연 그리고 계절의 순환에 초점을 맞춘 이른바 위카 혹은 네오페이건(역주 : 새롭게 출현한 다신교적 신앙을 일컫는다) 같은 주술적인 종교가 광범위하게 존재하는 현상을 본다면 놀라워할 것이다. 성상

종교 초자연적인 존재와 힘에 대한 믿음과 실천

주술 초자연적인 힘과 존재를 특정한 방식으로 행동하게 하려는 시도

그림 10.1 성상

때로 펜타그램이라고도 불리는 성상은 원에 둘러싸인 꼭짓점이 5개인 별 모양이다. 네오페이건과 위카 종교의 중요한 상징인 성상은 또한 에너지를 불러모으고 영적 존재를 조종하는 데 사용되는 주술적 도구이다.

(星像)은 위카의 중요한 상징이다(그림 10.1 참조). 2007년 미국퇴역군인국은 성상을 사망한 퇴역군인과 그 가족구성원들의 묘비에 새길 수 있는 종교적 상징의 목록에 공식적으로 포함시켰다.

불확실한 상황에 처하면 많은 사람들이 주술적 행위에 의지한다. 예를 들어 주술은 스포츠에서 현저하게 나타난다(Gmelch, 1997[1971]). 미국의 일부 야구선수들은 경기에 승리하는 데 도움이 된다는 믿음하에 특정한 행동을 반복하거나 특수한 셔츠나 모자 같은 부적을 사용하기도 한다. 이러한 관행은 그것이 전에 한 번 통했다면 다음에도 다시 통할 것이라는 가정에 근거해 있다. 야구에서 투구와 타구는 수비보다 더 불확실하기 때문에 투수와 타자들이 주술을 사용하는 경향이 더 강하다. 주술적 행동은 또한 경작, 어로, 군대, 연애 등의 상황에서 더 일반적으로 행해진다.

다양한 종교적 믿음

종교는 신앙과 행위로 구성된다. 종교를 연구하는 학자들은 일반적으로 신앙체계를 먼저 고려하는데 그 이유는 신앙체계가 종교적 행위의 유형을 규정하는 것처럼 보이기 때문이다. 종교적 신앙은 때로 그 구성원이 수백만 명이 될 수도 있는 특정한 집단에 의해 공유되고 세대를 통해 전달된다. 연장자들은 노래와 이야기를 통해 아동들을 가르치고 예술가는 그 이야기들을 바위나 벽에 그림으로 그리고 조각가들은 종교적 믿음의 측면들을 묘사하는 이미지를 나무 혹은 돌에 새긴다.

신앙이 표현되는 방식 신앙은 두 가지 주요 형태로 표현되고 또 세대를 거쳐 전달된다.

- **신화**(myth) : 초자연적 힘이나 존재에 관한 이야기
- **교리**(doctrine) : 종교적 신앙에 관한 직접적 진술

신화는 시작, 중간, 끝으로 구성되는 줄거리를 가진 서사이다. 줄거리는 서사의 가장 작은 단위인 모티프가 반복되는 형태일 수 있다. 신화는 초자연적 힘이나 존재(혹은 단순히 초자연적인 것)에 관한 메시지를 논리나 형식적인 주장이 아닌 이야기 그 자체를 통해 간접적으로 전달한다. 제우스, 아테나, 오르페우스, 페르세포네 이야기 같은 그리스-로마 신화는 세계적으로 유명하다. 어떤 사람들은 성경이 일종의 신화 모음집이라고 할 것이다. 다른 이들은 성경에 나오는 이야기들이 '실제적'이거나 '성스러운' 것이 아니라고 주장하면서 그와 같은 분류를 반박할 것이다. 신화는 오랫동안 인간의 구어적 전통의 일부였고 그중 많은 부분은 아직도 기록되지 않고 있다.

인류학자들은 신화가 왜 존재하는가에 대해 질문한다. 말리노프스키는 신화가 핵심적인 믿음을 표현하고 도덕성을 가르친다는 점에서 사회의 헌장이라고 주장했다(1948). 가장 유명한 신화학자인 프랑스 인류학자 레비스트로스는 신화를 철학적이고 심리학적인 측면에서 기능적인 것으로 보았다(1967). 그의 관점에서 신화는 매개적인 제3의 요소를 통해 이원성이 해소되는 이야기를 제공해줌으로써 사람들이 삶과 죽음 혹은 선과 악 같은 심오한 개념적 모순에 대처할 수 있도록 도와준다. 이러한 신화적 해결은 신화의 다양한 표면적 내용 이면에 숨겨져 있다. 예를 들어 북미 서남부에 사는 푸에블로 인디언의 수많은 신화에는 초식동물과 육식동물이 병치되어 있다. 매개적인 제3의 요소는 까마귀인데, 까마귀는 육식동물이긴 하지만 썩은 고기를 먹기 때문에 다른 종과 달리 고기를 먹기 위해 사냥을 하지는 않는다.

기능주의적이기도 한 문화유물론적 관점은 신화가 생계를 해결하고 경제적 혼란에 대처하는 방법에 관한 정보를 저장하고 전달한다고 주장한다(Sobel and Bettles, 2000). 클래머스

신화 줄거리가 초자연적인 것과 관련된 이야기

교리 종교적 믿음에 관한 직접적이고 공식화된 진술

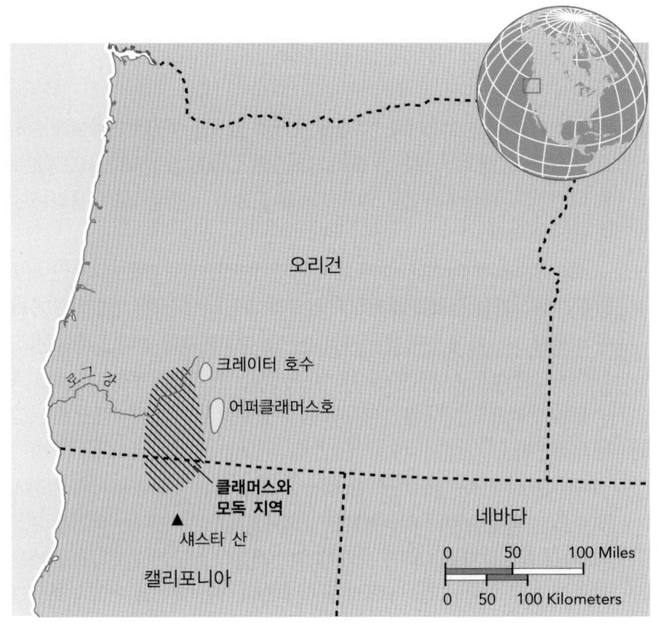

지도 10.1 **오리건과 캘리포니아의 클래머스와 모독 지역**

인디언과 모독 인디언(지도 10.1 참조)의 신화 28개를 분석한 결과 그러한 일관적인 주제 중 하나가 바로 식량 확보의 불확실성이었다. 그 외에 지배적인 주제는 굶주림, 식량저장, 자원의 다원화, 자원의 보호, 공간적 이동성, 호혜성, 초자연적 힘에 대처하는 방식이었다. 따라서 신화는 경제적 생존과 환경보호에 관한 지식의 보고이다.

신앙이 표현되는 또 다른 형태인 교리는 초자연적인 것, 세계와 그 기원, 초자연적인 것과 인간의 관계 그리고 인간과 인간의 관계를 명확하게 정의한다. 교리는 문자화되어 있고 형식적이다. 교리는 올바르지 못한 신앙과 행위를 형벌과 연결시키기 때문에 법에 가깝다. 교리는 소규모 '민간' 신앙보다 제도화된 대규모 종교와 관련되어 있다.

하지만 교리는 변할 수 있고 또 실제로 변한다(Bowen, 1998). 수 세기에 걸쳐 다양한 교황이 가톨릭교회의 새로운 교리를 선포했다. 유럽 가톨릭을 재강화하려는 의도로 제정된 1854년의 교황칙령은 대중들에게 실질적인 지지를 받고 있던 관념인 처녀임신이라는 개념에 정통성을 부여해주었다.

무슬림 교리는 이슬람 신앙의 기초적인 성서인 쿠란에 표현되어 있는데, 이는 7세기의 예언가 마호메트의 계시 그리고 그의 말과 행동에 관한 기록으로 구성되어 있다. 말레이시아 쿠알라룸푸르(137쪽 지도 6.3 참조)에는 이슬람의 자매라 불리는 소수의 고등교육을 받은 여성들이 있는데, 이들은 이슬람 교리 중에서도 특히 가족, 교육, 상업활동에 관한 내용을 해석하는 데 책임이 있는 종교적 권위자인 지역 울라마(ulama) 구성원들과 정규적으로 논쟁한다(Ong, 1995). 논쟁은 일부다처제, 이혼, 여성노동의 역할, 여성의 복장 등과 같은 쟁점을 둘러싸고 이루어진다.

초자연적 힘과 존재에 관한 믿음 초자연적인 것에는 비인격적 힘들뿐만 아니라 인간과 흡사한 인격적인 힘들도 포함된다. 초자연적인 존재는 절대적이고 전능한 창조물일 수도 있고 신들림을 통해 인간 안에 거주하는 작고 성가신 정령일 수도 있다.

애니마티즘(animatism)은 초자연적인 존재가 비인격적인 힘으로서 인식되는 신앙체계를 가리킨다. 중요한 예 중 하나가 마나(mana)인데, 이는 멜라네시아, 폴리네시아, 미크로네시아를 포함하는 남태평양 전 지역에 걸쳐 발견되는 개념이다. 마나는 자연을 초월해서 스스로 작동하는 힘으로서 정령도 아니고 신도 아니다. 마나는 사물과 인물을 통해 표현되고, 또 어떤 사람은 다른 사람보다 더 많은 마나를 축적할 수 있기 때문에 개인적 지위 및 권력과 연결된다.

어떤 초자연적 존재는 전체적 또는 부분적으로 동물의 모양을 한 신인 수형신(獸形神)이다. 특정 종교는 수형신이 발달해 있고 다른 종교는 그렇지 않은 이유를 만족스럽게 설명할 수 있는 이론은 존재하지 않는다. 수형신은 고전 그리스-로마 종교와 고대 및 당대 힌두교에서 특히 풍부하게 나타난다. 인간의 모습을 한 초자연적인 존재이자 신인 인격신은 일반적이긴 하지만 보편적이지는 않다. 초자연적인 것을 인간 자신의 모습을 통해 인지하는 경향은 대략 기원전 570~470년 사이 어느 시기에 살았던 그리스 철학자 크세노폰이 2,500년 전에 이미 지적한 바 있다. 그는 다음과 같이 말했다.

> 하지만 말, 황소 혹은 사자에게 손이 있어서 그림을 그릴 수 있고 인간과 같은 일을 할 수 있다면, 말은 말과 비슷한 신의 모양을 그리고 황소는 황소와 비슷한 형태의 신을 그릴 것이다. 그들 또한 자신과 닮은 신체를 가진 신을 만들 것이다(Lesher, 2001:25).

하지만 왜 어떤 종교에는 인격신이 있고 어떤 종교에는 인격

애니마티즘 초자연적인 존재가 비인격적인 힘으로서 인식되는 신앙체계

환경에 주목하기

독수리 보호, 국립공원 그리고 호피 인디언 문화의 보존

수많은 세대 동안 호피족(Hopi)의 젊은 남자들은 매년 봄마다 애리조나 우팟키국립공원과 동북부 애리조나 여타 지역의 절벽에서 황금수리 새끼를 찾아 다녔다(Fenstemeker, 2007). 그들은 새끼 수리들을 인디언 보호구역으로 데리고 와서 여름이 될 때까지 보살펴준다. 여름이 되어 성체로 자란 수리들은 종교의식에서 교살되는데, 호피족은 이 의식이 새의 정령을 자유롭게 해서 영적 세계에 거주하는 조상들에게 메시지를 전달한다고 믿고 있다. 이 의식이 호피족에게 가장 중요한 의례이긴 하지만 다른 모든 종류의 의례에서도 황금수리의 깃털이 사용된다. 호피 인디언에게 황금수리는 영적 세계와의 연결고리이다.

1783년 미국의 대륙의회는 대머리수리를 새로 독립한 나라의 국가적 상징으로 정했다. 1940년에 이르러 대머리수리의 개체수가 너무 감소하자 미 의회는 자유라는 미국적 이상의 상징으로 자리 잡은 대머리수리를 보호하기 위해 대머리수리 보호조례를 통과시켰다. 1962년 미 의회는 그 조례를 수정해서 황금수리를 보호대상에 포함시켰는데, 그 이유는 대머리수리와 황금수리 새끼가 구별 불가능할 정도로 비슷하기 때문이었다.

1994년 클린턴 대통령은 황금수리에 대한 호피족의 믿음을 공식적으로 인정해주기 위해 몇 가지 편의를 제공하고자 했다. 클린턴 행정부는 콜로라도에 황금수리의 깃털과 여타 유물을 위한 전시관을 건립했다. 하지만 수요가 공급보다 더 많았다.

호피 인디언은 동북부 애리조나에서 매년 40마리의 황금수리를 포획할 수 있는 허가를 가지고 있다. 하지만 국립공원이라는 이유로 우팟키는 배제되었다. 미국의 국립공원 정책은 물리적 환경과 생물종은 보호하면서도 원주민과 그들의 문화는 배제하는 '옐로스톤 모델'에 입각해 있다. 이 모델은 전 세계적으로 널리 적용되어 오랫동안 성공적으로 살아온 지역에서 더 이상 수렵, 어로, 채집을 못하게 함으로써 원주민들에게 손해를 끼쳤다. 이들 땅의 많은 부분이 그들에게 신성한 장소이다. 하지만 '보호'라는 이유 때문에 그들이 이들 장소를 전통적인 방식으로 이용하는 것을 금하고 있다.

인류학자들과 여타 관계자들은 환경과 생물종의 보호를 지지하면서도 원주민과 그들의 문화를 배제하지 않으려고 한다. 이들은 연방법률에 대한 예외를 고려함에 있어서 사례별 접근이 이루어져야 한다고 주장한다. 이들은 또한 애리조나의 황금수리에 관해서는 개체수가 풍부하고 호피족의 봄철 포획량도 많지 않기 때문에 종의 생존에 위협이 되지 않는다는 점을 지적한다.

하지만 환경론자들은 예외를 적용할 경우 장기적으로 원시적 환경과 가치 있는 종들을 파괴하는 위험한 선례로 작용할 수 있다는 우려를 표한다. 다른 환경론자들은 매년 보다 많은 수리들이 항공기나 고압전선 때문에 죽고 혹은 납탄에 맞아 납성분을 함유하고 있는 먹이를 먹어서 죽는다며 그러한 우려를 반박한다.

인류학자들은 옐로스톤 모델과 대조적으로 '공원과 사람을 함께 고려하는 접근방식'을 주창한다. 이러한 접근은 공동체에 토대를 둔 보존을 지향함으로써 원주민들이 자신의 영토로부터 얻는 경제적 · 종교적 이익을 지속적으로 향유할 수 있도록 한다.

생각할 거리

만약 여러분이 믿는 종교에서 연례적으로 행해 오던 가장 중요한 의례를 더 이상 할 수 없게 되었지만, 타인들은 여러분이 통상적으로 의례를 수행하던 장소에서 관광을 할 수 있다고 한다면 어떤 느낌이 들까? 종교를 믿지 않는 학생의 경우 세속적 의례, 예를 들어 슈퍼볼 경기 보기에 관해 생각해보라.

카치나 인형. 호피 인디언에게 '카치나'라는 단어는 정령 혹은 '생명의 담지자'를 의미한다. 삼촌이 조카에게 카치나 인형을 만들어줌으로써 호피 종교 내에 존재하는 수많은 정령들에 관해 배울 수 있도록 도와준다. 인디언 공예품을 수집하는 외부인들은 카치나 인형 중에서도 특히 오래된 것들에 높은 가치를 부여하고 있다.

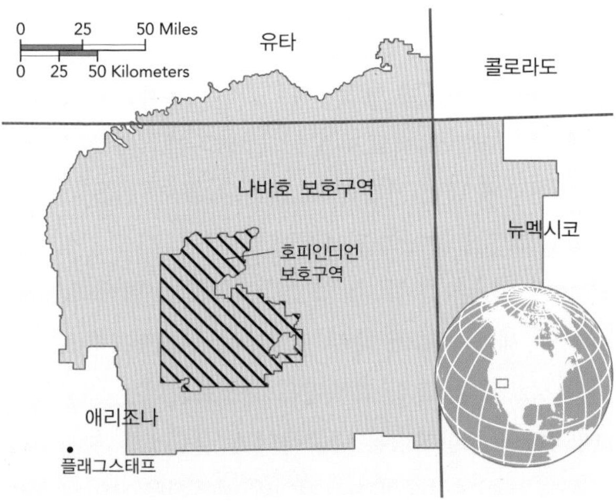

지도 10.2 애리조나의 호피 인디언 보호구역

호피 인디언과 나바호 인디언은 한때 빅마운틴으로 알려진 지역을 공유했다. 1974년과 1996년에 통과된 미 의회 조례는 이 지역을 2개의 보호구역으로 나누면서 보다 광범위한 나바호 인디언 보호구역이 호피 인디언 보호구역을 완전히 포위하도록 방치했다. 약 7,000명의 인구가 호피 인디언 보호구역에서 살고 있다.

신이 없는가라는 질문에는 여전히 답할 수 없다.

인간의 모습을 한 초자연적인 존재는 인간처럼 찬양, 아부, 선물을 함으로써 마음을 움직일 수 있다. 그들은 감정을 가지고 있고 무시당하면 화를 낸다. 그들은 풍부한 애정으로 보살펴주거나 소원하고 반응이 없을 수도 있다. 대부분의 인격신은 성인이지만 일부는 어린아이다. 초자연적 존재들은 그들을 숭배하는 인간과 유사한 혼인과 성적 관계를 보여주는 경향이 있다. 성스러운 결혼은 통상 이성애적이고, 어떤 사회에서는 남성 신이 다수의 아내를 거느리고 있는 경우도 있다. 다양한 초자연적 존재들에게 자식은 있지만 손자 손녀가 있는 경우는 드물다. 다양한 신들을 모아 놓은 만신전에는 인간 사회의 전문화를 반영해서 일정한 노동분업이 존재한다. 숲, 강, 하늘, 바람, 비, 농업, 출산, 질병, 전쟁, 부부의 행복을 전문적으로 관장하는 신들이 있을 수 있다. 초자연적인 존재는 정치적인 역할과 위계질서가 있다. 고대 로마 종교의 주피터와 주노 같은 고위 신들은 수하에 보다 덜 강력한 일련의 신과 정령들을 거느리고 있는 전능한 존재이다.

어떤 문화에서는 초자연적 존재가 다름 아닌 죽은 조상들일 수도 있다. 아프리카, 아시아 그리고 북미 인디언의 다양한 종교는 조상숭배 의식과 관련되어 있다. 산 자들은 조상숭배 의식을 통해 죽은 조상들을 달래기 위해 무엇인가를 해야 하고 또 어려움에 처했을 때에는 그들에게 도움을 청할 수도 있다('환경에 주목하기' 참조). 현대 일본의 많은 가족들에게 가장 중요한 종교적 활동은 조상숭배이다. 세 종류의 국가 공휴일이 조상의 중요성을 기념하는 것과 관련이 있는데, 그것은 매년 여름 조상들이 자손의 집을 방문하는 날 그리고 매년 춘분과 추분에 자손들이 조상의 무덤을 방문하는 날이다.

성스러운 공간에 관한 신앙 성스러운 공간에 관한 신앙은 아마 모든 종교에서 발견될 것이다. 하지만 일부 종교는 그러한 신앙을 다른 종교보다 더 분명하게 보여준다. 바위나 강의 급류 같은 성스러운 공간은 항구적으로 표식되거나 그렇지 않을 수도 있다(Bradley, 2000). 사미족(217쪽 '문화파노라마' 참조)의 전통 신앙은 성스러운 자연적 장소들과 밀접하게 관련되어 있었다(Mulk, 1994). 대부분 표식되어 있지 않은 이들 장소는 인간, 동물, 새를 닮은 바위를 포함한다. 사미족은 기독교 선교사들이 그들의 종교적 실천과 신앙을 포기하도록 강제하기 이전에는 이들 장소에 물고기를 위시한 다양한 동물을 제물로 바쳤다. 오늘날 많은 사미족이 성스러운 장소의 위치를 알고 있지만 외부인에게 알려주지 않으려고 한다.

항구적 표식이 없는 또 다른 중요한 형태의 성스러운 공간은 전 세계 무슬림 여성들이 수행하는 가내의례에서 찾아볼 수 있다. 카탐 쿠란이라 불리는 이 의례는 성서 쿠란의 '봉인' 혹은 읽기를 뜻한다(Werbner, 1988). 잉글랜드 북부 맨체스터시(지도 10.3 참조)에 사는 파키스탄 여성 이민자들 사이에서 이 의례는 함께 모여서 쿠란을 읽은 다음 의례음식을 나누어 먹는 형태로 수행된다. 모임의 이유는 신에 감사하고 신의 축복을 구하기 위해서이다. 의례가 수행되는 동안 원래 성스럽지 않았던 공간이 성스러운 공간으로 전환된다. 이와 같은 '휴대 가능한' 의례는 이주민들이 새로운 환경에 적응하는 데 특별히 도움이 되는데 그 이유는 공식적으로 성화된 공간이 없어도 의례를 치를 수 있기 때문이다. 이 의례를 수행하는 데 필요한 것은 하나의 장소, 친척과 친구들로 구성된 협력집단

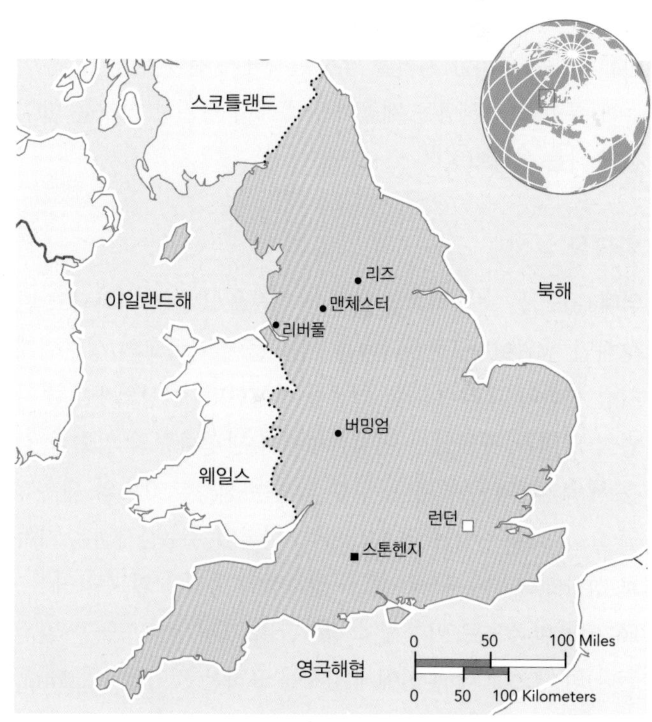

지도 10.3 잉글랜드

잉글랜드는 영국을 구성하는 주들 중에서 면적이 가장 넓고 인구가 가장 많은 주이다. 잉글랜드의 인구 5,300만은 영국 전체 인구의 84%에 해당한다. DNA 분석에 따르면 대다수 잉글랜드 사람들이 게르만계 혈통이고 그들의 언어도 마찬가지이다. 지형은 주로 구릉 형태이고 그 북쪽과 동쪽에 약간의 산들이 있다. 런던이 현재까지 가장 큰 도시이고, 맨체스터와 버밍엄이 2위 자리를 다투고 있다. 영어는 다양한 지역방언을 가진 지배적인 언어이다. 이민자 공동체들이 유입한 많은 타언어가 제1언어로 사용되고 있는데, 이에는 남아시아 언어, 폴란드어, 그리스어, 중국의 광둥어가 포함된다. 약 25만 명이 영국 수화를 사용한다. 비록 성공회가 국교지만 잉글랜드의 모든 사람들은 종교의 자유를 누리고 있다.

그리고 쿠란뿐이다.

호주 원주민의 종교는 성스러운 공간과 밀접하게 맞물려 있다. 꿈의 시간으로 불리는 신화적 과거에 조상들이 지구를 걸어 다니면서 특정한 집단에 속하는 영토를 표시했다. 조상들이 답사했던 장소에 관한 정보는 사람들 사이에서 비밀로 지켜진다. 원주민들은 최근 법정에서 이루어진 일련의 송사를 통해 상업적 개발업자들이 획득하고자 하는 땅에 대한 권리를 주장했다. 몇몇 인류학자들은 성스러운 공간에 대한 원주민의 권리주장이 갖는 타당성을 입증하기 위해 전문가적 증언을 제공했다. 그러한 사례 중 하나는 성스러운 장소에 대한 원주민들의 신앙과 비밀스러운 지식에 젠더적 차원이 있음을 보여준다. 즉 성스러운 장소는 여성에게 속하는 것이었고 그 위치에 관한 정보는 남성에게 알려줄 수 없는 것이었다. 원주민 여성들의 주장을 변호하기 위해 고용된 인류학자도 여성이었다. 따라서 원주민 여성들은 그 인류학자에게 신성한 장소에 관해 말해줄 수 있었다. 하지만 법정에서 그 여성 인류학자는 그러한 지식을 남성 판사에게 전할 수 없었다. 이는 인류학적 컨설팅을 제공하는 측에서 탁월한 기지를 발휘해야 하는 상황이었다.

의례적 실천

의례(ritual)는 초자연적인 영역에 초점을 맞춘 양식화되고 반복적인 행위이다. 신성의례는 예를 들어 기독교의 성찬의례처럼 신화와 교리에 대한 믿음을 연행한다. 신성의례는 초자연적 영역과 관계없는 여성클럽이나 남성클럽의 입회식 같은 세속의례와 구별된다. 일부 의례는 신성한 요소와 세속적인 요소가 섞여 있는 경우도 있다. 미국의 추수감사절은 기독교 성찬에서 비롯되었는데 그 일차적인 목적은 필그림(역주 : 1620년 미국으로 이주해서 정착한 초기의 청교도들을 일컫는다)의 생존에 대해 신에게 감사를 표하는 것이었다(Siskind, 1992). 오늘날 추수감사절을 기념하는 사람들 모두가 본래의 기독교적 의미를 지키는 것은 아니다. 미식축구경기 관람 같은 추수감사절의 세속적 성격이 풍요로운 추수에 대해 신에게 감사하는 의례적인 측면보다 더 중요할 수도 있다.

인류학자들은 신성의례를 다양한 방식으로 범주화한다. 그 중 한 방법은 의례의 시간성에 의거해 있다. 정기적으로 수행되는 의례는 주기적 의례라고 부른다. 다양한 종류의 주기적 의례가 매년 파종이나 수확 같은 계절의 전환 혹은 어떤 중요한 사건을 기념하기 위해 수행된다. 예를 들어 불교에서 중요한 주기적 의례인 석가탄신일은 부처의 탄생, 깨달음, 죽음(모두 같은 날이다)을 기념한다. 이날 불교신도들은 절에 모여 부처에 관한 설법을 듣고, 불상에 물을 뿌리는 등의 의례를 수행한다. 하지와 동지 혹은 초승과 보름 같은 역법상의 사건들도 흔히 의례적 주기를 수반한다. 대조적으로 비주기적 의례는 가뭄이나 홍수 같은 예기치 않은 사건에 대응하기 위해서 혹은 질병, 불임, 출생, 혼인, 죽음 같이 한 개인이 삶에서 겪는 사건들을 표시하기 위해서 예측할 수 없는 때에 비정규적으로 수행된다. 다양한 유형의 의례를 요약하면 다음과 같다.

생애주기의례 **생애주기의례**(life-cycle ritual) 또는 통과의례는 한 개인 또는 집단이 생애의 한 단계에서 다른 단계로 지위가 변하는 것을 표식한다. 빅터 터너(Victor Turner, 1969)가 잠비아 서북부의 원시농경민인 은뎀부인들 사이에서 행한 현지조사는 생애주기의례의 국면들에 관한 통찰력을 제공해준다. 터너는 은뎀부인들의 생애주기의례뿐만 아니라 다른 문화의 그것도 분리, 전환, 재통합이라는 3개의 국면을 가지고 있다는 사실을 발견했다.

- 첫 번째 국면에서는 의례의 주인공이 물리적, 사회적 또는 상징적으로 일상적 삶에서 분리된다. 특별한 의복이 그러한 분리의 표식일 수도 있다. 아마존, 동아프리카, 서아프리카의 다양한 문화에서 청소년들은 분리된 오두막 또는 촌락에서 멀리 떨어진 장소에서 수년 동안 생활해야 한다.
- 전환기 또는 리미널(liminal) 국면은 의례의 주인공이 더 이상 이전의 지위에 속하지 않지만 아직 그다음 단계의 구성원도 아닌 상태이다. 리미널리티는 흔히 그 개인이 다음 지위를 위해 갖춰야 하는 특별한 기술의 학습을 수반한다.
- 마지막 단계인 재통합은 의례의 주인공이 새로운 지위를 가진 개인으로서 공동체에 의해 환영을 받을 때 이루어진다.

의례 초자연적 영역과 관련된 양식화된 행위

생애주기의례 생애의 한 단계에서 다른 단계로 넘어가는 지위상의 변화를 표시하는 의례로 통과의례라고도 한다.

현실 속의 인류학

호주 원주민 여성의 문화와 성소보호

일군의 나린제리 여성들과 그들의 변호사는 호주 남부에 있는 성소에 대한 자신들의 권리 주장을 지지하는 컨설턴트로 인류학자인 다이앤 벨(Diane Bell)을 고용했다(Bell, 2015). 힌드마쉬 섬에 있는 이 지역은 굴와(Goolwa)와 그 섬 사이의 성스러운 물을 가로지르는 다리를 건설하자는 제안 때문에 위협받고 있었다. 그 여성들은 이 지역의 보호를 주장했고 이 장소에 그들의 비밀스러운 지식, 즉 어머니와 딸 사이의 신뢰를 통해 세대에 걸쳐 전해져 온 지식을 근거로 다리 건설의 중지를 주장했다. 정부가 그들의 주장을 조사하기 위해 구성한 고등위원회는 그 지식이 중요한 국가 프로젝트를 막기 위해 날조된 것이라고 생각했다.

호주 원주민 여성들 사이에서 장기적인 현장조사 경험을 가진 백인이었던 다이앤 벨이 원주민 여성들의 소송을 도우면서 직면했던 도전 중 하나는 백인 남성 지배적인 법원체계였다. 벨은 원주민 여성들의 주장을 뒷받침하는 증거를 수집하기 위해 수개월에 걸친 조사를 수행했다. 그녀는 신문 아카이브, 의례적 노래들의 초기 녹음, 나린제리 여성들의 구술사 등을 분석했다. 그녀는 법원에 제출하기 위해 비밀의 규율을 침해하지 않을 정도로 충분히 일반적인 수준에서 여성들의 성스러운 지식에 관한 보고서를 작성했다. 이 지식은 여성들만의 지식이었지만 고등법원 판사가 그것이 진짜라고 믿을 수 있을 정도로 충분히 상세했다. 결국 판사는 그 지식이 진짜임을 알게 되었고 다리 건설 프로젝트는 1999년에 취소되었다.

하지만 부동산 개발업자들은 포기하지 않았고, 2001년 연방법원은 '여성들의 비밀스러운 일'에 관한 주장이 날조된 것이라며 기각했다.

이 사례는 호주 역사상 젠더 문제는 물론이고 '인종'과 관련해서 발생한 가장 격렬한 법정공방 중 하나였다. 자신들의 성스러운 장소를 보호하기 위해 싸웠던 연장자 여성들은 그 과업을 다음 세대로 넘겨주었다. 많은 나린제리 사람들 그리고 다리 건설 저지 투쟁 동안 그들의 편에 섰던 사람들은 그 다리를 이용하지 않으려고 한다.

가장 최근인 2010년 7월에는 고위 관료들이 나린제리 여성들이 다리 건설에 반대하며 주장했던 내용이 진짜였음을 인정하고 사과했다. 이러한 공식적 사과에 이어 일부 나린제리 여성들은 평화구축의 의미로 처음으로 그 다리를 건넜다. 다른 여성들은 결코 그 다리를 건너지 않을 것이라고 말했다.

힌드마쉬 섬에서 호주 남부를 잇는 보행자 다리

생각할 거리

인터넷을 이용해서 이 사례 및 호주에서 발생한 여타 성소 관련 논쟁에 관해 알아보라.

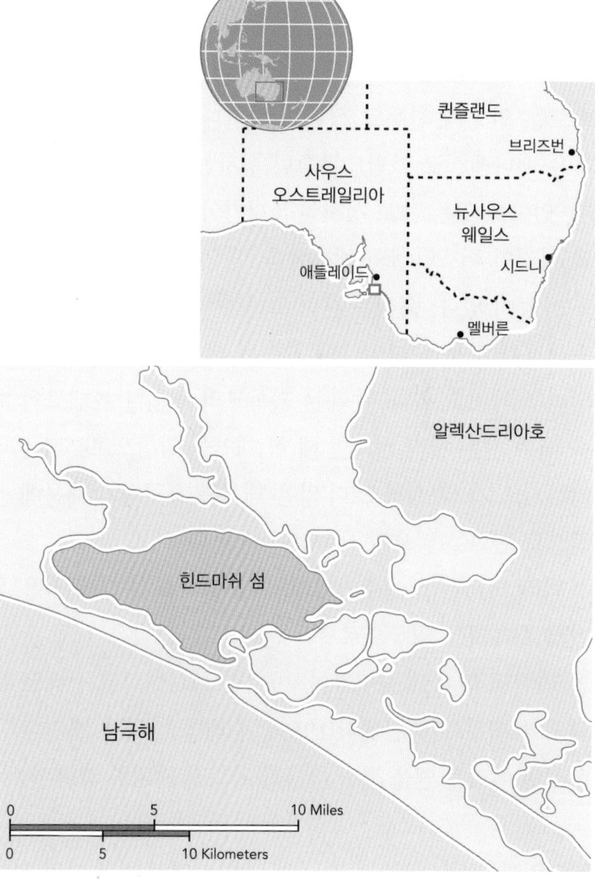

지도 10.4 남호주의 힌드마쉬 섬

힌드마쉬 섬의 나린제리 이름은 쿠마랑크이다.

소년 소녀들을 위한 사춘기의례의 통문화적 분포에서 나타나는 차이는 남성과 여성의 경제적 가치와 지위를 반영한다(제4장을 다시 보라). 대부분의 사회에는 소년을 위한 특정한 형태의 사춘기의례가 있지만 소녀를 위한 사춘기의례는 그렇게 일반적이지 않다. 여성의 노동이 중요하고 가치 있는 것으로 간주되는 사회의 소녀들은 정교하고 때로 고통을 수반하는 사춘기의례를 치른다(Brown, 1978). 여성의 노동이 중요하지 않은 사회에서는 소녀들의 초경이 표식되지 않고 사춘기의례도 없다. 사춘기의례의 기능은 무엇보다 미래의 노동력을 구성할 구성원을 사회화하는 데 있다. 예를 들어 잠비아 북부 벰바인들의 성인식에 참가하는 소녀는 40종류의 버섯을 구별하는 법을 배우고 어떤 것을 먹을 수 있고 또 어떤 것을 먹을 수 없는가에 대해 알아야 한다.

한 아파치 소녀의 사춘기의례. 통문화적 연구에 따르면, 소녀의 사춘기를 기념하는 관행은 성인 여성의 생산적 · 재생산적 역할에 높은 가치를 부여하는 문화에서 나타나는 경향이 있다.

순례 **순례**(pilgrimage)는 종교적 헌신이나 의례를 목적으로 성스러운 장소를 방문하고 돌아오는 여행이다. 유명한 순례 장소로는 인도의 힌두교 성지인 바라나시(이전에는 바나라스 혹은 베나레스로 불림), 무슬림 성지인 사우디아라비아의 메카, 인도에 있는 불교 성지인 부다가야, 유대교, 기독교, 힌두교 성지인 이스라엘의 예루살렘, 프랑스의 기독교 성지인 루르드 등이 있다. 순례는 흔히 고난과 역경을 수반하는데 이는 순례자가 고통을 많이 경험할수록 더 많은 공덕을 쌓는다는 의미를 가지고 있다. 순례는 기독교의 교회나 유대교의 회당을 매주 가는 것과 비교할 때 한 개인을 일상으로부터 분리시키는 정도가 더 심하고 더 많은 대가를 요구하기 때문에 잠재적으로 변화를 일으킬 가능성이 더 높다.

빅터 터너는 생애주기의례의 세 단계를 순례에 적용했다. 먼저 순례자는 일상으로부터 분리되고, 그다음 실제 순례 동안 리미널 단계로 들어가며, 마지막으로 변화된 상태로 돌아와서 사회로 재통합된다(1969). 순례를 다녀온 개인은 흔히 영적인 이익을 얻을 뿐만 아니라 사회적 지위도 강화된다.

전복의례 **전복의례**(ritual of inversion)에서는 통상의 사회적 역할과 관계가 일시적으로 전복되어 버린다. 기능주의적 관점은 전복의례를 통해 사회적 압력이 해소된다고 주장한다. 전복의례는 또한 의례가 끝난 후 반드시 회귀해야 하는 규범적이고 일상적인 역할과 관행의 정당성을 사회구성원들에게 재확인해준다.

카니발(혹은 포르투갈어로 carnaval)은 지중해 북부지역에서 그 뿌리를 찾을 수 있는 전복의례이다. 이 의례는 유럽 남부와 서반구 전역에 걸쳐 광범위하게 행해진다. 카니발은 기독교의 사순절 금식 전에 열리는 전복적이고 난장판 같은 축제기간이다. 이는 지역에 따라 다른 시기에 시작하지만 항상 마르디그라스, 즉 참회의 화요일에 끝이 난다. 라틴어 단어 카니발은 '고기여 안녕'이라는 의미로 신자들은 사순절 동안 고기를 먹지 않아야 한다는 것을 뜻한다.

이탈리아 사르데냐의 한 소도시인 보사의 카니발은 사회적 역할의 전복과 통상적인 사회적 규범의 이완을 수반한다. 디스코텍은 영업시간을 연장하고, 어머니들은 딸들의 외박을 허락하고, 축제기간이 아니면 금기시되는 방식으로 남녀가 공공장소에서 서로 음탕한 짓거리를 한다(Counihan, 1985). 보사의 카니발은 세 가지 주요 국면이 있다. 첫 번째 국면은 통상 일요일에 열리는 즉석 길거리 극장과 가장행렬이 몇 주 동안 지속된다. 희극의 내용은 최근 발생한 사건과 지역의 해프닝에 관한 사회적 풍자를 담고 있다. 가장행렬에 참가하는 남성들은 과장된 여장을 한다.

> 청년들은 패드를 댄 가슴이 앞으로 튀어나오게 손으로 밀고 허벅지를 드러내기 위해 치마를 야하게 걷어 올린다.… 한 청년은 셔츠 앞을 멜론으로 채우고 그것을 자랑스럽게

순례 종교적 헌신이나 의례를 목적으로 성스러운 장소를 방문하고 돌아오는 여행

전복의례 통상적인 사회적 역할과 질서가 일시적으로 전복되어 버리는 의례

> 앞으로 내밀며 떠받치고 있다.… 고등학교 체육교사는 수녀복장을 하고 옷깃을 들어 올려 고혹적인 붉은 속옷을 드러낸다. 비키니, 가발 그리고 하이힐 외에는 아무것도 걸치지 않은 두 남자는 테이블 위에서 스트립댄스를 흉내 내고 있다(1985:15).

두 번째 국면은 사순절 아침에 전개되는데 이때가 되면 대부분 남성인 수백 명의 보사 주민들이 미망인처럼 검은 옷을 입고 거리로 쏟아져 나온다. 그들은 행인들에게 말을 걸고 망가트리거나 피를 묻힌 인형 같은 종류의 물건을 얼굴에 대고 흔들어댄다. 그들은 마치 곡을 하듯 "우리에게 우유를 주세요. 우리 아기를 위한 우유를…. 아기들이 버림받아 죽어가고 있어요. 아기 엄마들이 성 안토니의 날 이후부터 남자들 뒤꽁무니를 따라다니느라 불쌍한 아기들을 버려버렸어요"(1985:16)라며 목청껏 비명을 지른다.

지올지(Giolzi)라 불리는 세 번째 국면은 저녁에 펼쳐진다. 남성과 여성들은 흰색 옷을 입고 이불보 망토를 걸치고 베갯잇으로 만든 후드를 쓴다. 얼굴은 검게 칠한다. 그들은 거리로 쏟아져 나와 손을 잡고 '지올지'라는 단어를 영창한다. 그들은 사람들에게 몰려가서 지올지를 찾기 위해 몸을 뒤지는 척하면서 "찾았다!"라고 말한다. 지올지가 무엇인지는 분명하지 않지만 모든 사람들을 행복하게 하는 무엇인가를 의미한다.

문화인류학자들은 이러한 이벤트를 어떻게 해석할까? 카니발은 비록 짧은 기간 동안이지만 사람들이 통상적으로는 허용되지 않는 역할을 할 수 있도록 허용해준다. 카니발은 또한 모든 사람이 재미있게 즐기는 때이기도 하다. 전복의례는 아마 이러한 방식으로 사회질서를 유지하는 기제로서 작동할 것이다. 며칠 동안의 흥청망청하는 난장판이 끝나면 모든 사람이 본래의 위치로 돌아가 또 다른 한 해를 보낸다.

공희 다양한 의례는 **공희**(sacrifice, 供犧), 즉 초자연적 존재에게 어떤 것을 바치는 행위를 수반한다. 공희는 전 세계적으로 긴 역사를 가지고 있고 아마도 가장 오래된 형태의 의례 중 하나일 것이다. 공희는 짐승을 죽여 제물로 바치는 동물공희, [한 인간 전체, 신체의 일부 또는 사혈(瀉血)의 형태로 이루어지는] 인신공희, 야채, 과일, 곡식, 꽃, 혹은 여타 농산물을 바치는 행위를 포함한다. 꽃을 공희의 제물로 바치는 행위를 해석하는 한 관점에 따르면, 꽃은 야채나 과일처럼 이전의 동물공희를 상징적으로 대체하는 것이다(Goody, 1993).

16세기 스페인의 문서에는 신을 달래기 위해 공적인 인신공희나 여타 종류의 동물공희를 행하는 아즈텍의 관행이 묘사되어 있다. 문서의 구체적인 내용은 사원 꼭대기로 도열해서 올라간 수천 명의 인간제물들로부터 심장을 도려내는 유혈이 낭자한 장면을 담고 있다. 얼마나 많은 사람들이 희생되었고 또 왜 그랬는가에 대해서는 인류학자들 사이에서도 논란이 분분하다. 문화유물론자인 마빈 해리스는 어떤 유적지의 경우 희생자 수가 10만 명에 이를 정도로 대규모였고 희생자들의 남은 신체는 도륙해서 평민들에게 먹였다고 주장한다(1977). 그는 아즈텍 국가가 그러한 의례를 통해 권력을 과시했고 군중에게 단백질을 공급했다고 주장한다. 에믹적 관점(내부자적 관점)을 통해 해리스를 반박하는 상징인류학자 페기 샌데이는 신을 달래기 위해 희생제물이 필요했지 지도자의 세속적인 권력을 유지하거나 군중을 먹이는 것과는 아무런 관련이 없었다고 주장한다(1986).

공희 초자연적 존재에게 무엇인가를 바치는 의례

종교전문가

모든 종류의 의례에 광범위하고 공식적인 훈련을 받은 인물인 종교전문가가 필요한 것은 아니다. 하지만 모든 종류의 의례는 그것을 수행하는 자가 의례의 올바른 수행방법에 대해 일정한 수준의 지식을 갖추고 있어야 할 필요가 있다. 심지어 가정 내에서 수행하는 일상적인 조상숭배의례도 비공식적 학습을 통해 획득되는 일정 정도의 지식을 필요로 한다. 이와 분명한 대조를 이루는 경우로서 고도로 숙련된 전문가 없이는 수행될 수 없는 의례도 많이 있다.

샤만과 사제 샤만과 사제라는 범주의 일반적 특징을 통해 이들 두 유형의 전문가 사이에 존재하는 차이가 분명하게 드러난다. (여타 다양한 전문가들은 이 두 유형의 중간 어딘가에 위치한다.) 샤만이나 샤만카(제5장에서 정의한 바 있는)는 흔히 '신내림'을 통해 초자연적인 존재와 직접적인 관계를 맺는 종교전문가이다. 샤만이 될 가능성이 있는 인물은 트랜스 상태로 들어가는 능력 같은 어떤 특별한 징후를 통해 인식될 수 있다. 샤만의 능력을 입증하는 사람은 누구든 샤만이 될 수 있

몽골의 샤만카

다. 다시 말해 그것은 개방적으로 접근 가능한 역할이다. 샤만은 비국가 수준의 사회와 연결되는 경우가 더 흔하다. 하지만 미국의 심령치료사와 복음주의 교회의 사제는 이 범주에 포함될 수 있다(제5장에서 이루어진 치료사로서의 샤만 전문가에 관한 논의를 다시 보라).

국가 수준의 사회에서 관찰되는 종교의 보다 복잡한 직업적 전문화는 보다 다양한 유형의 전문가, 특히 인류학자들이 **사제**(priest, 가톨릭 사제의 특수한 현대적 역할과는 다른)라고 지칭하는 전문가가 존재한다는 것을 의미한다. 종교의 보다 복잡한 직업적 전문화는 또한 종교적 위계와 권력구조의 발달을 촉진한다. 사제라는 용어는 그 지위가 주로 공식적인 훈련을 통해 획득하는 능력에 토대를 두고 있는 전업 종교전문가의 범주를 지칭한다. 사제의 지위는 성스러운 부름을 받아 획득하는 경우도 있다. 하지만 계보를 통해 전수받아 사제가 되는 세습적인 경우가 더 흔하다. 의례수행이라는 측면에서 볼 때 샤만은 보다 비주기적인 성격이 강한 의례와 관련되어 있다. 사제의 경우 주기적인 성격의 국가의례를 포함하는 보다 광범위한 종류의 의례를 수행한다. 샤만은 세속적 권력을 행사하는 경우가 드문 반면 사제와 사제종족은 세속적 권력을 행사하는 경우가 흔하다.

기타 전문가 여타 종류의 전문화된 종교적 역할들이 통문화적으로 다양하게 존재한다. 점성술사는 동물의 내장을 독해하는 유의 기술을 통해 초자연적 존재의 의지와 희망을 읽어낼 수 있는 전문가이다. 손금이나 타로카드를 읽는 능력을 가진 이는 점성술사의 범주에 속한다.

예언가는 통상 환영이나 꿈을 통해 받은 신탁을 전달하는 전문가이다. 흔히 그들은 특별히 매력적이고 강력한 인성의 카리스마적인 인물로서 기적을 행하는 경우도 있다. 예언가는 새로운 종교를 창시하기도 하는데 어떤 것은 오래 지속되고 어떤 것은 단명으로 끝난다.

마녀는 심령적 힘을 사용하고 감정이나 생각을 통해 사람들에게 영향을 미치기도 한다. 주류사회는 흔히 마법을 부정적인 것으로 비난한다. 고대와 현대의 마법을 연구하는 학자들은 치유를 수반하는 긍정적인 형태의 마법과 사람을 해하려는 목적을 가진 부정적인 형태의 마법을 구분한다.

세계종교와 그 지역적 변이

10.2 지구화가 세계종교에 어떤 영향을 끼쳤는지 알아보기

세계종교(world religion)는 문자화된 자원에 기초해 있고 국경을 초월해서 광범위한 추종자들이 있으며 구원(인류가 불완전한 세계로부터 해방되어야 한다는 믿음)을 강조하는 종교들을 지칭하기 위해 19세기에 만들어진 용어이다. 당시 이 용어는 기독교, 이슬람교, 불교만을 지칭했다. 나중에 용어의 외연이 확장되어 유대교, 힌두교, 유교, 도교, 신도 등을 포함하게 되었다. 이 책에서는 유럽의 식민지 노예무역과 함께 시작된 아프리카인들의 디아스포라가 갖는 전 지구적 중요성 때문에 여섯 번째 범주의 세계종교를 추가했다. 이 세계종교

사제 남성 혹은 여성 전업 종교전문가로서 그 지위는 주로 공식적 훈련을 통해 획득되는 능력에 기초해 있다.

세계종교 문자화된 자원에 기초해 있고 많은 추종자들이 있으며 지역적으로 광범위하고 구원을 강조하는 종교를 지칭하기 위해 19세기에 만들어진 용어이다.

는 비록 문자 텍스트에 의거하지 않은 구전적인 전통이지만 아프리카의 다양한 신앙체계에서 공통적으로 발견되는 핵심적인 요소들을 포괄하고 있다.

수 세기에 걸쳐 세계종교는 개종자 획득과 확장을 목적으로 한 의도적인 시도나 새로운 지역을 향한 신자들의 이주를 통해 본래의 국경을 넘어 확산되었다. 유럽의 식민주의는 신교도들의 선교활동을 통한 기독교 확산에 주요한 힘으로 작용했다. 20세기 이후 가속화된 인구 이주(제12장) 그리고 텔레비전과 인터넷의 확산은 종교의 이동과 변화에 훨씬 더 강력한 탄력을 제공하고 있다. 각각의 세계종교는 다양한 지역적 변이들로 구성되어 있다. 이는 중앙집권적으로 조직된 세계종교에 일종의 '곤혹스러운 문제', 즉 핵심적 신앙에 기초한 표준화와 그 지역적 변이들 사이에서 일정한 균형을 어떤 식으로 유지할 것인가라는 문제로 작용하고 있다(Hefner, 1998).

아래에 제시되는 자료는 우선 다섯 가지 전통적인 세계종교를 역사, 분포, 기본교리 등의 측면에서 논의한다. 세계종교는 문자화된 경전의 연대가 오래된 것부터 순서대로 제시할 것이다. 또한 각각의 세계종교와 관련된 지역적 변이의 한 예를 제시할 것이다. 특정한 세계종교는 새로운 문화지역으로 이동할 때 그 지역의 종교적 전통과 조우하게 된다. 많은 경우 유입되는 종교와 지역종교는 상호보완적 혹은 경쟁적 관계를 통해 일종의 분리된 전통으로서 공존하는데 이러한 상태를 **종교다원주의**(religious pluralism)라 부른다. **종교혼합주의**(religious syncretism)는 둘 또는 그 이상의 종교를 구성하는 요소들이 함께 혼합되어 있는 상태를 지칭한다. 종교혼합주의는 두 종교의 속성들이 서로 밀접하게 닮아 있을 때 가장 용이하게 발생할 수 있다. 예를 들어 지역 신화에 뱀과 관련된 영웅이 포함되어 있다면, 아일랜드에서 뱀을 몰아낸 인물로 믿어지는 성 패트릭에 관한 가톨릭 신앙과 혼합될 수 있는 연결고리가 있는 것이다. 하지만 상이한 종교의 요소들이 서로

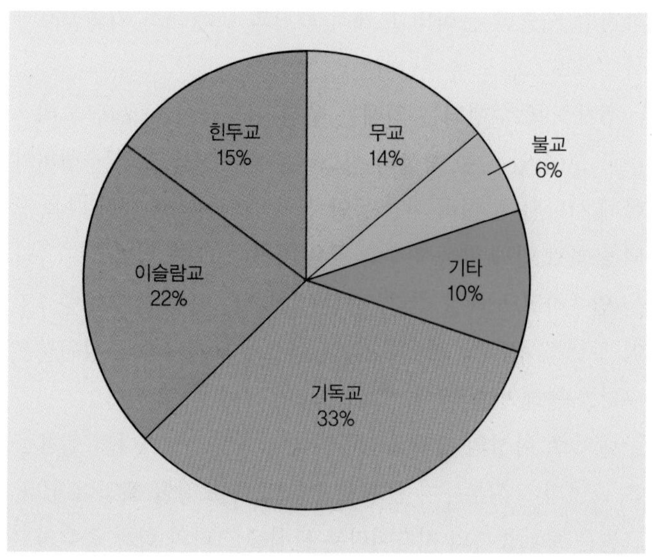

그림 10.2 주요 세계종교의 인구분포

유대교는 상대적으로 규모가 작기 때문에 '기타'로 분류했다.

19세기 멕시코 예술가 이시드로 에스카미야(Isidro Escamilla)가 그린 과달루페 성모 그림. 과달루페 성모 혹은 성녀 과달루페는 멕시코에서 가장 대중적인 이미지이다. 성녀 과달루페의 이미지는 아즈텍의 토착 여신인 토난친(Tonantzin)과 혼합된 것인데 이는 기독교 성직자들이 인디언을 개종시키기 위해 사용한 전략의 일부이다. 오늘날 과달루페 성모는 희생과 양육뿐만 아니라 힘과 희망의 메시지를 전한다. 그녀는 멕시코의 어머니들, 민족주의자들 그리고 페미니스트들에게 공히 어필하고 있다.

종교다원주의 하나 또는 그 이상의 종교가 서로 보완하거나 경쟁하면서 공존하는 상황

종교혼합주의 둘 또는 그 이상의 종교가 갖는 특징들의 혼합

혼합될 수 없는 경우도 많이 있다. 예를 들어 기독교 선교사들은 상응하는 단어나 개념의 부족 그리고 친족관계나 사회구조의 차이 때문에 성경을 원주민 언어로 번역하는 데 많은 어려움을 겪어 왔다. 피라항(제9장 참조) 같은 일부 아마존 원주민 집단에는 기독교적 개념인 '천국'에 해당하는 단어 자체가 없다(Everett, 1995, 개인적 접촉). 혹은 모계친족의 원리로 조직되어 있는 사람들이 '하느님 아버지'라는 기독교적 개념의 중요성을 이해하는 데 어려움이 있는 경우도 있다.

개종이나 전향을 강조하는 양대 세계종교는 기독교와 이슬람교이다. 이러한 종교와 지역종교와의 조우는 때로 신성한 장소와 성물의 물리적 파괴를 수반하는 폭력적인 형태를 보여준다(Corbey, 2003). 일반적인 방법은 불태우기, 뒤집어엎기, 부수기, 성물을 절단해서 강물에 던져버리거나 동굴 속에 감추기 등이다. 1800년대 유럽의 기독교 선교사들은 흔히 성물을 압수해서 개인 소장가나 박물관에 팔기 위해 유럽으로 보내버리곤 했다. 기독교와 이슬람교 모두 개종을 목적으로 원래의 성스러운 장소 위에 기독교회나 회교사원을 건설하는 경우가 허다했다. 불행히도 이들 두 종교 간의 갈등은 단순히 과거의 문제만은 아니다.

힌두교

전 세계적으로 9억 명 이상의 사람들이 힌두교를 믿고 있다. 전 세계 힌두교도의 약 97%가 전체 인구의 80%가 힌두교도인 인도에서 살고 있다. 나머지는 방글라데시, 미얀마, 파키스탄, 스리랑카, 미국, 캐나다, 영국, 말레이시아, 피지, 트리니다드, 가이아나, 홍콩 등 전 세계적으로 분포한다.

힌두교도는 태어날 때부터 힌두교도이고 적극적으로 개종을 추구하지 않는다. 힌두교의 정전은 4종의 베다인데, 이들은 기원전 1200~900년경 북인도에서 산스크리트어로 기록되었다. 여타 종류의 수많은 학술 텍스트, 서사시 그리고 구술적 전통과 이야기들이 힌두교 전통을 풍부하게 하고 있다. 가장 널리 알려진 두 편의 이야기는 크리슈나가 중요한 역할을 하는 두 부계종족 사이의 전쟁 이야기인 마하바라타 그리고 라마 왕과 그의 헌신적인 아내 시타에 관한 이야기인 라마야나이다. 인도 전역에 걸쳐 수많은 지방 이야기들 또한 존재하는데 어떤 것은 베다 이전 시대의 요소들을 포함하고 있는 경우도 있다.

힌두교에는 풍부한 다신교적 성격과 동시에 복수의 신을 일원성으로 환원하는 철학적 전통도 존재한다. 신위(deity)는 나무 밑둥 아래에 놓인 단순한 돌에서부터 시바나 비슈누 같은 남신 그리고 두르가나 사라스바티 같은 여신을 아름답게 조각하고 채색한 신상들을 아우른다. 특정한 신위의 일상적 숭배는 그 신 앞에 등불을 밝히고 행하는 찬송가와 만트라(성스러운 구절)의 영창 그리고 통상 신상의 형태로 구현되어 있는 신위를 본다는 뜻의 다르샨의 수행을 수반한다(Eck, 1985). 이러한 행위는 숭배자에게 축복을 가져다주는 것으로 알려져 있다. 숭배의 지역적 변이는 다른 곳에서는 알려져 있지 않은 신과 의례를 수반하는 경우가 흔하다. 예를 들어 불위를 걷는 행위는 인도 남부와 동부(Freeman, 1981) 그리고 인도 외부, 특히 피지의 몇몇 힌두교 집단이 수행하는 여신 숭배의례의 중요한 일부이다(Brown, 1984).

심지어 같은 마을 내에서도 카스트에 따라 신앙과 실천상에서 분명한 차이를 보여준다. 하위 카스트의 신은 육류제물과 술을 바치는 것을 선호하는 반면 상위 카스트의 신은 꽃, 쌀, 과일을 선호한다.

나야르의 다산의례 모계원리가 사회조직의 원리인 남인도 케랄라(Kerala, 304쪽 지도 13.2 참조)의 나야르인은 여성들에게 불임을 일으키는 뱀신의 저주를 치료하기 위한 수단으로 비주기적인 의례를 수행한다(Neff, 1994). 이 의례는 장뇌(樟腦) 불꽃과 향의 사용, 뱀신의 중요성, 신위에 대한 헌화 등과 같이 의례의 다양한 요소를 통해 힌두교의 통일성을 보여준다. 하지만 케랄라 문화의 모계적 맥락과 관련해서 지역적으로 특수한 요소들도 존재한다.

밤새도록 수행되는 의례는 우선 여성들이 마룻바닥 위에 서로 꼬여 있는 뱀 형상의 성스러운 디자인을 그리는 행위와 함께 시작된다. 여러 시간 동안 신 숭배의식을 수행한 다음 장뇌 불꽃과 함께 향을 피우고 꽃을 바친다. 북과 심벌즈로 음악을 연주하고 노래를 한다. 뱀신의 현존은 여성 참가자 중 1명이 트랜스 상태에 빠지면서 완성된다. 모계가족 구성원들은 그녀를 통해 뱀신과 대화하고 축복을 받을 수도 있다.

나야르 여성의 형제들과 어머니 그리고 어머니의 형제들은 그녀의 모성본능이 완수될 수 있도록 보장할 책임이 있다. 그들은 모계종족의 지속이라는 관심을 그녀와 함께 공유하고 있다. 여성들이 트랜스 상태에서 말하는 내용이 중요하다. 그들은 전형적으로 가족의 불화나 신에 대한 무관심을 강조하는 내용의 말을 한다. 이 메시지는 의례의 대상인 불임여성에 대한 비난을 다른 곳으로 돌린다. 즉 그것은 가족과 종족 구성원들에게 서로에 대한 책임을 상기시켜 준다.

잉글랜드 북부의 힌두교 여성과 카르마 '운명' 또는 '숙명'으로 번역되는 카르마는 힌두교의 기본 개념 중 하나이다. 한 개인의 카르마는 그 사람이 전생에 어떤 삶을 살았는가에 따라 태어나면서 결정된다. 카르마라는 개념으로 인해 많은 외부인들은 힌두교도들이 주체적 행위의식이 부족한 숙명론자라고 판단했다. 하지만 사람들이 일상적인 삶 속에서 카르마에 대해 실제로 어떻게 생각하는가를 조명한 인류학적 연구에 따르면, 숙명론에서부터 자신의 운명에 대한 강한 책임감까지 아우르는 광범위한 개인적 차이가 존재하는 것으로 나타난다. 한 연구는 잉글랜드 북부 리즈시에 사는 힌두교 여성들의 카르마에 대한 인식을 조명하고 있다(Knott, 1996)(지도 10.3 참조). 이 여성들 중 일부는 태도와 행동에서 분명히 숙명론적이었다. 카르마에 강한 숙명론적 관점을 가지고 있는 한 여성은 다음과 같이 말했다.

> 우리는 아기가 태어나고 6일째 되는 날 의례를 행해요. 그날 아기 이름을 지어요, 알아요? 그리고 우리는 그날 여신이 나타나 사람들의 미래를 쓴다고 믿어요…. 우리는 빈 백지와 펜을 놓아둬요. 그냥 밤새 놓아둬요…. 그래서 무슨 일이 생기든 내 미래는 여신이 나를 위해 쓴 것이라고 믿어요. 여신이 쓴 것은 내가 할 수 있는 것을 해야 한다고 말하고, 만약 내가 인생을 살다 불운에 처하면 그냥 그것을 받아들여야 해요(1996:24).

홀리(Holi)는 전 세계 힌두교도들 사이에 인기 있는 봄 축제이다. 여기 인도에서는 홀리절을 맞아 사람들이 즐거운 놀이의 일환으로 채색 가루와 물을 서로에게 뿌리고 있다. 홀리의 심층적 의미는 악마신화와 연결되어 있다.

여러분의 문화에도 봄이 왔음을 기념하는 의례가 있는가?

다른 한 여성은 자신이 겪는 고통이 아버지의 무책임 그리고 '나쁜 남편'과의 결혼 때문에 야기되었다고 말했다. 그녀는 자신의 카르마에 도전했고 남편과 헤어졌다. "나는 니르말(그녀의 남편)과 함께 하는 카르마를 받아들일 수가 없었어요. 내가 그렇게 했다면 아이들이 어떻게 되었을까요?"(1996:25). 카르마는 힌두교 여성들에게 결혼하고 아이를 갖도록 명하기 때문에 남편을 떠나는 것 자체가 중요한 저항의 행위이다.

여성들은 자신의 카르마적 역할에 회의가 느껴질 때 기도를 더 열심히 하고 금식을 하는 등 종교적인 방법에 의지할 수도 있고, 심리상담사나 사회복지사의 충고 같은 세속적 도움을 찾을 수도 있다. 잉글랜드의 일부 여성 힌두교도는 여성의 독립과 자기신뢰의 증진을 위해 일하는 상담사가 되기도 한다. 그들은 인간이 주체적 행위를 통해 전통적인 종교적 규칙에 어떻게 저항할 수 있는가를 잘 보여준다.

불교

불교는 부처 혹은 깨달은 자로 숭배받는 인물인 고타마 싯다르타(대략 기원전 566–486)에 의해 창시되었다(Eckel, 1995:135). 불교는 석가모니가 성장한 인도 북부에서 시작되었다. 불교는 그곳에서 인도 전역으로 그리고 더 나아가 중앙아시아, 중국, 스리랑카, 동남아시아까지 확산되었다. 인도에서는 불교의 인기가 감소해서 현재 인도 인구의 1% 이하만 불교신도이다. 불교는 지난 200년 동안 유럽과 북미로 확산되었다.

불교는 교리와 실천 측면에서 고타마 싯다르타의 중요성 외에 어떤 본질적인 속성도 발견하기 힘들 정도로 엄청난 다양성을 보여준다. 모든 형태의 불교가 권위적인 것으로 받아들이는 경전은 없다. 많은 불교신도들이 부처를 신으로 숭배하지만 다른 이들은 그렇지 않다. 대신 그들은 부처의 가르침을 경배하고 그가 제시한 니르바나, 즉 열반에 이르는 길을 따른다. 전 세계의 불교신도는 약 4억 명으로 이는 지구 전체 인구의 약 6%를 차지한다.

불교는 힌두교, 특히 카스트의 불평등에 대한 저항으로 탄생했지만 카르마 같은 몇몇 힌두교적 관념을 계승·변환하고 있다. 불교에서는 모든 사람이 종교의 궁극적 목적인 니르바나(깨달음 그리고 이승에서 겪는 인간적 고통의 극복)에 이를 수 있는 잠재성을 가지고 있다. 선행을 해서 덕을 쌓으면 매번의 환생에서 보다 나은 존재로 다시 태어날 수 있고, 궁극적으로는 삼사라(출생, 환생, 죽음이 반복되는 윤회)에서 벗어날 수 있게 된다. 동물을 포함한 타자에게 동정을 베푸는 것이 가장 핵심적인 미덕이다. 불교의 상이한 교파들은 상이한 경전을 정전으로 여긴다. 불교의 두 가지 주요 교파는 동남아시아의 소승불교와 티베트, 중국, 대만, 한국, 일본의 대승불교이다. 불교는 절에서 금욕적인 생활을 하는 강한 전통과 연결되어 있는데 불교 승려들은 절집생활을 통해 세속적 생활을 포기하고 참선과 선행을 하면서 일생을 보낸다. 불교도들은 다양한 종류의 연례 축제와 의례를 행한다. 어떤 의례의 경우 세계 도처에서 온 순례자들이 부처가 첫 번째 설법을 행한 장소인 인도 북부 바르나시 인근의 사르나트와 부처가 깨달음을 얻은 곳인 가야를 찾아 순례한다.

동남아시아의 토착 정령과 불교 인도를 제외하면 불교가 신도들의 유일한 종교인 경우는 아무 데도 없다. 그 이유는 불교가 이미 그 지역에 확립된 종교가 있는 상태에서 전파되었기 때문이다(Spiro, 1967). 미얀마(이전의 버마)에서는 불교와 토착 신앙이 어느 것도 지배적이지 않은 상태로 공존하고 있다. 토착 신앙이 일상적인 문제에 대처하는 방식을 제공해주기 때문에 여전히 강한 전통으로 남아 있다. 미얀마 불교신도들의 카르마 신앙은 힌두교의 그것과 유사하다. 한 개인의 카르마는 전생의 결과이고 그 사람의 현생을 결정한다. 만약 무슨 일이 생기면 그 사람은 별 수 없이 그것을 겪는 수밖에 없다.

이와 대조적으로 토착적인 초자연 신앙에 따르면 나쁜 일은 나트라 불리는 정령들의 변덕스러운 행동 때문에 발생한다. 하지만 의례를 수행함으로써 나트의 힘에 저항해서 싸울 수 있다. 따라서 사람들은 나트에는 대처할 수 있지만 카르마에는 대처할 수 없다. 나트 신앙의 연속성은 인간 행위의 주체성과 창조성의 한 예이다. 미얀마 사람들은 전통적인 신앙의 중요한 부분을 유지하면서 새로운 종교의 일부를 받아들였다.

미얀마에서 불교는 중요한 문화적 힘이자 사회통합의 토대가 되었다. 평균적인 촌락에는 하나 또는 그 이상의 불교사원과 그곳에서 생활하는 몇 명의 승려가 있다. 모든 소년은 그 불교사원의 일시적 구성원으로 등록된다. 거의 모든 주민들이 불교의 성일을 지킨다. 비록 불교가 궁극적인 진리로 여겨지긴 하지만, 치통이나 경제적 손실 같은 일상적 문제에 대처할 때에는 토착 정령들이 영향력을 발휘한다. 미얀마에서 이 2개의 전통은 2개의 분리된 선택지로서 다원주의적으로 공존하고 있다.

일본에 불교가 뿌리를 내린 것은 8세기다. 나라는 불교의 초기 중심지 중 하나였다. 한 황제가 이 어마어마한 크기의 청동불상을 주조하게 했다.

여러분이 살고 있는 지역에는 불교사원이 있는가? 있다면 그곳을 방문해본 적이 있는가? 방문해본 적이 없다면 가장 가까운 불교사원이 어디 있는지 알아보고 가능하면 한번 방문해보라.

유대교

최초의 유대교체계는 기원전 586년 바빌로니아인들이 예루살렘의 사원을 파괴한 이후인 기원전 500년경에 형성되었다(Neusner, 1995). 펜타투크라는 초기 경전은 추방과 귀환이라는 주제를 오늘날까지 지속되는 유대교의 패러다임으로 설정했다. 펜타투크는 또한 모세의 오경 혹은 토라로도 불린다. 유대교 신자들은 '신성한 민족'이라는 의미의 이스라엘 민족을 통해 신의 진리가 드러난다는 토라에 관한 믿음을 공유하고 있다. 토라는 초자연적 존재와 인간적 영역 사이의 관계를 설명하고 적절한 행동을 통해 그러한 세계관을 어떻게 실행할 것인가에 관한 지침을 제공해준다. 모든 형태의 유대교가 보여주는 핵심적인 특징은 현재의 무엇이 잘못되었나를 확인하고 어떻게 그 상황을 벗어나거나 극복하고 또 살아남는가라는 것이다. 유대교도의 삶은 유대인들이 이스라엘로부터 추방당한 것과 이집트에서 노예적 삶을 살았던 시기에 관한 근본적 신화에 입각해서 추방과 귀환 사이의 긴장이라는 상징을 통해 해석된다.

유대교는 유일신교로서 신은 하나이고 유일하며 전능하다고 가르친다. 인간은 유대율법을 따르고 생명을 보호하고 유지해야 할 도덕적 의무가 있고 안식일을 지키는 것과 같은 여타 의무도 있다. 인간의 생명을 고귀하게 다루는 것은 낙태와 사형을 보편적으로 반대하는 유대율법에 반영되어 있다. 유대교에서는 구술적 형태이든 문자적 형태이든 말이 중요하다. 삶에서 진실을 말하고 기도할 때에는 정확한 시간에 확립된 문학적 공식을 사용하는 것을 강조한다. 이러한 공식은 시두르, 즉 기도서에 기록되어 있다. 음식관행은 유대교와 다른 종교를 구분하는 주요한 척도이다. 예를 들어 정결한 음식을 먹어야 한다는 율법은 우유 또는 유가공품을 고기와 함께 섞는 것을 금한다.

유대교의 현대적 다양성은 1800년대에 출현한 하시디즘에서 수정유대교까지 아우른다. 이들 두 관점 사이의 차이 중 하나는 누가 유대인인가를 정의하는 방식에 있다. 유대교 율법은 전통적으로 유대인을 유대계 모친에게서 태어난 사람으로 정의했다. 대조적으로 수정유대교는 유대인의 범주에 유대계 부친과 비유대계 모친의 자녀들도 포함시킨다. 최근 전 세계 유대인들의 수는 1,500만 명 정도인데, 그중 절반이 북미에, 1/4이 이스라엘에, 20%가 유럽과 러시아에 거주한다. 더 소규모의 유대인들이 전 세계적으로 흩어져 살고 있다.

코텔을 찾는 사람들 모든 유대인에게 가장 신성한 장소는 코텔, 즉 예루살렘의 서벽이다(지도 10.6 참조). 예루살렘을 이스라엘의 지배하로 가져온 1967년 전쟁 이후 코텔은 이스라엘의 가장 중요한 종교적 성전이자 순례지가 되었다. 코텔은 템플마운트(하람 샤리프라 불리기도 함) 한쪽 끝에 위치하는데, 공히 유대교, 이슬람교, 기독교의 성지이다. 유대교 경전에 따르면, 신이 아브라함에게 아들 이삭을 이 언덕 위에서 제물로 바치도록 요구했다. 후에 기원전 10세기 중반 솔로몬 왕

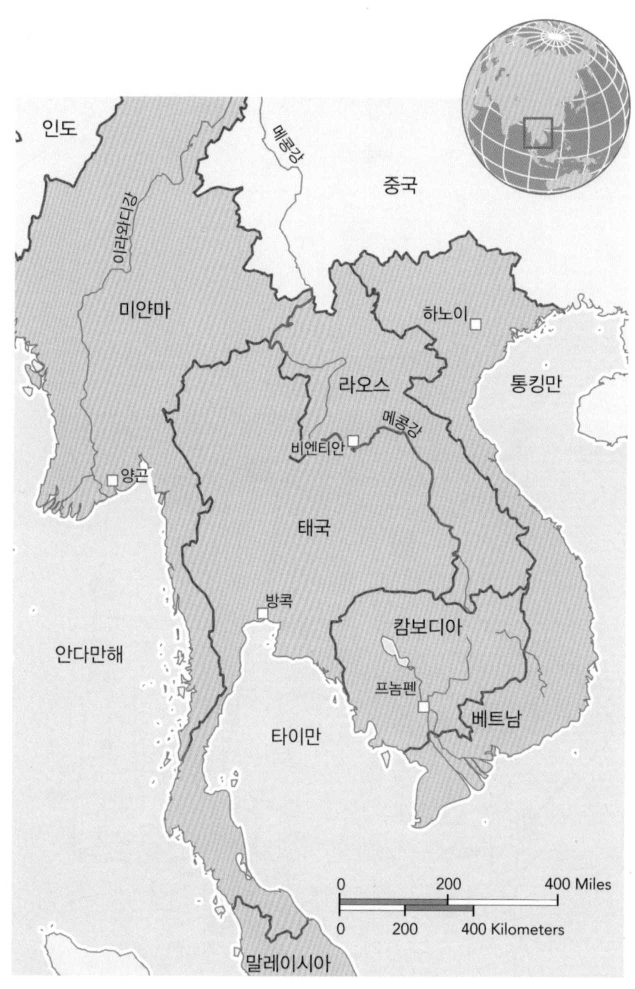

그림 10.5 동남아시아 대륙

동남아시아 대륙은 미얀마, 태국, 라오스, 베트남, 캄보디아, 말레이시아로 구성되어 있다. 비록 각 나라가 고유한 역사를 가지고 있지만 이 지역은 열대 몬순기후, 수도작 농업에 대한 강조 그리고 고지대 사람들과 저지대 사람들 간의 종족적 차이를 공통분모로 가지고 있다. 이곳에는 다양한 국가언어와 종족언어가 존재한다. 몬-크메르(Mon-Khmer)어족에 속하는 언어를 사용하는 사람들이 가장 많다. 이 지역의 주요 종교는 소승불교, 이슬람교, 기독교이다. 산업화와 정보화로 인해 많은 지역의 경제가 급성장하고 있다.

이 이곳에 첫 번째 사원을 건설했는데, 이는 유대민족이 바빌론에 감금되었을 때인 기원전 587년에 네부카드네자르에 의해 파괴되었다. 기원전 500년경 같은 장소에 두 번째 사원이 건설되었다. 코텔은 바로 이 두 번째 사원의 잔재이다. 다양한 종류의 유대인뿐만 아니라 수많은 비유대인들도 세계 각지로부터 코텔을 방문한다. 코텔 광장은 순례자와 관광객 모두에게 개방되어 있다. 서벽은 각각이 2~8톤이나 되는 거대한 사각형 바위 벽돌로 건설되었다. 그 바닥에는 남성용과 여성용으로 구분되어 있는 예배장소가 있다.

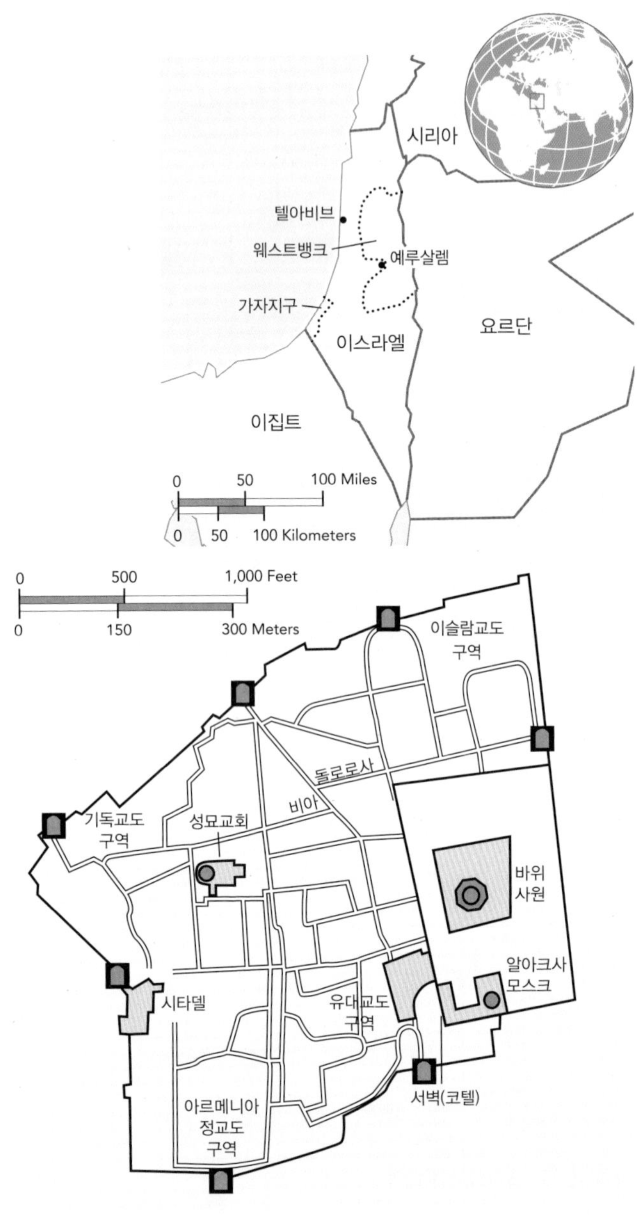

지도 10.6 이스라엘의 예루살렘 구시가지에 있는 성지

예루살렘은 유대교에서는 가장 성스러운 도시, 이슬람교에서는 세 번째로 성스러운 도시, 그리고 기독교에서는 성스러운 도시이다. 구시가지로 불리는 구역은 수백 년에 걸쳐 건축되고, 파괴되고, 재배치되고, 재건축된 벽으로 둘러싸여 있다. 구시가지는 아르메니아정교도, 기독교도, 유대교도, 이슬람교도의 네 구역으로 나뉘어 있고, 코텔과 비아 돌로로사(Via Dolorosa) 같은 여러 성지가 있다.

예루살렘의 서벽, 즉 코텔은 순례자, 특히 유대교도에게 성스러운 장소이다. 남성들은 왼쪽에 표시된 한 구역에서, 여성은 오른쪽 구역에서 기도를 한다. 남성과 여성 모두 머리를 가려야 한다. 여성들은 벽에서 물러날 때 얼굴을 벽 쪽으로 향하게 하고 벽을 향해 등을 돌리지 않도록 주의해야 한다.

여러분이 알고 있는 다른 성스러운 장소에는 어떤 행위규범들이 적용되고 있는지 생각해보라.

이 하나의 장소가 다양한 유대교도들과 세속적 방문객들을 끌어들이고 있다. 방문객들의 엄청난 다양성은 그들이 입은 복장 스타일을 통해 명백하게 드러난다. 예배구역에서 모피 슈트레이멜(역주 : 모자의 일종)을 머리에 쓴 정통 하시드 교파(역주 : 유대교의 한 교파로서 신비주의적 성격이 강하다)의 한 신도가 '세속' 방문객용 챙 없는 마분지 모자를 쓰고 반바지를 입은 한 미국인 남자 옆에 서 있다. 전통적인 자수를 놓은 옷을 입은 예멘 여성들이 현대적인 서구 스타일의 복장을 입은 여성들 옆에서 벽을 향해 기도한다(Storper-Perez and Goldberg, 1994: 321).

구걸을 금한다는 내용의 안내판에도 불구하고 거지들은 방문객들에게 '축복을 판다'며 구걸행위를 한다. 그들은 아마 방문객들에게 애초에 그 벽을 건설한 사람들이 가난한 사람들이었다는 점을 상기시킬 것이다. 다른 범주의 사람들은 젊은 유대인 남성들로 이들은 '다시 태어날' 가능성이 있는 유대인을 찾아 (그들의 표현으로) '적중'시키기 위해서 '돌아다닌다'. 대부분의 적중된 사람들은 젊은 미국인들로 이들은 유대민족성을 더 진지하게 받아들이고 남성이라면 확실하게 유대인 여성과 결혼하도록 설득당한다. 이곳을 정규적으로 찾는 또 다른 사람들은 히브리어를 말할 수 있어서 기도예배를 주재할 수 있는 남성들이다. 코텔에서 가장 흔한 형태의 종교적 표현 중 하나는 글로 쓴 기도를 벽 틈에 끼워 넣는 것이다.

따라서 유대인들의 사회적 이질성은 하나의 장소에서 조성되는 개인적 차이를 초월한 집단적 일체감, 즉 빅터 터너(1969)가 커뮤니타스라고 부르는 것을 통해 초월되어버린다.

케랄라의 유월절 남인도 케랄라의 코치 지방 유대인들은 그곳에서 약 1,000년간 살아왔다(Katz and Goldberg, 1989)(지도 13.2 참조). 코치의 마하라자(역주 : 산스크리트어로 대왕을 뜻함)는 대다수가 상인이었던 유대인들을 존중했다. 그는 외부와의 무역관계와 접촉을 위해 유대인들에게 의존했다. 마하라자는 이 관계를 기념하는 의미에서 자신의 궁전 옆에 유대교회를 짓도록 허락했는데 이는 여전히 남아 있다. 코치 유대인들의 생활방식, 사회구조 및 의례에는 혼합주의적 성격이 분명하게 드러난다. 유대교의 기본적 양상들이 여러 힌두교적 관행과 함께 유지되고 있다.

유대교 신앙에서 가장 중요한 연례의례 중 하나인 유월절은 세 가지 측면에서 힌두교와의 혼합주의적 양상을 명백하게 보여준다. 첫째, 서유럽의 유월절은 전형적으로 흥겨운 축제의 시간이다. 대조적으로 코치의 유월절은 금욕적 성격을 띠고 '단식제'라 불린다. 둘째, 코치의 유월절은 어린아이들에게 어떤 역할도 부여하지 않는 데 반해 전통적인 서유럽의 의례만찬, 즉 세이더의 경우 통상 어린아이들이 던지는 네 가지 질문이 내러티브의 출발점이 된다. 코치에서는 유대인 성인들이 일제히 그 질문을 영창한다(힌두교 의례는 어린아이들에게 독자적인 역할을 부여하지 않는다). 셋째, 코치의 세이더는 유대교가 표준적으로 요구하는 것보다 훨씬 더 순수함을 강조한다. 정결한 와인의 순수성을 유지하는 것과 관련된 표준적 규범에 따르면 통상 어떤 비유대인도 그 와인에 손을 대지 않아야 한다. 하지만 코치의 유대인들은 비유대인이 심지어 와인을 놓은 찬장이나 식탁을 건드려도 그 와인은 불결하다고 말할 정도로 규범을 확대했다. 매우 높은 수준의 '전염관'은 오염에 관한 힌두교적 관념의 영향이다.

기독교

기독교는 그 기원에서부터 유대교와 깊은 연관성이 있다. 가장 강력한 연관성은 메시아(기름을 바른 자), 즉 구세주의 도래에 관한 성경의 가르침이다. 기독교는 1세기 초반에 지중해 동부에서 시작되었다(Cunningham, 1995). 대부분의 초기 신도들은 예수 그리스도가 히브리 경전에 기록되어 있는 예언의 완수를 위해 지상에 도래한 메시아라고 믿는 유대인들이었다.

현재 기독교는 대략 전 세계 인구의 1/3인 20억 명의 신도를 가진 규모가 가장 큰 세계종교이다. 기독교는 호주, 뉴질랜드, 필리핀, 파푸아뉴기니, 유럽과 북미 그리고 중남미 대부분의 국가, 남아프리카 10여 개국에서 다수자종교이다. 기독교는 아시아 전역에서 소수자종교이다. 하지만 이 지역의 기독교도는 전 세계 기독교도의 16%에 달할 정도로 무시할 수 없는 규모이다.

기독교도들은 성경(구약과 신약)이 신앙의 근본적인 가르

(왼쪽) 로마의 바티칸시티와 성 베드로 대성당은 매년 세계의 어느 종교적 장소보다 더 많은 순례자와 방문객을 끌어들인다. (오른쪽) 근처의 상점들은 다양한 종교적 · 세속적 재화들을 구비해 놓고 순례자와 관광객들을 맞이하고 있다.

침을 담고 있다고 여기고, 지고의 신이 아들을 지상에 보내 인류의 안녕을 위해 희생하도록 했다고 믿으며, 예수를 도덕적 모범으로서 본받아야 한다고 생각한다. 기독교 종파 중에서 가장 큰 세 종파는 로마가톨릭, 프로테스탄트 그리고 동방정교이다. 이들 각각의 종파 내에도 다양한 교파가 존재한다. 기독교가 가장 빠르게 성장하고 있는 곳은 사하라 이남 아프리카, 인도, 인도네시아 및 동유럽 지역이다.

애팔래치아 지방 백인들의 프로테스탄티즘 연구에 따르면 애팔래치아의 프로테스탄티즘은 표준적인 도시 기독교에 익숙한 외부인들에게는 이상하게 보일 수도 있는 지역적 전통을 가지고 있다. 예를 들어 올드레귤러스로 불리는 웨스트버지니아와 노스캐롤라이나 농촌의 몇몇 교회는 세 종류의 의무적인 의식, 즉 세족, 커뮤니온(예수가 그의 제자들과 함께한 최후의 만찬을 기념하는 의례) 그리고 침례를 행한다(Dorgan, 1989). 세족의식은 커뮤니온과 함께 1년에 한 번 일반적으로 일요봉사의 연장으로 수행된다. 한 연장자가 교회의 연단으로 불려 나와 10~20분간 설교를 한다. 설교가 끝나면 참가자들이 돌아가면서 악수와 포옹을 한다. 다음 2명의 여집사가 미리 테이블 위에 놓아둔 성물을 덮은 흰색 테이블보를 벗기고 '테이블을 준비하기 위해' 앞으로 나온다. 성물은 이스트를 넣지 않은 빵, 빵을 담는 접시, 와인 잔, 한두 병의 와인 등이다. 집사들은 빵을 조각으로 나누고 집례자는 와인을 잔에 따른다. 집사가 빵과 와인을 서빙할 때 참가자들은 남성집단과 여성집단으로 분리된다. 마지막으로 집사들이 서로에게 서빙을 하고 나면 세족이 이어진다.

집례자가 신약의 구절을 인용하며 설교를 시작한다(John, 13:4). "그는 만찬에서 일어나 외투를 벗어 옆에 놓았다. 그리고 그는 수건을 챙겨 허리에 찼다." 집례자는 커뮤니온 테이블에서 수건과 대야를 가지고 와서 물을 채우고 노인 한 사람을 선택해서 그의 신발과 양말을 벗긴다. 집례자는 그 노인의 발을 천천히 정성스럽게 씻겨준다. 다른 참가자들도 앞으로 나와 수건과 대야를 챙겨 차례대로 서로 다른 사람의 발을 씻겨준다. 얼마 지나지 않아 "이 매우 통렬한 교환행위가 감정을 북받치게 하고 교회는 울음, 비명 그리고 찬송으로 충만해진다"(Dorgan, 1989:106). 기능주의적 해석에 따르면 세족의례는 사회적 결속을 유지하는 데 도움을 준다.

애팔래치아, 특히 웨스트버지니아 농촌 배후지의 일부 소규모 프로테스탄트 교회들이 수행하는 예배의 또 다른 특징은 독사 다루기이다. 이 관행은 신약에서 그 정당성을 찾고 있다(Daugherty, 1997[1976]). 마가복음(16:15-18)에는 "내 이름으로 귀신을 쫓아내며 새 방언을 하며 뱀을 집어 올리며 무슨 독을 마실지라도 해를 받지 아니하며 병든 사람에게 손을 얹은즉 나으리라"라는 구절이 있다. '홀리니스 타이프' 교회의 신도들은 독사 다루기가 신에게 헌신하는 최상의 행동이라고 믿고 있다. 성경을 문자 그대로 해석하는 이곳 사람들은 독사 다루기를 삶, 죽음, 부활을 찬양하고, 오직 예수의 권능만이 그들을 죽음으로부터 구원해줄 수 있다는 것을 입증하는 방식으로 선택했다. 독사를 다루는 대부분의 사람들이 뱀에게 여러 번 물렸지만 그중 극히 소수만 사망했다.

어떤 이는 독사 다루기의 위험성이 환경적 위험을 반영하고 있다고 해석한다. 애팔래치아는 실업률이 높고 많은 사람들이 경제적으로 빈곤하다. 구조주의적 관점(제1장 참조)은 지역 주민들이 대규모 광업 및 벌목 회사에 토지소유권을 상실했을 때 독사 다루기가 증가했다는 사실을 지적한다(Tidball and Toumey, 2003:4). 그들은 경제적 이유로 삶이 더 불안해지자 안정감을 회복하기 위한 방법으로 극적인 종교의례에 의지하게 되었다는 것이다. 아마 외부자들은 그러한 위험한 의례적 관행이 그것을 행하는 사람들의 심리적 문제를 보여주는 증거라고 생각할 수도 있을 것이다. 심리테스트에 따르면 평균적으로 홀리니스 타이프의 신도들이 주류 프로테스탄트 교회의 신도들보다 정서적으로 더 건강한 것으로 드러났다.

피지의 최후의 만찬 피지(124쪽 지도 5.6 참조)의 기독교인들에게 지배적인 모티프는 최후의 만찬 이미지이다(Toren, 1988). 벽걸이 융단에 그려진 이 장면은 대부분의 교회와 수많은 가정을 장식하고 있다. "그리스도는 이 가정의 우두머리요, 우리와 함께 먹고 우리말을 듣고 있다"라고 사람들은 말한다(1988:697). 이 이미지가 대중적인 이유는 그것이 공동식사와 카바 마시기에 대한 피지인들의 관념과 어울리기 때문이다. 공동식사나 카바 마시기에 적용되는 좌석배정 규칙에 따르면 추장과 추장의 측근들 같이 가장 높은 지위의 사람들이 입구와 거리가 먼 방의 '윗자리'에 앉는다. 다른 사람들은 '낮은 자리'에 앉는데 이는 높은 사람들과 마주보는 위치이다. 중간적 지위의 사람들은 위계에 따라 높은 사람들의 좌우에 배치된다.

15세기에 레오나르도 다빈치가 그린 최후의 만찬은 예수를 피지의 추장에 해당하는 자리에 배치하고 제자들을 서열에 따라 그의 주변에 위치시켰다. 피지인들이 적절하게 여기는 바와 같이 사제와 참관자들은 추장, 즉 예수와 '대면'해서 함께 먹고 마신다. 이러한 좌석배정은 피지의 "마을에서 거의 매일"(1988:706) 볼 수 있는 장면으로 카바를 두고 둘러앉은 피지인들의 위계적 자리배치와 일치한다. 이러한 종류의 문화적 어울림은 종교혼합주의의 명백한 예다.

이슬람교

이슬람교는 예언자 마호메트(570–632년)의 가르침에 의거해 있고 세계종교 중에서 가장 나중에 출현한 것이다(Martin, 1995:498–513). 아라비아어 이슬람은 평화를 실현하는 유일신 알라의 의지에 '복종'하는 것을 의미한다. 무슬림이라 지칭되는 이슬람교도들은 마호메트가 신의 마지막 예언자라고 믿고 있다. 이슬람교는 근본적으로 유사한 신앙이지만 동시에 독특한 신학적 · 법적 접근방법을 가진 종파들을 가지고 있다. 2개의 주요 종파는 수니파와 시아파이다. 전 세계 무슬림 인구의 약 85%가 수니파이고 약 15%가 시아파이다. 수피파는 신비주의적 성격이 강한 이슬람교의 종파로 신도 수가 훨씬 적다. 여타 많은 하위 종파들도 있다.

하산 2세 모스크는 모로코의 이전 왕 하산 2세의 16번째 생일을 기념해서 건설되었다. 이 건축물은 세계의 종교적 기념비 중에서 메카 다음 두 번째로 규모가 큰 것으로 내부에 2만 5,000명, 외부에 8만 명의 숭배자를 수용할 수 있다. 이 모스크 타워는 높이가 210미터로 세계에서 가장 높다.

이슬람교의 5대 의무는 알라에 대한 신앙고백, 일상적인 기도, 금식, 가난한 자들을 위한 베풂 그리고 하지(Hajj, 메카 순례)이다. 5대 의무는 수니파 이슬람교에 핵심적이지만 시아파나 수피파 같은 다른 종파에는 그 중요성이 덜하다.

전 세계 무슬림의 총인구는 약 14억 명 정도로 두 번째로 규모가 큰 종교이다. 무슬림이 인구의 다수자인 국가는 북아프리카, 아프가니스탄, 파키스탄, 남아시아의 방글라데시를 포함하는 중동 그리고 중앙아시아와 동남아시아의 몇몇 국가를 포함한다. 세계 대부분의 무슬림(60%)이 남아시아나 동남아시아에 거주한다. 무슬림은 중국을 포함한 여러 나라에서 소수자로 살면서 자신들의 종교적 관행을 유지하고자 한다('문화파노라마' 참조). 원래 이슬람교는 목축민들 사이에서 번성했지만 현재는 오직 2%만이 목축민이다.

수많은 비무슬림들이 공통적으로 가지고 있는 이슬람교에 대한 부정확한 고정관념은 이슬람교가 지역에 상관없이 모두 똑같다는 생각이다. 이러한 부정확하고 단편적인 모델은 다름 아닌 사우디아라비아에서 실천되고 있는 바와 같은 보수적인 와하비주의 이슬람교의 이미지에 근거해 있다. 하지만 와하비주의 이슬람교는 단지 이슬람교의 다양한 변이 중 하나에 불과하다.

수마트라(동남아시아 인도네시아의 일부) 고원의 이슬람교와 모로코(북아프리카)의 이슬람교를 비교한 연구에 따르면 지역문화에 적응한 결과에서 비롯된 차이가 잘 드러난다(Bowen, 1992). 이둘아드하, 즉 공희의 축제는 전 세계 무슬림들이 매년 수행하는 의례이다. 이것은 이브라힘이 그의 아들 이스마일(기독교에서는 이삭, 유대교에서는 이츠하크)을 알라신에게 기꺼이 바치려고 한 것을 기념하는 축제이다. 이 축제는 순례의 달로 불리는 매년 마지막 달의 10번째 날에 거행되는데 하지의 끝을 표시한다. 이 의례는 전 세계 이슬람교도의 이슬람교 신념을 통한 화합을 무슬림들에게 일깨워준다.

모로코(86쪽 지도 4.2 참조)에서 이 의례의 중요한 측면은 왕이 군중들 앞에서 양의 목에 비수를 꽂는 것인데, 이는 마호메트가 7세기의 같은 날에 행한 공희를 재현한다는 의미를 가진다. 각 가구의 남성 가장은 이와 동일한 방식으로 양을 제물로 바친다. 양의 크기와 활력은 그 남성이 가진 권력과 활력의 척도이다. 가장 외에 다른 남성들은 일어서서 그 공희를 지켜보고 여성과 아이들은 부재하거나 보이지 않는 곳으로 피해 있는다. 양을 도살한 다음 남성들은 앞으로 다가와 그 피를 얼굴에 바른다. 몇몇 마을에서는 여성들이 공희에서 보다 눈에 띄는 역할을 하는데 양에게 헤나(붉은 염료)를 발라 축성하고 의례의 말미에 양의 피를 이용해서 가정을 보호하는 의식을 행한다. 이 국가 수준의 의례와 가구 수준의 의례는 공적 영역과 사적 영역에서 남성이 갖는 권력, 즉 군주의 권력과 가부장의 권력을 상징화한다.

수마트라(137쪽 지도 6.3 참조) 이사크의 문화적 맥락은 가부장제적 성격이 비교적 약하고 정치구조도 군주제에 방점을 두고 있지 않다. 이사크는 전통적인 무슬림 마을로 이곳 주민들은 17세기부터 무슬림으로 살아왔다. 그들은 닭, 오리, 양, 염소, 물소 등 다양한 종류의 동물을 공희의 제물로 바친다. 이곳 주민들은 동물의 목을 베고 고기를 먹는 한, 공희를 통해 신을 만족시킨다고 믿는다. 대부분의 공희는 개별 가족의 일로서 공적인 성격이 거의 없다. 주민들은 집 뒤에서 공희를 행한다. 한 가구의 남성과 여성 모두 그것을 '자신들의' 공희라고 지칭하고 어떠한 남성 지배의 징후도 드러나지 않는다. 이곳에서는 한 부유한 여자 상인이 물소를 제물로 바친 경우(목을 베는 것은 남성이 했다)와 같이 여성도 특정한 공희의 후원자가 될 수 있다.

모로코의 의례는 아버지와 아들을 강조한다. 반면 이사크의 의례는 남편과 아내 모두의 친척, 아들과 딸, 심지어 사망한 친족까지 포함하는 보다 광범위한 사람들에게 주목한다. 이사크의 의례는 중심적인 정치적 의미를 전혀 담아내지 않는다. 이 둘 간의 차이는 모로코 사람들이 수마트라 사람들보다 경전을 더 잘 알고 있다는 사실에서 기인하지 않는다. 이사크에도 경전에 정통하고 정기적으로 그것에 관해 서로 토론하는 이슬람교 학자들이 많이 있다. 오히려 이 의례는 친족과 정치를 포함하고 있는 2개의 다른 문화적 맥락으로 인해 지역에 특화된 형태로 구체화된다.

아프리카 종교

오늘날 다양한 아프리카 종교가 전 지구적 특성을 보여주고 있다. 아프리카의 종교는 노예의 강제이주를 통해 아프리카 외부로 확산되었다. 아프리카 이주민의 종교는 미국, 카리브해 지역 그리고 중남미에서 특히 현저하다. 이 절에서는 아프리카 종교의 몇 가지 핵심적 특징을 요약하고 서반구에서 관찰되는 아프리카 종교의 두 가지 예를 제시한다.

아프리카 종교의 특징 지리적 다양성과 문화적 변이 그리고 장구한 역사를 가진 아프리카는 이슬람교, 기독교, 유대교, 힌두교, 토착종교 그리고 이들의 특정한 조합으로 구성된 신앙을 포함하는 광범위한 종교적 스펙트럼을 보여준다.

아프리카의 다양한 토착종교를 유형화하기는 쉽지 않지만 그것들이 보여주는 몇 가지 공통적 특징은 다음과 같다.

- 언젠가 발생한 창조신과 인간 사이의 단절에 관한 신화
- 특정한 고위 신과 더불어 강력한 신에서부터 보다 덜 강력한 정령들을 아우르는 수많은 부수적인 초자연적 존재를 포함하는 만신적 특징
- 정교한 입사의례
- 동물공희 및 여타 제물, 음식, 춤을 수반하는 의례
- 인간과 신이 만나는 중심적 장소로서 성역 내의 제단
- 치료와의 밀접한 관련성

아프리카 종교는 비록 이들 특징을 아주 일관적으로 보여주긴 하지만 지역적으로 재고 및 재형성되었으며 시간이 흐르면서 복잡하고 다양한 결과를 낳았다(Gable, 1995). 아프리카 종교는 그 기원지에서부터 이미 외래 종교, 특히 이슬람교와 다양한 유형의 기독교에 영향을 받았다. 아프리카인들의 이주는 아프리카 종교를 새로운 지역으로 확산시켰는데, 그곳에서 이들 종교는 새로운 맥락을 통해 지역화되고 또 재활성화되었다(Clarke, 2004).

북미와 남미의 종교혼합주의는 아프리카적 전통을 기독교, 토착 인디언 종교, 그리고 여타 종교적 전통들과 조합하고 있다. 브라질에는 움반다, 산테리아, 칸돔블레 같은 아프리카-브라질 종교들이 매우 대중적인데, 이들 종교는 특히 사회적 원조를 제공하고 스트레스를 해소해줌으로써 도시민과 농민을 불문하고 모든 사회계급에 어필하고 있다(Burdick, 2004).

문화파노라마

중국 시안의 회족 무슬림

중국에서 가장 큰 소수민족인 회족은 그 인구가 약 1,000만 명에 달하고 대부분 중국의 서북부 지방에서 생활하고 있다. 중국 정부는 회족을 중국의 다수민족인 한족과 비교해서 '낙후하고' '봉건적인' 민족으로 분류한다. 하지만 시안의 회족은 한족보다 덜 문명화되고 덜 현대화되었다는 공식적인 정의를 거부한다(Gillette, 2000).

시안에는 약 6만 명 정도의 회족이 있는데 이들은 주로 소규모 상점, 식당, 모스크들로 구성된 옛 무슬림구라 불리는 구역에서 살고 있다. 주거와 공공 서비스의 질은 시안의 다른 지역보다 떨어진다. 회족 부모들은 자녀들이 최선의 교육을 받지 못하고 있다고 염려하고 있으며 국가가 적절한 교육환경을 제공해주지 않고 있다고 생각한다. 많은 회족이 주거환경을 스스로 개선하고 자녀들을 구역 밖의 학교에 보내기 위해 노력한다.

시안의 회족은 무슬림문화와 서구문화의 요소들을 선택적으로 이용해서 자신들이 현대적이고 문명화되었다고 여기는 생활방식을 구축하고 있다. 그들 식의 '진보'의 형태는 식사습관, 의복양식, 주택, 종교적 실천, 교육, 가족조직 등과 같은 일상생활의 다양한 측면에서 관찰된다.

중국에서 무슬림으로 산다는 것은 지배적인 한족문화와의 관계에서 많은 도전에 직면한다는 것을 의미한다. 식단이 명백한 하나의 예다. 쿠란은 무슬림에게 네 가지 종류의 음식, 즉 신에게 봉헌되지 않고 적합하게 도축되지 않은 고기, 피, 돼지고기 그리고 술을 금한다(Gillette, 2000:116). 네 가지 규칙 중에서 세 가지가 고기에 관한 것으로 고기는 무슬림에게 적합한 음식을 규정하는 핵심적 부분이다. 회족은 돼지고기가 특히 불결하다고 말한다. 이러한 믿음은 돼지고기가 주요 식품 중 하나인 한족과 회족을 분명하게 구분해준다. 회족은 먹는 음식의 종류가 사람의 본성과 행동에 영향을 미친다고 믿기 때문에 돼지고기를 먹는 사람들을 경멸한다.

회족 주민들은 돼지고기보다 술을 더 불결한 것으로 여긴다(Gillette, 2000:167). 시안의 회족은 술을 마시지 않는다. 그들은 술에 닿았거나 술을 마시는 사람과 접촉한 식기를 사용하지 않는다. 하지만 시안의 회족 중 다수는 한족과 외국인을 상대로 한 식당사업으로 생계를 유지하고 있다. 주류를 판매하면 장사가 더 잘 되겠지만 많은 회족이 그것에 반대한다. 다수의 회족 주민들이 회족구역 식당에서 주류판매를 금지하고 손님들이 술을 가지고 오지 못하도록 하기 위해 금주위원회를 조직했다. 시장의 몇몇 구역은 주류금지구역이다. 위원회 회원들은 주류금지가 지역 공동체를 보다 평화적이고 질서 있게 만들어서 삶의 질을 향상시켰다고 주장한다.

2003년 옛 무슬림구에서 노르웨이 정부가 지원하는 한 도시개발 프로젝트가 착수되었다(인민일보, 2003). 이 프로젝트는 주도로를 확장하고 '낡아빠진' 주택과 하부구조를 대체하며 무너져가는 역사적 건물을 재건할 것이다. 쇠고기와 양고기 구이, 빵과 쇠고기, 양고기 팬케이크, 양고기 탕 등과 같은 회족의 전통요리들이 관광객들에게 어필한다는 생각하에 한 상업구역을 회족 음식 전문 식당가로 꾸밀 것이다. 주류 소비가 이 계획에 포함될 것인지는 분명하지 않다.

이 자료를 검토해준 헤이버포드대학의 마리스 기예트(Maris Boyd Gillette)에게 감사드린다.

(왼쪽) 시안의 가판대에서 회족 남성들이 국수를 준비해서 팔고 있다. 세계 다른 지역의 무슬림 남성들과 마찬가지로 이들도 흰색 모자를 쓰고 있다. (가운데) 시안의 회족 여성들이 1862~1874년 서북부 중국 전역에서 발생했던 대규모 갈등 때문에 사망한 회족을 기념하는 의식에 참가하고 있다.

지도 10.7 중국의 시안

섬서성의 수도인 시안은 중국 서북부 지방에서 경제적으로 가장 발달한 도시 중 하나이다.

라스타파리 라스타파리아니즘이라고도 불리는 라스타파리는 아프리카-카리브제도의 종교로서 그 뿌리는 자메이카에 있다. 라스타파리 신도들은 통계의 대상이 되기를 거부하기 때문에 그 수가 얼마나 많은지 알려져 있지 않다(Smith, 1995:23). 라스타파리는 앞서 언급한 아프리카 종교의 특징들 중 일부만을 공유하고 있는 저항종교이다. 이 종교의 역사

일리노이주 에반스톤에서 아이티 출신 두 남매(왼쪽과 오른쪽)가 제단의 초에 불을 붙이고 있다. 이 촛불은 아이들의 수호자이자 방어자인 정령어미 같은 부두교 정령의 이미지를 담고 있다. 이 어린아이들의 입양가족은 일상 속에 아이티 부두교 실천 중 일부를 받아들이기로 결정했다.

는 20세기 초에 행해진 몇몇 사제들의 설교까지 거슬러 올라가는데, 그들은 라스('왕')타파리, 즉 당시 에티오피아의 황제인 하일레 셀라시에가 흑인들을 아프리카의 약속의 땅으로 인도해줄 '유다의 사자'라고 가르쳤다.

라스타파리아니즘은 체계적인 교리나 성문화된 경전이 없다. 카리브제도, 미국, 유럽 등지에 분산되어 있는 여러 집단이 공유하고 있는 신앙은 에티오피아가 지상의 천국이고 하일레 셀라시에는 살아있는 신이며 모든 흑인은 그의 도움으로 고향으로 돌아갈 수 있을 것이라는 믿음을 포함하고 있다. 1975년 하일레 셀라시에가 사망한 이후 범아프리카적 합일과 흑인 권력을 강조하는 경향이 현저해진 반면 에티오피아에 방점을 두는 경향은 약해졌다.

라스타파리아니즘은 자메이카에서 특히 지배적인데, 이곳에서 그것은 레게음악, 드레드락(역주 : 여러 가닥의 로프 모양으로 땋은 헤어스타일로 일명 레게 머리라고 불린다) 그리고 간야(마리화나) 흡연과 연결되어 있다. 자메이카의 라스타파리 운동은 억압에 저항해서 싸워야 한다는 신앙에서부터 평화로운 삶을 살아가는 것이 악에 대한 승리를 가져올 것이라는 입장까지 광범위하다.

종교변화의 방향

10.3 오늘날 종교변화의 사례를 확인하기

모든 종교에는 신앙과 실천에 연속성을 제공하는 신화와 교리가 있다. 하지만 고정되어 변화하지 않는 종교는 없다. 문화인류학자들은 식민주의 세력에 의해 사멸하는 것 같았던 종교의 부활을 추적하고 또 새로운 종교의 출현도 기록해 왔다. 그들은 또한 사회주의 국가에서 한때 탄압받았던 종교들이 탈사회주의 세계에서 새로운 위치를 확보하려는 최근의 투쟁들을 목격하고 있다. 러시아정교 교회의 뚜렷한 특징 중 하나였던 종교적 아이콘(이미지와 그림 등 다양한 형태의 표상)들이 압수되어 박물관에 전시되었다. 최근 러시아정교 교회들은 그 아이콘들을 다시 돌려받기를 원하고 있다.

전설적인 레게 뮤지션이자 라스타파리 신자인 밥 말리가 1979년 캘리포니아 할리우드의 록시 극장에서 공연하고 있다. 말리는 1981년 36세의 나이로 사망했지만 여전히 가장 존경받는 레게 뮤지션이다. 그는 자메이카 음악이 전 지구적으로 확산되는 단초를 마련했다. 레게는 라스타파리아니즘과 연결된 자메이카의 음악 장르이다. 레게는 빈곤, 사회불평등, 사랑, 성 등을 음악적으로 표현한다.

땅의 신성함에 대한 원주민들의 신앙은 외부의 상업적 이해에 의한 침해나 개발로부터 자신들의 영토를 보호하려는 시도의 중요한 일부이다. 종교변화와 관련된 이들 사례는 보다 더 광범위한 문화적 변화를 이해하는 데 유용한 창을 제공해준다.

부흥운동

부흥운동(revitalization movement)은 외부 세력에 의해 위협을 받아온 종교를 재정립하거나 새로운 실천이나 신앙의 도입을 통해 긍정적인 변화를 가져오고자 모색하는 종교운동이다. 이러한 운동은 흔히 급격한 문화변동의 맥락에서 출현하고 변화하는 세계와 그 속에서 자신들의 위치에 의미를 부여하고자 하는 사람들을 대표하는 것으로 나타난다. 유럽과 유럽계 미국인들의 침략에 대한 북미 인디언들의 대응으로 출현한 종교적 부흥운동 중 하나가 유령춤 운동이다(Kehoe, 1989). 1870년대 초 캘리포니아 파이우트 부족의 워드지워브라는 이름의 샤만이 세계가 조만간 파괴되고 갱생되어 미국 원주민과 동식물들이 다시 살아날 것이라고 선언했다. 그는 사람들에게 밤에 유령춤으로 알려진 원형춤을 추라고 지시했다.

이 운동은 캘리포니아, 오리건, 아이다호의 다른 부족들에게 확산되었지만 그 예언자가 죽으면서 끝이 났고 그의 예언도 실현되지 못했다. 1890년에 유사한 운동이 시작되었는데, 이는 일식 때 신탁을 받은 파이우트 부족의 또 다른 예언가인 워보카가 주도했다. 그의 메시지는 전자와 동일했다. 즉 파괴와 재생 그리고 임박한 사건에 대한 준비로서 원형춤을 춰야 한다고 역설했다. 이 춤은 광범위하게 확산되었고 다양한 효과를 발휘했다. 포니 인디언의 경우 이 춤을 계기로 더 이상 수행되지 않고 있던 옛 의식을 문화적으로 부활시켰다. 수 인디언은 워보카의 메시지를 변형시켜 정부와 백인들을 향해 보다 호전적인 입장을 노골적으로 표현했다. 신문들은 워보카를 '미치광이 메시아'라 부르며 그에 관한 기사들을 쓰기 시작했다. 결국 정부는 수 인디언에 대한 조치로서 '앉은 황소' 추장과 '큰 발' 추장 그리고 약 300명의 수 인디언을 운디드니에서 학살했다. 유령춤은 1970년대에 아메리카 원주민들의 권익보호를 위한 행동조직인 아메리카인디언운동을 통해 다시 부활했다.

멜라네시아 바누아투에 있는 탄나 섬의 설퍼베이 마을에서 존프럼운동 지지자들이 의식용 깃대를 둘러싸고 보초를 서고 있다. 이 종교운동은 하물숭배(cargo cult)의 한 예다.

■ **인터넷을 통해 존프럼운동에 관해 조사해보라.**

하물숭배(cargo cult)는 서구의 영향에 대한 대응으로서 멜라네시아 전역에서 출현한 부흥운동의 한 유형이다. 19세기 전반에 가장 현저하게 나타났던 하물숭배 행위는 서구의 교역물자, 즉 지역용어로 하물을 획득하는 데 방점을 두었다. 통상 예언자적 지도자가 하물이 어떻게 도래할 것인가에 관한 신탁을 전하면서 출현했다. 한 예로 어떤 지도자는 하물뿐만 아니라 죽은 조상들까지 실은 배가 올 것이라고 예견했다. 추종자들은 도래할 손님을 맞이하기 위해 단상을 세우고 꽃으로 장식했다.

제2차 세계대전이 끝난 후 섬 주민들이 하물을 실은 비행기가 도착하는 것을 목격하게 되자 예상된 도래의 양식이 비행기로 바뀌게 되었다. 주민들은 다시 비행기의 도래를 학수고대했다. 하물숭배는 새로운 재화가 토착체계에 갑작스럽게 도입되면서 발생한 파괴적 효과에 대한 대응으로서 출현했다. 외부인들은 서구의 재화를 강조하고 조개껍데기나 돼지 같은 토착적 가치재의 중요성을 침식하는 새로운 형태의 교환체계를 강제했다. 이러한 변화는 토착적 재화의 교환을 통해 사회적 위세를 획득하는 전통적 유형의 교환체계를 파괴했다. 하물숭배 지도자들은 자신들이 알고 있는 방식으로 서구의 재화를 획득함으로써 새로운 체계 내에서 사회적 지위

부흥운동 사회종교적 운동으로서 외부 세력에 위협을 받아 온 종교의 일부 또는 전체를 부활시키거나 새로운 실천과 신앙의 도입을 통해 보다 만족스러운 상황을 구축하려고 시도하는 예언자적 지도자에 의해 통상적으로 조직된다.

하물숭배 멜라네시아에서 서구와 일본의 영향에 대한 대응으로 출현한 부흥운동의 한 형태

를 확보하는 데 도움을 얻고자 했다.

갈등의 장으로서 성지

종교적 갈등은 흔히 성지를 둘러싸고 발생한다. 지속적인 갈등이 발생하고 있는 한 장소가 바로 예루살렘이다. 예루살렘은 다양한 종교와 종교적 분파들이 성스러운 영역에 대한 통제권을 두고 경쟁하는 장이다. 3개의 주요 종교, 즉 이슬람교, 유대교, 기독교가 서로 예루살렘에 대한 일차적 권리가 있다고 주장하고 있다. 기독교의 상이한 분파들은 '성묘교회'의 통제권을 둘러싸고 경쟁하고 있다(지도 10.6 참조). 인도에서는 힌두교도와 이슬람교도 사이에서 성지를 둘러싼 갈등이 자주 발생한다. 힌두교도들은 힌두교의 성스러운 장소에 무슬림 모스크가 건설되었다고 주장한다. 힌두교도들이 모스크를 파괴해버리는 경우도 있다. 전 세계적으로 성지를 둘러싼 갈등이 세속적인 쟁점을 수반하는 경우도 많이 있다. 미국에서는 백인 인종주의자가 흑인 교회를 불태운다. 이스라엘에서는 일부 유대교 지도자들이 고대 유대인 묘지를 온전하게 보존해야 한다는 신념 때문에 고고학적 발굴조사를 반대하고 있다.

유사한 상황이 서반구 원주민들의 경우에도 발견된다. 그들의 성지와 묘지는 흔히 도시의 성장, 석유나 광물의 채굴, 레저스포츠 등을 지향하는 개발 때문에 파괴되어 왔다. 원주민이 자신들의 유산을 보호, 재건, 관리하기 위해 창조적인 방법을 모색하게 되면서 그와 같은 파괴에 대한 저항도 증가하고 있다.

종교의 자유와 인권

UN 헌장에 따르면 종교적 박해로부터의 자유는 보편적 인권의 일부이다. 하지만 국가와 경쟁적 종교에 의한 종교적 자유권의 침해가 일상적으로 발생하고 있다. 때로 종교적인 이유로 박해받는 사람들이 다른 장소나 나라에서 안식처를 찾을 수 있다. 중국이 티베트를 합병한 후 수천 명의 티베트불교 신도들과 그 지도자인 달라이 라마가 티베트를 떠났다. 많은 수의 티베트 공동체가 인도, 미국 그리고 캐나다에 설립되었는데, 티베트인들은 이들 지역에서 고유한 종교, 언어, 유산을 지키고자 하고 있다.

흔히 종교는 갈등과 분쟁의 초점이기도 하고 때로는 갈등 해결의 원천이기도 하다. 인류 유산의 핵심적인 부분으로서 종교는 통문화적이고 맥락을 고려한 관점을 통해 가장 잘 이해될 수 있다. 그와 같은 종교의 이해는 보다 평화로운 미래를 건설하는 데 필수적이다.

10 학습목표 재고찰

10.1 인류학자가 종교와 그 핵심적 특징을 어떻게 정의하는지 기술하기

초창기 문화인류학자들은 종교를 주술과의 대조를 통해 정의하고 전자가 초자연적 영역에 관한 보다 진화된 형태의 사고방식이라고 주장했다. 그들은 비서구문화의 종교에 관한 자료수집을 통해 종교의 기원과 기능에 관한 이론을 구축했다. 그 후로 민족지학자들은 수많은 종교체계를 기술했고 다양한 신앙, 의례행위의 형태, 종교적 전문가의 유형에 관해 기록했다. 신앙은 신화나 교리를 통해 표현되고 흔히 초자연적인 존재의 속성과 역할을 정의하며 인간이 초자연적인 존재와 관계 맺는 방식을 규정한다.

종교적 신앙은 주기적 혹은 비주기적인 의례를 통해 실행된다. 세계 전역에 일반적으로 존재하는 의례로 생애주기의례, 순례, 전복의례, 공희를 들 수 있다. 의례는 참가자에게 변혁적인 영향을 미친다.

많은 의례가 샤만이나 사제 같이 훈련된 종교전문가의 개입을 필요로 한다. 국가 수준의 사회와 비교할 때 비국가적인 맥락에서 활동하는 종교전문가는 그 수가 적고 전업적 성격이 약하며, 형식화의 정도가 낮고 세속적 권력도 약하다. 국가 수준의 사회에서 활동하는 종교전문가들은 흔히 위계질서하에 조직되어 있고 많은 경우 실질적인 세속적 권력을 행사한다.

10.2 지구화가 세계종교에 어떤 영향을 끼쳤는지 알아보기

이른바 세계종교는 경전과 일반적 합의를 거친 교리 및 신앙에 기초해 있고 전 세계적으로 수많은 사람들에 의해 공유된다. 역사적으로 오래된 순으로 정리하면 이들 세계종교는 힌두교, 불교, 유대교, 기독교 그리고 이슬람교이다. 신도가 가장 많은 세계종교는 기독교이고 다음 이슬람교 그리고 세 번째는 힌두교이다. 지난 몇 세기 동안 가속화된 전 지구적 규모의 인구 이주로 인해 이전에는 특정한 지역에 국한되어 있던 많은 종교가 이제 전 세계에 걸쳐 구성원을 가지고 있다. 아프리카 종교가 서구 식민주의와 노예무역의 영향으로 다양한 혼합주의적 종교가 많은 추종자들에게 어필하고 있는 서반구에서 뚜렷하게 관찰된다.

세계종교의 신도들이 전 지구적으로 이동하면서 종교적 신앙과 실천들이 지역적 맥락을 통해 변형되어 왔다. 새로운 종교가 특정한 문화에 도입될 때 그것은 지역체계와 섞일 수도 있고(혼합주의), 토착종교와 다원주의적 형태로 공존할 수도 있으며, 토착신앙을 점령해서 사멸시켜 버릴 수도 있다.

10.3 오늘날 종교변화의 사례를 확인하기

지난 2세기 동안의 종교운동은 흔히 식민주의를 위시한 다양한 형태의 사회적 접촉에 의해 촉발되었다. 어떤 경우 원치 않는 변화를 초래하는 외부 세력에 대한 저항의 과정에서 원주민 종교 지도자와 종교적 의식들이 출현했다. 다른 경우 그것은 외부의 요소들을 선택적으로 받아들이는 방식으로 진화한다. 북미 대평원의 유령춤 같은 부흥운동은 과거를 지향해서 상실되고 억압된 종교적 신앙과 실천을 회복하고자 한다.

당대의 중요한 이슈로 성지를 둘러싼 갈등의 증가, 세속적 권력관계가 종교적 제도와 공간에 미치는 영향력과 관련된 적대행위 그리고 인권으로서의 종교의 자유를 들 수 있다.

핵심 개념

공희	생애주기의례	애니마티즘	종교다원주의
교리	세계종교	의례	종교혼합주의
부흥운동	순례	전복의례	주술
사제	신화	종교	하물숭배

틀에서 벗어나 생각하기

1. 일주일 동안 여러분의 일상적 활동과 사건들에 관해 상세하게 기록한 후 그것들이 주술, 종교, 혹은 과학과 어떻게 연결되는지 평가해보라. 무엇을 알 수 있었는가?
2. 인터넷을 통해 오요툰지(Oyotunji) 마을에 관해 알아보라. 그곳에서 무슨 일이 진행되고 있는가? 그곳에 사람이 살고 있는가? 그곳을 방문한다면 어디에 묵고, 무엇을 먹으며, 무엇을 할 것인가?
3. 특정한 종교적 신념과 실천이 인간의 복지에 어떻게 기여할 수 있는지, 그리고 특정한 상황에서 어떻게 기여하지 않는지에 관해 생각해보라. 통문화적 관점이 어떻게 종교와 복지의 관계에 관해 더 깊은 통찰력을 제공해줄 수 있는가?

CHAPTER 11

표현문화

개요

학습목표

11.1 문화가 예술을 통해 어떻게 표현되는지 요약하기

11.2 놀이와 여가가 문화에 관해 무엇을 드러내는지 조명하기

11.3 오늘날 문화유산이 어떻게 경쟁적인 자원으로 전환되는지 설명하기

인류학의 연관성

남서부 중국의 한 묘족(苗族) 소녀가 매년 열리는 봄꽃축제 준비를 위해 여동생을 돕고 있다. 그녀의 가발은 몇 세대에 걸친 가족 여성들의 머리카락을 꼬아서 만든 것으로 그 무게가 무려 4~9파운드까지 나간다. 묘족은 중국 정부가 공식적으로 인정하는 55개 소수종족 중 하나이다. 2012년 당시 후진타오 주석이 중국소수종족예술축제를 참관했다. 후주석은 예술가들에게 종족적 통합과 진보라는 주류 테마를 위해 연행하고 소수종족예술의 번영과 발전에 기여해줄 것을 당부했다. 6,700명이 넘는 소수종족 연행자들이 이 축제에 참가했다.

이 장은 **표현문화**(expressive culture)라고 지칭되는 광범위한 인간 행위와 사고의 영역, 즉 예술, 여가, 놀이(이들 용어의 정의는 차후에 제시된다)와 관련된 행위와 믿음을 다룬다. 이 장은 통문화적 예술에 관한 이론적 관점과 인류학자들이 예술과 표현문화를 연구하는 방식에 대한 논의에서 출발한다. 두 번째 절에서는 놀이와 여가라는 주제를 통문화적으로 탐구한다. 마지막 절에서는 표현문화 중에서도 특히 문화유산으로 정의되는 것이 물질적으로뿐만 아니라 개인, 지역, 국가, 글로벌 수준의 정체성이라는 측면에서도 경쟁적인 자원으로 작용하는 사례들을 제공한다.

예술과 문화

11.1 문화가 예술을 통해 어떻게 표현되는지 요약하기

문화인류학자들이 예술에 접근하는 방식은 여러분이 예술사 수업을 통해 배웠을 수도 있는 예술의 정의 및 연구방법과는 일정 정도 차이가 있다. 이 책에서 제시하는 바와 같이 인류학자들이 타문화의 맥락에서 발견한 사실은 서구의 개념과 범주를 확장하기도 하고 뒤엎기도 하면서 예술을 그 고유한 맥락 속에서 이해해야 할 필요성을 제기한다. 따라서 인류학자들은 수많은 종류의 생산품, 실천, 과정들을 예술로 간주한다. 그들은 또한 예술가들과 그들이 사회 내에서 차지하는 위치를 연구하기도 한다. 나아가 인류학자들은 예술이, 그리고 보다 포괄적으로 표현문화가 미시문화적 차이, 불평등, 권력 등과 어떤 식으로 연결되는가에 관해 질문을 던진다.

표현문화 예술, 여가, 놀이와 관련된 행위와 믿음

예술이란 무엇인가

고대 암각화가 예술일까? 지하철의 낙서는 예술인가? 자수를 놓은 예복은 어떤가? 캠벨(역주 : 미국의 유명한 수프 브랜드 중 하나) 수프 캔의 포장지 그림을 예술이라 할 수 있을까? 철학자, 미술비평가, 인류학자, 예술애호가 모두가 '예술이란 무엇인가?'라는 질문에 답하기 위해 분투해 왔다. 예술을 정의하는 방식은 특정한 개인이 예술적 창조물과 예술을 창조하는 사람들을 평가하고 대하는 방식에 영향을 미친다('인류학자처럼 생각하기' 참조).

인류학자들은 에믹적 정의를 통문화적으로 고려하기 위해 예술에 대한 광의의 정의를 제안한다. 한 정의에 따르면 **예술**(art)은 상상력, 기술, 스타일을 물질, 운동, 소리에 순전히 실용적인 것을 초월한 방식으로 적용하는 것이다(Nanda, 1994: 383). 그러한 상상력, 기술, 스타일은 수많은 물질과 활동에 적용될 수 있고 그 산물은 예술로 간주될 수 있다. 예를 들어 아름답게 차려진 음식, 잘 이야기된 스토리 혹은 완벽하게 만들어진 바구니 등이 있다. 이러한 의미에서 예술은 인류에 보편적인 것으로서 예술적 활동이 완전히 부재하다고 말할 수 있는 문화는 없다. 브라질 지역의 아마존에 사는 피라항인들

예술 상상력, 기술, 스타일을 물질, 운동, 소리에 순전히 실용적인 것을 초월한 방식으로 적용하는 것

벽화는 적어도 유럽과 호주에서 발견된 선사시대 동굴벽화까지 거슬러 올라가는 오랜 역사를 가지고 있다. (왼쪽) 1980년대 뉴욕의 낙서. (가운데) 북아일랜드 벨파스트(Belfast) 서부의 벽화. 아일랜드공화국 군대와 그 반군 측이 자신들의 관점을 벽화를 통해 표현했다. 이들 벽화는 현재 관광객을 끌어들이고 있다. (오른쪽) 알베티나 마하랑구가 남아프리카의 엔데벨리 디자인으로 벽에 그림을 그리고 있다. 이 또한 관광객들을 끌어들인다.

의 경우 시각예술은 거의 없는 것 같지만 구연예술은 분명히 존재한다(제9장을 다시 보라).

인류학자들은 예술적 산물 자체에 관한 연구와 더불어 예술을 생산하는 과정, 예술의 변이들과 그중에서 통문화적으로 선호되는 형태 그리고 문화가 예술적 전통을 구성하고 변화시키는 방식 등에도 주의를 기울인다. 그들은 또한 다양한 범주의 예술을 고려한다. 예술의 일반 범주 속에는 하위 범주들이 존재하고 때로 구석기예술 혹은 현대예술과 같은 시기 구분을 의미하기도 한다. 여타 하위 범주들은 시각 또는 조형예술(그림, 드로잉, 조소, 직조, 바구니 세공, 건축), 장식예술(실내장식, 조경, 원예, 의상디자인 그리고 헤어스타일, 문신, 바디페인팅 같은 몸장식), 행위예술(음악, 춤, 극예술) 그리고 언어예술(시, 글쓰기, 수사학, 이야기와 농담) 등과 같이 표현의 매체에 근거해 있다.

서구적 관점에서 오랫동안 지속되어 온 범주는 고급예술과 민속예술의 구분이다. 이러한 구분은 통상 고급예술을 서구의 고전적인 전통 속에서 훈련받은 예술가가 생산한 희소하고 값비싼 것으로 정의하는 서구중심적 판단에 근거한다. 이것은 '파인아트'라 불리는 대학 과정에 포함되어 있는 종류의 예술이다. 이러한 구분은 다른 모든 종류의 예술이 덜 고급스러울 뿐만 아니라 민속예술, 종족예술, 원시예술 혹은 공예로 분류되는 것이 더 적절하다는 함의를 담고 있다. 서구 고급예술의 특징은 다음과 같다. 공식적인 학교교육을 받은 예술가가 창작한 산물이고, 시장에서의 판매를 목적으로 만들어지며, 특정한 예술가와 분명하게 연결되고, 그 독특성이 높이 평가되며, 실용성이 우선적이지 않고, '예술을 위한 예술'의 성격을 띤다. 대조적으로 비서구적이고 비고전적인 것으로 분류되는 세계의 나머지 모든 예술은 그 반대의 특징을 통

인류학자처럼 생각하기

예술의 범주에 관한 탐색

아마 이 책의 모든 독자들은 언젠가 미술관이나 미술책 또는 잡지에서 어떤 대상을 보고는 "이건 예술이 아니야!"라고 소리 지른 적이 있을 것이다.

'예술이란 무엇인가?'에 관한 비판적 사고 프로젝트의 일환으로 인터넷을 이용하든 실제로 찾아가든 두 종류의 박물관을 방문해보라. 둘 중 하나는 반드시 고급미술이나 현대미술을 전시한 박물관이어야 하고, 다른 하나는 자연사 박물관이어야 한다.

전자에서는 전시된 물건 중에서 최소한 다섯 가지 항목을 탐색해보라. 후자에서는 인류의 문화와 관련된 전시 항목 여러 개를 살펴보라(즉 곤충이나 암석은 무시하라).

여러분이 살펴본 모든 항목에 관해 기록한 후 다음 질문에 답해보라.

비판적 사고를 위한 질문

- 어떤 항목들을 탐색했는가?
- 박물관은 그 항목에 관해 어떤 맥락적 설명을 제공하고 있는가?
- 그 항목은 예술작품으로 만들어졌는가, 아니면 다른 어떤 목적을 위해 만들어졌는가?
- 여러분의 의견으로 그것은 예술인가, 아닌가? 그 이유는 무엇인가?
- 두 유형의 박물관에 전시된 항목에 관해 여러분이 기록한 노트를 비교해보라. 여러분의 노트는 예술의 범주에 관해 무엇을 말해주고 있는가?

요루바인의 목각은 선과 형태의 명료함, 빛과 음영 효과를 발휘하는 광을 낸 표면, 대칭 그리고 완전히 추상적이지도 완전히 사실적이지도 않은 인간 형상의 묘사 등을 요구하는 미학적 원리를 따르고 있다.

이러한 미학적 원리에 따라 제작된 아프리카의 조각을 본 적이 있는가? 더 알아보기 위해 인터넷을 통해 아프리카 예술 박물관을 방문해보라.

해 정의되어야 한다.

- 공식적 훈련을 받지 않은 예술가에 의해 창작된다.
- 시장을 위해 생산되지 않는다.
- 예술가는 익명이고 작품에 사인을 하지 않거나 개인적인 소유권을 주장하지 않는다.
- 주로 음식준비, 조리 혹은 저장과 같이 주로 일상적 사용을 위해서 그리고 의례나 전쟁에서 사용할 목적으로 제작된다.

이들 두 범주에 관해서는 보다 엄밀하게 탐구해볼 필요가 있을 것 같다. 모든 문화에는 예술이 존재하고, 무엇이 예술이고 예술이 아닌지를 구분하는 감각도 가지고 있다. 미학이라는 용어는 질적 우수성에 대한 사회적으로 인정된 관념을 지칭한다(Thompson, 1971). 서구의 예술 전문가들은 인류학자들이 반증하기 이전에는 비서구문화에는 미학이 존재하지 않거나 조야한 수준에 있다고 믿었다. 우리는 이제 미학적 원리 혹은 예술적 우수성에 대해 정립된 잣대가 성문화나 공식화 여부와 관계없이 모든 곳에 존재한다는 사실을 알고 있다. **종족미학**(ethno-esthetics)은 예술이란 무엇인가라는 질문에 답하는 문화적으로 특수한 방식을 가리킨다. 서아프리카 목각예술의 표준은 예술의 기준을 정하는 데서 발견되는 통문화적 다양성을 고려하는 것이 중요하다는 것을 알 수 있게 해준다(Thompson, 1971). 나이지리아의 요루바 사람들 사이에서 인정되는 목각예술의 미학적 기준은 다음과 같다.

- 형상은 반드시 완전한 추상과 완전한 사실주의 사이의 중간 정도로 묘사되어야 한다. 그래서 그것이 '누군가'를 닮아야 하지만 특정한 어느 누구와도 같아서는 안 된다.
- 인간은 최적의 육체적 조건으로 묘사되어야 하고 너무 어리거나 늙어서도 안 된다.
- 선과 형태가 분명해야 한다.
- 조각은 다듬어서 광을 낸 표면 그리고 새김과 음영 효과를 통해 달성되는 양질의 광도를 가지고 있어야 한다.
- 작품은 대칭을 이루어야 한다.

사회 내 예술연구

인류학적 예술연구는 예술의 산물을 이해하려고 할 뿐만 아니라 누가 그것을 왜 만들었고 또 사회 내에서 예술이 수행하는 역할에 관해서도 이해하려고 한다. 프란츠 보아스는 사회 내 예술가 연구의 중요성을 강조한 최초의 인류학자이다. 기능주의(제1장을 다시 보라)는 20세기 전반의 인류학적 예술연구에 가장 중대한 영향을 미친 이론이다. 인류학자들은 회화, 춤, 극예술, 노래가 어떻게 아동들을 문화 내로 사회화시키고 사회적 정체성과 집단의 경계를 제공하며 질병의 치료를 돕는가에 관해 연구했다. 예술은 정치적 지도자를 합법화하고, 바디페인팅, 장식품, 창과 무기에 새겨진 주술적 장식이 전쟁에서 사기를 높일 수도 있다. 예술은 또한 인간을 방문한 신의 역할을 하는 아프리카 무용수의 가면이 도덕적 질서를 상기시켜 주는 것과 마찬가지로 사회통제의 한 형태일 수도 있다. 예술은 언어 같이 정치적 저항의 촉매제 역할을 하거나 탄압받고 있는 종족집단의 단결에 활력을 제공할 수도 있다.

예술인류학은 자료의 수집과 분석을 위해 일련의 방법론에

종족미학 예술이란 무엇인가를 정의하는 문화적으로 특수한 방식

인도네시아 숨바 섬의 표현문화. (위) 한 여성이 대나무 베틀 위에서 이카트(ikat) 천을 짜고 있다. 이카트는 천을 짜기 전에 날줄이나 씨줄 중 하나에 홀치기 염색 가공을 하는 베짜기 방식이다. 이 가공방법은 최종 단계에 이르러 특정한 디자인을 창출하게 된다. 이중 이카트는 천을 짜기 전에 날줄과 씨줄 모두에 홀치기 염색 가공을 하는 것을 가리킨다. 이 이카트의 모티프는 수탉이 좌우에 배치된 생명의 나무이다. (아래) 언어인류학자 조엘 쿠이퍼스(Joel Kuipers)가 구연예술에 능통한 한 의례 이야기꾼을 인터뷰하고 있다.

여러분의 문화에는 어떤 형태의 언어예술이 있는가?

의존한다. 기본적인 방법은 참여관찰로서 이는 다시 비디오 촬영과 녹음 같이 구술 또는 문자자료의 수집과 분석을 통해 보완된다. 따라서 예술연구는 흔히 문화인류학자와 언어인류학자의 긴밀한 협조를 이끌어낸다.

많은 인류학자들이 예술적 전통을 배우는 도제 역할을 해왔다. 존 체르노프(John Chernoff)의 경우, 가나에서 행한 현지조사에서 아프리카 드럼 연주를 배우는 것이 라포를 형성하는 데 중요한 역할을 했고, 가나 사회 내에서 음악이 갖는 중요성을 이해하는 데 필요한 핵심적인 능력의 일부였다(1979). 그의 책 *African Rhythm and African Sensibility*는 민족지학자의 위치와 역할 그리고 그것이 어떻게 민족지학자의 이해에 영향을 미치는가에 대한 설명을 포함하고 있다. 책의 서문을 읽어보면 문화인류학적 현지조사가 단순히 염두에 두고 있는 연구 프로젝트를 위해 필요하다고 생각되는 자료를 수집하는 것 이상으로 훨씬 많은 것을 의미하고, 특히 그 프로젝트가 창조성과 표현의 과정에 관한 것이라면 더욱더 그러하다는 사실을 깨닫게 될 것이다.

조사자는 오직 과학적 접근을 유보함으로써 창조성과 그것이 사회와 관계 맺는 방식에 대해 이해할 수 있다고 체르노프는 주장한다. 그의 드럼 선생 중 한 명이 말하는 바와 같이 '눈보다 가슴이 먼저 본다'는 것이다. 체르노프는 단순히 참여관찰을 수행하는 것 이상을 해야 했다. 즉 그의 가슴도 참여해야 했다. 체르노프는 현지조사 초기 몇 개월 동안 왜 그곳에 있는가라는 의문에 자주 빠졌다. 책을 쓰기 위해? 미국으로 돌아가 사람들에게 가나에 관해 알려주기 위해? 틀림없이 그가 만난 많은 가나인들도 동일한 의문을 품었을 것이다. 특히 연주를 하기 전에 항상 술을 잔뜩 마셨기 때문에 자신은 몰랐지만 드럼을 배우려는 초창기의 노력이 매우 부족했다는 점에서 더더욱 의문스러워했을 것이다. 결국 그는 한 장인 드럼 연주자의 학생이 되었고 공식적인 입사의식도 치렀다. 그는 입사의식을 치르기 위해 스스로 두 마리의 닭을 도살하고 그 일부를 대다수 미국인이 식료품 가게에서는 결코 볼 수 없는 형태로 먹어야 했다. 그런데도 그는 여전히 제대로 연주할 수가 없었다. 그는 자신의 손목을 '똑똑하게' 만들어 마치 고양이가 쥐를 쫓듯 민첩하게 움직일 수 있도록 하기 위해 또 다른 의례를 치렀다. 그 의례는 읍내에서 10마일 정도 떨어진 숲으로 들어가 원료를 수집해 와야 하는 것이었다. 이 의례는 효과가 있었다. 고양이의 손을 가지게 된 것은 좋은 일이었다. 하지만 인류학적으로 볼 때 그것은 체르노프가 드럼 연주를 사회적 · 의례적 맥락 속에서 이해하기 시작했다는 점에서 더 중요한 의미가 있었다.

체르노프는 가나의 가족생활과 그것이 개별 연주자 및 음악 관련 의례와 어떻게 연결되어 있는가에 대해 배웠다. 그는 또한 자신의 연주에 부족한 점이 무엇이고 그것을 개선하기 위해 무엇이 필요한가에 대해 점점 더 잘 이해하게 되었다. 그는 자신을 가르친 예술가들을 매우 존경하게 되었고 존경받기 위한 그들의 노력에 감탄했다. 체르노프의 성격은 그러한 배움의 과정에서 중요한 요소로 작용했다. 체르노프는 "나는 내가 대부분의 상황에서 어떻게 해야 하는지를 모른다고 가정했다. 사람들이 내 자신과 내가 해야 하는 바에 대해 말하는 것을 받아들였다.… 사람들이 나를 어떻게 생각할 것인지 알기 위해 기다렸다.… 나는 냉정을 유지함으로써 품성의 의미에 관해 배울 수 있었다"(1979:170)라고 했다.

예술가에게 초점 맞추기 20세기 초 프란츠 보아스는 학생들에게 예술의 산물에 대한 연구를 넘어 예술가를 연구하라고 독려했다. 그는 인류학자의 목적 중 하나는 예술가의 관점에서 예술을 연구하는 것이라고 말했다. 루스 번젤(Ruth Bunzel, 1972[1929])이 행한 미국 서남부의 인디언 도공들에 관한 연구는 예술가에게 초점을 맞춘 연구 중에서 고전적인 예이다. 그녀는 도기 제작을 배우는 도제로 훈련을 받으며 도공들에게 도기 디자인의 선택에 관한 질문을 했다. 한 주니 인디언 도공은 "나는 항상 그림을 그리기 전에 전체적인 디자인을 머릿속에 그리고 있다"(1972:49)고 말했다. 한 라구나 인디언 도공은 "나는 이 디자인을 모친에게서 배웠다. 대부분의 디자인을 모친으로부터 배웠다"(1972:52)고 했다. 번젤은 개인의 주체적 행위와 전통을 따르는 것 양자 모두가 중요하다는 사실을 발견했다.

예술가의 사회적 지위는 예술가에게 초점을 맞춘 연구의 또 다른 측면이다. 예술가들은 개인 또는 집단으로서 존경받고 부유할 수도 있다. 아니면 사회적 오명을 쓰고 경제적으로도 주변적인 위치에 있을 수 있다. 고대 멕시코에서는 금세공장인들이 매우 존경받았다. 북미 서북부 태평양 해안의 인디언 집단들의 경우, 남성 조각가와 화가는 비밀결사에 가입해야 했고 다른 남성들보다 높은 사회적 지위를 누렸다. 젠더의 구분도 흔히 발견된다. 애리조나의 나바호 인디언의 경우 여성은 베를 짜고 남성은 은세공을 한다. 카리브해의 아프리카계 여성들은 호리병박 세공으로 유명하다. 오늘날 미국에서는 비록 수많은 여성들이 시각예술 분야에 종사하고 있지만 유명하고 성공적인 시각예술가 대부분은 남성이다. 장르에 따라 '인종', 종족, 현지인 여부 등이 예술가로서의 성공을 규정하는 또 다른 요인으로 작용한다.

다른 직업과 마찬가지로 행위예술은 국가 수준의 사회에서 더 전문화되어 있다. 일반적으로 자유롭게 돌아다니는 수렵채집민들에게는 전문화가 거의 존재하지 않는다. 예술적 활동은 모든 사람에게 열려 있고 예술적 산물도 모든 사람이 공평하게 나누어 가진다. 일부 사람들은 가수, 이야기꾼 또는 조각가로서 특별한 대우를 받을 수도 있을 것이다. 사회의 복잡성이 증가하고 예술시장이 확장됨에 따라 특정한 종류의 예술을 창조하기 위해 전문적인 훈련을 받아야 하고 그 산물은 구매력이 있는 사람들에게 갈망의 대상이 된다. 노동분업이 점점 더 복잡해지면서 예술양식과 선호에 계급차이가 출현하게 된다.

미시문화, 예술 그리고 권력 예술의 형식과 양식은 언어와 마찬가지로 흔히 미시문화 집단의 정체성 및 자존심과 연결되어 있다. 예를 들어 모로코 고원의 베르베르인들은 양모융단과, 마야 인디언들은 자수를 놓아 짠 블라우스와, 그리고 알래스카의 이누이트인들은 돌로 깎은 작은 상과 연결되어 있다. 문화인류학자들은 다양한 미시문화적 차원과 권력의 연관성에 대해 많은 사례를 제공해 왔다. 권력이 강한 집단이 권력이 약한 집단의 예술 형태를 유용하는 경우도 있고, 권력에 대한 저항이 예술의 형태로 표현되는 경우도 있다.

한 연구에 따르면 이스라엘의 민족주의적 관심이 아랍 예술과 수공예를 선택적으로 흡수하는 결과를 가져왔다. 예술품과 공예품을 기념으로 구매하는 관광객들은 그 항목들을 실제로 만드는 사람들에 관해 많은 것을 아는 경우가 드물다. 하지만 그들은 아마도 예를 들어 돌림판에 앉아 있는 촌락의 도공이나 고풍스러운 작업장에서 쇳조각을 두드리는 대장장이 같은 어떤 이미지를 마음속에 가지고 있을 것이다. 기념품 판매점들도 자수를 놓은 천이나 '종족' 장신구 같은 소수의 항목을 판매하는 길가의 가판대부터 광범위한 종류의 예술품과 공예품을 판매하는 국영 백화점까지 다양한 양상을 보여준다. 후자의 범주에 속하는 이스라엘의 마스킷이라는 고급 판매점은

자수를 놓은 팔레스타인 의상

주로 관광객들을 상대로 영업을 한다(Shenhav-Keller, 1993).

이에 관한 민족지적 연구는 판매자들이 어떻게 '기념품을 통해 이스라엘 사회를 전시하는지'를 보여준다. 이 연구는 또한 어떤 방식으로 특정한 예술가와 공예가들이 선택적으로 비가시화되는지를 드러내준다. 관광객을 위한 공예품, 즉 기념품은 사회적 메시지를 담고 있는 '텍스트'처럼 분석될 수 있다. 마스킷 상점에서는 이스라엘 사회의 세 가지 중심적 테마가 기념품의 선택과 프레젠테이션 과정에서 표현된다. 그 세 가지는 바로 이스라엘의 고대와 가까운 과거에 대한 태도, 종교와 문화에 대한 관점, 아랍계 이스라엘인과 팔레스타인 사람들에 대한 접근방식이다.

셸리 셰나브-켈러(Shelly Shenhav-Keller)는 텔아비브에 있는 오리지널 마스킷 상점에서 참여관찰을 수행하면서, 상점에서 판매되고 있는 예술품과 공예품을 제작하는 유대계 이스라엘인, 아랍계 이스라엘인, 팔레스타인 예술가와 수공예 장인들을 인터뷰했다(1993). 그 마스킷은 1954년 루스 다얀(당시 모쉬 다얀의 아내)에 의해 노동부 프로젝트의 일환으로 문을 열었다. 그 목적은 "고대 공예를 보존하고 보호하기 위해 새로운 환경에서 공예가들이 자신의 토착 공예를 계속할 수 있도록 장려하는 것"(Shenhav-Keller, 1993:183)이었다. 마스킷은 성공을 거두었고 결과적으로 여러 체인점들이 문을 열었다. 마스킷은 그 위상이 높아지면서 '이스라엘의 대사'로 인식되기 시작했다. 외국으로 여행하는 이스라엘의 고위인사들은 마스킷 매장에서 선물을 사들고 나갔다. 이스라엘 공식 방문객들도 마스킷 매장의 선물을 제공받았다.

이 매장은 2층 건물이다. 출입구가 있는 상층에는 패션(여성복, 혼례복, 아랍 자수가 새겨진 세 가지 다른 스타일의 복장들), 장신구, 의례용품(촛대, 굽잔, 향로), 장식품, 서적 등 5개 품목의 섹션이 있다. 규모가 더 큰 하층은 다섯 가지 테마 섹션으로 구성되는데, 그것은 기도서와 여타 의례용품을 진열해 놓은 바르미츠바 코너, 아동용품 코너(의류, 놀이용품, 장난감, 티셔츠), 자수용품 코너(식탁보, 리넨, 베갯잇, 지갑, 안경집), 카펫 코너, 그리고 도자기, 유리용품, 동제품을 진열하는 대형 코너 등이다.

시간이 흐르면서 마스킷 매장에서 판매되는 물건을 생산하는 사람들에 변화가 발생했다. 나이 많은 예술가들이 연로해지고 그들의 자녀가 공예 기술을 전수받지 않게 되면서 유대인 종족예술품의 양이 점점 감소했다. 오리지널 유대계 이스라엘인 공예가들 중 많은 사람들이 유명세를 얻으면서 독립 매장을 열었다. 마스킷에 계속 납품하는 사람들은 도자기, 장신구, 카펫 디자인, 의례용품을 전문으로 제작하는 이들이다. 이들 품목은 예술품의 위상을 가진 것으로 인식되고 매장 내에 '개인전'의 형태로 전시될 수도 있다. 유대계 이스라엘 공예가들이 만든 품목들의 감소를 보충하기 위해, 마스킷은 아랍계 예술가와 공예가들에게 의지하게 되었다.

1967년 6일 전쟁 이후, 점령지를 포함한 새로운 영역들이 이스라엘에 포함되면서 아랍계 이스라엘인과 팔레스타인계 공예인들이 점점 더 늘어나게 되었다. 기념품 산업에 흡수된 아랍인 대다수는 마스킷이 소유한 공장과 공방 혹은 마스킷에 제품을 판매하는 이스라엘계 공예인들이 소유한 공장과 공방의 고용 노동자가 되었다. 마스킷은 아랍계 이스라엘인이나 팔레스타인 사람들이 공예품을 생산할 때 수행하는 역할에 관한 정보를 제공하지 않는다. 예를 들어 카펫은 아랍계 이스라엘인이 짠 것임에도 불구하고 단순히 수제 '이스라엘' 카펫으로 표시된다.

젠더관계가 표현문화를 통해 구현되는 예를 플로리다의 남성 스트립 댄스에 관한 연구에서 찾아볼 수 있다(Margolis and Arnold, 1993). 미디어는 여성들에게 남성 스트립 댄서를 보는 것이 '그녀들의 모험', '그녀들의 밤 외출'이라고 광고한다. 남성 스트립쇼를 보러 가는 것은 남성이 지배적이고 여성은 종속적인 전통적 젠더 역할을 전복하는 순간이라고 광고한다. 남성 스트리퍼 바에서 젠더 역할이 실제로 전복될까? 간단한 대답은 '아니다'이다. 여성 고객들은 어린 소녀처럼 다뤄진다. 매니저는 여성 고객들이 줄을 서서 쇼가 시작되기를 기다리는 동안 팁을 주는 방식에 관해 안내한다. 그들은 사자 조련사같이 다양한 역할을 하는 댄서들에 의해 상징적으로 지배된다. 잠수폭탄은 여성의 종속적 지위를 보여주는 또 다른 증거이다. 잠수폭탄은 댄서에게 팁을 주는 한 방식인데, 여성 고객은 손을 바닥에 짚고 무릎을 꿇은 상태에서 입으로 돈을 물고 그것을 댄서의 팬티 속으로 찔러 넣어준다. 이 모든 행위는 젠더위계를 전복하기보다 오히려 그것을 강화하는 것으로 해석된다.

모든 형태의 대중예술과 공연이 사회통제와 위계질서 유지의 기제는 아니다. 예를 들어 미국의 경우, 힙합 그리고 도시 흑인 청년들의 언어예술과 랩 음악은 행위를 통한 저항의 한 형태로 볼 수 있다(Smitherman, 1997). 그들의 가사는 경제적 억압, 마약의 위험성 그리고 여성에 대한 남성의 불경과 관련된 경험을 보고한다. 주변화된 사람들에게 사회적 유동성의 경로를 제공해주는 음악의 예는 힙합과 그 관련 음악의 전 지구적인 확산 외에도 많이 있다.

공연예술

공연예술은 음악, 춤, 연극, 수사(연설), 그리고 내러티브(이야기) 등을 포함한다. 중요한 연구 분야 중 하나가 고유한 명칭이 있을 정도로 발달했는데, 그것은 바로 음악을 통문화적으로 연구하는 **종족음악학**(ethnomusicology)이다. 종족음악학자의 연구는 음악의 형태 자체, 음악가의 사회적 지위, 음악이 종교나 치료 같은 문화의 다른 영역과 상호작용하는 방식, 음악적 전통에서 발생하는 변화 등 광범위한 주제를 연구한다. 이 절에서는 말레이시아의 음악과 젠더, 브라질의 음악과 세계화 그리고 인도의 연극과 사회에 관한 사례를 제시한다.

말레이시아 테미아르 사람들의 음악과 젠더 종족음악학자들에게 중요한 주제 중 하나는 공연 배역의 접근권에서 나타나는 젠더의 차이다(이러한 주제에 관한 연구로 그림 11.1 참조). 문화유물론적 관점은 젠더 역할이 매우 평등한 문화에서는 음악에 대한 접근과 음악의 의미 또한 남녀 모두에게 평등할 것이라고 예측할 것이다. 이러한 사례는 말레이시아 반도의 고원지역(137쪽 지도 6.3 참조)에 살고 있는 수렵채집민인 테미아르 사람들에게서 발견된다. 그들의 음악적 전통은 남성과 여성 간의 균형과 상호보완성을 강조한다

만약 여러분이 음악공연에 존재하는 젠더 역할에 관해 민족지적 연구를 수행하고 있다면, 연구의 출발점으로서 아래와 같은 질문이 유용할 것이다. 하지만 이러한 질문이 그 주제 전체를 포괄하지는 못한다. 이 목록에 추가해야 할 질문을 생각해볼 수 있는가?

1. 특정한 악기와 레퍼토리를 남성과 여성이 공히 사용하도록 권장되고 있는가?
2. 음악적 훈련이 남녀 모두에게 개방되어 있는가?
3. 남성과 여성의 레퍼토리가 중복되는가? 그렇다면 어떻게, 어떤 경우에, 그리고 왜 그런가?
4. 남성과 여성의 연주가 사적인가, 공적인가? 아니면 사적인 성격과 공적인 성격을 모두 가지고 있는가? 남성과 여성이 함께 연주하는 것이 허용되는가? 그렇다면 어떤 상황에서 그러한가?
5. 문화의 구성원들이 남성과 여성의 공연에 동일한 가치를 부여하는가? 이러한 평가가 어떤 기준에 의거해 있고, 그 기준은 남성 공연자와 여성 공연자에게 동일하게 적용되는가?

그림 11.1 젠더와 음악에 관한 다섯 가지 민족지적 질문

출처 : "Power and Gender in the Musical Experiences of Women" by Carol E. Robertson, pp. 224–225 in *Women and Music in Cross-Cultural Perspective*, ed. by Ellen Koskoff. Copyright © 1987. Reprinted by permission of the Greenwood Publishing Group, Inc. Westport, CT.

(Roseman, 1987).

테미아르인의 친족과 결혼 규칙은 융통성이 있고 열려 있다. 결혼은 파트너 간의 상호 희망에 기초한다. 출계는 양계출계(제6장을 다시 보라)이고 혼인 후 거주지의 결정은 일정한 신부봉사 기간을 제외하면 특별한 규정이 없다. 이혼이 잦고 순차적 일부일처제(역주 : 결혼에 의해 일정 기간 일부일처제 결혼관계가 지속되고 이혼에 의해 그 관계가 해체되는 과정이 반복되는 상황을 일컬음)가 일반적이다. 하지만 남성들은 정치와 의례 영역에서 여성들에 비해 약간의 우세를 보여준다. 통상 마을의 지도자는 남성이고 정령들을 활력화하는 노래를 부르는 영매도 남성이다.

비록 정령들은 남성 가수를 통해 공동체로 강림하지만, 합창에서 남성 영매의 역할이 여성의 역할보다 더 중요하거나 위세가 있는 것은 아니다. 남성 영매의 노래와 여성의 합창은 악절과 복창 간의 중복을 통해 흐려진다. 공연은 테미아르 사회 일반이 그러한 것처럼 남녀 역할의 통합을 통해 공동체 전체가 참여하는 활동이다.

브라질의 컨트리 음악과 세계화 언어인류학자 알렉산더 덴트(Alexander Dent)는 브라질의 컨트리 음악인 무지카 세르타네하를 연구한다(2005). 무지카 세르타네하(música sertaneja)

종족음악학 통문화적 음악연구

는 미국의 컨트리 음악으로부터 많은 영향을 받았지만 브라질적인 맥락에서 상당히 지방화되었다. 브라질 연주자들은 현지의 맥락에서 의미 있는 젠더관계, 친밀감, 가족, 과거, 농촌의 중요성 등에 관한 메시지를 전달하기 위해 'Achy Breaky Heart(실연의 아픈 가슴)' 같은 북미 컨트리 음악을 창조적으로 이용한다. 그들은 연주와 녹음 과정에서 미국이 추동한 극단적인 자본주의와 세계화 그리고 브라질이 그러한 서구적 방식을 수용한 것을 비판하는 데 미국의 음악장르를 활용한다.

브라질 컨트리 음악에서 눈에 띄는 특징은 두플라, 즉 두 '형제'(생물학적 형제일 수도 아닐 수도 있는)에 의한 연주이다. 그들은 같은 머리모양을 하고 비슷한 의상을 입음으로써 유사성을 강조한다. 음악적으로 그들은 둘 중 어느 쪽도 상대방의 목소리를 압도하지 않으면서 화음을 만들어낸다. 그들은 공연 시에 어깨동무를 한 채 노래를 부르기도 하고 애정 어린 눈빛으로 서로를 응시하기도 한다. 두플라와 그들의 음악은 보존해야 할 브라질적 전통의 중요한 측면으로 친족관계와 상호 보살핌에 방점을 두고 있다.

남인도의 연극과 신화 **연극**(theater)은 춤, 음악, 퍼레이드, 경쟁적 게임과 스포츠, 구연예술과 관련된 몸짓과 대사를 통해 사람들을 즐겁게 하고자 하는 공연의 한 형태이다(Beeman, 1993). 통문화적으로 볼 때 신화, 의례 그리고 공연은 밀접한 연관성이 있다.

신화, 연기, 음악을 혼합하는 연극적 전통 중 하나는 남인도의 카타칼리 의례의 무극이다(Zarrilli, 1990). 양식화된 손움직임 그리고 정교한 분장과 의상이 인도의 힌두교 대서사시, 특히 마하바라타(제10장을 다시 보라)와 라마야나(산스크리트어로 기록된 고대 인도의 대서사시 중 하나)를 극화한 이 공연에 매력을 더한다. 연기자들은 의상과 분장을 통해 인도

연극 연기, 몸짓, 소리를 통해 즐거움을 제공하고자 하는 공연의 한 형태로서 다른 형태의 공연, 즉 무용, 음악, 퍼레이드, 경쟁적 게임과 스포츠, 구연예술 등과 관련되어 있다.

많은 형태의 연극이 연기자를 다른 인물(혹은 다른 무엇인가)로 분신시키기 위해 얼굴 분장, 가면, 의상 등을 조합한다. (왼쪽) 카타칼리 무용수가 남인도 케랄라의 한 공연에 앞서 분장을 하고 있다. (오른쪽) 인도 고전 무용극의 새로운 용도는 과도한 혼수와 여아살해 같은 문제에 대한 사회적 경각심을 고양시키기 위한 것이다. 거리 공연단이 주거지역으로 들어가 익살극을 연행하며 구경꾼들을 대화의 장으로 끌어들이고 있다.

신화의 유명한 인물들 중 하나로 분신한다. 관객들은 연기자들이 무대에 등장하자마자 그들의 의상과 분장을 통해 기본적인 인물의 유형을 쉽게 알아차린다. 여섯 가지 유형의 분장을 통해 가장 고귀한 인물에서 가장 비천한 인물까지 아우르는 등장인물들을 묘사한다. 왕과 영웅들의 경우 그들의 고귀함과 도덕적 청렴성을 반영해서 녹색으로 얼굴분장을 한다. 비천한 인물들은 검은색 얼굴 분장을 하고 때로 검은 수염도 붙인다. 검은색 얼굴 분장에 붉은색과 흰색 점을 찍은 이들은 카타칼리 등장인물들 중에서 가장 공포스러운 인물이다.

건축과 장식예술

모든 예술 형태와 마찬가지로 건축은 문화의 다른 측면들과 복잡하게 맞물려 있다. 건축은 젠더, 연령, 종족 차이뿐만 아니라 사회적 등급과 계급 차이를 반영 및 유지할 수 있다(Guidoni, 1987). 가옥과 빌딩의 실내장식과 정원 같은 실외 디자인을 포함하는 장식예술도 마찬가지로 사람들의 사회적 지위와 '기호'를 반영한다. 각 지역문화는 이러한 표현 영역에서 나름대로 선호하는 표준을 오랫동안 유지해 왔다. 하지만 상이한 지역적 전통들은 서구 그리고 일본과 여타 비서구문화에서 비롯되는 세계적인 영향을 채용하기도 하고 또 번안하기도 해 왔다.

건축과 실내장식 매우 유동적인 생활을 하는 수렵채집민은 필요에 따라 그때그때 주거지를 만들어 사용하고 버린다(56쪽 주쯔와시족의 주거 사진 참조). 그들은 개인적인 소유물이 거의 없고 잉여 재화도 없기 때문에 항구적인 저장시설이 필

건축의 정치에서는 흔히 크기가 중요한 의미를 가진다. (왼쪽) 이탈리아 피렌체의 두오모. 두오모 혹은 산타마리아 델 피오레 대성당은 1296년부터 건축되기 시작했다. 조각가이자 건축가인 필리포 브루넬레스키(Filippo Brunelleschi)가 설계한 이 건물의 거대한 돔은 1436년에 이르러서야 완성되었다. 이 건물을 지은 목적은 높이와 아름다움에서 다른 모든 건축물을 능가하기 위해서였다. 두오모는 피렌체 시내를 여전히 물리적으로 압도하고 있고 전 세계에서 온 수많은 관광객들을 매혹하고 있다. (오른쪽) 아랍에미리트 연방의 버즈두바이 혹은 두바이타워는 현존하는 세계에서 가장 높은 빌딩이다. 이 빌딩의 엄청난 높이는 현대 세계에서 두바이의 중요성을, 그리고 보다 일반적으로는 중동 전체의 성공과 번영을 상징한다.

요하지 않다. 주거지의 건축은 가족단위보다 더 큰 집단의 노력을 필요로 하지 않는다. 수렵채집민의 주거는 보다 광범위한 사회가 아니라 가족을 반영한다. 주거지 상호 간의 위치 설정도 가족구성원 간의 관계를 반영한다.

주거가 보다 세련되고 주거의 기획에서 보다 큰 사회적 응집력을 보여주는 경우는 아마존 열대우림 지역의 반영구적인 주거처럼 수렵채집과 원시농경이 결합될 때 나타난다. 그곳 사람들은 한 해의 일정 기간 동안 주거지에서 함께 생활하고 보다 광범위한 지역에서 수렵채집활동을 하기 위해 소규모 집단들로 분산된다. 주거장소에 대한 중요한 결정은 날씨, 마실 물, 방어 등의 필요에 적절한가라는 기준에 의거해서 이루어진다. 배수를 위해 중앙부의 바닥을 돋우어야 하고 화덕 둘레로 배수로를 판다. 전체적인 형태는 원형이다. 어떤 집단은 확대가족 단위별로 따로 분리된 오두막을 짓고, 다른 집단은 복수의 확대가족이 지붕이 연결된 연속적인 원형가옥에 함께 거주한다. 남성 우두머리가 보다 크고 따로 분리된 오두막에 거주하는 경우도 있다.

목축민들은 북아메리카 인디언의 티피와 몽고의 게르 혹은 유르트 같이 정교하고 운반 가능한 주거를 만들어 왔다. 티피는 원뿔형 텐트로 4개의 나무 기둥 꼭대기를 가죽 끈으로 묶어서 기본 뼈대를 만들고 거기에 다른 기둥을 추가해서 원뿔형을 완성한 다음 이 뼈대를 버팔로 가죽으로 덮는다. 게르도 마찬가지로 이동 가능한 원형 주거지만 지붕은 편평하다. 뼈대를 덮는 재료는 천이다. 이러한 경량 가옥은 쉽게 세우고 해체하고 운반할 수 있으며 모든 날씨 조건에 적응 가능하다. 흔히 야영지는 여러 개의 동심원 형태로 세워진 티피나 게르를 따라 구축된다. 공간배치의 원리는 사회적 지위에 의해 결정되는데, 추장과 대추장이 중앙에 자리 잡는다.

국가의 발달과 함께 도시가 성장하고 중앙화된 계획과 권력의 효과가 나타나는데, 한 예로 우연이 아니라 계획적으로 건설된 격자형 도로를 들 수 있다. 국가권력의 위대함과 정체성을 사원, 행정건물, 기념관, 박물관 같이 인상적인 도시 기념비를 통해 상징적으로 과시하는 것은 예나 지금이나 마찬가지다.

가족 주거지의 실내장식 또한 보다 정교해진다. 항구적 주거가 규범으로 자리 잡은 정착농경 공동체와 도시의 경우 가옥에서도 장식을 보다 쉽게 발견할 수 있다. 보다 부유한 가족의 주거가 벽화, 조각 그리고 여타 장식품들을 통해 차별화된다. 한 인류학자는 실내장식 잡지분석과 가정 내 참여관찰을 통해 일본의 실내장식에 관한 연구를 수행한 바 있다(Rosenberger, 1992). 연구 결과는 사람들이 서구적인 장식양식의 특징을 선택적으로 통합하고 지역화하는 방식을 잘 드러내주었다.

실내장식 잡지들은 새로운 소비방식을 통해 사회적 지위를 표현하고자 하는 일본의 중산층과 상류층 가정주부들을 주요 독자로 설정하고 있다. 일본 전통 디자인의 세 가지 특징, 즉 다다미(たたみ), 쇼지(しょうじ), 후스마(ふすま)를 포기하는 것이 유행이다. 다다미는 두께 2인치, 가로 6피트, 세로 3피트 정도의 매트이다. 방의 크기는 방바닥에 설치한 다다미의 숫자를 통해 계산된다. 쇼지는 다다미방의 미닫이문으로서 문 한짝은 유리로 마감하고 다른 한짝은 흔히 나뭇잎 문양이나 파도 문양이 그려진 반투명의 미지(米紙)를 바른다. 후스마는 두꺼운 종이로 만든 미닫이 판벽으로 모임을 위해 방을 크게 사용할 필요가 있을 때 제거할 수 있다. 다다미방의 중앙에는 통상 앉은뱅이 탁자 하나를 배치하고 바닥에 앉을 수 있도록 방석을 놓아둔다. 방의 한구석에는 꽃꽂이 장식, 조상의 사진, 불교제단을 위한 공간이 마련되어 있을 수도 있다. 후톤(ふとん, 역주 : 일본식 이부자리)은 방 가장자리 부근의 벽장에 넣어두었다가 밤에 잠잘 때 꺼낸다.

일본의 '현대적인' 가정주부들은 과거의 양식과 거리를 둠으로써 몇 가지 변화를 만들었다. 주변적인 위치에 있던 주방이 중앙으로 이동해서 바닥에 목재마루, 타일 또는 카펫을 깐 DK(Dinning-Kitchen) 혹은 LDK(Living-Dinning-Kitchen)라 불리는 공간과 병합되었다. (후스마, 다다미, 쇼지 대신) 카펫과 커튼 같은 서구의 산물들이 표면을 장식하고 방을 분할하는 데 사용된다. LDK 공간은 소파, 식탁, VCR, 음향기기 그리고 서구식 찻주전자, 뻐꾸기 시계, 골동품 같은 일련의 소품들로 채워져 있다.

이러한 디자인의 선택은 결혼 및 가족관계에 대한 새로운 열망을 수반하는 심대한 사회적 변화와 맞물려 있다. 실내장식 잡지들은 현대적인 양식이 아이들을 보다 공부 잘하고 행복하게 만들며 부부관계도 더 친밀하게 한다는 생각을 부추긴다. 하지만 이러한 이상과 일본 중상류층의 현실적인 삶 사이에는 일정한 긴장이 존재한다. 여성들은 커리어의 추구를 자제하고 잡지에 묘사된 종류의 삶을 제공하기 위해 보다 많은 시간을 가사에 바쳐야 한다는 사회적 압력에도 불구하고,

비전업 또는 전업 노동을 통해 새로운 소비욕구를 충족시키는 데 필요한 가구수입의 증대에 기여해야 한다고 느끼고 있다. 아이들은 아이들대로 새로운 소비자로서의 탐닉을 허용하면서도 자기절제라는 전통적 가치를 동시에 부과하는 모순적인 상황에 처해 있다. 남편들의 경우 아내와 가정에 보다 충실해야 한다는 요구와 동시에 회사를 위해서는 '아침 7시부터 밤 11시까지' 일하도록 강요받는 갈등상황에 처해 있다. 마지막으로 서구의 행복한 핵가족 이미지에는 노인을 위한 대책이 전혀 포함되어 있지 않다. 일본에서 가장 부유한 가족들만이 대형 가옥에서 다다미로 마감한 독립적인 공간을 남편의 노부모에게 제공할 수 있는 경제적 능력을 가지고 있다. 따라서 개인주의적인 욕망과 효의 의무를 함께 충족시킬 수 있는 가족은 이들 최부유층뿐이다. 보다 덜 부유한 사람들은 연로한 부모의 부양과 관련된 모순적인 가치에 대처하는 데 훨씬 큰 어려움을 겪고 있다.

정원과 꽃 사용을 위한, 특히 식량생산을 위한 정원 혹은 농토는 장식적 목적을 위한 정원과 구별된다. 장식적 정원이라는 개념은 문화적으로 보편적이지 않다. 극지방 사람들이 설원에서 정원을 가꿀 수는 없고 이동이 잦은 목축민들은 항상 옮겨 다녀야 하기 때문에 정원을 가질 수 없다. 장식을 목적으로 한 정원은 국가 수준의 사회, 특히 중동, 유럽, 아시아에서 발견된다(Goody, 1993). 이들 지역 내에서도 적합한 정원의 내용과 디자인을 정의하는 방식에서 상당한 차이를 보여준다. 일본의 정원에는 화려한 꽃들이 없을 수도 있다. 대신 크고 작은 나무, 바위, 물 등의 모양과 배치에 초점을 둔다.

중동을 중심으로 한 엘리트 무슬림 문화는 예로부터 고도로 형식화된 장식용 정원과 연관되어 왔다. 네 벽으로 둘러싸인 정원은 상징적으로 파라다이스에 해당한다. 이슬람의 정원양식은 분수, 물길 그리고 곧은 통로들이 대칭적인 구획을 통해 배치되어 있는 사각형 디자인을 보여주는데, 이러한 모

꽃은 이슬람 예술에서 단일 모티프에서 확장된 패턴, 즉 보다 사실주의적 묘사에서 고도로 양식화된 묘사까지 매우 다양한 형태로 나타난다. 꽃은 이 아부다비의 현대적 모스크(왼쪽)처럼 건축물뿐만 아니라 여성의 헤나 디자인(오른쪽) 같은 바디아트에도 등장한다.

든 구성요소가 벽으로 둘러싸여 있다. 이슬람의 정원은 유명한 인물의 무덤을 둘러싸고 조성되어 있는 경우가 흔하다. 한 무슬림 황제가 건설한 인도의 타지마할의 경우 무덤이 정원의 중앙이 아니라 한쪽 가장자리에 배치되었다는 점을 제외하고는 그러한 양식을 충실하게 따르고 있다. 결과적으로 분수와 꽃들이 정문에서부터 그 기념비적 무덤까지 펼쳐지는 극적인 효과를 발휘한다.

개인의 정원을 채우고 있는 내용물들은 다양하고 특별한 재료들로 준비한 저녁식단 또는 하나하나가 추억과 의미를 담고 있는 전 세계에서 수집한 소장품들처럼 그 소유자의 정체성과 지위에 관해 무엇인가를 말해준다. 예를 들어 식민주의가 정점에 있을 당시 유럽 황제의 정원은 과학적 탐험을 통해 먼 지구의 한쪽 끝에서 수집된 표본들을 포함하고 있었다. 그러한 정원은 세계의 다양한 지역으로부터 수집한 식물들의 배치를 통해 조성되었는데, 이는 프랑스의 문화이론가인 미셸 푸코가 **헤테로토피아**(heterotopia)라고 지칭한 공간, 즉 다수의 이질적인 맥락에서 추출한 요소들로 구성된 장소의 한 예이다(Foucault, 1970). 헤테로토피아는 건축물, 요리, 의복 등을 통해 구축될 수 있다. 제국주의 시대 유럽 정원의 헤테로토피아적 메시지는 그 소유자의 세계성과 지적 지위를 드러내주었다.

오늘날 꽃은 중요한 경제적 생산물이다. 꽃은 전 세계 원예농업 종사자들의 수입원일 뿐만 아니라 중요한 교환항목이기도 하다. 프랑스 남성이 여성에게 주는 선물 중에서 가장 많은 것이 꽃이다(Goody, 1993:316). 세계 여러 곳에서 특별한 때에는 꽃을 선물해야 한다. 서구뿐만 아니라 동아시아에서도 장례 때에는 꽃을 전시한다. 힌두교 신들에게 바치는 의례적인 선물도 흔히 체인이나 목걸이 형태로 엮은 금잔화 같은 종류의 꽃이다.

꽃은 서구와 아시아의 세속적 · 종교적 예술에서 눈에 띄는 모티프이지만 아프리카 예술의 경우는 그 정도가 덜하다(Goody, 1993). 이러한 차이를 설명하는 몇 가지 가능한 이유로 생태적 · 경제적 요인을 들 수 있다. 유라시아에는 보다 온화한 환경 때문에 꽃식물이 아프리카보다 훨씬 더 다양하다. 또한 아프리카 저개발 국가들의 경우 순전히 경제적인 필요 때문에 장식적 목적으로 사용할 수 있는 공간이 제한되어 있다. 부유한 아프리카 왕국에서 사치재로 간주되는 것은 꽃이 아니라 직물, 금장식, 목각 등이다. 이러한 생산 양상은 세계화와 함께 변화하고 있다. 이제 아프리카 대륙의 많은 나라들이 세계시장에 수출할 목적으로 꽃을 재배한다.

헤테로토피아 다수의 이질적인 맥락에서 추출한 요소들로 구성된 새로운 상황

놀이, 여가 그리고 문화

11.2 놀이와 여가가 문화에 관해 무엇을 드러내는지 조명하기

이 절에서는 사람들이 '재미'를 위해 행하는 것과 관련된 표현문화의 영역을 탐구한다. 놀이/여가와 예술/공연은 흔히 중복되기 때문에 둘 사이에 분명한 구분선을 긋는 것은 사실상 불가능하다. 예를 들어 어떤 사람이 여가시간에 수채화를 그리는 행위가 동시에 예술작품을 창작하는 행위일 수도 있다. 그럼에도 불구하고 대부분의 경우 놀이와 여가를 다른 행위와 구분할 수 있다(Huizinga, Hutter, 1996의 요약을 참조). 놀이에는 다음과 같은 속성이 있다.

- 참여자는 직접적인 실용적 목적을 가지고 있지 않다.
- 시간적으로 제한되어 있다.
- 규칙이 있다.
- 운과 긴장감을 수반할 수 있다.

여가활동이 놀이와 겹치는 경우가 흔하지만, 책 읽기나 해변에 누워 있기 같은 종류의 여가활동은 규칙, 운, 긴장감을 수반하지 않기 때문에 놀이로 간주될 수 없을 것이다. 광범위한 범주의 놀이와 여가활동에는 다양한 게임, 취미, 오락적 여행 등과 같은 수많은 하위범주들이 존재한다. 비록 비실용적인 목적을 위해 추구된다고 하더라도, 놀이와 여가 그리고 그 하위범주들이 상업적이고 정치적인 이해관계라는 보다 광범위한 맥락에 의거해 있는 경우가 흔하다. 그러한 복잡성의 훌륭한 예로 주요 국제경기를 들 수 있다. 남아프리카의 2010년 월드컵 축구경기 유치는 세계 리더 국가로서 남아프리카의 위상을 과시하는 기회였다. 동시에 이 이벤트의 주요 광고 스폰서는 맥도날드, 코카콜라, 버드와이저 같은 유명한 미국 회사들이었다.

문화인류학자들은 놀이와 여가를 사회체계의 일부로서 그 문화적 맥락 속에서 연구한다. 예를 들어 그들은 다음과 같은 질문들을 던진다. 왜 어떤 여가활동은 개인이 아니라 팀 단위

로 수행하는가? 특정한 활동이 어떤 사회적 역할과 지위를 수반하는가? 게임의 목적은 무엇이고 어떻게 그 목적을 달성하는가? 얼마나 많은 위험 또는 폭력을 수반하는가? 특정한 활동이 집단의 정체성과 어떻게 연결되고 그러한 활동이 한 사회나 국가 내외의 상이한 집단들을 어떻게 연결 또는 분리시키는가?

문화적 소우주로서 게임과 스포츠

게임과 스포츠는 종교의례와 축제처럼 사회관계와 문화적 관념의 반영으로 해석될 수 있다. 클리포드 기어츠의 용어를 빌리면, 그것들은 모두 본원적 관념을 표현하는 문화의 모델이자 사람들을 특정한 가치와 관념으로 사회화하는 문화를 위한 모델이다(1966). 미식축구는 한 개인(쿼터백)에게 리더십이 부여되는 분명한 위계질서가 있고 경쟁적인 영역 획득을 통한 영토의 확장을 목적으로 하고 있다는 점에서 기업문화의 모델로 볼 수 있다.

미국과 일본의 야구를 비교해보면 각 나라에서 지배적인 사회관계의 핵심적 가치가 드러난다(Whiting, 1979). 미국 선수가 일본 야구팀에 고용되었을 때 그 차이가 분명하게 부각된다. 미국 선수들은 '당신 일이나 잘 처리하라'는 가치에 방점을 두는 강한 개인주의적 정서를 가지고 온다. 이러한 성향은 일본의 야구경기 스타일을 규정하는 가장 중요한 가치, 즉 집단의 이익을 위한 절제와 자기희생을 의미하는 **와**(wa, わ)와 갈등하게 된다. 일본 선수들은 야구경기에서 팀의 조화를 달성하고 유지하려고 노력해야 한다. 일본 야구선수들은 지나치게 개인주의적이고 이기주의적인 경기와 전략에 대해 부정적인 견해를 보인다.

스포츠와 영성 : 인도의 남자 레슬링 많은 경우 스포츠는 종교 혹은 영성과 밀접하게 맞물려 있다. 예를 들어 아시아의 무술은 영적인 자기통제로 이끄는 명상과 매우 유사한 형태의 집중을 필요로 한다. 인도의 남자 레슬링은 농촌의 장날이나 여타 대중적인 이벤트에서 인기 있는 오락의 한 형태로서 영적 발달 및 금욕주의와 밀접하게 연결되어 있다(Alter, 1992).

인도의 레슬링 선수들은 몇 가지 점에서 인도 사회의 다른 구성원들과 똑같다. 그들은 일하고 결혼하고 가정도 꾸린다. 하지만 레슬링에 대한 헌신 면에서 중요한 차이를 보여준다. 레슬러의 일상은 자기수양적 성격이 강하다. 배변, 목욕, 처신, 기도 같은 모든 행동이 일상적인 자기수양 훈련에 통합되어 있다. 레슬러들은 이른 아침 체육관에 해당하는 아카라에 와서 구루(역주 : 산스크리트어로 스승을 뜻한다)나 다른 연장자 아카라 구성원의 감독하에 훈련을 한다. 그들은 두세 시간 동안 상이한 파트너들과 품새를 연습한다. 그들은 이른 저녁에 더 많은 훈련을 위해 다시 아카라를 찾는다. 젊고 힘센 레슬러는 통틀어서 하루에 50~100세트에 걸쳐 약 2,000회의 팔굽혀펴기와 1,000회의 앉았다 일어서기를 한다.

레슬러는 식단도 엄격하게 제한되어 있다. 대부분의 레슬러는 주로 채식만 한다. 그들은 술과 담배는 피하지만 우유, 향료, 아몬드 그리고 농축 마리화나를 섞어 만든 음료인 방을 마신다. 레슬러들은 정규 식사 외에 많은 양의 우유, 기(ghee, 정제 버터), 아몬드를 섭취한다. 이러한 음식은 전통적인 섭생원리에 따르면 몸의 정기를 생성하는 데 도움을 주는 힘의 원천이다.

많은 점에서 레슬러의 삶은 세속적인 삶을 거부하는 힌두교의 산야시, 즉 성인과 유사하다. 열성적인 산야시는 구루의 지도하에 공부를 하고 요가라는 엄격한 자기수양과 명상을 실천하는 일상을 살며 몸과 그 생명력을 통제하기 위해 엄격한 식이요법을 지킨다. 레슬러와 산야시 모두 자기통제를 달성하기 위한 자기수양에 초점을 맞추고 있다. 따라서 인도에서 레슬링은 미국의 경우와 달리 '바보같은 장난'이라는 고정관념을 수반하지 않는다. 오히려 인도에서는 레슬링이 완벽한 신체적, 정신적, 도덕적인 건강을 필요로 하기 때문에 레

북인도 한 마을의 레슬러들. 이들은 몸과 마음을 통제하기 위해 엄격한 식사제한과 수련계획을 따른다.

와 집단의 이익을 위한 절제와 자기 희생을 의미하는 일본어 단어

슬러들은 존경을 받는다.

놀이, 쾌락 그리고 고통 여가활동은 쾌락과 고통을 함께 수반하는 경우가 많다. 등산, 승마 혹은 뒷마당에서 터치풋볼을 하다가 심각한 상처를 입을 수도 있다. 보다 의도적으로 위험한 범주의 스포츠는 **피의 스포츠**(blood sport), 즉 노골적으로 피 혹은 심지어 죽음을 추구하는 경쟁이다. 피의 스포츠는 인간 대 인간의 경쟁, 인간이 동물과 하는 경쟁 혹은 동물이나 조류들 간의 경쟁을 포함한다(Donlon, 1990). 미국과 유럽의 경우 프로복싱이 인기 있는 피의 스포츠 중 하나인데, 이에 관한 인류학적 연구는 거의 이루어지지 않았다. 문화인류학자들은 닭싸움, 소싸움 같이 동물을 이용한 피의 스포츠를 연구해 왔다. 이러한 스포츠는 사디즘적인 쾌락을 제공하고, 남성들이 자신의 분신인 싸움소나 싸움닭의 승리를 통해 자신의 존재를 재확인하며, 자연에 대한 문화의 승리를 소싸움을 통해 상징적으로 표현한다는 등 다양한 방식으로 해석된다.

심지어 보기에 쾌락적인 여가경험인 터키식 목욕도 불편함과 고통을 수반할 수 있다. 거친 자연산 해면, 속돌 그리고 천으로 감싼 코르크 조각으로 피부를 여러 번 강하게 문지르는 것이 터키식 목욕의 한 단계이다(Staats, 1994). 문지르기는 죽은 세포층을 제거하고 땀구멍을 열어 피부를 아름답게 한다. 터키 남성들은 다리근육을 깊숙이 찌르면서 누르고 부드득 소리가 날 정도로 허리를 꺾으며 무거운 안마사가 발로 짓밟는 매우 폭력적인 마사지를 흔히 즐긴다. 우크라이나에서는 자작나무 회초리로 반복적으로 피부를 때리는 것으로 목욕을 마무리한다. 목욕탕에서 급격한 온도변화의 냉온탕 가기를 반복하면서 피부를 거칠게 문지르고, 긁고, 때리는 행위는 가치 있는 사회적 상호작용과 함께 이루어진다.

여가를 위한 여행

여가를 위한 여행, 즉 관광을 연구하는 인류학자들은 흔히 사람들이 관광연구를 아름다운 해변이나 5성급 호텔에서 '즐기면서' 수행하는 사소한 것으로 치부하고 있다고 지적한다. 하지만 관광연구는 인류학의 다른 모든 연구주제와 마찬가지로 도전적이다.

관광은 세계 경제의 중요한 힘들 중 하나로서 관광 목적지의 사람과 장소에 극적인 영향을 미친다. 전 세계 관광의 많은 부분이 유럽, 북미 그리고 일본 출신 관광객들이 보다 산업화 수준이 낮은 나라를 향해 여행하는 형태로 이루어진다. 이러한 나라는 흔히 '진정한' 문화라는 볼거리를 제공해주는 것으로서 상품화된다. 토착민의 이미지는 여행 팸플릿과 광고를 통해 뚜렷하게 나타난다(Bruner, 2005).

관광부양 관련 문학은 흔히 타자와 타자의 장소에 관한 '신화'를 제공하고 여행을 경이로운 세계를 향한 일종의 도피로 포장한다. 연구에 따르면 가장 초기 탐험가의 시대부터 현재까지 서구의 여행문학은 원주민들에 대한 '미개적인' 이미지로 넘쳐난다. 여기서 원주민들은 서구의 식민주의, 민족주의, 경제발전, 심지어 관광의 영향을 통해서도 크게 변화하지 않는 정체되어 있거나 '석기시대'의 전통을 유지하는 사람들로

(위) 라오스인들이 라오스의 수도 비엔티엔 교외에서 닭싸움을 구경하고 있다. WHO 관료들은 이 스포츠가 동남아시아 조류독감 확산의 원인일 수 있다고 우려한다. (아래) 듀퐁 쉐보레 24번의 운전자인 제프 고든이 애리조나 피닉스 국제 경주장에서 열린 내스카 스프린트 컵 시리즈(NASCAR Sprint Cup Series) 자동차 경주 동안 피트스톱(역주 : 자동차 경기 중 정비와 주유를 위해 잠시 정차하는 것)을 하고 있다.

피의 스포츠 인간 대 인간, 인간 대 동물, 동물 대 동물 간의 경쟁에서 경쟁자의 피흘림이나 심지어 경쟁자의 죽음을 노골적으로 추구하는 경기

많은 국제관광객들이 '전통적인' 것으로 포장된 문화적 상황에 직접 참여할 수 있는 '문화관광'을 추구한다. 사진에서 제시된 마사이랜드 방문처럼 아프리카 사파리 관광단은 이국적인 야생 동식물의 구경과 마사이 사람들과의 접촉을 함께 경험한다.

인터넷을 이용해서 마사이 사람들과 함께하는 문화관광의 기회에 관해 알아보라.

그려지고 있다. 흔히 관광객들은 보다 복잡하고 아마 별로 화려하지도 않을 진정한 현실 문화를 보려고 하지 않고 오히려 관광산업이 정의하는 방식대로 문화를 경험하려고 한다. 관광객들이 대중 관광을 통해 자신들이 원하는 문화적 이미지를 경험하기 위해서는 '미개'와 '현대'를 함께 묶어서 제공해야 할 필요가 있다. 그 이유는 대부분의 관광객이 '진정성'과 더불어 안락함과 편리함을 동시에 추구하기 때문이다. 따라서 관광 광고의 내용은 예를 들어 목적지가 멀긴 하지만 접근하는 데 큰 어려움이 없고 원주민들이 영어를 할 줄 안다는 사실을 부각시킴으로써 목적지의 이국성을 최소화하고 동시에 원주민들의 미개성과 인종적 이미지를 조장한다.

문화적 경험, 선정주의, 그리고 사회적 오명을 정확하게 제시하는 것과 관련된 긴장은 버지니아의 애팔래치아 산맥 탄광지역 관광에 관한 연구에서 분명하게 드러난다(LaLone, 2003). 메리 라론(Mary LaLone)은 애팔래치아 문화를 정확하고 존엄하게 재현함과 동시에 관광객에 대한 마케팅의 필요를 충족시키는 데서 발생하는 몇 가지 한계점을 지적하고 있다. 예를 들어 주민들의 일상적 삶을 정확하게 묘사하기 위해서는 신발을 신고 실내 화장실을 사용하는 사람들을 보여줘야 하지만, 관광객들은 빈곤, 맨발, 옥외 화장실, 싸움, '문샤이닝'(불법 주류의 생산과 소비) 등이 특징적인 '산골 사람들의 삶'을 구경하고 싶어 할 것이다. 라론은 문화인류학자들이 특정한 지역의 문화유산에 대해 보다 복합적인 시선을 제공할 수 있는 문화해석과 재현의 방법을 모색하는 데 도움을 줌으로써 호스트들이 존엄성을 지키고, 재현의 정확성이 유지되며, 관광객들은 기대했던 것보다 더 많은 것을 배우도록 할 수 있을 것이라고 주장한다.

관광인류학은 세계적 · 지역적 관광이 목적지와 목적지 주민들에게 미치는 영향에 대해 주목해 왔다. 이러한 종류의 연구는 관광이 지역 주민들과 생태계에 도움을 주거나 악영향을 미치는 정도를 조명하는 데 중요하다. 예를 들어 케냐의 경우 암보셀리국립공원의 설치로 인해 마사이 목축민들이 전통적인 수자원에 더 이상 접근하지 못하게 되었다(Drake, 1991). 프로젝트 관계자들은 마사이 사람들에게 호수에 접근하지 않는다면 혜택(공원 수입의 배분 같은)을 줄 것이라고 약속했지만 약속했던 혜택의 대부분이 결코 구체화되지 못했다. 대조적으로 코스타리카의 경우 과나카스테국립공원의 기획 초기 단계에서부터 지역 주민들을 고려했다(지도 11.1 참조). 그래서 주민들은 현재 공원관리체계 내에서 보다 중요한 역할을 하고 있을 뿐만 아니라 그 혜택의 일부를 분배받

지도 11.1 코스타리카

코스타리카공화국은 헌법상 세계 최초로 군대를 폐지한 국가로서, 이웃 나라들이 경험해 온 폭력을 거의 피해 왔다. 농업이 경제의 주요 기반이고 관광, 특히 생태관광의 역할이 증가하고 있다. 코스타리카의 460만 인구 대부분은 스페인 식민주의자의 혈통을 가지고 있다. 아프리카계 코스타리카인이 인구의 3% 이하를 차지하고 약 2%, 즉 5만 명 정도가 원주민이다. 인구의 75%가 로마가톨릭 신자이고 14%가 프로테스탄트이다. 공식언어는 스페인어이다.

코스타리카의 고급 관광

고 있다.

토지, 물 그리고 여타 자원들에 대해 오래된 권리를 가지고 있는 지역 주민들은 흔히 관광 프로젝트의 기획과 경영 및 관광효과를 자신들의 이익에 유리한 방향으로 변화시키는 데 주체적 행위능력을 발휘하고 적극적인 역할을 하려고 하고 있다(Miller, 2009; Natcher, Davis, and Hickey, 2005). 그러한 예 중 하나가 사우스캐롤라이나의 걸라(Gullah) 주민들이다('문화파노라마' 참조). 이 장의 마지막 절에서는 또 다른 예들도 제시된다.

표현문화의 변화

11.3 오늘날 문화유산이 어떻게 경쟁적인 자원으로 전환되는지 설명하기

표현문화의 형태와 양식은 끊임없이 변화한다. 서구문화의 세계화 영향으로 많은 변화가 발생하지만, 그 영향이 일방적으로만 작용하는 것은 아니다. 노예무역시대 후로 아프리카의 음악양식이 미국 음악의 지형을 바꾸어 놓았다. 일본은 미국 상류층의 정원양식에 큰 영향을 미쳤다. 도기 제작, 의상 또는 연극 부문에서 전통에 순응하는 데 가치를 부여하는 문화들이 혁신을 해야 할지 말아야 할지 그리고 혁신을 한다면 어떤 방식으로 할 것인지를 선택해야 하는 상황에 직면해 있다. 라틴아메리카에서 중국에 이르기까지 당대의 많은 예술가들(음악가와 극작가를 포함하는)이 고대적이고 '전통적인' 모티프와 양식을 보다 현대적인 테마 및 메시지와 융합하고 있다.

변화는 새로운 소재와 테크놀로지의 사용을 통해서 그리고 새로운 아이디어, 기호 혹은 의미의 도입을 통해서 발생한다. 이러한 변화는 식민주의, 전 지구적 관광 혹은 정치적 변환 같은 사회의 다른 측면에서의 변화와 함께 발생하는 경우가 흔하다.

식민주의와 혼합주의

서구의 식민주의는 원주민들의 표현문화에 극적인 영향을 미쳐 왔다. 식민 정부의 금지로 인해 특정한 형태의 예술과 활동들이 소멸해버린 경우도 적지 않게 있다. 예를 들어 식민 세력이 다양한 문화에서 실행되던 머리사냥을 금지했을 때 그 변화는 또한 몸 장식, 무기 장식 그리고 관련된 여타 표현문화를 포기해야 한다는 것을 의미하기도 했다. 이 절에서는 식민 세력에 의한 토착적 표현문화의 탄압이 성공적이긴 했지만 단지 일시적인 성공에 불과했던 사례 하나를 소개하고자 한다.

파푸아뉴기니의 트로브리안드 군도에서 영국의 식민지 행정관료와 선교사들은 강화정책의 일환으로 잦은 부족 간 전쟁을 근절하려고 했다. 그 전략 중 하나는 부족 간 전쟁을 경쟁적인 스포츠로 대체하는 것이었다(Leach, 1975). 1903년 영국 선교사들은 전쟁의 전통과 분리된 새로운 도덕성을 장려하기 위한 방법으로 영국의 스포츠 경기인 크리켓을 트로브리안드 군도에 소개했다. 영국에서 실행되는 바와 마찬가지로 크리켓은 특별한 경기규칙을 따라야 하고 적절한 복장을 갖추기 위해 흰색 유니폼을 입어야 한다. 트로브리안드 군도에 크리켓이 도입된 초기에는 영국적인 양식을 근사하게 따랐다. 하지만 크리켓 경기는 시간이 흘러 군도의 보다 광범위한 지역으로 확산되면서 점점 더 지방화되고 혼합된 형태로 발전했다.

트로브리안 군도 전역의 주민들은 크리켓 경기를 빅맨들 간의 토착적인 정치적 경쟁 속으로 병합시켜 버렸다(Foster, 2006). 빅맨 지도자들은 크리켓 경기 후에 재분배 축제가 이어졌기 때문에 경기가 개최될 예정이면 추종자들에게 생산을 증대시키라고 촉구했다(제8장의 모카에 관한 논의를 다시 보라). 영국 선교사들은 기독교 신앙을 전파하기 위해 전통적 주술을 금지했다. 하지만 트로브리안드 군도 주민들은 전쟁과 관련된 주술을 크리켓 경기에 도입했다. 예를 들어 주민들은 상대편 팀에 불리한 주문을 사용했고 크리켓 배트를 전쟁무기처럼 장식했다. 날씨주술도 마찬가지로 중요했다. 상황이 유리하게 전개되지 않을 경우 의례전문가는 비를 내리게 해

문화파노라마

사우스캐롤라이나의 걸라

사우스캐롤라이나의 걸라 문화는 해안선을 따라 내륙으로 약 30마일에 걸쳐 분포한다(National Park Service, 2005). 걸라인들은 서아프리카와 중앙아프리카 출신 노예들의 후손이다. 18세기 초 사우스캐롤라이나의 찰스턴은 영국령 북미 해안에서 가장 큰 대서양 횡단 노예시장의 소재지였다.

노예들은 다양한 형태의 지식과 관습을 함께 가져왔다. 그중에서도 쌀은 그들의 아프리카적 유산과 정체성에 가장 핵심적인 위치를 차지했다. 아프리카 노예들은 습지에서 벼를 심고 수확하고 요리하는 방법을 알고 있었다. 식민지 사우스캐롤라이나의 걸라 조상들은 쌀 경작에 필요한 조류관개법을 발전시키는 데 영향력을 발휘했다. 조류관개법은 강우에 의존한 쌀 경작보다 더 많은 수확량을 얻기 위해 조류를 관개에 사용한다.

어망을 이용한 고기잡이에 능숙한 걸라인들은 민속공예의 걸작인 수제 어망을 생산한다. 그들의 직물 공예는 여러 개의 헝겊 조각을 박음질해서 보다 큰 천으로 만드는 누비기를 포함한다. 걸라 여성들은 자신들의 아프리카식 누비기 양식을 유럽 양식과 조합해서 새로운 양식과 문양을 만들어낸다. 누비기 작품들은 조각들을 통해 어떤 이야기를 전하는 경우가 많다.

걸라 사람들의 음식은 쌀, 얌, 완두콩, 오크라(역주 : 아프리카 콩과 식물로 그 꼬투리는 수프 따위의 요리에 쓰임), 고추, 땅콩, 수박, 깨 같은 아프리카 재료를 유럽 재료와 조합하거나 옥수수, 과즙, 토마토, 딸기류 같은 아메리칸 인디언 음식과 조합한 것이다(National Park Service, 2005). 대중적인 메뉴는 해산물과 야채 스튜류를 쌀밥 위에 얹어서 먹는 덮밥류이다. 쌀이 식사의 기본이기 때문에 가족용 밥솥은 세대를 거쳐 전해지는 일종의 가보이다.

음악, 공예, 음식을 포함한 사우스캐롤라이나의 걸라 문화는 관광의 주요한 대상으로 변화했다. 관광객들이 걸라와 동일시하는 유일한 항목이 있다면 그것은 바로 스위트그래스로 짠 바구니이다. 한때 사우스캐롤라이나의 모든 걸라인들 사이에서 일반적이었던 바구니 공예가 이제는 전문화된 활동으로 전환되었다. 바구니 공예는 지역 공예가들의 창의성과 관광객들의 수요가 맞물려 사우스캐롤라이나 중에서도 특히 찰스턴 지역에서 번성하고 있다. 걸라 남성과 여성 모두 바구니를 '짠다'. 그들은 바구니를 찰스턴역사센터와 17번 고속도로를 따라 들어서 있는 가게에서 판매한다.

성공적인 바구니 공예가들이 증가하고 바구니의 인기가 높아지면서 스위트그래스의 수요도 함께 증가했다. 따라서 스위트그래스 바구니는 걸라 문화상품 생산자들과 스위트그래스가 자라는 땅을 파괴하는 경제개발업자들 사이에서 갈등의 초점이 되고 있다. 사우스캐롤라이나 저지대의 관광산업이 문화관광에 점점 더 의존하게 되면서, 일부 기획자들은 토지를 스위트그래스 재배용으로 사용할 수 있는 길을 모색하고 있다.

사우스캐롤라아나의 걸라인들에 관한 이야기는 풍부한 아프리카적 문화유산에서 시작해서 노예로서 경험한 고통 및 인종주의와 사회적 배제를 거쳐 그들의 표현문화가 캐롤라이나주 경제에 핵심적인 요소로 자리잡은 최근의 상황까지 이어진다.

(왼쪽) 사우스캐롤라이나 플레전트산에서 걸라 공예가인 바바라 마니골트가 스위트그래스 바구니를 만들고 있는 모습.
(가운데) 보퍼트(Beaufort) 걸라 축제의 드러머. 이 축제는 걸라인들의 문화와 성취를 기념한다.

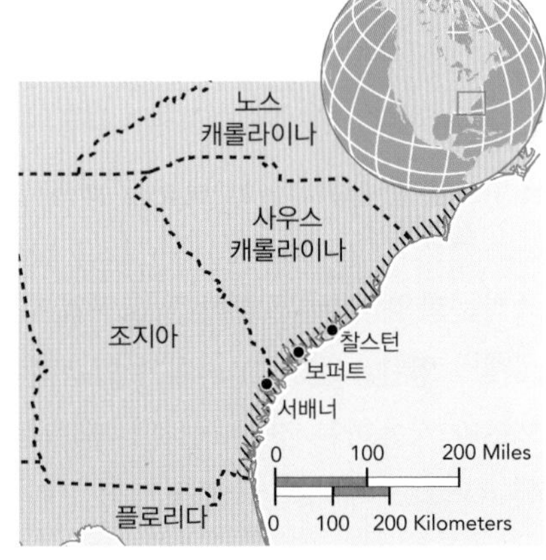

지도 11.2 사우스캐롤라이나 주의 걸라 지역

걸라 문화의 중심지는 사우스캐롤라이나 저지대, 조지아, 플로리다, 시아일랜드 등지이다.

서 어쩔 수 없이 경기가 취소되도록 하는 주문을 사용할 수도 있었다.

시간이 흐르면서 트로브리안드 주민들은 흰색 유니폼을 더 이상 입지 않았고 대신 몸에 그림을 그렸고 깃털과 조개껍데기로 치장했다. 크리켓 팀들은 경기가 개최되는 마을에 입장할 때 자기 팀을 찬양하는 내용의 노래와 춤으로 상대편 팀에 입장을 과시했다. 서구적 요소를 끌어들인 팀 노래와 춤은 혼합주의를 분명하게 보여준다. 'P-K'팀(P-K는 서구의 추잉껌

19세기 후반 영국 선교사들은 트로브리안드 군도에 만연해 있던 부족 간 전쟁과 반목을 영국식 크리켓 경기로 대체하려고 했다. 하지만 얼마 지나지 않아 트로브리안드 주민들은 영국식 경기규칙과 방식을 트로브리안드식으로 바꾸어 버렸다.

■ **여러분이 크리켓 경기를 관람할 수 있는 가장 가까운 장소는 어디인가?**

이름이다)의 유명한 입장가가 그 한 예이다. P-K팀은 껌의 점착성이 배트가 볼을 치는 능력과 유사하다는 이유로 그 이름을 선택했다. 다른 팀들은 제2차 세계대전 당시 처음으로 목격한 물건인 비행기의 소리와 움직임을 응용했다. 기독교 선교사들이 거대한 얌과 관련된 성적 은유를 담은 노래와 엉덩이를 흔들어대는 춤 등 트로브리안드 문화의 '비도덕적' 측면을 억압하려고 노력했음에도 불구하고, 모든 주민들이 성적인 내용을 노골적으로 담고 있는 노래와 춤을 즐겼다.

트로브리안드 군도 주민들은 또한 일부 경기규칙도 바꾸어 버렸다. 그중 하나는 너무 많이 뛰지 않은 상태에서 홈팀이 항상 이겨야 한다는 것이다. 원정팀은 이런 방식으로 홈팀에게 경의를 표해야 한다. 승리가 주목적이 아니다. 클라이맥스는 바로 경기 후에 열리는 축제인데, 여기서 홈팀은 원정팀에 관대함을 과시하고 이를 통해 다음 경기와 축제의 필요성을 정립한다.

관광의 복합적 효과

전 지구적 차원의 관광은 토착예술에 다양한 영향을 미친다. 흔히 종족 공예품과 기념품에 대한 관광객들의 수요가 발생하면서 이전에 생산되었던 것보다 질이 떨어지는 조각, 직물 혹은 보석류가 대량 생산되기 시작했다. 전통적으로 장시간에 걸쳐 연희되는 춤이나 연극의 축약판을 보고자 하는 관광객들의 관심으로 인해 전체 작품보다 '축약판'을 공연하는 경향이 나타났다. 따라서 일부 학자들은 관광 때문에 토착예술의 질과 진정성이 저하되었다고 주장한다.

하지만 관광객들의 후원이 토착예술을 보존하는 유일한 힘인 경우가 흔한데 그 이유는 특정한 문화를 가진 지역 주민들 스스로 외국의 음악, 예술, 스포츠에 더 많은 흥미를 느낄 수도 있기 때문이다. 베트남의 수상인형극은 1121년 리왕조까지 거슬러 올라가는 고대적 행위예술이다(Contreras, 1995). 전통적으로 수상인형극은 봄철에 잠시 농사일이 뜸할 때나 특별한 축제 때 연희된다. 이 행위예술의 무대는 관객이 인형 조종자들을 보지 못하게 가려주는 배경막을 설치한 작은 연못이나 인공 연못이다. 인형 조종자들은 조각하고 채색한 목조인형을 대나무 막대, 와이어, 끈으로 조작해서 스스로 물위를 활보하는 것처럼 보이게 한다. 1980년대 이후 수상인형극은 베트남인과 국제관광객들에게 인기가 높아지고 있다(Foley, 2001). 이것은 베트남 북부 홍강 삼각주 지역의 중심지에서 베트남 전체로 확산되고 있고 특정한 계절에만 연희되던 것이 계절과 상관없이 연중으로 연희되고 있다.

보다 복잡한 예를 터키 이스탄불의 가장 핵심적인 관광 공연으로 자리매김한 벨리댄스의 성장에서 찾을 수 있다(Potuoğlu-Cook, 2006). 국제관광객과 터키인 관광객들은 벨리댄스를 오토만제국의 과거와 연결시키고 있고, 이스탄불 및 여타 주요 도시의 클래식 콘서트, 레스토랑, 나이트클럽 등에서 벨리댄스를 점점 더 쉽게 볼 수 있게 되었다(지도 11.3 참조). 여성의 정숙에 가치를 부여하는 무슬림적인 전통에도 불구하고 상업적 이해로 인해 이러한 연희양식이 장려되고 있다. 심지어 중산층 가정주부들도 벨리댄스 교습을 받고 있는데 이는 이전에 사회적으로 폄하되던 하층계급의 활동이 상류화되고 있는 징후이다. 벨리댄스의 높은 인기는 터키의 세계주의적 성격이 강해지고 있다는 증거이다.

국제관광의 긍정적 효과 중 하나는 역사, 예술, 과학의 측면에서 세계적으로 탁월한 가치를 지니고 있다고 판단되는 장소, 기념비, 건축물 그리고 여타 이동 가능한 물건들을 포함하는 **물질문화유산**(material cultural heritage)의 보호에 대한 국제적·지역적 지원이 증가했다는 점이다(Cernea, 2001). 1972년 유네스코는 물질문화유산에 대한 기본적 정의를 제안한 바 있다. 그 후 전 세계적으로 수백 개의 장소가 세계문

물질문화유산 인류에게 탁월한 가치가 있다고 판단되는 장소, 기념비, 건축물 그리고 이동 가능한 물건들

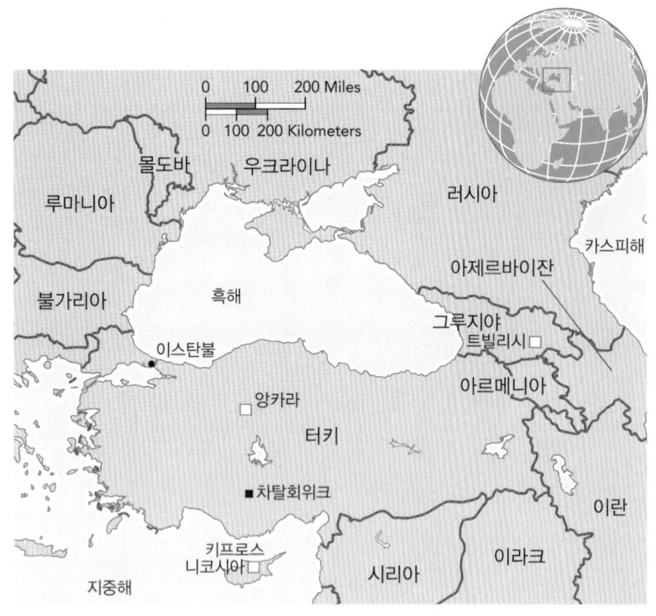

지도 11.3 터키

터키의 영토는 두 대륙에 걸쳐 있는데 대부분 아시아 쪽에 위치한다. 터키에서 가장 큰 도시인 이스탄불은 유럽 대륙 쪽에 있다. 터키의 수도인 앙카라는 아나톨리아라 불리는 아시아 대륙 쪽에 위치한다. 터키의 문화는 동양과 서양의 혼합이다. 인구는 8,000만 명이 넘는다. 제1차 세계대전이 끝나고 오토만제국이 붕괴한 후 무스타파 케말 아타튀르크의 지배하에 1923년 헌정적 대의정치체계가 설립되었다. 유일한 공식언어는 터키어이다. 터키어는 또한 한때 오토만제국의 일부였던 알바니아, 보스니아헤르체고비나, 마케도니아공화국, 그리스, 루마니아, 세르비아 등에서도 널리 사용되고 있다. 200만 명이 넘는 터키 이민자가 독일에 살고 있다. 이슬람교는 터키에서 압도적으로 지배적인 종교로서 인구의 99%가 무슬림이다. 이들 중에서 75%가 수니파이고 20%가 시아파 그리고 5%가 수피파이다. 터키는 헌법상 세속국가이다. 따라서 터키에는 공식적으로 국교가 없다. 가장 대중적인 스포츠는 축구이다. 쿠르드인들의 문화적 자주성과 권리증진에 대한 요구가 내적 안정에 가장 심각한 위협요소이다.

터키 이스탄불에서 한 벨리댄서가 공연하고 있는 모습. 벨리댄스는 이집트에서 기원했을 가능성이 높다. 터키의 벨리댄스는 이집트 양식과 로마적 전통에 동시에 영향을 받았다. 그 이유는 당대 터키의 유명한 벨리댄서들 중 다수가 로마계이기 때문이다. 터키 벨리댄스의 특징은 매우 활동적이고 운동성이 강한 스타일과 '질(zil)', 즉 손가락 심벌즈의 능란한 사용에서 찾을 수 있다.

화유산목록에 등재되어 보존을 위해 일정 정도의 자금지원을 받았다. 여타 매우 소중한 수많은 장소들이 파괴적인 개발 프로젝트, 도시화, 전쟁, 약탈, 개인적 수집, 기후변화 등에 의해 사라지고 있고 또 사라질 것이다.

응용인류학자들은 물질문화유산 관리의 개선을 장려하는 활동에 관여하고 있다. 일부는 미래 세대나 과학을 위해 인류의 기록을 보존하려는 희망에서 활동한다. 또 다른 일부는 사람들이 특별한 장소의 가치를 인식하고 그것과 상호작용하는 방식을 연구하는 것이 문화, 정체성, 소속에 관해 많은 것을 드러내준다는 점을 알고 있다. 예를 들어 한국의 서울에 있는 세계유산인 창덕궁을 방문하는 지방 한국인 관광객에 관한 민족지적 연구는 그 장소가 한국의 민족주의를 강화하는 데 어떤 역할을 하는지에 대해 통찰력을 제공해준다(Park, 2010). 많은 관광객들이 창덕궁을 방문하는 것이 자신들의 문화유산에 관한 감정과 느낌을 불러일으켜서 한국인이라는 정서를 어떻게 강화하는지를 언급하는데, 이는 심지어 스스로 크게 민족주의적이지 않다고 말하는 방문객들 사이에서도 마찬가지이다. "창덕궁 방문은 내가 이 장소와 자연적으로 연결되어 있다는 느낌을 가슴 깊이 느끼게 만든다"(2010:126). 그것이 물질적 장소이든 이른바 무형문화이든 상관없이 문화유산은 적절하게 관리될 때 지역 경제발전의 원천이 되기도 한다('현실 속의 인류학' 참조).

2003년 유네스코는 구전 전통, 언어, 행위예술, 의례와 축제 이벤트, 자연과 우주에 관한 지식과 실천, 공예품 제작 등의 형태로 표현되는 **무형문화유산**(intangible cultural heritage) 혹은 살아있는 유산의 보호를 목적으로 한 새로운 정책을 비준했다. 이러한 정책을 지원하는 이유는 무형문화가 사람들에게 정체성과 연속성을 제공하고 문화다양성과 인류의 창조성을 존중하게 할 뿐만 아니라 인권의 증진과 양립 가능하며 지속 가능한 발전을 장려한다는 생각 때문이다. 이러한 발의를 통해 UN 회원국들은 가치 있는 무형문화의 목록을 만들고 보호하려는 조치를 취하고 있다. 이러한 정책은 문화를 단순한 특질들의 목록이 아니라 고도로 맥락화되어 있고 항상 변화하며, 정책적 강제를 통해 관리되거나 보존되기 힘든 것으로 간주하는 문화인류학자들 사이에서 활발한 토론과 논쟁의 대상으로 자리 잡아왔다(Handler, 2003).

무형문화유산 유네스코의 개념으로 구전적 전통, 언어, 행위예술, 의례와 축제 이벤트, 자연과 우주에 관한 지식과 실천, 공예품 제작 등을 통해 구현되는 문화를 지칭한다.

현실 속의 인류학

세계은행의 문화유산 정책

워싱턴 DC에 본부를 두고 세계 전역에 걸쳐 지부 사무실이 있는 세계은행은 회원국들을 통해 재원을 마련하는 국제조직으로 가난한 나라의 경제발전을 장려하고 자본을 지원하는 데 목적이 있다. 세계은행은 비록 그 상근 전문가 직원의 대부분이 경제학자이지만 개발계획에 영향을 미치는 비경제적 요인에도 주목하기 시작했다.

그러한 방향으로 추진된 주요한 움직임 중 하나가 1972년 처음으로 인류학자 마이클 체어니어(Michael Cernea)를 고용했을 때 이루어졌다. 체어니어는 30년 동안 개발의 문화적 차원에 주목해 왔다. 지역 주민들이 개발 프로젝트에 참여하고 개발 프로젝트에 의한 강제 재정착(예컨대 대규모 댐 건설계획이 수립되었을 때)을 주민중심적 관점에서 접근하는 것이 특별히 중요하기 때문이다. 그가 가장 최근에 추진한 캠페인은 세계은행이 발전의 잠재적 경로로서 문화유산 개발 프로젝트를 지원해야 한다는 점을 은행의 최고위 관료들에게 납득시키는 일이었다.

튀니지 카르타고의 유네스코 세계유산. 카르타고는 한때 지중해 전역에 걸쳐 확산되었던 강력한 페니키아 제국의 심장이었다. 기원전 146년 로마가 카르타고를 파괴했다. 이후 카르타고는 부활해서 7세기 이슬람 침략자들이 약탈하기 전까지 초기 기독교의 중요한 중심지가 되었다.

세계은행은 이미 도로, 댐, 광산 같은 개발 프로젝트를 승인할 때 '피해를 끼치지 않는다'는 원칙을 세우고 있다. 체어니어는 '피해를 끼치지 않는다'는 원칙이 문화유산의 철저한 파괴를 방지하는 데 기본이라는 점에는 동의하지만 그것은 어디까지나 소극적 원칙일 뿐 문화유산 보호에 필요한 자원은 전혀 제공해주지 않는다고 지적한다. 체어니어는 세계은행이 '피해를 끼치지 않는다'는 원칙을 초월해서 움직여주기를 희망한다. 그는 소극적이지 않은 적극적인 전략을 제시해 왔는데 이에는 두 가지 목적이 있다.

- 세계은행은 문화유산 프로젝트의 지원을 통해 지역의 관광자원을 개발하고 이를 통해 고용과 자본을 창출함으로써 지역사회의 빈곤을 완화하는 데 도움을 주어야 한다.
- 프로젝트는 지역 주민과 국제관광객들에 대한 문화유산 보호의 교육적 가치에 방점을 두어야 한다. 그 이유는 문화적 이해가 모든 수준, 즉 지역적, 국가적, 국제적 수준에서 선의와 호의적인 관계를 진작시키기 때문이다.

체어니어는 문화유산 프로젝트의 보다 나은 관리를 위해 두 가지, 즉 프로젝트가 빈곤을 완화하는 데 미치는 영향에 의거해서 세계문화유산을 지정할 것 그리고 프로젝트의 기획과 실행을 위해 지역적, 국가적, 국제적 수준의 기관들 간에 파트너십을 구축할 것을 제안한다.

생각할 거리

인터넷을 통해 여러분이 살고 있는 장소와 가장 가까운 곳에 있는 유네스코 세계문화유산을 찾아보자. 그곳에 무엇이 있고 또 그것이 지역 주민들의 수입을 창출하는 데 어떤 잠재적 역할을 할 수 있는가?

경쟁적 자원으로서의 문화유산

문화유산, 즉 특별한 문화적 정체성, 일련의 실천 또는 장소에 대한 주장이 점점 더 다음과 같은 쟁점을 불러일으키고 있다.

- 문화유산을 정의할 때 무엇이 진짜이고 무엇이 가짜인지를 누가 결정하는가?
- 내부자와 외부자의 역할 및 이해와 관련해서 문화유산보호를 어떻게 설계하고 실행하는가?
- 지역민, 특히 가난한 사람들의 이익을 위해 문화유산을 정의하고 관리하려는 지역적 노력을 국지적 권력이나 지구적 수준의 권력이 압도해버리는 엄혹한 현실

문화인류학자들은 표현문화의 보존이 가끔 외부 개발 세력에 대한 저항의 형태로 나타난다는 점을 지적한다. 이러한 현상의 한 예로 하와이의 전통 춤인 훌라의 부활을 들 수 있다(Stillman, 1996). 1970년대 초부터 시작된 이른바 하와이안 르네상스는 주로 미국 식민주의에 대한 정치적 저항의 형태

로 출현했다. 하와이 청년들은 원주민을 땅에서 쫓아내고 자연자원을 파괴하는 개발 세력의 침투에 저항하는 목소리를 내기 시작했다. 그들은 특히 하와이언어, 훌라 그리고 카누 타기를 부활시키기 위해 체계적으로 노력하기 시작했다. 그 후 훌라 학교가 번성했고, 광범위한 지역 주민과 국제관광객들이 섬 단위로 이루어지는 훌라 경연대회를 참관했다.

1990년대에는 호놀룰루에서 국제훌라축제를 개최해서 전 세계 훌라 경연자들을 유혹했다. 비록 훌라 경연대회가 이 고대적 형태의 예술을 존속시키는 데 도움이 되었지만 일부 하와이인들은 우려의 목소리를 내고 있기도 하다. 첫째, 그들은 비하와이인들을 경연에 참가할 수 있도록 허용하는 것이 훌라춤의 질을 저하시킨다는 생각을 하고 있다. 둘째, 경연의 형식이 허용된 시간보다 더 장시간을 요하는 전통적인 양식과 재현의 규칙을 어기고 있어서 훌라춤의 매우 중요한 부분을 생략해야 한다. 셋째, 훌라는 하와이인의 종교적 신앙 및 신화와 밀접하게 연결되어 있다(Silva, 2004). 주로 세속적인 형식으로 훌라를 연희하는 것은 신을 모독하고 진정한 하와이의 방식을 어기는 것이다.

문화유산을 어떻게 보존할 것인가라는 문제로 다시 돌아가면, 문화인류학자들은 '탑다운' 프로젝트에 반대하고 '사람우선' 문화유산 프로젝트를 지지하는 경향이 있다(Miller, 2009). 그러한 풀뿌리 프로젝트는 자신들의 문화를 보존해야 하는 사람들에 의해 설계된다. 즉 그것은 그들의 이익을 위해 설계되고 그들에 의해 관리된다. 전 세계적으로 점점 더 많은 사례들이 사람우선 문화유산보존 프로젝트가 매우 긍정적인 가시적 효과를 발휘한다는 사실을 입증하고 있다.

토지에 대한 권리 부여와 문화적 존속이라는 의미를 갖는 주민 우선 문화유산보존의 한 예를 호주 퀸즐랜드 북부의 와니 여성사 프로젝트에서 찾을 수 있다(Smith et al., 2003). 이는 문화유산을 기록해서 아카이브로 만들고 지역 공동체에 의한 관리체계의 구축을 지향하는 공동체 주도형 프로젝트의 한 예이다. 여기서 '공동체'는 자신들의 가족사에 유산으로서의 가치를 부여하는 와니 여성단체를 가리킨다. 이러한 유산을 보존하는 전통적인 방법은 어머니와 딸 사이에 구전의 형태로 전해져 왔다. 이 여성들은 자신들의 역사와 자신들에게 중요한 의미가 있는 사이트와 장소를 문자로 기록하길 원한다. 그들은 인류학자 컨설턴트를 고용해서 자신들의 이야기를 수집하고 기록하도록 했다. 전통적 학술조사와 대조되는 이 사례의 흥미로운 특징은 생성된 지식을 출판할 수 없다는 점이다. 조사자의 역할은 와니 여성들의 열망을 지원하는 것으로 제한되어 있다.

이 프로젝트는 일부 와니 여성들을 국립공원에 취업시켜서 여성의 장소를 보호하는 책임이 있는 '문화 보안관'으로 일하도록 함으로써 그들에게 새로운 현금 수입원을 제공했다. 따라서 이 프로젝트는 물질적 박탈과 고용불안을 해소하는 데 도움을 주었다. 이는 지역 주민이 선도하고 통제함으로써 금전적 이익이 외부인이 아니라 그 지역 여성들에게 돌아가도록 한 문화유산 프로젝트의 분명한 예이다.

보다 덜 희망적인 사례는 남인도의 세계유산인 함피(304쪽 지도 13.2 참조)의 경우이다. 함피에서는 건축유산보존에 관한 엄격한 정의로 인해 지역 주민 수백 명이 가혹한 이주를 해야 하는 결과를 초래했다. 이 유적지는 여전히 활용되고 있는 여러 개의 중세 사원들을 포함하고 있다. 즉 이 건물들은 숭배의 장소이자 문화유산이기도 하다(LeDuc, 2012). 이 유적

(왼쪽) 중세부터 2011년까지 주민들이 거주하고, 가게들이 다양한 물건을 판매하고, 남성들이 이발을 해 온 광활한 함피 바자의 일부. (오른쪽) 중장비로 현대식 건물을 철거하고 있는 모습

은 또한 고대 바자(장터)의 잔존물을 포함하고 있기도 하다. 2011년까지 이 고대 장터 구조물은 또한 현재 활용되고 있는 장터의 일부이기도 했다. 즉 이곳은 수많은 지역 주민들이 생활하면서 관광객을 위한 가게를 운영하고 있을 뿐만 아니라 식당과 남성 이발소 등과 같이 지역 주민들을 위한 일상적 서비스를 제공하는 장소이기도 했다. 2011년 중앙정부가 지역 주민들이 바자 지역에서 더 이상 생활하고 일할 수 없다고 선포한 후 그들의 집과 가게들을 불도저로 철거해버렸다. 정부는 지역 주민들이 그곳에 살면 역사적 유적지가 훼손된다는 이유를 내세웠다. 지역 주민들의 대조적인 관점에 따르면, 주민들이 이 장소를 점유하는 것은 수백 년 전과 마찬가지로 살아 있는 사람들이 신을 숭배하고, 물건을 사고, 식사하고, 이발을 하는 이 장소의 유산과 역사에 토대를 두고 있다. 하지만 '진정성 있는 유적지'를 창조하기 위해 바로 현재 바자를 살아 있는 장소로서 점유하고 있는 사람들이 쫓겨나게 되었다.

선의의 예술

예술은 사람들이 세계에 대한 느낌과 경험을 표현하는 것 이상의 의미를 가진다. 그것은 또한 한 개인의 느낌과 경험을 변화시키고 보다 광범위하게는 사회적 변화를 촉발한다.

많은 문화인류학자들은 예술을 통해 사회적 경각심을 불러일으키는 데 기여하기 위해 지역에 관한 깊은 이해를 활용한다. 예를 들어 에밀리 조이 로스차일드(Emily Joy Rothchild)는 독일 함부르크의 9학년 음악 교실에서 박사과정 현장조사를 수행하면서 테러리즘, 이슬람 공포, 혐오를 다루는 최근 CD와 뮤직비디오에 관해 학생들과 함께 토론을 한 적이 있다. 로스차일드는 가수이자 피아니스트이면서 3년간 독일 함부르크에서 조사를 수행하고 이번 봄 학기에 펜실베이니아대학교에서 음악인류학 박사학위를 받았다. 그녀의 학위논문은 이민자들의 자녀와 손자녀들을 독일 사회에 통합시키기 위해 설립된 함부르크의 한 정부 재정지원 학교를 연구한다. 학생들은 규율, 시간관념, 직업의식에 관한 독일적 규범을 배운다. 그들은 또한 랩, 춤, '비트박스', 그라피티 예술에 관한 수업도 듣는다. 최우수 학생들은 힙합아카데미 엘리트 그룹에 선발되어 문화외교관으로서 다른 나라들을 여행한다. 대부분의 학생들은 터키, 서아프리카, 중동 출신 무슬림이다. ISIS를 비판하는 앨범인 'Let Me Speak'는 종교나 종족성에 기반을 둔 테러리즘, ISIS, 그리고 일상적 차별을 반대하는 학생들의 열정으로부터 탄생했다.

다른 인류학자들은 가공할 폭력을 경험한 장소에서 분쟁 후 치유와 화해를 위한 치료의 한 방법으로 예술을 활용하는 프로그램에 관여한다. 예를 들어 르완다에서는 다년간의 내전에서 살아남은 생존자들이 예술을 통해 자신들이 경험한 것을 기억하고 화해를 향해 나아가도록 도움을 준다.

11 학습목표 재고찰

11.1 문화가 예술을 통해 어떻게 표현되는지 요약하기

문화인류학자들은 통문화적 차이를 고려하기 위해 예술을 광의로 정의한다. 인류학적 관점에서 보면 모든 문화는 일정한 형태의 예술 그리고 무엇이 훌륭한 예술인가에 대한 개념을 가지고 있다.

민족지학자들은 예술이 경제, 정치, 인간의 발달과 심리, 치료, 사회통제, 오락 등 문화의 다른 많은 측면과 맞물리는 방식을 기술한다. 예술은 사회체제를 강화할 수도 있고 저항의 매개일 수도 있다.

인류학자들은 예술을 그 문화적 맥락 속에서 조명한다. 이를 위해 인류학자들은 흔히 도기 제작이나 드럼 연주를 배우는 도제가 되고, 그런 방식으로 예술적 기법뿐만 아니라 예술의 문화, 예술가, 예술의 의미, 예술가의 사회적 역할, 예술의 변화에 대한 통찰력도 얻는다. 최근의 경향 중 하나는 예술과 여타 형태의 표현문화가 권력문제 및 사회적 불평등과 어떻게 맞물려 있는가를 탐구하는 것이다.

다양한 범주의 예술이 통문화적으로 존재하고 상이한 문화는 상이한 형식에 방점을 둔다. 이러한 범주는 행위예술, 건축, 장식예술, 시각예술 등을 포함한다.

11.2 놀이와 여가가 문화에 관해 무엇을 드러내는지 조명하기

인류학적 연구는 놀이와 여가를 그 문화적 맥락 속에서 탐구한다. 문화인류학자들은 게임을 사회의 지배적인 가치를 반영하고 또 강화하는 문화적 소우주로 바라본다. 사람들은 비록 비실용적인 목적을 위해 스포츠와 여가활동을 하지만, 그것이 경제적 · 정치적 이해관계와 연결되어 있는 경우가 흔하다. 어떤 맥락에서는 스포츠가 종교 및 영성과 관련되어 있기도 하다.

관광은 세계경제의 급성장하는 부문으로서 광범위한 문화적 함의를 가지고 있다. 인류학자들은 관광이 지역문화에 미치는 영향과 관광경험에 내재하는 진정성의 문제를 탐구한다. 관광회사들은 흔히 소비자에게 어필하기 위해 '타' 문화를 상품화하는데, 이 현상은 '호스트' 문화를 폄하하고 고정관념화하는 경향을 항구화한다. 일부 문화인류학자들은 호스트 문화를 보다 정확하고 덜 비하하는 방식으로 그리고 관광객에게는 보다 교훈적인 방식으로 문화를 재현할 수 있는 방안을 찾기 위해 관광산업뿐만 아니라 지역 주민과도 협조하고 있다. 지역집단들은 대규모 관광과 보존 프로젝트의 이익을 나누어 가지고 문화적 · 환경적 지속 가능성에 기여하기 위한 방법을 적극적으로 모색하고 있다.

11.3 오늘날 문화유산이 어떻게 경쟁적인 자원으로 전환되는지 설명하기

표현문화의 변화를 일으키는 주요한 힘으로 서구의 식민주의, 현대적 관광, 전면적 세계화를 들 수 있다. 접촉에 의해 발생하는 다른 종류의 문화적 변화와 마찬가지로, 표현문화는 새로운 요소를 거부, 채용, 번안할 수 있다. 트로브리안드 군도의 주민들이 크리켓 경기를 전통적 축제와 연결되는 일종의 연희적 이벤트로 번안 및 재창조한 사례를 통해 예증되는 바와 같이 문화적 저항과 혼합주의의 빈도가 증가하고 있다.

외부의 힘으로 인해 지역적 형태의 표현문화가 소멸되는 경우도 있고, 외부의 힘들이 문화적 연속성을 강화하거나 소멸해버린 관행의 부활을 촉진하는 경우도 있다. 이스탄불의 중산층과 상류층 사이에서 관찰되는 벨리댄스의 인기는 부분적으로 벨리댄스 공연에 대한 국제관광객들의 수요로 인해 촉진되었다. 식민주의와 신식민주의에 대한 저항은 흔히 하와이안 르네상스와 호주의 공동체 주도형 프로젝트에서 관찰된 바와 같은 문화적 부흥을 추동하기도 한다.

유네스코의 물질문화유산과 무형문화유산 보존정책으로 인해 수많은 유적과 문화적 실천에 대한 세계적인 관심과 보호활동이 증가하고 있다. 동시에 관광객들의 관심이 증가하면서 때로 특정한 장소의 지속 가능성과 문화적 실천의 생명력에 부정적인 영향을 미치기도 한다. 국제 정책과 대조적으로 많은 지역의 원주민 집단들은 문화적 권리를 스스로 장악하고 관광객이 아닌 자신과 후손들을 위해 문화유산을 보호하고 보존하려는 노력을 기울이고 있다.

일부 인류학자들은 예를 들어 음악을 통해 사회변화의 메시지를 전하는 예술을 창조하는 지역 집단들과 함께 작업을 한다. 다른 인류학자들은 전쟁을 겪은 사람들을 위한 치유 프로그램에 예술을 활용하는 공중보건 프로그램에 관여하기도 한다.

핵심 개념

무형문화유산	와	피의 스포츠
물질문화유산	종족미학	헤테로토피아
연극	종족음악학	
예술	표현문화	

틀에서 벗어나 생각하기

1. 여러분의 문화에서 꽃을 자르는 것이 중요해지는 몇몇 상황에 대해 생각해보라. 그 상황에서 꽃이 어떤 역할을 하는가?
2. 여러분의 문화에서는 쾌락과 고통을 함께 결합시키는 여가활동의 사례로 어떤 것이 있는가?
3. 환경적, 정치적, 혹은 여타 요인 때문에 위험에 처한 문화유산으로 어떤 것이 있는지 알아보고, 그것들을 훼손되지 않도록 보호할 수 있는 옵션을 각각의 경우에 따라 생각해보라.

CHAPTER 12

이동하는 사람들

개요

학습목표

12.1 이주의 주요한 범주 기술하기

12.2 미국과 캐나다로 이주한 신이민자의 사례에 대해 토론하기

12.3 이주정책과 프로그램에 인류학자들이 어떻게 기여할 수 있을지 인식하기

인류학의 연관성

습지 아랍인들은 페르시아만 근처에 있는 티그리스-유프라테스 강변의 삼각주 지역에서 오랫동안 거주했다. 시아파인 습지 아랍인들은 사담 후세인 치하에서 정치적 억압과 습지 배수 프로그램으로 인해 고통을 받았다. 습지 아랍인들은 습지의 배수로 인해 강에서 음식을 구하고 집짓기용 갈대를 채취하며, 마시고 요리하고 목욕하는 데 필요한 깨끗한 물을 얻을 수 있는 능력을 박탈당하면서 생계수단을 상실해버렸다. 그들은 또한 배를 교통수단으로 사용할 수 없게 되면서 사회적 연결망을 유지하는 능력을 상실했다. 많은 습지 아랍인들은 난민으로서 이라크나 다른 나라로 이주해야 했다. 일부 정책 및 법률 전문가들은 사담 후세인이 늪을 배수한 것은 환경범죄를 저지른 것이라고 주장한다(Smith, 2011). 그러나 현재 국제형법은 환경파괴에 대해 형사책임을 부과하지 않는다. 이는 또한 인간성에 반하는 범죄라고도 할 수 있는 환경범죄로 인한 인구의 대규모 이탈에 대해 형사적 책임을 묻지도 않는다. 습지의 일부가 복구되면서 많은 습지 아랍인들이 다시 고향으로 돌아왔다.

현재 미국의 청년 세대는 인생을 살면서 이전 세대보다 더 많이 이동할 것이다. 대학 졸업생들은 평균 8번 이직하고 있으며 이러한 이직은 이주를 수반하는 경우가 많다.

환경적, 경제적, 가족적, 정치적 요인들로 인해 전 세계에 걸쳐 늘 활발한 인구이동이 발생하고 있다. 하지만 인류학적 연구에 따르면 삶의 과정에서 빈번한 이동과 대규모 이주는 인류의 진화 과정 전체에 걸쳐 발생해 왔다. 수렵채집민, 원시농경민 그리고 목축민의 경우 빈번한 이주가 정상적인 삶의 일부였다.

이주(migration)는 한 사람 혹은 집단이 한 장소에서 다른 장소로 이동하는 것을 뜻한다. 이주의 원인은 식량공급이나 결혼 같은 삶의 주요한 측면들과 연계되어 있다. 그것은 좋든 나쁘든 간에 종종 건강, 언어, 종교적 정체성, 교육뿐만 아니라 개인의 경제적, 사회적 지위에도 깊은 영향을 미치고 있다.

따라서 이주는 여러 학문분과와 많은 전문가들이 관심을 갖는 주제이다. 역사학자, 경제학자, 정치학자, 사회학자 그리고 종교, 문학, 예술, 음악을 연구하는 학자들이 이주에 대해 연구해 왔다. 법, 의료, 교육, 경영, 건축, 도시계획, 공공행정, 사회사업 분야는 이주의 과정과 이주 후 적응기에 초점을 맞춘 전문성이 있다. 이러한 영역에서 활동하는 전문가들은 이주자의 종류, 이주의 원인과 과정, 새로운 지역에서의 건강과 심리적 적응 그리고 기획과 정책의 효과 같은 문제에 관해 인류학자들과 공동의 관심사를 가지고 있다.

문화인류학자들은 이주와 관련된 많은 이슈들을 연구한다. 그들은 이주가 경제 및 재생산체계, 인생주기에 따른 건강 및 인간발달, 결혼과 가구의 형성, 정치와 사회질서, 종교와 표현문화에 어떻게 연결되어 있는가를 연구한다. 이주는 인간적 삶의 전 영역에 영향을 미치기 때문에 이 주제는 이 책의 선행하는 장들의 자료 여기저기에 포함되어 있다.

문화인류학 진영의 이주 연구는 다음과 같은 세 가지 경향으로 특징지을 수 있다.

- 기원지 및 목적지를 이해하기 위한 한 장소 이상의 현지조사 경험
- 거시적 · 미시적 관점의 결합. 이주 연구는 국가 및 세계의 경제적, 정치적, 사회적 영향력에 대한 고려의 필요성을 불러일으키고 있으며 하나의 촌락이나 지역에 초점을 맞춘 전통적인 현지조사에 도전한다.
- 실제 응용사업에 관여하기. 인류학자는 전쟁, 환경파괴, 그리고 댐 건설 같은 개발프로젝트 때문에 강제로 이주해야 하는 사람들의 상황을 다루는 데 자신의 인류학적 지식을 활용할 기회가 많이 있다.

이주 한 장소에서 다른 장소로의 이동

중국인 디아스포라의 두 장면. (왼쪽) 하와이 호놀룰루의 차이나타운 문화광장. 하와이에 있는 중국계 미국인의 95%가 호놀룰루에 거주하고 있다. (오른쪽) 중국계 캐나다인은 밴쿠버나 토론토 같은 도시지역에 주로 거주한다. 밴쿠버에서 이들의 인구는 약 16% 정도이다. 밴쿠버의 차이나타운은 활기찬 관광장소이며, 중국계 캐나다인들이 그들의 문화적 유산을 재확인하는 장소이다. 이 사진은 중국의 신년행사 장면이다.

중국의 신년행사는 언제 개최되며, 그 날짜는 어떻게 결정되는가?

이 장에서는 가장 중요한 이주의 범주와 그것이 직면한 기회와 도전을 먼저 제시한다. 두 번째 절은 미국과 캐나다로 이민 가는 몇몇 사례들을 기술할 것이다. 마지막 절에서는 인권과 위험평가 그리고 예방 프로그램과 같은 이주와 연관된 긴급한 현안들을 살펴볼 것이다.

이주의 범주

12.1 이주의 주요한 범주 기술하기

이주와 그것이 인간에게 미치는 영향은 다양한 형태로 나타난다. 이는 그 이동이 강요되었든 선택의 문제이든 간에 관련된 거리, 이동의 목적 그리고 새로운 도착지에서 이주자의 지위라는 측면에서 다양하다. 이 장의 마지막에서 기술될 것이지만 미시문화(microculture)는 이주와 이주의 결과에 중요한 역할을 한다.

공간적 경계에 기초한 범주

이 절에는 공간적 경계의 교차라는 측면에서 인구이동을 세 범주로 나누고 기본적인 특징을 살펴본다.

- **국내이주**(internal migration) : 한 국가의 경계 내에서의 이동
- **국제이주**(international migration) : 국가의 경계 사이를 가로지르는 이동
- **초국가적 이주**(transnational migration) : 한 사람이 둘 혹은 그 이상의 여러 국가 사이를 지속적으로 오고 가는 이동이며 단일한 지리학적 단위를 초월하는 새로운 문화적 정체성이 획득됨

국내이주 20세기 대부분 국가들에서 나타나는 시골에서 도시로의 이주는 국내인구이동의 지배적인 형태였다. 사람들이 도시지역으로 이주하는 한 가지 주요한 이유는 일자리를 구할 수 있기 때문이다. 노동이주의 **배출-흡인이론**(push-pull

---

국내이주 한 국가의 경계 내에서의 이동

국제이주 국가의 경계를 가로지르는 이동

초국가적 이주 둘 혹은 여러 국가 사이에서 이루어지는 한 사람의 지속적인 이주. 그 결과 새로운 문화적 정체성이 획득됨

배출-흡인이론 시골에서 도시로의 이주를 설명하는 하나의 이론으로 인간의 이주 동기를 강조. 시골에서 도시로 이주하는 원인은 도시지역('흡인')과 비교해볼 때 시골지역('배출')의 기회가 부족하기 때문이다.

이라크에 세계에서 가장 많은 국내유민(IDP)이 발생했던 해인 2004년, 한 이라크 소녀가 팔루자 근방의 국내유민 캠프에서 여동생을 돌보고 있다. 지금은 시리아가 그 수준을 유지하고 있다.

theory)에 따르면, 시골지역은 인구증가와 삶의 질에 대한 기대를 뒷받침하는 것이 불가능하다(배출요인). 이와 대조적으로 도시(흡인요인)는 고용과 생활방식의 이유로 인해 사람들, 특히 젊은이들의 마음을 끌어당긴다. 이러한 이론에 따르면 시골사람들은 시골 대 도시의 삶에 있어서 비용과 이익에 가중치를 두고 떠날지 머무를지를 결정한다. 이 이론은 인간의 주체적 행위(agency) 혹은 선택(제1장 참조)을 강조하는 인류학의 접근과 연결되어 있다. 그러나 도시이주의 많은 사례들은 전쟁이나 빈곤과 같이 개인의 통제를 벗어나는 구조적인 힘들에 의해 형성된다.

국제이주 국제이주는 1945년 이후, 특히 1980년대 중반 이후 규모와 중요성이 증가하기 시작했다. 등록 · 미등록 이주자 모두를 포함하여 약 1억 명, 즉 세계인구의 2%가 자국 밖에서 생활한다. 일자리와 관련된 이유로 이동한 이주자들이 이 범주의 대부분을 구성한다. 그러한 경향의 배후에 있는 추동력은 노동의 수요와 인간 복지에 영향을 미치는 경제적 · 정치적 변화들이다('인류학자처럼 생각하기' 참조).

초기 국제이민의 주된 목적지는 미국, 캐나다, 호주, 뉴질랜드, 아르헨티나였다. 이들 국가들이 20세기 초에 적용한 이민 정책은 비백인 이민을 노골적으로 제한했기 때문에 '백인 이민'이라는 꼬리표가 붙어 있다(Ongley, 1995). 1960년대 캐나다는 덜 인종차별적이고 숙련도와 경력에 더욱 초점을 맞춘 이민 정책을 만들었다. '백호주의' 정책도 1973년에 공식적으로 폐지되었다. 캐나다와 호주의 사례를 보면 변화하는 노동력의 수요와 국가의 국제적인 이미지 개선에 대한 관심의 결합이 이와 같은 개혁을 촉발하게 된 것을 알 수 있다.

1980~1990년대 사이에 미국, 캐나다, 호주는 이민의 새로운 공급원인 아시아와 — 미국으로 들어온 — 라틴아메리카, 카리브해 지역에서 몰려온 거대한 규모의 이민을 경험했다. 이러한 추세는 21세기에도 계속된다.

초기 고전적인 인구유출지역인 북부, 서부, 남부 유럽은 지금은 거꾸로 아프리카와 중동의 난민을 포함한 많은 이민자를 받아들이는 지역이 되었다. 입출입이 빈번한 대규모의 이동을 경험하고 있는 터키와 같은 중동의 경우 국제적인 이주의 흐름이 복잡하다. 20세기 말 수백만의 터키인이 독일로 이주했다. 반대로 터키는 수많은 이라크와 이란의 쿠르드인 난민들을 받아들였다(195쪽 '문화파노라마' 참조). 200만 명이 넘는 팔레스타인 난민과 그 후손들은 요르단과 레바논에 살고 있다. 이스라엘은 유럽, 북아프리카, 미국 및 러시아에서 온 유대인 이민자들을 끌어들이고 있다.

초국가적 이주 초국가적 이주는 세계화의 또 다른 측면들과 함께 증가하고 있다. 그러나 증가하는 초국가적 이주의 비율은 오늘날 국가경계의 창출과 연관되어 있다. 대규모의 계절에 따른 방목 경로를 지니고 있는 목축민은 국가경계가 그들의 경로를 가로지르기 오래전부터 '초국가적' 이주민이었다.

오늘날 초국가적 이주의 대다수는 경제적 요인들에 의해 동기화된다. 글로벌 기업경제의 확대는 초국가적 이주민, 이름하여 '우주인(astronaut)'을 증가시킨 토대이다. 우주인은 주로 증권인수업자이거나 회사중역들로 대부분의 시간을 서로 다른 도시들을 오가는 공중에서 보내는 사업가들(대부분 남성)이다. 수입 규모의 측면에서 볼 때 낮은 부분에 위치한 초국가적 이주노동자들은 각각의 여러 장소에서 일하는 것에 상당한 시간을 보내며 이동은 그들 노동의 수요에 달려 있다.

초국가적 이주의 중요한 특징은 이주가 이주민의 정체성, 시민권 의식, 자격 등에 어떤 영향을 미치는가이다. 끊임없는 이동은 하나의 고향이 있다는 감각을 약화시키는 대신 '중간

인류학자처럼 생각하기

도미니카공화국의 아이티인 사탕수수 채집 인부들 : 구조 혹은 주체적 행위의 한 사례?

아이티 촌락에서부터 이웃 도미니카공화국의 설탕농장에서 일하기까지의 남성 노동의 순환(308쪽 지도 13.3 참조)은 카리브해 지역에서 가장 오래되고 아마도 가장 광범위하게 지속된 인구이동이다(Martínez, 1996). 20세기 초에 시작된 도미니카의 설탕 재배자들은 아이티인 노동자, 이른바 스페인어로 **브라세로**(braceros)라고 불리는 제한된 시간 동안 한 나라에 입국해 노동할 수 있도록 허가받은 농업 노동자를 모집했다. 1852~1986년 사이에 두 나라 정부의 협정으로 노동자의 모집이 규제되었고 체계화되었다. 그 이후 노동자 모집은 노동자 자신이 국경을 넘거나 공식적인 승인절차 없이 아이티에서 모집자들이 인부를 모으는 사적인 일이 되었다.

많은 연구와 보고서에서는 노동이주의 이러한 시스템을 언급하고 있다. 여기에는 두 가지 상반된 관점이 존재한다.

- 관점 1, 구조주의적 입장 : 브라세로 시스템은 새로운 노예제도이며 인권의 명백한 위반이다.
- 관점 2, 주체적 행위의 관점 : 이들이 자발적으로 이주했기 때문에 브라세로는 노예제가 아니다.

관점 1

이러한 입장의 지지자들은 도미니카공화국의 아이티인 브라세로와의 인터뷰에서 나타난 노동권 남용의 지속적인 패턴을 지적한다. 아이티인 모집자들은 빈민과 7세 정도의 어린 소년에게 접근하여 도미니카공화국에 가면 취업이 쉽고 높은 임금을 받을 수 있다고 장담한다. 취업을 약속한 사람들은 걸어서 국경지역까지 간 다음 도미니카공화국의 설탕 재배지로 곧장 실려 가거나 도미니카 군인들에게 구직자들에게 돌아갈 수수료를 넘겨주며 그다음 설탕 재배지에 도착한다. 한때는 노동자들에게 생존을 위한 오로지 하나의 선택권만이 주어졌다. 그것은 사탕수수 채집인데 최고의 경력자도 심지어 하루에 고작 몇 달러밖에 받지 못한다. 농장 작업과 삶의 조건은 형편없다. 사탕수수를 채집하는 인부들은 심지어 아플 때조차도 일하도록 강요당하며 작업 시간은 새벽에서부터 밤까지 연장된다. 많은 농장소유자들은 무장경비원을 두고 밤에 순찰을 돌도록 하면서 아이티 노동자들이 떠나지 못하게 막는다. 많은 노동자들은 너무나 적은 임금 때문에 고향에 돌아갈 돈을 충분히 저축하기 어렵다고 말한다.

관점 2

이 관점에 따르면 강제되었다는 기록은 매우 과장되어 있으며 대부분의 아이티 노동이주자들이 자신의 자유의지에 의해 국경을 넘었다는 점이 빠져 있다. 아이티에서의 현지조사를 기초로 하여 인류학자인 사무엘 마르티네즈(Samuel Martínez)는 "아이티에서 강요에 의한 노동자의 모집은 거의 들어보지 못했던 것 같다. 그 반대로 만일 이것이 노예제 시스템이라면 그것은 역사상 처음으로 잠재적인 인력을 외면하는 첫 번째 사례일 것이다"(1996:20)라고 지적했다. 일부 지원자는 고용되기 위해 심지어 모집인에게 뇌물을 주고 있다. 대부분의 사람들은 심지어 젊은 사람들조차도 도미니카공화국의 노동조건이 형편없다는 것을 알기 때문에 이주를 결심할 때 정보에 근거한 선택을 하고 있다. 반복된 이주는 일상적이며 자유선택의 또 다른 증거이다. 설탕농장에서 노동규율과 생산성을 유지하는 주요한 수단은 강요에 의한 것이 아니라 성과급, 특히 작업량에 따라 임금을 받았다는 점이다. 브라세로의 생애사를 보면 그들 대다수가 한 농장에서 다른 농장으로 이동한다. 따라서 그 농장들을 '강제수용소'라고 보는 견해는 신빙성이 없다.

그러나 마르티네즈는 극도의 빈곤한 삶을 살고 있는 아이티인들을 고려해볼 때 이들이 도미니카공화국으로 이주하는 데 있어 실제로 얼마나 자유로운 '선택'을 할 수 있는가에 대해 문제를 제기한다. 아이티에서 일자리를 얻을 기회는 드물며, 시골노동자들의 적정임금은 매우 낮다. 따라서 빈민들이 고국에서 일자리를 선택하는 것은 실제로는 자유롭지 못하다. 그러므로 도미니카공화국으로의 노동이주는 불가피해진다.

이러한 관점에서 볼 때 브라세로 시스템에 참여하는 것이 자유로운 선택처럼 보이지만 실제로는 구조적인 선택이다. 아이티에서 적당한 임금을 받기 위해 일하는 것은 선택의 불가능성에 기초하고 있다.

비판적 사고를 위한 질문

- 관점 1과 관점 2의 상대적인 장점은 무엇인가?
- 정책 개선방안이라는 점에서 볼 때 각 관점들이 지지하고 있는 것은 무엇인가?
- 구조화된 선택이라는 개념이 이러한 정책 개선방안들을 어떻게 변동시킬 수 있는가?

아이티의 이주노동자. 그가 아이티에서 임금노동을 구할 수 없다는 것을 고려해볼 때, 이러한 한 노동자가 사탕수수를 채집하는 단기노동을 위해 이웃한 도미니카공화국으로 이주할 것인지 아닌지에 대해 과연 얼마나 많은 선택을 하게 될지는 중요하게 논의해볼 문제이다.

브라세로 제한된 시간 동안 한 나라에 입국해 노동할 수 있도록 허가받은 농업 노동자

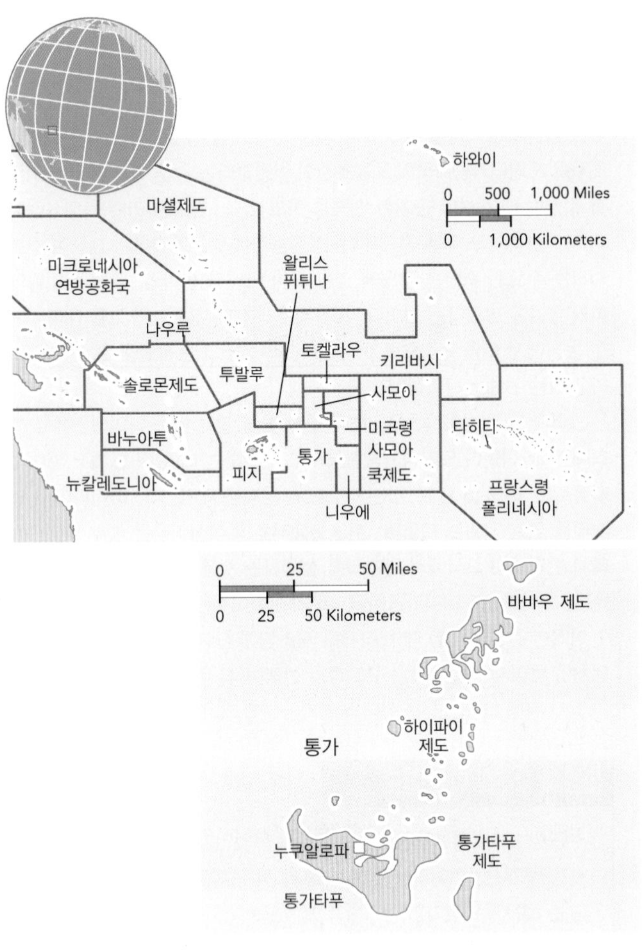

지도 12.1 **통가**

통가왕국은 169개의 섬으로 이루어진 군도로, 쿡 선장이 그곳에서 환대를 잘 받았다는 이유에서 프렌들리제도라는 별명을 붙인 곳이다. 통가는 입헌군주국이고, 현재의 왕은 2012년에 왕위에 오른 투푸 6세이다. 그전에는 살로테 투푸 2세 여왕이 1918~1965년까지 통치했다. 인구는 약 10만 6,000명이며 그중 2/3가 본섬인 통가타푸에 거주한다. 농촌 지방에 사는 통가인은 소규모 농업에 종사한다. 대부분의 통가인은 종족적으로 폴리네시아인이며 기독교가 훨씬 더 지배적인 종교이다. 많은 통가인이 국외로 이주를 했으며, 국외로부터의 송금이 경제의 주요한 부분을 차지한다.

에 끼어 있는' 새로운 문화적 현실을 받아들이며 삶을 살아가는 비슷한 처지의 초국가적 이주민들의 공동체에 속해 있다는 소속감을 증진시킨다.

늘어나는 초국가적 이주의 증가 비율과 해외 디아스포라 인구의 증가에 부응해서(제7장의 정의를 다시 보라) 많은 '송출'국가들(이주자들의 공급지가 되는 나라들)은 자국을 초국가적 국가(transnational country)로 재정립하고 있다. 초국가적 국가란 인구의 상당 비율이 국가경계 밖에서 살고 있는 국가이다(Glick et al., 1999). 아이티, 콜롬비아, 멕시코, 브라질, 도미니카공화국, 포르투갈, 그리스, 필리핀 등이 그 사례이다. 이러한 국가들은 이주민들이 **송금**(remittance)을 하는 것이나 자신의 가족에게 재화를 양도하는 것을 지속할 수 있게 만드는 소속과 지지의 감각을 촉진할 수 있도록 해외 이주민과 그 후손에 대해서 영구적인 시민권을 인정한다. 송금액은 수량화하기는 어렵지만 세계경제와 때로는 한 국가의 경제에서 커다란 비율로 증가하고 있다. 예를 들어 태평양의 작은 섬나라인 통가의 경우 국민총생산(GDP)의 적어도 60%가 통가 디아스포라인들의 송금액에서 나온 것이다(Lee, 2003:32)(지도 12.1 참조). 인도는 해외 노동자의 본국 송금액의 총액이 가장 많은 나라이다.

이주의 동기에 기초한 범주

이주민들은 또한 이주에 대한 동기를 근거로 범주화할 수 있다. 방금 논의했던 공간적인 범주는 이주의 동기를 근거로 한 범주와 중첩된다. 예를 들어 국제적인 이주자는 고용을 동기로 이주한 사람일 수 있다. 이주자들은 여러 종류의 공간적 변화를 경험하며 동시에 이주에 대한 다양한 동기를 가지고 있다.

노동이주자 수많은 사람들이 노동을 하기 위해 매년 특정한 시간대에 이주한다. 그들은 영주권의 취득을 목표로 하지 않으며, 그렇게 하는 것은 종종 법적으로 금지되어 있다. 이러한 이주의 형태는 합법적인 계약일 경우 임금노동이주(wage labor migration)라고 불린다. 노동하는 시기는 잠시 동안이거나 몇 년간 지속될 수 있다.

아시아의 여성과 소녀들은 세계 이주노동자 중 가장 빠르게 성장하는 범주이고, 전 세계 2억 1,400만 명의 이주노동자 중 절반 이상을 차지하고 있다(Deen, 2015). 이들 대부분은 가사 서비스 일을 하고 있고, 일부는 간호사나 교사로 일하고 있다. 주요 송출국은 인도네시아, 필리핀, 스리랑카, 태국이며 이보다 낮은 수준에서는 홍콩, 일본, 대만, 싱가포르, 말레이시아, 브루나이가 있다. 이러한 이주민들은 거의 독신이며, 이들이 일시적으로 노동하는 국가에서는 결혼이나 아이를 갖는 것이 허용되지 않는다. 국제 이주노동자들은 간혹 불법적으로 일자리를 얻으며 가난이나 불공평한 노동조건에서도 법적인 보호를 받지 못한다.

송금 이주자가 고향이나 고국에 거주하는 가족에게 돈이나 물품을 이전하는 것

순환이주(circular migration)는 둘 혹은 그 이상의 장소들 사이에서 나타나는 인구이동의 주기적인 패턴을 의미한다. 이러한 패턴은 국내 혹은 국제적으로 발생할 수 있다. 예를 들어 내부적인 순환이주자는 라틴아메리카와 카리브해 지역 도처에 존재하는 여성 가사노동자를 포함한다. 이러한 여성들은 시골 지역의 영주권을 가지고 있지만 더 잘 살아보기 위해 도시에서 오랜 기간 동안 일한다. 이들은 자녀를 조부모가 돌보도록 맡기고 떠나기도 하며, 이 경우 자녀 부양을 위해 송금을 한다.

유민 **유민**(流民, displaced person)은 자신의 고향, 지역사회 혹은 국가에서 추방된 사람들이며, 다른 곳으로 이동할 것을 강요당하는 사람들이다(Guggenheim and Cernea, 1993). 식민주의, 노예제, 전쟁, 박해, 자연재해, 거대한 규모의 채굴이나 댐 건설 등이 인구이탈의 요인이다. 최근 보고서에 따르면 전 세계적으로 약 4,400만 명의 사람들이 갈등이나 박해로 인해 살던 곳을 등졌다(UNHCR, 2011).

난민(refugee)은 국제적으로 추방된 사람들이다. 수많은 난민이 이주를 강요당한다. 왜냐하면 이들은 인종, 종교, 국적, 종족, 젠더 혹은 정치적인 견해로 인한 희생자이거나 잠재적 희생자이기 때문이다(Camino and Krulfeld, 1994). 난민은 점점 더 규모가 커지고 증가하는 유민의 범주에 속한다. 전 세계적으로 난민의 수를 정확히 파악하기는 불가능하지만 약 1,600만 명 정도이다. 이것은 500명당 1명꼴로 난민이라는 의미이다. 세계 난민의 80%는 가난한 나라에서 보호받고 있으며, 파키스탄, 이란, 시리아는 300만 명의 난민에게 거처를 제공하고 있다(UNHCR, 2011). 세계 난민의 약 1/4 정도는 팔레스타인인이다.

난민의 대다수를 형성하는 여성과 아동은 난민촌에서 강간 및 생계를 위한 매매춘을 포함한 학대에 취약하다(Martin, 2005). 그러나 몇몇 사례 연구를 보면 난민 경험이 더 긍정적이라는 것을 이해하는 데 도움을 준다. 예를 들어 엘살바도르에서 온 많은 난민 여성들은 캠프에서 읽고 쓰는 것을 배웠으며, 인도주의적인 국제 구호원과 그들의 사회적 평등에 대한 비전에서 긍정적인 역할모델들을 발견했다.

국내유민(internally displaced person, IDP)은 강제로 고향과 지역사회를 떠나야 했지만 고국에 남아 있는 사람들이다. 이들은 유민의 범주 중에서 가장 빠르게 성장하고 있는데, 전 세계적으로 약 3,800만 명 정도(Internal Displacement Monitoring Centre, 2015) 혹은 약 250명 중 1명이 유민인 것으로 추산되고 있다. 아프리카는 국내유민이 가장 많은 대륙이다. 아프리카에서 수단(315쪽 지도 13.6 참조)이 270만 명으로 그 숫자가 가장 많다. 시리아는 내전으로 인해 대량의 국내유민이 발생했고, 그 수가 700만 명이 넘어 국내유민이 가장 많은 나라가 되었다.

2010년 1월에 발생한 엄청난 지진 이후 150~200만 명의 아이티인들이 국내유민이 되었다. 즉 전체 인구 약 1,000만 명 중 15~20%가 유민이다. 이들 국내유민 중 대다수는 농촌 지역에 사는 친척들을 찾아가 함께 살았고, 수천 명은 위생시설, 음식, 물, 전기, 학교, 치안 상황이 열악한 천막 수용소에서 생활했다. 많은 사람이 수용소 막사를 떠났고, 다른 사람들은 수용소가 폐쇄되어 강제로 쫓겨났다(Ferris and Ferro-Ribeiro, 2012). 유민들을 위한 적절한 신규 주택 공급량에 관해서는 여전히 불분명하다.

난민과 마찬가지로 많은 국내유민들은 화장실, 보건시설, 학교 같은 기본적인 편의시설이 제한적인 임시 거주지나 난민촌에서 장기간 거주한다. 국내유민은 국경을 넘지 않기 때문에 국내 문제에 권위를 행사할 수 없는 UN 혹은 여타 국제기구의 관할권에 포함되지 않는다. 몇몇 사회활동가들이 국내유민의 원인에 대해 문제를 제기하고, 국내유민의 공식적 정의를 포함하는 문제의 심각성과 방대함에 대한 국제적 관심을 높이기 위해 노력했다.

중요 자원에 대한 접근권을 둘러싼 정치적 폭력과 갈등이 국내유민의 주요 원인이다. 하지만 자연재해와 대규모 개발계획을 포함한 다른 요인들도 역시 작용한다(제13장에 논의됨). 댐 건설, 채굴 및 기타 여러 프로젝트 때문에 과거 수십 년간 수백만의 사람들이 살던 곳에서 쫓겨났다. 댐 건설 한 가지만으로도 1950년 이후 약 8,000만 명이 유민이 되었다 (Worldwatch Institute, 2003). 개발계획으로 인해 강요된 이주를 **개발로 인한 강제이주**(development-induced displacement)

순환이주 국내 혹은 국제적으로 둘 혹은 그 이상의 장소들 사이에서 이루어지는 반복적인 이동

유민 자신의 집, 지역사회, 혹은 고국을 강제로 떠나야 했던 사람들

난민 자신의 집, 지역사회 혹은 고국을 강제로 떠나야 했던 사람들

국내유민 자신의 집과 지역사회를 강제로 떠나야 하지만 그 나라에 남아 있는 사람

개발로 인한 강제이주 개발 프로젝트 때문에 강제로 이루어지는 이주

중국 남부지방에 있는 싼샤 댐 지역의 모습. (위) 한 농부가 댐이 건설되기 전 눈부시게 아름다운 경치가 보이는 산길을 따라 농산물을 나르고 있다. (아래) 2003년 싼샤댐이 완공된 후 댐 상류의 수위가 상승하면서 안전하다고 여겨지던 주택에 예상치 못한 피해가 발생했다. 이 남자는 자신의 소유물을 더 높은 곳으로 옮기고 있다. 그리고 그의 집은 파괴되었다.

소위 피해 지역 사람들에게 5분 동안 브리핑을 할 수 있도록 싼샤 댐의 사회적 · 환경적 함의에 대해 조사해보라.

라고 부른다. 국가의 정책에 의해 결정되는 개발로 인해 강제 이주한 유민은 고향과 고국에서의 손실을 재정적으로 보상받을 수 있지만 그렇지 못하게 될 경우도 있다. 또한 금전적인 보상이 있을지라도 이들이 향유했던 삶과 그 삶을 풍요하게 만들어준 지역적 지식을 되돌려 받는 경우는 드물다.

수십억 달러의 비용이 투입되며 광대한 토지와 거대한 규모의 인간들에게 영향을 미치는 거대 댐 개발계획 혹은 댐 건설 프로젝트는 이러한 상황을 염려하며 엄청난 인구를 유민으로 만드는 것에 대한 지역적인 저항을 지지하는 전 세계 사람들에게 관심을 불러일으키고 있다. 가장 악명 높은 사례 중 하나는 인도의 서쪽 해안에서부터 국토의 중간 부분을 가로지르는 나르마다강 계곡의 일련의 하이 댐(High Dam) 건설이다. 이 거대한 프로젝트는 수십만 명의 사람들을 이주시키는 것이 포함되어 있다. 이 이주는 주민들의 의사와는 반대되는 것이며 고향, 토지, 생계수단의 상실에 대한 정부의 보상은 불충분하다. 나르마다강 계곡에서는 수천 명의 사람들이 댐을 건설하던 수년 동안 반대시위들을 조직했으며 국제 환경기구들도 이를 지원하고 있다. 저명한 인도의 소설가인 아룬다티 로이도(Arundhati Roy) 이 운동에 참여했다. 그녀가 참여하게 된 계기는 강제이주해온 사람들과 인터뷰를 하고 프로젝트에 반대하는『생존의 비용(The Cost of Living)』(1999)이라는 열정적인 책을 쓰면서 나르마다 댐 프로젝트에 관한 정부의 20년 계획에 대해 가능한 모든 것을 습득하게 되면서부터였다. 그녀의 책에는 고향을 잃고 황량한 새 정착지에 사는 한 남자가 과거에 산에서 어떻게 48가지 종류의 과일을 따곤 했는지를 말해주고 있다. 새로운 정착지에서 그와 그의 가족은 모든 음식을 구입해야 하며 어떤 과일도 먹을 형편이 못된다(1999:54–55).

정부는 국가의 공공복지를 위해 대형 댐 프로젝트를 주요하게 추진하고 있다. 그러나 유민이 되는 지역민들은 산정하기 힘든 비용을 많이 지불해야 한다. 사실 수익은 기업이윤, 산업시설을 위한 에너지, 지불능력이 있는 도시 소비자를 위한 에너지와 물에 편향되어 있다. 중국에서는 2006년 완공된 싼샤 댐 프로젝트(지도 12.2 참조)로 인해 약 130만 명의 유민이 발생했다. 정부가 금융 및 기타 형태의 보상을 제공했지만, 정부의 노력은 만연한 불만족과 우울증을 방지하기에 충분하지 못했다(Xi and Hwang, 2011).

유민이 재정착하는 방식은 이들이 어떻게 새로운 삶에 적응할지에 영향을 미친다. 일반적으로 유민은 언제, 어디로 이동할지에 대한 선택권이 별로 없으며, 전형적으로 난민은 선

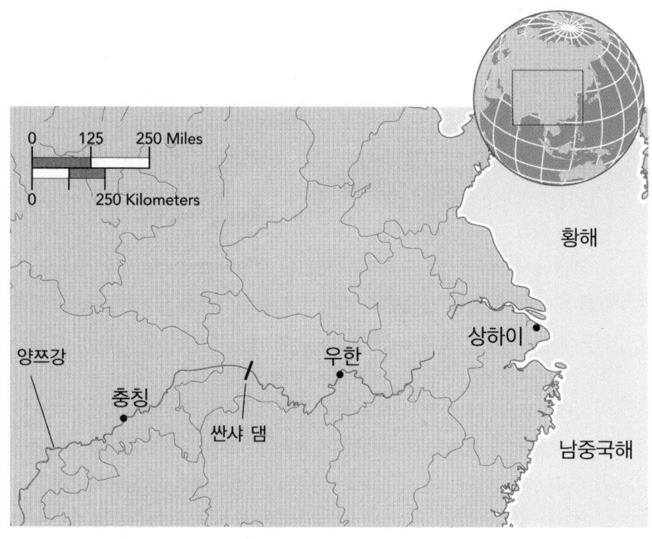

지도 12.2 중국의 싼샤 댐의 위치

세계에서 가장 큰 댐인 싼샤 댐은 중국의 환경을 전환시키는 몇 개의 프로젝트 중 하나이다. 이 댐은 충칭에 거대한 저수지 상류를 형성시켰다. 기술자들은 이 댐이 세계에서 세 번째로 큰 강인 양쯔강에서 매년 일어나는 홍수 문제를 해결할 것이며 거대한 양의 에너지를 만들어낼 것이라고 믿는다. 환경운동가들은 수많은 중요한 어류종의 감소와 경사지의 불안정 그리고 양쯔강 삼각주에 있는 섬들의 침식이라는 불리한 점들을 지적한다. 문화인류학자들은 13개의 주요 도시와 140개의 촌락에서 발생한 100만 명이 넘는 사람들의 강요된 이주와 토지가 물에 잠기면서 발생한 농사에서의 생계 손실에 집중한다. 고고학자들은 지금은 물 아래로 잠긴 선사 및 역사시대 유적지의 알 수 없을 정도의 많은 손실에 대해 비난한다. 또 다른 사람들은 '젤리 모양 캔디' 모습의 산과 몇 세기 동안 예술가들에게 영감을 준 숨이 막힐 만큼 아름다운 풍경이 있는 세계에서 가장 아름다운 장소 중 하나를 잃었다고 애통해한다.

택권이 가장 적다. 과테말라의 마야인은 국가의 폭력과 대학살에 수년간을 끔찍하게 고생했다. 많은 수가 멕시코와 미국으로 재정착하는 난민이 되었다. 나머지 사람들은 국내유민의 범주에 들어간다('문화파노라마' 참조).

문화인류학자들은 난민, 특히 전쟁 및 폭력과 테러라는 여타의 형태에 의해 영향을 받는 사람들에 대해 실제적인 조사를 해 오고 있다(Camino and Krulfeld, 1994; Hirschon, 1989; Manz, 2004). 이들은 재이주의 스트레스를 경감하거나 증가시키는 몇 가지 핵심적 요인을 발견했다. 한 가지 결정요인은 새로운 이주지가 기후, 언어, 음식과 같은 특징에 있어 고향과 같은지 혹은 다른지 정도이다(Muecke, 1987). 일반적으로 고향과 정착지가 다르면 다를수록 적응에 대한 요구사항과 스트레스는 더욱 커진다. 또 다른 결정요인으로는 난민이 숙련도와 경험에 맞는 일을 얻을 수 있는 능력, 가족의 존재 여부 그리고 사람들이 새로운 정착지에서 난민을 환영하는지 아니면 적대시하는지 여부에 대한 것이다. 정치적 폭력으로 인해 추방된 난민의 적응에 관한 인류학자의 연구 결과는 지진, 쓰나미, 홍수 같은 재해 때문에 갑자기 이루어지는 강제이주 상황에도 적용될 수 있다(de Sherbinin et al., 2011). 예를 들어 재정착 계획을 수립할 때는 청력과 시력장애 같은 신체적 요소뿐만 아니라 젠더 역할, 연령, 언어, 종교 등 피해를 입은 인구집단의 사회적 차원에도 주의를 기울여야 한다.

'사회적 차원'이라는 용어는 특정 인구집단의 재정착과 회복 국면에 영향을 미칠 수 있는 주요 취약성과 장점을 모두 지칭할 수 있다. 정책 입안자들의 최근 관심은 **회복탄력성**(resilience)이라는 개념, 즉 특정 인구집단이 트라우마적 상황에서 '회복하는' 능력이다. 일부 문화는 다른 문화보다 탄력성이 높게 나타난다. 하지만 차이의 원인은 여전히 연구 중에 있다.

기관이주자 **기관이주자**(institutional migrant)란 자발적이거나 비자발적으로 사회기관에 이주하는 사람이다. 이들은 승려 및 수녀, 노인, 죄수 그리고 기숙학교나 기숙사생활을 하는 대학의 학생이 포함된다. 이 책에서는 학생과 군인의 사례를 기관이주자의 범주로 다룬다.

인류학자들이 군대에서의 군인 이주와 현지민과 관련해서 출판을 한 사례는 적다. 그러나 한 가지 문제는 명백하다. 현지민과 어떻게 의사소통을 해야 하는지와 현지민 문화에 대한 존중의 중요성에 대해서 임무를 맡고 있는 군인에게 더욱 깊이 있는 훈련을 할 필요가 있다는 것이다. 이라크에 주둔한 미군이 사용한 핸드북인 '이라크 안내서'는 한정된 지침만을 제공한다(Lorch, 2003). 예를 들어 현지민과 논쟁을 피해야 하며 손님으로 갔을 때 세 잔 이상의 커피나 차를 마셔서는 안 된다고 말한다. 또한 의미가 모호할 수 있으므로 '손가락을 들어 올리는' 동작을 해서는 안 되고, 무례하게 보일 수 있으니 발을 탁자에 놓고 앉지 말아야 한다고 되어 있다. 이러한 기본적인 사항은 도움을 주기는 하지만 갈등 및 갈등 후의 상황에 중요한 영향을 미칠 수 있는 심층적인 문화적 자각을 공급해 주기에는 역부족이다.

전쟁기간 동안 군인은 적을 정찰하고 파괴하는 것을 주로 훈련받으며 거기에는 통문화적인 의사소통이 들어 있지 않

회복탄력성 특정한 인구집단이 갈등, 재난 혹은 여타 트라우마적 상황에서 '회복하는' 능력

기관이주자 자발적이거나 비자발적으로 사회기관(학교나 감옥)으로 이주하는 사람

문화파노라마

과테말라의 마야인

'마야(Maya)'라는 이름은 공통의 문화요소를 공유하고 마야인의 언어(Mayan language)를 다양하게 구사하는 원주민의 다양한 범위를 말한다[주 : 언어라고 나타낼 때만 형용사로 끝에 n을 붙인다]. 대부분의 마야인은 멕시코와 과테말라에 살고 있는데 벨리즈와 온두라스 서부 그리고 엘살바도르에 소수의 인구가 거주하고 있다. 멕시코와 중앙아메리카에 사는 이들의 총 인구수는 약 600만 명이다.

과테말라의 마야인은 주로 서쪽 고원에 살고 있다. 스페인은 마야인의 노동을 착취하고 땅을 빼앗는 등 마야인을 예속적으로 대우했다. 이전의 부유하고 강한 문명의 후손인 마야인의 대부분은 현재 빈곤과 기본적인 인권이 없는 채로 살고 있다.

과테말라의 마야인은 36년간의 내전 동안 대량학살로 고통을 겪었다. 약 20만 명의 마야인이 '사라졌으며' 정부군에 의해 잔인하게 학살당했다(Manz, 2004). 더 많은 수의 마야인은 고향을 떠나 강제로 이주되었으며, 25만 명의 마야인이 유민으로 살고 있다(Fitigu, 2005). 수천 명의 마야인이 난민으로 남아 있으며, 멕시코와 미국으로 탈출하고 있다.

베아트리즈 맨즈(Beatriz Manz)는 키체마야라는 한 집단의 끔찍한 이야기와 내전기간 동안 생존을 위해 벌인 그들의 투쟁에 대해 이야기한다(2004). 맨즈는 1973년 키체주의 산타크루스 델 키체라는 고원 도시 근처의 시골에 살면서 현지조사를 시작했다. 마야인은 옥수수와 기타 작물이 자라는 작은 밭을 경작했으나 그 생산량으로는 가족들을 먹여 살리기에 충분하지 않다는 것을 점차 깨닫기 시작했다. 미국의 한 가톨릭 신부가 이들을 산너머 동쪽의 산타마리아 체아로 정착시킬 발상을 가지고 이들에게 왔다.

고원에서 온 마야인 중 일부는 새로운 정착지를 건설하기로 결정했다. 이들은 모든 사람이 가족을 부양하기에 충분하게끔 균등한 크기로 땅을 분할했다. 시간이 흘러 고원에서 더 많은 정착자들이 들어왔다. 이들은 집, 농장, 작업장, 학교를 위해 땅을 개간했다.

1970년대 말에 반란자를 숨겨주고 있다고 의심한 과테말라 군부가 이들의 삶을 점차 감시하기 시작했다. 1980년대 초, 군이 마을의 남성들을 몰아내기 시작했다. 이 남성들이 다시 살아 있는 것을 본 사람은 없다.

1982년에 잔인한 공격으로 마을이 화염에 불탔고 생존자들은 정글로 피신했다. 일부는 멕시코로 가서 몇 년 동안 망명생활을 했고 다른 사람들은 난민 자격으로 미국으로 이주했다. 1996년의 평화협정으로 이 유혈 사태는 공식적으로 막을 내렸다. 마을 주민들의 상당수가 다시 돌아왔으며 재건을 시작했다.

이 자료의 검토를 해준 캘리포니아대학교 버클리캠퍼스의 베아트리즈 맨즈에게 감사드린다.

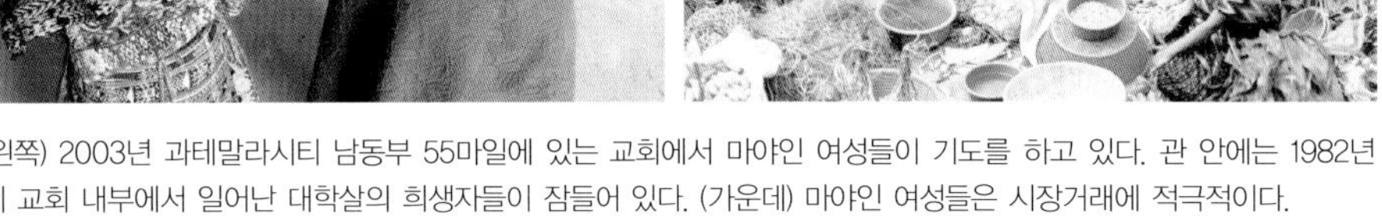

(왼쪽) 2003년 과테말라시티 남동부 55마일에 있는 교회에서 마야인 여성들이 기도를 하고 있다. 관 안에는 1982년에 교회 내부에서 일어난 대학살의 희생자들이 잠들어 있다. (가운데) 마야인 여성들은 시장거래에 적극적이다.

지도 12.3 과테말라

마야인은 과테말라공화국 1,400만 명의 인구 중에서 약 40%를 차지한다.

다. 제8장에서 언급했듯이, 오늘날 전쟁에서 승리하는 것은 전적으로 전면적인 갈등이 벌어진 이후에 점령자가 무엇을 하는지에 달려 있으며 그것은 흔히 해외에서 장기간에 걸친 주둔을 유지한다는 것을 의미한다. 이러한 확장된 임무는 군 인력의 정신건강에 타격을 입히며 높은 자살률, 점령국 주민에 대한 폭력과 같이 스트레스가 원인이 된 행동들과 본국으로 귀국 후의 재적응 문제로 연결되어 나타난다.

군대는 종종 전쟁 수행, 평화유지, 재난 후 지원 등과 같은 복잡한 역할을 수행한다. (왼쪽) 아프가니스탄 전초 기지에 도착하여 브리핑을 받고 있는 소대. (오른쪽) 중국의 UN 평화유지군이 중국 북서부 산시성의 수도 시안에서 송별식에 참석하고 있다. 그들은 콩고민주공화국에서 평화유지 임무를 수행할 예정이다.

군대와 UN의 평화유지 활동에서 여성이 수행하는 역할에 관해 지속적인 의문이 제기되고 있다. 군대에 더 많은 여성을 보내는 것에 대해 여러분은 어떤 입장을 취하는가? 그리고 여러분의 입장은 무엇에 기초하고 있는가?

미국과 캐나다로 향하는 신이민자들

12.2 미국과 캐나다로 이주한 신이민자의 사례에 대해 토론하기

신이민자(new immigrant)는 1960년대 이후부터 국제적으로 이동한 사람을 뜻한다. 전 세계적으로 신이민자의 범주에는 여전히 많은 수의 난민이 포함되어 있으며, 그 대부분은 망명하는 동안 궁핍해지고 절망적이 된다. 그리고 정착국에서 자신과 자녀를 위해 향상된 경제적 기회를 모색하고 있는 사람들도 포함된다. 다음 세 가지 추세는 21세기 새로운 국제이주의 특징이다.

- 세계화(globalization) : 송출국과 유입국 모두 문화 다양성을 일으키면서 보다 많은 국가들이 국제이주에 포함되고 있다.
- 가속화(acceleration) : 이주자 수의 증가가 전 세계적으로 발생한다.
- 여성화(feminization) : 모든 지역과 모든 이주의 모든 유형에서 여성의 국제이주비율이 증가하고 있으며, 일부 유형에서는 여성이 다수자인 특징이 나타난다.

미국에서 신이민자라는 범주는 1965년 이민 및 귀화에 관한 법이 개정된 이후에 들어온 사람들을 지칭한다. 이러한 변화에 의해 더 많은 개발도상국 출신자, 특히 몇몇 요구되는 기술의 전문가나 숙련된 사람들의 이민이 가능해졌다. 이후 가족재결합 조항이 만들어지면서 영주권 취득자와 귀화자가 가까운 가족을 데리고 들어오는 것이 허용되었다. 미국의 경우 동유럽, 특히 러시아 출신자의 수가 증가하고는 있지만 신이민자 대부분은 라틴아메리카, 카리브해 및 아시아 출신이다(그림 12.1 참조).

미국에서는 외국인에게 두 가지 종류의 비자를 제공하는데, 이민비자(또는 영주비자)와 관광객과 학생을 위한 비이민비자이다(Pessar, 1995:6). 이민비자는 항상 무기한 유효하며 이를 소지한 사람에게 고용과 시민권의 신청을 허용한다. 비

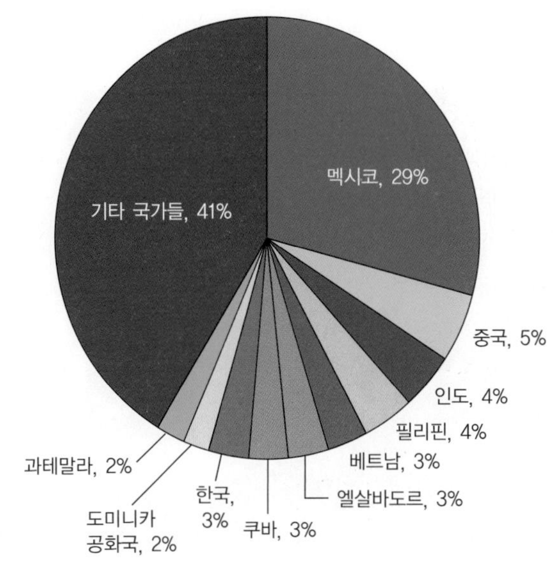

그림 12.1 2010년 현재 미국으로 이주한 이민자의 출생국가별 합산 비율

신이민자 1960년대 이후부터 이주한 국제이주자

이민비자는 일정 기간 동안 발급되며 소지자는 유급고용이 금지된다. 일부 이민자는 노동시장의 수요와 관련된 자신들의 특별한 기술로 인해 비자가 승인되지만, 대부분은 가족재결합 조항하에서 인정받는다.

라틴아메리카와 카리브해 출신 신이민자들

1960년대 이후에는 주로 라티노 혹은 히스파노 인구(서반구의 이전 스페인 식민지에 뿌리를 공유하고 있는 사람들)가 대규모로 미국으로 이동했다. 푸에르토리코 주민을 제외하고 라티노는 미국 인구의 약 10%를 차지한다.

미국 전체와 로스앤젤레스, 마이애미, 샌안토니오, 뉴욕과 같은 몇몇 도시에서 라티노는 대규모 소수자집단이다. 라티노라는 신이민자의 범주 내에는 멕시코인, 푸에르토리코인, 쿠바인이라는 3개의 대규모 하위집단이 있다. 이들의 대다수 역시 도미니카공화국, 콜롬비아, 에콰도르, 엘살바도르, 니카라과, 페루 출신자이다.

멕시코 이민자들 : 여기도 저기도 아닌 멕시코는 미국으로 이주한 외국계 이민자의 상당히 중요한 출신국이며, 모든 미국 이민자, 즉 외국계 이주민의 29%를 차지하고 있다(http://www.migrationinformation.org). 미국에는 대략 1,200만 명의 외국 태생 멕시코인이 살고 있다. 이들 대부분은 캘리포니아주, 아칸소주, 텍사스주, 일리노이주와 같은 전통적인 정착지에 거주하지만 1990년대 이후 조지아주, 노스캐롤라이나주, 사우스캐롤라이나주, 네브래스카주, 오하이오주와 같은 다른 주들에도 거주하는 수가 증가하고 있다. 멕시코는 또한 미국으로 들어오는 불법이민의 송출국이기도 하다. 인구유출의 증가로 인해 많은 멕시코의 시골지역은 이주노동자들이 돌아와 1~2주 정도 가족과 함께 보내는 크리스마스 휴가기간을 제외하고는 주로 노인과 그들의 손주들만이 남아 있다.

그림 12.2 2000~2010년까지 미국으로 이주한 이민자 중 히스패닉과 아시아 이민자의 비율 변화

2008년부터 시작된 미국의 경기침체로 멕시코-미국 이주에 두 가지 변화가 발생했다(Passel et al., 2012). 첫째는 미국으로 이주하는 멕시코인들의 숫자가 크게 감소한 것이다. 둘째는 미국으로 이주한 많은 멕시코 이민자들이 미국 시민권자이자 미국 생활에 익숙해져 있는 자녀들을 데리고 멕시코로 돌아간 것이다. 2012년 현재 멕시코와 미국 사이의 순 이민 흐름(이출 이주자 수와 비교한 이입 이주자의 수)은 미국을 오가는 아시아 이주민의 수보다 적다(그림 12.2 참조).

이러한 최근의 변화에도 불구하고, 미국의 멕시코 이민자 인구는 여전히 규모가 크고 중요하다. 멕시코에서 미국으로 이주하는 수많은 이민자에 대해 일반화하는 것은 불가능하지

미국의 신이민자의 모습. (왼쪽) 라티노 이민자들이 버지니아주의 한 프로그램에서 영어를 배우고 있다. (오른쪽) 뉴욕시에서 열린 도미니카의 날 퍼레이드.

가까운 미래에 열리게 될 종족 페스티벌이나 이벤트에 대해 알아보자. 그 행사에 참석해서 어떤 종족적 기호와 상징이 표현되는지, 누가 참석하는지, 정체성과 관련하여 어떤 메시지가 전달되는지 관찰해보자.

만, '여기도 저기도 아닌'이라는 주제는 많은 성인 이민자들에게 적용된다(Striffler, 2007). 1980년대에는 대다수 멕시코 남성들이 전통적인 목적지로 향하던 계절 이주노동자들이었다. 그래서 그들은 1년 중 수개월 동안 미국에서 일했지만, 적어도 몇 달은 항상 집으로 돌아왔다. 1980년대 후반부터 미국의 법적 · 경제적 상황이 변화함에 따라, 전통적인 이주지역, 특히 캘리포니아에서 일자리가 감소했고, '중부' 주들에 일자리가 생겼다. 아칸소주의 가금류 가공 노동자에 대한 연구는 멕시코 이주민들이 어떻게 캘리포니아의 계절노동에서 타이슨 푸드 가공 공장의 1년 내내 일을 하는 비계절노동으로 전환했는지를 잘 보여준다(Striffler, 2007). 이러한 변화는 남자들이 아내와 아이들을 데리고 함께 사는 것을 가능하게 해주었고, 여성들 또한 그 공장에서 일하기 시작했다.

계절이주자였을 때 남성들은 멕시코가 '집'이라고 여겼다. 아칸소주에서는 가족들이 재결합할 수 있었기 때문에 성년들에게 '집'은 이곳과 저곳 둘 모두거나 여기도 저기도 아니게 되었다. 하지만 그들의 자녀에게는 미국이 집이다. 이들에게 멕시코로의 여행은 외국에 갔을 때처럼 음식에 대해 불평하고 배탈을 경험하는 일종의 '휴가'이다.

도미니카인의 연쇄이주 도미니카공화국은 1960년대 이후 미국 이민자들의 출신국 중 10위권 안에 들어 있으며(Pessar, 1995)(308쪽 지도 13.3 참조), 도미니카인들은 가장 빠른 증가세를 보이는 미국 내 이민자 집단 중 하나이다. 이들은 몇몇 주에 집단을 이루어 거주하는데, 뉴욕주에 가장 많이 집중되어 있다.

다른 여러 이민자 집단들과 마찬가지로 도미니카 출신 이민자들은 벨트(cadena) 혹은 체인을 통해 1명의 이민자를 다른 이민자들에게 연결한다. **연쇄이주**(chain migration)는 이민자들의 첫 번째 물결이 밀려온 다음 친척이나 친구들을 정착지에서 결합하기 위해 끌어들이는 인구이동의 한 형태이다. 합법적인 이민자인 대부분의 도미니카 출신 이민자들은 다른 가족구성원들을 지원해 왔다. 따라서 많은 도미니카인은 가족재결합 조항을 통해 미국에 들어온 것이다. 그러나 그러한 정책에서는 가족을 핵가족 단위(제6장 참조)로 규정하며 사촌이나 의례적 친족(compadrez)과 같이 도미니카인에게서 많이 나타나는 확대가족의 중요한 구성원들을 배제하고 있다. 이러한 장벽을 극복하기 위해 몇몇 도미니카인은 계약결혼이라 불리는 수법을 사용한다. 계약결혼은 이주를 원하는 개인이 합법적 이민자나 시민권자에게 수수료를 낸다. 수수료는 약 2,000달러로 그 사람과 '결혼'을 계약할 때 드는 비용이다. 그 다음으로 이주자는 가족결합 조항을 통해 비자를 획득한다. 계약결혼은 동거나 성적 관계를 포함하지 않으며, 그럴 경우 결혼의 파기를 의미한다.

뉴욕시에서 대부분의 도미니카인은 의류산업 등의 제조업에 종사한다. 이들은 다른 어떤 종족보다 이러한 산업에 더욱 집중되어 있다. 따라서 최근 뉴욕시의 제조업 일자리의 감소와 제조업 지위의 하락은 도미니카인에게 불균형적인 영향을 미쳤다. 다수의 도미니카인들이 본인 소유의 소매상 혹은 잡화점을 차렸다. 많은 잡화점이 안전하지 않은 지역에 위치해 있었고 일부 소유주들은 폭행을 당하거나 살해당했다. 도미니카인보다 낮은 임금과 더 열악한 노동조건을 기꺼이 받아들일 의사가 있는 멕시코와 중앙아메리카 지역 출신의 새로운 이민자가 들어오면서 경제적인 어려움이 더욱 심화되고 있다.

많은 중상류층 도미니카인 이주자들이 미국에 도착하자마자 상당히 안정적인 일자리를 확보해냈지만, 그 이후로는 경제적으로 위축되어 갔다. 뉴욕시의 도미니카인은 최고 수준의 빈곤율을 보이고 있다. 임금은 여성보다 남성이 더 높다. 빈곤은 어린 자녀를 둔 여성가구주 사이에 집중되어 있으며, 여성이 남성보다 공적부조를 받을 가능성이 더 높다.

그럼에도 불구하고 미국의 도미니카 출신 여성들은 도미니카공화국에 있을 때보다 더 높은 비율로 정규직에 고용된다. 이러한 패턴은 남성이 생계를 부양하고 여성이 가사의 책임을 맡는 핵가족의 부계적 규범을 뒤엎는 것이다. 여성에게 소득력이 있다는 것은 부부의 의사결정이 더 평등하다는 것을 의미한다. 도미니카 출신 직장 여성은 집안일을 하는 남성으로부터 더 많은 도움을 받을 가능성이 있다. 이러한 모든 변화는 왜 많은 도미니카인 남성이 여성보다 더 도미니카공화국에 돌아가려고 열망하는지를 설명하는 데 도움을 준다. "너희 나라는 여성을 위한 나라이고 내 나라는 남자를 위한 나라이다"(Pessar, 1995:81). 비록 많은 도미니카인들이 더 나은 삶을 찾아 조국 땅을 떠났지만 많은 사람들은 도미니카공화국으로 돌아가기를 희망한다. 속담 한 가지가 있는데 미국에는 "일자

연쇄이주 이주자의 첫 번째 물결이 들어온 뒤 친척과 친구들을 목적지로 데려와 함께하는 인구이동의 한 형태

리는 있지만 삶은 없다"라는 것이다.

엘살바도르인 : 빈곤에 허덕이는 전쟁에서 탈출하기 엘살바도르인은 약 120만 명으로 미국에서 인구수가 네 번째로 많은 라티노인이다(www.migrationinformation.org). 1979년에 시작해 몇십 년 넘게 지속되고 있는 엘살바도르의 내전은 엘살바도르인의 국외이주를 촉발시킨 중요한 요인이었다(Mahler, 1995)(지도 12.4 참조). 난민의 대부분은 미국으로 이주했다. 엘살바도르인의 절반이 미국의 캘리포니아, 특히 로스앤젤레스에 거주하며(Baker-Christales, 2004) 그 밖의 집단이 워싱턴 DC 지역에 거주한다. 롱아일랜드의 교외지역으로 이주한 많은 이들을 포함한 다수가 뉴욕시 주변에도 정착했다.

중산층과 상류층 엘살바도르인은 여행비자나 심지어 이민비자까지도 비교적 쉽게 얻었다. 그러나 하층계급은 성공할 확률이 적으며, 대다수는 모하도(mojado)로 미국에 불법적으로 들어온다. 모하도는 경멸적으로 쓰는 속어로 '(특히 미국으로 밀입국한) 멕시코인'을 의미한다. 멕시코인 불법이민자와 마찬가지로, 엘살바도르인은 모하도라는 용어를 자신들의 여정을 묘사하기 위해 사용한다. 그렇지만 엘살바도르인은 1개가 아니라 3개의 강을 건너야 한다. 세 강의 횡단은 이들의 탈출 이야기에서 주요한 주제이다. 여기에는 길을 따라오면서 배고픔, 체포 그리고 구타와 강간당한 여성들이 포함된 신체적이고 정신적인 고난이 가득 차 있다. 이들이 도착할 때, 특히 일자리나 주택 등의 상황이나 형편은 아직 수월하지 않다. 교육과 사업수완의 부족으로 인해 구직 활동은 제한되어 있다. 미등록 이민자들이 괜찮은 일자리를 구하는 것은 더욱 어렵다. 이러한 요인들로 인해 엘살바도르 사람들은 공식적으로 등록되지 않는 비정규직 업무를 수행하는 비공식 부문에서 일할 가능성이 높고 경제적 착취의 목표가 되기 쉽다.

롱아일랜드에 거주하는 엘살바도르인은 저임금과 열악한 조건에서 노동한다. 이들의 일에는 부유한 가정에 서비스를 공급하는 작업이 포함되어 있다. 남성은 정원 손질, 조경, 건축 그리고 수영장 청소와 같은 옥외 작업을 한다. 여성은 보모, 입주 가정부, 집 청소부, 식당노동자 및 노인 간병인과 같은 일을 한다. 엘살바도르인은 흔히 한 가지 이상의 일자리를 가지고 있다. 예를 들어 오전에는 맥도날드에서 일하고 오후에는 집 청소일을 한다. 남자들은 자존심 때문에 접시 닦기와 같은 저급한('여성적인') 일을 하지 않는다. 여성은 더 유연한 편이어서 남성보다 일자리를 찾는 것이 보다 쉽다. 극빈층의 엘살바도르 난민의 경우, 훨씬 착취적인 일에 종사하지만 이들이 가족에게 아무것도 부양하지 못했던 고향으로 돌아가는 것에 비교해본다면 경제적으로 도움은 될 것이다.

엘살바도르인은 비자 검열의 가능성이 적은 부문인 비공식적 경제가 번창한 롱아일랜드에 매력을 느낀다. 그러나 불행하게도 롱아일랜드의 거주비용은 다른 곳보다 높다. 저임금과 높은 거주비용의 결합으로 인해 엘살바도르인은 계속 전망이 없는 근로빈곤층의 범주에 놓인다. 이들은 많은 사람들

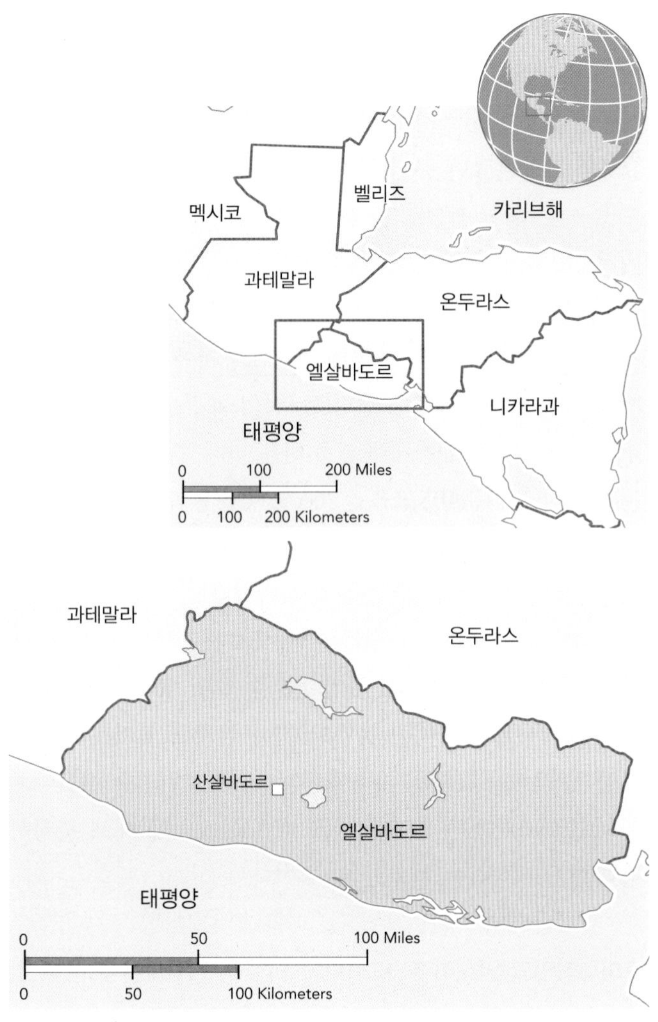

지도 12.4 엘살바도르

최근 엘살바도르공화국은 한두 가지의 주요한 수출 작물에 중점을 두어 왔으며 이 중 커피가 주요 작물이다. 커피를 재배하기 위해서는 높은 고도의 토지가 필요하며, 커피 생산으로 인해 많은 원주민이 쫓겨났다. 엘살바도르의 총 인구는 약 600만 명이다. 이 중 대략 90%가 메스티소이고, 유럽계가 9%(대부분 스페인계), 1%가 선주민이다. 일부 원주민이 나우아틀의 방언인 나우아트어를 사용하기는 하지만 제1언어는 스페인어이다. 인구의 83%가 로마 가톨릭을 신봉하며 개신교도가 15%로 증가세에 있다.

을 소가족에나 적합한 주거단위로 밀어 넣음으로써 높은 주거비용에 대처한다. 도시빈곤층을 제외하고는 대부분 집을 소유하고 있는 엘살바도르인에 비교해보자면, 롱아일랜드의 엘살바도르인 중에 집을 가진 사람은 소수에 불과하다. 거주의 공간과 비용은 확대친족과 임대비용을 지불한 비친족원끼리 분담한다. 이러한 상황은 가구 내부에 긴장과 스트레스를 초래한다.

아시아에서 온 신이민자

아시아에서 오는 신이민자는 동아시아와 남아시아(한국, 일본, 중국, 인도) 출신 고소득 이민자들뿐만 아니라 전쟁으로 피폐해진 나라(베트남, 캄보디아, 네팔)의 망명자들에 이르기까지 매우 다양한 범주를 이루고 있다. 따라서 아시아 출신 국제이주민들이 새로운 정착지에서 어떻게 행위를 변화시키는지에 대한 연구는 상이한 소비 패턴의 출현 여부, 만일 출현한다면 그러한 변화가 그들 문화의 다른 측면, 변동하는 청년문화, 그리고 사회적 · 심리적 버팀목으로서의 종교적 관행에 왜, 어떻게 영향을 미치는지 등 매우 광범위한 주제를 다루어 왔다.

홍콩계 중국인 소비 패턴의 변화 한 캐나다인의 연구에서는 네 집단, 즉 영국계 캐나다인, 7년 내에 도착한 홍콩인 이민자, 장기간의 홍콩인 이민자, 홍콩 거주민의 소비 패턴이 조사되었다(Lee and Tse, 1994). 1987년 이후 홍콩은 캐나다에 이민한 이민자 가운데 단일규모로는 최대의 출신지였다. 캐나다에서 새로운 이민자의 정착 패턴은 도심집중 유형 중 하나이다. 홍콩계 중국인은 자체 쇼핑센터, 텔레비전과 라디오 방송국, 신문 및 컨트리클럽을 성장시켰다. 홍콩 이민자들은 일반적으로 소득이 높아 캐나다의 구매력을 크게 향상시켰다.

그러나 가난한 홍콩 출신 이민자들 대부분은 이주로 인해 경제 상황이 악화하는 일이 발생했고 이는 소비 패턴에 그대로 반영된다. 신이민자들은 아마도 오락과 사치품에 대한 소비를 줄여야 했을 것이다. 신이민자들의 일차적 수요는 TV, 자동차, 집, VCR, 카펫, 전자오븐 등 전체 가구가 소유한 품목들의 절반 정도만 포함했다. 부차적 범주의 수요 품목들은 식기류, 바비큐, 초저온냉동고, 제습기였다. 장기 이민자들은 더 많은 부차적 품목을 소유했다.

동시에 캐나다의 기업들은 홍콩풍의 레스토랑, 중국 계열 은행, 중국 전문 여행사를 제공해줌으로써 홍콩 출신 이민자의 취향에 부응했다. 슈퍼마켓들은 아시아인을 위한 특별코너를 제공한다. 따라서 전통적인 패턴과 유대관계는 일부의 범위에서만 유지되었다. 이 절에서 논의하고 있는 홍콩인 이민자의 두 가지 특징은 다른 집단들과 구분된다. 이들의 비교적 안정된 지위와 높은 수준의 교육이 그것이다. 아직까지 이들은 캐나다에서 적당한 일자리를 찾는 데 어려움을 느끼곤 한다. 일부 사람들은 캐나다를 'Kan Lan Tai(艱難大)'라고 부르는데, 이는 캐나다가 성공하기 어려운 곳이며 많은 사람을 '우주비행사', 즉 초국가적 이주자가 되게 한다는 뜻이다.

베트남인들의 세 가지 적응 패턴 1970년대 전쟁기간 동안과 전후에 1억 2,500만 명 이상의 난민이 베트남을 떠났다. 이들 대부분은 미국에 재정착했지만 다수는 캐나다, 호주, 프랑스, 독일, 영국으로 건너갔다(Gold, 1992). 베트남인 이민자들은 미국에서 네 번째 규모의 아시아계 미국인 소수집단이 되었다. 3개의 뚜렷한 하위집단으로는 1975년대의 엘리트, '보트피플', 화인(華人, ethnic Chinese)이 있다. 이들은 빈번하게 상호작용하고는 있지만 적응에 있어서 뚜렷한 패턴을 가지고 있다.

첫 번째 집단은 1975년대의 엘리트로 탈출에 따르는 많은 트라우마적인 요소를 피했다. 이들은 미국의 피고용인이었으며 남베트남 정부와 군대의 구성원이었다. 이들은 공산당의 통치 아래에서 살기 이전에 떠났으며, 난민캠프에서 얼마간을 지냈다. 대부분은 가족 전체가 온전히 왔으며 미국 정부로부터 넉넉한 재정적 지원을 받았다. 교육과 영어능력을 사용하면서 대부분은 곧바로 좋은 일자리를 찾았고 빠르게 자리를 잡았다.

보트피플은 1978년의 베트남–중국 간의 갈등 발생 이후에 미국으로 들어오기 시작했다. 주로 농촌 출신인 이들은 공산당 치하에서 3년 내지 그 이상을 살았다. 초과 탑승으로 붐비고 물이 새는 배로 왔든 캄보디아를 통해 도보로 왔든 간에 이들의 탈출은 위험하고 어려웠다. 무려 50% 이상이 오는 도중에 사망했다. 생존한 사람들은 미국 입국 승인을 받기 전까지 태국, 말레이시아, 필리핀이나 홍콩에 있는 난민캠프에서 여러 달을 지내야 하는 상황에 직면했다. 여성보다 남성이 더 많이 보트피플로 탈출했기 때문에 이러한 난민들은 온전한 가족으로 도착할 가능성이 적었다. 이들은 초기 이민물결의 세

미국의 베트남 이민자는 아시아계 미국인 집단 가운데 4번째로 큰 집단을 이루고 있다. 많은 베트남계 미국인 젊은이들이 경제적 · 사회적 성공을 거두고 있는 반면, 일부 다른 젊은이들은 불우한 삶을 살며 도시 갱단에 들어간다. (위) 베트남계 미국인 대학생들이 할리우드 나이트클럽에서 즐거운 시간을 보내고 있다. (아래) 베트남계 미국인 여배우인 매기 큐.

대에 비해 교육수준이 낮았으며 절반 정도는 영어 구사능력이 부족했다. 이들은 1980년대 미국 경제의 불황기에 직면하게 된다. 이들이 도착하던 시절 미국 정부는 난민에 대한 현금 급여를 제한했으며, 다른 보조금들도 취소시켰다. 이러한 난민들은 1975년대에 이주한 엘리트보다 미국 생활에 적응하기가 훨씬 더 힘들었다.

화인은 베트남에서 독자적이며 사회적으로 주변화된 기업가로 살았으며 미국에는 주로 보트피플로 오게 되었다. 화인들이 베트남에서 떠나는 것이 허용된 것은 베트남과 중국 간의 적대감이 발생한 1987년 이후부터였다. 화교사회 공동체와의 연줄을 사용하는 일부 화인들은 기업가로서의 자신의 역할을 다시 회복할 수 있었다. 그러나 대부분은 서구식 교육에 뒤떨어졌기 때문에 미국에서 힘든 시간을 보냈다. 이들은 또한 미국 내에서 다른 베트남인으로부터 차별을 받기 쉽다.

1세대 베트남인의 미국 내 적응에 대한 일반적인 모습은 높은 실업률, 복지 의존성, 빈곤으로 나타난다. 캘리포니아 남부지역의 베트남 난민과의 인터뷰에 따르면 젊은이들 사이에서 세대교체와 전통의 쇠퇴가 드러난다. 예를 들어 캘리포니아 남부지역의 베트남계 10대들은 미국 저소득계층 10대의 생활방식을 채택해 왔다. 이들에게 있어서 유럽계 미국인 친구들은 베트남계 혈통들보다도 더 중요하다. 그러나 미국사회 전체에 걸친 적응의 문제에서 사회적 변수들과 지역적 차이들을 고려해본다면 베트남계 미국인의 일반화는 매우 조심스럽게 다루어져야 할 것이다.

뉴욕시의 힌두교인이 자신의 문화를 유지하다 1965년에 미국 법률이 개정되면서 첫 번째 물결로 인도 출신의 남성 전문직 종사자가 대다수인 남아시아계 이민자들이 도착했다(Bhardwaj and Rao, 1990). 이러한 첫 번째 물결의 구성원들은 주로 동부와 서부의 도시에 정착했다. 이후 유입된 인도 출신 이민자들은 교육수준이 낮고 가난했으며, 주로 뉴욕과 뉴저지에 집중된 경향이 있다. 뉴욕시는 미국에서 남아시아계 이민자 인구가 가장 많으며, 이는 미국 내 전체 남아시아인의 약 1/8 수준이다(Mogelonsky, 1995).

고등교육을 받은 첫 번째 물결의 구성원들은 의학, 공학, 경영 등과 같은 전문 분야에 집중되어 있었다(Helweg and Helweg, 1990). 캘리포니아의 실리콘밸리에서 주요한 이민자 집단 중 하나는 남아시아 인도인이다. 교육수준이 낮은 구성원들인 그다음 물결은 가족경영 사업이나 서비스 산업에서 직장을 구한다. 인도인은 편의점과 같은 몇몇 업종에서 압도적으로 우세하다. 이들은 중저가 호텔과 모텔의 소유권을 뚫

뉴욕 플러싱에 있는 한 대규모 힌두교 사원이 인도 출신 성직자(오렌지색 옷)와 함께 기도를 올리는 의식을 거행하고 있다.

고 들어가 이 틈새에서 전체 시설물의 거의 절반 정도를 운영한다. 뉴욕시에서 인가받은 택시 운전사의 40% 이상이 인도인, 파키스탄인 혹은 방글라데시인이다(Mogelonsky, 1995).

미국에서 남아시아 인도인집단은 가장 부유한 이민자집단 중 하나이며, 성공한 이민자 이야기로 여겨지고 있다. 남아시아 인도인은 자녀교육에 높은 가치를 두고 있으며 자녀들에게 의학, 공학과 같은 분야에서 고등교육을 계속 받도록 강요한다. 이들은 자녀를 적게 가지며 학교교육과 사회적 출세에 과도하게 투자하는 경향이 있다.

첫 번째 물결의 구성원들이 지속적으로 노력하고 있는 것은 주류 미국 문화에 만연한 데이트, 혼전성관계, 음주, 약물 복용과 같은 패턴에 맞서 힌두교도의 문화적 가치를 유지하는 것이다(Lessinger, 1995). 힌두교인들은 젊은이들을 위한 일요학교반과 다음 세대에게 힌두교의 유산을 물려줄 수 있는 방법인 문화적 이벤트를 제공해주는 힌두교 사원의 건축을 지원한다. 남아시아 힌두교인은 의례 후 나오는 음식의 종류 등과 같은 물질적인 면에서 삶의 방식과 선호도를 조정함으로써 자신들 집단의 젊은이들에게 호소하려고 한다. 야채 피자는 오늘날 일반적인 사원에서 젊은이를 위해 제공하는 메뉴이다.

미국과 캐나다에서 힌두교의 또 다른 도전 과제는 다양한 종류의 힌두교도들에게 설법할 수 있도록 의례적 다양성을 제공하는 사원을 건립하는 것이다. 뉴욕시에서 한 사원의 성장 과정은 힌두교 의례에서의 유연성이 어떻게 힌두교를 확장하는 데 도움을 주었는지를 보여준다. 가네샤 사원은 1997년에 남인도 출신 힌두교인들의 지도력하에 설립되었다. 최초의 사원 의례는 남인도 사원에서 했던 것과 동일했다. 하지만 몇 년의 시간이 흐르면서 이 사원은 힌두교의 범위를 넓히기 위한 방편으로 인도의 다른 지역 출신 힌두교인에게 관심을 끌 만한 요소를 포함시킨 의례를 확대시켰다. 신자가 증가하기 시작했고, 이러한 성장세에 맞추기 위해 물리적 구조도 확대되었다. 매일 그리고 매년의 주기는 남인도의 전형적인 힌두교 사원에서 찾아볼 수 있는 것보다 더욱 더 정교해지고 다양해졌다. 뉴욕의 가네샤 사원은 인도 도처에서 들어온 힌두인을 위한 중요한 순례지이다.

세계화 시대의 이주정책과 프로그램

12.3 이주정책과 프로그램에 인류학자들이 어떻게 기여할 수 있을지 인식하기

이주정책 및 이주 프로그램과 연관되어 있는 주요 문제들은 특정한 사람들의 범주에 대한 포용과 배제라는 국가 및 국제적 정치에 관련되어 있다. 이주민의 다양한 범주에서 보자면 이들의 인권은 극적으로 다양하다. 목축민, 원시농경민과 같이 오래된 이주집단을 포함한 모든 종류의 이주민들은 건강을 유지하고 미래에 대한 안전을 확보해 나가면서 자신의 삶의 방식을 지켜 나갈 수 있는 방법을 모색하고 있다.

이주민의 건강 보호

이주민은 이주 유형과 정착지가 광범위하고 다양하기 때문에 건강상의 위험이 도처에 존재한다. 특별히 고려해볼 만한 이주민집단 중 한 집단은 수렵채집민, 원시농경민, 목축민과 같이 공간적인 이동을 요구하는 장기적인 경제 시스템에 생계가 달려 있는 사람들이다. 아프리카의 사헬 지역(지도 12.5 참조)은 최근 수십 년 동안 빈번한 가뭄과 식량부족을 겪고 있는 곳으로서 더욱 향상된 모니터링과 강화된 서비스의 공급이 그러한 상황을 막아낼 수 있는 방법이라는 것을 깨닫도록 문화인류학자들의 조사를 촉구하고 있다('현실 속의 인류학' 참조).

포용과 배제

수용 가능한 이민자의 수와 유형에 할당량을 설정하고 어떻

지도 12.5 **사헬 지역**

'사헬'이라는 말은 아랍어의 '해안', '국경'에서 연유한 것으로, 사하라 사막과 남부지역의 비옥한 지역 사이를 일컫는다. 주로 사바나 식생대를 이루는 이 지역은 사하라의 무역경로를 통제했던 많은 부유한 왕국의 본거지였다. 대부분의 사람들은 목축과 반정주형 소 사육을 하며 생계를 유지한다. 이 지역은 최근 몇 번의 가뭄을 거치는 동안 가축무리에 만연한 죽음, 만연한 기아와 영양실조 그리고 강요된 인구이동을 겪었다[주 : 수단은 이 지도가 나온 이후 2개의 나라로 분리되었다(315쪽 지도 13.6 참조)].

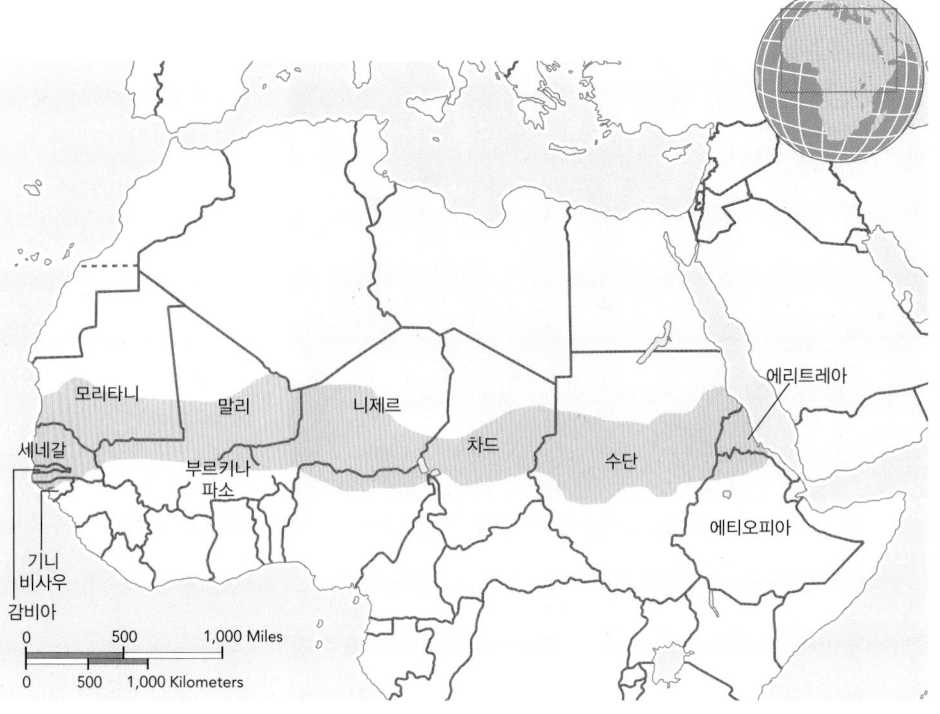

게 그들을 대우해야 하는지 결정하는 국가정책은 정치 및 경제적인 이해관계에 따라 광범위하게 영향을 받는다. 인도주의적으로 할당이 된 것처럼 보이는 것마저 정부는 수익과 손실이 얼마큼 발생할지에 대한 비용편익분석(cost-benefit analysis)에 착수한다. 각 정부는 이민 정책을 통해 다른 국가 정부들에 대한 정치적인 지지나 반대를 표명한다. 정책에 영향을 주는 가장 분명한 경제적 요인들 중 하나는 노동의 흐름이다. 불법적인 노동을 포함하여 값싼 이민자의 노동은 사업의 이윤과 충분한 서비스의 유지를 위해 전 세계에서 사용된다. 이러한 노동의 흐름은 노동조합과 기존 노동자의 지위를 약화시킨다.

국가의 이민 정책은 지역사회 곳곳에서 작동된다. 몇 가지 예를 들어보면 지역사회의 분노는 소위 **구명선 사고방식**(lifeboat mentality), 즉 자원에 대한 인식상의 제약 때문에 특정 집단이 확대되는 것을 제한하려 한다는 시각과 결합된다. 이러한 시각은 최근 전 세계 도처에서 나타나고 있는 거주국 국민들의 이주자에 대한 적대감의 표출에 대해 일부분 설명해준다. 그 적대감이란 거주국 주민들이 자애롭고 자신이 가진 것을 나누기는커녕 자신들이 보유한 자격을 보호하기 위해 이민자들을 몰아내려고 한다는 것이다.

이주와 인권

최근 전 세계 많은 국가에서 나타나는 정치적 보수성은 이전의 보다 진보적인 이민정책을 뒤집는 데 성공했다. **귀환권**(right of return), 즉 난민들이 고향에 돌아가서 살 수 있는 권리는 서구에서 마그나 카르타에 서명이 이루진 이래 기본적인 인권으로 간주되어 왔다. 이 권리는 1948년에 통과된 UN 총회결의 194조에 포함되어 있으며 1974년 UN에서 '불가양의 권리'로 격상되었다.

1948년에 일어난 전쟁기간 동안 고향에서 탈출하거나 내몰린 방대한 수의 팔레스타인인에게 귀환권은 중대한 문제이다. 이들은 주로 요르단, 요르단 서안지구/동예루살렘, 가자지구, 레바논, 시리아 및 기타 아랍 국가로 떠났다. 요르단과 시리아는 팔레스타인 난민의 권리를 그 사회의 시민과 동등하게 인정하고 있다. 레바논의 경우 팔레스타인 난민의 수가 20~60만 명 사이로 추정되는데, 정부는 이들에게 그러한 권리를 부여하기를 거부한다(Salam, 1994). 이스라엘은 난민의 수가 낮게 나오기를 바라는데, 이것이 팔레스타인 난민문제를 덜 심각해 보이도록 만들기 때문이다. 반대로 팔레스타인

구명선 사고방식 자원에 대한 인식상의 제약 때문에 특정 집단이 확대되는 것을 제한하려고 시도한다는 시각

귀환권 난민이 자신의 고향에 돌아가서 살 수 있도록 하는 UN이 보장한 난민에 대한 권리

현실 속의 인류학

위험평가와 서비스 제공을 위한 아프리카 목축민의 이동을 지도화하기

목축민은 기후변화, 식량공급의 불안정성 그리고 전쟁과 정치적 격변으로 인해 일반적으로 영양실조에 취약하다. 공간적인 이동성 때문에 이들은 위기기간 동안 구호지원에 접근하기가 어렵다.

문화인류학자들은 위기를 방지하고 기본적인 서비스 전달체계를 개선하기 위해 사헬 지역 목축민의 이동에 대한 기본적인 정보를 수집하고 운영하는 방식을 고안하고 있다(Watkins and Fleisher, 2002). 이러한 사전대책 계획이 요구되는 데이터는 다음과 같다.

한 투아레그 목축민이 말리의 모래 폭풍을 헤치고 길을 가고 있다.

- 특정한 시간에 특정한 장소에서의 이주민의 수와 가축의 규모. 이러한 데이터는 계획가들에게 공공보건 프로그램, 교육 프로그램 및 수의학 서비스에서 요구되는 서비스의 수준에 대한 정보를 제공해줄 수 있다. 이러한 정보는 특정한 목초 지역과 수자원에 대한 수요를 평가하기 위해 사용될 수 있으므로 미래에 발생 가능한 위기를 예측하는 데 중요하다.
- 이주운동의 패턴에 대한 정보. 이러한 정보는 사람들이 서비스에 따라 이동하기를 기대하기보다는 계획가들이 사람들이 있는 곳으로 서비스를 이동시키도록 하는 것을 가능하게 한다. 예를 들어 일부 비정부기관들은 이동식 은행업무 서비스와 이동식 수의과 진료 서비스를 공급 중이다. 목축민의 이동에 대한 정보는 몇몇 집단들이 같은 장소를 같은 시간에 도착했을 때 결과로 나타날 수 있는 사회갈등을 막는 조기 경보로 사용될 수 있다.

데이터 수집은 목축민과의 인터뷰를 수반하는데, 이는 흔히 전문적인 지식 때문에 인류학자가 선택한 1명 혹은 2명의 주요 참여자들과 이루어진다. 인터뷰는 잇따른 이주경로(전형적, 비전형적), 인구 수준, 가축의 규모 그리고 사람과 동물이 필요로 하는 영양분과 수분 등과 같은 주제를 다룬다. 목축민의 복합적인 사회체계를 감안해볼 때, 데이터 수집은 집단의 지도력, 의사결정의 수행, 그리고 토지와 물에 대한 권리 또한 반드시 포함되어야 한다.

인류학자들은 지리정보시스템(GIS)이라 불리는 것을 통해 수집되고 처리된 다른 데이터들을 민족지적 자료와 연계하면서 전산화된 데이터베이스로 체계화한다. 여기에는 위성에서 보내온 환경과 기후정보가 포함된다. 그다음으로 인류학자들은 다양한 시나리오를 구축하고 사람들의 건강에 대해 제기하는 상대위험도를 평가한다. 임박한 위험은 예측할 수 있으며, 경고들은 정부와 국제원조기구들에 보내질 수 있다.

생각할 거리

여기서 기술된 추적시스템은 목축민 스스로의 통제에서 벗어나 있다. 이들이 더욱 의미 있고 더 큰 자율성을 얻을 수 있게 하려면 어떻게 운영해야 할까?

인은 자신들의 참상에 대한 심각성을 강조하기 위해 난민의 숫자를 더 높이기를 원한다. 팔레스타인인은 레바논에서 환영받지 못한다는 것을 알고 있지만, 이스라엘이 팔레스타인인에 대한 귀환권을 거부하기 때문에 이스라엘로 돌아갈 수 없다. 이스라엘은 아랍 각국에서 온 유대인 이민자를 수용하는 것이 동등한 교환이라고 주장하면서 팔레스타인의 요구에 대응한다.

귀환권과 관련해 대부분의 국가에서는 UN에서 제정한 것과 근접한 정책을 가지고 있지는 않지만 각 주들 내에서는 효력이 있는 것으로 여겨질 수 있다. 국내유민과 고향으로 돌아갈 권리의 상실에 대한 극명한 사례로는 뉴올리언스와 미시시피 및 루이지애나와 같은 연안주에서 2005년에 발생한 허리케인에서 비롯된 결과들을 들 수 있다. 뉴올리언스의 통계만큼 강제이주의 '인종적' 경계선이 명백한 것은 그 어디에도 없다(Lyman, 2006). 허리케인 카트리나 이전에 뉴올리언스의 인구는 54%가 백인, 36%가 흑인 그리고 6%가 라틴계였다.

2015년 9월, 지중해의 한 섬나라인 몰타의 주민들이 아프리카 난민 및 이민자들과의 연대를 표현하기 위해 세계 전역에서 모인 다른 단체들과 함께 밤새 촛불을 밝혔다.

■ **세계무역기구(WTO)는 국가 간의 자유무역을 지지한다. 이 기구가 국가 간 노동의 자유로운 이동에 대해서는 어떤 입장에서 있는가?**

2006년 인구는 백인이 68%, 흑인이 21%였고, 라틴계에는 변화가 없었다. 여기서 흑인인구가 차별적인 강제이주를 당하게 된 원인이 하나의 문제이다. 또 다른 문제는 차별적 재정착이라 불릴 만한 현상인데, 이렇게 많은 해가 지났음에도 불구하고 많은 흑인들이 자신의 고향으로 귀환할 수 있는 가능성이 거의 없다는 사실이다.

12 학습목표 재고찰

12.1 이주의 주요한 범주 기술하기

이주자는 국내, 국제 혹은 초국가적인 것으로 분류된다. 또 다른 범주는 이주자의 이주동기에 기초한다. 이러한 차원에서 이주자는 노동이주자, 기관이주자, 혹은 유민으로 분류된다. 새로운 상황에 대한 사람들의 적응은 특히 삶을 만들어 나가고 사회적 유대를 수립해 나간다는 측면에서 보자면 이동에 대한 자발성의 정도, 기원지와 정착지 간 문화 및 환경적인 차이의 수준 그리고 새로운 지역이 기대했던 것과 얼마나 일치하는지에 달려 있다.

유민은 가장 빠른 성장을 하는 범주 중 하나이다. 정치적 박해나 전쟁으로부터 탈출한 난민은 심각한 적응의 도전에 직면한다. 왜냐하면 그들은 자원이 희박한 고국을 떠나 왔고 많은 심리적인 고통을 경험했기 때문이다. 국내유민의 수는 난민의 수보다 더욱 빠르게 증가하고 있다. 거대 댐과 그 밖의 대규모 개발 프로젝트로 인해 수많은 사람들이 국내유민이 되어 가고 있으며, 이러한 개개인들은 UN과 같은 국제 조직들의 범위 밖에 존재한다.

12.2 미국과 캐나다로 이주한 신이민자의 사례에 대해 토론하기

세계적으로 '신이민자들'은 초국가적 연결의 증가와 점차 다문화적으로 변모하는 국가 내 인구의 구성에 기여하고 있다. 미국에서 라틴아메리카, 특히 멕시코에서 온 신이민자들이 가장 규모가 크고 가장 빠르게 성장하고 있는 범주지만, 현재 그들의 비율은 감소하고 있는 반면, 아시아 이민자의 비율은 증가하고 있다.

미국에서 대부분의 난민 이민자들은 경제규모 가운데 하위 분야의 직업에 종사한다. 구소련에서 온 유대인 난민들은 러시아에서 그들의 고용 상황과 미국에서의 제한된 선택을 대비시켜 보면서 큰 차이를 경험한다. 미국에 비교적 자발적으로 이민한 동아시아와 남아시아 출신 이민자들은 대부분의 다른 이민자집단들보다 더 높은 수준의 경제적 성공을 이루었다.

전 세계 이민자집단들은 흔히 새로운 정착지에서 차별에 직면한다. 차별이 발생하는 정도는 인지된 자원 경쟁의 수준에 따라 달라진다. 젠더는 이민자들의 경험에 영향을 미친다.

12.3 이주정책과 프로그램에 인류학자들이 어떻게 기여할 수 있을지 인식하기

인류학자들은 포용과 배제라는 관점에서 국가적 · 국제적 이주 정책과 프로그램에 대해 연구해 오고 있다. 특수한 맥락 속의 현지조사는 지역 거주민과 이민자 사이에서 나타나는 다양한 패턴을 보여준다. 지역민들 사이에서 나타나는 이민자들에 대한 노동계급적 분노는 보편적인 것이 아니며 고용 가능성의 총량과 유형에 따라 변한다.

인류학자들은 이주자의 인권침해 가능성, 특히 이주의 자발성 정도와 정착지에서 직면하는 조건들을 조사한다. 이주와 관련된 또 다른 인권문제는 귀환권의 문제이다. UN은 국제적인 유민을 위한 귀환권을 선언했다. 그러나 대부분의 국가에서는 그러한 정책이 부재하다. 미국에서 2005년에 발생한 허리케인 피해자들이 포함된 국내유민은 고향에 귀환할 수 있는 어떠한 보장도 받지 못한다.

문화인류학자들은 이주와 관련된 응용작업에서 많은 역할을 발견한다. 목축민과 같은 전통적인 이주민의 이주성 이동(migratory movement)에 대한 데이터 수집은 인간주의적인 원조 프로그램을 더욱 적절하고 효과적으로 만드는 데 도움을 줄 수 있다.

핵심 개념

개발로 인한 강제이주	귀환권	송금	이주
구명선 사고방식	기관이주자	순환이주	초국가적 이주
국내유민	난민	신이민자	회복탄력성
국내이주	배출-흡인이론	연쇄이주	
국제이주	브라세로	유민	

틀에서 벗어나 생각하기

1. 엘살바도르를 포함하여 미국, 멕시코, 중앙아메리카의 지리를 보여주는 상세 지도를 찾아보라. 엘살바도르에서 미국 쪽으로 이어지는 가능한 육로 이주경로를 추적하고, 엘살바도르 난민들이 건너야 했던 3개의 강을 찾아보라.
2. 한 장소에서 다른 장소로 이동하면서 여러분이 겪은 최근의 경험을 생각해보라. 여러분의 이동은 순전히 자발적이었는가? 그렇지 않다면, 여러분의 이동에 영향을 미친 몇 가지 요인은 무엇인가? 새로운 장소에 어떻게 적응했는가?
3. 여러분은 모국의 이민정책에 대해 어떤 입장을 가지고 있는가? 이민자들이 여러분의 나라에 대체로 도움이 되는가? 만약 여러분이 이민 정책을 담당하고 있다면, 여러분의 입장은 무엇이고 그 입장을 취한 이유는 무엇인가?

CHAPTER 13

개발을 정의하는 사람들

개요

개발의 정의와 그에 대한 접근방식

현실 속의 인류학 : 사미인과 스노모빌 그리고 사회적 영향 분석

문화파노라마 : 아이티의 페이잔요

개발, 원주민 그리고 여성

긴급한 개발 현안들

환경에 주목하기 : 니제르 삼각주의 석유, 환경저하 및 인권

학습목표

13.1 개발의 정의와 그에 대한 접근방법 알아보기

13.2 원주민과 여성이 개발을 어떻게 재정의하고 있는지 요약하기

13.3 긴급한 개발 현안들을 파악하기

인류학의 연관성

브라질의 카야포 인디언은 2012년 브라질에서 열린 리우+20 환경정상회의의 카리오카 개막식에서 신성한 불을 들었다. 인구 3,000명이 넘는 부족인 카야포족은 수천 에이커의 원주민 땅을 파괴할 수 있는 브라질 북부의 싱구강 대형 댐 건설에 반대하는 여러 부족 중 하나이다. 리우+20 정상회의는 전 세계의 대표들이 모여서 환경보호에 대한 약속을 공식화하는 자리였다. 브라질은 놀라운 경제성장률을 경험하고 있지만, 동시에 열대우림과 원주민들의 삶의 터전이 파괴되고 있다. 브라질의 국가 아젠다는 카야포와 여타 인디언들이 세계 경제로 편입될 수 있는 가능성을 의미한다. 하지만 그들은 어떤 대가를 치르게 될까? 카야포 땅에서 금과 기타 귀중한 자원들이 발견된 것은 카야포인들에게 지속적인 경제적 기회를 제공하는 일이기도 하지만, 그들 문화의 통합성에 중대한 도전이기도 하다(Darlington, 2015).

> 17세기 프랑스인들이 우리의 영토인 브케와농에서 '우리를 발견한' 이후 월폴아일랜드에는 수많은 방문객들이 있었다. 대다수의 방문객은 우리가 있다는 것을 알아채지 못했고 우리의 전통을 인식하지 못했다. 그들은 우리가 가지고 있는 원주민의 지식을 거부한 채, 우리를 그들의 유럽적인 지식의 틀 속에 놓아두기 위해 노력했다. 그들은 우리의 토지와 물과 지식을 훔치려고 했다. 우리는 저항했다. 그들은 떠났고 다시 돌아오지 않았다. 우리는 우리의 장소에 온 그다음 방문객과 우리의 지식을 계속해서 공유했다. … 그것은 300년 이상 지속된 장기적인 전략이었다[딘 제이콥스(Dean Jacobs) 박사, 월폴아일랜드 원주민 보호구역의 이사, VanWynsberghe, 2002: ix의 서문].

이상의 내용은 캐나다 온타리오 남부에 위치한 월폴아일랜드 원주민 보호구역 지도자의 말이다(지도 13.1 참조). 전 세계의 다른 원주민집단들과 마찬가지로 이들은 최근 수십 년간 자신들의 문화와 자연환경을 보호하기 위해 강력한 조치를 취해 왔다. 월폴아일랜드 원주민 보호구역은 자체적으로 조직되었으며 물과 땅을 오염시키는 산업폐기물에 대항해 성공적으로 맞서 싸웠다. 그 과정에서 주민들은 자부심과 문화적 위상을 되찾았다.

개발인류학의 하위 분야는 문화와 '개발'이 사람들의 삶을 개선하고 빈곤을 타파하기 위해 어떻게 상호작용하는지를 탐색한다. 따라서 이 분야는 강한 응용적인 요소뿐만 아니라 빈곤의 요인에 대한 심각한 질문을 던지는 비판적인 요소도 존재한다. 이 장의 첫 번째 절에서는 변동과 개발에 관련된 개념과 개발에 대한 다양한 접근방식을 고찰한다. 두 번째 절은 원주민과 여성에 관련된 개발에 초점을 맞춘다. 세 번째 절은 개발에서의 긴급한 현안들과 문화인류학이 그것에 기여할 수 있는 것이 무엇인지 살펴본다.

개발의 정의와 그에 대한 접근방식

13.1 개발의 정의와 그에 대한 접근방법 알아보기

이 절에서는 **개발**(development), 즉 인간의 복지 증진을 목적으로 이루어지는 기획된 변화가 가져온 오늘날의 문화변동이라는 주제에 초점을 맞춘다. 개발노력의 주요한 초점은 빈곤을 막거나 줄이는 것이다. 제1장에서 논의한 바와 같이 빈곤은 정의하기가 매우 힘들다. 하지만 한 가지 실행 가능한 정의는 개인, 집단, 국가, 혹은 지역의 삶과 복지에 기여하는 유무형의 자원에 대한 접근성의 부족이라고 정의할 수 있다. 빈곤 퇴치를 위한 일부 접근법은 적절한 음식, 깨끗한 물, 주택, 의복처럼 그것이 없으면 한 개인이 죽거나 생존할 수 없는 기본적인 필요에 대한 접근권을 보장하는 데 초점을 두고 있다. 보다 확장된 정의에는 교육과 개인적 안전(공포로부터의 자유)

개발 인간의 복지 증진을 목적으로 이루어지는 기획된 변화

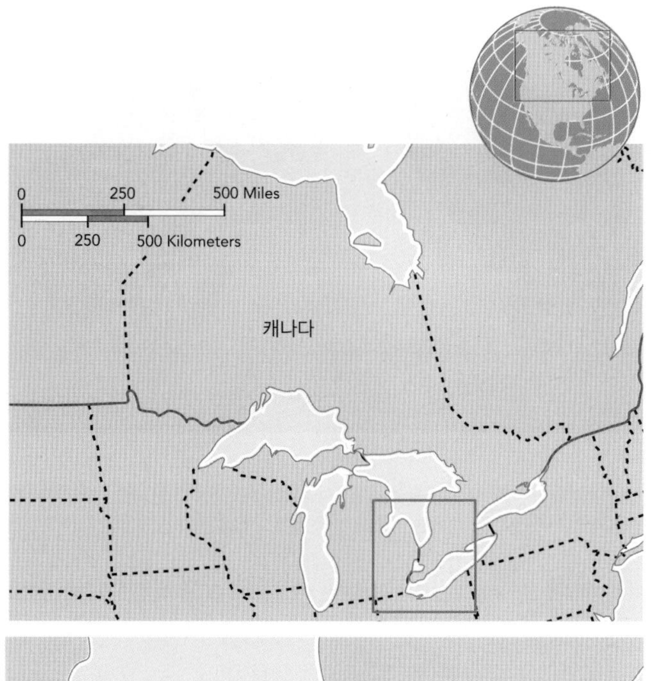

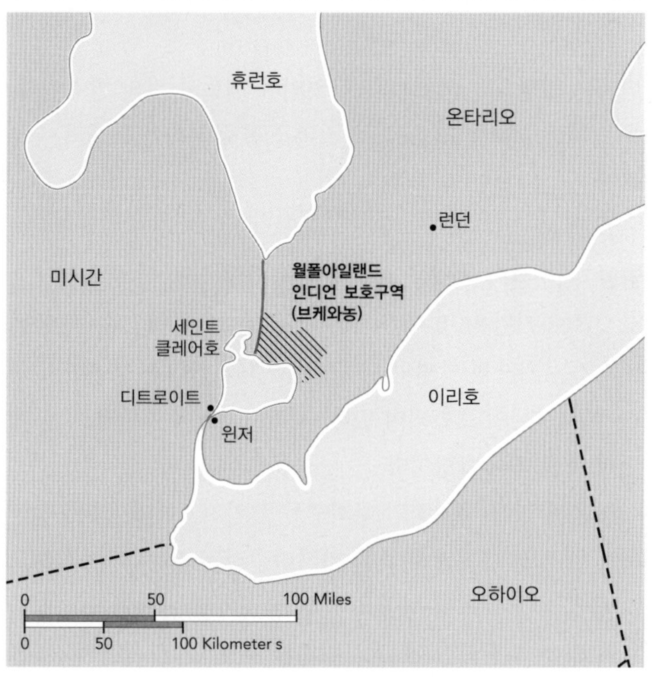

지도 13.1 캐나다 온타리오 남부에 있는 월폴아일랜드 인디언 보호구역

에 대한 접근권이 포함된다.

파리, 로마, 워싱턴 DC의 개발 전문가들은 빈곤 속에서 살아보지 못했거나 아마도 공항에서 5성급 호텔까지 택시를 타고 가면서 보는 것보다 가까이서 빈곤을 본 적이 없을 것이다. 하지만 그들은 다양한 종류의 빈곤을 논하는 데 많은 시간을 쏟고 있다. 그들은 빈곤을 측정하는 방법, 빈곤의 증감 여부를 평가하는 방법, 그리고 빈곤을 줄일 수 있는 정책과 프로그램 종류 등에 관심을 기울인다. 그들은 삶을 지탱하는 데 필요

캐나다의 스티븐 하퍼 총리(가운데 서 있는 사람)가 2008년 캐나다 오타와 국회의사당에서 열린 하원 행사에서 인디언 기숙학교와 관련된 한 세기 이상의 학대와 문화 상실에 대해 공식적으로 사과했다. 19세기부터 1970년대까지, 원주민을 캐나다로 동화시키기 위한 프로그램의 일환으로 1만 5,000명 이상의 원주민 자녀들이 정부지원을 받는 기독교 학교에 입학해야 했다.

한 자원의 심각한 부족으로 정의되는 극단적 빈곤, 평생 혹은 몇 세대에 걸쳐서 지속되는 자원의 부족으로 정의되는 만성적 빈곤 등과 같은 범주들을 만들어 왔다.

가난은 그 원인만을 논하는 데도 책 한 권은 족히 필요하다. 하지만 이 책의 목적을 위해서는, 빈곤의 원인을 기저원인과 근접원인으로 구분할 수 있다. 기저원인은 기후 변화, 고소득 국가들로 하여금 저소득 국가들에 비해 상대적으로 유리한 위치를 점하도록 만드는 세계적 수준의 무역 불평등, 이 절의 '환경에 주목하기'에서 논의하는 바와 같이 특정 지역이나 종족집단을 불리한 입장에 처하게 만드는 국가 내 불평등, 그리고 여성과 소녀가 남성과 소년보다 생존, 건강, 복지의 기회를 적게 가지는 상황을 지속적으로 의미하는 젠더 불평등 같은 요인들을 포함한다. 근접원인은 일용품, 주거, 일상적 안전을 확보하는 사람들의 능력을 급격하게 파괴해버리는 홍수나 지진 같은 심각한 자연재해, 혹은 대규모 금전적 지출을 필요로 하는 가족원의 심각한 건강문제 등과 같은 단기적 요인과 관련되어 있다. 기저원인은 사람들의 빈곤상태를 지속시키고 빈곤에서 벗어나기 힘들게 만드는 경향이 있다. 빈곤의 근접원인은 소유한 자원과 살고 있는 맥락에 따라 사람들이 빈곤해지거나 빈곤에서 탈출할 수도 있고 그렇지 않을 수도 있다는 점을 의미할 수 있다. 기저원인과 근접원인이 결합될 경우 비참한 결과가 나타나며 극심하고 만성적인 빈곤으로 이어진다.

세계의 중심부에서 생성된 통계와 정책을 넘어, 지역에 있

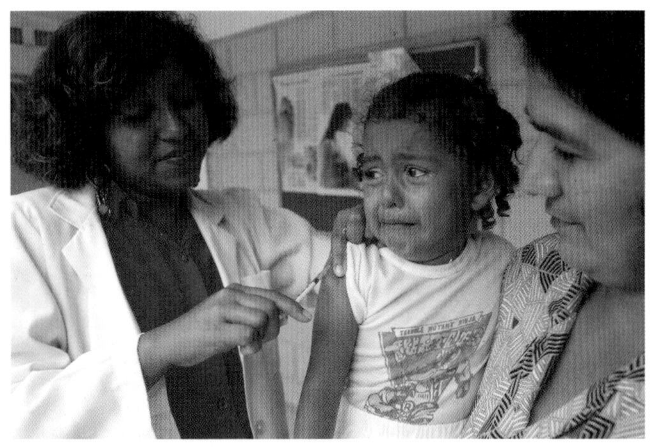

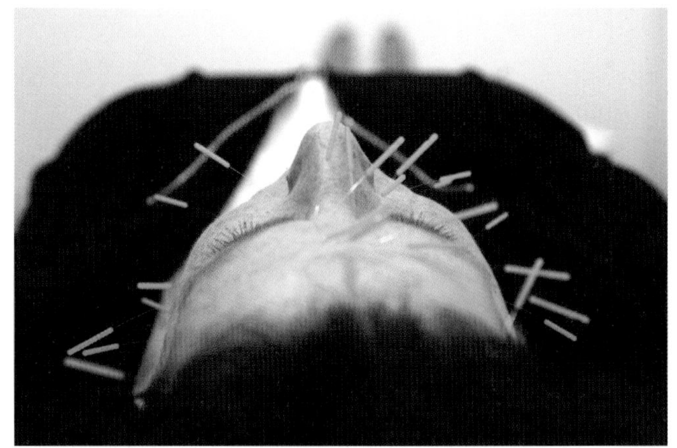

(왼쪽) 에콰도르에서 소아마비 백신을 투여하고 있는 의사. 1985년에 범아메리카건강기구(PAHO)는 1990년까지 미 대륙 전체에서 소아마비를 퇴치하기 위한 계획을 수립했다. (오른쪽) 한 환자가 뉴욕에서 '얼굴주름제거성형술'(주름을 제거하여 더 젊어 보이게 하는 수술)을 하는 동안 얼굴에 한방 침을 맞으며 쉬고 있다. 전통적인 중국 한의학에 기초한 이러한 침술은 얼굴이 음의 요소와 양의 에너지가 만나는 곳에 위치한다는 이론을 따른다. 이 침술은 특정한 위치에 침을 놓음으로써 음과 양의 불균형을 조정하려고 한다.

전통적인 중국의 침술이 '얼굴주름제거성형술'에 특화되어 있는지 여부를 찾아 조사해보라. 이렇게 연구하지 않는다면 여러분은 어디서 그리고 왜 이러한 특화가 등장했는지 알아낼 수 있을까?

는 실제 장소와 실제 사람들은 다양한 방식으로 빈곤을 경험하고 그것에서 벗어나거나 해결하려고 시도한다. 방글라데시에서 수집된 293명의 생애사(방법에 관해서는 제2장을 다시 보라) 분석은 그곳 사람들이 어떻게 빈곤에서 탈출하고, 빈곤에서 벗어난 상태를 장기적으로 유지하는지에 대해 독특한 통찰력을 제공해준다(Davis, 2011). 전체 집단 중 18%가 **소액신용대출**(micro-credit loans, 소득 창출 활동을 지원하기 위해 저소득층에게 제공하는 소액 대출)을 활용했다. 따라서 세계 최빈국 중 하나인 나라에서도 빈곤층 대출 프로그램 같은 적극적 개입은 사람들이 장기적으로 빈곤에서 탈출하도록 도울 수 있다.

이 책의 일부 독자들은 빈곤지역 혹은 그 인근에서 살아본 경험이 있을 수 있다. 그들은 이 장의 이어지는 절들에서 이루어지는 전 세계 빈곤에 관한 논의에 많은 것을 추가하려고 할 수 있으며, 빈곤에서 탈출하거나 그것을 완화 혹은 종식시키려고 시도할 것이다. 이 절에서는 문화변동이 일반적으로 어떻게 발생하는가를 먼저 살펴본다. 그런 다음 두 가지 광범위한 변동 과정에 입각해서, 빈곤 문제를 다루는 과정으로서의 개발이라는 개념으로 돌아간다.

사회변동의 두 가지 과정

두 가지 기본적인 과정이 모든 사회변동의 기저를 이룬다. 첫 번째는 **발명**(invention), 즉 무엇인가 새로운 것의 발견이다. 두 번째는 **전파**(diffusion), 즉 접촉을 통해 문화가 확산되는 것이다.

발명 대부분의 발명은 실험과 지식의 축적을 통해 점진적으로 진화하지만 몇몇 경우에는 갑자기 나타난다. 문화변동을 일으키는 기술적 발명의 사례에는 인쇄기, 화약, 소아마비 백신, 위성통신이 포함되어 있다. 제퍼슨식 민주주의와 같은 개념의 혁신 역시 발명이다.

많은 발명은 긍정적인 문화변동을 가져오지만, 모든 발명이 긍정적인 사회적 결과를 가져다주지는 않는다. 사회적으로 긍정적인 목표에 영감을 받은 발명이 복합적이거나 의도하지 않은 부정적인 결과를 초래할 수도 있다. 자동차, 냉장고/에어컨, 텔레비전, 휴대전화 등과 같은 지난 100년 동안의 주요 발명품들에 대해 생각해보면, 곧바로 명백한 장점과 단점을 떠올릴 수 있을 것이다. 단점으로는 대규모 환경적 비용뿐만 아니라 새로운 상품과 관행을 경제적으로 감당할 수 있는 사람들과 그렇지 못한 사람들 간 사회적 괴리의 심화를 들 수 있을 것이다.

전파 전파는 논리적으로 보자면 발명과 관련되어 있다. 새로

소액신용대출 저소득층의 소득 창출 활동을 지원하기 위한 소액 현금 대출

발명 무엇인가 새로운 것의 발견

전파 접촉을 통한 문화의 확산

운 발견은 확산될 가능성이 높기 때문이다. 전파는 몇 가지 방식으로 발생할 수 있다. 첫 번째, 상호차용이라는 면에서 힘이 대략 비슷한 두 사회는 문화의 여러 요소를 서로 교환한다. 두 번째, 전파는 때때로 지배적인 문화에서 보다 힘이 약한 문화로의 이동을 포함한다. 이 과정은 강제력을 통해서 혹은 좀 더 교묘하게 새로운 실천과 믿음의 수용을 향상시키는 교육 혹은 마케팅의 과정을 통해 발생한다. 세 번째, 더욱 강력한 문화는 문화제국주의를 통해 힘이 약한 문화의 여러 측면을 전유할 수도 있다. 마지막으로, 힘이 약한 문화와 심지어 억압당하는 문화적 집단들은 지배문화 내에서 종종 문화변동의 공급원이 된다.

지배문화에 가깝게 변하는 소수문화(minority culture) 내에서의 변동을 **문화접변**(문화변용, acculturation)이라고 부른다. 극단적인 경우, 한 문화는 철저하게 문화접변이 되어 **동화**(assimilation)되거나 제거(deculture)된다. 즉 더 이상 그 문화는 독립된 정체성을 지닌 것이라는 구분이 불가능해진다. 최악의 경우, 소수문화에서의 영향력은 아예 소멸된다. 이러한 과정은 지배문화와의 언어접촉으로 인해 발생하는 언어의 변화와 일정 정도 유사하다. 그러한 변화는 세계화와 새로운 기술의 도입 결과로서 수많은 원주민들 사이에 발생한다('현실 속의 인류학' 참조). 문화접변적인 영향에 대한 또 다른 반응들은 트로브리안드군도에서의 크리켓 경기의 사례(제11장)에서 보듯이 지역화와 혼합주의 방식으로 무엇인가 새로운 것을 부분적으로 수용하거나 거부와 저항을 포함한다.

개발의 이론과 모델

이 절에서는 개발의 이론과 모델 및 개발과 관련된 다양한 종류의 기관을 검토한다. 그다음으로는 개발 프로젝트를 조사하고 인류학자들이 어떻게 이러한 프로젝트에서 함께 일해 나가는지 혹은 저항하는지 검토한다.

개발에 대한 혹은 개발을 성취하는 단일한 견해는 존재하지 않는다. 이러한 문제들에 대한 논쟁들은 가열되고 있으며 전 세계의 수많은 학문 분야, 정부 그리고 지역민 등에서 배출된 전문가들이 참여하고 있다. 개발에 대한 다섯 가지 이론 혹은 모델이 여기에 제시되어 있다. 그것은 다음과 같은 여러 특성에 따라 다르다.

- 개발에 대한 정의
- 개발의 목표
- 개발의 측정
- 환경 및 재정상의 지속가능성에 대한 관심

근대화 **근대화**(modernization)는 산업화로 인한 경제적 성장과 시장팽창, 국가를 통한 정치적 통합, 기술적 혁신, 문해 그리고 사회이동을 위한 선택에 의해 나타나는 변동의 한 형태이다. 이것은 진보에 이르는 경로로서 비종교적 이성과 과학적 사고의 강조가 떠오르기 시작한 17세기 초반의 서구 유럽에서 기원한다(Norgaard, 1994). 합리성과 과학의 통찰력을 고려해본다면 근대화는 필연적으로 세계 도처로 확대되어 어느 곳에서든 인간의 삶을 향상시킨다고 볼 수 있다. 근대화의 주요 목표는 물질적인 진보와 개인적인 개선이다.

부유한 나라에서나 빈곤한 나라에서나 근대화의 지지자와 비판자가 존재한다. 지지자들은 근대화의 혜택(개선된 교통수단, 전기, 의료 보건 및 전자통신)이 환경과 사회에 드는 비용에 가치가 있다고 주장한다.

이와 생각이 다른 사람들은 비판적인 견해를 취하며 끊임없이 증가하는 소비수준과 비재생성 자원의 과도한 사용에 중점을 두고 있기 때문에 근대화를 문제로 여긴다. 많은 문화인류학자들은 서구화와 근대화에 비판적이다. 문화인류학자들이 조사를 통해서 근대화가 환경파괴, 사회적 불평등의 증가, 원주민 문화의 파괴 그리고 전 지구적인 문화적 · 생물학적 다양성의 소멸을 얼마나 자주 야기하고 있는지를 보여주는 데 초점을 맞추기 때문이다. 근대화의 부정적인 영향에 대해 인류학자들과 환경학자 그리고 그 밖의 여러 사람들이 강력하고 주의 깊게 비판하고 있지만 전 세계 대부분의 국가에서는 근대화를 이룩하려는 시도를 늦추지 않고 있다. 그러나 일부 정부와 시민단체들은 비재생성 자원에 덜 의존하며 환경보호에 대한 배려가 포함되어 있는 삶의 방식을 장려하고 있다.

문화접변 소수문화가 더 지배문화처럼 되는 문화변동의 한 형태

동화 문화접변 혹은 문화박탈이 되어 더 이상 각각의 정체성을 구분할 수 없는 문화변동의 한 형태

근대화 필연적인 과학의 발전 및 서구의 비종교주의와 전환에 대한 신념에 기반한 변동 모델. 여기에는 산업성장, 국가의 통합, 관료제화, 시장경제, 기술적 혁신, 문해 및 사회적 이동에 대한 선택이 포함되어 있다.

현실 속의 인류학

사미인과 스노모빌 그리고 사회적 영향 분석

새로운 믿음이나 실천의 수용이 특정한 문화와 그 문화의 다양한 구성원들에게 어떻게 영향을 미쳤을까? 종종 답변하기 힘들지만 이 질문은 항상 제기할 필요가 있다. 핀란드의 사미인 집단에서 발생한 스노모빌 재난에 대한 고전적인 연구는 급속한 기술전파라는 맥락에서 그러한 질문에 주의 깊은 답변을 제공해준다(Pelto, 1973).

1950년대에 핀란드의 사미인(217쪽 '문화파노라마' 참조)은 식량의 대부분을 공급해준 순록사냥에 기초한 경제를 가지고 있었다. 고기 공급 외에도 순록은 또 다른 중요한 경제적 사회적 기능을 했다. 순록은 역용동물, 특히 연료용 목재 반출의 용도로 사용되었다. 순록의 가죽은 옷으로 만들어졌고 힘줄은 바느질에 사용되었다. 순록은 외부의 교역과 내부의 선물증여에서 교환의 중요한 품목이었다. 부모들은 자녀들에게 첫 번째 치아가 생긴 것을 기념하여 순록을 선물했다. 한 커플이 약혼을 하게 되면 이들은 약속을 기념하기 위해 순록을 교환했다.

1960년대 스노모빌의 도입으로 인해 이러한 모든 것들이 바뀌었다. 이전에 사람들은 스키를 타면서 순록떼를 몰았다. 축군관리를 위한 스노모빌의 사용은 몇 가지 의도하지 않은 그리고 상호 연관된 결과를 가져왔으며 그 결과는 모두 목축업을 하는 이들의 삶의 방식에 악영향을 미쳤다.

첫 번째, 한 해의 일정 기간에 하는 순록떼 길들이기를 더 이상 하지 않아서 길들이기가 어려워졌다. 그 대신 순록떼는 매년 자유롭게 떠돌아다니도록 용납되었으며 그 결과 야생화되었다. 두 번째, 스노모빌로 인해 순록떼를 모는 시간에 더 많은 영역을 감당할 수 있었으며 횟수도 한 번 이상으로 늘었다. 스노모빌의 수가 증가하면서 순록의 규모는 극적으로 줄어들었다. 감소의 이유로는 몰이를 하는 기간 동안 단일한 한 장소 대신 다양한 곳으로 추가로 이동하게 되면서 순록들에게 가해진 스트레스와 시끄러운 스노모빌로 인해 발생한 공포 때문이었다. 더욱이 몰이는 암컷들의 임신기간 말미에 이루어져 생식 스트레스를 유발하는 요소가 되었다.

현금경제를 통해 발생하는 외부에의 새로운 종속 등과 같은 부정적인 경제적 변화가 발생했다. 스노모빌과 휘발유 구입, 그리고 부품과 수리 비용의 충당을 위해 현금이 필요해졌다. 이러한 경제의 탈지역화는 전에는 존재하지 않았던 사회적 불평등을 만들어냈다. 또 다른 경제적 영향 및 연관된 영향 또한 뒤따랐다.

- 목축에 효과적으로 참여하는 데 필요한 현금비용이 일부 가족의 자원을 초과했고, 이로 인해 그들은 목축에 참여하지 못하게 되었다.
- 스노모빌로 인해 많은 사미인 사람들에게 빚이 생겼다.
- 현금으로의 종속과 부채의 압박으로 인해 사미인들은 일자리를 구하기 위해 도시로 이주하게 되었다.

노르웨이 북부에서 스키두(1인용 설상차)를 탄 한 사미인 목동이 자신의 순록떼를 이끌고 있다.

또한 스노모빌의 등장으로 인해 목축에 종사하는 젊은 남성이 두각을 나타내게 되면서 사미인의 젠더관계가 변화했다(Larsson, 2005). 스노모빌이 있기 전에 순록 목축은 한 가족이 운영했다. 비록 남성이 원거리 목축에 더 많이 종사했으나, 여성 역시 목축과 관련된 일을 했다. 스노모빌이 도입된 이후 부모들은 아들에게는 목축을, 딸에게는 교육과 전문직을 택하게 했다. 이러한 젠더에 따른 상이한 진로추구의 두 가지 근거는 스노모빌이 무겁기 때문에 운전이 힘들고 운전자가 어딘가에 갇힐 수도 있다는 것이다. 스노모빌의 사용은 또한 성년이 된 젊은이에 대한 선호로 인해 순록 목축의 연령 패턴을 변화시켰다. 따라서 나이 든 목동들은 쫓겨났다.

핀란드의 사미인들 사이에서 이 사례를 처음 기록한 인류학자 페르티 펠토(Pertti Pelto)는 이러한 변환을 사미 문화의 재난이라 불렀다(1973). 그는 미래를 위한 하나의 조언을 내놓는다. 새로운 기술을 도입해야만 하는 공동체들은 그것이 이익이 되는지 손해가 되는지에 대한 단서를 측정할 수 있는 기회를 가져야 하며 정보에 입각한 판단을 해야 한다. 펠토의 작업은 사회적 영향평가의 수요에 대한 인류학에 바탕을 둔 조기 경고 중 하나이다. **사회적 영향평가**(social impact assessment)란 변동이 일어나기 전에 특정한 혁신들의 잠재적인 사회적 비용과 이익을 예측하려고 시도하는 연구이다.

생각할 거리

만일 여러분이 사미인 목축민이고, 스노모빌의 사회적 영향평가를 할 수 있었다면 여러분은 무엇을 했을 것인가?

사회적 영향평가 변동이 이루어지기 전에 특별한 혁신의 잠재적인 사회비용과 이익을 예측하기 위해 수행된 연구

부탄의 여학생들. 부탄 정부는 국가의 성공을 측정하는 국내총생산(GDP)이라는 서구적인 개념을 거부하고 대신 국내총행복(gross domestic happiness, GDH)이라고 불리는 척도를 사용한다.

성장 지향적 개발 소위 개발도상국에서 근대화 이론을 적용하여 발생한 '유도된' 변동이라고 할 수 있는 개발은 제2차 세계대전 이후부터 부각되기 시작했다. 당시 미국은 세계의 지도자로서의 역할을 확대했고 개발원조는 국제적 정책 의제의 일부였다. 주요한 서구의 개발기구들에 의해 규정된 국제개발은 그 목표의 면에서는 근대화와 유사하다. 그 과정에서는 가장 중요한 요소로 경제성장을 강조한다. 성장 지향적 개발이론에 따르면, 경제성장에서 투자는 낙수효과, 즉 마치 필터처럼 부유층에서 서민층으로 흘러 들어가는 부의 점진적인 증가를 통해 결국 인류의 복지를 향상시킬 수 있다는 것이다.

개발도상국이 경제성장을 촉진하는 방안에는 두 가지 전략이 있다.

- 근대화된 농업과 제조업 그리고 세계시장의 참여를 통한 경제적인 생산성과 무역의 증가
- 채무를 감소시키고 생산성을 증대하는 데 자원을 재할당하기 위해 학교, 의료와 같은 공공서비스의 지출을 감축. 구조조정이라고 불리는 이러한 전략은 1980년대 이후 세계은행에 의해 촉진되었다.

이러한 모델을 통한 개발달성도를 측정하기 위한 한 가지 척도는 경제성장의 비율, 즉 국내총생산(gross domestic product, GDP)이다.

분배적 개발 분배적 개발은 이익, 특히 증가된 소득, 문해, 보건의 측면에 있어서 사회적 평등을 강조한다는 점에서 성장 지향적 개발과 대조된다. 이 개발은 낙수효과의 과정을 빈곤층에 비효과적인 것으로 간주하고 이를 거부한다. 분배 지향적 모델은 분배에 대한 고려 없이 적용된 성장 지향적 모델이 실제로 사회적 불평등을 증가시킨다는 증거에 기초한다. 이러한 관점에서 보면, 성장 모델은 '부자는 더 부유해지고 빈자는 더 가난해진다'는 것이 더욱 확실해진다.

케랄라의 풍경. (왼쪽) 케랄라주 내륙에서 보트를 타고 학교에 다니는 아이들. (오른쪽) 해안의 낚시 그물.

■ **케랄라에 대해 좀 더 공부하고, 수업에서 케랄라가 인도 북부와 사회적으로 어떻게 다른지에 초점을 맞추어 간략하게 발표할 메모를 준비해보라.**

분배적 접근은 구조조정 정책에 반대한다. 구조조정 정책은 용역의 형태로 존재해 온 약간의 지원혜택을 제거해버림으로써 빈곤층의 복지 기반을 약화시키기 때문이다. 분배 모델의 지지자들은 빈곤층이 스스로의 욕구를 충족할 수 있는 능력을 향상시키기 위해서는 중요한 자원에 대해 평등한 접근을 보장해주는 선한 정부가 필요하다는 것을 인식하고 있다(Gardner and Lewis, 1996).

비록 보수적인 '신자유주의' 경제학자들이 재분배가 현실적이지도 않고 실현 가능하지 않다고 주장하지만, 분배적 접근의 지지자들은 이 모델이 작동하는 사례들에 중점을 둔다. 한 사례로, 인도 남부의 한 주인 케랄라(지도 13.2 참조) 중앙부에 대한 인류학적 조사에서는 재분배가 과연 효과적인 개발전략인지에 대한 평가가 이루어졌다(Franke, 1993). 연구 결과는 긍정적으로 나타났다. 비록 케랄라의 1인당 소득이 인도의 다른 어느 주보다도 최저였지만, 건강과 문해에 있어서

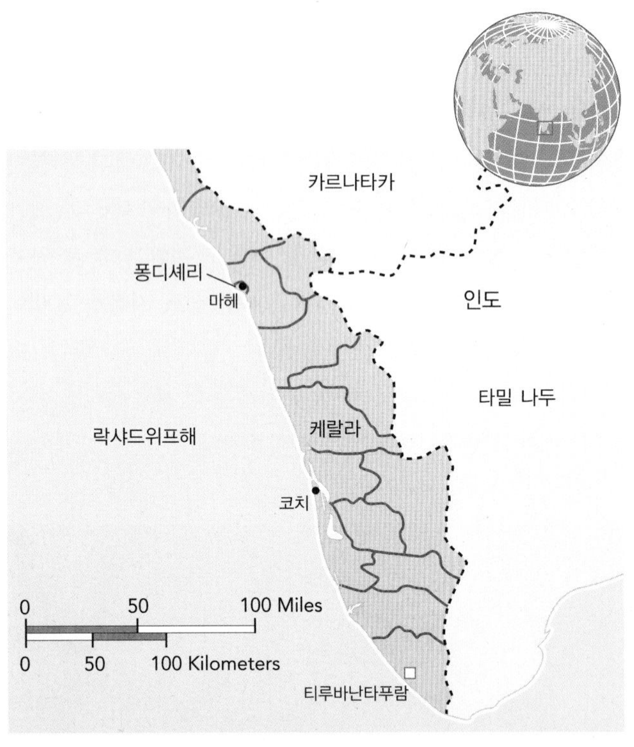

지도 13.2 남인도의 케랄라

인구 3,440만 명인 케랄라는 생활수준, 문해율 및 건강지표가 인도의 다른 지역들과 크게 비교될 정도로 높다. 케랄라는 14개의 구역과 3개의 역사적 지역, 즉 남쪽의 트래방코르, 중부의 코치 그리고 북부의 말라바르로 구성되어 있다. 케랄라는 현재 자유시장과 중요한 역할을 하는 외국인 직접투자를 허용한다. 열대생태 및 인상적인 전통무예와 극장들 같은 문화적 특성들로 인해 주요한 여행자들의 목적지인 케랄라는 또한 해변을 따라 증가하고 있는 아유르베다 건강관광 산업을 주도하고 있다.

는 자국 내에서 가장 높은 사회적 지표를 가지고 있었다.

케랄라 정부가 분배에 대해 관심을 가지기 시작한 것은 대중운동 및 노동조합이 주도하는 정부에 대한 시위와 압력 등의 민주적인 경로를 통해서였다. 이러한 집단들은 토지 소유권을 재분배할 수 있는 주에 압력을 가해 사회적 불평등을 다소 경감하도록 했다. 또 하나의 사례로는 빈곤한 어린 학생들에게 점심 식사를 제공하고, 불가촉천민인 달리트 학생들의 출석을 증가시키며(제7장 참조), 학교 시설물에 대한 투자를 통해 마을의 상태를 개선하도록 민중이 정부지도자에게 압력을 가한 일이었다. 공공적 행위를 통해 나두르 마을은 수많은 사람들에게 더욱 살기 좋은 장소가 되었다.

인간개발 성장 우선 모델에 대한 또 하나의 대안은 인간개발(human development)이라고 불리는 것으로 인간의 복지에 대한 투자를 강조하는 전략이다. UN은 건강, 교육 및 개인의 보장과 안전 측면에서 인간의 복지를 향상시킬 필요성이 있다는 것을 강조한 '인간개발'이라는 구절을 채택했다. 이 모델에 의하면, 인간복지에 투자하는 것은 경제발전을 선도할 수 있다. 그러나 그 역이 언제나 진실은 아니다. 케랄라의 사례에서 명백하게 보이듯이 국가(혹은 국가 내 지역)의 경제성장 수준은 인간개발의 수준과 항상 필연적으로 상호 연결되어 있지는 않다. 따라서 이러한 관점에서 보면 경제적 성장은 그 자체가 목적이 아니며 인간복지라는 측면에서 바라보는 개발에 있어서도 필수적인 요소가 아니다. 분배 정책과 결합된 경제적 자원은 인간개발에 있어 높은 수준에 이르게 하는 강력한 기초이다.

지속가능한 개발 지속가능한 개발(sustainable development)은 재생 불가능한 자원을 파괴하지 않으며 시간에 구애받지 않고 재정적으로 지원하는 개발의 한 형태이다. 지속가능한 개발의 옹호자들은 부유한 국가가 경제적 성장을 이루기까지는 자연환경 및 파괴되기 쉬운 생태계에 의존하는 사람들의 희생이 컸으며 지금도 계속되고 있다고 주장한다. 그들은 더 많은 국가가 산업화되면서 예상되는 수요는 물론이고, 현재 수준에서도 그러한 성장은 지속될 수 없을 것이라고 말한다.

개발에 대한 제도적 접근

문화인류학자들은 개발정책 입안, 프로그램 및 프로젝트에

관여되어 있는 기관, 조직 및 전문가들에 대한 조사의 중요성을 점차 자각하고 있다. 이러한 지식의 이용을 통해 문화인류학자들은 개발 정책과 프로그램을 체계화할 수 있는 더 좋은 기회를 얻는다. 기관에 대한 조사는 세계은행과 같은 대규모 기관과 다양하게 설정되어 있는 소규모 조직 모두의 운영 시스템에 대한 연구가 포함되어 있다. 각각의 주제들은 기관 내에서의 행위, '실이용자 집단'과의 상호작용 그리고 정책담론이 포함되어 있다. 이 절에서는 먼저 몇몇 대규모 개발기관을 서술하고 다음으로 소규모 조직들에 대해 다룰 것이다.

대규모 개발기관 대규모 개발기관은 두 가지 주요한 유형이 존재한다. 첫 번째는 다자간 기관이다. 여기에는 '공여국' 구성원들로 이루어진 몇몇 국가들이 포함되어 있다. 두 번째는 쌍무적 기관이다. 여기에는 오로지 두 국가만 포함된다. '공여국'과 '수원국'이 그것이다.

가장 큰 다자간 기관은 UN과 세계은행이다. 각각은 거대하고 복잡한 사회적 체계를 이룬다. 1945년 설립된 UN은 160개국 이상의 회원국을 포함하고 있다. 각 국가들은 각자의 능력에 따라 돈을 기부하며, 총회에서 한 표씩의 투표권을 행사한다. UN의 전문기구로는 UN개발계획(UNDP), UN식량농업기구(FAO), 세계보건기구(WHO), UN아동기금(UNICEF), UN교육과학문화기구(UNESCO), UN난민기구(UNHCR) 등이 있으며 각각의 기능을 수행한다.

세계은행은 150개국 이상의 회원국들의 기부금에 의해 지원되고 있다. 1944년에 설립된 이 은행은 전 세계의 경제성장이라는 개념을 고취시키는 데 전념하고 있다. 주요 전략은 융자를 통해 국제적인 투자를 촉진하는 것이다. 세계은행은 회원국들의 재무장관들로 이루어진 총회가 이끌어나간다. 세계은행의 시스템은 재정이 투입된 규모에 따라 각 국가에 투표권을 부여한다. 따라서 경제 초강대국이 지배한다.

세계은행 그룹에는 국제부흥개발은행(IBRD)과 국제개발협회(IDA)가 포함되어 있다. 이 두 단체는 워싱턴 DC에 있는 세계은행 본부에서 관리하고 있다. 이들은 유사한 유형의 프로젝트들, 그것도 흔히 같은 나라에서 수행되는 프로젝트들에 융자를 제공하지만, 융자조건은 상이하다. IBRD는 일반적으로 '신용할 만하다'라고 여겨지는 투자리스크가 상당히 양호한 중 · 저소득 국가의 정부에 이자를 받고 융자를 제공한다. 한편 IDA는 세계 최빈국 정부에 대해서 무이자 대출 및 보조금을 제공한다.

세계은행 그룹은 전반적으로 자본주의적 경제성장 모델을 통해 변화를 촉진한다. 따라서 총대출액 면에서 보건과 학교 같은 사회적 프로젝트에 비해 대규모 사회간접자본 프로젝트에 더 많이 투자한다. 세계은행의 50년 역사는 인권 문제 같이 공공연하게 '정치적'인 현안과는 거리를 두어 왔다. 세계은행 내에서 수행된 최근의 민족지적 연구는 세계은행이 '중립적'인 실천을 전면에 내세우지만 실제로는 '정치적'인 역할을

워싱턴 DC에 있는 세계은행 본부. 세계은행은 160개국 이상에서 1만 명 이상의 직원을 고용하고 있다. 직원의 2/3는 워싱턴에 있다.

거부하는 내부문화가 존재한다는 것을 잘 보여준다(Sarfaty, 2012). 세계은행의 소수 인권변호사 집단이 세계은행의 대출이 사실상 채무국 내의 인권을 침해하고 있다며 비판적인 입장을 취한다. 그들의 기본적인 메시지는 세계은행의 대출 중 애초에 정치적으로 중립적인 것은 존재하지 않는다는 것이다.

세계은행과 비교되는 다른 주요 다자간 개발기구로 UN의 산하기관들이 있는데, 이들 기관은 여성, 난민, 문화유산 등 개발 및 사회적 보호와 관련된 수많은 단위들을 포함하는 매우 광범위한 시스템이다. 스칸디나비아 국가들은 세계은행 집단보다 UN 그룹 내에서 더 큰 역할을 하는 것처럼 보인다. 예를 들어 이들 국가는 모든 형태의 여성 차별을 철폐하는 협약(CEDAW) 같은 제안을 통해 양성평등에 대한 보다 많은 관심을 고양했다. 이는 전 세계 여성에게 근본적인 인권과 평등의 원칙을 보장하는 획기적인 국제 협약이다. 지금까지 거의 전 세계 200여 개 국가 중 아주 일부만이 CEDAW를 비준하지 않았는데, 그중 하나가 미국이다. CEDAW협약을 비준한 국가는 여성과 소녀들에 대한 차별을 종식시키기 위한 조치를 취하고 그들에게 기본인권과 평등의 원칙을 보장할 것을 약속해야 한다. 미국은 CEDAW를 비준하지 않음으로써 양성평등을 보장하지 않으려는 아프가니스탄, 소말리아, 이란, 그리고 몇몇 다른 국가들과 같은 입장에 서게 되었다.

중요한 쌍무적 기관들로는 일본국제협력기구(JICA), 미국국제개발처(USAID), 캐나다국제발전기구(CIDA), 영국국제개발부(DFID), 스웨덴국제개발청(SIDA) 그리고 덴마크국제개발원조기구(DANIDA) 등이 있다. 이러한 기관들은 원조 프로그램의 전체 규모, 지원하는 프로그램의 유형 그리고 융자로 지급된 원조금의 비율에 따라 다양하다. 원조금의 경우 상환을 요구하지 않는 보조금의 개념인 원조 지급금과는 다르며 이자와 함께 반드시 상환해야 한다. 다른 쌍무적 기관들과 달리 USAID는 (선물에 가까운) 보조금보다 융자(이자와 함께 반드시 상환해야 하는)를 더 많이 제공하는 경향이 있다.

융자금과 보조금은 또한 그것이 조건부인지 비조건부인지에 따라 다르다. 조건부 융자와 보조금은 공여국에서 나온 상품, 전문지식 및 서비스로 프로젝트의 일정 부분을 지출할 것을 요구한다. 예를 들어 어떤 국가가 도로 건설을 위해 조건부 융자를 받았다면 기금에서 지정된 비율만큼을 공여국의 건설회사로, 공여국의 도로 전문가들의 항공요금으로, 그리고 공여국의 전문가들을 위한 호텔, 식사, 지방 교통수단의 이용과 같은 국내 소비분으로 할당하도록 요구받을 것이다. 융자금과 보조금이 비조건부일 경우, 수원국은 기금을 어떻게 사용할 것인지 자유롭게 결정할 수 있다. 미국국제개발처(USAID)는 비조건부라기보다는 조건부에 가까우며, 반면 스웨덴, 네덜란드, 노르웨이 등과 같은 국가들은 비조건부 원조를 하는 경향이 있다.

쌍무적 기관들 사이의 또 다른 차이점은 최저소득국가로 가는 전체 원조의 비율이다. 영국국제개발부(DFID)는 원조의 80% 이상을 최극빈국에 보내는 반면 미국은 외국 원조금인 달러의 대부분을 이집트와 이스라엘로 보낸다. 또한 원조에서 어떤 유형이 강조되는지는 쌍무적 기관마다 서로 다르다. 쿠바는 의료인 양성과 예방의료에 대한 원조에 집중함으로써 쌍무적 원조에서 독특한 역할을 하고 있다(Feinsilver, 1993). 이 개발원조는 아프리카와 라틴 아메리카의 많은 국가를 포함해서 뜻을 같이 하는 사회주의 국가에 대해 이루어진다. 라틴 아메리카의 브라질과 베네수엘라는 이웃 국가에 대한 개발원조에서 가시적인 역할을 수행하고 있으며, 2010년 1월 아이티(Haiti) 지진 당시 가장 빨리 대응한 국가들 중 하나이다.

풀뿌리 접근법 많은 국가들이 개발을 위한 풀뿌리 접근법(역주 : 기층민들에게 초점을 맞추는 접근법)이나 지역적으로 착수되고 있는 소규모 프로젝트들을 실험해 왔다. 앞에서 기술한 대규모 기구들에 의해 추진되는 하향식 개발에 대한 이러한 대안은 문화적으로 타당하고 지역의 참여를 통해 지원되며 성공할 가능성이 높다.

사회자본(social capital)이라는 용어는 사회적 유대, 신뢰, 협동을 통해 존재하는 무형의 자원을 뜻한다. 전 세계 수많은 지역의 풀뿌리 조직들은 기본적인 사회적 필요를 제공해주는 사회자본을 이용해서 저소득 국가들에서도 성공적인 결과를 내고 있다('문화파노라마' 참조).

종교조직들은 매우 광범위한 풀뿌리 개발 프로젝트에 후원하고 있다. 필리핀의 근본교회공동체(BEC) 운동은 기독교 교육에 바탕을 두고 있으며 가난하고 억압당한 자에 대한 지지자로서의 예수 모델을 따른다(Nadeau, 2002)(108쪽 지도 5.1 참조). BEC는 긍휼이라는 기독교의 원칙과 사회적 정의, 억

사회자본 사회적 유대, 신뢰 그리고 협동을 통해 존재하는 무형의 자원

필리핀의 도시 쓰레기처리장에서 생계를 위해 쓰레기를 뒤지는 모습

■ **이것은 어떤 종류의 권리인가?**

압당한 자들을 일으키는 정치적 의식 그리고 공동체적 행동주의가 결합된 해방신학의 일반적인 원칙에 따르고자 노력한다. 시골지역의 경우 각 BEC는 집단 구성원들과 지도자들 사이에서 신뢰를 구축해 왔고 전 지구적인 자본주의의 과잉 및 사적인 탐욕과 축적의 위험에 대한 민중들의 의식을 발전시켰다. 이들이 성공할 수 있었던 이유는 구성원들이 자본주의의 제약을 넘어선 새로운 경제 전략을 추구할 수 있었다는 점과 유기농법과 같이 자본 투입이 거의 필요하지 않았다는 점이다.

그러나 필리핀의 세부 섬에 있는 세부시티의 BEC는 성공하지 못했다. BEC는 쓰레기처리장 근처에서 쓰레기를 뒤지며 생계를 이어가는 사람들을 조직하는 문제에 직면했다. 성인과 어린아이 할 것 없이 모두 고물을 얻기 위해 쓰레기를 뒤지며, 모은 것은 분류하여 플라스틱 같은 것은 재활용을 위해 판매된다. 그들은 일주일에 7일, 하루에 14시간 작업한다. 이 일은 쓰레기처리장을 감시하는 구청직원들도 근무하는 조직화된 사업이다. 쓰레기처리자들은 관습적인 배치방식을 사용하여 자신들의 작업영역을 조정한다. 쓰레기처리는 어떠한 공식적인 교육도 요구되지 않으며 작업도구도 별로 없다. 단지 양동이와 금속갈고리 그리고 야간작업에 쓸 등유를 사용하는 손전등뿐이다. 쓰레기처리자들은 시내의 다른 비숙련 노동자보다도 수입이 더 많다. BEC와의 회합에서 쓰레기처리자들은 연대를 구축해야 할 필요성을 별로 발견하지 못했다. 그 대신 그들은 서로 말다툼을 벌였고 지도자에게 상대방에 대한 불평을 늘어놓았다. 극심한 빈곤의 영향력이 너무 커서 공동체의 가치들은 그들의 일상적인 경제적 투쟁과 경합할 수 없었을 것이다. 소득발생의 대안적인 형태를 추구하려 해도 제한적이거나 선택의 여지가 없는 극도의 빈곤의 경우에는 정부 프로그램들도 신앙에 기반한 풀뿌리 주도형으로 보완하는 것이 요구될 수 있다.

개발 프로젝트

대규모의 다자간 기관이든 지역의 비정부조직(NGO)이든 간에 개발기관들은 개발 정책을 실행에 옮기도록 설계된 활동들의 집합인 **개발 프로젝트**(development project)를 통해 자신들의 목표를 수행한다. 예를 들어 정부가 계획한 시기 내에 몇 퍼센트씩 농업의 생산을 증가시키는 정책을 설정한다고 가정해보라. 그러한 정책목표를 이루기 위한 개발 프로젝트는 목표한 수의 농민들에게 물을 공급할 용수로의 건설일 것이다.

개발 프로젝트의 사이클 조직들 사이의 세부사항들이 다양하기는 하지만 모든 개발 프로젝트에는 프로젝트 사이클, 즉 초기 계획에서 완료될 때까지의 전체 과정이 있다(Cernea, 1985). **프로젝트 사이클**(project cycle)에는 시작에서 끝까지 다섯 가지 기본적인 단계가 있다(그림 13.1 참조).

1970년대 이후 응용인류학자들은 개발 프로젝트에 관여하고 있다. 초창기에 이들은 주로 프로젝트가 목표를 달성했는지를 결정하는 프로젝트 평가업무에 고용되었다. 이들의 조

개발 프로젝트 개발 정책을 실행에 옮기도록 고안된 일련의 활동

프로젝트 사이클 초기 계획에서 완료할 때까지의 개발 프로젝트의 단계. 즉 프로젝트 부여, 프로젝트 설계, 프로젝트 사정, 프로젝트 시행, 프로젝트 평가

문화파노라마

아이티의 페이잔요

아이티와 도미니카공화국은 히스파니올라라는 섬을 공유한다. 1492년 콜럼버스가 이 섬을 발견하면서, 스페인 식민주의자들이 섬의 원주민인 아라와크인을 몰살했다. 1697년에는 프랑스가 현재의 아이티를 지배했고, 아프리카인 농장노예제라는 이례적으로 잔인한 체제를 제도화했다. 1700년대 후반에 50만 명의 노예들이 폭동을 일으켰다. 역사상 유일하게 성공적인 노예혁명이 일어난 곳에서 그들은 프랑스인을 몰아내고 서반구에서 처음으로 흑인 공화국을 세웠다.

1,000만 명이 넘는 아이티의 인구는 미국의 메릴랜드주보다 다소 작은 영토를 차지한다. 이 섬은 바위투성이며, 언덕이 많거나 산이 많다. 삼림의 90% 이상이 사라졌다. 아이티는 서반구에서 최극빈국이다.

경제적인 측면에서 아이티는 서반구에서 가장 소득수준이 낮은 나라이다. 수도인 포르토프랭스에 거주하는 도시 엘리트와 다른 모든 사람들 사이에 소득불평등이 존재한다. 시골지역의 사람들은 소농이란 뜻의 크레올 용어인 페이잔요(peyizan의 복수형)라고 하며, 자신이 사용하고 시장에 판매하기 위해 생산에 참여한다(Smith, 2001). 또 한편으로는 이들 다수가 소규모 시장 판매에 참여한다. 아이티에 사는 대다수의 페이잔요는 토지를 소유하고 있다. 그들은 채소, 과일(특히 망고), 사탕수수, 쌀, 옥수수를 재배한다.

아이티는 카리브해 지역에서 가장 높은 HIV/AIDS 유병률을 보인다. 의료인류학자인 폴 파머는 이러한 높은 비율을 초래한 원인으로 과거 식민주의의 역할과 현재의 세계적인 구조적 불평등을 강조한다(1992). 19세기에 식민지 플랜테이션 농장주들은 이 섬에서 엄청난 부자가 되었다. 아이티는 프랑스의 다른 식민지를 합친 것보다 많이 그리고 영국이 개척한 북미 13개 식민지들보다 프랑스에 더 많은 부를 창출해주었다.

혁명 이후, 1804년에 아이티는 라틴 아메리카에서 처음으로 자유국가가 되었고, 서반구에서 처음으로 노예 제도를 폐지했다. 그러나 식민주의의 유산은 소수에 의한 통치의 흔적을 남겼고, 노예 제도를 폐지한 행위 그 자체가 남북 전쟁이 끝날 때까지 아이티를 인정하지 않은 미국을 비롯한 노예보유 국가들로부터의 경제적 · 정치적 고립을 초래했다. 이제는 또 신식민주의와 세계화가 새로운 상처를 남기고 있다. 수십 년 동안 미국은 보수주의적인 정치체제를 유지하는 데 중요한 역할을 해 왔다. 막강한 마약 밀매업자들이 아이티의 해안선을 남미에서 북미와 유럽 시장으로 마약을 이동시키기 위한 근거지로 사용한다.

미국과 다른 선진국들은 2010년 대지진 이후 아이티가 '더 바람직한 재건'을 할 수 있도록 수십억 달러를 투입하기로 약속했지만, 약속한 자금의 극히 일부만이 아이티로 이입되었으며, 그중 도움을 필요로 하는 사람들에게는 훨씬 더 적게 돌아갔다.

하지만 아이티 사람들은(여전히 캠프에 살고 있는 사람들조차도) 가족, 신앙, 문화적 자존심을 통해 희망과 회복탄력성을 찾고 있다.

이 자료를 재검토해준 베리대학의 제니 스미스 파리올라(Jennie Smith-Pariola)에게 감사드린다.

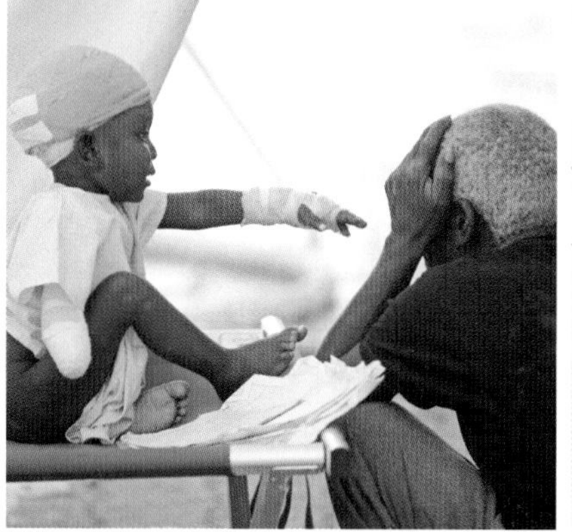

(왼쪽) 아이티 농촌의 소규모 저축-대부업체에서 대출금을 상환하고 있는 한 여성. 신용조합의 조합원들은 소규모 사업을 시작하기 위해 대출을 이용한다. (오른쪽) 2010년 1월 지진으로 다친 어린이가 임시 병원 텐트에 앉아 있다. 7.0 규모의 지진으로 수도 포르토프랭스가 초토화되었고, 약 20만 명이 사망했으며, 약 150만 명이 유민이 되었다.

지도 13.3 아이티

아이티공화국은 히스파니올라라는 카리브해에 있는 섬의 1/3을 점유하고 있다. 아이티의 인구는 약 1,000만 명이다.

사에서는 프로젝트들이 자주 우울한 실패로 끝나는 모습을 보여주었다(Cochrane, 1979). 이러한 실패의 세 가지 주요 원인은 다음과 같다.

- 프로젝트가 문화적 · 환경적 맥락에 적합하지 않았다.
- 프로젝트의 혜택이 저소득층이나 여성과 같은 표적집단에 돌아가지 않았으며, 대신 엘리트나 보다 덜 가난한 집

프로젝트 부여	특정한 목적에 적당한 프로젝트 선택하기
프로젝트 설계	프로젝트의 세부사항을 준비하기
프로젝트 사정	프로젝트의 예산을 평가하기
프로젝트 시행	프로젝트 착수하기
프로젝트 평가	프로젝트의 목표가 완수되었는지 평가하기

그림 13.1 개발 프로젝트의 사이클

단에게 돌아갔다.

- 목표로 했던 수혜자들은 프로젝트 실행 후 이전보다 더 상황이 나빠졌다.

이러한 세 가지 문제점의 근간을 이루는 한 요소는 미비한 프로젝트 설계이다. 프로젝트의 설계를 맡은 사람들은 대개 서구의 경제학자들로서 표적집단의 경험을 직접 체험해보지 않았으며 프로젝트 장소로부터 멀리 떨어진 도시에 살고 있는 관료들이었다. 이러한 전문가들은 모든 상황에 대해 보편적인 공식('널리 적용되도록 만든')을 적용했다(Cochrane, 2008). 이와 달리 프로젝트를 평가했던 문화인류학자들은 지역민과 맥락에 대해 잘 알고 있었기 때문에 프로젝트와 민중들 사이에서 나타나는 부조화의 수준에 충격을 받았다.

응용인류학자들은 개발 관련 종사자 사이에서 말썽꾼, 즉 프로젝트의 기금을 받고 시행을 추진하는 쪽으로 밀고 나가는 것을 선호하는 사람들이 기피하는 사람들이라는 평판을 얻었다. 응용인류학자들은 아직까지도 많은 개발정책 입안자와 계획가들로부터 골칫거리로 여겨지지만 가끔씩은 적어도 필요한 골칫거리로 여겨진다. 응용인류학자들은 보다 긍정적인 견지에서 지속적인 노력을 통해 프로젝트 사이클의 초기인 프로젝트 부여와 설계의 단계에서 하나의 역할을 확보하는 데 진전을 이루었다.

문화적 적합성 과거 몇십 년간에 걸친 수많은 개발 프로젝트에 대해 검토해보면 **문화적 적합성**(cultural fit) 혹은 프로젝트 설계에서 지역문화를 고려하는 것에 대한 중요성이 드러난다(Kottak, 1985). 프로젝트와 표적집단 사이에서 나타난 부조화의 극명한 사례로는 남태평양의 몇몇 섬에서 우유소비의 증가를 촉진함으로써 영양과 건강을 개선하려 했던 프로젝트를 들 수 있다(Cochrane, 1974). 이 프로젝트는 미국에서부터 한 섬의 공동체에 다량의 분유를 넘겨주는 것을 포함하고 있었다. 그러나 지역민들은 유당불내증(생우유를 소화시키는 것이 불가능한 증상)을 가지고 있었고 모두 설사를 했다. 주민들은 우유 마시기를 중지하고 분유를 자신들 집의 백색도료로 사용했다. 자원의 낭비를 떠나서 부적당하게 설계된 프로젝트들은 의도했던 수혜자의 배제를 야기했다. 두 가지 사례가 더 있다. 어떤 사람의 서명이 필요하지만 그 당사자가 글을 쓰는 방법을 모르는 경우와 자신의 얼굴을 공개적으로 보일 수 없는 이슬람교도 여성에게 사진이 부착된 신분증을 요구할 때이다.

응용인류학자들은 프로젝트의 성공을 높이기 위해 문화적 적합성을 어떻게 이루어내는가에 대한 통찰력을 제공해줄 수 있다. 인류학자인 제럴드 머레이(Gerald Murray)는 미국국제개발처(USAID)가 아이티에 지원했던 비용이 많이 들고 성공이 불가능한 재식림 프로젝트를 재설계하는 데 긍정적인 역할을 해냈다(1987). 식민지 시대 이후 아이티(지도 13.3 참조)에서는 삼림벌채가 극적으로 이루어지면서 매년 약 5,000만 그루의 나무가 잘려나갔다. 일부 삼림벌채는 건축용 목재와 수도인 포르토프랭스에서 쓸 목탄에 대한 시장수요 때문이었다. 또 다른 이유는 페이잔요, 즉 소농들이 작물을 기르고 염소를 방목하기 위해 땅을 개간해야 한다는 것이다. 그러나 엄청난 산림개간은 토양 침식의 확대와 땅의 비옥도 감소라는 생태학적 결과를 가져왔다.

1980년대에 미국국제개발처(USAID)는 수백만 그루의 나무 묘목을 아이티에 보냈고 아이티 정부는 농촌 주민에게 그 묘목을 심도록 강력히 권고했다. 그러나 페이잔요는 자신들의 땅에 묘목을 심는 것을 거부했고 대신 염소들에게 먹였다. 이 문제의 진단을 위해 USAID는 농촌에 사는 아이티인의 토지보유권 실천에 대해 박사논문을 썼던 머레이에게 의뢰했고 그는 대안적인 접근을 제안했다. 그는 나무를 베지 않기 때문에 페이잔요의 이익이 적을 것이라고 보았던 과일나무의 묘목 대신 심은 후 포르토프랭스에 판매하기까지 4년 정도 걸리며 조기에 벌목할 수 있는 유칼립투스와 같이 빨리 자라는 나무의 묘목으로 변경하도록 충고했다. 페이잔요는 가까운 미래에 이익을 산출할 것이라고 생각했기 때문에 이 계획을

문화적 적합성 계획가들이 지역문화를 고려함으로써 정보에 입각하고 효과적인 프로젝트 설계의 특징

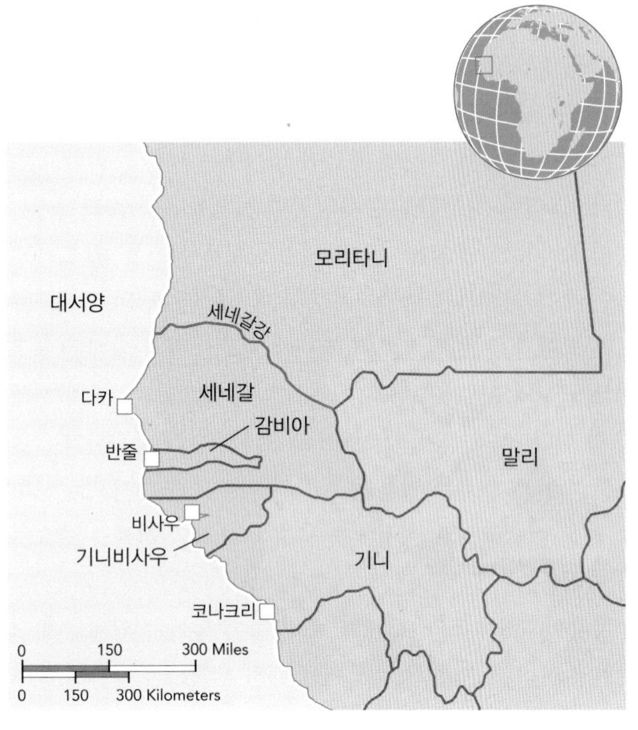

지도 13.4 **세네갈**

세네갈공화국은 서부 사헬의 완만하게 경사진 사막 평원에 있다. 세네갈의 경제는 주로 농업에 의존하며 땅콩이 주요 작물이다. 사회적 불평등은 심각하며, 도시의 실업자 비율이 높다. 세네갈의 인구는 1,300만 명이며, 이 중 70%가 시골 지역에 거주한다. 수많은 종족집단 가운데 월로프인이 가장 규모가 크다. 수피 이슬람교는 인구의 94%가 신봉하고 있는 주요한 종교이며 기독교인은 4%를 차지한다.

빠르게 받아들였다. 문화적 부적합성은 USAID와 페이잔요 사이에서 발생했다. USAID는 한 장소에 오랫동안 머물러 있을 나무를 원했지만 페이잔요는 나무를 일종의 단기간에 잘려나갈 운명을 지닌 물건으로 간주한 것이다.

개발 프로젝트에 대한 인류학적 비판 개발인류학의 초기 수십 년간은 필자가 **전통적인 개발인류학**(traditional development anthropology)이라고 부르는 것에 의해 주도되었다. 전통적인 개발인류학에서 인류학자들은 개발정책과 프로그램들이 더 잘 작동되도록 돕는 역할을 맡는다. 그것은 '1명의 인류학자를 더해서 뒤섞는' 개발인류학에 대한 접근이다. 어떠한 영역에서든 잘 적용되는 응용인류학과 마찬가지로 전통적인 개발인류학은 효과가 있다. 예를 들어 지역문화에 익숙한 인류학자는 사람들 사이에 어떤 종류의 소비재가 요구되는지 혹은 어떻게 하면 저항을 덜 받으면서 사람들을 재정착하도록 설득할 것인지에 대한 정보를 공급할 수 있다. 인류학자는 실행 가능한 계획을 세우기 위해 공여문화(donor culture)와 수원문화(recipient culture) 모두의 지식을 사용하는 문화중개자의 역할을 수행할 수 있을 것이다.

지역민과 그들의 환경에 부정적인 영향을 미치는 개발 프로젝트에 대해 많은 인류학자들이 우려하고 있다. 예를 들어 중부 세네갈강 계곡 지역(지도 13.4 참조) 주민들의 대형 댐 건설 전과 후의 복지를 비교해보면 댐 건설 이후 사람들의 식량불안정 수준이 증가했음을 알 수 있다(Horowitz and Salem-Murdock, 1993). 댐이 생기기 전에 평야에 발생하던 주기적인 홍수는 농업, 어업, 산림업 그리고 목축업으로 자급경제하는 조밀한 인구를 부양해주었다. 댐이 건설된 이후, 물은 그전보다 방류 빈도가 줄었다. 강 하류에 사는 주민들은 작물에 투입할 물이 충분하지 않았으며, 생계로서 어업에는 더 이상 의존할 수 없게 되었다. 평소에 댐 관리자들은 농부들이 재배하는 농작물에 피해를 입힐 정도로 대규모의 물을 방류한다. 많은 하류 거주자들은 댐의 영향으로 인해 그 지역을 떠나야 했다. 그들은 개발로 인한 강제이주의 희생자이다(제12장 참조). 현재 강 하류에 사는 주민들은 기생충에 의해 심하게 몸이 쇠약해지는 주혈흡충증에 감염된 비율이 높다. 댐 아래로 천천히 흐르는 물에서 질병이 빠르게 번지기 때문이다.

또 다른 '댐 이야기'는 댐 건설이 지역주민에게 미치는 부정적인 영향을 기록하고 있다. 여기에는 지역주민들의 경제, 사회조직, 신성한 공간, 집에 대한 감각, 환경파괴가 포함되어 있다(Loker, 2004). 이러한 거대 프로젝트는 수천, 심지어 수백만의 사람들에게 피해 지역에서 어떻게든 변화에 대처할 것을 강요한다. 많은 사람들이 떠나고, 남은 사람들은 남아 있으면서 새로운 토지를 정지하고 재건함으로써 그동안 잃어버렸던 것들을 대체하려고 노력한다. 그러나 대부분은 원래 살았던 것보다 더 나쁜 상황에 처하게 된다.

많은 사람들이 긍정적일 것이라고 추측하는 개발 프로젝트들이 해로운 영향을 끼친다는 자각이 증가하면서 그 결과 필자가 **비판적 개발인류학**(critical development anthropology)이라고 부르는 것이 출현하게 되었다. 이러한 접근에서 인류학

전통적인 개발인류학 인류학자들이 계획가들에게 문화적 정보를 제공해줌으로써 개발 작업을 개선하는 데 도움을 주는 역할을 받아들이는 국제적인 개발에 대한 접근

비판적 개발인류학 인류학자들이 비판적으로 사고하는 역할을 떠맡고 특정한 개발정책과 프로그램에 대해 왜 그리고 누구에게 이익이 돌아가도록 추진되는지 질문하는 국제적인 개발에 대한 접근

생명의 나무라고도 불리는 바오밥 나무는 남아프리카 전역에 걸쳐 위험에 처해 있다. 바오밥은 벌레부터 작은 동물을 아우르는 자연 생태계를 지원한다. 인간은 나무껍질을 사용하여 로프, 바구니, 직물, 악기 줄, 방수 모자 등을 만든다. 신선한 바오밥 잎은 시금치와 유사한 식용 식물로 활용되고 약용으로도 사용된다. 예를 들어 마다가스카르에서 집약적인 벼농사의 확산은 많은 바오밥 나무를 죽게 할 것이고 여우원숭이를 포함한 야생동물 종의 서식지를 위협할 것이다.

당신이 마다가스카르의 민정-자연-개발부 장관직에 임명되었다고 가정해보자. 임기 첫 달 동안 조사팀으로부터 어떤 보고를 듣고 싶은가?

자들은 비판적 사고의 역할을 떠맡는다. 문제는 이 프로젝트를 성공시키기 위해 내가 무엇을 할 수 있는지가 아니다. 그 대신 인류학자들은 지역주민과 그들의 환경이라는 관점에서 볼 때 이것이 좋은 프로젝트인가를 질문한다. 그 대답이 '예'라면 응용인류학자들은 지원하는 역할을 맡을 수 있다. 만약 답변이 '아니요'라면 인류학자들은 프로젝트를 정지시키는 내부고발자이든 피해를 줄이기 위해 프로젝트를 어떻게 변화시킬지에 대한 아이디어를 증진시키는 옹호자이든 간에 어떤 역할을 맡으면서 관련된 정보에 개입할 수 있다. 세네갈강 댐 프로젝트의 경우, 응용인류학자들은 정기적이고 통제된 물의 총량을 방류시키는 유수량에 대한 대안적인 관리계획을 고안하기 위해 공학자 및 지역주민들과 협동하여 작업했다. 그러나 다른 많은 사례에서는 계획가들이 인류학자의 충고를 무시함으로써 긍정적인 결과를 가져오지 않는다(Loker, 2000).

개발, 원주민 그리고 여성

13.2 원주민과 여성이 개발을 어떻게 재정의하고 있는지 요약하기

이 절에서는 자신만의 용어로 개발을 재정립하는 데 있어서 적극적인 역할이 증가하고 있는 두 범주, 즉 원주민과 여성을 고려한다. 이들의 범주가 겹치기는 하지만 이 절에서는 사례를 들어 분석하기 위해 이들을 각각 나누어 제시할 것이다.

원주민과 개발

원주민은 예전 식민주의에 의해 피해를 입었던 것처럼 수많은 성장 지향적 개발에 의해 여러모로 피해를 입고 있다. 그러나 현재 많은 원주민집단들은 개발에 대해 재규정하고 있으며 자신들의 손으로 직접 개발을 담당한다.

제1장에서 지적했듯이, 원주민은 그들 영토를 통제하는 국가 내에 존재하는 일반적으로 수적인 열세에 놓여 있는 소수자이다. UN은 원주민을 아프리카계 미국인, 루마인, 스리랑카의 타밀인과 같은 소수자집단들과 구별하고 있다. 모든 '소수자'집단들을 지리적인 장소에 기원한 것으로 보는 것이 아니라 강력한 주류문화 내의 배제와 생계로 인해 원주민들이 가지고 있는 많은 문제들을 공유하는 존재로 보는, 즉 이들을 순수한 원주민집단에서부터 소수자/종족집단에 이르는 연속체를 형성하는 것으로 보는 것이 더 유용하다(Maybury-Lewis, 1997b).

원주민은 오지를 점유하는 경향이 있고 종종 그 지역에는 천연자원이 풍부하다는 점에서 대부분의 소수자들과 구별될 수 있다. 이들은 장소적으로 멀리 떨어져 있었기 때문에 그동안 외부인들로부터 어느 정도 보호받을 수 있었다. 그러나 현재 정부, 국제 비즈니스계, 환경보호 활동가 그리고 여행자들은 이러한 원주민의 땅이 극지 부근 지역의 가스, 파푸아뉴기니의 황금, 마다가스카르의 사파이어, 전 세계 대규모 강들의 수력전기, 문화적 명소들과 같이 귀중한 천연자원을 포함하고 있다는 사실을 점점 더 많이 인식하고 있다.

원주민 인구에 대한 정확한 통계는 존재하지 않는다. 이러한 정보가 부족한 원인을 몇 가지로 설명하면 다음과 같다(Kennedy and Perz, 2000). 첫 번째, 누구를 원주민에 포함시킬지에 대한 동의가 이루어지지 않는다. 두 번째, 일부 정부에서는 원주민에 대해 인구조사를 실시하는 것에 신경 쓰지 않거나, 설령 실시한다 해도 원주민의 존재에 대한 인식을 과소평가하기 위해 원주민 수를 실제보다 적게 셀 것이다. 세 번째, 원주민 지역에서 인구조사를 실시하는 것은 불가능하지는 않다고 해도 그것이 종종 물리적으로 어려운 경우가 많다. 인도의 안다만제도에 있는 노스센티넬 섬의 원주민들은 그 수를 파악하지 못한 채로 남아 있다. 인도의 관리들이 화살에 맞지 않은 채로 섬에 상륙할 수 없기 때문이다(Singh, 1994).

전 세계 원주민의 총 인구수는 약 4억 명으로 세계 인구수의 약 5% 정도에 이른다(First Peoples Worldwide, 2015). 원주민의 수가 가장 많은 지역은 아시아로 중앙아시아, 남아시아, 동아시아 및 동남아시아가 이에 속한다. 캐나다 원주민의 수는 200만 명 미만이며 미국의 인디언 수는 약 100만 명이다.

식민주의와 개발의 희생자로서 원주민 식민주의와 마찬가지로 오늘날 세계와 국가의 정치적 · 경제적 관심에는 원주민의 영역에 대한 탈취와 통제가 포함되어 있다. 과거 수백 년 이상 많은 원주민집단들과 이들의 문화는 외부인들과의 접촉의 결과로 전멸되었다. 사망과 인구의 감소는 전염병, 노예, 전쟁 그리고 폭력의 또 다른 형태들로 인한 결과이다. 식민주의와 마찬가지로, 원주민들은 외부인들이 무력으로 자신의 땅을 탈취하려고 시도하는 것과 전통적인 생활방식의 실천을 막는 것 그리고 원주민들을 주변화된 주체로 식민국가에 통합시키는 것과 같은 대규모의 공격을 경험했다. 경제적인, 정치적인 그리고 표현의 자율성에 대한 손실은 원주민들에게 상당한 신체적 · 심리적 영향을 미쳤다. 이들의 자연환경이 가지고 있는 생물다양성의 축소는 빈곤화, 절망 그리고 전반적인 문화적 쇠퇴와 직접적으로 관련이 있다(Arambiza and Painter, 2006; Maffi, 2005). 이러한 과정은 전 세계에서 공통적으로 나타나며 원주민의 복지에서 예기치 않은 새로운 위험을 초래한다.

동남아시아 국가들은 진보라는 이름으로 원주민이나 '고산족'을 쫓아내는 '계획된 재정착'정책을 사용한다(Evrard and Goudineau, 2004). 예를 들어 태국의 고산족에 대한 개발 프로그램은 국제 이익, 국가 목표 및 고산족 복지 간의 연관성을 보여준다(Kesmanee, 1994). 고산족에는 카렌족, 흐몽족, 미엔족, 라후족, 리수족 그리고 아카족 등과 같은 집단이 포함되어 있다. 이들의 수는 약 50만 명에 달한다. 고산족의 아편재배를 다른 현금작물로 대체하도록 하는 국제적인 압력이 가해진다. 따라서 국제원조기구들은 대체농업 프로젝트와 관광업 쪽으로 후원한다. 반면 태국 정부는 전략적인 지역임을 고려하면서 이 지역의 정치적 안정성과 안전에 더욱 집중하기 때문에 고산과 저지대 사이의 연계망 구축을 가능하게 하는 도로와 시장 등의 개발 프로젝트들을 촉진시킨다. 어느 쪽이든 고산족은 외부인들의 이익 대상이 된다. 따라서 이들은 자신의 의제를 홍보하는 데 어려움에 직면해 있다.

아편을 대신할 대체작물을 찾기 위한 노력은 특히 현금작물로서 아편에 절대적으로 의존하는 흐몽족에게서는 성공하지 못했다. 대체작물은 비료와 농약을 다량으로 사용하게 되어 농부들에게는 비용이 많이 들고 환경오염이 크게 증가한다. 게다가 그러한 작물은 농부들에게 있어서 수익성이 좋지 않다. 벌목회사들은 고산에 접근할 수 있는 기회를 얻었으며, 고산지대 사람들이 해 온 원시농경보다도 더욱더 삼림을 훼손했다. 저지대 주민들과 국제여행객들에 의해 증가되고 있는 고산지대에 대한 침입으로 인해 고산족 사이에서는 HIV/AIDS의 비율, 소녀 소년들의 불법 성매매 및 아편중독이 조장되었다.

태국 정부는 국경에 인접한 라오스 정부와 마찬가지로 다양한 재정착 계획을 통해 고산의 원시농경민들을 평야지대로 이전시키려고 시도했다. 이전을 선택한 고산지대 사람들은 저지대 땅이 형편없는 토질 때문에 생산성이 낮다는 사실을 알게 된다. 저지대로 재배치된 고산지대 주민들은 자신의 삶의 질과 경제적인 지위가 쇠락하고 있다는 사실을 발견한다. 그러나 태국과 라오스의 재정착민에게 있어서 현재의 새로운 위험은 바로 이들이 메스암페타민의 주요 소비자라는 사실이다. 이 물질은 중독성이 있고, 빠른 체중감소, 충치, 설사 그리고 운동성 초조증과 같은 심각한 부정적인 측면의 영향과 결합되어 마약중독에서 비롯된 쾌감을 유도한다(Lyttleton, 2004). 전반적으로 볼 때 이른바 개발이라 일컬어진 50년이라는 것은 동남아시아 고산족 사람들에게 있어서 재앙이 되어 온 세월이었다.

원주민과 토지권 외부세계와 접촉한 역사를 통틀어, 원주민들은 '문명'이 가져다준 악영향에 대한 저항을 적극적으로 시도해 왔다. 1980년대부터는 더욱 효과적이고 고도로 조직된 저항의 형태들이 현저하게 나타나기 시작했다. 현재 원주민 집단은 변호사와 자문을 해줄 전문가들을 고용하여 토지권을 되찾고 방어하며, 자결권을 획득하고 외부 위험으로부터 안전하게 보호한다. 많은 원주민들이 변호사, 조사자 그리고 옹호자로 훈련을 받았다. 갈등은 소송에서부터 분리 독립에 대한 시도에 이르기까지 다양하다(Stidsen, 2006).

이 절에서는 원주민들의 토지권 주장의 현황에 대한 개요를 제공한다. 넓은 세계의 각 지역에는 존재 가능한 법규들과 그러한 법규들의 준수에 있어서 국가별 변수가 존재한다.

라틴 아메리카 일부 라틴 아메리카 국가들은 원주민집단들의 토지권 침해에 대하여 법적 보호를 제공한다. 니카라과, 페루, 콜롬비아, 에콰도르, 볼리비아, 브라질은 땅에 대한 원주민들의 권리를 합법화하는 정책들을 제정하고 원주민 영토의 경계를 설정하여 법적 소유권을 부여하는 데 주도적인 역할을 수행했다(Stocks, 2005). 그러나 정책과 실제 보호 사이에는 종종 넓은 격차가 존재한다. 이러한 노력에도 불구하고 라틴 아메리카의 전 지역에 걸쳐 그 수가 증가한 인디언들은 벌목회사, 광산회사, 목장개발자 등의 침입으로 인한 빈곤, 폭력, 환경저하(environmental degradation)를 거치면서 지난 수십 년간 자신의 땅에서 강제로 쫓겨났다. 이로 인해 이들 대다수가 도시로 이주하고 임금노동을 구하고 있다. 남아 있는 사람들은 극도의 빈곤, 영양실조, 그리고 개인적이고 집단적인 불안감에 직면하고 있다.

1990년대 이후 원주민들에 의한 간헐적인 물리적 저항이 포함된 정치적 활동이 급증했다. 특히 멕시코 남부의 치아파스주(88쪽 지도 4.3 참조)는 원주민집단과 국가지원 권력구조 사이에서 폭력이 계속 발생하고 있다. 2005년에는 아마존의 격리된 원주민에 대한 첫 번째 심포지엄에서 참가자들이 '격리된 원주민의 보호를 위한 국제동맹'이라고 불리는 단체를 만들었다. 이 단체는 위험에 처한 많은 원주민들의 현재 상황을 주정부가 자각하도록 하는 것을 목표로 한다. 이들은 선택이 가능한 분리권과 달갑지 않은 외부의 접촉과 침해로부터 보호권을 요구한다. 2008년 '산림종족을 위한 국제동맹'은 전 지구적인 기후변화에 대한 토론에 원주민을 계속 참여시키고 부유한 나라들이 개발도상국들에 열대우림에 대한 보존의 대가로 보상금을 지불해야 한다는 계획을 수립하기 위해 만들어졌다(Barrionuevo, 2008).

캐나다 캐나다의 법률에서는 원주민과 이들의 토지권이 두 가지의 서로 다른 유형으로 구분되어 있다(Plant, 1994). 특별 청구권은 이전의 협약이나 조약에서 발생한 문제에 관련되어 있고, 포괄적 청구권은 쫓겨나지 않았으며 어떠한 조약이나 협약도 체결하지 않은 원주민에 의해 만들어진 것이다. 전자의 조약 대부분은 금전적인 보상을 이끌어냈다. 후자의 경우에는 석유와 광물탐사에 대한 관심의 촉발로 인해 정부가 토착민과 협상하여 후자의 고유한 주장을 포기하거나 재규정하도록 했다. 일부 주들, 특히 브리티시컬럼비아주는 청구권이 대부분의 지역에 영향을 미쳤다. 누나부트 준주의 청구권은 약 2만 5,000명의 이누이트인에게 지하권을 포함한 광대한 토지에 대한 접근권을 부여하면서 해결되었다(Jensen, 2004)(지도 13.5 참조).

아시아 대부분의 아시아 국가들은 원주민들의 토지권에 대해 인정하기를 주저해 왔다(Plant, 1994). 방글라데시 동남부의 치타공 산악지대는 복잡한 평원지대에서 온 정착민들에 의해 대규모로 잠식되고 있는 중이다(155쪽 지도 7.1 참조). 저지대에서 온 침입자들은 현재 대부분의 비옥한 땅을 점유하고 있으며, 원주민과 이들의 문화는 땅과 생계의 손실로 인한 고통뿐만 아니라 새로운 건강에 대한 위협 등 다방면으로 위험에 처해 있다. 태국에서는 고산족의 토지권에 대해서 어떠한 법적 인정도 존재하지 않는 반면, 라오스와 베트남에서는 일부 토지가 원주민 공동체들에 할당되었다(Jensen, 2004:5). 아시아-태평양 지역에서 토지와 자원에 대한 국가의 지배력과 적극적으로 경합하는 원주민들로는 남부 필리핀의 모로인(108쪽 지도 5.1 참조)과 인도네시아가 지배하고 있는 뉴기니섬의 서쪽 지역인 서파푸아의 원주민 등이 있다. 일부의 경우에는 많은 원주민의 희생에도 불구하고 국가로부터의 분리를 원하는 원주민들의 투쟁이 계속되고 있다.

아프리카 아프리카에서는 영토 경계를 설정하고 시행하는 국가 정부의 정치적인 이해관계로 인해 원주민들이 곤경에 처해 있다. 특히 이들은 수렵채집민과 목축민 같이 이동성이 있는 주민들이다. 사헬 지역(292쪽 지도 12.5 참조)의 수많은 자치적인 목축민들은 처참한 조건 속에서 생활하는 난민으로 완전히 바뀌었다. 예를 들어 투아레그인은 지금은 서로 다른 다섯 국가(말리, 니제르, 알제리, 부르키나파소, 리비아)가

지도 13.5 **캐나다의 누나부트 준주**

1999년에 만들어진 누나부트 준주는 캐나다 영토 중 가장 새롭고 규모가 큰 곳이다. 또한 이곳은 3만 4,000명 정도의 적은 인구가 거주하고 있다. 주민의 약 85%는 원주민으로서 주로 이누이트인이다. 공식언어는 이누크티투트어, 이누인나툰어, 영어, 그리고 프랑스어이다. 이곳의 경관은 주로 북극의 툰드라이다. 수상작인 '아타나주아(Atanarjuat, The Fast Runner)'는 이누이트인 영화제작자에 의해 만들어졌으며 누나부트 준주에서 촬영되었다.

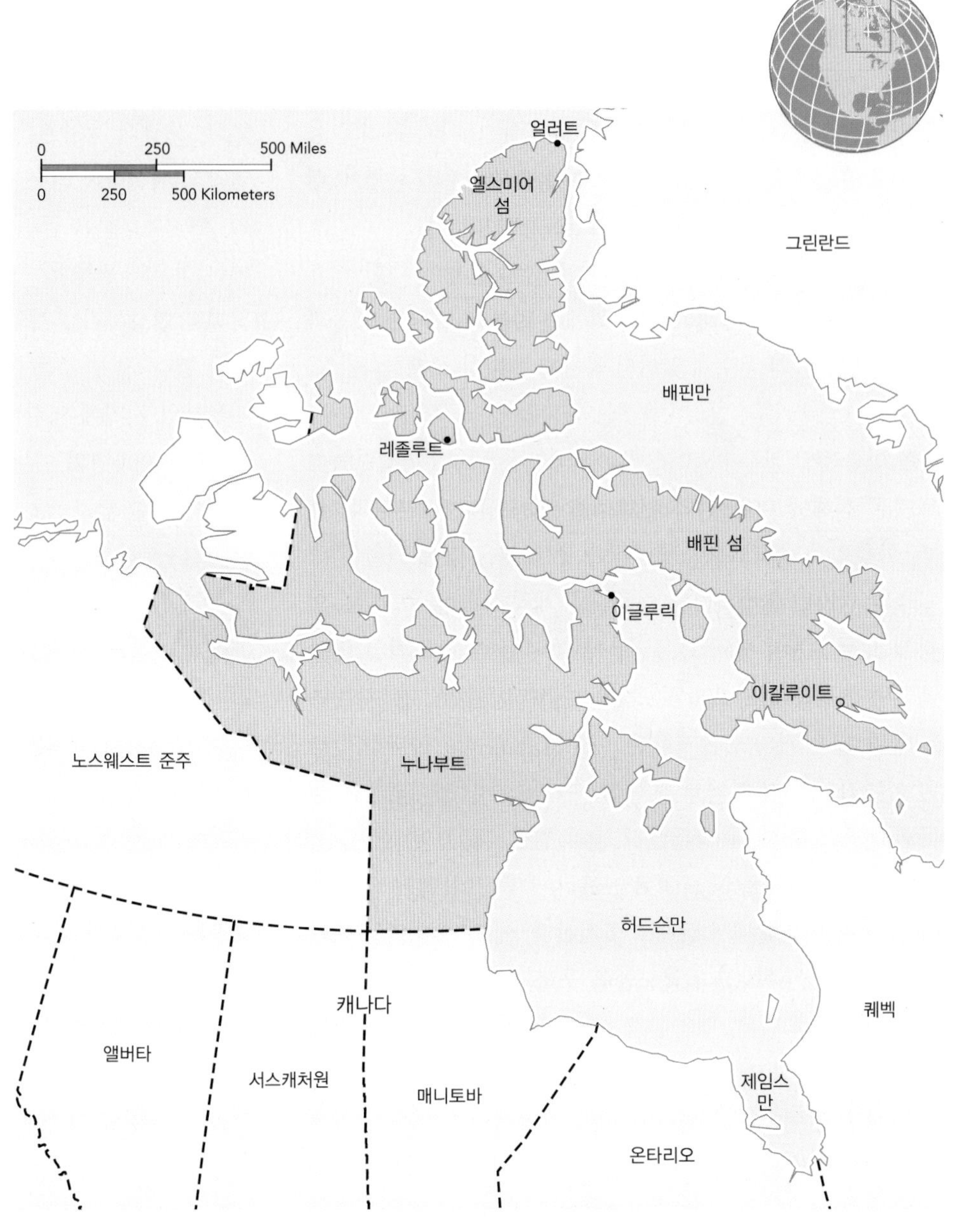

교차하는 영토에서 전통적으로 거주하면서 목축을 해 왔다(Childs and Chelala, 1994).

이 지역에서의 정치적인 갈등으로 인해 수천 명의 투아레그인이 망명해서 모리타니에 거주하는데 이들의 상황은 암울하다. 저항운동이 일어나지만 국가는 이들을 억누른다. 남수단 사람들은 수단에서 독립한 지금도 수년간 폭력에 시달리고 있다(지도 13.6 참조). 그들은 세계적이면서 국지적인 정치 및 경제적인 이유로 인해 집단학살과 폭력적인 강제이주의 대상이 되었는데 그중 무시할 수 없는 한 가지 원인으로는 국가 내 남부 지역에 풍부한 석유가 매장되어 있다는 것이다(Warren, 2001). 제1장의 '문화파노라마'에서 언급한 것처럼 남아프리카공화국은 산족 인구가 거주하는 또 다른 국가인 나미비아나 보츠와나보다 산족에 대한 법령을 더욱 확고하게 제정해 놓고 있다.

호주와 뉴질랜드 원주민의 토지권에 대한 법적 인식이라는 면에서 보면 호주가 더 진보되어 있음에도 불구하고 상황적으로는 호주와 뉴질랜드가 같이 뒤섞여 있기도 하다. 도시개발, 비원주민 인구의 팽창, 도로공사, 광물채굴 그리고 국제적 관광업은 생계와 신성한 공간의 보호에 대한 주요한 위협의 일부이다. 원주민의 행동주의는 이른바 원주민 토지소유권리를 성취하는 데 있어 일부 주목할 만한 성공을 보였다

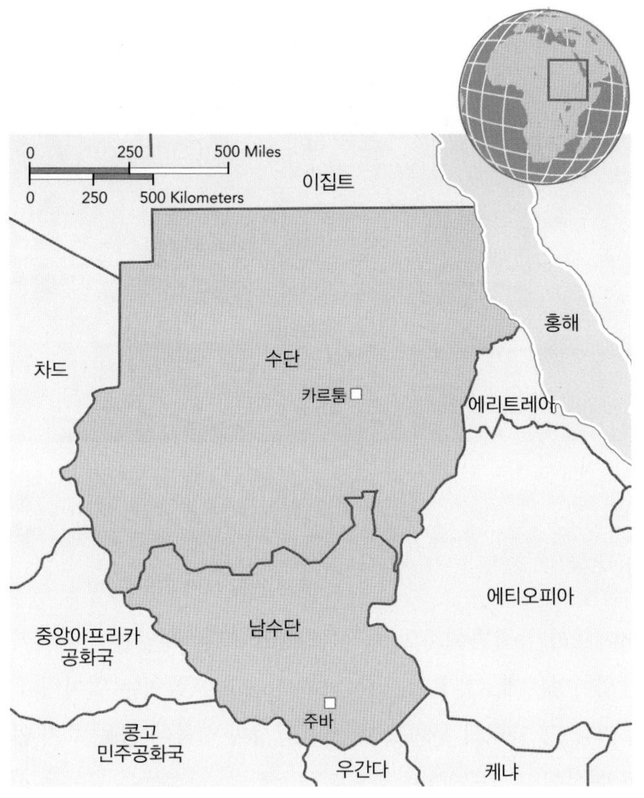

지도 13.6 수단과 남수단

이전의 수단공화국은 1956년 영국으로부터 독립을 달성했다. 독립 1년 전 남북 간 내전이 시작되었다. 2003년에는 다르푸르 지역에서 분쟁이 발생했다. 2005년에는 수단 남부에 6년 동안 자치지역의 지위를 부여한 조약에 대해 국민투표가 실시되었다. 2011년의 국민투표는 주바에 수도를 둔 남수단의 분리 건국을 강력히 지지했다. 수단과 남수단 사이에 석유 수입을 둘러싼 분쟁이 계속되고 있으며, 남수단 내 분쟁에는 지역 부족 집단들이 연루되어 있다. 또 다른 차이점은 수니파 이슬람교가 수단의 지배적인 종교인 반면, 남수단은 토착 종교와 기독교가 우세하다. 아랍어는 수단의 지배적인 언어이다. 토착 언어가 지배적인 남수단에서는 영어가 공식 언어이다.

(Colley, 2002). 호주에서의 중요한 전환점은 토러스해협 제도 출신의 에디 코이코 마보(Eddie Koiko Mabo)의 노력을 통해서였다. 마보와 그가 속한 집단인 미리암은 무주지(terra nullius, 無主地) 혹은 '비어 있는 땅'의 원칙에 이의를 제기하면서 자신들의 전통적인 토지와 물에 대한 청구권을 고등법원에 상고했다. 식민주의자들과 신식민주의적 개발업자들은 재산소유권, 농업 혹은 영구적인 구조들의 증거가 없기 때문에 특별한 장소에 어떤 사람도 살지 않는다는 것을 주장하면서 영토의 탈취를 정당화하기 위해 무주지론을 이용한다. 이러한 주장은 수렵채집민, 원시농경민 및 목축민에 의해 점유되던 세계의 거대한 지역들을 식민주의적으로 탈취하는 것을 정당화했다. 이러한 획기적인 사례를 통해 마보는 1992년에 미리암인의 요구가 정당하다는 것을 고등법원에 납득시켰으며 호주 원주민들이 앞으로도 계속 토지청구권을 행사하도록 하는 데 선례를 세웠다.

변화를 위한 조직화 많은 원주민들은 풀뿌리 개발 혹은 내부로부터의 개발을 촉진하기 위하여 '변화에 대응하는' 조직체들을 형성시켰다. 예를 들어 에티오피아에서는 1990년대 이후 지역민들에 의해 NGO가 조직되었다(Kassam, 2002). 남부지역의 한 조직인 훈디는 오로모인의 구전설화 전통에 기초한 개발 모델을 제공하려고 시도했다. 이 모델은 서구에서 규정한 '개발'과 오로모인의 가치 및 전통적 법률을 결합해서 외부적인 개발관을 오로모인의 생활방식이라는 측면에서 재구성하는 접근방식을 제공한다.

훈디의 장기적인 목표는 오로모인 공동체가 자급자족할 수 있도록 역량을 강화하는 것이다. 훈디는 오로모인 문화가 사회적·경제적 변동에 장벽이라기보다는 그것을 향한 긍정적인 힘이라는 관점을 취한다. 훈디의 구성원들은 그들이 시도하는 모든 것에 참여적인 접근방식을 사용한다. 그들은 욕구를 파악한 뒤 그러한 욕구를 충족시키는 프로젝트를 구체화하기 위해 전통적인 민회와 협의한다. 구체적인 활동으로는 가격변동과 식량부족과의 싸움을 돕기 위한 신용결사체와 곡물은행의 설립 등이 있다. 오로모인은 이러한 일들을 좋은 개발의 요소라고 느낀다. 이것은 오로모인에게 굶주림과 종속감을 안겨주는 외부인들의 나쁜 개발과 구분된다.

많은 사례들에서 원주민들의 개발조직은 외부의 위협에 대응하여 세력을 연합한다(Perry, 1996:245–246). 호주의 몇몇 원주민집단들은 지역연합과 토지청구권 소송을 성공시킨 범호주조직을 결성했다. 캐나다의 경우 크리인 대평의회는 토지에 대한 문제와 중요한 수력 댐 건설계획에 대한 대립을 극복하고 있는 북부의 집단들과 협력하고 있다(Coon Come, 2004; Craik, 2004). 전 세계의 원주민 집단들은 넓은 지역을 넘어 서로의 유대를 만들고 유지하기 위해 새로운 기술과 미디어를 활용하고 있다.

원주민들은 새롭게 등장하고 있는 저항, 자기결정권, 자신들이 만든 조직의 형태에서 희망을 찾으려고 노력하지만 그러한 희망은 모든 원주민들에게 일반화될 수 없다. 많은 원주민들이 자신들의 권리를 주장하면서 전진해 나가고 있으며 그들의 경제적 지위가 개선되고 있지만, 다른 수많은 원주민들은 극도의 정치적, 경제적 억압과 멸종 위기의 고통을 겪고 있다.

여성과 개발

여성의 범주는 원주민의 범주와 대별된다. 여성은 집단으로서 인정된 토지가 없기 때문이다. 그러나 식민주의와 현재의 개발이 여성에게 미친 영향은 그것이 원주민들에게 미친 영향과 유사하다. 여성들은 빈번하게 경제적인 권리와 정치적인 권력을 상실했다. 예를 들어 모계를 통해 재산을 지키는 모계친족(제6장 참조)은 전 세계에 걸쳐 감소하고 있다. 서구화와 근대화가 흔히 이러한 변동의 요인이다. 여성의 지위에 전반적으로 부정적인 영향을 미친 또 다른 요인은 **개발에서의 남성 편향**(male bias in development), 즉 수혜자인 남성에 의해 주도되고 여성의 역할과 지위의 영향에 대해 고려하지 않는 개발 프로젝트의 설계와 실행이다.

개발에서의 남성 편향 1970년대에 조사자들은 개발 프로젝트가 남성 편향적이라는 사실에 대해 주목하기 시작했고 이에 대해 글을 쓰기 시작했다(Boserup, 1970; Tinker, 1976). 많은 프로젝트들에서 현금작물의 재배와 새로운 기술의 교육에 대한 주도권을 남성에게 주는 것을 목표로 삼으면서 수혜자로서의 여성은 완전히 간과되었다. 이러한 개발에서의 남성 편향은 남성이 새로운 수입원에 대해 더 많은 접근권을 가질 수 있도록 했던 반면 여성에게서는 전통적인 경제적 역할을 박탈하여 성 불평등을 더욱 증가시켰다. 예를 들어 개발 전문가들이 생각한 농부에 대한 이미지는 여성이 아닌 남성이었다.

여성들의 프로젝트는 전형적으로 수유, 육아, 가족계획 등 가내영역에 집중되었다. 이러한 강조는 여성의 가내화를 초래했다. 이것은 전 세계 여성들의 삶이 더욱 더 가내영역에 초점이 맞춰지고 공공영역에서 배제된다는 것을 의미한다(Rogers, 1979). 예를 들어 농업 프로젝트에서는 아이를 목욕시키느라 집에서 더 많은 시간을 보내는 것을 배우는 여성 원시농경민을 간과했으며 정치적 리더십 프로젝트에서는 남성에 초점이 맞춰졌고 그동안 여성이 전통적으로 가졌던 공공의 정치적 역할들의 맥락에서조차 여성은 배제되었다.

개발에서의 남성 편향은 또한 일부 프로젝트에서는 실패의 원인이 되었다. 부르키나파소(292쪽 지도 12.5 참조)라는

개발에서의 남성 편향 남성에게 수혜를 제공하고, 여성의 역할과 지위에 미치는 영향에 대해서는 고려하지 않는 개발 프로젝트의 설계 및 실행

여러 나라에서 작은 조리용 화덕은 여전히 가족들이 식사를 준비하는 중요한 방법이다. 여성은 이 조리용 화덕의 주요 사용자이며, 흔히 어린아이를 동반한다. 대부분의 조리용 화덕은 열효율이 낮고, 대량의 대기오염을 일으킨다. 전 세계의 연구자들은 개선된 조리용 화덕을 개발하려고 노력하고 있다.

서아프리카 국가에서의 재식목 프로젝트는 유일한 참가자가 남성이었는데, 그가 할 일은 나무를 심고 보살피는 일이었다. 그러나 그 사회의 문화적 패턴은 남성이 식물에 물을 주지 않고 여성이 그 일을 하는 것으로 규정한다. 남성들은 묘목을 심은 후 그것들을 내버려두었다. 여성들을 프로젝트에서 배제하는 것은 그 실패가 확실했다. 여성의 문제를 개발 의제로 계속 상정하려는 수년간의 시도에도 불구하고 개발로부터 여성을 배제하는 것은 여전히 문제가 되고 있다.

조사내용에 여성의 지식, 관심 그리고 목소리를 포함시킴으로써 여성의 욕구에 맞춰 개발을 재규정하는 새롭고 중요한 현안들이 표면화되었다(그림 13.2 참조). 이러한 현안들 중 하나는 젠더에 기초한 폭력이다. 이러한 현안은 심지어 거대한 다자간 조직들에서도 주목을 받고 있다. 이 조직의 전문가들은 예를 들어 아내가 외출할 경우 남편이 때릴 것이라는 사실에 공포를 느낀다면 여성들이 금융대출 프로그램에 참여할 수 없게 된다는 사실을 오늘날에서야 깨닫고 있다. UN 여성지위위원회(UNCSW)는 1993년 총회에서 채택되었던 여성에 대한 폭력에 반대하는 선언서를 작성했다(Heise, Pitanguy, and Germain, 1994). 선언서 제1조에는 여성에 대한 폭력을 다음과 같이 명시하고 있다. "여성에 대한 신체적, 성적 혹은 심리적 상해나 고통을 주는 결과를 가져오거나 그 결과로 나타날 수 있는 젠더에 기초한 폭력적인 어떤 행동으로서 여기에는 공적, 사적인 삶에서 발생하는 그러한 행동의 협박, 강요 혹은 자유의 임의적인 박탈을 포함한다"(Economic and Social Council, 1992). 이러한 정의는 관심의 대상을 여성으

로 예시했지만 소녀도 포함되어 있다.

변동을 위한 여성의 조직화 많은 나라에서 여성들은 조직의 결성을 통해 자신들의 지위와 복지를 향상시켜 왔다. 이 조직들은 때로는 자신들의 전통문화의 일부분이며 때로는 외부의 자극에 대한 반응이기도 하다. 이러한 조직들은 공동육아의 보급을 돕기 위한 개방유아학교에서부터 여성들 스스로가 자영업을 시작할 수 있도록 기회를 마련해주는 융자조직에 이르기까지 다양하다. 일부는 지역적이고 소규모지만 인도와 방글라데시에서 시작되었으며 빈곤한 노동자 여성을 위한 융자 프로그램에서 발전한 세계여성은행(Women's World Banking, WWB)과 같이 세계적인 조직도 있다.

또 다른 사례로, 멕시코 치아파스주 산크리스토발에서는 가난한 마야인 여성 행상인들을 지원하는 비공식적인 사회적 네트워크 시스템이 등장했다(Sullivan, 1992)(88쪽 지도 4.3 참조). 도시광장에서 일하는 수많은 행상인들은 고원 지역에서 발생한 장기간의 갈등으로 인해 그곳에서 피난을 온 사람들이다. 그들은 물건을 만들어 관광객들에게 판매한다. 이것은 가구소득에서 중요한 비중을 차지하는 수입원이다. 이들은 고원 지역에 살 때 광범위한 대부모(godparenthood) 시스템으로부터 받았던 지원에 대한 손실을 메우기 위해 도시 내의 확장된 연결망에서 사회적 지지를 되찾는다(제6장을 다시 보라). 행상인들의 새로운 연결망에는 종교적, 정치적, 경제적 혹은 사회적인 배경과는 상관없이 친척, 이웃, 교회신자 그리고 다른 행상인들이 포함되어 있다.

이 연결망은 1987년에 시작된 일련의 강간과 강도사건에 대응하여 처음으로 성장했다. 범죄자들이 권력과 영향력이

태아기	성선별 낙태, 임신기간 중 구타, 강요된 임신
유아기	유아 살해, 정서 및 신체적 학대, 식량 및 의료의 박탈
소녀기	조혼, 음핵절제, 가족 및 낯선 사람에 의한 성적 학대, 강간, 식량 및 의료의 박탈, 아동 매춘
청소년기	데이트 폭력, 강요된 매춘, 강간, 직장 내 성적 학대, 성희롱
성인기	강간과 파트너의 학대, 배우자 살해, 직장에서의 성적 학대, 성희롱
노년기	과부 학대 및 방치, 노인 학대

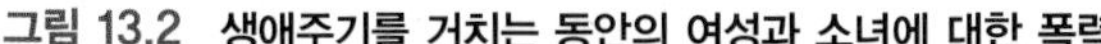

그림 13.2 생애주기를 거치는 동안의 여성과 소녀에 대한 폭력

출처 : Heise, Pitanguy, and Germain 1994:5에서 인용.

멕시코 치아파스주의 주도인 산크리스토발 데 라스 카사스의 번화가에서 한 마야인 행상인이 자신이 만든 물건을 팔고 있다. 이 도시는 시나칸탄에 있는 초칠인 마야 공동체 근처에 있다.

있는 사람들이었기 때문에 여성들은 감히 고발할 수 없었다. 주로 독신모와 과부인 이들은 자기방어의 전략을 썼다. 첫째, 이들은 바쁘지 않은 오후시간에 모이기 시작했다. 둘째, 이들은 항상 집단을 이루어 이동한다. 셋째, 이들은 날카롭게 만든 코르셋 뼈대와 갈퀴를 가지고 다닌다. "만약 어떤 남자가 그들 중 한 사람을 모욕한다면 집단이 그를 둘러싸고 사타구니를 찌를 것이다"(Sullivan, 1992:39–40). 넷째, 만약 어떤 여자가 강도를 당한다면 다른 여성들이 그녀를 둘러싸고 편안하게 해주며, 그녀가 손실한 것을 보상하기 위해 무엇인가를 기부한다. 이 오후 모임은 재정적인 지원, 육아, 의료 관련 조언 그리고 직무기술에 관련된 훈련을 제공해주는 지원집단으로 발전되었다. 이 집단은 자신들의 행상을 막으려고 시도하는 시공무원에 대항해 공개적으로 시위를 해 왔다. 공동의 노력을 통해 이들은 삶을 더욱 안전하게 만드는 데 성공했다.

조직화된 노력을 통한 여성의 역량강화와 인적위험의 감소에 대한 마지막 사례는 중앙아시아의 카자흐스탄에서 찾을 수 있다(189쪽 지도 8.2 참조). 아내에 대한 남편의 광범위한 가정폭력에 대한 대응 차원에서 무슬림여성회(Society of Muslim Women, SMW)라고 불리는 NGO는 가정폭력을 이슬람 신앙이 풀뿌리 차원에서 제기해야 할 문제로 규정했다(Snajdr, 2005). 이 조직은 위반사항의 범죄화, 범죄자의 체포 그리고 여타 공적 절차 등의 세속적인 대응을 제공하는 경찰 및 시민활동가들과 함께 일하기를 거부했다. 그 대신 SMW는 가정폭력을 이슬람교와 카자흐스탄의 가치관을 이용해서 다루어야 할 사적인 일로 간주했다. 이 단체의 세 가지 접근법

방글라데시에서 착수한 개발 프로젝트인 그라민은행은 가난한 사람, 특히 여성들에게 소액대출을 제공한다. 이 프로젝트는 전반적으로 매우 성공적인 것으로 판명되었으며, 이 모델은 전 세계의 다른 국가로 확산되었다. 창립자인 무하마드 유누스는 방글라데시의 경제학자이자 2006년 노벨 평화상 수상자이다.

그라민은행의 성공은 여러분이 방글라데시에 대해 가졌던 이전의 이미지에 대해 어떤 의문을 갖게 하는가?

은 학대당한 여성에 대한 상담과 보호소 그리고 부부에 대한 중재이다. SMW의 지도원칙은 가능한 한 가정을 다시 세우는 방법을 찾는 것이다. 이것은 다소 보수적이며 심지어 결혼한 다섯 쌍 중 네 쌍에게서 발생된다고 보고되고 있는 아내 학대가 일어나는 이곳의 상황에서는 위험하게 들릴 수도 있다. 그러나 자금지원이나 전문적인 훈련 없이 SMW 회원들은 무수히 많은 여성에게 지원을 제공했다. 그들은 카자흐스탄의 손님접대 관습과 이슬람교의 인내의 덕목에 일치하는 보호소의 제공을 통하여 여성들이 고립감을 극복하도록 돕는다. SMW의 지원은 배우자들에게 부부간의 관계에 대해 생각할 시간을 주며 가족의 책무와 성평등이라는 이슬람교적인 가치를 적용하여 이들이 피해자로 전락하는 것을 막는다. 민족주의적인 수사학은 개인적인 문제에서 비롯된 남성들의 알코올 중독에 대한 책임을 러시아의 점령 때문인 것으로 전가시킨다. 따라서 SMW는 카자흐스탄 문화의 경계 내에서 기능하며 그러한 경계 내에서 긍정적인 결과를 얻기 위해 그 문화를 이용한다.

긴급한 개발 현안들

13.3 긴급한 개발 현안들을 파악하기

이 장은 캐나다의 월폴아일랜드 원주민 보호구역의 주민들 및 이들이 식민주의와 신식민주의가 파괴해 온 문화와 자연환경의 피해를 극복하려고 지속적으로 노력하는 모습을 인용하면서 시작했다. 국제적 기업이나 신식민국가들과 같은 외부집단의 삶보다도 자신들의 삶을 향상시키기 위해 개발을 재정립하고 있는 지역민과 여성들의 많은 발전에도 불구하고, '개발'자금의 대부분은 아직까지 자원을 거의 가지고 있지 않은 사람이나 자원이 없는 사람보다도 이미 자원을 소유하고 있는 사람들을 위해 벌이는 대규모 프로젝트 쪽으로 간다.

이 장의 전반부에서 먼저 논의했듯이 개발 프로젝트는 개발기관이 목표를 통해 실현하는 주요한 기제이다. 이러한 프로젝트는 간혹 지역적 지식이 사용되기는 하지만 전형적으로 외부인에 의해 설계되며, 보편적이고 널리 적용되는 패턴에 따른다. 그것은 거대한 댐 공사와 같은 대형 프로젝트에서 작은 프로젝트에 이르기까지 범위가 다양하며, 전자는 후자보다 지역민에게 더 많은 피해를 입힌다. 소위 수혜자 혹은 정책목표 인구집단에게는 지역사회에 영향을 미치게 될 프로젝트에 대한 모든 것에 대해 상의가 이루어지지 않는 경우가 흔하다. 이렇게 외부에서 부과되고 종종 주도권을 침해하는 것에 반대하는 비판가들은 이것을 **개발침략**(development aggression)이라고 부른다. 이것은 영향을 받은 사람(affected

---

개발침략 영향을 받은 사람의 자유롭고 우선적이며 고지에 입각한 동의가 없는 개발 프로젝트 및 정책의 시행

세계유산은 지정된 이후부터 몰려드는 많은 관광객 때문에 이익도 얻고 시달림도 당한다. (왼쪽) 페루 안데스 산맥에 위치한 마추픽추의 15세기 궁전은 1983년 세계문화유산으로 지정되었다. (가운데) '사원도시'를 의미하는 앙코르와트는 1983년에 세계유산으로 지정되었다. 이곳은 12세기에 힌두교 사원으로 건설되었으나 이후 불교가 추가되었다. 현재 많은 관광객으로 인해 이 장소가 손상되고 있다. 쓰레기, 도보통행 그리고 근처의 호텔개발이 그 원인이다. 1983년에는 거의 8,000명에 달하는 관광객이 이 장소를 방문했다. 2010년부터의 예상치는 연간 300만 명 이상이다. (오른쪽) 이탈리아 베니스의 대운하를 오가는 곤돌라. 이탈리아 베니스 혹은 베네치아는 세계에서 가장 아름다운 도시 중 하나로 여겨진다. 1987년 세계유산으로 지정되었다.

이 장소들 중 한 군데에 대한 여행 계획을 세우고, 편의시설에 '친환경' 선택권이 있는지 또한 이 장소가 관광객으로부터 입는 피해를 줄이기 위한 방법을 장려하는지 알아보자.

people)의 자유롭고 우선적이며 고지에 입각한 동의가 없는 개발 프로젝트와 정책의 시행을 뜻한다(Tauli-Corpuz, 2005). 그러한 개발은 자신의 고향에서 생계를 추구할 권리와 자신의 영토에서 환경파괴를 막을 권리가 포함된 지역민의 인권을 침해하며 한다. 그것은 또한 빈곤을 막거나 경감하는 데 아무런 기여도 하지 않는다.

삶 프로젝트와 인권

비판을 넘어서 움직임을 보이고 있는 개발침략에 의해 희생된 원주민, 여성 그리고 기타의 사람들은 자신들의 삶이 개선되기 위해 혹은 더 심한 쇠퇴를 막기 위해 무엇을 해야 하는지를 재정립하고 있다. 이들은 개발 프로젝트보다는 삶 프로젝트의 개념을 제안한다. **삶 프로젝트**(life project)는 지역민의 지식, 역사 및 맥락에 의해 전달받은 것으로서 자신들이 받아들이기 원하는 삶의 방향에 대한 지역민의 전망이자 그러한 전망을 어떻게 성취해나갈지에 대한 것이다.

삶 프로젝트는 일종의 인권이라고 간주될 수 있기 때문에 1948년에 UN에서 비준한 세계인권선언과 일치한다. 생물학적 다양성의 손실, 공기와 물의 오염, 삼림 벌채, 토양침식 등 환경저하로 이어지는 개발은 인권 침해이다. 풍부한 천연자원이 소수의 이익을 얻기 위해 어떻게 부적절하게 이용되고 많은 사람에게 해를 끼치고 있는지에 대한 사례, 즉 축복이 지금은 저주로 바뀐 많은 사례가 전 세계에 존재한다('환경에 주목하기' 참조).

광업, 석유 및 가스 등의 주요한 추출산업은 지역민의 이익과 환경에 대한 진지한 고려가 없을 정도로 이윤적인 동기에 의해 움직인다. **추출산업**(extractive industry)은 지구의 표면이나 지하에서 발견되며 재생 불가능한 광물 및 석유와 가스를 탐사, 제거, 가공 및 판매하는 사업이다. 그러나 자신의 땅에서 이루어지는 추출산업을 지역민들이 막거나 제거하려고 시도하는 곳에서 발생하는 전 세계적인 지역적 폭력의 비극적인 사례들은 일부 기업에게 경각심을 일깨워주었다. 세계에서 가장 큰 광업회사 중 하나인 리오틴토는 '영향을 받은(피해를 입은) 사람들'을 더욱 공평하게 대우하고 한 번 광산이 폐쇄되면 환경의 '완화(mitigation)'가 발생한다는 보장을 더 잘 수행하기 위해 문화인류학의 전문 지식을 이용하려고 노력한

삶 프로젝트 지역민의 지식, 역사 및 맥락에 의해 전달받은 것으로서 자신들이 받아들이기 원하는 삶의 방향에 대한 지역민들의 정의.

추출산업 지구의 표면이나 그 아래에서 발견되며 재생 불가능한 광물, 석유 및 가스를 탐사, 제거, 가공 및 판매하는 사업

환경에 주목하기

니제르 삼각주의 석유, 환경저하 및 인권

영국의 식민지 시기 동안 나이지리아는 야자유 수출을 통해 영국 왕실에 부를 공급해주었다(Osha, 2006). 세계화라는 탈식민지 시기에는 다른 종류의 기름이 국가의 경제를 지배한다. 즉 석유이다. 1950년대부터 나이지리아 삼각주 지역에서 방대한 석유 매장량이 발견되면서 일부 유럽과 미국의 회사들은 나이지리아가 세계경제에서 중요한 위치를 점유할 정도로 원유를 탐사, 시추, 수출하였다.

(왼쪽) 한 농부가 석유로 흠뻑 젖어 있는 들판 사이를 걷고 있다. 약 50만 명의 오고니 주민들이 남부 나이지리아의 삼각주 지역인 오고니랜드에 살고 있다. 나이지리아 삼각주가 비옥했기 때문에 농업과 어업에 종사하는 인구는 오랜 세월 동안 높은 밀도로 유지되었다. 쉘사가 1958년에 이곳에서 석유를 발견한 이후 100개의 유정이 오고니랜드에 건설되었고 수많은 석유유출이 발생하고 있다. (오른쪽) 오고니인 저술가이자 활동가인 켄 사로-위와는 1992년 오고니랜드에서 저지른 쉘의 행위와 나이지리아 정부의 무관심에 항의하기 위해 '오고니인의 생존을 위한 운동'을 창설했다. 그는 1995년 의심스러운 정황에서 살인 혐의로 구속되어 교수형에 처해졌다. 쉘사는 그의 죽음에 어떤 역할도 하지 않았다고 관련된 의혹을 부인해 오고 있다.

다(Cochrane, 2008).

금 채굴, 석유시추, 벌목 등 추출산업을 계속하도록 만드는 동인은 무엇인가? 각국이 거대 댐과 대형 고속도로의 건설을 계속하도록 만드는 동인은 무엇인가? 그러한 수요는 우리 모두에게 존재하는데, 약혼식 반지를 위한 다이아몬드, 컴퓨터에 들어가는 금과 백금 그리고 휴대전화에 들어가는 구리, 에어컨 가동을 위한 전력, 우리를 이동시키기 위한 연료, 음식과 물, 그 밖에 우리가 구입하는 모든 것을 필요로 하는 우리의 소비주의적인 생활방식에 존재한다. 웨스트버지니아주의 모든 산은 워싱턴 DC에서 사용하는 에어컨을 작동하는 데 필요한 석탄의 공급으로 인해 완전히 무너져내리고 있는 중이다. 브라질과 뉴기니의 삼림은 우리가 신문을 읽을 수 있도록 하기 위해 벌채되고 있다. 옥수수는 사람에게 식량으로 사용되기보다는 차량을 움직이도록 하기 위해 경작되고 있는 중

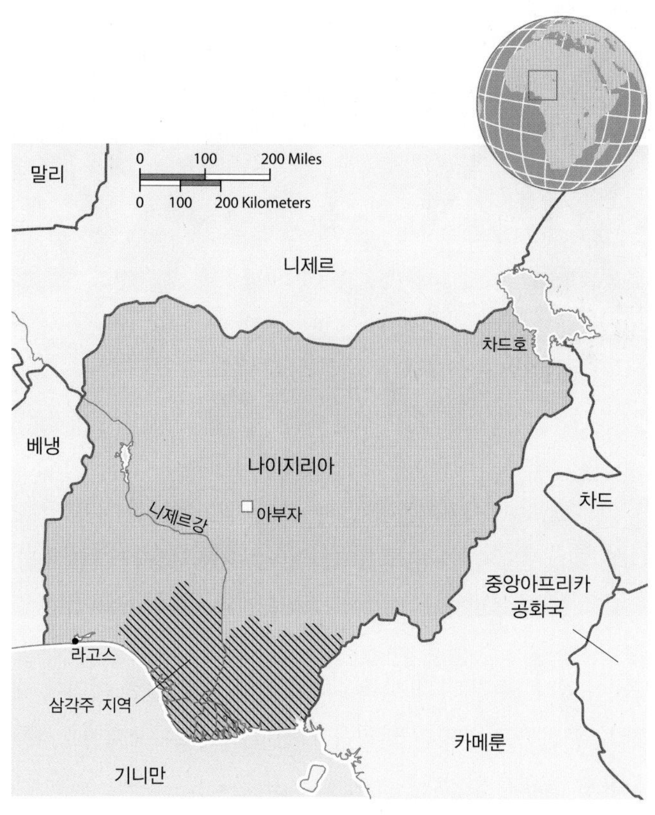

지도 13.7 나이지리아와 니제르 삼각주

나이지리아는 인구가 1억 4,000만 명 이상으로 아프리카에서 가장 인구가 많은 국가이다. 250개 이상의 종족집단이 있으며, 가장 큰 집단으로는 풀라니, 하우사, 요루바, 이그보 종족이 있다. 나이지리아인은 500개 이상의 언어를 사용한다. 영어가 공식 언어이다. 나이지리아는 아프리카 최대의 석유생산국으로 니제르 삼각주에서 하루 평균 200만 배럴을 추출한다. 이 삼각주는 나이지리아 땅의 7.5%를 이루지만 인구가 3,100만 명으로 전체 인구의 22%를 차지한다. 니제르 삼각주 지역의 석유 산업은, 나이지리아의 높은 경제 성장률을 뒷받침해주어, 나이지리아를 세계에서 가장 빠른 경제 성장률을 기록한 나라 중 하나로 만들어 주고 있다. 그러나 석유산업으로 인해 야기된 환경적, 문화적 피해를 입고 있는 삼각주 지역민에게는 이러한 부의 대부분이 돌아가지 못한다. 석유유출은 빈번한 문젯거리이다. 세계에서 가장 풍성한 습지대와 40개 이상의 종족집단이 있어 문화적 다양성이 가장 풍부한 지역 중 하나인 이곳은 수도의 주민들과 다른 국가들에 혜택을 가져다주는 대규모의 석유채굴로 인해 위험에 처해 있다.

그러나 삼각주 지역의 주민들은 석유산업에서 경제적 이익을 거의 얻지 못했고 대신 환경오염으로 인해 농업과 어업에 기반한 생계에 주요한 손실을 입었다. 이들은 1960년대보다 지금이 더 가난하다. 이들은 경제적인 손실에 더하여 신변의 안전도 상실했다. 많은 주민들은 1990년대 이후부터 지역적 저항운동에 대한 국가와 기업의 억압으로 인해 이 지역에서 증가해 온 폭력의 희생자가 되었다. 많은 사람들이 만연한 폭력을 피하기 위해 삼각주 지역을 떠나 국내유민(IDP, 제12장을 다시 보라)이 되었다.

가장 해로운 영향을 받은 집단은 삼각주의 남동부지역에 사는 오고니인이다. 오고니인 작가이며 노벨상 수상자인 켄 사로-위와(Ken Saro-Wiwa)는 오고니랜드에서의 쉘의 소행과 나이지리아 정부의 군사적 억압에 저항하기 위해 1992년에 오고니인 생존을 위한 운동(MOSOP)을 창설했다. 그러나 1995년에 그와 8명의 오고니인 활동가들이 체포되었고 의심스러운 정황에서 재판을 받고 교수형에 처해졌다.

1992년 UN의 원주민을 위한 실무협의단(UNWGIP) 연설에서 사로-위와는 자원추출, 환경 및 오고니인의 인권과 문화적 권리 사이의 연관성을 호소력 있게 지적했다.

> 환경저하는 원주민인 오고니인과의 전쟁에서 치명적인 무기였습니다. … 석유탐사는 오고니인의 땅을 황무지로 바꾸어버렸습니다. 땅, 시냇가, 실개천은 완전히 그리고 지속적으로 오염되었습니다. 대기는 현재 인간의 거주지에 근접한 곳에서 33년 동안 하루 24시간 타오르는 가스에서 방출된 탄화수소 증기, 메탄, 일산화탄소, 이산화탄소와 그을음으로 가득차서 유독해지고 있습니다. …모든 사람이 주변을 돌아보면서 느끼는 것이라고는 죽음뿐입니다(Sachs, 1996:13-16에서 인용).

많은 사회과학자들은 이러한 개발의 형태가 인간의 삶의 방식을 훼손하고 존재의 지속성을 위협하기 때문에 인권과 문화적 권리를 침해한다는 사로-위와의 견해에 동의한다(Johnston 1994).

생각할 거리

인터넷을 사용하여 '기업의 사회적 책임'에 대한 개념을 찾아보라. 그리고 오고니인의 상황과 그 개념과의 연관성에 대해 토론할 준비를 해보자.

이며 많은 물이 음료수, 목욕, 수영 등 사람이나 물고기와 물새에게 유용하게 사용되기보다는 알루미늄과 같은 광물 제조에 사용된다. 파괴적인 프로젝트에서 삶 프로젝트로 돌아가는 이러한 패턴의 전환에는 많은 시간이 소요될 것이다.

문화유산과 개발 : 과거와 현재에서 미래를 연결하기

제11장에서는 문화관광을 통해 지역민에게 고용기회를 창출하는 유·무형의 문화유산에 대한 잠재력을 논의했다. 이 절에서는 삶 프로젝트의 관점에서 문화유산과 주민복지 사이의 복잡한 연관성에 대해 보다 깊게 논의할 것이다.

문화유산관광과 개발과의 연관성은 이익과 비용이라는 양날의 칼이다(Bauer, 2006). 관광을 통해 문화유산을 촉진하는 것은 도로와 호텔 및 전기, 관광객을 위한 음식과 기타 비품, 관광객에게 서비스를 공급하기 위한 노동력과 같이 지원 인

아이티인 무용가들이 마이애미 발견의 날에 마이애미의 리틀 아이티 캐리비안 시장에서 공연을 하고 있다. 마이애미의 아이티 문화는 점차 인기가 높아지고 있는 관광자원이다.

프라의 확대를 요구하는 것이다. 따라서 관광은 수익을 창출하는 동시에 문화유산을 보존하고 보호할 수 있지만 관광산업과 관광객의 존재로 인해 문화유산이 훼손되고 심지어 파괴될 수 있다. 캄보디아의 앙코르와트, 페루의 마추픽추와 같은 유명한 세계유산은 엄청난 수의 관광객으로 인한 압박을 물리적으로 감내해내고 있다. 수로도시로서 독특한 매력을 가지고 있다는 것을 고려해볼 때, 그곳은 관광객이 뒤에 남기고 간 고체와 액체 쓰레기의 거대한 양은 말할 것도 없고 수로에 점차 늘어나고 있는 수많은 관광용 보트로 인한 과부하라는 특수한 위험과 환경저하에 놓여 있다(Davis and Marvin, 2004). 베니스가 관광객에게 광고하는 홍보물에는 산마르코 광장의 곤돌라에 있는 한 쌍의 커플이나 한 사람이 홀로 앉아 있는 모습 등 낭만적인 장면들이 담겨 있지만 실제로 이 커플은 관광객 무리에 에워싸여 있을 것이고 물건을 팔아보려는 지역상인들에 의해 방해를 받고 있을 것이다.

문화유산보호와 관련해 성장하고 있는 영역은 문화재산권법이다. 전 세계의 변호사들이 문화적 지식과 행위라는 다양한 형태로 존재하는 권리의 법적인 규정과 보호의 제공에 점점 더 개입하고 있다. 문화의 법제화는 또 다른 양날의 칼이다. 한편으로 남아프리카 산족의 경우와 같이 법을 통해 후디아에서 나온 수익의 지분을 주민들이 가져가도록 도울 수 있다. 다른 한편으로 문화의 법제화는 일상생활의 많은 부분을 값비싼 법률 전문가를 필요로 하는 법정싸움으로 바꾸어 놓을 수 있다. 수천 년간 산족은 후디아와 그로 인한 이익에 대해서 완전하고 분명한 권리를 가졌다. 그들은 국제변호사를 고용할 필요가 없었다.

아마 부족의 이름을 사용할 수도 있는 웹사이트 주소에서부터 무엇이 샴페인이고 무엇이 아닌지 정하는 것에 이르기까지 모든 것들은 현재 법적소송의 근거가 될 수 있다. 그리고 장소, 생산물 혹은 취향과 관련지어 자신을 규정하는 주민들의 정체성을 정량화하기가 더욱 어려워지면서 돈이 처음부터 끝까지 관여된다는 것은 확실하다.

문화인류학과 미래

문화는 향후 몇 년 동안 국제적, 국지적, 지역적 개발 및 변동의 주요 요인이 될 것이다. 문화인류학 지식이 인류의 더 나은 미래를 위해 어떻게 더욱 효과적으로 기여할 수 있을지 결정하는 것은 어떤 것이 될 수 있는지보다는 어떤 것인지 연구하는 데 지적인 뿌리를 두고 있는 분야에서는 도전 과제이다. 당신은 미래의 일부가 될 수 있다. 과정 수강, 자기소개서 및 이력서 준비, 인턴십 및 자원봉사 등 국제개발 및 인도주의적 지원 분야에서 경력을 쌓는 방법에 대한 시기적절한 출판은 단계적으로 아이디어를 제공한다(Gedde, 2015).

지역민들이 도처에서 개발을 재정의하고 자신의 문화를 되찾고 있는 것과 마찬가지로, 그들 역시 문화인류학의 이론, 실천 및 응용의 재정의에 도움을 주고 있다. 우리는 비록 전쟁이 계속되는 시기에 살고 있지만, 또한 이 시기는 물질적인 부의 측면으로 보면 그 수가 가장 적지만 헤아릴 수 없을 만큼의 문화적인 부를 가진 사람들로부터 통찰력과 힘이 나오는 희망의 시기이기도 하다.

13 학습목표 재고찰

13.1 개발의 정의와 그에 대한 접근방법 알아보기

개발에는 근대화, 성장 지향적 개발, 분배적 개발, 인간개발 및 지속가능한 개발 등을 포함한 몇 가지 이론과 모델이 존재한다. 그것들은 개발을 어떻게 정의하고, 그것을 어떻게 달성할 것인가라는 점에서 다르다.

대규모 조직이든 풀뿌리 조직에 의해 추진되든 간에 개발에 대한 제도적 접근방식은 지역을 변화시키기 위한 수단으로 개발 프로젝트에 의존하는 경향이 있다. 문화인류학자들은 그동안 개발 프로젝트에서 자문위원으로 고용되었다. 이들은 주로 프로젝트 사이클의 끝에 위치하는 평가 단계에서 자문을 한다. 인류학자들은 프로젝트를 계획할 때 자신의 문화적 지식이 일반적인 오류를 막는 데 사용할 수 있도록 프로젝트 초기에서부터 관여할 것을 요구해 왔다. 널리 적용되도록 만든 설계는 종종 실패하고 만다.

전통적인 개발인류학에서 인류학적 지식은 프로젝트가 작동되게 할 통찰력을 추가해줌으로써 개발 프로젝트에 기여한다. 비판적 개발인류학에서 인류학적 지식은 가장 사회적으로 유익한 길로 프로젝트의 정지나 재설계를 제안할 수 있다.

13.2 원주민과 여성이 개발을 어떻게 재정의하고 있는지 요약하기

원주민과 여성은 다양한 방식으로 국제개발에 영향을 받았으며, 그 영향은 종종 부정적이었다. 이들은 미래에 대한 자신들의 전망에 부합하기 위해 개발을 재정의하면서 점차 적극적인 역할을 수행하고 있다.

식민주의, 신식민주의 및 세계화는 그동안 전 세계 원주민과 여성의 권리를 약화시켰다. 흔히 그러한 손실은 환경저하와 폭력으로 결합된다. 전 세계 원주민들은 조상으로부터 물려받은 토지에 대한 안전권의 부족으로 인해 고통을 겪고 있다. 이들은 국가 정부로부터 토지권을 주장하고 침해로부터 보호받기 위한 사회적인 인정을 촉구하고 있다. 일부 정부는 이들의 주장에 반응을 보이고 있지만, 그 밖의 정부들은 그렇지 않다. 활동가 조직을 설립하는 것은 원주민의 권리를 증진시키는 주요한 힘의 원천이었다.

서구의 개발계획과 프로젝트들은 프로젝트 설계에서의 남성 편향으로 인해 오랜 기간 동안 어려움을 겪었다. 프로젝트에서 여성의 배제는 여성을 가정적으로 만드는 데 일조했으며 종종 프로젝트의 실패라는 결과를 야기했다. 여성들은 자신의 요구와 미래에 대한 전망을 이야기하며 개발을 자신들에게 도움이 되는 방식으로 재정의하고 있는 중이다. 이들은 대규모의 다자간 조직을 포함한 전 세계 개발기구의 정책 의제에 여성과 소녀에 대한 폭력이라는 현안을 추가하고 있다.

13.3 긴급한 개발 현안들을 파악하기

문화인류학 및 주민들의 견해와 목소리를 통해 알게 된 바와 같이 다음과 같은 개발의 세 가지 긴급한 현안들이 존재한다. 즉 개발 프로젝트를 삶 프로젝트 혹은 지역민 중심의 프로젝트로 재정의하기, 인권과 개발 사이의 관계 설정 및 개발에 있어서 문화유산의 역할이다. 개발로 인해 피해를 입고 있는 원주민, 여성 및 그밖의 사람들은 미래에 대한 전망을 높이기 위해 이러한 새로운 종류의 개발을 촉진하고 있다.

삶 프로젝트의 개념은 인권 및 침해, 위협 혹은 차별 없이 자신의 문화적 세계에서 살 수 있는 권리이다. 문화인류학자들은 기본적인 인권과 문화권의 자각이 문화마다 다르다는 통찰력에 기여하며, 옹호와 연계되어 있는 이러한 지식은 앞으로 인간적 · 문화적 권리의 남용을 막는 데 도움을 줄 것이다.

우리들의 문화유산은 복지를 증진시키는 길이 될 수 있지만 양날의 칼이기도 하다. 문화관광의 증진은 문화를 보호할 뿐만 아니라 피해를 입게 하고 파괴에 이르게도 한다. 근래에 떠오르는 한 가지 분야는 지식재산권을 통한 문화유산의 법제화인데, 이 역시 양날의 칼이다.

문화는 우리시대의 중심적인 현안이며, 지역민들은 갈수록 세계화되고 불안정한, 그러나 흥미진진한 세계의 도전들을 해결하기 위해 문화인류학자들과 협력해 나가고 있다.

핵심 개념

개발	동화	사회자본	전파
개발에서의 남성 편향	문화적 적합성	사회적 영향평가	추출산업
개발침략	문화접변(문화변용)	삶 프로젝트	프로젝트 사이클
개발 프로젝트	발명	소액신용대출	
근대화	비판적 개발인류학	전통적인 개발인류학	

틀에서 벗어나 생각하기

1. 여러분의 평생 동안 만들어진 두 가지 발명을 선택하고, 그것이 여러분의 일상 활동, 사회적 상호작용, 사고방식에 어떻게 영향을 미치는지 평가해보라.
2. 다자간 조직과 쌍무적 조직의 웹사이트를 각각 한 곳씩 방문하여 조직의 목표, 프로그램, 인턴직을 할 수 있는 기회들에 대해 알아보자.
3. 무슬림여성회(SMW)가 다른 나라의 아내 학대 방지 프로그램과 어떤 교훈을 공유할 수 있을까? (146쪽에 제시된 켄터키주의 아내 학대의 사례를 기억해보자).

크레딧

본문 크레딧

제1장: **3쪽,** Figure 1.1, Source: © Pearson Education, Inc.; **6쪽,** Source: Spiro, Melford. 1990. On the Strange and the Familiar in Recent Anthropological Thought. In *Cultural Psychology: Essays on Comparative Human Development* (pp. 47–61). James W. Stigler, Richard A. Shweder, and Gilbert Herdt, eds. Chicago: University of Chicago Press.; **7쪽,** Source: Miner, Horace. 1956. Body Ritual among the Nacirema. *American Anthropologist* 58(3):503–507.; **7쪽,** Source: Miner, Horace. 1956. Body Ritual among the Nacirema. *American Anthropologist* 58(3):503–507.; **8쪽,** Figure 1.2, Source: © Pearson Education, Inc.; **11쪽,** Source: Mullings, Leith. 2005. Towards an Anti-Racist Anthropology: Interrogating Racism. *Annual Review of Anthropology* 34:667–693.; **12쪽,** Source: Kroeber, A. L. and Clyde Kluckhohn. 1952. *Culture: A Critical Review of Concepts and Definitions* (p. 81). New York: Vintage Books.; **12쪽,** Source: Harris, Marvin. 1975. *Culture, People, Nature: An Introduction to General Anthropology*, 2nd ed (p. 144). New York: Thomas Y. Crowell.; **13쪽,** Map 1.1, Source: © Pearson Education, Inc.; **16쪽,** Map 1.2, Source: Furst, Peter T. 1989. The Water of Life: Symbolism and Natural History on the Northwest Coast. Dialectical *Anthropology* 14:95–115.; **16쪽,** Map 1.2, Source: © Pearson Education, Inc.; **18쪽,** Figure 1.3, Source: © Pearson Education, Inc.; **19쪽,** Figure 1.4, Source: © Pearson Education, Inc.; **21쪽,** Map 1.3, Source: © Pearson Education, Inc.; **23쪽,** Figure 1.5, Source: Lévi-Strauss, Claude. 1968. *Tristes Tropiques: An Anthropological Study of Primitive Societies in Brazil* (p. 385). New York: Atheneum.; **23쪽,** Figure 1.5, Source: © Pearson Education, Inc.

제2장: **29쪽,** Figure 2.1, Source: © Pearson Education, Inc.; **32쪽,** Source: Weiner, Annette B. 1976. *Women of Value, Men of Renown: New Perspectives in Trobriand Exchange* (p. xvii). Austin: University of Texas Press.; **33쪽,** Source: MacCarthy, Michelle. 2015. 'Like Playing a Game Where You Don't Know the Rules': Investing Meaning in Intercultural Cash Transactions Between Tourists and Trobriand Islanders. *Ethnos: Journal of Anthropology* 80(4):448–471.; **33쪽,** Map 2.1, Source: © Pearson Education, Inc.; **35쪽,** Source: Salamandra, Christa. 2004. *A New Old Damascus: Authenticity and Distinction in Urban Syria* (p. 5). Bloomington: Indiana University Press.; **35쪽,** Source: Hamabata, Matthews Masayuki. 1990. *Crested Kimono: Power and Love in the Japanese Business Family* (pp. 21–22). Ithaca, NY: Cornell University Press.; **35쪽,** Figure 2.2, Source: © Pearson Education, Inc.; **35쪽,** Map 2.2, Source: © Pearson Education, Inc.; **36쪽,** Source: Whitehead, Tony Larry. 1986. Breakdown, Resolution, and Coherence: The Fieldwork Experience of a Big, Brown, Pretty-talking Man in a West Indian Community (pp. 214–215). In *Self, Sex, and Gender in Cross-Cultural Fieldwork* (pp. 213–239). Tony Larry Whitehead and Mary Ellen Conway, eds. Chicago: University of Illinois Press.; **36쪽,** Source: Warren, Carol A. B. 1988. *Gender Issues in Field Research (Qualitative Research Methods)*, Series 9 (p. 18). Newbury Park, CA: Sage Publications.; **37쪽,** Source: Ward, Martha C. 1989. Once Upon a Time (p. 14). In *Nest in the Wind: Adventures in Anthropology on a Tropical Island* (pp. 1–22). Martha C. Ward, ed. Prospect Heights, IL: Waveland Press.; **38쪽,** Source: Beals, Alan R. 1980. *Gopalpur: A South Indian Village. Fieldwork Edition* (p. 119). New York: Holt, Rinehart and Winston.; **38쪽,** Figure 2.3, Source: © Pearson Education, Inc.; **42쪽,** Map 2.3, Source: © Pearson Education, Inc.; **43쪽,** Source: Cátedra, María. 1992. *This World, Other Worlds: Sickness, Suicide, Death, and the Afterlife among the Vaqueiros de Alzada of Spain* (pp. 21–22). Chicago: University of Chicago Press.; **43쪽,** Map 2.4, Source: © Pearson Education, Inc.; **46쪽,** Figure 2.4, Source: From "Social Patterns of Food Expenditure Among Low-Income Jamaicans" by Barbara D. Miller in Papers and Recommendations of the Workshop on Food and Nutrition Security in Jamaica in the 1980s and Beyond, ed. by Kenneth A. Leslie and Lloyd B. Rankine, 1987.

제3장: **52쪽,** Source: Based on http://www.theglobeandmail.com/news/world/two-room-shack-mumbai-slum-asking-price-43000/article2388735/.; **53쪽,** Figure 3.1, Source: © Pearson Education, Inc.; **54쪽,** Figure 3.2, Source: © Pearson Education, Inc.; **55쪽,** Source: Savishinsky, Joel S. 1974. *The Trail of the Hare: Life and Stress in an Arctic Community* (p. xx). New York: Gordon and Breach.; **55쪽,** Source: Savishinsky, Joel S. 1974. *The Trail of the Hare: Life and Stress in an Arctic Community* (p. 169). New York: Gordon and Breach.; **55쪽,** Source: Savishinsky, Joel S. 1974. *The Trail of the Hare: Life and Stress in an Arctic Community* (pp. 169–170). New York: Gordon and Breach.; **55쪽,** Map 3.1, Source: © Pearson Education, Inc.; **57쪽,** Figure 3.3, Source: © Pearson Education, Inc.; **57쪽,** Map 3.2, Source: © Pearson Education, Inc.; **58쪽,** Map 3.3, Source: © Pearson Education, Inc.; **58쪽,** Map 3.4, Source: © Pearson Education, Inc.; **61쪽,** Figure 3.4, Source: © Pearson Education, Inc.; **63쪽,** Figure 3.5, Source: Adapted from "Industrial Agriculture" by Peggy F. Barlett in Economic Anthropology, ed. by Stuart Plattner. Coypright © 1989 by the Board of Trustees of the Leland Stanford Jr. University. All rights reserved. With the permission of Stanford University Press, www.sup.org.; **64쪽,** Figure 3.6, Source: © Pearson Education, Inc.; **64쪽,,** Source: Lee, Gary R. and Mindy Kezis. 1979. Family Structure and the Status of the Elderly. *Journal of Comparative Family Studies* 10:429–443.; **66쪽,** Map 3.5, Source: © Pearson Education, Inc.; **66쪽,** Source: Chin, Elizabeth. 2001. *Purchasing Power: Black Kids and American Consumer Culture* (p. 5). Minneapolis: University of Minnesota Press.; **67쪽,** Map 3.6, Source: © Pearson Education, Inc.; **68쪽,** Figure 3.7, Source: © Pearson Education, Inc.; **71쪽,** Source: Bledsoe, Caroline H. 1983. Stealing Food as a Problem in Demography and Nutrition (p. 2). Paper presented at the annual meeting of the American Anthropological Association.; **72쪽,** Map 3.7, Source: © Pearson Education, Inc.; **73쪽,** Source: Milton, Katherine. 1992. Civilization and Its Discontents. *Natural History* 3(92):41. Copyright © 1992 by Natural History Magazine, Inc. Reprinted with permission.; **74쪽,** Map 3.8, Source: © Pearson Education, Inc.

제4장: **81쪽,** Figure 4.1, Source: © Pearson Education, Inc.; **82쪽,** Map 4.1, Source: © Pearson Education, Inc.; **83쪽,** Figure 4.2, Nebel, Bernard J. and Richard T. Wright. *Environmental Science: The Way The World Works*, 7th ed. Copyright © 2000. Electronically reproduced by permission of Pearson Education, Inc.; **84쪽,** Figure 4.3, Data from Statistics Bureau, MIC, Ministry of Health, Labor and Welfare.; **86쪽,** Map 4.2, Source: © Pearson Education, Inc.; **86쪽,** Source: Browner, Carole H. 1986. The Politics of Reproduction in a Mexican Village. *Signs: Journal of Women in Culture and Society* 11(4): 714.;

86쪽, Source: Carstairs, G. Morris. 1967. *The Twice Born* (pp. 83–86). Bloomington: Indiana University Press, quoted in Nag, Moni. 1972. Sex, Culture and Human Fertility: India and the United States. *Current Anthropology* 13:235.; **88쪽,** Map 4.3, Source: © Pearson Education, Inc.; **92쪽,** Source: Frieze, Irene et al. 1978. *Women and Sex Roles: A Social Psychological Perspective* (pp. 73–78). New York: W. W. Norton.; **93쪽,** Figure 4.4, Source: Based on Whiting, Beatrice B. and John W. M.Whiting. 1975. *Children of Six Cultures: A Psycho-Cultural Analysis.* Cambridge, MA: Harvard University Press.; **94쪽,** Source: Mernissi, Fatima. 1987. *Beyond the Veil: Male-Female Dynamics in Modern Muslim Society* (p. xxiv). Revised edition. Bloomington: Indiana University Press.; **95쪽,** Map 4.4, Source: © Pearson Education, Inc.; **96쪽,** Source: Saitoti, Tepilit Ole. 1986. *The Worlds of a Maasai Warrior* (p. 71). New York: Random House.; **96쪽,** Source: Adams, Abigail E. 2002. Dyke to Dyke: Ritual Reproduction at a U.S. Men's Military College. In *The Best of Anthropology Today* (p. 39). Jonathan Benthall, ed. New York: Routledge.; **97쪽,** Source: Ahmadu, Fuambai. 2000. Rites and Wrongs: An Insider/Outside Reflects on Power and Excision. In *Female "Circumcision" in Africa: Culture, Controversy, and Change* (pp. 306, 308). Bettina Shell-Duncan and Ylva Hernlund, eds. London: Lynne Reinner Publishers; **97쪽,** Map 4.5, Source: © Pearson Education, Inc.; **101쪽,** Map 4.6, Source: © Pearson Education, Inc.; **102쪽,** Source: Trelease, Murray L. 1975. Dying among Alaskan Indians: A Matter of Choice. In *Death: The Final Stage of Growth* (p. 35). Elisabeth Kübler-Ross, ed. Englewood Cliffs, NJ: Prentice-Hall.

제5장: 106쪽, Source: Rasmussen, Lars Bjørn, Knut Mikkelsen, Margaretha Haugen, Are H. Pripp, Jeremy Z. Fields and Øystein T. Førre. 2012. Treatment of Fibromyalgia at the Maharishi Ayurveda Health Centre in Norway II: A 24-month Follow-up Pilot Study. *Clinical Rheumatology* 31:821–827.; **107쪽,** Source: Thompson, Nile R. and C. Dale Sloat. 2004. The Use of Oral Literature to Provide Community Health Education on the Southern Northwest Coast. *American Indian Culture and Research Journal* 28(3):5.; **108쪽,** Map 5.1, Source: © Pearson Education, Inc.; **108쪽,** Figure 5.1, Adapted from Frake, Charles O. 1961. The Diagnosis of Disease among the Subanun of Mindanao. *American Anthropologist* 63: 118; **109쪽,** Figure 5.2, Source: Based on Chowdhury 1996; Ennis-McMillan, Michael C. 2001. Suffering from Water: Social Origins of Bodily Distress in a Mexican Community. *Medical Anthropology Quarterly* 15(3):368–390; Faiola 2005; Gremillion, Helen. 1992. Psychiatry as Social Ordering: Anorexia Nervosa, a Paradigm. *Social Science and Medicine* 35(1):57–71.; Kawanishi 2004; Rehbun 1994; Rubel, Arthur J., Carl W. O'Nell, and Rolando Collado-Ardon. 1984. *Susto: A Folk Illness.* Berkeley: University of California Press.; **109쪽,** Source: Ngokwey, Ndolamb. 1988. Pluralistic Etiological Systems in Their Social Context: A Brazilian Case Study. *Social Science and Medicine* 26:796.; **110쪽,** Source: Ennis-McMillan, Michael C. 2001. Suffering from Water: Social Origins of Bodily Distress in a Mexican Community. *Medical Anthropology Quarterly* 15(3):368–390.; **111쪽,** Source: Katz, Richard. 1982. *Boiling Energy: Community Healing among the Kalahari Kung* (p. 34). Cambridge, MA: Harvard University Press.; **112쪽,** Figure 5.3, Source: © Pearson Education, Inc.; **113쪽,** Map 5.2, Source: © Pearson Education, Inc.; **116쪽,** Map 5.3, Source: © Pearson Education, Inc.; **117쪽,** Source: Ashburn 1947:98, quoted in Joralemon, Donald. 1982. New World Depopulation and the Case of Disease. *Journal of Anthropological Research* 38:112.; **117쪽,** Source: Lévi-Strauss, Claude. 1967. *Structural Anthropology.* New York: Anchor Books.; **117쪽,** Map 5.4, Source: © Pearson Education, Inc.; **119쪽,** Source: Dr. Davis-Floyd, Robbie E. 1987. Obstetric Training as a Rite of Passage. *Medical Anthropology Quarterly* 1:292. Reprinted with permission of author.; **120쪽,** Source: Dr. Davis-Floyd, Robbie E. 1987. Obstetric Training as a Rite of Passage. *Medical Anthropology Quarterly* 1:291. Reprinted with permission of author.; **120쪽,** Source: Dr. Davis-Floyd, Robbie E. 1987. Obstetric Training as a Rite of Passage. *Medical Anthropology Quarterly* 1:299. Reprinted with permission of author.; **123쪽,** Map 5.5, Source: © Pearson Education, Inc.; **124쪽,** Map 5.6, Source: © Pearson Education, Inc.

제6장: 131쪽, Figure 6.1, Source: © Pearson Education, Inc.; **131쪽,** Map 6.1, Source: © Pearson Education, Inc.; **132쪽,** Figure 6.2, Source: © Pearson Education, Inc.; **133쪽,** Figure 6.3, Source: © Pearson Education, Inc.; **135쪽,** Map 6.2, Source: © Pearson Education, Inc.; **137쪽,** Map 6.3, Source: © Pearson Education, Inc.; **138쪽,** Map 6.4, Source: © Pearson Education, Inc.; **139쪽,** Source: Barnard, Alan and Anthony Good. 1984. *Research Practices in the Study of Kinship* (p. 89). New York: Academic Press.; **140쪽,** Figure 6.4, Source: © Pearson Education, Inc.; **141쪽,** Figure 6.5, Source: © Pearson Education, Inc.; **142쪽,** Figure 6.6, Source: © Pearson Education, Inc.; **145쪽,** Source: Joseph, Suad. 1994. Brother/Sister Relationships: Connectivity, Love, and Power in the Reproduction of Patriarchy in Lebanon. *American Ethnologist* 21:51.; **145쪽,** Source: Joseph, Suad. 1994. Brother/Sister Relationships: Connectivity, Love, and Power in the Reproduction of Patriarchy in Lebanon. *American Ethnologist* 21:52.; **146쪽,** Map 6.5, Source: © Pearson Education, Inc.; **148쪽,** Source: Blackwood, Evelyn. 1995. Senior Women, Model Mothers, and Dutiful Wives. In *Bewitching Women, Pious Men* (pp. 124–158). Ong and Peletz, eds. Berkeley: University of California Press.

제7장: 154쪽, Source: Harlan, Tyler and Michael Webber. 2012. New Corporate Uyghur Entrepreneurs in Urumqi, China. *Central Asian* 31:175–191.; **155쪽,** Figure 7.1, Source: © Pearson Education, Inc.; **155쪽,** Map 7.1, Source: © Pearson Education, Inc.; **157쪽,** Map 7.2, Source: © Pearson Education, Inc.; **158쪽,** Source: Stack, Carol. 1974. *All Our Kin: Strategies for Survival in a Black Community* (p. 28). New York: Harper & Row.; **159쪽,** Source: Jourdan, Christine. 1995. Masta Liu (p. 210). In *Youth Cultures: A CrossCultural Perspective.* Vered Amit-Talai and Helena Wulff, eds. New York: Routledge.; **160쪽,** Map 7.3, Source: © Pearson Education, Inc.; **162쪽,** Map 7.4, Source: © Pearson Education, Inc.; **165쪽,** Map 7.5, Source: © Pearson Education, Inc.; **167쪽,** Map 7.6, Source: © Pearson Education, Inc.; **168쪽,** Figure 7.2, Source: © Pearson Education, Inc.; **170쪽,** Source: Judd, Ellen. 2002. *The Chinese Women's Movement: Between State and Market* (p. 14). Stanford, CA: Stanford University Press.; **172쪽,** Source: Stephen, Lynn. 1995. Women's Rights Are Human Rights: The Merging of Feminine and Feminist Interests among El Salvador's Mothers of the Disappeared (CO-MADRES). *American Ethnologist* 22(4):814.

제8장: 178쪽, Figure 8.1, Source: © Pearson Education, Inc.; **180쪽,** Map 8.1, Source: © Pearson Education, Inc.; **184쪽,** Source: Lacey, Marc. 2002. Where 9/11 News Is Late, But Aid Is Swift. *New York Times* June 3:A1, A7.; **187쪽,** Source: Gale, Faye, Rebecca Bailey-Harris, and Joy Wundersitz. 1990. *Aboriginal Youth and the Criminal Justice System: The Injustice of Justice?* (p. 3). New York: Cambridge University Press.; **188쪽,** Figure 8.2, Aboriginal Youth and the Criminal Justice System: The Injustice of Justice, by Fay Gale, Rebecca Bailey-Harris, Joy Wundersitz, Copyright © Cambridge University Press 1990.; **189쪽,** Map 8.2, Source: © Pearson Education, Inc.; **192쪽,** Source: Clay, Jason W. 1990. What's a Nation: Latest Thinking. *Mother Jones* 15(7):28–30.; **194쪽,** Map 8.4, Source: © Pearson Education, Inc.; **195쪽,** Map 8.3, Source: © Pearson Education, Inc.

제9장: 201쪽, Map 9.1, Source: © Pearson Education, Inc.; **202쪽,** Figure 9.1, Source: © Pearson Education, Inc.; **203쪽,** Figure 9.2, Source: "Sami Traditional Terminology" by Nils Jernsletten from SAMI CULTURE IN A NEW ERA: THE NORWEGIAN SAMI EXPERIENCE, edited by Harald Gaski. Published 1997.; **204쪽,** Source: Weine, Stevan M. et al. 1995. Psychiatric Consequences of "Ethnic Cleansing": Clinical Assessments and Trauma Testimonies of Newly Resettled Bosnian Refugees. *American Journal of Psychiatry* 152(4):538.; **204쪽,** Source: Weine, Stevan M. et al. 1995. Psychiatric Consequences of "Ethnic Cleansing": Clinical Assessments and Trauma Testimonies of Newly Resettled Bosnian Refugees. *American Journal of Psychiatry* 152(4):539.; **204쪽,** Source: Weine, Stevan M. et al. 1995. Psychiatric Consequences of "Ethnic Cleansing": Clinical Assessments and Trauma Testimonies of Newly Resettled Bosnian Refugees. *American Journal of Psychiatry* 152(4):541.; **204쪽,** Map 9.2, Source: © Pearson Education, Inc.; **205쪽,** Figure 9.3, Source: Reproduced by permission of the American Anthropological Association from (2004). *The Journal of Linguistic Anthropology* 14(2):186–224. Not for sale or further reproduction.; **206쪽,** Map 9.3, Source: © Pearson Education, Inc.; **208쪽,** Source: Dávila, Arlene. 2002. Culture in the Ad World: Producing the Latin Look. In *Media Worlds: Anthropology on New Terrain* (p. 270). Faye D. Ginsburg, Lila Abu-Lughod, and Brian Larkin, eds. Berkeley: University of California Press.; **209쪽,** Source: Tannen, Deborah. 1990. *You Just Don't Understand: Women and Men in Conversation* (p. 42). New York: Morrow.; **209쪽,** Source: Tannen, Deborah. 1990. *You Just Don't Understand: Women and Men in Conversation* (p. 289). New York: Morrow.; **210쪽,** Figure 9.4, Source: *Language, Gender, and Sex in Comparative Perspective*, by Susan U. Philips, Susan Steele, Chrisitne Tanz. Copyright © Cambridge University Press 1987. Reprinted with permission of Cambridge University Press.; **211쪽,** Source: Boellstorff, Tom. 2004. Gay Language and Indonesia: Registering Belonging. *Journal of Linguistic Anthropology* 14:248–268.; **211쪽,** Source: Goodwin, Marjorie H. 1990. *He-Said-She-Said: Talk as Social Organization among Black Children* (p. 183). Bloomington: Indiana University Press.; **213쪽,** Figure 9.5, Source: © Pearson Education, Inc.; **214쪽,** Map 9.4, Source: © Pearson Education, Inc.; **214쪽,** Map 9.5, Source: © Pearson Education, Inc.; **215쪽,** Figure 9.6, Source: © Pearson Education, Inc.; **217쪽,** Map 9.6, Source: © Pearson Education, Inc.; **218쪽,** Source: Walsh, Michael. 2005. Will Indigenous Languages Survive? *Annual Review of Anthropology* 34:293–315. Copyright © 2005 by Annual Review of Anthropology. Reprinted with permission.; **218쪽,** Figure 9.7, Source: © Pearson Education, Inc.; **219쪽,** Source: Walsh, Michael. 2005. Will Indigenous Languages Survive? *Annual Review of Anthropology* 34:293–315. Copyright © 2005 by Annual Review of Anthropology. Reprinted with permission.

제10장: 224쪽, Source: Based on Eccles, Jeremy. 2012. Artist Saw the Stars Crying: Gulumbu Yunuping, 1945–2012. *Sydney Morning Herald* June 10.; **225쪽,** Source: Frazer, Sir James. 1978[1890]. *The Golden Bough: A Study in Magic and Religion.* New York: Macmillan.; **226쪽,** Figure 10.1, Source: © Pearson Education, Inc.; **227쪽,** Map 10.1, Source: © Pearson Education, Inc.; **227쪽,** Source: Lesher, James H., trans. 2001. *Xenophanes of Colophon: Fragments* (p. 25). Toronto: University of Toronto Press.; **228쪽,** Map 10.2, Source: © Pearson Education, Inc.; **229쪽,** Map 10.3, Source: © Pearson Education, Inc.; **231쪽,** Map 10.4, Source: © Pearson Education, Inc.; **232쪽,** Source: Counihan, Carole M. 1985. Transvestism and Gender in a Sardinian Carnival. *Anthropology* 9(1&2):15.; **233쪽,** Source: Counihan, Carole M. 1985. Transvestism and Gender in a Sardinian Carnival. *Anthropology* 9(1&2):16.; **235쪽,** Figure 10.2, Source: © Pearson Education, Inc.; **237쪽,** Source: Knott, Kim. 1996. Hindu Women, Destiny and Stridharma. *Religion* 26:24. Copyright © 1996 by Taylor and Francis Ltd. Reprinted with permission.; **237쪽,** Source: Knott, Kim. 1996. Hindu Women, Destiny and Stridharma. *Religion* 26:25. Copyright © 1996 by Taylor and Francis Ltd. Reprinted with permission.; **239쪽,** Map 10.5, Source: © Pearson Education, Inc.; **240쪽,** Map 10.6, Source: © Pearson Education, Inc.; **242쪽,** Source: John 13:4. The Holy Bible, Authorized King James Version.; **242쪽,** Source: Dorgan, Howard. 1989. *The Old Regular Baptists of Central Appalachia: Brothers and Sisters in Hope* (p. 106). Knoxville: University of Tennessee Press.; **242쪽,** Source: Mark 16:17–18. The Holy Bible, Authorized King James Version.; **242쪽,** Source: Toren, Christina. 1988. Making the Present, Revealing the Past: The Mutability and Continuity of Tradition as Process. *Man* (n.s.) 23:697.; **242쪽,** Source: Toren, Christina. 1988. Making the Present, Revealing the Past: The Mutability and Continuity of Tradition as Process. *Man* (n.s.) 23:706.; **245쪽,** Map 10.7, Source: © Pearson Education, Inc.

제11장: 255쪽, Source: Chernoff, John Miller. 1979. *African Rhythm and African Sensibility: Aesthetics and African Musical Idioms* (p. 170). Chicago: University of Chicago Press.; **256쪽,** Source: Bunzel, Ruth. 1972[1929]. *The Pueblo Potter: A Study of Creative Imagination in Primitive Art* (p. 49). New York: Dover Publications.; **256쪽,** Source: Bunzel, Ruth. 1972[1929]. *The Pueblo Potter: A Study of Creative Imagination in Primitive Art* (p. 52). New York: Dover Publications.; **256쪽,** Source: Shenhav-Keller, Shelly. 1993. The Israeli Souvenir: Its Text and Context. *Annals of Tourism Research* 20:183.; **258쪽,** Figure 11.1, Source: Republished with permission of ABC-CLIO LLC from "Power and Gender in the Musical Experiences of Women" by Carol E. Robertson, pp. 224–225 in Women and Music in Cross-Cultural Perspective, ed. by Ellen Koskoff. Reproduced with permission of GREENWOOD PUBLISHING GROUP, INCORPORATED in the format Republish in a book via Copyright Clearance Center.; **266쪽,** Map 11.1, Source: © Pearson Education, Inc. **268쪽,** Map 11.2, Source: © Pearson Education, Inc.; **270쪽,** Source: Park, Hynug yu. 2010. Heritage Tourism: Emotional Journeys into Nationhood. *Annals of Tourism Research* 37(1):126.; **270쪽,** Map 11.3, Source: © Pearson Education, Inc.

제12장: 279쪽, Martínez, Samuel. 1996. Indifference with Indignation: Anthropology, Human Rights, and the Haitian Bracero. *American Anthropologist* 98(1):20.; **280쪽,** Map 12.1, Source: © Pearson Education, Inc.; **283쪽,** Map 12.2, Source: © Pearson Education, Inc.; **284쪽,** Map 12.3, Source: © Pearson Education, Inc.; **285쪽,** Figure 12.1, Source: "Ten Source Countries with the Largest Populations in the United States as Percentages of the Total Foreign-Born Population: 2009," from http://www.migrationinformation.org/datahub/charts/10.2009.shtml. Copyright © 2009 by Migration Policy Institute Data Hub. Reprinted with permission; **286쪽,** Figure 12.2, Source: Figure from Pew Research Center for the People & the Press, 2012. Copyright © 2012 by the Pew Research Center. Reprinted with permission.; **287쪽,** Source: Pessar, Patricia R. 1995. *A Visa for a Dream: Dominicans in the United States* (p. 81). Boston: Allyn and Bacon.; **288쪽,** Map 12.4, Source: © Pearson Education, Inc.; **292쪽,** Map 12.5, Source: © Pearson Education, Inc.

제13장: 298쪽, Source: Dr. Dean Jacobs, Executive Director of Walpole Island First Nation, from his foreword in VanWynsberghe, Robert M. 2002. *AlterNatives: Community, Identity, and Environmental Justice on Walpole Island* (p. ix). Boston: Allyn and Bacon.; **299쪽,** Map 13.1, Source: © Pearson Education, Inc.; **304쪽,** Map 13.2, Source: © Pearson Education, Inc.; **308쪽,** Map 13.3, Source: © Pearson Education, Inc.;

309쪽, Figure 13.1, Source: © Pearson Education, Inc.; 310쪽, Map 13.4, Source: © Pearson Education, Inc.; 314쪽, Map 13.5, Source: © Pearson Education, Inc.; 315쪽, Map 13.6, Source: © Pearson Education, Inc.; 316쪽, Source: Economic and Social Council. 1992. *Report of the Working Group on Violence against Women.* Vienna: United Nations. E/CN.6/WG.2/1992/L.3.; 317쪽, Source: Sullivan, Kathleen. 1992. Protagonists of Change: Indigenous Street Vendors in San Cristobal, Mexico, Are Adapting Tradition and Customs to Fit New Life Styles. *Cultural Survival Quarterly* 16:38–40.; 317쪽, Figure 13.2, Source: Adapted from Heise, Lori L., Jacqueline Pitanguy, and Adrienne Germain. 1994. *Violence against Women: The Hidden Health Burden* (p. 5). World Bank Discussion Papers No. 255. Washington, DC: The World Bank.; 320쪽, Source: Quoted in Sachs, Aaron. 1996. Dying for Oil. *World Watch Magazine* 9(3):10–21.; 321쪽, Map 13.7, Source: © Pearson Education, Inc.

사진 크레딧

표지: Travel Pictures/Alamy Stock Photo

제1장: 1쪽, Keren Su/Lonely Planet Images/Getty Images; 2쪽, Silicon Valley Cultures Project; 2쪽, Lindsay Hebberd/Terra/Corbis; 4쪽, Scott Sady/AP Images; 4쪽, Richard A. Gould; 5쪽, Ramon Espinosa/AP Images; 10쪽, Alan Tobey/Vetta/Getty Images; 10쪽, Image Source/Getty Images; 11쪽, Patricia Tovar; 14쪽, Kazuyoshi Nomachi/Terra/Corbis; 14쪽, Dreambigphotos/Fotolia; 15쪽, Soeren Stache/epa/Corbis; 16쪽, Pat Roque/AP Images; 16쪽, Ton Koene/Visuals Unlimited/Encyclopedia/Corbis; 17쪽, Barbara D. Miller; 19쪽, Barbara D. Miller; 21쪽, Washburn/Anthro-Photo File; 21쪽, Louise Gubb/Corbis News/Corbis; 22쪽, Abbas Dulleh/Associated Press/Corbis

제2장: 27쪽, Tronick/Anthro-Photo File; 28쪽, Cambridge University Press - US - Journals; 30쪽, Lanita Jacobs; 30쪽, Pearson Education; 32쪽, Left Lane Productions/Flirt/Corbis; 33쪽, Anthro-Photo File; 33쪽, Albrecht G. Schaefer/Encyclopedia/Corbis; 37쪽, Liza Dalby; 37쪽, Courtesy of Isabel Balseiro; 41쪽, Anthro-Photo File; 41쪽, Gananath Obeyesekere; 44쪽, Sue Cunningham/Worldwide Picture Library/Alamy; 45쪽, Atlantide Phototravel/Latitude/Corbis

제3장: 51쪽, Dhiraj Singh/Bloomberg/Getty Images; 56쪽, Anthro-Photo File; 55쪽, Dr. Joel Savishinsky; 59쪽, Ton Koene/ZUMA Press/Corbis; 62쪽, Jeremy Horner/Documentary Value/Corbis; 62쪽, Tim Flach/Stone/Getty Images; 65쪽, Nick Turner/Alamy; 70쪽, Barbara D. Miller; 70쪽, Bob Krist/Encyclopedia/Corbis; 71쪽, Miguel Gandert/Encyclopedia/Corbis; 74쪽, UBC Museum of Anthropology; 74쪽, Ubc Museum of Anthropology

제4장: 79쪽, Adam eastland/Alamy; 82쪽, David Turnley/Turnley/Corbis; 82쪽, Barbara D. Miller; 85쪽, Diebold George/Superstock/Alamy; 85쪽, Stephanie Dinkins/Science Source; 88쪽, Caroline Penn/Alamy; 89쪽, Bettmann/Corbis; 90쪽, Scheper-Hughes, Nancy; 93쪽, Chagnon/Anthro-Photo; 93쪽, Iryna Tiumentseva/Fotolia; 95쪽, Adrian Arbib/Encyclopedia/Corbis; 98쪽, Abigail E. Adams; 99쪽, Kim Kyung-Hoon/Reuters/Corbis; 101쪽, Dr. Barry S.Hewlett

제5장: 105쪽, Matthew Wakem/Digital Vision/Getty Images; 106쪽, Andrew Patron/Retna Ltd/Corbis; 111쪽, Anthro-Photo; 111쪽, Ricardo Azoury/Corbis; 114쪽, Ed Kashi/VII/Corbis; 115쪽, Kcna/Epa/Corbis; 115쪽, Lynn Johnson/Getty Images; 119쪽, Bloomberg/Getty Images; 120쪽, Lara Jo Regan; 121쪽, Str/Reuters/Corbis; 121쪽, Barbara D. Miller; 122쪽, Holly Farrell/Getty Images; 123쪽, Ed Darack/SuperStock/Corbis; 123쪽, Pawel Kopczynski/Reuters/Corbis; 126쪽, Cdc/Phil/Corbis

제6장: 129쪽, Jiri PaleniCek/Profimedia International s.r.o./Alamy; 134쪽, Norbert Schiller/The Image Works; 134쪽, Christophe Boisvieux/Terra/Corbis; 137쪽, Robin Laurance/LOOK Die Bildagentur der Fotografen GmbH/Alamy; 137쪽, Lindsay Hebberd/Terra/Corbis; 139쪽, Rob Melnychuk/Digital Vision/Getty Images; 142쪽, Deborah Pellow; 144쪽, Robert Harding World Imagery; 144쪽, Image Source/Digital Vision/Getty Images; 145쪽, Nature Picture Library/Alamy; 145쪽, Sam Tarling/Corbis; 147쪽, Kazuhiro Nigo/Afp/Getty Images; 148쪽, Matthew Amster; 149쪽, Matthew Amster

제7장: 153쪽, Jim Richardson/Terra/Corbis; 156쪽 David Lees/Documentary Value/Corbis; 157쪽 Str/Afp/Getty Images; 157쪽 Ahmad Al Rubaye/Afp/Getty Images; 157쪽 Streeter Lecka/Getty Images Sport/Getty Images; 158쪽 Tang Chhin Sothy/Afp/Getty Images; 161쪽 Charles & Josette Lenars/Corbis; 161쪽 Skip Nall/Spirit/Corbis; 162쪽 Donald Nausbaum/Robert Harding Picture Library Ltd/Alamy; 166쪽 Gideon Mendel/Terra/Corbis; 167쪽 David Scheffel; 167쪽 David Scheffel; 169쪽 Barbara D. Miller; 169쪽 Barbara D. Miller; 169쪽 Raveendran/Afp/Getty Images; 171쪽 Afp/Getty Images; 172쪽 Gilles Mingasson/Afp/Getty Images

제8장: 175쪽, Christoph Henning/Das Fotoarchiv/ Black Star/Alamy; 177쪽, Str/Afp/Getty Images; 177쪽, Jeremy Piper/Bloomberg/Getty Images; 177쪽, Bertrand Guay/Afp/Getty Images; 179쪽, Ricardo Azoury/Corbis News/Corbis; 181쪽, Danny Lehman/Documentary Value/Corbis; 181쪽, Tobias Bernhard/Flirt/Corbis; 183쪽, Reuters/Corbis;183쪽, Chip Somodevilla/Getty Images News/Getty Images; 183쪽, Tim Sloan/Afp/Getty Images; 185쪽, Philippe Lopez/Afp/Getty Images; 187쪽, Epa/Corbis; 190쪽, Antonio Mari; 193쪽, Stuart Kirsch; 195쪽, Blickwinkel/Alamy; 195쪽, Ed Kashi/VII/Corbis News/Corbis

제9장: 199쪽, Charles Cecil/Cecil Images; 200쪽, Robin Nelson/PhotoEdit; 201쪽, Daniel Everett; 204쪽, Fehim Demir/Epa/Corbis; 207쪽, Around the World in a Viewfinder/Alamy; 207쪽, Khaled Desouki/Getty Images; 207쪽, Frederic J. Brown/Staff/Getty Images; 208쪽, David McNew/Getty Images News/Getty Images; 209쪽, Eriko Sugita/Reuters/Corbis; 212쪽, Gallo Images/Terra/Corbis; 212쪽, Paul A. Souders/Encyclopedia/Corbis; 215쪽, Sspl/Getty Images; 216쪽, Barbara D. Miller; 217쪽, Anders Ryman/Alamy; 217쪽, Eric CHRETIEN/Contributor/Getty Images; 218쪽, Robert Essel Nyc/Flirt/Corbis

제10장: 223쪽, Penny Tweedie/Alamy; 224쪽, Loring M. Danforth; 225쪽, Ruth Krulfeld; 228쪽, Bob Rowan/Progressive Image/Documentary Value/Corbis; 231쪽, David Moore/South Australia/Alamy; 232쪽,, Encyclopedia/Corbis; 234쪽, Tuul and Bruno Morandi/The Image Bank/Getty Images; 235쪽, Brooklyn Museum/Fine Art Museums/Corbis; 237쪽, Subir Basak/Moment Open/Getty Images; 238쪽, Jack Heaton; 240쪽, Barbara D. Miller; 241쪽, Barbara D. Miller; 243쪽, Jack Heaton; 245쪽, Eddie Gerald/Alamy; 245쪽, Maris Boyd Gillette Professor; 246쪽, Chicago Tribune/Tribune News Service/Getty Images; 246쪽, Michael Ochs/Historical Premium/Corbis; 247쪽, Lamont Lindstrom

제11장: 251쪽, STR/AFP/Getty Images; 253쪽, Joseph Sohm/Encyclopedia/Corbis; 253쪽, Paul Mcerlane/Corbis Wire/Corbis;

253쪽, Lindsay Hebberd/Documentary Value/Corbis; **254쪽**, Ibejis, pair of 19th century/Private Collection/Photo © Bonhams, London, UK/Bridgeman Images; **255쪽**, Lindsay Hebberd/Documentary Value/Corbis; **255쪽**, Joel Kuipers; **257쪽**, Charles Lenars/Documentary Value/Corbis; **259쪽**, Danita Delimont/Pete Oxford/Alamy; **259쪽**, Barbara D. Miller; **260쪽**, Andrew Ward/Life File/Photodisc/Getty Images; **260쪽**, Corbis Wire/Corbis; **262쪽**, Cat/Corbis Flirt/Alamy; **262쪽**, Robert Harding Picture Library/SuperStock; **264쪽**, Peter Adams/Getty Images; **265쪽**, Vincent Gautier/Corbis Wire/Corbis; **265쪽**, Sam Sharpe/NewSport/ZUMAPRESS/Alamy; **266쪽**, Gilad Flesch/PhotoStock-Israel/Alamy; **267쪽**, Jay Dickman/Flirt/Corbis; **268쪽**, Richard Ellis/Alamy; **268쪽**, Bob Krist/Encyclopedia/Corbis; **269쪽**, Courtesy of Michael Schlauch; **270쪽**, David Sutherland/Terra/Corbis; **271쪽**, Felith Belaid/AFP/Getty Images; **272쪽**, Matthew LeDuc; **272쪽**, P.S. Kalidas

제12장: 275쪽, Nik Wheeler/Terra/Corbis; **277쪽**, Jon Hicks/Terra/Corbis; **277쪽**, Annie Griffiths Belt/Corbis; **278쪽**, Omar Khodor/Reuters/Corbis; **279쪽**, Edward F. Keller, II; **282쪽**, Keren Su/China Span/Alamy; **282쪽**, China Photos/Reuters; **284쪽**, Mario Linares/Reuters/Corbis; **284쪽**, Tibor Bognár/Encyclopedia/Corbis; **285쪽**, Adam Dean/Panos Pictures; **285쪽**, Wu Guoqiang/Xinhua Press/Corbis Wire/Corbis; **286쪽**, Ed Kashi/VII/Corbis News/Corbis; **286쪽**, Ferry, Stephen; **290쪽**, Imaginechina/Corbis Wire/Corbis; **290쪽**, David Butow/Corbis News/Corbis; **291쪽**, Corey Sipkin/New York Daily News Archive/Getty Images; **293쪽**, Abbie Trayler-Smith/Panos Pictures; **294쪽**, Christian Mangion/Demotix/Corbis

제13장: 297쪽, Antonio Scorza/AFP/Getty Images; **299쪽**, Fred Chartrand/The Canadian Press/Photostream; **300쪽**, Jeremy Horner/Terra/Corbis; **300쪽**, Shannon Stapleton/Reuters/Corbis; **302쪽**, Top-Pics TBK/Alamy; **303쪽**, Rob Howard/Terra/Corbis; **303쪽**, Yogesh More/Ephotocorp/Alamy; **303쪽**, David Sutherland/Encyclopedia/Corbis; **305쪽**, Wim Wiskerke/Alamy; **307쪽**, Jeremy Horner/Alamy; **308쪽**, Gideon Mendel/Encyclopedia/Corbis; **308쪽**, Niko Guido/Corbis News/Corbis; **311쪽**, Attilio Polo's Fieldwork/Moment Open/Getty Images; **316**, Christopher Pillitz/Photonica World/Getty Images; **317쪽**, Gina Martin/National Geographic/Getty Images; **318쪽**, Godong/Alamy Stock Photo; **319쪽**, Getty Images; **319쪽**, Angelo Cavalli/Flirt/Corbis; **319쪽**, Bob Krist/Terra/Corbis; **320쪽**, Reuters/Corbis; **320쪽**, Tim Lamdon/Greenpeace International; **322쪽**, Jeff Greenberg/Alamy

용어해설

가구 혼자 살거나 혹은 친족관계일 수도 아닐 수도 있는 일단의 사람들이 생활 공간을 공유하는 경우

가족농 농민들이 주로 자신의 생계를 위해 생산하고 또 한편으로 시장체제에 판매할 상품을 생산하는 농업의 형태

가족 출계, 결혼, 공유와 같이 일정한 형태의 친족관계를 통해 연결되어 있다고 느끼는 사람들의 집단

개발 인간의 복지 증진을 목적으로 이루어지는 기획된 변화

개발로 인한 강제이주 개발 프로젝트 때문에 강제로 이루어지는 이주

개발에서의 남성 편향 남성에게 수혜를 제공하고, 여성의 역할과 지위에 미치는 영향에 대해서는 고려하지 않는 개발 프로젝트의 설계 및 실행

개발질환 환경 그리고 인간과 환경 간의 관계에 해로운 영향을 미쳐 온 경제개발활동들에 의해 초래되거나 증가한 건강문제

개발침략 영향을 받은 사람의 자유롭고 우선적이며 고지에 입각한 동의가 없는 개발 프로젝트 및 정책의 시행

개발 프로젝트 개발 정책을 실행에 옮기도록 고안된 일련의 활동

결혼 꼭 그럴 필요는 없지만 같이 살고 성관계를 가지며 아이를 낳아 키우는 두 사람의 결합

계급 통상 소득이나 재산 정도를 통해 측정되는 사회 내의 경제적 지위에 의거해서 사람들을 범주화하는 방식

고고학 물질적 유물에 의거해 과거 인류의 문화를 연구하는 분야

공동체 치료 사회적 맥락을 핵심적 요소로 강조하고 공적인 영역에서 수행되는 치료

공희 초자연적 존재에게 무엇인가를 바치는 의례

교리 종교적 믿음에 관한 직접적이고 공식화된 진술

교역 설정된 가치기준에 따라 이루어지는 어떤 것과 다른 것의 형식화된 교환

교차사촌 아버지의 여자형제의 자녀 혹은 어머니의 남자형제의 자녀

교환양식 특정한 문화 내에서 사람들과 집단들 사이에서 재화와 서비스 그리고 여타 항목들을 이전하는 지배적인 방식

구명선 사고방식 자원에 대한 인식상의 제약 때문에 특정 집단이 확대되는 것을 제한하려고 시도한다는 시각

구조적 병증 전쟁, 기아, 테러, 강제이주, 빈곤 등과 같은 경제적 · 정치적 상황이 원인이 되어 발생하는 인간의 건강문제

구조주의 경제, 사회정치조직, 미디어 같은 거대한 힘들이 사람들의 행위와 사고를 규정한다고 주장하는 인간 행위와 관념에 관한 이론적 입장

국가 많은 공동체를 포괄하는 중앙화된 정치단위이자 관료화된 구조를 갖고 있으며 강제력을 가진 지도자가 있는 정치조직의 형태

국내유민 자신의 집과 지역사회를 강제로 떠나야 하지만 그 나라에 남아 있는 사람

국내이주 한 국가의 경계 내에서의 이동

국민 언어, 문화, 영토적 기반, 정치조직, 역사를 공유하는 사람들의 집단

국제이주 국가의 경계를 가로지르는 이동

군국주의 군부가 국가와 사회의 행정을 지배하는 것

군단 유연한 구성원과 최소의 리더십을 가지고 있는 수렵채집사회와 결합된 정치조직의 형태

권력 저항에 직면했을 때 행동을 취하거나 필요하다면 무력을 사용할 수 있는 능력

권위 개인의 성취지위나 귀속지위를 통해 혹은 도덕적 평판에 기대어 행동을 취할 수 있는 능력

귀납적 접근 연구에 앞서 가설을 수립하는 것을 피하고 대신 연구대상 문화의 관점에서 연구를 전개하는 접근방법

귀속지위 한 개인이 출생을 통해 획득하는 사회 내에서의 위상

귀환권 난민이 자신의 고향에 돌아가서 살 수 있도록 하는 UN이 보장한 난민에 대한 권리

균형적 교환 가치 면에서 즉각적이거나 최종적인 균형을 목적으로 하는 이전체계

근대화 필연적인 과학의 발전 및 서구의 비종교주의와 전환에 대한 신념에 기반한 변동 모델. 여기에는 산업성장, 국가의 통합, 관료제화, 시장경제, 기술적 혁신, 문해 및 사회적 이동에 대한 선택이 포함되어 있다.

근친상간금기 특정한 친족관계 내에서 결혼이나 성관계를 엄격하게 금하는 규정

기관이주자 자발적이거나 비자발적으로 사회기관(학교나 감옥)으로 이주하는 사람

기능주의 문화가 생물학적 유기체와 유사하게 부분이 전체의 기능과 존속을 위해 작동한다고 보는 이론

기대적 호혜성 통상 사회적으로 동등한 지위의 사람들 사이에 이루어지는 거의 동일한 가치를 가진 재화나 서비스의 교환

기업의 사회적 책임(CSR) 환경과 사람들에게 해를 끼치지 않으면서 기업의 이윤을 창출하려는 기업윤리

난민 자신의 집, 지역사회 혹은 고국을 강제로 떠나야 했던 사람들

내혼 특정한 집단 혹은 지역 내에서 결혼하는 것

농업 밭갈이, 관개, 거름 주기를 통한 작물의 재배가 포함된 생계양식

다장소 연구 특정한 집단의 분산된 구성원들의 문화 혹은 문화의 상이한 수준

들 사이의 관계를 이해하기 위해 하나 이상의 장소에서 수행하는 현지조사

단계출계 출계를 오직 한쪽 부모로부터 추적하는 것

단혼제 두 사람 사이의 결혼

달리트 인도 카스트체계 내에서 사회적으로 규정된 최하위집단에 속한 당사자들이 선호하는 이름으로, '억압당하는' 혹은 '최하층'이라는 뜻이다.

담론 발화, 참여, 의미의 다양성을 포함하는 문화적으로 유형화된 구어적 언어사용을 지칭한다.

동년배집단 연령대가 비슷한 사람들의 집단. 이들은 서로 특정한 의식, 이를테면 할례 같은 의식을 동일 시간대에 경험한다.

동화 문화접변 혹은 문화박탈이 되어 더 이상 각각의 정체성을 구분할 수 없는 문화변동의 한 형태

디아스포라 집단 자신의 원래 고향을 벗어나 흩어져 살아가는 집단

라포 연구자와 연구대상 인구집단 사이의 신뢰관계

마니옥 혹은 카사바 열대지방에서 자라는 전분 뿌리 작물로 식용 가능하게 만들기 위해서는 물에 담가 독소를 제거한 다음 고운 가루로 긁어내는 일을 포함하여 오랜 가공이 필요하다.

마우카 파푸아뉴기니 고산지대에서 선물과 호의를 교환하거나 선물수여가 발생하는 커다란 연회를 후원하여 리더십을 개발하기 위한 일종의 전략

메스티사헤 문자 그대로 '인종적' 혼혈을 의미한다. 하지만 중 · 남아메리카에서는 인디언의 뿌리로부터 단절된 사람들 혹은 일부 토착적인 문화적 관행을 유지하면서 글을 쓰고 읽을 수 있는 성공한 사람들을 지칭하는 용어이다.

모계출계 출계를 추적하는 데 있어서 여성의 중요성을 강조하는 출계체계. 신부의 가족과 함께 혹은 가까운 곳에 사는 거주율을 가지고 있으며 재산은 여성계열에 따라 상속된다.

모권제 경제, 정치, 사회, 이데올로기적 영역에서의 여성 지배

모바일 화폐 셀폰이라고도 불리는 휴대전화를 통해 이루어지는 금융거래

목축 가축의 사육 및 식단의 대부분을 차지하는 고기 및 우유와 같은 생산물의 사용에 기초하고 있는 생계양식

무성애 성적 끌림이나 성적 활동에 관심이 없는 것

무형문화유산 유네스코의 개념으로 구전적 전통, 언어, 행위예술, 의례와 축제 이벤트, 자연과 우주에 관한 지식과 실천, 공예품 제작 등을 통해 구현되는 문화를 지칭한다.

문화 인간의 학습되고 공유된 행위와 신념

문화구성주의 인간의 행위와 사고가 주로 학습에 의해 규정된다고 설명하는 이론

문화상대주의 각각의 문화는 그 문화 자체의 가치와 관념에 따라 이해되어야 하며 다른 문화의 잣대를 통해 판단되어서는 안 된다는 관점

문화유물론 환경, 자연자원 그리고 생계양식 같은 삶의 물질적 차원을 사회조직과 관념을 설명하는 기반으로서 접근하는 이론

문화인류학 현존하는 인류와 그들의 문화를 연구하는 분야로서 차이와 변동에 관한 연구를 포함한다.

문화적 역량 서양에서 배운 의료 전문가들이 서양의학과 상이한 믿음과 관행을 인정하고 존중하는 것

문화적으로 특수한 증후군 특정한 문화 혹은 제한된 수의 문화에 한정되어 나타나는 징후와 증상의 집합

문화적 적합성 계획가들이 지역문화를 고려함으로써 정보에 입각하고 효과적인 프로젝트 설계의 특징

문화접변 소수문화가 더 지배문화처럼 되는 문화변동의 한 형태

문화중개자 두 문화 모두에 익숙하고 문화 간 의사소통과 이해를 증진할 수 있는 사람

문화충격 한 개인이 특정한 문화에서 다른 문화로 옮겨 갈 때 흔히 발생하는 불안, 고독, 걱정 등의 지속적인 감정

물질문화유산 인류에게 탁월한 가치가 있다고 판단되는 장소, 기념비, 건축물 그리고 이동 가능한 물건들

미시문화 보다 큰 문화 내에서 발견되는 특징적인 유형의 학습되고 공유된 행위와 사고

민족지 개인적 관찰에 기반해서 이루어지는 살아있는 문화에 대한 일차적이고 상세한 기술

발명 무엇인가 새로운 것의 발견

배출-흡인이론 시골에서 도시로의 이주를 설명하는 하나의 이론으로 인간의 이주 동기를 강조. 시골에서 도시로 이주하는 원인은 도시지역('흡인')과 비교해볼 때 시골지역('배출')의 기회가 부족하기 때문이다.

법 올바르고 합리적인 행동을 규정하고 처벌의 위협으로 집행되는 관습이나 공식적인 법규를 통해 만들어진 규칙들

복혼제 여러 배우자를 포함하는 결혼

부가의문 확인을 위해서 질문을 문장의 끝에 위치시키는 의문문

부계출계 출계를 추적하는 데 있어서 남성의 중요성을 강조하는 출계체계. 신랑의 가족과 함께 혹은 가까운 곳에 사는 거주율을 가지고 있으며 재산의 상속은 남성계열에 따라 이루어진다.

부권제 경제, 정치, 사회, 이데올로기적 영역에서의 남성 지배

부족 유사한 언어와 생활방식을 가지고 있으며 특정 지역에 거주하는 여러 무리 또는 혈통집단

부흥운동 사회종교적 운동으로서 외부 세력에 위협을 받아 온 종교의 일부 또는 전체를 부활시키거나 새로운 실천과 신앙의 도입을 통해 보다 만족스러운 상황을 구축하려고 시도하는 예언자적 지도자에 의해 통상적으로 조직된다.

분업 한 사회가 성별, 나이, 신체적 능력 같은 요인에 따라 다양한 과업을 배분하는 방식

브라세로 제한된 시간 동안 한 나라에 입국해 노동할 수 있도록 허가받은 농업노동자

비균형적 교환 한 측이 이윤추구를 시도하는 이전체계.

비판적 개발인류학 인류학자들이 비판적으로 사고하는 역할을 떠맡고 특정한 개발정책과 프로그램에 대해 왜 그리고 누구에게 이익이 돌아가도록 추진되는지 질문하는 국제적인 개발에 대한 접근

비판적 담론 분석 권력과 사회적 불평등이 어떻게 커뮤니케이션에 반영되고 또 그것을 통해서 어떻게 재생산되는가를 탐구하는 언어인류학의 한 접근방식

비판적 미디어인류학 권력관계가 미디어에 대한 사람들의 접근과 미디어 콘텐츠에 어떤 식으로 영향을 미치는가를 탐구하는 통문화적 미디어 연구의 한 분야이다.

비판적 법인류학 법체계에 관한 통문화적 연구 내에서의 접근으로 권력이 약한 집단을 보호하기보다는 이들에 대한 차별적 관행을 통해 강한 집단의 지배를 유지하는 법적, 사법적 절차의 역할에 대한 연구

비판적 의료인류학 사람들의 건강상태, 의료 서비스에 대한 그들의 접근권 그리고 이와 연동되어 있는 지배적인 의료체계가 정치적 · 경제적 구조에 의해 어떻게 규정되는가를 분석하는 데 방점을 두는 의료인류학의 한 접근방식

빅데이터 흔히 휴대전화, 페이스북, 트위터 같은 커뮤니케이션 소스와 인터넷의 사용을 통해 생성되는 수천 혹은 수백만 단위의 데이터를 포함하는 정보의 세트

빅맨체계 또는 빅우먼체계 부족과 추장사회 사이에 존재하며 개인적 유대와 재분배를 목적으로 둔 연회를 베풀어 정치적 기반을 만드는 주요 개인들의 리더십에 의존하는 정치조직의 형태

빈곤 한 개인, 집단, 국가 혹은 지역의 삶과 복지에 기여하는 유무형의 자원에 대한 접근의 결핍

사망률 인구에서 사망자의 비율

사전 동의 연구자가 연구 참여자에게 계획하고 있는 연구의 의도, 범위, 가능한 영향에 관해 알려주고 연구에 참여한다는 동의를 받도록 요구하는 현지조사 윤리의 한 측면이다.

사제 남성 혹은 여성 전업 종교전문가로서 그 지위는 주로 공식적 훈련을 통해 획득되는 능력에 기초해 있다.

사춘기 인간의 생애에서 보편적으로 발생하는 시간이며 여러 생물적 특징과 성적 원숙함과 맞물린다.

사피어-워프의 가설 언어가 사고를 결정한다고 주장하는 언어인류학의 한 관점

사회계층 상이한 집단들 사이에 마치 '층위'처럼 배열된 일단의 위계적 관계

사회규범 흔히 명시되지 않고 무의식적으로 배우는 것으로서 사람들이 어떻게 행동해야 하는지를 규정하는 일반적으로 인정된 기준

사회언어학 언어인류학의 한 관점으로 문화, 사회, 그리고 개인의 사회적 위치가 언어를 결정한다고 주장한다.

사회자본 사회적 유대, 신뢰, 협력 내에 존재하는 무형의 자원

사회적 영향평가 변동이 이루어지기 전에 특별한 혁신의 잠재적인 사회비용과 이익을 예측하기 위해 수행된 연구

사회정의 사회적으로 불이익을 당하는 사람들에게 기본적인 인간적 필요와 기회에 대한 접근권을 보장해주는 것을 추구하는 사회적 평등에 입각해 있는 공정성의 개념

사회집단 가족단위를 넘어서는 사람들의 집합으로서 통상 비친족적인 유대를 통해 관계가 형성된다.

사회통제 비공식적 · 공식적 기제를 통해 질서 있는 사회생활을 유지하기 위한 과정

산업/디지털 경제 사업체와 상업기업의 대량고용 그리고 전자 미디어를 통한 정보의 창출과 이동을 통해 재화가 생산되는 생계양식

산업자본농 인간과 동물의 노동을 기계와 구매한 투입요소로 대체하는 자본집약적 농업의 한 형태

삶 프로젝트 지역민의 지식, 역사 및 맥락에 의해 전달받은 것으로서 자신들이 받아들이기 원하는 삶의 방향에 대한 지역민들의 정의

상징 문화적으로 규정된 의미를 지닌 사물, 말 혹은 행동으로서 그것과 필연적이거나 자연적인 관계가 없는 다른 어떤 것을 나타낸다. 대부분의 상징은 자의적이다.

상호문화적 건강체계 건강문제의 보다 효과적인 예방과 치료를 위해 지역 건강체계와 서구 건강체계 사이의 격차를 줄이려고 시도하는 건강 관련 접근방식

생계양식 특정한 문화 내에서 생계를 유지하는 지배적인 방식

생물인류학 생물학적 유기체로서 인간을 연구하는 분야로 인류의 진화와 동시대적 변이에 관한 연구를 아우른다.

생물학적 결정론 인간의 행위와 사고가 주로 유전자와 호르몬 같은 생물학적 특질들에 의해 규정된다고 설명하는 이론

생산성 잠재적으로 무한한 수의 메시지를 효과적으로 소통할 수 있는 인간 언어의 한 특징

생애주기의례 생애의 한 단계에서 다른 단계로 넘어가는 지위상의 변화를 표시하는 의례로 통과의례라고도 한다.

생태학적/역학적 접근 의료인류학의 한 접근방법으로 자연환경의 일부가 사회적 환경과 어떻게 상호작용해서 질병을 유발하는지를 조명하는 데 방점을 둔다.

샤만 혹은 샤만카 각각 남성과 여성 치료사를 지칭함

서구생의학 현대 서구의 과학기술에 입각해서 인간의 신체와 관련된 건강문제를 진단하고 처치하는 치료체계

설문 인류학자가 면대면 상황 혹은 우편이나 이메일로 미리 설계한 일련의 질문을 하는 형식화된 조사 도구이다.

성취지위 한 개인이 활동을 통해 획득하는 사회 내에서의 위상

세계어 전 세계적으로 다양한 문화적 맥락에서 광범위하게 사용되는 언어로서 흔히 토착어를 대체해버린다.

세계종교 문자화된 자원에 기초해 있고 많은 추종자들이 있으며 지역적으로 광범위하고 구원을 강조하는 종교를 지칭하기 위해 19세기에 만들어진 용어이다.

세계화 서구의 팽창, 특히 전 세계 모든 문화에 영향을 미치는 미국식 자본주의의 확산으로 인한 국제적 연결의 증가와 심화

소비양식 특정한 문화 내에서 수요를 충족시키기 위해 물건을 사용하거나 자원을 이용하는 지배적인 방식

소비주의 수요가 많고 무한한 데 반해 그것을 충족시키는 수단들은 불충분하고, 수요를 충족시키려는 노력의 과정에서 수단들이 고갈되는 소비양식

소액신용대출 저소득층의 소득 창출 활동을 지원하기 위한 소액 현금 대출

송금 이주자가 고향이나 고국에 거주하는 가족에게 돈이나 물품을 이전하는 것

수렵채집 채집, 어로, 사냥 또는 찌꺼기 수집 등을 통해 자연에서 이용 가능한 식량을 얻는 것

수스토 공포/충격질환. 스페인과 포르투갈, 그리고 사는 지역에 상관없이 라틴계 인구집단에서 주로 발견되는 문화적으로 특수한 질병. 증세는 척추통, 피로, 무기력, 식욕부진 등을 포함한다.

수화 주로 손의 움직임을 이용해서 메시지를 전달하는 커뮤니케이션의 한 형태

순례 종교적 헌신이나 의례를 목적으로 성스러운 장소를 방문하고 돌아오는 여행

순수한 선물 보답에 대한 기대나 고려가 전혀 없이 제공되는 어떤 것

순환이주 국내 혹은 국제적으로 둘 혹은 그 이상의 장소들 사이에서 이루어지는 반복적인 이동

시련을 통한 재판 고통스럽고 스트레스를 주고 때로 치명적인 시험을 통해 피고인이 유죄인지 무죄인지를 판단하는 하나의 방법

시민사회 삶의 경제적, 정치적 차원 및 여타 차원을 조직하기 위해 정부 외부에서 기능하는 이익집단들의 집합

시장교환 수요와 공급의 힘을 통해 가치가 결정되고 경쟁적인 조건에서 이루어지는 상품의 매매. 비균형적 교환의 한 형태

식물요법 식물을 사용한 치료

신부대 신랑 측으로부터 신부의 부모에게로 재화나 금전을 양도하는 것

신부봉사 결혼 교환의 한 형태로 신랑이 신부와 집으로 돌아가기 전에 일정 기간 장인을 위해 일하는 것

신이민자 1960년대 이후부터 이주한 국제이주자

신체화 몸이 사회적 스트레스를 흡수해서 병적인 증세를 보이는 과정으로 체화라 불리기도 한다.

신화 줄거리가 초자연적인 것과 관련된 이야기

애니마티즘 초자연적인 존재가 비인격적인 힘으로서 인식되는 신앙체계

약호 지칭하는 대상을 닮은 형태와 그림을 통해 의미를 전달하는 상징

양계출계 출계를 양쪽 부모로부터 추적하는 것

양적 자료 수치화된 정보

어족 동일한 모어에서 기원한 언어들의 집합

언어 한 집단에 의해 공유되고 세대에 걸쳐 전달되는 학습된 상징과 기호의 체계적인 묶음에 기초해서 이루어지는 커뮤니케이션의 한 형태

언어인류학 커뮤니케이션에 관한 연구로서 언어의 기원, 역사, 동시대의 변이와 변화 등을 연구한다.

에믹 내부자의 인식과 범주 그리고 특정한 행위를 왜 하는가에 대한 내부자의 설명

에틱 문화연구에서 외부 분석가에 의해 사용되는 분석틀

여성성기절제 부분적으로 혹은 전체로 음핵과 음순을 제거하는 여러 관행

역사언어학 음운, 구문, 의미 등과 같이 언어의 여러 측면에서 발생하는 시공간에 따른 변화를 형식적 방법을 통해 비교연구하는 분야

역사적 트라우마 식민주의의 유해한 영향이 부모 세대에서 자식 세대로 전이되는 것

연극 연기, 몸짓, 소리를 통해 즐거움을 제공하고자 하는 공연의 한 형태로서 다른 형태의 공연, 즉 무용, 음악, 퍼레이드, 경쟁적 게임과 스포츠, 구연예술 등과 관련되어 있다.

연쇄이주 이주자의 첫 번째 물결이 들어온 뒤 친척과 친구들을 목적지로 데려와 함께하는 인구이동의 한 형태

연역적 접근 연구 질문 혹은 가설을 설정하고 질문과 관련된 자료를 수집한 다음 최초의 가설과 관련해서 결과를 평가하는 연구방법

영아 살해 영 · 유아의 살해

영향력 원하는 목표를 성취하기 위해 다른 사람 혹은 다른 집단에 대해 사회적 혹은 도덕적 압력을 행사할 수 있는 능력

예술 상상력, 기술, 스타일을 물질, 운동, 소리에 순전히 실용적인 것을 초월한 방식으로 적용하는 것

와 집단의 이익을 위한 절제와 자기 희생을 의미하는 일본어 단어

외혼 특정한 집단 혹은 지역 외에서 결혼하는 것

용익권 한 개인이나 집단이 채집, 수렵, 어로를 할 수 있는 지역과 물웅덩이 같은 특정한 자원에 대해 사회적으로 승인된 우선적 접근권을 가지는 재산관계의 체계

원시농경 손도구를 사용해서 길들인 작물을 농토에서 경작하는 데 의거해 있는 생계양식

유민 자신의 집, 지역사회, 혹은 고국을 강제로 떠나야 했던 사람들

음소 구어에서 의미의 차이를 만드는 소리

응용의료인류학 인류학적 지식을 의료인들의 목적을 증진시키는 데 적용하는 것

응용인류학 문제를 예방하거나 해결하기 위해 혹은 정책목표를 설정하고 달성하기 위해 인류학적 지식을 활용하는 분야이다.

의례 초자연적 영역과 관련된 양식화된 행위

의료다원주의 한 문화 내에 한 가지 이상의 건강체계가 존재하는 상황. 또한 지방의 국지적 치료체계들을 생의학적 체계 내로 통합하려는 정부의 부양 정책

의료화 어떤 쟁점이나 문제가 사실 경제적 혹은 구조적인 것임에도 불구하고 그것을 의학적인 문제로 또 의학적인 치료를 요하는 것으로 개념화하는 것

의만 아이가 태어나는 과정과 그 이후 아버지의 행동에 적용되는 관습

이성애규범 모든 사람이 남성과 여성이라는 2개의 젠더와 그에 따른 사회적 역할로 나뉘고 이성애적 관계를 가진다는 믿음

이주 한 장소에서 다른 장소로의 이동

이차집단 특정한 기반에 의거해서 서로를 동일시하지만 개인적으로는 서로 한 번도 만나지 않을 수도 있는 사람들의 집단

인구학적 변화 높은 출산율과 사망률의 농업사회 인구유형에서 낮은 출산율과 사망률의 산업사회 인구유형으로의 변화

인류학 인간에 관한 연구로서 선사시대 인류의 기원과 동시대 인류의 다양성을 연구한다.

인성 한 개인에 특유한 행위하고 생각하고 느끼는 방식

인종 피부색이나 두발의 특징 같이 추정상 동질적이고 대체로 피상적인 생물학적 특질에 의거해서 사람들을 집단으로 범주화하는 것

인터뷰 최소한 두 사람 사이에서 질문이나 방향성을 가진 대화를 통해 구술 자료를 수집하는 조사 기법

일반적 호혜성 물질적 이익에 관한 혹은 보답으로 무엇을 받을지 또 언제 보답이 이루어질 것인가에 관한 의식적인 관심이 최소한으로 수반되는 거래이다.

일부다처제 1명의 남편과 1명 이상의 아내의 결혼

일차집단 면대면관계에 기반해서 만나는 사회집단

일처다부제 1명의 아내와 1명 이상의 남편의 결혼

자민족중심주의 타문화를 그 자체의 기준이 아니라 자기 자신의 문화적 기준을 통해 판단하는 것

재분배 한 개인이 특정한 집단의 많은 구성원들로부터 재화나 화폐를 모으고 차후에 모으는 데 기여한 모든 사람에게 재화를 '되갚는' 형태로 이루어지는 교환

재생산양식 특정 문화에서 출산(출산율)과 사망(사망률)의 조합 효과를 통해 인구 변화가 발생하는 지배적인 유형

전복의례 통상적인 사회적 역할과 질서가 일시적으로 전복되어 버리는 의례

전산인류학 인간의 선호, 가치, 행위에 관한 광범위한 정보를 제공하기 위해 구글, 전화 사용, 그리고 여타 컴퓨터 기반 소스를 통해 수집 가능한 대규모 양적 데이터세트를 활용하는 연구 접근방법

전위 현재와 과거의 사건에 관해 이야기할 수 있는 인간 언어의 한 특성

전쟁 다른 집단을 직접 겨냥한 치명적인 무력을 통해 조직되고 이 목적을 위한 집단행동

전통적인 개발인류학 인류학자들이 계획가들에게 문화적 정보를 제공해줌으로써 개발 작업을 개선하는 데 도움을 주는 역할을 받아들이는 국제적인 개발에 대한 접근

전파 접촉을 통한 문화의 확산

정치조직 공적인 정책결정과 리더십을 통해 사회적 단결과 질서를 유지하고 외적 위협에 대해 안전을 확보하는 책임을 지는 집단

젠더 남성, 여성 혹은 혼성의 속성이라고 여겨지는 문화적으로 구성되고 학습된 행위와 관념

젠더다원주의 여성성, 남성성, 흐릿한 젠더라는 다층적인 범주가 허용되고 정당화되는 문화 속에 존재한다.

조방전략 광활한 땅의 일시적 이용과 고도의 공간적 이동을 수반하는 생계의 한 형태

종교 초자연적인 존재와 힘에 대한 믿음과 실천

종교다원주의 하나 또는 그 이상의 종교가 서로 보완하거나 경쟁하면서 공존하는 상황

종교혼합주의 둘 또는 그 이상의 종교가 갖는 특징들의 혼합

종족미학 예술이란 무엇인가를 정의하는 문화적으로 특수한 방식

종족병인학 건강문제와 병증에 관한 문화적으로 특수한 인과론적 설명

종족성 역사적 유산, 언어 혹은 문화에 기반을 두고 형성되는 특정한 집단 내의 공유된 정체감

종족음악학 통문화적 음악연구

종족의미론 특정한 문화적 맥락에서 수행하는 단어, 구, 문장의 의미에 관한 연구

종족의학 통문화적 건강체계에 관한 연구

종파분쟁 한 종교 내에 존재하는 다른 종파나 분파들 간의 인지된 차이에 기반한 분쟁

주관적 웰빙 무엇이 좋은 삶인가에 대한 자신의 인식에 근거해서 자신의 삶의 질을 경험하는 방법

주술 초자연적인 힘과 존재를 특정한 방식으로 행동하게 하려는 시도

주체적 행위능력 지배적인 구조 내에서도 선택을 하고 자유의지를 행사할 수 있는 인간의 능력

지역화 지역 문화에 의해 전 지구적 문화가 새로운 무엇인가로 변화하는 것

지위 한 개인이 사회 내에서 차지하는 위치 혹은 위상

지참금 신부 측에서 새롭게 결혼하는 부부에게 그들이 사용할 재화 혹은 현금을 양도하는 것

질병 질환-질병 이분법에서 건강문제를 지각하고 경험하는 문화적으로 특수한 방식

질적 자료 수치화되지 않은 정보

질환 질환-질병 이분법에서 객관적이고 보편적인 생물학적 건강문제

집약전략 동일한 토지와 자원의 지속적인 사용이 포함된 생계양식의 형태

참여관찰 문화인류학의 기본적인 현지조사 방법으로 특정한 문화에 장기간 생활하면서 자료를 수집하는 것을 일컫는다.

청년기 문화적으로 규정되는 원숙함의 시기다. 사춘기에서부터 성인기에 이르는 시기로 일부 문화에서 나타나지만 모든 문화에서 나타나는 것은 아니다.

청년 패거리집단 주로 도시지역을 기반으로 하는 젊은이들의 집단을 지칭하며 때로 성인들이나 법을 집행하는 관계당국에 의해서 사회적 문제로 간주되는 집단

체액치료 체내의 자연적인 요소들 사이에 존재하는 균형을 강조하는 치료

초경 월경의 시작

초국가적 이주 둘 혹은 여러 국가 사이에서 이루어지는 한 사람의 지속적인 이주. 그 결과 새로운 문화적 정체성이 획득됨

총체론 문화는 경제, 사회 조직, 이념 등을 포함하는 상이한 구성요소들에 주목하지 않고는 완전히 이해될 수 없는 복합적 체계라는 인류학의 관점

최소주의 소박함을 강조하는 소비양식으로서, 소수의 한정된 소비 욕구로 특정화되고 욕구를 충족시키는 수단의 적절성과 지속가능성을 수반한다.

추장사회 정치조직의 형태로서 추장이란 '공직'을 가진 한 지도자 아래 영속적으로 연맹을 맺은 부족과 마을이 속해 있는 체계

추출산업 지구의 표면이나 그 아래에서 발견되며 재생 불가능한 광물, 석유 및 가스를 탐사, 제거, 가공 및 판매하는 사업

출계 혈통을 통해 친족관계를 추적하는 것

출산율 인구에서 출생자의 비율이나 총인구의 증가율

출산장려 출산을 고무하는 태도나 정책

치안유지 사회질서를 유지한다는 명목으로 감시하며 처벌에 대한 위협을 드러내는 절차를 포함하는 사회통제의 한 형태

친족체계 문화 속에서 지배적인 형태의 친족관계 및 그와 연관된 특정한 종류의 행위

카스트체계 힌두교와 연관된 개인이 특정한 집단 내에서 출생한 것에 기반한 사회계층체계

커뮤니케이션 의미 있는 메시지를 주고받는 과정

켄테 의상 가나 아칸족 왕실에서 사용되는 신성한 천으로 만든 옷으로 기하학적 무늬와 밝은 색상 그리고 속담, 지도자, 사건, 식물과 관련된 디자인이 특징적이다.

쿨라 트로브리안드의 많은 섬들을 연결하는 교역망으로 여기서 남성들은 음식 같은 일상적인 재화뿐만 아니라 매우 가치 있는 목걸이와 팔찌를 교환하기 위해 장기적인 파트너관계를 형성하고 있다.

크레올 피진에서 직접 유래했지만 그것을 모국어로 사용하는 사람들이 있고 언어적 확장과 정교화를 수반하는 언어이다.

키푸 잉카제국 시대에 회계와 사건기록을 목적으로 사용된 매듭이 있는 끈

텍스티즈 영어와 여타 언어에서 휴대전화 커뮤니케이션과 관련해서 새롭게 부상하는 언어적 변이로서 약어와 속어를 수반한다.

토착민 자신들의 영토와 장기지속적인 연고가 있는 인구집단으로 이 연고는 식민세력이나 외부 사회가 이들 영토에 도래해서 지배하기 이전부터 존재해 온 것이다.

토착 지식 환경, 기후, 식물, 동물에 관한 지역적 이해

평준화기제 개인이 누구보다 더 부유해지거나 더 강력해지는 것을 막는 문화적으로 내재된 규칙

평행사촌 아버지의 남자형제의 자녀 혹은 어머니의 여자형제의 자녀

폐경 월경의 중단

포틀래치 태평양 북서 문화권에서 행해지는 대연회로 손님은 주인으로부터 초대받아 음식을 먹고 선물을 받는다.

표현문화 예술, 여가, 놀이와 관련된 행위와 믿음

프로젝트 사이클 초기 계획에서 완료할 때까지의 개발 프로젝트의 단계. 즉 프로젝트 부여, 프로젝트 설계, 프로젝트 사정, 프로젝트 시행, 프로젝트 평가

플라세보 효과 상징적 혹은 여타 비물질적인 요인에 의거한 치료방법의 긍정적 효과

피의 스포츠 인간 대 인간, 인간 대 동물, 동물 대 동물 간의 경쟁에서 경쟁자의 피흘림이나 심지어 경쟁자의 죽음을 노골적으로 추구하는 경기

피진 최소한 2개의 모어로부터 언어적 요소들을 혼합해서 생성된 언어로서 상이한 언어를 사용하는 사람들이 조우해서 소통해야 할 때 출현한다.

하물숭배 멜라네시아에서 서구와 일본의 영향에 대한 대응으로 출현한 부흥운동의 한 형태

해석인류학 문화는 사람들이 생각하는 것, 관념 그리고 그들에게 중요한 의미에 대한 연구를 통해 이해될 수 있다고 보는 관점

핵가구 한 쌍의 성인 커플(결혼했거나 '파트너' 사이)이 자녀와 함께 혹은 자녀 없이 꾸리는 가구집단의 단위

헤테로토피아 다수의 이질적인 맥락에서 추출한 요소들로 구성된 새로운 상황

현지조사 현지에서 수행하는 조사로, 사람과 문화가 발견되는 장소는 어디든 현지가 될 수 있다.

협동연구 인류학자가 연구대상 주민을 '피조사자'로서보다는 파트너 또는 참여자로서 연구에 참여시켜 협력하면서 문화에 대한 이해를 얻고자 하는 접근 방법

호출체계 환경적 요인에 대한 반응으로서 생성된 일련의 의미 있는 소리를 통해 비인간 영장류들 사이에서 이루어지는 구어적 커뮤니케이션의 한 형태

혼합적 방법 문화에 대한 보다 포괄적인 이해를 위해 양적 접근과 질적 접근을 통합하는 자료 수집과 분석 방법

확대가구 한 단위 이상의 부모-자녀관계로 구성된 동거집단

회복탄력성 특정한 인구집단이 갈등, 재난 혹은 여타 트라우마적 상황에서 '회복하는' 능력

히즈라 인도에서 경계가 흐릿한 젠더 역할을 하는 사람으로서 대체로 생물학적으로는 남성이지만 여성의 옷을 입으며 여성스러운 행동을 한다.

참고문헌

Abu-Lughod, Lila. 1993. *Writing Women's Worlds: Bedouin Stories*. Berkeley: University of California Press.

Adams, Abigail E. 2002. Dyke to Dyke: Ritual Reproduction at a U.S. Men's Military College. In *The Best of Anthropology Today* (pp. 34–42). Jonathan Benthall, ed. New York: Routledge.

Adams, Vincanne. 1988. Modes of Production and Medicine: An Examination of the Theory in Light of Sherpa Traditional Medicine. *Social Science and Medicine* 27:505–513.

Afolayan, E. 2000. Bantu Expansion and Its Consequences. In *African History before 1885* (pp. 113–136). T. Falola, ed. Durham, NC: Carolina Academic Press.

Ahmadu, Fuambai. 2000. Rites and Wrongs: An Insider/Outside Reflects on Power and Excision. In *Female "Circumcision" in Africa: Culture, Controversy, and Change* (pp. 283–312). Bettina Shell-Duncan and Ylva Hernlund, eds. Boulder, CO: Lynne Reiner Publishers.

Allen, Catherine J. 2002. *The Hold Life Has: Coca and Cultural Identity in an Andean Community*. Washington, DC: Smithsonian Institution Press.

Allen, Susan. 1994. What Is Media Anthropology? A Personal View and a Suggested Structure. In *Media Anthropology: Informing Global Citizens* (pp. 15–32). Susan L. Allen, ed. Westport, CT: Bergin & Garvey.

Alter, Joseph S. 1992. The Sannyasi and the Indian Wrestler: Anatomy of a Relationship. *American Ethnologist* 19(2):317–336.

Amster, Matthew H. 2000. It Takes a Village to Dismantle a Longhouse. *Thresholds* 20:65–71.

Anderson, Benedict. 1991 [1983]. *Imagined Communities: Reflections on the Origin and Spread of Nationalism*. New York: Verso.

Anderson, Myrdene. 2004. Reflections on the Saami at Loose Ends. In *Cultural Shaping of Violence: Victimization, Escalation, Response* (pp. 285–291). Myrdene Anderson, ed. West Lafayette, IN: Purdue University Press.

———. 2005. The Saami Yoik: Translating Hum, Chant and/or Song. In *Song and Significance: Virtues and Vices of Vocal Translation* (pp. 213–233). Dinda Gorlée, ed. Amsterdam: Rodopi.

Applbaum, Kalman D. 1995. Marriage with the Proper Stranger: Arranged Marriage in Metropolitan Japan. *Ethnology* 34(1):37–51.

Arambiza, Evelio and Michael Painter. 2006. Biodiversity Conservation and the Quality of Life of Indigenous People in the Bolivian Chaco. *Human Organization* 65:20–34.

Baker, Colin. 1999. Sign Language and the Deaf Community. In *Handbook of Language and Ethnic Identity* (pp. 122–139). Joshua A. Fishman, ed. New York: Oxford University Press.

Baker-Christales, Beth. 2004. *Salvadoran Migration to Southern California: Redefining El Hermano Lejano*. Gainesville: University of Florida Press.

Baptista, Marlyse. 2005. New Directions in Pidgin and Creole Studies. *Annual Review of Anthropology* 34:34–42.

Barfield, Thomas J. 1994. Prospects for Plural Societies in Central Asia. *Cultural Survival Quarterly* 18(2&3):48–51.

———. 2001. Pastoral Nomads or Nomadic Pastoralists. In *The Dictionary of Anthropology* (pp. 348–350). Thomas Barfield, ed. Malden, MA: Blackwell Publishers.

Barkey, Nanette, Benjamin C. Campbell, and Paul W. Leslie. 2001. A Comparison of Health Complaints of Settled and Nomadic Turkana Men. *Medical Anthropology Quarterly* 15:391–408.

Barlett, Peggy F. 1989. Industrial Agriculture. In *Economic Anthropology* (pp. 253–292). Stuart Plattner, ed. Stanford, CA: Stanford University Press.

Barnard, Alan and Anthony Good. 1984. *Research Practices in the Study of Kinship*. New York: Academic Press.

Barrionuevo, Alexei. 2008. Amazon's "Forest People" Seek a Role in Striking Global Climate Agreements. *New York Times*. April 5:6.

Basso, Keith. H. 1972 [1970]. "To Give Up on Words": Silence in Apache Culture. In *Language and Social Context* (pp. 67–86). Pier Paolo Giglioni, ed. Baltimore: Penguin Books.

Bauer, Alexander A. 2006. Heritage Preservation in Law and Policy: Handling the Double-Edged Sword of Development. Paper presented at the International Conference on Cultural Heritage and Development, Bibliothèca Alexandrina, Alexandria, Egypt, January.

Beals, Alan R. 1980. *Gopalpur: A South Indian Village. Fieldwork Edition*. New York: Holt, Rinehart and Winston.

Beeman, William O. 1993. The Anthropology of Theater and Spectacle. *Annual Review of Anthropology* 22:363–393.

Bernal, Martin. 1987. *Black Athena: The Afroasiatic Roots of Classical Civilization*. New Brunswick, NJ: Rutgers University Press.

Berreman, Gerald D. 1979 [1975]. Race, Caste, and Other Invidious Distinctions in Social Stratification. In *Caste and Other Inequities: Essays on Inequality* (pp. 178–222). Gerald D. Berreman, ed. New Delhi: Manohar.

Bestor, Theodore C. 2004. *Tsukiji: The Fish Market at the Center of the World*. Berkeley: University of California Press.

Beyene, Yewoubdar. 1989. *From Menarche to Menopause: Reproductive Lives of Peasant Women in Two Cultures*. Albany: State University of New York Press.

Bhardwaj, Surinder M. and N. Madhusudana Rao. 1990. Asian Indians in the United States: A Geographic Appraisal. In *South Asians Overseas: Migration and Ethnicity* (pp. 197–218). Colin Clarke, Ceri Peach, and Steven Vertovec, eds. New York: Cambridge University Press.

Bhatt, Rakesh M. 2001. World Englishes. *Annual Review of Anthropology* 30:527–550.

Billig, Michael S. 1992. The Marriage Squeeze and the Rise of Groomprice in India's Kerala State. *Journal of Comparative Family Studies* 23:197–216.

Blackwood, Evelyn. 1995. Senior Women, Model Mothers, and Dutiful Wives: Managing Gender Contradictions in a Minangkabau Village. In *Bewitching Women: Pious Men: Gender and Body Politics in Southeast Asia* (pp. 124–158). Aihwa Ong and Michael Peletz, eds. Berkeley: University of California Press.

Bledsoe, Caroline H. 1983. Stealing Food as a Problem in Demography and Nutrition. Paper presented at the annual meeting of the American Anthropological Association.

Blommaert, Jan and Chris Bulcaen. 2000. Critical Discourse Analysis. *Annual Review of Anthropology* 29:447–466.

Blood, Robert O. 1967. *Love Match and Arranged Marriage*. New York: Free Press.

Bodenhorn, Barbara. 2000. "He Used to Be My Relative." Exploring the Bases of Relatedness among the Inupiat of Northern Alaska. In *Cultures of Relatedness: New Approaches to the Study of Kinship* (pp. 128–148). Janet Carsten, ed. New York: Cambridge University Press.

Boellstorff, Tom. 2004. Gay Language and Indonesia: Registering Belonging. *Journal of Linguistic Anthropology* 14:248–268.

Boserup, Ester. 1970. *Woman's Role in Economic Development*. New York: St. Martin's Press.

Bourgois, Philippe and Jeff Schonberg. 2009. *Righteous Dopefiend*. Berkeley: University of California Press.

Bowen, John R. 1992. On Scriptural Essentialism and Ritual Variation: Muslim Sacrifice in Sumatra. *American Ethnologist* 19(4):656–671.

———. 1998. *Religions in Practice: An Approach to the Anthropology of Religion*. Boston: Allyn and Bacon.

Bradley, Richard. 2000. *An Archaeology of Natural Places*. New York: Routledge.

Brandes, Stanley H. 1985. *Forty: The Age and the Symbol*. Knoxville: University of Tennessee Press.

Brave Heart, Mary Yellow Horse. 2004. The Historical Trauma Response among Natives and Its Relationship to Substance Abuse. In *Healing and Mental Health for Native Americans: Speaking in Red* (pp. 7–18). Ethan Nebelkopf and Mary Phillips, eds. Walnut Creek, CA: AltaMira Press.

Brookes, Heather. 2004. A Repertoire of South African Quotable Gestures. *Journal of Linguistic Anthropology* 14:186–224.

Broude, Gwen J. 1988. Rethinking the Couvade: Cross-Cultural Evidence. *American Anthropologist* 90(4): 902–911.

Brown, Carolyn Henning. 1984. Tourism and Ethnic Competition in a Ritual Form: The Firewalkers of Fiji. *Oceania* 54:223–244.

Brown, Judith K. 1975. Iroquois Women: An Ethnohistoric Note. In *Toward an Anthropology of Women* (pp. 235–251). Rayna R. Reiter, ed. New York: Monthly Review Press.

———. 1978. The Recruitment of a Female Labor Force. *Anthropos* 73(1/2):41–48.

———. 1999. Introduction: Definitions, Assumptions, Themes, and Issues. In *To Have and To Hit: Cultural Perspectives on Wife Beating*, 2nd ed. (pp. 3–26). Dorothy Ayers Counts, Judith K. Brown, and Jacquelyn C. Campbell, eds. Urbana: University of Illinois Press.

Browner, Carole H. 1986. The Politics of Reproduction in a Mexican Village. *Signs: Journal of Women in Culture and Society* 11(4):710–724.

Browner, Carole H. and Nancy Ann Press. 1996. The Production of Authoritative Knowledge in American Prenatal Care. *Medical Anthropology Quarterly* 10(2):141–156.

Bruner, Edward M. 2005. *Culture on Tour: Ethnographies of Travel*. Chicago: University of Chicago Press.

Bunzel, Ruth. 1972 [1929]. *The Pueblo Potter: A Study of Creative Imagination in Primitive Art*. New York: Dover Publications.

Burdick, John. 2004. *Legacies of Liberation: The Progressive Catholic Church in Brazil at the Turn of a New Century*. Burlington, VT: Ashgate Publishers.

Burton, Barbara. 2004. The Transmigration of Rights: Women, Movement and the Grassroots in Latin American and Caribbean Communities. *Development and Change* 35:773–798.

Call, Vaughn, Susan Sprecher, and Pepper Schwartz. 1995. The Incidence and Frequency of Marital Sex in a National Sample. *Journal of Marriage and the Family* 57:639–652.

Camino, Linda A. and Ruth M. Krulfeld, eds. 1994. *Reconstructing Lives, Recapturing Meaning: Refugee Identity, Gender and Culture Change*. Basel: Gordon and Breach Publishers.

Carneiro, Robert L. 1994. War and Peace: Alternating Realities in Human History. In *Studying War: Anthropological Perspectives* (pp. 3–27). S. P. Reyna and R. E. Downs, eds. Langhorne, PA: Gordon and Breach Science Publishers.

Carstairs, G. Morris. 1967. *The Twice Born*. Bloomington: Indiana University Press.

Carsten, Janet. 1995. Children in Between: Fostering and the Process of Kinship on Pulau Langkawi, Malaysia. *Man* (n.s.) 26:425–443.

Cátedra, María. 1992. *This World, Other Worlds: Sickness, Suicide, Death, and the Afterlife among the Vaqueiros de Alzada of Spain*. Chicago: University of Chicago Press.

Cernea, Michael M. 1985. Sociological Knowledge for Development Projects. In *Putting People First: Sociological Variables and Rural Development* (pp. 3–22). Michael M. Cernea, ed. New York: Oxford University Press.

———. 2001. *Cultural Heritage and Development: A Framework for Action in the Middle East and North Africa*. Washington, DC: The World Bank.

Chagnon, Napoleon. 1992. *Yanomamö*, 4th ed. New York: Harcourt Brace Jovanovich.

Chalfin, Brenda. 2004. *Shea Butter Republic: State Power, Global Markets, and the Making of an Indigenous Commodity*. New York: Routledge.

———. 2008. Cars, the Customs Service, and Sumptuary Rule in Neoliberal Ghana. *Comparative Studies in Society and History* 50:424–453.

Chernoff, John Miller. 1979. *African Rhythm and African Sensibility: Aesthetics and African Musical Idioms*. Chicago: University of Chicago Press.

Childs, Larry and Celina Chelala. 1994. Drought, Rebellion and Social Change in Northern Mali: The Challenges Facing Tamacheq Herders. *Cultural Survival Quarterly* 18(4):16–19.

Chin, Elizabeth. 2001. *Purchasing Power: Black Kids and American Consumer Culture*. Minneapolis: University of Minnesota Press.

Chiñas, Beverly Newbold. 1992. *The Isthmus Zapotecs: A Matrifocal Culture of Mexico*. New York: Harcourt Brace Jovanovich.

Clancy, Kathryn B. H, Robin G. Nelson, Julienne N. Rutherford, and Katie Hinde. 2014. Survey of Academic Field Experiences (SAFE): Trainees Report Harassment and Assault. *PLOS ONE* 9(7):e102172.

Clarke, Maxine Kumari. 2004. *Mapping Yorùbá Networks: Power and Agency in the Making of Transnational Communities*. Durham, NC: Duke University Press.

Clay, Jason W. 1990. What's a Nation: Latest Thinking. *Mother Jones* 15(7):28–30.

Cochrane, D. Glynn. 1974. Barbara Miller's class lecture notes in Applied Anthropology, Syracuse University.

———. 1979. *The Cultural Appraisal of Development Projects*. New York: Praeger Publishers.

———. 2008. *Festival Elephants and the Myth of Global Poverty*. Boston: Pearson.

Cohen, Mark Nathan. 1989. *Health and the Rise of Civilization*. New Haven, CT: Yale University Press.

Cole, Douglas. 1991. *Chiefly Feasts: The Enduring Kwakiutl Potlatch*. Aldona Jonaitis, ed. Seattle: University of Washington Press/New York: American Museum of Natural History.

Colley, Sarah. 2002. *Uncovering Australia: Archaeology, Indigenous People and the Public*. Washington, DC: Smithsonian Institution Press.

Comaroff, John L. 1987. Of Totemism and Ethnicity: Consciousness, Practice and Signs of Inequality. *Ethnos* 52(3–4):301–323.

Contreras, Gloria. 1995. Teaching about Vietnamese Culture: Water Puppetry as the Soul of the Rice Fields. *The Social Studies* 86(1):25–28.

Coon Come, Matthew. 2004. Survival in the Context of Mega-Resource Development: Experiences of the James Bay Crees and the First Nations of Canada. In *In the Way of Development: Indigenous Peoples, Life Projects and Globalization* (pp. 153–165). Mario Blaser, Harvey A. Feit, and Glenn McRae, eds. New York: Zed Books in Association with the International Development Research Centre.

Corbey, Raymond. 2003. Destroying the Graven Image: Religious Iconoclasm on the Christian Frontier. *Anthropology Today* 19:10–14.

Counihan, Carole M. 1985. Transvestism and Gender in a Sardinian Carnival. *Anthropology* 9(1&2):11–24.

Craik, Brian. 2004. The Importance of Working Together: Exclusions, Conflicts and Participation in James Bay, Quebec. In *In the Way of Development: Indigenous Peoples, Life Projects and Globalization* (pp. 166–186). Mario Blaser, Harvey A. Feit, and Glenn McRae, eds. Zed Books in Association with the International Development Research Centre.

Crowe, D. 1996. *A History of the Gypsies of Eastern Europe and Russia*. New York: St. Martin's Press.

Crystal, David. 2000. *Language Death*. New York: Cambridge University Press.

———. 2003. *English as a Global Language*, 2nd ed. New York: Cambridge University Press.

Cunningham, Lawrence S. 1995. Christianity. In *The HarperCollins Dictionary of Religion* (pp. 240–253). Jonathan Z. Smith, ed. New York: HarperCollins.

Dalby, Liza Crihfield. 1998. *Geisha*, 2nd ed. New York: Vintage Books.

———. 2001. *Kimono: Fashioning Culture*. Seattle: University of Washington Press.

Daly, Martin, and Margo Wilson. 1984. A Sociobiological Analysis of Human Infanticide. In *Infanticide: Comparative and Evolutionary Perspectives* (pp. 487–582). Glen Hausfater and Sarah Blaffer Hrdy, eds. New York: Aldine.

Danforth, Loring M. 1989. *Firewalking and Religious Healing: The Anestenaria of Greece and the American Firewalking Movement*. Princeton, NJ: Princeton University Press.

Darlington, Shasta. 2015. Inside Brazil's Battle to Protect the Amazon. CNN October 29. http://www.cnn.com/2015/10/29/world/brazil-logging-climate-change-two-degrees/

Daugherty, Mary Lee. 1997 [1976]. Serpent-Handling as Sacrament. In *Magic, Witchcraft, and Religion* (pp. 347–352). Arthur C. Lehmann and James E. Myers, eds. Mountain View, CA: Mayfield Publishing.

Dávila, Arlene. 2002. Culture in the Ad World: Producing the Latin Look. In *Media Worlds: Anthropology on New Terrain* (pp. 264–280). Faye D. Ginsburg, Lila Abu-Lughod, and Brian Larkin, eds. Berkeley: University of California Press.

Davis, Peter. 2011. Exploring the Long-Term Impact of Development Interventions within Life-History Narratives in Rural Bangladesh. *Journal of Development Effectiveness* 3:263–280.

Davis, Robert C. and Garry R. Marvin. 2004, *Venice, the Tourist Maze: A Cultural Critique of the World's Most Touristed City*. Berkeley: University of California Press.

Davis, Susan Schaefer and Douglas A. Davis. 1987. *Adolescence in a Moroccan Town: Making Social Sense*. New Brunswick: Rutgers University Press.

Davis-Floyd, Robbie E. 1987. Obstetric Training as a Rite of Passage. *Medical Anthropology Quarterly* 1:288–318.

———. 1992. *Birth as an American Rite of Passage*. Berkeley: University of California Press.

de la Cadena, Marisol. 2001. Reconstructing Race: Racism, Culture and Mestizaje in Latin America. *NACLA Report on the Americas* 34:16–23.

de Sherbinin, A., M. Castro, F. Gemenne, M. M. Cernea, S. Adamo, P. M. Fearnside, G. Krieger, S. Lahmani, A. Oliver-Smith, A. Pankhurst, T. Scudder, B. Singer, Y. Tan, G. Wannier, P. Boncour, C. Ehrhart, G. Hugo, B. Pandey, and G. Shi. 2011. Preparing for Resettlement Associated with Climate Change. *Science* 334:456–457.

Deen, Thalif. 2015. Over 100 Million Women Lead Migrant Workers Worldwide. *Inter Press Service*. June 24.

Dent, Alexander Sebastian. 2005. Cross-Culture "Countries": Covers, Conjuncture, and the Whiff of Nashville in *Música Sertaneja* (Brazilian Commercial Country Music). *Popular Music and Society* 28:207–227.

Devereaux, George. 1976. *A Typological Study of Abortion in Primitive Societies: A Typological, Distributional, and Dynamic Analysis of the Prevention of Birth in 400 Preindustrial Societies*. New York: International Universities Press.

digim'Rina, Linus S. 2005. Food Security through Traditions: Replanting Trees and Wise Practices." *People and Culture in Oceania* 20:13–36.

———. 2006. Personal communication.

Dikötter, Frank. 1998. Hairy Barbarians, Furry Primates and Wild Men: Medical Science and Cultural Representations of Hair in China. In *Hair: Its Power and Meaning in Asian Cultures* (pp. 51–74). Alf Hiltebeitel and Barbara D. Miller, eds. Albany: State University of New York Press.

Doi, Yaruko and Masami Minowa. 2003. Gender Differences in Excessive Daytime Sleepiness among Japanese Workers. *Social Science and Medicine* 56:883–894.

Donlon, Jon. 1990. Fighting Cocks, Feathered Warriors, and Little Heroes. *Play & Culture* 3:273–285.

Dorgan, Howard. 1989. *The Old Regular Baptists of Central Appalachia: Brothers and Sisters in Hope*. Knoxville: University of Tennessee Press.

Drake, Susan P. 1991. Local Participation in Ecotourism Projects. In *Nature Tourism: Managing for the Environment* (pp. 132–155). Tensie Whelan, ed. Washington, DC: Island Press.

Duany, Jorge. 2000. Nation on the Move: The Construction of Cultural Identities in Puerto Rico and the Diaspora. *American Ethnologist* 27:5–30.

Duranti, Alessandro. 1997a. *Linguistic Anthropology*. New York: Cambridge University Press.

———. 1997b. Universal and Culture-Specific Properties of Greetings. *Journal of Linguistic Anthropology* 7:63–97.

Durrenberger, E. Paul. 2001. Explorations of Class and Class Consciousness in the U.S. *Journal of Anthropological Research* 57:41–60.

Eccles, Jeremy. 2012. Artist Saw the Stars Crying: Gulumbu Yunupingu, 1945–2012. *Sydney Morning Herald* June 10.

Eck, Diana L. 1985. *Darsán: Seeing the Divine Image in India*, 2nd ed. Chambersburg, PA: Anima Books.

Eckel, Malcolm David. 1995. Buddhism. In *The HarperCollins Dictionary of Religion* (pp. 135–150). Jonathan Z. Smith, ed. New York: HarperCollins.

Economic and Social Council. 1992. *Report of the Working Group on Violence against Women*. Vienna: United Nations. E/CN.6/WG.2/1992/L.3.

Englund, Harri. 1998. Death, Trauma and Ritual: Mozambican Refugees in Malawi. *Social Science and Medicine* 46(9):1165–1174.

Ennis-McMillan, Michael C. 2001. Suffering from Water: Social Origins of Bodily Distress in a Mexican Community. *Medical Anthropology Quarterly* 15(3):368–390.

Erickson, Barbra. 2007. Toxin or Medicine? Explanatory Models of Radon in Montana Health Mines. *Medical Anthropology Quarterly* 21:1–21.

Escobar, Arturo. 2002. Gender, Place, and Networks: A Political Ecology of Cyberculture. In *Development: A Cultural Studies Reader* (pp. 239–256). Susan Schech and Jane Haggis, eds. Malden, MA: Blackwell Publishers.

Estrin, Saul. 1996. Co-Operatives. In *The Social Science Encyclopedia* (pp. 138–139). Adam Kuper and Jessica Kuper, eds. New York: Routledge.

Etienne, Mona and Eleanor Leacock, eds. 1980. *Women and Colonization: Anthropological Perspectives*. New York: Praeger.

Evans-Pritchard, E. E. 1951. *Kinship and Marriage among the Nuer*. Oxford: Clarendon.

Everett, Daniel L. 1995. Personal communication.

———. 2008. *Don't Sleep, There Are Snakes: Life and Language in the Amazonian Jungle*. New York: Knopf Publishing Group.

Evrard, Olivier and Yves Goudineau. 2004. Planned Resettlement, Unexpected Migrations and Cultural Trauma in Laos. *Development and Change* 35:937–962.

Fabrega, Horacio, Jr. and Barbara D. Miller. 1995. Adolescent Psychiatry as a Product of Contemporary Anglo-American Society. *Social Science and Medicine* 40(7): 881–894.

Fahey, Dan. 2011. The Trouble with Ituri. *African Security Review* 20:108–113.

Farmer, Paul. 1992. *AIDS and Accusation: Haiti and the Geography of Blame*. Berkeley: University of California Press.

———. 2005. *Pathologies of Power: Health, Human Rights and the New War on the Poor*. Berkeley: University of California Press.

Feinberg, Richard. 2012. Defending "Traditional" Marriage? Whose Definition? What Tradition? *The Huffington Post/American Anthropological Association*. April 30.

Feinsilver, Julie M. 1993. *Healing the Masses: Cuban Health Politics at Home and Abroad*. Berkeley: University of California Press.

Fenstemeker, Sarah. 2007. Conservation Clash and the Case for Exemptions: How Eagle Protection Conflicts with Hopi Cultural Preservation. *International Journal of Cultural Property* 14:315–328.

Ferguson, James. 1994. *The Anti-Politics Machine: "Development," Depoliticization, and Bureaucratic Power in Lesotho*. Minneapolis: University of Minnesota Press.

Ferguson, R. Brian. 1990. Blood of the Leviathan: Western Contact and Amazonian Warfare. *American Ethnologist* 17(1):237–257.

Ferris, Elizabeth and Sara Ferro-Ribeiro. 2012. Protecting People in Cities: The Disturbing Case of Haiti. *Disasters* 36:S43–S63.

First Peoples Worldwide. 2015. http://www.firstpeoples.org/who-are-indigenous-peoples.

Fishman, Joshua A. 1991. *Reversing Language Shift: Theoretical and Empirical Foundations of Assistance to Threatened Languages*. Clevedon, UK: Multilingual Matters Ltd.

———, ed. 2001. *Can Threatened Languages Be Saved? Reversing Language Shift, Revisited: A 21st Century Perspective*. Buffalo, NY: Multilingual Matters Ltd.

Fitigu, Yodit. 2005. Forgotten People: Internally Displaced Persons in Guatemala. www.refugeesinternational.org/content/article/detail/6344.

Foley, Kathy. 2001. The Metonymy of Art: Vietnamese Water Puppetry as Representation of Modern Vietnam. *The Drama Review* 45(4):129–141.

Foley, William A. 2000. The Languages of New Guinea. *Annual Review of Anthropology* 29:357–404.

Foster, Helen Bradley and Donald Clay Johnson, eds. 2003. *Wedding Dress across Cultures*. New York: Berg.

Foster, Robert J. 2006. From Trobriand Cricket to Rugby Nation: The Mission of Sport in Papua New Guinea. *The International Journal of the History of Sport* 23(5):739–758.

Foucault, Michel. 1970. *The Order of Things: An Archaeology of the Human Sciences*. New York: Random House.

Fox, Robin. 1995 [1978]. *The Tory Islanders: A People of the Celtic Fringe*. Notre Dame: University of Notre Dame Press.

Frake, Charles O. 1961. The Diagnosis of Disease Among the Subanun of Mindanao. *American Anthropologist* 63:113–132.

Franceschet, Susan, Mona Lena Krook, and Jennifer Piscopo. 2012. *The Impact of Gender Quotas*. New York: Oxford University Press.

Franke, Richard W. 1993. *Life is a Little Better: Redistribution as a Development Strategy in Nadur Village, Kerala*. Boulder, CO: Westview Press.

Fratkin, Elliot. 1998. *Ariaal Pastoralists of Kenya: Surviving Drought and Development in Africa's Arid Lands*. Boston: Allyn and Bacon.

Frazer, Sir James. 1978 [1890]. *The Golden Bough: A Study in Magic and Religion*. New York: Macmillan.

Freeman, James A. 1981. A Firewalking Ceremony That Failed. In *Social and Cultural Context of Medicine in India* (pp. 308–336). Giri Raj Gupta, ed. New Delhi: Vikas Publishing.

Frieze, Irene, Jacquelynne E. Parsons, Paula B. Johnson, Diane N. Ruble, and Gail L. Zellman. 1978. *Women and Sex Roles: A Social Psychological Perspective*. New York: W. W. Norton.

Furst, Peter T. 1989. The Water of Life: Symbolism and Natural History on the Northwest Coast. *Dialectical Anthropology* 14:95–115.

Gable, Eric. 1995. The Decolonization of Consciousness: Local Skeptics and the "Will to Be Modern" in a West African Village. *American Ethnologist* 22(2):242–257.

Gale, Faye, Rebecca Bailey-Harris, and Joy Wundersitz. 1990. *Aboriginal Youth and the Criminal Justice System: The Injustice of Justice?* New York: Cambridge University Press.

Gálvez, Alyshia. 2011. *Patient Citizens, Immigrant Mothers: Mexican Women, Public Prenatal Care, and the Birth-Weight Paradox*. New Brunswick, NJ: Rutgers University Press.

Gardner, Katy and David Lewis. 1996. *Anthropology, Development and the Post-Modern Challenge*. Sterling, VA: Pluto Press.

Gaski, Harald. 1993. The Sami People: The "White Indians" of Scandinavia. *American Indian Culture and Research Journal* 17:115–128.

———. 1997. Introduction: Sami Culture in a New Era. In *Sami Culture in a New Era: The Norwegian Sami Experience* (pp. 9–28). Harald Gaski, ed. Seattle: University of Washington Press.

Gedde, Maïa. 2015. *International Development and Humanitarian Assistance: A Career Guide*. New York: Routledge.

Geertz, Clifford. 1966. Religion as a Cultural System. In *Anthropological Approaches to the Study of Religion* (pp. 1–46). Michael Banton, ed. London: Tavistock.

Gillette, Maris Boyd. 2000. *Between Mecca and Beijing: Modernization and Consumption among Urban Chinese Families*. Stanford, CA: Stanford University Press.

Glick Schiller, Nina and Georges E. Fouron. 1999. Terrains of Blood and Nation: Haitian Transnational Social Fields. *Ethnic and Racial Studies* 22:340–365.

Global Times. 2010. China: 24 Million Men to be Mateless by End of Decade. January 11.

Gmelch, George. 1997 [1971]. Baseball Magic. In *Magic, Witchcraft, and Religion* (pp. 276–282). Arthur C. Lehmann and James E. Myers, eds. Mountain View, CA: Mayfield Publishing.

Godelier, Maurice. 2012. *The Metamorphoses of Kinship*. Brooklyn, NY: Verso.

Gold, Stevan J. 1992. *Refugee Communities: A Comparative Field Study*. Newbury Park, CA: Sage Publications.

González, Roberto A. 2009. *American Counterinsurgency: Human Science and the Human Terrain*. Chicago: University of Chicago Press.

Goodwin, Marjorie H. 1990. *He-Said-She-Said: Talk as Social Organization among Black Children*. Bloomington: Indiana University Press.

Goody, Jack. 1993. *The Culture of Flowers*. New York: Cambridge University Press.

Graeber, David. 2011. *Debt: The First 5,000 Years*. Brooklyn, NY: Melville Publishing House.

Greenhalgh, Susan. 2008. *Just One Child: Science and Policy in Deng's China*. Berkeley: University of California Press.

Gregg, Jessica L. 2003. *Virtually Virgins: Sexual Strategies and Cervical Cancer in Recife, Brazil*. Stanford, CA: Stanford University Press.

Gregor, Thomas. 1982. No Girls Allowed. *Science* 82.

Gregory, Chris. 2011. "Skinship:" Touchability as a Virtue in East-Central India. *HAU: Journal of Ethnographic Theory* 1:179–209.

Gremillion, Helen. 1992. Psychiatry as Social Ordering: Anorexia Nervosa, a Paradigm. *Social Science and Medicine* 35(1):57–71.

Grinker, Roy Richard. 1994. *Houses in the Rainforest: Ethnicity and Inequality among Farmers and Foragers in Central Africa*. Berkeley: University of California Press.

Gross, Daniel R. 1984. Time Allocation: A Tool for the Study of Cultural Behavior. *Annual Review of Anthropology* 13:519–558.

Gruenbaum, Ellen. 2001. *The Female Circumcision Controversy: An Anthropological Perspective*. Philadelphia: University of Pennsylvania Press.

Guggenheim, Scott E. and Michael M. Cernea. 1993. Anthropological Approaches to Involuntary Resettlement: Policy, Practice, and Theory. In *Anthropological Approaches to Resettlement: Policy, Practice, and Theory* (pp. 1–12). Michael M. Cernea and Scott E. Guggenheim, eds. Boulder, CO: Westview Press.

Guidoni, Enrico. 1987. *Primitive Architecture*. Trans. Robert Erich Wolf. New York: Rizzoli.

Haddix McCay, Kimber. 2001. Leaving Your Wife and Your Brothers: When Polyandrous Marriages Fall Apart. *Evolution and Human Behavior* 22:47–60.

Hamabata, Matthews Masayuki. 1990. *Crested Kimono: Power and Love in the Japanese Business Family*. Ithaca, NY: Cornell University Press.
Handler, Richard. 2003. Cultural Property and Cultural Theory. *Journal of Social Archaeology* 3:353–365.
Härkönen, Heidi. 2010. Gender, Kinship and Life Rituals in Cuba. *Suomen Antropologi: Journal of the Finnish Anthropological Society* 35:60–73.
Harlan, Tyler and Michael Webber. 2012. New Corporate Uyghur Entrepreneurs in Urumqi, China. *Central Asian* 31:175–191.
Harris, Marvin. 1971. *Culture, Man and Nature*. New York: Thomas Y. Crowell.
———. 1974. *Cows, Pigs, Wars and Witches: The Riddles of Culture*. New York: Random House.
———. 1975. *Culture, People, Nature: An Introduction to General Anthropology*, 2nd ed. New York: Thomas Y. Crowell.
———. 1977. *Cannibals and Kings: The Origins of Culture*. New York: Random House.
———. 1984. Animal Capture and Yanomamo Warfare: Retrospect and New Evidence. *Journal of Anthropological Research* 40(10):183–201.
———. 1993. The Evolution of Human Gender Hierarchies. In *Sex and Gender Hierarchies* (pp. 57–80). Barbara D. Miller, ed. New York: Cambridge University Press.
Hefner, Robert W. 1998. Multiple Modernities: Christianity, Islam, and Hinduism in a Globalizing Age. *Annual Review of Anthropology* 27:83–104.
Heise, Lori L., Jacqueline Pitanguy, and Adrienne Germain. 1994. Violence against Women: The Hidden Health Burden. *World Bank Discussion Papers No. 255*. Washington, DC: The World Bank.
Helweg, Arthur W. and Usha M. Helweg. 1990. *An Immigrant Success Story: East Indians in America*. Philadelphia: University of Pennsylvania Press.
Henshaw, Anne. 2006. Pausing along the Journey: Learning Landscapes, Environmental Change, and Toponymy amongst the Sikusilarmiut. *Arctic Anthropology* 43: 52–66.
Hewlett, Barry S. 1991. *Intimate Fathers: The Nature and Context of Aka Pygmy Paternal Care*. Ann Arbor: University of Michigan Press.
Hill, Jane H. 2001. Dimensions of Attrition in Language Death. In *On Biocultural Diversity: Linking Language, Knowledge, and the Environment* (pp. 175–189). Luisa Maffi, ed. Washington, DC: Smithsonian Institution Press.
Hill, Jane H. and Bruce Mannheim. 1992. Language and World View. *Annual Review of Anthropology* 21:381–406.
Hirschon, Renee. 1989. *Heirs of the Catastrophe: The Social Life of Asia Minor Refugees in Piraeus*. New York: Oxford University Press.
Hoffman, Danny and Stephen Lubkemann. 2005. Warscape Ethnography in West Africa and the Anthropology of "Events." *Anthropological Quarterly* 78:315–327.
Holland, Dorothy C. and Margaret A. Eisenhart. 1990. *Educated in Romance: Women, Achievement, and College Culture*. Chicago: University of Chicago Press.
Hornbein, George and Marie Hornbein. 1992. *Salamanders: A Night at the Phi Delt House*. Video. College Park: Documentary Resource Center.
Horowitz, Irving L. 1967. *The Rise and Fall of Project Camelot: Studies in the Relationship between Social Science and Practical Politics*. Boston: MIT Press.
Horowitz, Michael M. and Muneera Salem-Murdock. 1993. Development-Induced Food Insecurity in the Middle Senegal Valley. *GeoJournal* 30(2):179–184.
Horst, Heather and Daniel Miller. 2005. From Kinship to Link-Up: Cell Phones and Social Networking in Jamaica. *Current Anthropology* 46:755–764, 773–778.
Howell, Nancy. 1979. *Demography of the Dobe !Kung*. New York: Academic Press.
———. 1990. *Surviving Fieldwork: A Report of the Advisory Panel on Health and Safety in Fieldwork*. Washington, DC: American Anthropological Association.
Huang, Shu-Min. 1993. A Cross-Cultural Experience: A Chinese Anthropologist in the United States. In *Distance Mirrors: America as a Foreign Culture* (pp. 39–45). Philip R. DeVita and James D. Armstrong, eds. Belmont, CA: Wadsworth.
Humphrey, Caroline. 1978. Women, Taboo and the Suppression of Attention. In *Defining Females: The Nature of Women in Society* (pp. 89–108). Shirley Ardener, ed. New York: John Wiley and Sons.
Hunte, Pamela A. 1985. Indigenous Methods of Fertility Regulation in Afghanistan. In *Women's Medicine: A Cross-Cultural Study of Indigenous Fertility Regulation* (pp. 44–75). Lucile F. Newman, ed. New Brunswick, NJ: Rutgers University Press.
Hutter, Michael. 1996. The Value of Play. In *The Value of Culture: On the Relationship between Economics and the Arts* (pp. 122–137). Arjo Klamer, ed. Amsterdam: Amsterdam University Press.
Inhorn, Marcia C. 2003. Global Infertility and the Globalization of New Reproductive Technologies: Illustrations from Egypt. *Social Science and Medicine* 56:1837–1851.
———. 2004. Middle Eastern Masculinities in the Age of New Reproductive Technologies: Male Infertility and Stigma in Egypt and Lebanon. *Medical Anthropology Quarterly* 18(2):162–182.
Internal Displacement Monitoring Centre. 2015. http://www.internal-displacement.org/middle-east-and-north-africa/syria/figures-analysis
Jacobs-Huey, Lanita. 1997. Is There an Authentic African American Speech Community: Carla Revisited. *University of Pennsylvania Working Papers in Linguistics* 4(1): 331–370.
———. 2002. The Natives Are Gazing and Talking Back: Reviewing the Problematics of Positionality, Voice, and Accountability among "Native" Anthropologists. *American Anthropologist* 104:791–804.
———. 2006. *From the Kitchen to the Parlor: Language and Becoming in African American Women's Hair Care*. New York: Oxford University Press.
Jankowski, Martín Sánchez. 1991. *Islands in the Street: Gangs and American Urban Society*. Berkeley: University of California Press.

Jenkins, Gwynne. 2003. Burning Bridges: Policy, Practice, and the Destruction of Midwifery in Rural Costa Rica. *Social Science and Medicine* 56:1893–1909.

Jensen, Marianne Wiben, ed. Elaine Bolton, trans. 2004. Land Rights: A Key Issue. *Indigenous Affairs* 4.

Jinadu, L. Adele. 1994. The Dialectics of Theory and Research on Race and Ethnicity in Nigeria. In *"Race," Ethnicity and Nation: International Perspectives on Social Conflict* (pp. 163–178). Peter Ratcliffe, ed. London: University College of London Press.

Johnson, Walter R. 1994. *Dismantling Apartheid: A South African Town in Transition*. Ithaca, NY: Cornell University Press.

Johnston, Barbara Rose. 1994. Environmental Degradation and Human Rights Abuse. In *Who Pays the Price? The Sociocultural Context of Environmental Crisis* (pp. 7–16). Barbara Rose Johnston, ed. Washington, DC: Island Press.

Joralemon, Donald. 1982. New World Depopulation and the Case of Disease. *Journal of Anthropological Research* 38:108–127.

Jordan, Brigitte. 1983. *Birth in Four Cultures*, 3rd ed. Montreal: Eden Press.

Joseph, Suad. 1994. Brother/Sister Relationships: Connectivity, Love, and Power in the Reproduction of Patriarchy in Lebanon. *American Ethnologist* 21:50–73.

Jourdan, Christine. 1995. Masta Liu. In *Youth Cultures: A Cross-Cultural Perspective* (pp. 202–222). Vered Amit-Talai and Helena Wulff, eds. New York: Routledge.

Judah G., P. Donachie, E. Cobb, W. Schmidt, M. Holland, and V. Curtis. 2010. Dirty Hands: Bacteria of Faecal Origin on Commuters' Hands. *Epidemiology and Infections* 138(3): 409–414.

Judd, Ellen. 2002. *The Chinese Women's Movement: Between State and Market*. Stanford, CA: Stanford University Press.

Junger, Sebastian. 2010. *Restrepo* (film).

———. 2010. *War*. New York: Twelve.

Kant, Shashi, Ilan Vertinsky, Bin Zheng, and Peggy M. Smith. 2014. Multi-Domain Subjective Wellbeing of Two Canadian First Nations Communities. *World Development* 64:140–157.

Karan, P. P. and Cotton Mather. 1985. Tourism and Environment in the Mount Everest Region. *Geographical Review* 75(1):93–95.

Kassam, Aneesa. 2002. Ethnodevelopment in the Oromia Regional State of Ethiopia. In *Participating in Development: Approaches to Indigenous Knowledge* (pp. 65–81). Paul Sillitoe, Alan Bicker, and Johan Pottier, eds. ASA Monographs No. 39. New York: Routledge.

Kata, Anna. 2010. A Postmodern Pandora's Box: Anti-Vaccination Information on the Internet. *Vaccine* 28: 1709–1716.

Katz, Nathan and Ellen S. Goldberg. 1989. Asceticism and Caste in the Passover Observances of the Cochin Jews. *Journal of the American Academy of Religion* 57(1):53–81.

Katz, Richard. 1982. *Boiling Energy: Community Healing among the Kalahari Kung*. Cambridge, MA: Harvard University Press.

Kaul, Adam. 2004. The Anthropologist as Barman and Tour-Guide: Reflections on Fieldwork in a Touristed Destination. *Durham Anthropology Journal* 12:22–36.

Kehoe, Alice Beck. 1989. *The Ghost Dance: History and Revitalization*. Philadelphia: Holt.

Kendon, A. 1988. Parallels and Divergences between Warlpiri Sign Language and Spoken Warlpiri: Analyses of Spoken and Signed Discourse. *Oceania* 58:239–254.

Kennedy, David P. and Stephen G. Perz. 2000. Who Are Brazil's Indígenas? Contributions of Census Data Analysis to Anthropological Demography of Indigenous Populations. *Human Organization* 59:311–324.

Kerns, Virginia. 1999. Preventing Violence against Women: A Central American Case. In *To Have and To Hit: Cultural Perspectives on Wife Beating*, 2nd ed. (pp. 153–168). Dorothy Ayers Counts, Judith K. Brown, and Jacquelyn C. Campbell, eds. Urbana: University of Illinois Press.

Kesmanee, Chupinit. 1994. Dubious Development Concepts in the Thai Highlands: The Chao Khao in Transition. *Law & Society Review* 28:673–683.

Kim, Hyun-Jun and Karen I. Fredriksen-Goldsen. 2012. Hispanic Lesbians and Bisexual Women at Heightened Risk or Health Disparities. *American Journal of Public Health* 102:e9–e15.

King, Diane E. 2014. *Kurdistan on the Global Stage: Kinship, Land, and Community in Iraq*. New Brunswick, NJ: Rutgers University Press.

Kirksey, Eben. 2012. *Freedom in Entangled Worlds: West Papua and the Architecture of Global Power*. Durham, NC: Duke University Press.

Kirsch, Stuart. 2002. Anthropology and Advocacy: A Case Study of the Campaign against the Ok Tedi Mine. *Critique of Anthropology* 22:175–200.

Knott, Kim. 1996. Hindu Women, Destiny and Stridharma. *Religion* 26:15–35.

Kolenda, Pauline M. 1978. *Caste in Contemporary India: Beyond Organic Solidarity*. Prospect Heights, IL: Waveland Press.

Kondo, Dorinne. 1997. *About Face: Performing "Race" in Fashion and Theater*. New York: Routledge.

Konner, Melvin. 1989. Homosexuality: Who and Why? *New York Times Magazine*. April 2:60–61.

Konvalinka, Nancy. 2013. Caring for Young and Old: The Care-Giving Bind in Late-Forming Families. In *Pathways to Empathy: New Studies on Commodification, Emotional Labor, and Time Binds* (pp. 33–48). Gerttraud Koch and Stefanie Everke Buchanan, eds. New York: Campus Verlag.

Kottak, Conrad Phillip. 1985. When People Don't Come First: Some Sociological Lessons from Completed Projects. In *Putting People First: Sociological Variables and Rural Development* (pp. 325–356). Michael M. Cernea, ed. New York: Oxford University Press.

Kovats-Bernat, J. Christopher. 2002. Negotiating Dangerous Fields: Pragmatic Strategies for Fieldwork Amid Violence and Terror. *American Anthropologist* 104:1–15.

Krantzler, Nora J. 1987. Traditional Medicine as "Medical Neglect": Dilemmas in the Case Management of a Samoan Teenager with Diabetes. In *Child Survival: Cultural Perspectives on the Treatment and Maltreatment of Children* (pp. 325–337). Nancy Scheper-Hughes, ed. Boston: D. Reidel.

Kraybill, Donald B. 2014. *Renegade Amish: Beard Cutting, Hate Crimes, and the Trial of the Bergholz Barbers*. Baltimore, MD: Johns Hopkins University Press.

Kraybill, Donald B. and Steven M. Nolt. 2004. *Amish Enterprise: From Plows to Profits*, 2nd ed. Baltimore, MD: Johns Hopkins University Press.

Kroeber, A. L. and Clyde Kluckhohn. 1952. *Culture: A Critical Review of Concepts and Definitions*. New York: Vintage Books.

Kuipers, Joel C. 1990. *Power in Performance: The Creation of Textual Authority in Weyéwa Ritual Speech*. Philadelphia: University of Pennsylvania Press.

———. 1991. Matters of Taste in Weyéwa. In *The Varieties of Sensory Experience: A Sourcebook in the Anthropology of the Senses* (pp. 111–127). David Howes, ed. Toronto: University of Toronto Press.

Kurin, Richard. 1980. Doctor, Lawyer, Indian Chief. *Natural History* 89(11):6–24.

Kurkiala, Mikael. 2003. Interpreting Honor Killings: The Story of Fadime Sahindal (1975–2002) in the Swedish Press. *Anthropology Today* 19:6–7.

Kuwayama, Takami. 2004. *Native Anthropology: The Japanese Challenge to Western Academic Hegemony*. Melbourne: Trans Pacific Press.

Lacey, Marc. 2002. Where 9/11 News Is Late, But Aid Is Swift. *New York Times* June 3:A1, A7.

Ladányi, János. 1993. Patterns of Residential Segregation and the Gypsy Minority in Budapest. *International Journal of Urban and Regional Research* 17(1):30–41.

Laderman, Carol. 1988. A Welcoming Soil: Islamic Humoralism on the Malay Peninsula. In *Paths to Asian Medical Knowledge* (pp. 272–288). Charles Leslie and Allan Young, eds. Berkeley: University of California Press.

LaFleur, William. 1992. *Liquid Life: Abortion and Buddhism in Japan*. Princeton, NJ: Princeton University Press.

Lakoff, Robin. 1973. Language and Woman's Place. *Language in Society* 2:45–79.

———. 1990. *Talking Power: The Politics of Language in Our Lives*. New York: Basic Books.

LaLone, Mary B. 2003. Walking the Line between Alternative Interpretations in Heritage Education and Tourism: A Demonstration of the Complexities with an Appalachian Coal Mining Example. In *Signifying Serpents and Mardi Gras Runners: Representing Identity in Selected Souths* (pp. 72–92). Southern Anthropological Proceedings, No. 36. Celeste Ray and Luke Eric Lassiter, eds. Athens: University of Georgia Press.

Lanehart, Sonja L. 1999. African American Vernacular English. In *Handbook of Language and Ethnic Identity* (pp. 211–225). Joshua A. Fishman, ed. New York: Oxford University Press.

Larsen, Ulla and Sharon Yan. 2000. Does Female Circumcision Affect Infertility and Fertility? A Study of the Central African Republic, Côte d'Ivoire, and Tanzania. *Demography* 37:313–321.

Larsson, Sara. 2005. Legislating Gender Equality: In Saami Land, Women Are Encouraged to Become Lawyers—But Many Would Rather Be Reindeer Herders. *Cultural Survival Quarterly* 28(4): 28–29.

Lassiter, Luke Eric, Hurley Goodall, Elizabeth Campbell, and Michelle Natasya Johnson. 2004. *The Other Side of Middletown: Exploring Muncie's African American Community*. Walnut Creek, CA: AltaMira Press.

Leach, Jerry W. 1975. *Trobriand Cricket: An Ingenious Response to Colonialism*. Video.

LeDuc, Matthew. 2012. Discourses of Heritage and Tourism at a World Heritage Site: The Case of Hampi, India. *Practicing Anthropology* 34:28–32.

Lee, Gary R. and Mindy Kezis. 1979. Family Structure and the Status of the Elderly. *Journal of Comparative Family Studies* 10:429–443.

Lee, Helen Morton. 2003. *Tongans Overseas: Between Two Shores*. Honolulu: University of Hawai'i Press.

Lee, Richard B. 1969. Eating Christmas in the Kalahari. *Natural History*. December 14–22:60–63.

———. 1979. *The !Kung San: Men, Women, and Work in a Foraging Society*. New York: Cambridge University Press.

Lee, Wai-Na and David K. Tse. 1994. Becoming Canadian: Understanding How Hong Kong Immigrants Change Their Consumption. *Pacific Affairs* 67(1):70–95.

Lempert, David. 1996. *Daily Life in a Crumbling Empire*. 2 volumes. New York: Columbia University Press.

Lepani, Katherine. 2012. *Islands of Love, Islands of Risk: Culture and HIV in the Trobriands*. Nashville, TN: Vanderbilt University Press.

Lepowsky, Maria. 1990. Big Men, Big Women, and Cultural Autonomy. *Ethnology* 29(10):35–50.

Lesher, James H., trans. 2001. *Xenophanes of Colophon: Fragments*. Toronto: University of Toronto Press.

Lessinger, Johanna. 1995. *From the Ganges to the Hudson: Indian Immigrants in New York City*. Boston: Allyn and Bacon.

Levin, Dan. 2014. Many in China Can Now Have a Second Child But Say No. *The New York Times*. February 25.

Levine, Robert, Suguru Sato, Tsukasa Hashimoto, and Jyoti Verma. 1995. Love and Marriage in Eleven Cultures. *Journal of Cross-Cultural Psychology* 26:554–571.

Lévi-Strauss, Claude. 1967. *Structural Anthropology*. New York: Anchor Books.

Levy, Jerrold E., Eric B. Henderson, and Tracy J. Andrews. 1989. The Effects of Regional Variation and Temporal Change in Matrilineal Elements of Navajo Social Organization. *Journal of Anthropological Research* 45(4):351–377.

Li, Fabiana. 2009. Documenting Accountability: Environmental Impact Assessment in a Peruvian Mining Project. *Political and Legal Anthropology Review* 32:218–236.

Lin, Xu and Huang Feifei. 2012. China's Old People's Home. *China Daily*. April 12.

Lindenbaum, Shirley. 1979. *Kuru Sorcery: Disease and Danger in the New Guinea Highlands*. Mountain View, CA: Mayfield Publishing.

Lock, Margaret. 1993. *Encounters with Aging: Mythologies of Menopause in Japan and North America*. Berkeley: University of California Press.

Loker, William. 2000. Sowing Discord, Planting Doubts: Rhetoric and Reality in an Environment and Development Project in Honduras. *Human Organization* 59:300–310.

———. 2004. *Changing Places: Environment, Development, and Social Change in Rural Honduras*. Durham, NC: Carolina Academic Press.

Long, Susan Orpett. 2005. *Final Days: Japanese Culture and Choice at the End of Life*. Honolulu: University of Hawai'i Press.

Lorch, Donatella. 2003. Do Read This for War. *Newsweek* 141(11): 13.

Lubkemann, Stephen C. 2005. Migratory Coping in Wartime Mozambique: An Anthropology of Violence and Displacement in "Fragmented Wars." *Journal of Peace Research* 42:493–508.

Lutz, Catherine and Anne Lutz Fernandez. 2010. *Carjacked: The Culture of the Automobile and Its Effects on Our Lives*. New York: Palgrave Macmillan.

Lyman, Rick. 2006. Reports Reveal Hurricanes' Impact on Human Landscape. *New York Times*. May 6, p. A16.

Lyttleton, Chris. 2004. Relative Pleasures: Drugs, Development and Modern Dependencies in Asia's Golden Triangle. *Development and Change* 35:909–935.

MacCarthy, Michelle. 2014. Like Playing a Game Where You Don't Know the Rules": Investing Meaning in Intercultural Cash Transactions between Tourists and Trobriand Islanders. *Ethnos* 79(5):1–24.

MacLeod, Arlene Elowe. 1992. Hegemonic Relations and Gender Resistance: The New Veiling as Accommodating Protest in Cairo. *Signs: The Journal of Women in Culture and Society* 17(3):533–557.

Macnair, Peter. 1995. From Kwakiutl to Kwakwa̲ka̲'wakw. In *Native Peoples: The Canadian Experience*, 2nd ed. (pp. 586–605). R. Bruce Morrison and C. Roderick Wilson, eds. Toronto: McClelland & Stewart.

Maffi, Luisa. 2003. The "Business" of Language Endangerment: Saving Languages or Helping People Keep Them Alive? In *Language in the Twenty-First Century: Selected Papers of the Millennial Conference of the Center for Research and Documentation on World Language Problems* (pp. 67–86). H. Tonkin and T. Reagan, eds. Amsterdam: John Benjamins.

———. 2005. Linguistic, Cultural, and Biological Diversity. *Annual Review of Anthropology* 34:599–617.

Magga, Ole Henrik and Tove Skutnabb-Kangas. 2001. The Saami Languages: The Present and the Future. *Cultural Survival Quarterly* 25(2):26–31.

Mahdavi, Pardis. 2012. Questioning the Global Gays(ze): Constructions of Sexual Identities in Post-Revolution Iran. *Social Identities* 18:223–237.

Mahler, Sarah J. 1995. *Salvadorans in Suburbia: Symbiosis and Conflict*. Boston: Allyn and Bacon.

Major, Marc R. 1996. No Friends but the Mountains: A Simulation on Kurdistan. *Social Education* 60(3): C1–C8.

Malinowski, Bronislaw. 1929. *The Sexual Life of Savages*. New York: Harcourt, Brace & World.

———. 1948. *Magic, Science and Religion, and Other Essays*. Boston: Beacon Press.

———. 1961 [1922]. *Argonauts of the Western Pacific*. New York: E. P. Dutton & Co.

Mamdani, Mahmoud. 1972. *The Myth of Population Control: Family, Caste, and Class in an Indian Village*. New York: Monthly Review Press.

Manz, Beatriz. 2004. *Paradise in Ashes: A Guatemalan Journey of Courage, Terror, and Hope*. Berkeley: University of California Press.

Marcus, George. 1995. Ethnography in/of the World System: The Emergence of Multi-Sited Ethnography. *Annual Review of Anthropology* 24:95–117.

Margolis, Maxine L. and Marigene Arnold. 1993. Turning the Tables? Male Strippers and the Gender Hierarchy in America. In *Sex and Gender Hierarchies* (pp. 334–350). Barbara D. Miller, ed. New York: Cambridge University Press.

Martin, Richard C. 1995. Islam. In *The HarperCollins Dictionary of Religion* (pp. 498–513). Jonathan Z. Smith, ed. New York: HarperCollins.

Martin, Sarah. 2005. *Must Boys Be Boys? Ending Sexual Exploitation and Abuse in UN Peacekeeping Missions*. Washington, DC: Refugees International.

Martínez, Samuel. 1996. Indifference with Indignation: Anthropology, Human Rights, and the Haitian Bracero. *American Anthropologist* 98(1):17–25.

Masquelier, Adeline. 2005. The Scorpion's Sting: Youth, Marriage and the Struggle for Social Maturity in Niger. *Journal of the Royal Anthropological Institute* 11:59–83.

Maybury-Lewis, David. 1997b. *Indigenous Peoples, Ethnic Groups, and the State*. Boston: Allyn and Bacon.

McCallum, Cecilia. 2005. Explaining Caesarean Section in Salvador da Bahia, Brazil. *Sociology of Health and Illness* 27(2):215–242.

McDade, T. W., V. Reyes-Garcia, P. Blackinton, S. Tanner, T. Huanca, and W. R. Leonard. 2007. Ethnobotanical Knowledge is Associated with Indices of Child Health in the Bolivian Amazon. *Proceedings of the National Academy of Sciences* 104:6134–6139.

McElroy, Ann and Patricia K. Townsend. 2008. *Medical Anthropology in Ecological Perspective*, 5th ed. Boulder, CO: Westview Press.

Mead, Margaret. 1928 [1961]. *Coming of Age in Samoa: A Psychological Study of Primitive Youth for Western Civilization*. New York: Dell Publishing.

Meador, Elizabeth. 2005. The Making of Marginality: Schooling for Mexican Immigrants in the Rural Southwest. *Anthropology and Education Quarterly* 36(2): 149–164.

Meigs, Anna S. 1984. *Food, Sex, and Pollution: A New Guinea Religion*. New Brunswick, NJ: Rutgers University Press.

Mencher, Joan P. 1974. The Caste System Upside Down, or The Not-So-Mysterious East. *Current Anthropology* 15(4):469–493.

Mernissi, Fatima. 1987. *Beyond the Veil: Male-Female Dynamics in Modern Muslim Society*, Revised ed. Bloomington: Indiana University Press.

Michaelson, Evelyn Jacobson and Walter Goldschmidt. 1971. Female Roles and Male Dominance among Peasants. *Southwestern Journal of Anthropology* 27:330–352.

Michaud, Catherine M., W. Scott Gordon, and Michael R. Reich. 2005. *The Global Burden of Disease Due to Schistosomiasis*. Cambridge: Harvard School of Public Health, Harvard Center for Population and Development Studies, Schistosomiasis Research Program Working Paper Series. Volume 14, Number 1.

Miller, Barbara D. 1993. Surveying the Anthropology of Sex and Gender Hierarchies. In *Sex and Gender Hierarchies* (pp. 3–31). Barbara D. Miller, ed. New York: Cambridge University Press.

———. 2009. Heritage Management Inside Out and Upside Down: Questioning Top-Down and Outside Approaches. *Heritage Management* 2:5–9.

Miller, Barbara D. and Showkat Hayat Khan. 1986. Incorporating Voluntarism into Rural Development in Bangladesh. *Third World Planning Review* 8(2):139–152.

Miller, Laura. 2004. Those Naughty Teenage Girls: Japanese Kogals, Slang, and Media Assessments. *Journal of Linguistic Anthropology* 14:225–247.

Millward, David. 2012. Arranged Marriages Make a Comeback in Japan. *The Telegraph*. April 16.

Milton, Katherine. 1992. Civilization and Its Discontents. *Natural History* 3(92):37–92.

Miner, Horace. 1965 [1956]. Body Ritual among the Nacirema. In *Reader in Comparative Religion: An Anthropological Approach* (pp. 414–418). William A. Lessa and Evon Z. Vogt, eds. New York: Harper & Row.

Mintz, Sidney. 1985. *Sweetness and Power: The Place of Sugar in Modern History*. New York: Viking.

MIT Technology Review. 2014. The Emerging Science of Computational Anthropology. http://www.technologyreview.com/view/528216/the-emerging-science-of-computational-anthropology/

Miyazawa, Setsuo. 1992. *Policing in Japan: A Study on Making Crime*. Frank G. Bennett, Jr. with John O. Haley, trans. Albany: State University of New York Press.

Modell, Judith S. 1994. *Kinship with Strangers: Adoption and Interpretations of Kinship in American Culture*. Berkeley: University of California Press.

Moerman, Daniel. 2002. *Meaning, Medicine and the "Placebo" Effect*. New York: Cambridge University Press.

Moffat, Tina. 2010. The "Childhood Obesity Epidemic": Health Crisis or Social Construction? *Medical Anthropology Quarterly* 24:1–21.

Mogelonsky, Marcia. 1995. Asian-Indian Americans. *American Demographics* 17(8):32–39.

Moore, Molly. 2008. In France, Prisons Filled with Muslims. *Washington Post* April 29:A1, A4.

Morris, Rosalind. 1994. Three Sexes and Four Sexualities: Redressing the Discourses on Gender and Sexuality in Contemporary Thailand. *Positions* 2:15–43.

Muecke, Marjorie A. 1987. Resettled Refugees: Reconstruction of Identity of Lao in Seattle. *Urban Anthropology* 16(3–4): 273–289.

Mulk, Inga-Maria. 1994. Sacrificial Places and Their Meaning in Saami Society. In *Sacred Sites, Sacred Places* (pp. 121–131). David L. Carmichael, Jane Hubert, Brian Reeves, and Audhild Schanche, eds. New York: Routledge.

Mullings, Leith. 2005. Towards an Anti-Racist Anthropology: Interrogating Racism. *Annual Review of Anthropology* 34: 667–693.

Murdock, George Peter. 1965 [1949]. *Social Structure*. New York: Free Press.

Murray, Gerald F. 1987. The Domestication of Wood in Haiti: A Case Study of Applied Evolution. In *Anthropological Praxis: Translating Knowledge into Action* (pp. 233–240). Robert M. Wulff and Shirley J. Fiske, eds. Boulder, CO: Westview Press.

Myers, James. 1992. Nonmainstream Body Modification: Genital Piercing, Branding, Burning, and Cutting. *Journal of Contemporary Ethnography* 21(3):267–306.

Nadeau, Kathleen M. 2002. *Liberation Theology in the Philippines: Faith in a Revolution*. Westport: Praeger.

Nader, Laura. 1972. Up the Anthropologist—Perspectives Gained from Studying Up. In *Reinventing Anthropology* (pp. 284–311). Dell Hymes, ed. New York: Vintage Books.

Nag, Moni. 1972. Sex, Culture and Human Fertility: India and the United States. *Current Anthropology* 13:231–238.

———. 1983. Modernization Affects Fertility. *Populi* 10:56–77.

Nag, Moni, Benjamin N. F. White, and R. Creighton Peet. 1978. An Anthropological Approach to the Study of the Economic Value of Children in Java and Nepal. *Current Anthropology* 19(2):293–301.

Nanda, Serena. 1990. *Neither Man nor Woman: The Hijras of India*. Belmont, CA: Wadsworth.

———. 1994. *Cultural Anthropology*. Wadsworth, CA: Wadsworth.

Natcher, David C., Susan Davis, and Clifford G. Hickey. 2005. Co-Management: Managing Relationships, Not Resources. *Human Organization* 64:240–250.

National Park Service. 2005. *Low Country Gullah Culture: Special Resource Study and Final Environmental Impact Statement*. Atlanta: NPS Southeast Regional Office. www.nps.gov.

Neff, Deborah L. 1994. The Social Construction of Infertility: The Case of the Matrilineal Nayars in South India. *Social Science and Medicine* 39(4):475–485.

Nettle, Daniel and Suzanne Romaine. 2000. *Vanishing Voices: The Extinction of the World's Languages*. New York: Oxford University Press.

Neusner, Jacob. 1995. Judaism. In *The HarperCollins Dictionary of Religion* (pp. 598–607). Jonathan Z. Smith, ed. New York: HarperCollins.

Nevins, M. Eleanor. 2004. Learning to Listen: Confronting Two Meanings of Language Loss in the Contemporary White Mountain Apache Speech Community. *Journal of Linguistic Anthropology* 14:269–288.

Newman, Katherine and Ariane De Lannoy. 2014. *After Freedom: The Rise of the Post-Apartheid Generation in Democratic South Africa*. Boston, MA: Beacon Press.

Newman, Lucile. 1972. *Birth Control: An Anthropological View*. Module No. 27. Reading, MA: Addison-Wesley.

———, ed. 1985. *Women's Medicine: A Cross-Cultural Study of Indigenous Fertility Regulation*. New Brunswick, NJ: Rutgers University Pres.

Ngokwey, Ndolamb. 1988. Pluralistic Etiological Systems in Their Social Context: A Brazilian Case Study. *Social Science and Medicine* 26:793–802.

Nichter, Mark. 1996. Vaccinations in the Third World: A Consideration of Community Demand. In *Anthropology and International*

Health: Asian Case Studies (pp. 329–365). Mark Nichter and Mimi Nichter, eds. Amsterdam: Gordon and Breach Publishers.

Nolen, Stephanie. 2012. Two-Room Shack, Mumbai Slum. Asking Price: $43,000. *The Globe and Mail.* April 1.

Nordstrom, Carolyn. 1997. *A Different Kind of War Story.* Philadelphia: University of Pennsylvania Press.

Norgaard, Richard B. 1994. *Development Betrayed: The End of Progress and the Coevolutionary Revisioning of the Future.* New York: Routledge.

Obeyesekere, Gananath. 1981. *Medusa's Hair: An Essay on Personal Symbols and Religious Experience.* Chicago: University of Chicago Press.

Ong, Aihwa. 1995. State versus Islam: Malay Families, Women's Bodies, and the Body Politic in Malaysia. In *Bewitching Women, Pious Men: Gender and Body Politics in Southeast Asia* (pp. 159–194). Aihwa Ong and Michael G. Peletz, eds. Berkeley: University of California Press.

Ongley, Patrick. 1995. Post–1945 International Migration: New Zealand, Australia and Canada Compared. *International Migration Review* 29(3):765–793.

Ortner, Sherry. 1999. *Life and Death on Mt. Everest: Sherpas and Himalayan Mountaineering.* Princeton, NJ: Princeton University Press.

Osha, Sanya. 2006. Birth of the Ogoni Protest Movement. *Journal of Asian and African Studies* 41:13–38.

Paine, Robert. 2004. Saami Reindeer Pastoralism: Quo Vadis? *Ethnos* 69:23–42.

Palchykov, Vasyl, Kimmo Kaski, Janos Kertész, Albert-László Barabási, and Robin I. M. Dunbar. 2012. Sex Differences in Intimate Relationships. *Nature* April 19.

Park, Hynug yu. 2010. Heritage Tourism: Emotional Journeys into Nationhood. *Annals of Tourism Research* 37(1):116–135.

Parker, Lyn. 2008. To Cover the Aurat: Veiling, Sexual Morality and Agency among the Muslim Minangkabau, Indonesia. *Intersections: Gender and Sexuality in Asia and the Pacific* 16:1–76.

Parry, Jonathan P. 1996. Caste. In *The Social Science Encyclopedia* (pp. 76–77). Adam Kuper and Jessica Kuper, eds. New York: Routledge.

Pasquino, Gianfranco. 1996. Democratization. In *The Social Science Encyclopedia* (pp. 173–174). Adam Kuper and Jessica Kuper, eds. Routledge: New York.

Passel, Jeffrey, D'Vera Cohn, and Ana Gonzalez-Barrera. 2012. *Net Migration from Mexico Falls to Zero—and Perhaps Less.* Washington, DC: Pew Research Center.

Patterson, Thomas C. 2001. *A Social History of Anthropology in the United States.* New York: Berg.

Peacock, James L. and Dorothy C. Holland. 1993. The Narrated Self: Life Stories in Process. *Ethos* 21(4):367–383.

Peletz, Michael. 2006. Transgenderism and Gender Pluralism in Southeast Asia since Early Modern Times. *Current Anthropology* 47(2): 309–325, 333–340.

Pelto, Pertti. 1973. *The Snowmobile Revolution: Technology and Social Change in the Arctic.* Menlo Park, CA: Cummings.

People's Daily. 2003. Xi'an Protects Oldest Residential Area. April 9.

Perry, Richard J. 1996. *From Time Immemorial: Indigenous Peoples and State Systems.* Austin: University of Texas Press.

Pessar, Patricia R. 1995. *A Visa for a Dream: Dominicans in the United States.* Boston: Allyn and Bacon.

Petryna, Adriana, Andrew Lakoff, and Arthur Kleinman, eds. 2007. *Global Pharmaceuticals: Ethics, Markets, Practices.* Durham, NC: Duke University Press.

Pew Research Center. 2010. *The Return of the Multi-Generational Family Household.* Washington, DC: Pew Research Center.

The Pew Charitable Trusts. 2015. Growth in Federal Prison System. *Fact Sheet.* http://www.pewtrusts.org/en/research-and-analysis/fact-sheets/2015/01/growth-in-federal-prison-system-exceeds-states.

Plant, Roger. 1994. *Land Rights and Minorities.* London: Minority Rights Group.

Plattner, Stuart. 1989. Markets and Marketplaces. In *Economic Anthropology* (pp. 171–208). Stuart Plattner, ed. Stanford, CA: Stanford University Press.

Population Reference Bureau. 2009. *2009 World Population Data Sheet.* Washington, DC: Population Reference Bureau.

Posey, Darrell Addison. 1990. Intellectual Property Rights: What Is the Position of Ethnobiology? *Journal of Ethnobiology* 10:93–98.

Potter, Sulamith Heins. 1977. *Family Life in a Northern Thai Village: A Study in the Structural Significance of Women.* Berkeley: University of California Press.

Potuog˘lu-Cook, Öykü. 2006. Beyond the Glitter: Belly Dance and Neoliberal Gentrification in Istanbul. *Cultural Anthropology* 21:633–660.

Pratt, Jeff. 2007. Food Values: The Local and the Authentic. *Critique of Anthropology* 27:285–300.

Ramesh, A., C. R. Srikumari, and S. Sukumar. 1989. Parallel Cousin Marriages in Madras, Tamil Nadu: New Trends in Dravidian Kinship. *Social Biology* 36(3/4):248–254.

Raphael, Dana. 1975. Matrescence: Becoming a Mother: A "New/Old" *Rite de Passage.* In *Being Female: Reproduction, Power and Change* (pp. 65–72). Dana Raphael, ed. The Hague: Mouton Publishers.

Rasmussen, Lars Bjørn, Knut Mikkelsen, Margaretha Haugen, Are H. Pripp, Jeremy Z. Fields and Øystein T. Førre. 2012. Treatment of Fibromyalgia at the Maharishi Ayurveda Health Centre in Norway II: A 24-month Follow-up Pilot Study. *Clinical Rheumatology* 31:821–827.

Rasmussen, Susan J. 2010. The Slippery Sign: Cultural Constructions of Youth and Youthful Constructions of Culture in Tuareg Men's Face-Veiling. *Journal of Anthropological Research* 66:463–484.

Rathje, William and Cullen Murphy. 1992. *Rubbish! The Archaeology of Garbage.* New York: Harper & Row.

Reiner, R. 1996. Police. In *The Social Science Encyclopedia* (pp. 619–621). Adam Kuper and Jessica Kuper, eds. New York: Routledge.

Reyna, Stephen P. 1994. A Mode of Domination Approach to Organized Violence. In *Studying War: Anthropological Perspectives* (pp. 29–65). S. P. Reyna and R. E. Downs, eds. Langhorne, PA: Gordon and Breach Science Publishers.

Rickford, John. 1997. Unequal Partnership: Sociolinguistics and the African American Speech Community. *Language in Society* 26: 161–198.

Roberts, Sean. 2010. Imagining Uyghurstan: Re-evaluating the Birth of the Modern Uyghur Nation. *Central Asian Survey* 28:361–381.

Rogers, Barbara. 1979. *The Domestication of Women: Discrimination in Developing Societies*. New York: St. Martin's Press.

Roseman, Marina. 1987. Inversion and Conjuncture: Male and Female Performance among the Temiar of Peninsular Malaysia. In *Women and Music in Cross-Cultural Perspective* (pp. 131–149). Ellen Koskoff, ed. New York: Greenwood Press.

Rosenberger, Nancy. 1992. Images of the West: Home Style in Japanese Magazines. In *Re-Made in Japan: Everyday Life and Consumer Taste in a Changing Society* (pp. 106–125). James J. Tobin, ed. New Haven, CT: Yale University Press.

Rosenblatt, Paul C., Patricia R. Walsh, and Douglas A. Jackson. 1976. *Grief and Mourning in Cross-Cultural Perspective*. New Haven, CT: HRAF Press.

Ross, Marc Howard. 1993. *The Culture of Conflict: Interpretations and Interests in Comparative Perspective*. New Haven, CT: Yale University Press.

Roy, Arundhati. 1999. *The Cost of Living*. New York: Modern Library.

Rubel, Arthur J., Carl W. O'Nell, and Rolando Collado-Ardon. 1984. *Susto: A Folk Illness*. Berkeley: University of California Press.

Sachs, Aaron. 1996. Dying for Oil. *WorldWatch* June:10–21.

Sahlins, Marshall. 1963. Poor Man, Rich Man, Big Man, Chief. *Comparative Studies in Society and History* 5:285–303.

Saitoti, Tepilit Ole. 1986. *The Worlds of a Maasai Warrior*. New York: Random House.

Salam, Nawaf A. 1994. Between Repatriation and Resettlement: Palestinian Refugees in Lebanon. *Journal of Palestine Studies* 24:18–27.

Salamandra, Christa. 2004. *A New Old Damascus: Authenticity and Distinction in Urban Syria*. Bloomington: Indiana University Press.

Sanday, Peggy Reeves. 1973. Toward a Theory of the Status of Women. *American Anthropologist* 75:1682–1700.

———. 1986. *Divine Hunger: Cannibalism as a Cultural System*. New York: Cambridge University Press.

———. 1990. *Fraternity Gang Rape: Sex, Brotherhood, and Privilege on Campus*. New York: New York University Press.

———. 2002. *Women at the Center: Life in a Modern Matriarchy*. Ithaca, NY: Cornell University Press.

Sanders, Douglas E. 1999. Indigenous Peoples: Issues of Definition. *International Journal of Cultural Property* 8:4–13.

Sanders, William B. 1994. *Gangbangs and Drive-Bys: Grounded Culture and Juvenile Gang Violence*. New York: Aldine de Gruyter.

Sanjek, Roger. 1990. A Vocabulary for Fieldnotes. In *Fieldnotes: The Making of Anthropology* (pp. 92–138). Roger Sanjek, ed. Ithaca, NY: Cornell University Press.

———. 1994. The Enduring Inequalities of Race. In *Race* (pp. 1–17). Steven Gregory and Roger Sanjek, eds. New Brunswick, NJ: Rutgers University Press.

———. 2000. Keeping Ethnography Alive in an Urbanizing World. *Human Organization* 53:280–288.

Sarfaty, Galit. 2012. *Values in Translation: Human Rights and the Culture of the World Bank*. Stanford, CA: Stanford University Press.

Sault, Nicole L. 1985. Baptismal Sponsorship as a Source of Power for Zapotec Women of Oaxaca, Mexico. *Journal of Latin American Lore* 11(2):225–243.

———. 1994. How the Body Shapes Parenthood: "Surrogate" Mothers in the United States and Godmothers in Mexico. In *Many Mirrors: Body Image and Social Relations* (pp. 292–318). Nicole Sault, ed. Brunswick, NJ: Rutgers University Press.

Savishinsky, Joel S. 1974. *The Trail of the Hare: Life and Stress in an Arctic Community*. New York: Gordon and Breach.

———. 1991. *The Ends of Time: Life and Work in a Nursing Home*. New York: Bergin & Garvey.

Schaft, Kai and David L. Brown. 2000. Social Capital and Grassroots Development: The Case of Roma Self-Governance in Hungary. *Social Problems* 47(2):201–219.

Scheffel, David Z. 2004. Slovak Roma on the Threshold of Europe. *Anthropology Today* 20(1):6–12.

Scheper-Hughes, Nancy. 1992. *Death without Weeping: The Violence of Everyday Life in Brazil*. Berkeley: University of California Press.

———. 2012. Mother's Love: Death without Weeping. In *Culture and Conformity*, 14th ed. (pp. 155–164), with new epilogue. James Spradley and David M. McCurdy, eds. Upper Saddle River, NJ: Pearson Education.

Scherrer, Kristin S. 2008. Coming to an Asexual Identity: Negotiating Identity, Negotiating Desire. *Sexualities* 11:621–641.

Schlegel, Alice. 1995. A Cross-Cultural Approach to Adolescence. *Ethos* 23(1):15–32.

Scrimshaw, Susan. 1984. Infanticide in Human Populations: Societal and Individual Concerns. In *Infanticide: Comparative and Evolutionary Perspectives* (pp. 463–486). Glenn Hausfater and Sarah Blaffer Hrdy, eds. New York: Aldine.

Scudder, Thayer. 1973. The Human Ecology of Big Dam Projects: River Basin Development and Resettlement. *Annual Review of Anthropology* 2:45–55.

Semple, Kirk. 2012. With Fanfare, Ashanti People From Ghana Install Their New York Chief. *New York Times*. June 3.

Shachtman, Tom. 2006. *Rumspringa: To Be or Not to Be Amish*. New York: North Point Press.

Shahrani, Nazif M. 2002. War, Factionalism, and the State in Afghanistan. *American Anthropologist* 104:715–722.

Shanklin, Eugenia. 2000. Representations of Race and Racism in American Anthropology. *Current Anthropology* 41(1):99–103.

Shapiro, Danielle. 2011. Islam's Secret Feminists: In an Obscure, Devoutly Muslim Ethnic Group in Indonesia, Women Are Revered—and Own Key Land and Property. *The Huffington Post*. September 4.

Shapiro, Thomas M. 2004. *The Hidden Cost of Being African American*. New York: Oxford University Press.

Shenhav-Keller, Shelly. 1993. The Israeli Souvenir: Its Text and Context. *Annals of Tourism Research* 20:182–196.

Shibamoto, Janet. 1987. The Womanly Woman: Manipulation of Stereotypical and Nonstereotypical Features of Japanese Female Speech. In *Language, Gender, and Sex in Comparative Perspective* (pp. 26–49). Susan U. Philips, Susan Steel, and Christine Tanz, eds. New York: Cambridge University Press.

Shostak, Marjorie. 1981. *Nisa: The Life and Times of a !Kung Woman*. Cambridge, MA: Harvard University Press.

Sidnell, Jack. 2000. *Primus inter pares:* Storytelling and Male Peer Groups in an Indo-Guyanese Rumshop. *American Ethnologist* 27:72–99.

Silva, Noenoe K. 2004. *Aloha Betrayed: Native Hawaiian Resistance to American Colonialism*. Durham, NC: Duke University Press.

Silverstein, Michael. 1997. Encountering Language and Languages of Encounter in North American Ethnohistory. *Journal of Linguistic Anthropology* 6:126–144.

Singh, Holly Donahue. 2014. "The World's Back Womb?": Commercial Surrogacy in India. *American Anthropologist* 116:824–828.

Siskind, Janet. 1992. The Invention of Thanksgiving: A Ritual of American Nationality. *Critique of Anthropology* 12(2):167–191.

Smith, Jennie M. 2001. *When the Hands Are Many: Community Organization and Change in Rural Haiti*. Ithaca, NY: Cornell University Press.

Smith, Jonathan Z., ed. 1995. *The HarperCollins Dictionary of Religion*. New York: HarperCollins.

Smith, Laurajane, Anna Morgan, and Anita van der Meer. 2003. Community-Driven Research in Cultural Heritage Management: The Waanyi Women's History Project. *International Journal of Heritage Studies* 9(1):65–80.

Smith, Tara. 2011. Creating a Framework for the Prosecution of Environmental Crimes in International Criminal Law. In the *Ashgate Research Companion to International Criminal Law: Critical Perspectives* (pp. 45–62). William Schabas, Yvonne McDermott, Niamh Hayes, and Maria Varaki, eds. Burlington, VT: Ashgate Publishing.

Smitherman, Geneva. 1997. "The Chain Remain the Same": Communicative Practices in the Hip Hop Nation. *Black Studies* 28(1):3–25.

Snajdr, Edward. 2005. Gender, Power, and the Performance of Justice: Muslim Women's Responses to Domestic Violence in Kazakhstan. *American Ethnologist* 32:294–311.

Sobel, Elizabeth and Gordon Bettles. 2000. Winter Hunger, Winter Myths: Subsistence Risk and Mythology among the Klamath and Modoc. *Journal of Anthropological Archaeology* 19:276–316.

Spilde Contreras, Kate. 2006. Indian Gaming in California Brings Jobs and Income to Areas that Need It Most. Indian Gaming. www.indiangaming.com/regulatory/view/?id=35.

Spiro, Melford. 1967. *Burmese Supernaturalism: A Study in the Explanation and Reduction of Suffering*. Englewood Cliffs, NJ: Prentice-Hall.

———. 1990. On the Strange and the Familiar in Recent Anthropological Thought. In *Cultural Psychology: Essays on Comparative Human Development* (pp. 47–61). James W. Stigler, Richard A. Shweder, and Gilbert Herdt, eds. Chicago: University of Chicago Press.

Spitulnik, Deborah. 1993. Anthropology and Mass Media. *Annual Review of Anthropology* 22:293–315.

Springwood, Charles F. 2014. Gun Concealment, Display, and Other Magical Habits of the Body. *Critique of Anthropology* 34:450–471.

Staats, Valerie. 1994. Ritual, Strategy or Convention: Social Meaning in Traditional Women's Baths in Morocco. *Frontiers: A Journal of Women's Studies* 14(3):1–18.

Stack, Carol. 1974. *All Our Kin: Strategies for Survival in a Black Community*. New York: Harper & Row.

Stephen, Lynn. 1995. Women's Rights Are Human Rights: The Merging of Feminine and Feminist Interests among El Salvador's Mothers of the Disappeared (CO-MADRES). *American Ethnologist* 22(4): 807–827.

Stidsen, Sille, comp. and ed. Elaine Bolton, trans. 2006. *The Indigenous World 2006*. Rutgers, NJ: Transaction Books.

Stillman, Amy Ku'uleialoha. 1996. Hawaiian Hula Competitions: Event, Repertoire, Performance and Tradition. *Journal of American Folklore* 109(434):357–380.

Stivens, Maila, Cecelia Ng, and Jomo K. S., with Jahara Bee. 1994. *Malay Peasant Women and the Land*. Atlantic Highlands, NJ: Zed Books.

Stocks, Anthony. 2005. Too Much for Too Few: Problems of Indigenous Land Rights in Latin America. *Annual Review of Anthropology* 34:85–104.

Storper-Perez, Danielle and Harvey E. Goldberg. 1994. The Kotel: Toward an Ethnographic Portrait. *Religion* 24:309–332.

Strathern, Andrew. 1971. *The Rope of Moka: Big-Men and Ceremonial Exchange in Mount Hagen, New Guinea*. London: Cambridge University Press.

Striffler, Steve. 2007. Neither Here nor There: Mexican Immigrant Workers and the Search for Home. *American Ethnologist* 34(4): 674–688.

Suicide Prevention Resource Center. 2008. *Suicide Risk and Prevention for Lesbian, Gay, Bisexual, and Transgender Youth*. Newton, MA: Education Development Center, Inc.

Sullivan, Kathleen. 1992. Protagonists of Change: Indigenous Street Vendors in San Cristobal, Mexico, Are Adapting Tradition and Customs to Fit New Life Styles. *Cultural Survival Quarterly* 16:38–40.

Sundar Rao, P. S. S. 1983. Religion and Intensity of In-Breeding in Tamil Nadu, South India. *Social Biology* 30(4):413–422.

Suttles, Wayne. 1991. The Traditional Kwakiutl Potlatch. In *Chiefly Feasts: The Enduring Kwakiutl Potlatch* (pp. 71–134). Aldona Jonaitis, ed. Washington, DC: American Museum of Natural History.

Tabac, Lara. 2003. Diary. *Slate*. October 3.

Tannen, Deborah. 1990. *You Just Don't Understand: Women and Men in Conversation*. New York: Morrow.

Tauli-Corpuz, Victoria. 2005. Indigenous Peoples and the Millennium Development Goals. Paper submitted to the Fourth Session of the UN Permanent Forum on Indigenous Issues, New York City, May 16–27. www.tebtebba.org.

Thomas, Frédéric, Francois Renaud, Eric Benefice, Thierry de Meeüs, and Jean-François Guegan. 2001. International Variability of

Ages at Menarche and Menopause: Patterns and Main Determinants. *Human Biology* 73(2):271–290.

Thompson, Nile R. and C. Dale Sloat. 2004. The Use of Oral Literature to Provide Community Health Education on the Southern Northwest Coast. *American Indian Culture and Research Journal* 28(3):1–28.

Thompson, Robert Farris. 1971. Aesthetics in Traditional Africa. In *Art and Aesthetics in Primitive Societies* (pp. 374–381). Carol F. Jopling, ed. New York: E. P. Dutton.

Tice, Karin E. 1995. *Kuna Crafts, Gender, and the Global Economy*. Austin: University of Texas Press.

Tidball, Keith G. and Christopher P. Toumey. 2003. Signifying Serpents: Hermeneutic Change in Appalachian Pentecostal Serpent Handling. In *Signifying Serpents and Mardi Gras Runners: Representing Identity in Selected Souths* (pp. 1–18). Southern Anthropological Society Proceedings, No. 36. Celeste Ray and Luke Eric Lassiter, eds. Athens: University of Georgia Press.

Tierney, Patrick. 2000. *Darkness in El Dorado: How Scientists and Journalists Devastated the Amazon*. New York: W. W. Norton.

Tinker, Irene. 1976. The Adverse Impact of Development on Women. In *Women and World Development* (pp. 22–34). Irene Tinker and Michele Bo Bramsen, eds. Washington, DC: Overseas Development Council.

Tooker, Elisabeth. 1992. Lewis H. Morgan and His Contemporaries. *American Anthropologist* 94(2):357–375.

Toren, Christina. 1988. Making the Present, Revealing the Past: The Mutability and Continuity of Tradition as Process. *Man* (n.s.) 23:696–717.

Torri, Maria Costanza. 2012. Intercultural Health Practices: Towards an Equal Recognition Between Indigenous Medicine and Biomedicine? A Case Study from Chile. *Health Care Analysis* 20:31–49.

Trelease, Murray L. 1975. Dying among Alaskan Indians: A Matter of Choice. In *Death: The Final Stage of Growth* (pp. 33–37). Elisabeth Kübler-Ross, ed. Englewood Cliffs, NJ: Prentice-Hall.

Trotter, Robert T. II. 1987. A Case of Lead Poisoning from Folk Remedies in Mexican American Communities. In *Anthropological Praxis: Translating Knowledge into Action* (pp. 146–159). Robert M. Wulff and Shirley J. Fiske, eds. Boulder, CO: Westview Press.

Trouillot, Michel-Rolph. 1994. Culture, Color, and Politics in Haiti. In *Race* (pp. 146–174). Steven Gregory and Roger Sanjek, eds. New Brunswick, NJ: Rutgers University Press.

———. 2001. The Anthropology of the State in the Age of Globalization. *Current Anthropology* 42:125–133, 135–138.

Tucker, Bram, Amber Huff, Tsiazonera, Jaovola Tombo, Patricia Hajasoa, and Charlotte Nagnisaha. 2011. When the Wealthy Are Poor: Poverty Explanations and Local Perspectives in Southwestern Madagascar. *American Anthropologist* 113:291–305.

Turner, Victor W. 1969. *The Ritual Process: Structure and Anti-Structure*. Chicago: Aldine.

Tylor, Edward Burnett. 1871. *Primitive Culture: Researchers into the Development of Mythology, Philosophy, Religion, Art, and Custom*. 2 volumes. London: J. Murray.

Uhl, Sarah. 1991. Forbidden Friends: Cultural Veils of Female Friendship in Andalusia. *American Ethnologist* 18(1): 90–105.

UNHCR. 2011. *Global Trends Report 2020*. New York: United Nations, United Nations High Commissioner for Refugees.

VanWynsberghe, Robert M. 2002. *AlterNatives: Community, Identity, and Environmental Justice on Walpole Island*. Boston: Allyn and Bacon.

Varley, Emma. 2010. Targeted Doctors, Missing Patients: Obstetric Health Services and Sectarian Conflict in Northern Pakistan. *Social Science and Medicine* 70:61–70.

Vellinga, Marcel. 2004. *Constituting Unity and Difference: Vernacular Architecture in a Minangkabau Village*. Leiden: KITLV Press.

Walmsley, Roy. 2010. World Prison Population List. *International Centre for Prison Studies*. http://www.idcr.org.uk/wp-content/uploads/2010/09/WPPL-9-22.pdf.

Walsh, Michael. 2005. Will Indigenous Languages Survive? *Annual Review of Anthropology* 34:293–315.

Ward, Martha C. 1989. Once Upon a Time. In *Nest in the Wind: Adventures in Anthropology on a Tropical Island* (pp. 1–22). Martha C. Ward, ed. Prospect Heights, IL: Waveland Press.

Warren, Carol A. B. 1988. *Gender Issues in Field Research. Qualitative Research Methods, Volume 9*. Newbury Park, CA: Sage Publications.

Warren, D. Michael. 2001. The Role of the Global Network of Indigenous Knowledge Resource Centers in the Conservation of Cultural and Biological Diversity. In *Biocultural Diversity: Linking Language, Knowledge and the Environment* (pp. 446–461). Luisa Maffi, ed. Washington, DC: Smithsonian Institution Press.

Watkins, Ben and Michael L. Fleisher. 2002. Tracking Pastoralist Migration: Lessons from the Ethiopian Somali National Regional State. *Human Organization* 61:328–338.

Watson, James, L., ed. 1997. *Golden Arches East: McDonald's in East Asia*. Stanford, CA: Stanford University Press.

Watson, Rubie S. 1986. The Named and the Nameless: Gender and Person in Chinese Society. *American Ethnologist* 13(4):619–631.

Weatherford, J. 1981. *Tribes on the Hill*. New York: Random House.

Websdale, Neil. 1995. An Ethnographic Assessment of the Policing of Domestic Violence in Rural Eastern Kentucky. *Social Justice* 22(1):102–122.

Webster, Gloria Cranmer. 1991. The Contemporary Potlatch. In *Chiefly Feasts: The Enduring Kwakiutl Potlatch* (pp. 227–250). Aldona Jonaitis, ed. Washington, DC: American Museum of Natural History.

Weine, Stevan M., Daniel F. Becker, Thomas H. McGlashan, Dori Laub, Steven Lazrove, Dolores Vojvoda, and Leslie Hyman. 1995. Psychiatric Consequences of "Ethnic Cleansing": Clinical Assessments and Trauma Testimonies of Newly Resettled Bosnian Refugees. *American Journal of Psychiatry* 152(4):536–542.

Weiner, Annette B. 1976. *Women of Value, Men of Renown: New Perspectives in Trobriand Exchange*. Austin: University of Texas Press.

———. 1988. *The Trobrianders of Papua New Guinea*. New York: Holt, Rinehart and Winston.

Whitehead, Tony Larry. 1986. Breakdown, Resolution, and Coherence: The Fieldwork Experience of a Big, Brown, Pretty-talking Man in a West Indian Community. In *Self, Sex, and Gender in Cross-Cultural Fieldwork* (pp. 213–239). Tony Larry Whitehead and Mary Ellen Conway, eds. Chicago: University of Illinois Press.

Whiting, Beatrice B. and John W. M. Whiting. 1975. *Children of Six Cultures: A Psycho-Cultural Analysis*. Cambridge, MA: Harvard University Press.

Whiting, Robert. 1979. You've Gotta Have "Wa." *Sports Illustrated* September 24:60–71.

Whyte, Martin King. 1993. Wedding Behavior and Family Strategies in Chengdu. In *Chinese Families in the Post-Mao Era* (pp. 189–216). Deborah Davis and Stevan Harrell, eds. Berkeley: University of California Press.

Wikan, Unni. 1977. Man Becomes Woman: Transsexualism in Oman as a Key to Gender Roles. *Man* 12(2):304–319.

Williams, Brett. 1984. Why Migrant Women Feed Their Husbands Tamales: Foodways as a Basis for a Revisionist View of Tejano Family Life. In *Ethnic and Regional Foodways in the United States: The Performance of Group Identity* (pp. 113–126). Linda Keller Brown and Kay Mussell, eds. Knoxville: University of Tennessee Press.

Williams, Walter. 1992. *The Spirit and the Flesh: Sexual Diversity in American Indian Cultures*, 2nd ed. Boston: Beacon Press.

Wolf, Charlotte. 1996. Status. In *The Social Science Encyclopedia* (pp. 842–843). Adam Kuper and Jessica Kuper, eds. New York: Routledge.

World Bank. 2003. *Roma Poverty Remains Key Hurdle to Shared Prosperity in Central and Eastern Europe*. Washington, DC: The World Bank. www.worldbank.org/roma.

Worldwatch Institute. 2003. *Vital Signs 2003: The Trends That Are Shaping Our Future*. Washington, DC: Worldwatch Institute/W. W. Norton.

Wu, David Y. H. 1990. Chinese Minority Policy and the Meaning of Minority Culture: The Example of Bai in Yunnan, China. *Human Organization* 49(1):1–13.

Xi Juan, Sean-Shong Huang, and Patricia Drentea. 2013. Experiencing a Forced Relocation at Different Life Stages: The Effects of China's Three Gorges Project-Induced Relocation on Depression. *Society and Mental Health* 3(1):59–76.

Zaidi, S. Akbar. 1988. Poverty and Disease: Need for Structural Change. *Social Science and Medicine* 27:119–127.

Zarrilli, Phillip B. 1990. Kathakali. In *Indian Theatre: Traditions of Performance* (pp. 315–357). Farley P. Richmond, Darius L. Swann, and Phillip B. Zarrilli, eds. Honolulu: University of Hawaii Press.

Zayani, Mohammed. 2011. Toward a Cultural Anthropology of Arab Media. *History and Anthropology* 22:37–56.

찾아보기

ㅈ

저자 소개

바바라 D. 밀러(Barbara D. Miller)

바바라 밀러는 워싱턴 DC에 있는 조지워싱턴대학교 엘리어트국제학부의 인류학 및 국제문제 전공 교수이다. 그녀는 엘리어트국제학부의 세계화와 국제문제 연구소의 디렉터이자, 이 연구소와 연계되어 있는 두 연구그룹인 문화와 글로벌 문제 프로그램 및 글로벌 젠더 프로그램의 디렉터이기도 하다. 1994년 조지워싱턴대학교로 오기 전에는 시러큐스대학교, 로체스터대학교, 뉴욕주립대학교 코틀랜드 캠퍼스, 이타카 칼리지, 코넬대학교, 피츠버그대학교 등에서 가르쳤다.

30여 년 동안 바바라 밀러의 연구는 인도의 젠더에 기반한 불평등, 특히 북부 지역에서 발견되는 딸들의 영양 상태와 건강에 관한 무관심과 선택적 낙태에 초점을 맞추어 왔다. 더불어 방글라데시의 문화와 농촌개발, 자메이카 저소득층 가구의 역동성, 그리고 피츠버그의 힌두 청소년에 관한 연구를 수행했다. 그녀의 최근 관심사는 남아시아에서의 건강 관련 젠더 불평등에 관한 지속적인 연구뿐만 아니라 정책 중에서도 특히 여성과 아동 및 여타 권리를 박탈당한 집단과 관련된 정책에 영향을 미치는 문화인류학의 역할을 포함한다.

그녀는 문화인류학 입문, 의료인류학, 개발인류학, 문화와 인구, 남아시아의 보건과 개발, 이주와 정신건강 등에 관한 강좌를 가르치고 있다.

바바라 밀러는 많은 학술 논문과 여러 권의 편 · 저서를 출판했다. 대표적으로 *The Endangered Sex: Neglect of Female Children in Rural North India*, 2nd edition(Oxford University Press, 1997), *Sex and Gender Hierarchies*(Cambridge University Press, 1993), *Hair: Its Power and Meaning in Asian Cultures*(SUNY Press, 1998) 등이 있다. 그녀는 또한 *Cultural Anthropology*, 8th edition의 저자이고, 4분야 인류학 교재인 *Anthropology*, 2nd edition(Pearson, 2008)의 주저자이다.

바바라 밀러는 2009년 anthropologyworks라는 블로그를 개설했다. 여기서 그녀와 여러 기고자들이 중요한 사회적 쟁점에 관한 근거 있는 주장 그리고 인류학 관련 내용을 다룬 주류 매체의 프로그램에 관한 주간 브리핑 등을 제공한다. 이 블로그가 문을 연 이래, 전 세계 거의 모든 나라 사람들로부터 약 12만 회의 방문이 이루어졌다. 전 세계 1만 7,000명이 넘는 사람들과 함께 Twitter@anthroworks와 페이스북을 통해 그녀와 접속할 수도 있다. 2010년에는 globalgendercurrent라는 두 번째 블로그를 개설했는데, 여기서는 현장에 기반을 둔 연구와 최신 정책 문제들에 입각해서 전 지구적 차원의 여성 관련 사안에 관한 새로운 연구와 논쟁을 강조하고 있다. 그녀는 전 지구적 차원의 젠더 사안에 관해 트위터와 페이스북을 하고 있다.

"문화인류학은 음식에서 예술을 아우르는 모든 것과 연관되어 있기 때문에
매우 흥미로운 학문이다.
문화인류학은 또한 사회적 불평등 및 불의와 맞물려 있는
전 지구적 차원의 문제들을 예방하거나 해결하는 데 도움을 줄 수 있다."

역자 소개

박충환

경북대학교 인문대학 고고인류학과 교수
문화인류학/정치경제인류학/과학기술인류학/중국 현대문화 및 동아시아 지역연구

경북대학교에서 학사, 미국 시카고대학교에서 석사, 캘리포니아대학교 샌타바버라 캠퍼스에서 박사학위를 받은 문화인류학자로서 중국의 사회와 문화를 권력, 과학기술, 관광, 종교 등에 초점을 맞추어 다각적으로 연구하고 있다. 주요 저서 및 역서로 석기시대 경제학(한울아카데미, 2014), 별고을 성주, 생명을 품다(공저, 성주군 · 경북대학교 영남문화연구원, 2015), 베트남 전쟁의 유령들(공역, 산지니, 2016) 등이 있고, 논문으로는 농지아러 관광을 통해 본 시장사회주의 중국의 도농관계와 소비의 정치학(2010), 홍색관광과 기억의 정치학(2011), *Nongjiale Tourism and Contested Space in Rural China*(2014), 남명의 가족관과 공공성의 아포리아(2018), 중국 도농관계의 역사적 궤적(2018) 등이 있다. 현재 한국문화인류학회, 동아시아인류학회, 현대중국학회, 미국인류학회 회원으로서 좁게는 중국의 사회와 문화, 넓게는 한국을 포함한 동아시아 전역에 초점을 맞춘 연구를 활발하게 수행하고 있다.

e-mail : parkhanam@knu.ac.kr

박준규

한양대학교 ERICA 국제문화대학 문화인류학과 부교수
관광인류학/한국문화/한인 디아스포라/세계화-다문화연구 전공

한국학중앙연구원에서 금강산관광을 통해 본 남북관계의 민족정체성 변화를 주제로 한 박사논문을 쓰고 인류학 박사학위를 받았다. 코리안 아메리칸 또는 주변인의 관점에서 민족정체성, 디아스포라, 이주, 문화다양성에 대해 연구하고 있다. 저서로는 다문화사회로의 이행을 위한 문화정책 현황과 발전 방향(공저, 한국여성정책연구원, 2008), 한류와 21세기 문화비전: 욘사마에서 문화정치까지(공저, 청동거울, 2006), 북미주 한인의 역사(하)(공저, 국사편찬위원회, 2007), *Cultural Landscapes of Korea*(공저, 한국학중앙연구원, 2010), 현대의 서양문화(공저, 2010), *The Status of Recognized Refugees, Asylum seekers, and Humanitarian Status Holders in the Republic of Korea: A Survey and Policy Proposal*(공저, UNHCR, 2011), *De-Bordering Korea: Tangible and Intangible Legacies of the Sunshine Policy*(공저, Routledge, 2013) 등이 있다. 학교에서는 관광, 뉴미디어와 디지털, 다문화와 이주, 문화갈등과 글로벌거버넌스 등을 인류학적 관점에서 살펴보는 강의를 하고 있다.

e-mail: Joonbak2010@gmail.com

이창호

한양대학교 글로벌다문화연구원 연구교수
문화인류학/종족 · 민족정체성/화교화인사회/이주 및 다문화사회/이주민의 건강 및 의료 연구

한국학중앙연구원 한국학대학원에서 인류학 박사학위를 취득하였으며 한국 화교를 포함한 이주민 및 다문화사회 연구를 계속하고 있다. 현재 (사)시각인류학회 연구위원장과 질적조사 리서치 & 컨설팅 회사인 ㈜채인지 이사를 맡고 있으며 강원대, 성공회대, 홍익대, 동덕여대, 한성대, 한국학중앙연구원, 한국외대, 한양대, 협성대, 평택대 강사 및 (재)무지개청소년센터 부소장, 한국학중앙연구원 학술연구교수, 연세대학교 사회발전연구소 연구원, (사)한국문화인류학회 연구위원, 재외한인학회 총무이사, 역사문화학회 편집이사 및 총무이사를 역임했다. 저 · 역서로는 다문화사회로의 이행을 위한 문화정책 현황과 발전 방향(공저, 한국여성정책연구원, 2008), 세계신화의 이해(공저, 소화, 2009), 한국의 다문화 공간: 우리 사회 다문화 이주민들의 삶의 공간을 찾아서(공저, 현암사, 2011), 연해주 지역 북한 노동자의 실태와 인권(공저, 통일연구원, 2015), 베트남 전쟁의 유령들(공역, 산지니, 2016), 동아시아 관광의 상호시선(공저, 한국학중앙연구원출판부, 2016), 20세기 동아시아화교의 지속과 변화(공저, 심산, 2017), 향수 속의 한국 사회(공저, 한울아카데미 2017), 러시아 사할린 지역의 북한 노동자(공저, 통일연구원, 2017), 디아스포라와 초국가주의의 이론과 실태(공저, 북코리아, 2017), 러시아 모스크바 및 상트페테르부르크 지역의 북한노동자(공저, 통일연구원, 2018), 질적 연구자 좌충우돌기: 실패담으로 파고드는 질적 연구 이모저모(공저, 한울아카데미, 2018) 등이 있으며 화교화인, 재외동포를 포함한 이주민의 삶과 건강, 의료에 관한 다수의 논문이 있다.

e-mail : anthleech@paran.com

홍석준

목포대학교 인문대학 고고문화인류학과 교수
문화인류학/종교인류학/문화변동론/말레이시아의 사회와 문화 및 동남아시아 지역연구/동아시아 도서해양문화연구

서울대학교 사회과학대학 인류학과를 졸업하고 같은 대학 대학원에서 문학 석사학위와 인류학 박사학위를 받았다. 현재 한국동남아학회 회장, (사)한국동남아연구소 이사, (사)한국문화인류학회 이사, 역사문화학회 회장, 목포대학교 도서문화연구원의 편집위원장을 맡고 있으며, (사)한국동남아연구소 소장, 한국문화인류학회 기획위원장, 역사문화학회 부회장, 한국동남아학회 부회장 등을 역임했다. 저서로는 포스트 차이나, 아세안을 가다(공저, 디아스포라, 2017), 위대한 지도자를 통한 아세안의 이해(공저, 2017), 동남아의 이슬람화 1(공편저, 눌민, 2014), 동남아의 이슬람화 2(공편저, 눌민, 2017), 맨발의 학자들: 동남아 전문가 6인의 도전과 열정의 현지조사(공저, 눌민, 2014), *ASEAN-Korea Relations: 25 Years of Partnership and Friendship*(공저, 눌민, 2015), 동아시아의 문화와 문화적 정체성(공저, 한울, 2009), *Southeast Asian Perceptions of Korea*(공저, 명인문화사, 2010), 동남아의 한국에 대한 인식(공저, 명인문화사, 2010), 낯선 곳에서 나를 만나다: 문화인류학 맛보기(공편저, 일조각, 2006), 처음 만나는 문화인류학(공저, 일조각, 2003), 동남아의 사회와 문화(공저, 오름, 1997), 동남아의 종교와 사회(공저, 오름, 2001) 등이 있고, 옮긴 책으로 베트남 전쟁의 유령들(공역, 산지니, 2016), 베풂의 즐거움(공역, 눌민, 2015), 동남아의 정부와 정치(공역, 심산, 2005), 샤먼(공역, 창해, 2005) 등이 있으며, 말레이시아의 이슬람과 이슬람화를 포함한 동남아시아의 사회와 문화 및 동아시아의 문화와 문화적 정체성 관련 다수의 논문이 있다.

e-mail : anthroh@mokpo.ac.kr